中国工程院院士
是国家设立的工程科学技术方面的最高学术称号，为终身荣誉。

中国工程院院士传记

林宗虎自传

林宗虎 著

航空工业出版社

内 容 提 要

林宗虎院士，是我国有突出成就的热能工程专家，在热能、核电、石化等工程的重要理论，气液两相流与传热学科领域取得多方面开创性成果，解决了多项国际难题，为推动我国热能工程的发展做出了突出贡献。

本书中，林宗虎院士用朴素的语言，真实生动地回顾了他成长、求学、立业一路走来的科研工作经历，分享了他不断取得科研创新成果的心路历程。阅读本书，对从事和关注我国热能工程的科研技术人员具有深刻的借鉴与启迪意义。

图书在版编目（CIP）数据

林宗虎自传/林宗虎著. --北京：航空工业出版社，2015.3（2019.1重印）

（中国工程院院士传记系列丛书）

ISBN 978-7-5165-0690-5

Ⅰ. ①林… Ⅱ. ①林… Ⅲ. ①林宗虎—传记 Ⅳ. ①K826.16

中国版本图书馆CIP数据核字（2015）第047839号

中国工程院院士传记　林宗虎自传

Zhongguo Gongchengyuan Yuanshi Zhuanji　Lin Zonghu Zizhuan

航空工业出版社出版发行

（北京市朝阳区北苑2号院　100012）

发行部电话：010-84936597　010-84936343

三河市金轩印务有限公司印刷　　全国各地新华书店经售

2015年3月第1版　　2019年1月第2次印刷

开本：710×1000　1/16　　印张：24.5　　插页：18　　字数：359千字

印数：4001—4500　　定价：98.00元

中国工程院院士　林宗虎

1995 年当选院士时的照片

金婚纪念照

在迈阿密大学讲授流体力学课程

结束首次美国访问回国前在实验室外留影

大学毕业离校 50 年后同班同学在上海交通大学老图书馆前合影（2005 年）

与潘镜芙院士夫妇参观徐迟纪念馆

与陈学俊先生夫妇合影

与魏齐罗格洛教授（左一）及夫人（右二）在其家中合影（1980 年）

在李世泽教授家的室外留影（1980 年）

在布鲁克海文国际多相流会议上作专题报告后与英法著名学者合影（1980 年）

与吉达斯保教授在西安交通大学讨论学术问题（1984 年）

与班可夫教授合影

1999 年，参加上海市市政府宴会前合影（左二为作者）

在韩国浦项大学张水荣校长（前排中间）家合影
（前排右一为韩崇昭，后排左一为李福利，后排中间为徐可为）

与中国工程院周济院长合影

与原上海市副市长、湖州同乡会会长谢丽娟合影

我们研究团队在实验室合影

参加上海理工大学毕业生联欢会

在上海与大姐、
二姐夫妇合影

2013年秋在沪与
振弟、帆弟等合影

与岳母一家合影

结婚30周年纪念照

结婚40周年纪念照

2006 年合影

2009 年合影

2010 年在西安家中合影

2013 年在上海家中合影

与长孙林弗雷聚餐

中国工程院院士传记系列丛书

总 序

20世纪是中华民族千载难逢的伟大时代。千百万先烈前贤用鲜血和生命争得了百年巨变、民族复兴，推翻了帝制，肇始了共和，击败了外侮，建立了新中国，独立于世界，赢得了尊严，不再受辱。改革开放，经济腾飞，科教兴国，生产力大发展，告别了饥寒，实现了小康。工业化雷鸣电掣，现代化指日可待。巨潮洪流，不容阻抑。

忆百年前之清末，从慈禧太后到满朝文武开始感到科学技术的重要，办“洋务”，派留学，改教育。但时机瞬逝，清廷被辛亥革命推翻。五四运动，民情激昂，吁求“德、赛”升堂，民主治国，科教兴邦。接踵而来的，是18年内战、8年抗日和3年解放战争。恃科学救国的青年学子，负笈留学或寒窗苦读，多数未遇机会，辜负了碧血丹心。

1928年6月9日，蔡元培主持建立了中国近代第一个国立科研机构——中央研究院，设理化实业研究所、地质研究所、社会科学研究所和观象台4个研究机构，标志着国家建制科研机构的诞生。20年后，1948年3月26日遴选出81位院士（理工53位，人文28位），几乎都是20世纪初留学海外、卓有成就的科学家。

中国科技事业的大发展是在新中国成立以后。1949年11月1日成立了中国科学院，郭沫若任院长。1950—1960年有2500多名留学海外的科学家、工程师回到祖国，成为大规模发展中国科技事业的第一批领导骨干。国家按计划向苏联、东欧各国派遣1.8万名各类科技人员留学，全都按期回国，成为建立科研和现代工业的骨干力量。高等学校从新中国成立初期的200所增加到600多所，年招生增至28万人。到21世纪初,大学有2263所,年招生600多万人，科技人力总资源量超过5000万人，具有大学本科以上学历的科技人才达1600万人，已接近最发达国家水平。

新中国成立60多年来，从一穷二白成长为科技大国。年产钢铁从1949年的15万吨增加到2011年的粗钢6.8亿吨、钢材8.8亿吨，几乎是8个最发达国家（G8）总年产量的2倍，20世纪50年代钢铁超英赶美的梦想终于成真。水泥年产20亿吨，超过全世界其他国家总产量。中国已是粮、棉、肉、蛋、水产、化肥等世界第一生产大国，保障了13亿人口的食品和穿衣安全。制造业、土木、水利、电力、交通、运输、电子通信、超级计算机等领域正迅速逼近世界前沿。“两弹一星”、高峡平湖、南水北调、高公高铁、航空航天等伟大工程的成功实施，无可争议地表明了中国科技事业的进步。

党的十一届三中全会以后，改革开放，全国工作转向以经济建设为中心。加速实现工业化是当务之急。大规模社会性基础设施建设、大科学工程、国防工程等是工业化社会的命脉，是数十年、上百年才能完成的任务。中国科学院张光斗、王大珩、师昌绪、张维、侯祥麟、罗沛霖等学部委员（院士）认为，为了顺利完成中华民族这项历史性任务，必须提高工程科学的地位，加速培养更多的工程科技人才。中国科学院原设的技术科学部已不能满足工程科学发展的时代需要。他们于1992年致书党中央、国务院，建议建立“中国工程科学技术院”，选举那些在工程科学中做出重大创造性成就和贡献、热爱祖国、学风正派的科学家和工程师为院士，授予终身荣誉，赋予科研和建设任务，指导学科发展，培养人才，对国家重大工程科学问题提出咨询建议。中央接受了他们的建议，于1993年决定建立中国工程院，聘请30名中国科学院院士和遴选66名院士共96名为中国工程院首批院士。1994年6月3日，召开了中国工程院成立大会，选举朱光亚院士为首任院长。中国工程院成立后，全体院士紧密团结全国工程科技界共同奋斗，在各条战线上都发挥了重要作用，做出了新的贡献。

中国的现代科技事业比欧美落后了200年，虽然在20世纪有了巨大进步，但与发达国家相比，还有较大差距。祖国的工业化、现代化建设，任重道远，还需要数代人的持续奋斗才能完成。况且，世界在进步，科学无止境，社会无终态。欲把中国建设成科技强国，屹立于世界，必须持续培养造就数代以千万计的优秀科学家和工程师，服膺接力，担当使命，开拓创新，更立新功。

中国工程院决定组织出版《中国工程院院士传记系列丛书》，以记录他们对祖国和社会的丰功伟绩，传承他们治学为人的高尚品德、开拓创新的科学精神。他们是科技战线的功臣、民族振兴的脊梁。我们相信，这套传记的出版，能为史书增添新章，成为史乘中宝贵的科学财富，俾后人传承前贤筚路蓝缕的创业勇气、魄力和为国家、人民舍身奋斗的奉献精神。这就是中国前进的路。

宋健

林宗虎院士

林宗虎，蒸汽工程专家。1933 年 5 月 13 日出生于浙江省湖州市南浔镇。1957 年上海交通大学研究生毕业。1980—1982 年任美国迈阿密大学访问教授。曾任国家自然科学基金评审组成员、国家科技奖励机械评委会评委、流体机械国家工程研究中心学术委员会主任、锅炉煤清洁燃烧国家工程研究中心和动力工程多相流国家重点实验室学术委员会委员、香港评审局专家、中国电机工程学会锅炉专业委员会副主任、中国工程热物理学会副理事长、中国工程热物理学会多相流专业委员会主任、陕西省工程热物理学会副理事长、陕西省计量测试学会副理事长、美国《国际工程流体力学》期刊国际顾问等职。现任西安交通大学热能工程系一级教授、热能工程专业博士生导师，中国《工程热物理学报》副主编，《工业锅炉》期刊名誉主编，上海理工大学、同济大学、大连理工大学等高等院校兼职教授，以及上海锅炉厂有限公司、大连锅炉厂集团有限公司等企业顾问等职。

林宗虎院士在热能、核电、石化等工程的重要理论——气液两相流与传热学科领域取得多方面开创性成果。在气液两相流方面，他创建的两相流孔板流量计算式可通用于各种压力、不同组分、多种两相流体和变压力工况，被国际上推荐为最佳式，称“林氏公式”，并被收入国内外 8 本著作。他首先对 U 形管内两相流体压降型脉动机理进行系统研究，创建其计算程序和脉动判别法并解决电站锅炉严重脉动问题。他创建了 3 种两相摩阻计算法和 1 种截面含气率计算式且被广泛应用，建立了气液两相绕流柱体时发生两相涡街的统一判别式。在沸腾传热方面：创立了国际上第一个脉动流动时的沸腾传热计算式，可用于光管和多种强化传热管，开拓了传热研究新方向；对过冷沸腾传热、稳定流动沸腾传热均有研究成果。在多相流测量方面：在“林氏公式”基础上，他首先解决了用一个元件同时测定两相流量和组分两个参数的国际难题并得到专利和应用。

林宗虎教授于 1988 年被授予“国家级有突出贡献中青年科技专家”称号，1989 年被授予“陕西优秀科技工作者”称号，1991 年获政府特殊津贴，1995 年被选为中国工程院院士。已出版科技著作 23 部，发表论文 200 多篇，持有国内外专利 17 项，培养研究生近 50 名，已获得国家自然科学奖三等奖 1 项，国家科学技术进步奖二等奖 1 项和省部级科技进步奖一等奖等 9 项。

前　　言

人的一生是一个不断攀登生命高峰的过程，都将从一个呀呀学语的婴儿成长为一个白发苍苍的老者，概莫能外，如果在临近高峰顶点时，趁着思维清晰、体力尚健，居高临下，回首远望，主动回顾一下登山时自己已走过的曲折崎岖小道，对已过人生做一个阶段性的总结，将是一件十分有意义的事情。

80 岁是人生的一个重要转折点，2013 年我已达这一高龄。在这一年我将人生中的一个重要部分，即我在 1962—2013 年这 50 多年间正式发表的 212 篇主要科研论文汇集成一本科技论文选集——《林宗虎院士科技论文选集》，由西安交通大学出版社出版以为档案收藏和后人科研探索提供方便和启示。2014 年，根据中国工程院组织出版“中国工程院院士传记”从书的要求，将自己 80 多年的复杂人生历程以自传形式著成此书，这样，一方面将自己的主要人生做一个阶段总结和反省以明确继续努力和前进的方向，另一方面可将自己成长的过程和经验供后人参考。

我生于一个战火纷飞，外国入侵、内战不断，国家贫弱到底点的年代，因而自小的理想就是成为一个科学家，科技救国，复兴中华。80 多年来，在中国共产党的正确领导和全国人民英勇奋斗下，我国逐步从底点走向富强复兴的新时代，我要成为科学家的个人梦想已初步实现，但复兴中华的中国梦尚有待继续努力去完成。我愿在有生之年和大家一起努力奋斗，为实现复兴中华的中国梦贡献自己的力量。

在撰写书中每一章节、回首往事时，我的思想就会穿越时空，如同回到当时一般，我深深感谢当时相处的各位亲朋好友，没有他们的帮助和支持，我的人生就不会那么绚丽而多彩。

我更要感谢的是我的祖国、母校和师长，没有他们的培育、关心和教导我不可能取得今日的成就。

我最要感谢的是我的双亲和妻子，由于他们的默默奉献、细致关爱、相互尊重、相互宽容和理解，使我始终生活在一个和谐的充满爱抚和温暖的家庭中，这是我能在艰难环境下取得成功人生的沃土和精神源泉。我谨将本书献给他们，我特别感谢养育我的慈母——吴锡珍，在第三章中附有一篇怀念她的短文，以表纪念。

值本书出版之际，我要对中国工程院给于出版的资助，中国工程院原秘书长葛能全先生的审阅，中国工程院吴晓东、常军乾先生和航空工业出版社吕烨编辑等为出版本书所付出的辛勤劳动表示衷心的感谢。

林宗虎

2014 年 9 月

目 录

第一章 家乡印象

人的一生是一个选择过程的总和。就大事而言，一个人的求学、工作、结婚、教育子女、置业、理财、就业、养老都得经过慎重严肃的选择。一旦选择不当，就会影响到你个人的成长、事业的成功、家庭的幸福甚至是寿命的长短。如果选择正确就可以逢凶化吉、化敌为友、事事顺利、处处成功，成为一个有所作为、有利于人民和社会的成功人士。再往细处想，人的日常行为、社会活动，甚至简单到饮食、走路也都是选择的结果。在一桌饭菜面前，您先吃饭还是先吃菜，吃什么菜，多少量，都是由选择而定。在走路或运动时，下一步的脚应往哪里放，也需要经过你的选择，选择错误就会跌跤。因此，人的一生中，分分秒秒无时不在选择。人生成功与否，选择起到主要作用。

虽然人的选择起到如此重要的作用，但是有3件事是无法选择的，那就是父母、家乡和祖国。我们出生的时候不知道我们将生在哪家、哪乡、哪国，这是与生俱来、无法选择的。是父母含辛茹苦地生育和抚养了我们，是家乡和祖国培育和造就了我们。我和他们的感情是与生俱来、与日俱增、不可分割的。他们的恩情是数不完道不尽，也是无法回报的。每次见到父母，回到家乡，回到祖国，心中都涌起了感激和报答的情结；每次听到深情歌颂父母、家乡和祖国的歌曲，我都会心潮澎湃，甚至热泪盈眶不能自主。

太湖明珠湖州市

1933年，农历二月初三，我生于浙江省湖州市南浔镇，这一美丽富饶的小镇便是我的家乡。湖州是一座具有2000多年历史的江南古城，其建制始于商周之际。商末为勾吴之地。周武王时地属吴国，由于地处吴国都城姑苏的西面，也称为西吴。越灭吴后地属越国。楚灭越后，地属楚国。在此前湖州没有较固定的疆域，直到公元前334年楚国春申君黄歇在此筑菰城县后，才有了真正的建制。秦灭楚后，改菰城县为乌程县，属会稽郡。三国时，东吴设置吴兴郡，取吴国兴盛之意，下治乌程、余杭、临水、安吉、于潜等9县，成为太湖流域南部的政治中心。公元602年时，隋朝以其濒临太湖而更名为湖州。1983年撤地建市为湖州市。

湖州市地处浙江省北部，东临上海、南接杭州，是苏、浙、皖交汇之地。现辖德清、长兴、安吉3县和南浔、吴兴两区，总面积5817千米^2，人口260多万人。湖州位于我国最富饶地区之一的杭嘉湖平原上，西倚天目山，北临太湖。从天目山两侧流出的东苕溪和西苕溪汇合后便扇形展开为72条分流，全部流入太湖。在此山水平原交织，风景如画。山峦连绵，水网密布，平原绿野，一望千里，到处是水稻麻桑。竹林深深，随处可看到小桥流水人家。湖州山清水秀，物产丰富，自古就有“鱼米之乡，丝绸之府”的美誉，并且人杰地灵，历代人文荟萃，人才辈出，不仅孕育了一代又一代的本土文人学者，而且吸引了无数名流雅士来此安身立命，建功立业。与湖州有关的历代蜚声文坛的诗人墨客和书画名家不计其数，因而享有“中国书画史，半部出湖州”的美名。其中，著名的有曹不兴、王羲之、谢安、王献之、皎然、颜真卿、张志和、孟郊、杜牧、李商隐、苏东坡、黄庭坚、米芾、戴表元、赵孟頫、管道升、王蒙、文徵明、沈铨、郑板桥、吴昌硕、沈尹默等。

在诗词方面，历年来有关湖州的诗篇不下两三千首。其中唐代张志和的《渔歌子·西塞山前白鹭飞》：“西塞山前白鹭飞，桃花流水鳜鱼肥。青箬笠，绿蓑衣，斜风细雨不须归。”经久传诵，反映了湖州的美好生态和悠然生活。最能切要地表达湖州的山川特色和宜居环境的诗篇当属元代戴表元所做的《湖州》一诗。诗云：“山从天目成群出，水傍太湖分港流。行遍江南清丽地，人生只合住湖州。”

2000多年来，湖州聚集了丰厚的文化积淀。据中国东南地区人才问题国际研讨会提供的材料，自古至今历代杰出专家学者的城市分布中，湖州名列全国第十。在科技人才方面，单就顶级科学家，中国科学院院士和中国工程院院士而言，湖州籍的就有钱三强、屠守锷等20多人。

湖州是我国长江三角洲地区重要对外开放城市，是国务院确定的接轨浦东“先行规划，先行发展”的14个重点城市之一。改革开放以来，全国国民经济快速、持续、健康发展，综合实力明显增强，人民生活水平不断提高。湖州经济在实施“工业立市，工业强市”战略中大步迈进。工业结构在改造提高丝绸纺织和矿产建材两大传统产业的同时，快速发展现代纺织、特色机电、新型建材、精细化工和医药等特色优势产业。

湖州土地肥沃、渔业发达，是全国主要粮油产区之一，淡水鱼产量约占全国1/7。茶叶也是湖州的主要产品，茂密的茶园随处可见，紫笋茶在唐代就列为贡品，安吉出产的珍稀的白茶和德清出产的莫甘黄芽闻名于世。湖州的蚕茧量占全国的1/10，其所产的丝、绫、绢、绸扬名海内外。此外，湖州也是我国文房四宝之首的湖笔主产地，且盛产毛竹，其蓄积量占全国1/10。湖州具有鲜明的地域文化特色，饮食文化、茶文化、丝绸文化、湖笔文化和竹文化等都为华夏文明做出了杰出的贡献。

湖州市民文明、环境整洁、秩序优良，是“全国卫生先进城市”和“全国双拥模范城市”。湖州山水清远，旅游资源丰富，有国家重点保护的上海黄浦江源头龙王山自然生态区，全国十大避暑圣地莫干山风景名胜区；有南太湖风景、中国竹乡和江南水乡等特色旅游；此外，还有我国最大的抽水蓄能电站——安吉天荒坪电站的观光点。

湖州地理环境优越，邮电通信先进、电力供应充足、交通运输便利、基础设施完善，吸引了大批中外投资者。已建有多个省级经济技术开发区。改革开放以来，湖州已建设成为一座现代化的工贸旅游城市，预期在不久的将来，在不断改革创新的前提下，一定能发展成为一个全新的创新型城市。

生机勃勃的现代化城市——湖州

湖州标志性建筑之一——南太湖月亮酒店

富甲一方南浔镇

苕溪在湖州汇合后便分为72条分流，其中最北的一条分流流经南浔镇，成为浔溪。浔溪从西栅栅门流进南浔经过3座高大的穹形石桥（垂虹桥、通津桥和洪济桥）后从镇北的北栅流出，进入太湖。

南浔是一个古镇也是一个著名的富镇，其镇上面积只有1.68千米^2，人口1万多人。1977年时，如包括乡村，面积约34千米^2，人口不到5万人。但就是这样一个小镇，在悠悠的历史长河中，扬名海内外，对江南乃至全国经济社会发展产生了重要的影响。

南浔离湖州约30千米，地理位置十分优越，历来是浙江、江苏、安徽、上海及相邻地区的水陆交通要冲，距上海、苏州、杭州等大城市均在100千米左右。318国道贯穿全境,京杭运河就在近旁,湖申航道穿境而过，离太湖只有2千米多。区域内，申苏浙皖高速公路和申嘉湖高速公路已全线通车，湖乍铁路正在建设中，其周边有上海浦东国际机场、虹桥国际机场和杭州萧山国际机场等空港及上海港、嘉兴乍浦港等海港，交通条件十分便利，是湖州市接轨上海的桥头堡。

南浔在北宋时已形成村落。南宋时由于浔溪之南商贾云集，屋宇林立，遂称南林。至南宋淳祐十二年（公元1252年）设官建镇，取南林、浔溪之字首，改名为南浔。南宋以来，南浔已是“耕桑之富，甲于浙右。”明代万历至清代中叶，南浔辑里村所产的丝质地超群，声名鹊起，称辑里丝，为湖丝之冠并被皇家御用。此后，南浔即因蚕桑业和缫丝业的兴起和商业的繁荣发展至清末一跃成为生丝出口集散中心和富甲一方的江浙名镇。

辑里村距南浔 7 里①，因而又名“七里”，其优良的自然环境构成了育桑、养蚕、缫丝的良好条件。该村土质黏韧、河水清澈。因而适宜于种植优质桑树和煮成洁白湖丝。此外，当地风调雨顺，气候温和，符合蚕喜温的特性。当地蚕农精心护养并选育出一种称为“莲心种”的优良蚕种，其所产蚕茧只有莲心大小，但所缫之丝拉力强、纤度细、解舒好。因而辑里丝具有细、圆、匀、坚、白、净、柔、韧等特点。由于辑里丝的名声，南浔及附近地区均竞相效仿，都借用辑里丝的名称。辑里丝除作为贡品织成绫罗绸缎外，还远销京广及海外。1851 年在英国伦敦首届世博会上，评委评价辑里丝“充分显示了来自蚕桑原产国的丝绸的优异品质”，并由英国维多利亚女王亲授金奖。南浔因此成为中国第一个世博会金奖诞生地。随着科技的发展，辑里丝不断技术改革，生产出当前的机缫辑里丝，并在随后的多届世博会上频频获得金奖和大奖。2009 年在首都博物馆举办的“走进世博会——中国 2010 年上海世博会暨世博会历史回顾展览”上，时任中共中央总书记胡锦涛也驻足仔细观看辑里丝展品。

四象、八牛、七十二条金黄狗

在清朝末期和民国初期，我国开始产生资本主义和民族资产阶级。在江南地区，太湖北岸的无锡由米市走向工业化城市，出现了杨氏家族和荣氏家族等富商巨贾。太湖南岸的南浔由丝市走向了商贸金融，形成了近百家因经营丝业而发家的丝商巨富。这些巨富是

① 1 里 =0.5 千米。

近代中国巨大的丝商群体，为世瞩目，对江南乃至全国的经济发展起到重要的影响作用。

当时，南浔利用上海开埠之机和贴近上海的地理优势，成为全国蚕丝贸易中心。辑里丝出口占全国生丝出口的一半以上，使南浔成为近代中国丝绸发源地和民族工业萌芽最早的地区之一。对于南浔丝商巨富的财产，人们用 3 种动物名称来表明其级别，分为象、牛、狗，共3级。象级指拥有1000万两白银以上的富豪；拥有500万 ~ 1000万两白银的为牛级；拥有 100 万 ~ 500 万两白银的为狗级。当时南浔富豪中共有四象、八牛、七十二条金黄狗。被称为象的有刘、张、庞、顾 4 家。其中刘家财产高达 2000 万两白银，张家有 1500 万两白银。这四大家族的开创者分别为刘镛、张颂贤、庞云镨和顾福昌。20 世纪 30 年代，有首南浔民谣简洁的表达了南浔四象的特点。民谣云：“刘家的银子，张家的才子，庞家的面子，顾家的房子。”

四象之首是刘氏家族，其开创者刘镛自小贫寒。15 岁在棉绸布庄学生意，从学徒做起。由于他聪明好学，4 年后已尽通丝行经营奥秘。此后在上海经营蚕丝发迹且在上海购地涉足房地产业。其经营业务还扩展到盐业、典当业等，到清末已聚财 2000 万两白银。

其次为张氏家族。张家祖业以弹棉花为业，后在南浔开设糕团店和小酱盐店。到开创者张颂贤时，看到蚕丝出口旺盛就全力经营辑里丝并开设电报局。由于经营得法，家产大增。后又经营盐业、典当、银行、绸厂和房地产等，使其家产增至 1500 万两白银以上，他的子孙多有成就，尤以支持孙中山革命的张静江最为有名。

四象中庞氏家族开创者庞云镨少年时也在丝行当学徒。后以小本贩运蚕丝牟利。后独资开设丝行，专与洋商搞出口贸易。由于他熟识一些洋商，有机会从事军火生意并获暴利，终成四象之一。

四象中顾家的开创者顾福昌，是四象中发迹最早的。他少时家贫，在南浔镇上摆布摊，后营蚕丝。他早年去上海，与洋人交往，能通译外语，因而较早与外商交易，经营蚕丝出口，获利丰厚，成为上海著名买办。他又在上海、南浔购置大量房产和上海金利源码头。后虽因经营不善，家道中落，但仍是象级巨富。

南浔镇上被称为牛的富户有邢、周、邱、陈、金、张、梅、蒋8家。南浔四象、八牛的财产总额据估算约6000万～8000万两白银。在19世纪90年代初，清政府每年的财政收入也只有7000万两白银左右。因此，当时曾有“富可敌国”和“一个南浔镇可以轻松买下一个苏州城，而一个苏州城买不了半个南浔镇”等传言。

南浔的七十二条金黄狗富户大多以开丝行发家，也有经营其他商业，如当铺、米行、绸布、羊毛等致富的。其数众多，不再细述。

张氏家族和奇人张静江

在南浔众多富豪中，与我们林氏家族关系最密切的当属四象之一的张氏家族。因而在此必须对张家的发家情况做进一步阐述。

张氏家族的开创者张颂贤的先祖为安徽休宁县商人，后因南浔的天时地利和人文因素而定居南浔。张家在南浔开始时只经营一小酱盐店谋生度日。由于善于经营，不仅在南浔稳住阵脚，而且逐渐向附近的上海、杭州等地拓展。不久便积下不少财富且人丁兴旺，家族开始不断壮大。1843年上海开辟为通商口岸后，张颂贤利用南浔与上海间的水运便利，开始经营辑里丝出口。他在南浔和上海建立了“恒和丝行”。在南浔的丝行大量收进生丝后运往上海，在上海的丝行和外商洽谈成交后，即由海轮运往国外。

为获取快捷的商业信息，1883年，他在南浔开设电报局。这样经电报往来，更进一步加快了商贸业务的速度、广度和深度，使张家财产暴发，成为巨富。

张颂贤在1852—1864年太平天国运动期间，曾因经营盐业而大获其利，当时的盐业是由商人向政府购买引票，所谓引票是政府允许盐商包销食盐数量的凭证，1引为380斤[①]。由于太平天国运动及社会动乱，大片盐区官吏离职逃跑，使盐民可自由运输食盐，因而私盐充斥市场。这样一来，原先官府特许售盐专利的盐商，失去了以往统销保障的盐业机制，盐商手中的引票价值惨跌，因为引票已无用武之地，盐商们都急于将引票低价出售。张颂贤看准一旦时局稳定，清朝官府必然会重新统管盐业，禁止私盐，那时引票就会迅速增值。于是,他趁机低价收购大量引票并成立了“张恒源盐号”。1864年太平军失败，盐区又设盐官统制盐业。他持有的引票随之猛涨10多倍，迅速扩大了他的财富。

1884年后，由于西方资本和技术的侵入，在西方资本主义国家雄厚的经济实力压迫下，南浔丝商的丝行开始逐渐陷入惨淡经营的境地。张颂贤预见到丝业在外商的竞争下前景不妙，便收缩了在海外经营的丝业生意，转而加强了他的盐业营销，由一个大丝商转为一大盐商。

张家在南浔独家经营盐业，逐渐握有20余万引票。以1引票每年可销售380斤食盐计算，其年销售食盐可达上亿斤。盐业包销范围已遍及浙江北部、江苏南部和安徽南部等10多个县。其盐业管理总机构设在上海，称为“恒源老账房”，由张颂贤外甥李联仙任总账房，相当于现在的总经理。我的祖父林梅生原来任恒和丝行账房，善于经营，此时被调任为恒源老账房的协理，相当于现在的副总经理。张颂贤的孙子张澹如为总管事。张家在湖州、嘉兴、新塍、苏州、无锡、常州、宜兴、镇江、溧阳、金坛、芜湖、宣城、宁国、广德等许多市县设立经营盐业的分支机构，称为“盐公堂”。恒源老账房执掌各地盐公堂业务与人事大权。当时，收购食

① 1斤=0.5千克。

盐的成本约4角/担①，盐公堂卖出的食盐批发价可达1.2元/担。因而其利润十分可观。

每年年终，张家总账房便会按盈利提成分红，视职务大小各有区别，人各一份，张家盐公堂的待遇十分优厚，能在其中工作，被视为拿到了金饭碗。因而上下一致，人人尽责尽力。我祖父林梅生，是著名经营能手，诚信可靠，深得张家信任，因而一直在张氏家族的丝业、盐业中任高职，逐渐积累了一笔丰厚的财富，成为南浔镇上七十二条金黄狗之一。我的父亲林炳章曾任金坛盐公堂经理，待遇也十分丰厚，每月单工资就有300多银元，和当时名牌大学一级教授的工资相当。张氏家族除经营丝业和盐业外，逐渐扩展到经营多种业务，如酱菜业、腌腊业、绸缎业、当铺、钱庄信托业、金融投资业和房地产业等。我父亲一辈的四个兄弟中，除一个从医外，其余的都在张氏各种行业中担任高级职员。张氏家族从一个小酱盐店起家，到1892年张颂贤去世时，其财富实力已十分雄厚，成为富甲一方的四象之一。

张颂贤生有两子。长子张宝庆，长年患病，仅有一个儿子张石铭。次子张宝善。张颂贤去世后开始分家。长子一家住南浔南端，称“南恒和”，堂名为“懿德堂”；次子住南浔东端，称“东恒和”，堂名为“尊德堂”。我家和“东恒和”的关系比较密切，因而幼时常听到父母谈话中提到一些熟悉的名字，如静江、澹如、墨耕、久香、镜芙等。后来从我的作家朋友张建智著的《张静江传》中知道这几位都是张宝善的儿子，在张家企业中都有独掌一门的才能，与我祖父和父亲都经常有业务上的交往。张宝善生有7子，依次分别为张弁群、张静江、张澹如、张墨耕、张让之、张久香和张镜芙。其中，长子张弁群去世较早，成就相对较少，其他各位均才干过人。例如三子张澹如除经营盐业外，还是当时上海有名的证券交易

① 1担=50千克。

强手。但相比之下，其中最著名和最富有传奇色彩的当推二儿子张静江。

张静江（1877—1950）名增澄，又名人杰，字静江。孙中山称他为“中华第一奇人”，他一生最大的贡献就是支持孙中山革命。他生于清光绪三年。他为人侠义，少年时因救人跌伤腿足，成跛足。20岁时，其父用10万银两为他捐到清廷一个江苏候补道的头衔。依此，25岁时以商务参赞名义随孙宝琦出使法国巴黎。出洋前，甲午中日战争和八国联军侵华战争的屈辱，使他的心灵备受冲击。他对清朝的腐败无能和丧权辱国深感痛心。在巴黎，他受到西欧资产阶级思想的熏陶后，很快成为一名激进的反清革命倡导者，他在巴黎独资开办通运公司，营销中国茶叶、辑里丝、绸缎、地毯、漆器，乃至古董、字画、玉器、瓷器等，并逐渐向英国伦敦和美国纽约扩展市场。同时，他还成立世界社，创刊《新世纪》周报，宣传各国革命壮举。1906年，张静江在赴欧轮船上偶遇孙中山先生。两人谈话中，孙中山认定可以说服张静江脱离清廷参加革命，遂以真实姓名和要进行革命推翻清朝主张相告。张静江十分赞同孙中山的主张，表示愿意参加孙中山的革命组织，并愿以白银3万两资助革命。张静江当即修书一封交给孙中山，信中告知纽约通运公司，见信一次照付，孙中山凭信果然在纽约通运公司取到了3万两白银。从此，孙中山对张静江好感倍增。他还告诉孙中山，革命如需钱可电报告知，电文以A、B、C、D、…代表钱数，A为1万元，B为2万元，C为3万元，以此类推。后来孙中山革命需钱，曾先后打过数次电报给张静江，他都如数汇上，孙中山曾说：“自同盟会成立之后，始有向外筹资之举，当时出资最勇而多者张静江也。倾其巴黎之店所得六七万元，尽以助饷。”张静江为资助孙中山革命，不单是倾其所有，还卖掉了在巴黎的茶叶店和在上海的6幢花园洋房。此外，还动员张氏家族其他人员多次向革命大笔捐款。据不完全统计，他在辛亥革命前后给革命捐款达110万两白银，张氏家族其他成员捐款也达20万两白银左右。

辛亥革命的成果后落入袁世凯手里，他在北京当上大总统，并打算复辟帝制当皇帝。张静江积极参加1914年孙中山领导的二次革命。他一面努力筹款，一面设计炸死袁世凯的亲信军长徐宝山。1916年袁世凯去世，二次革命结束。孙中山去世前后，张静江大力推荐和扶持蒋介石，指望他能完成孙中山遗愿。蒋介石掌权和南京政府成立后，他成为国民党四大元老之一并出任国民政府建设委员会主席，他作为经济建设能人首先从基本建设入手，开办南京电厂、戚墅堰电厂、长兴煤矿、淮南煤矿等，还开办江南汽车公司、淮南铁路公司。他创办了无线电台，使电信不再由外国人操纵。张静江致力国家经济建设时不时与蒋介石培植的新四大家族利益以及资本再分配发生矛盾。此外，在政见上也有分歧，因而他急流勇退，1938年起赴欧美居住，直到1950年在美国纽约寓所去世。1927年他在担任浙江省政府主席期间，浙江经济状况很差。他看到英国在伦敦举办万国博览会后为政府筹集到一笔不小资金，便在1929年在杭州创办了首届西湖博览会，为当时中国萧条的工商业注入了新的活力，对中国社会经济的促进作用不可估量。西湖博览会举办过程中还新建了大礼堂、音乐厅、电影院、纪念塔、店铺等数百种建筑。留下了不少物质遗产，有的甚至沿用至今。

毛泽东说："张静江帮助蒋介石搞'清党'，但他有经济眼光，经济头脑活络。"这也是对他经济才能的肯定。

张静江对中国书法与绘画很有研究，自己也能书会画。他与我祖父林梅生关系很好。我家曾有一幅他亲笔画成并赠予我祖父的大型山水画，上款为"梅生先生雅赏"，下款为"张人杰"。可惜此画在"文化大革命"中因怕牵连而被大弟烧掉，不然也是一件文化遗产。

在张静江故居客厅尊德堂内存有孙中山书赠张静江的对联：满堂花醉三千客，一剑霜寒四十州。

崇文重教，人才辈出

南浔人杰地灵，自古就是文化昌盛、人才辈出、书香不绝之地。南浔崇文重教，富甲一方，人们致富后崇尚读书入仕。从明朝嘉靖至崇祯年间就出现了 3 个宰相，即沈漼、朱国桢及温体仁，和两个尚书，为礼部尚书董份和刑部尚书沈寅，固有“九里三阁老，十里两尚书”的民谣。在宋朝、明朝、清朝时期，南浔共出进士 41 名，京官 56 名和州县官 57 名。南浔首富刘镛致富后提倡“财之聚，施散相邻，使其免受寒饥之苦”。这种观念影响了南浔富豪群体。他们或出资修桥筑路，或开办学校，造福乡里。如刘锦藻、张弁群、庞云镨、徐一冰等在南浔先后办起浔溪书院、明理学社、浔溪公学、正蒙学社、浔溪女校、中国体操学校等各类学校。其中，值得一提的是我国现代体育的开拓者徐一冰先生。徐一冰出生于富裕家庭，毕生矢志办学。早年加入同盟会。因不忍中国人被称为“东亚病夫”之辱，1905 年赴日本大森体育学院留学，专攻体育。1907 年回国后，与王季鲁，徐傅霖在上海创办中国第一所体育专业学校——中国体操学校，创办了《体育界》和《体育杂志》这两本中国最早体育刊物，为近代体育在我国的传播做出卓越的贡献。他担任中国体操学校校长 15 年，毕业生达千余人。这些学生又在各地兴办体校，培养了大批体育人才。他的学生不少成为体育界的各项创始人或有影响的人物。他关心社会公益，乐于帮助和教育贫苦的儿童。1915 年他决心拍卖全部家产，在南浔创办半工半读的贫儿教养院，自任院长，夫人陶莲雅任副院长。他办学 20 多年，受益儿童数百人，他爱国爱民、不图钱财、毁家办学、鞠躬尽瘁、死而后已的精神将永远为后人敬仰。他积劳成疾，在 43 岁时因肺病去世。为纪念他，南浔镇上建立了“徐一冰游泳池”和“徐一冰纪念馆”，把他的功绩载入史册。我是 1937 年 4 岁时因日寇入侵而离开南浔的。幼时早上母亲抱着我坐在窗边时常常听到外面传来清亮的军号声，印象很是深刻。后来母亲告诉我，这是附近贫儿教养院的升旗号。那时我对贫儿教养院的历史和实况一无所知，直到后来南浔同乡会眭桂庆会长赠予我一本著名诗人、报告文学作家徐迟所著的《江南小镇》后，我才知道贫儿教养院的经历和来之不易，并且知道了徐迟就是徐一冰的长子。徐迟生于 1914 年，比我大姐大 4 岁，比我大 19 岁。虽然我们年龄有一定差别，但经历的时代几乎是相同的。因此，我对他的自传式著作《江南小镇》一书中所述的人和事都有深切的感受。我首次看到徐迟的名字是在 1978 年 2 月 17 日《人民日报》转载的徐迟的《哥德巴赫猜想》,《人民日报》为此加上如下的按语：“我们怀着激动的心情，向读者推荐徐迟同志的报告文学《哥德巴赫猜想》。这篇作品原载于 1978 年第 1 期《人民文学》。它以生动的文笔，反映了我国著名数学家陈景润不畏艰苦、勇攀高峰的动人事迹，受到广大读者的欢迎……”当时知识分子在“文化大革命”中已被批为“臭老九”，中央关于否定“文化大革命”的决议尚未做出，在这种形势下,《人民日报》发表这样一篇热情报道知识分子艰苦奋斗、勇攀高峰的大文章确实会令人耳目一新，情绪振奋。因此,《哥德巴赫猜想》立即飞扬神州大地，陈景润以及此文的作者徐迟均名声大噪。但当时我不知道他是南浔人，直到读完他的《江南小镇》一书后，我才感受到他是一位热爱祖国、家乡和人民的值得敬仰的南浔籍作家。2000 年秋，南浔镇在文园建成了“徐迟纪念馆”以志纪念。徐迟有 3 个姐姐和 1 个弟弟，都各有成就。大姐徐曼珠嫁给我国早期著名电影制片人李大深，是优秀左翼电影《桃李劫》等的制片人和多个电影院和影片公司的经理。有趣的是我看到他在书中还写到：“大姐家三楼亭子间，住着大姐自己生的男孩子李钧学。他在圣芳济中学上学，每天骑着一辆英国‘三枪’牌跑车，飞驰着往来。”看到这里，我不禁拍案叫奇，这不就是我的中学同学李钧学吗？他当时骑了一辆“三枪”牌自行车，穿着时尚，但不知道他家里是干什么的。世界真奇妙，一直到近60年后在无意阅读中才知道他是电影界的，并且是徐迟的外甥。有一次我遇到徐迟家的一位亲属，顺便问起李钧学现在在哪里工作，她回答是中央党校俄文教授已退休，有些行动不便。这又令我感到世事沧桑，一个中学时精通英语向往美国生活的时尚青年怎会一下子变成一位党校退休俄语教授了。

徐迟的二姐徐曼倩嫁给了银行家杨树康，他的三姐徐曼虹先在上海中西女中教书，后去解放区成为伍修权的夫人。徐迟的弟弟徐舜寿贡献更大。他在南浔完成中学学习后，在清华大学机械系航空工程专业毕业，1946年在美国圣路易斯华盛顿大学专攻力学。新中国成立初期，他努力编译风机设计书籍和资料，解决了两种仿制军用飞机的工艺关键技术。使飞机大量投产并装备部队。1956年他被指定为中国第一个飞机设计室的主任设计师，成功设计出歼教1和强5攻击机。后来又研制成功我国首架高空高速歼击机并装备部队。可惜在“文化大革命”期间，他在1968年被迫害致死。在1978年为他召开的追悼大会上，充分肯定了他是新中国第一代飞机设计的组织者和奠基人，以及他为新中国航空事业所建的奇功。现在各飞机设计研究所的主要设计师几乎都是他带出来的，不少已成为中国工程院和中国科学院院士。西安飞机设计研究所为他树立起2米多高的青铜塑像以缅怀他的功绩并设立“徐舜寿青年科技人员奖励基金”以志纪念。我在2010年应邀参加中航工业院士航空科技咨询活动时曾在西安飞机设计研究所见到他的铜像并向他致敬。徐舜寿，中国人，尤其是南浔人为您自豪。

此外，在教育方面，南浔中学的创办和发展也是值得一提的，因为这是南浔最著名的中学，不但名师云集而且毕业生中名人辈出。

南浔中学创办于1925年，其建立与上海发生的“五卅惨案”有着密切的关系。1925年5月中旬，上海工人顾正红因日本资本家拒绝增加工资，领导罢工，惨遭日本资本家杀害。5月30日全市大中学生游行抗议，又被英国巡捕开枪打死打伤数十人之多，造成“五卅惨案”。上海圣约翰大学全体师生要在校内下半旗致哀，遭英籍校长拒绝，中国师生愤而离校。该校南浔学生沈调民、沈石麒和周心远约南洋大学[①]的刘承棫和东吴大学法学院毕业的李庆升一起商议创办南浔中学以酬培养人才、强国雪耻之志。刘承棫为南浔首富刘镛的侄孙，由他筹资得到刘氏家族等富户的有力支持。其中刘湖涵捐5万元做学校基金，刘锦藻捐开办费5000元并将孺嫠小学校舍和场地移归南浔中学。从此南浔中学增办了六年制附属小学。同时筹建了由刘、庞、张、周等家族人士参加的校董会。董事长张静江，校长沈石麒。学校教师多毕业于名牌大学如北京大学、东吴大学、浙江大学、圣约翰大学等，实验设备、体育场地和体育设施俱全。毕业生到杭州会考，成绩优异，多数同学名列前茅，一般都能考取重点高中进入名牌大学。因而名气响亮，吸引附近各市镇学生前来报考。可惜在1937年因日寇入侵，校舍被毁而停办。抗战胜利后，1946年，南浔中学复校，由我的本家，也就是徐迟的同学林黎元先生任校长，徐迟任教导主任。我是2003年应南浔中学邀请与潘镜芙院士一起赴校作报告时才认识林黎元的。他是复旦大学生物系毕业生，为人谦和，谈吐雅致，当时他已退休多年。他认识我大姐，并且告诉我他的夫人与我大姐是苏州景海中学的同学。最应该感谢的是在我找不到祖屋在百间楼哪一幢时，他亲自带我去，并说他很熟悉，他是我的本家，幼时常来我家客厅玩，厅很大，厅里挂有4个大红灯笼。在他的指引下，我终于找到了我的祖屋。

1949年5月南浔解放，该校由人民政府接办，称南浔初级中学，

① 交通大学在1922—1927年的名称为交通部南洋大学。

1958 年开办高中部。该校历届毕业生经过深造，不少人为我国社会主义建设做出了重要贡献，如作家徐迟、作曲家沈亚威、原北京大学校长张龙翔、马铃薯专家盛家廉、复旦大学计算机系主任施伯乐、国家计委副主任桂世镛、核工业专家桂业玮等。在南浔中学的历届毕业名单中，我还查到了我大姐林善瑛和表姐张静之等亲戚的名字。

潘镜芙院士也是南浔人，是我国两代导弹驱逐舰的总设计师，那年在南浔中学，他演讲的题目是有关为祖国国防事业的不懈奋斗精神以及设计驱逐舰过程中的经验和体会。我讲的是对祖国家乡的热爱和钻研学问的艰辛和愉快，鼓励同学们要有爱国的理想和学好本领的毅力。我离开南浔到上海后，家里都是讲南浔话的。因此，报告时能用标准的南浔话演讲。这引起南浔中学师生的惊奇和鼓掌。当我谈到在上海时，我家仍备有南浔特有的臭卤甏和石灰甏时，引发了一阵哄堂大笑和掌声。南浔人的一种饮食习俗是喜欢吃有臭卤的食品，最著名的为油炸臭豆腐干。此外还有臭苋菜梗、臭千张、臭毛豆等。这些都必须将原料放在装有臭卤的臭卤甏中才能制成。因而在南浔，几乎家家备有臭卤甏。石灰甏中置有石灰能使食物保持干燥不变质，因而一些糕点、核桃片及易受潮的小吃都放在石灰甏中以防受潮变质。孩子们最喜欢石灰甏，因为那里总可以找到好吃的零食。南浔中学师生的笑声和掌声是对我们长期生活在十里洋场的上海而仍然乡音未改、乡俗尚在的故乡情的鼓励和赞赏。事隔十来年后，我遇到一位当时听报告的南浔中学老师，她笑着对我说："林老师，我认识您，上次您在我校所做的'两只甏'的报告，我至今还未忘记。"

2005 年南浔中学建校 80 周年时，我又应邀去南浔中学参加庆典。2015 年南浔中学建校 90 周年时，我还将去参加庆典并作报告。

在张静江故居尊德堂的立柱上书有清朝同治、光绪二帝的老师翁同龢所题的对联"世上几百年旧家无非积德，天下第一件好事还是读书。”这是张氏家族追求主题。但这“积德”和“读书”四字也可以说代表了南浔商贾名流、文人、雅士的心灵理性追求。南浔富户们不仅鼓励自己孩子读书，还运用办学、奖学等各种渠道使贫苦孩子受教育，努力为国培养人才，除前面提到的积极办学情况外，还设有各种奖学金。其中最著名的为顾乾麟以其父顾叔蘋为名设立的“叔蘋奖学金”。

顾叔蘋为南浔四象顾氏家族后辈，但去世较早。他教育儿子顾乾麟要“得诸社会，还诸社会”。顾乾麟秉承父志，在1939年创办“叔蘋奖学金”，对品学兼优、家境贫寒、学期总成绩平均在85分以上的男女中学生或高小毕业生给予奖励。奖学金一般资助学杂费和书费，成绩特优的资助膳宿费。高中毕业后升私立大学的资助学费，升国立大学的资助膳宿费，大学毕业后出国留学的资助出国费用。自1939—1949年，奖学金办了20期，受惠学生1100多人。得奖学生分布在科学、教育、文化、工商、军队和政府等部门工作，有的担任领导工作，如钱其琛副总理等，更多的成为专家、教授、研究员、高级工程师、著名医师，以及校长、工矿企业总经理等，无不为我国建设做出重要贡献。我的堂兄林达之就受惠于“叔蘋奖学金”而得以从上海私立大同大学毕业，后来成为西北建筑设计院总工程师，全国劳动模范而受到毛主席接见。在“叔蘋奖学金”创办50周年之际，江泽民为其题词“热心教育事业，培养建设人才”。全国政协副主席吕正操、杨成武、谷牧等分别接见顾乾麟夫妇，表达了党和国家对他的奖学金事业的充分肯定和高度评价。

1994年钱其琛夫妇在钓鱼台宾馆会见顾乾麟夫妇。

1988年美国纽约圣罗士学院授予顾乾麟荣誉文学博士学位，并在该院设立“顾乾麟奖学金”。湖州市1989年授予顾乾麟“荣誉市民”称号，并在南浔小莲庄开办“叔蘋奖学金成就展览馆”作为爱国主义教育基地。1986年起在政府教育部门支持下，在上海、北京、湖州续办“叔蘋奖学金”。至今，得奖学生累计已达4000人。1995年，顾乾麟又捐资1000万港元用于奖学金基金会。1998年他去世后安葬在湖州其父母陵墓一侧。顾乾麟并非巨富，资产中等，自持勤俭，但热心办学，义无反顾，实在难能可贵，令人钦佩。

除“叔蘋奖学金”外，在南浔设立的奖学金还有1990年由刘氏家族后裔刘承恒为其父设立的“刘湖涵教育奖学金”，南浔中学毕业生，香港越秀投资有限公司董事长许康年在1993年设立的“振奋奖学金”等。

可见，办学、奖学育人都是南浔人的传统风尚和美德。由于南浔镇的尊文重教风尚，不但在古代及近代人才辈出，在现代也是名士济济，除前面提及的南浔中学毕业的徐迟、徐舜寿、桂世镛外，还有高分子化学专家原科技部部长朱丽兰，核能专家原核工业部部长蒋心雄，涡轮机专家原哈尔滨市市委书记李根深，生物化学专家原北京大学校长张龙翔，心理学专家原燕京大学校长陆志韦，解放前首任中央大学校长张乃燕，摄影家刘旭沧，历史地理学专家原复旦大学图书馆馆长葛剑雄等。

中国科学院院士和中国工程院院士是我们国家设立的在科学和工程技术方面的最高学术称号，为终身荣誉。一般均为各学科或行业中的领军人物，2013年两院院士人数为1500多人，平均约每80万人口中有院士1名。世界上情况类似。以法国为例，人口5000多万人，院士为50多名。而在人口不到5万人的南浔小镇上，南浔籍的两院院士就有7名之多。平均约每7000人口中就有1位院士。这一比值在全国各地应是十分罕见和名列前茅的。除我之外，属于南浔籍的院士还有国家科学技术进步奖特等奖、“两弹一星”功勋奖章获得者屠守锷，中国第一代导弹驱逐舰总设计师潘镜芙，海岸和近海工程专家邱大洪，通信技术专家李乐民，农业专家卢良恕，昆虫专家邱式邦。至于获得高级职称的各行各业南浔籍人士更不计其数。

南浔古镇是著名的江南水乡和清丽秀美之地。南浔河网交织，镇上大小桥梁共有88座之多。苕溪之水从湖州出来，有一股水由西向东流过南浔形成运河。运河上有3座大石拱桥，当河水由西向东流时，流过的第一座桥为垂虹桥，桥很高大，大船过桥时不需要落帆或弯倒桅杆。桥洞呈半圆形，其水中的倒影和桥洞合成一个美丽的圆形，就像一轮满月一样。河水再往东流便流过通津桥，这是全镇最高的一座石桥，俗称“大桥”。大桥北端连着商业区东大街和宝善街，因而来往大桥的人数最多。运河再向东就流过第三座大桥洪济桥，俗称“新桥”。运河再流过东栅便进入江苏省了。南浔还有一条由南往北流动的市河，在通津桥附近与运河成十字形相交。这条市河较细长，河上也有10多座桥梁。市河上的古桥为广惠桥。河流两岸的岸坡全用成块的花岗岩铺砌起来，两岸的园林、花木，以及鳞次栉比的青砖黑瓦、粉墙明窗的楼房不时倒映在河水中，十分清幽，美丽动人。楼房临水的一面都有桥石，可拾级下降到水面，便于汲水或乘船。古镇上还有一条热闹商业街为宝善路，这是以张静江的父亲张宝善命名的。

书画收藏和园林宅第

南浔镇富裕后，富户们除为善积德、办学奖学、修桥筑路外，还热衷于收藏书画和建造园林宅第。

南浔历来藏书成风，有钱人视藏书为拥有知识、拥有品位和拥有地位之举。自清代至民国初期，南浔私人藏书楼之多，名满江浙。一般人家都以藏书万册为荣。较著名的有刘桐的“眠琴山馆”，严之照的“芳草馆”，蒋汝藻的“密韵楼”，张石铭的“六宜阁”，庞元济的“半画阁”等。其中，最有名的为刘承干的“嘉业藏书楼”（也称嘉业堂藏书楼）。刘承干是南浔首富刘镛的长孙，自幼嗜书，曾中过秀才，家财万贯。清廷废除科举制度后，见功名无望便集中精力藏书。早在辛亥革命前就开始聚书。他手持巨资，肯出高价，书商闻风不远千里而来。不数年，先后收购了甬东卢氏“抱经楼”、独山莫氏“影山草堂”、太仓缪氏“东仓书库”等10多家藏书，耗资30万元，并在其私家花园小莲庄西侧建造嘉业藏书楼以供藏书之用。这是一座园林式藏书楼，占地20余亩[①]，全楼50多间房间，呈回廊式厅堂建筑，中间有个很大的方形天井。他还请名匠将好书雕刻印刷出版。印成书后赠送国内图书馆和国内外文化届友人。因此，此藏书楼国内外闻名，成为南浔镇的一个文化标志。为此刘承干总共耗资80万元。解放军渡江解放江南时，周总理亲笔指示：“要保护好浙江南浔镇刘氏嘉业堂藏书楼……”1951年，刘承干将藏书全部捐给浙江图书馆。1983年藏书楼重修，成为浙江省图书馆书库之一。藏书楼现为浙江省文物保护单位和省级爱国主义教育基地。

嘉业藏书楼景像

在书画收藏方面，首推南浔庞氏家族的庞莱臣。他名元济，号虚斋，是我国近代最大的收藏家和鉴赏家，其私家收藏书画之丰富

① 1亩=666.6米^2。

冠于江南。他是南浔镇四象之一庞云镨的长子，尽其毕生精力和财力收藏和保护了我国许多最优秀的绘画艺术珍品。解放前，中国古代书画在国内外市场上，只要盖有庞虚斋的鉴定图章，其他收藏家就完全相信是真品，愿以重价收购。他的名画收藏以其著录《虚斋名画录》与《虚斋名画续录》闻名于世。前者收录自藏唐代至清代名画 53 件，后者增补后来收集的画作 2000 多件。这些名画在他去世后由上海博物馆等收藏。此外，还有张氏家族后辈张葱玉的“韫辉楼”藏画也较有名。

南浔又多园林，各富有家族几乎都建有自己的私有园林。抗日战争前有刘锦藻的小莲庄、庞莱臣的宜园、张石铭的适园，此外，还有朱兰第的述园、陈煦元的颖园、周昌富的怡园、刘梯的留园、张宝善的东园、邱炳华的蕊园。童隽在其著作《江南园林志》中云“南宋以来，园林之胜首推四州，即湖、杭、苏、锡。而以杭州、湖州为尤，而湖州园林实萃于南浔”。故南浔被誉为“园林之乡”。至今，园林保存较好的为小莲庄和颖园。

小莲庄是四象之首刘墉及其子刘锦藻耗资 60 万两白银，用 40 年时间精心营造的。全园以巨幅荷花池水面为中心，环池而立的各种建筑均以水面为核心，都是荷花池的陪衬物。任何一间厅屋，推窗即见荷花池全景。春天的鸟语花香，夏天的蛙声荷香，秋天的虫鸣月色和冬天的漫天雪景均可随时传给来客。其创意突破了江南园林的传统格调，有令人耳目一新的感觉。围着荷花池建有诗屋“净香诗窟”、名家碑廊、放鹤亭、五曲桥、八角亭、御赐牌坊以及供刘氏家族女眷观赏河池美景用的小姐楼。小姐楼按中西合璧建造，二楼还供有当年宣统皇帝御赐的“承先睦族”九龙金匾。园内楼台亭阁、曲径回廊、古藤灵石均布置错落有致，精巧轻灵，不失为园林中之上品。小莲庄园门外有一条小河，名为“鹧鸪溪”。河畔两岸榆树杨柳，层层绿色植物，常年郁郁葱葱，风景十分优美。

鹧鸪溪畔作者夫妇合影（2003 年）

南浔巨贾富豪们建造的宅第也都是宝贵的建筑文化遗产，其中尤以张氏一族中的张石铭故居最为奇特精湛。现已列为全国重点文物保护单位。此故居又名懿德堂，是为其母桂氏所造。桂氏乐善好施，治家有方，人皆倾仰。当时，女子多德称“懿”，所以此故居称懿德堂以表示对其母亲的崇敬之意。整个大宅由典型的江南传统建筑和法国文艺复兴时期的欧式建筑群组成，有五落四进和中西式各式楼房 150 间，总面积约 4800 米^2。整座建筑被黛瓦青砖石库门的传统式高围墙所包围。穿过轿厅，经过正厅进入第三进。三进内厅称芭蕉厅，庭院沿墙栽种芭蕉，廊窗都木刻芭蕉叶状，栩栩如生。楼上窗户镶嵌法国进口的菱形刻花蓝晶玻璃，花式为四时花卉果品，晶莹高雅，属当时贵重工艺装饰品。据来此参观的法国专家称这种玻璃已属珍贵古董，在法国现在也找不到了。第四进的大厅是一个设有化妆间、更衣间，连地砖也从法国进口的豪华舞厅，后面的楼屋房间窗户都装有至今还可灵活转动的百叶窗。张宅就像一个艺术殿堂，砖雕门楼、石刻柱础、木雕梁枋、花窗门廊上均刻有古装戏文、山水画木和吉祥文字图案。张石铭旧宅因其风格奇特、结构恢宏、工艺精湛、建筑精华而被称为“江南第一民宅”。

刘氏家族的故居也很有特色。其故居由刘镛第三子刘悌青所建，故称为刘氏悌号，又称崇德堂，俗称“红房子”，因为墙体全用红砖砌成。整座建筑由南、中、北三部分组成，中部建筑以传统儒家文化思想理念的厅、堂、楼为主体，而在南、北部中式建筑中融入了西欧罗马式建筑，其中北部欧式建筑立面尤为壮观，大宅高而恢宏，以精美的砖雕、木雕、石雕见胜。

南浔同乡会眭桂庆会长陪我们参观装修中的刘氏悌号

特色饮食令人难忘

南浔不仅富甲一方，园林秀美，在饮食方面也是特色纷呈，令人难忘的。如太湖名产“三白”，即白鱼、白虾和银鱼，味道鲜美无比；莼菜做汤，滑润可口，印象深刻。南浔另有一种称为“绣花锦”

的绿叶菜，外形类似小青菜，但异香扑鼻，吃时满口生香。这种菜只有南浔的土质气候才能生长，即使离南浔不远的湖州也种不出来。此外，南浔的茶食点心，诸如袜底酥、橘红糕、百果糕、定胜糕、酥糖、芝麻片等都是上等名点，久吃不厌。午后闲时，风和日丽，约几位好友围桌叙谈，一杯熏豆香茶，几碟名点，其乐融融。这种南浔式下午茶，一点不逊色于英国的下午茶。

今日南浔前程似锦

历代先人们的开拓创新精神、发展经济才能，加上积善崇德、尊师重教、保护文化的优秀品德为我们创造了历史繁荣的南浔。我们为千百年来南浔的成就和屹立于强镇之林而自豪。南浔现在是“全国千强镇”“中国十大魅力名镇”“全国文明镇”“中国历史文化名镇”，现有国家级、省级和市级文化保护单位 15 处，已被联合国教科文组织列为世界历史文化遗产预备清单，并荣获联合国教科文组织颁发的“2003 年亚太地区文化遗产保护杰出贡献奖”。

有一本总部在香港的期刊《创新中国》在 2010 年采访我后，编辑们专程去南浔参观了一次。后来在发表我的采访记的下页刊登了一篇介绍南浔的短文《中华小镇名人辈出——南浔》：

古镇“难寻”，南浔古镇。

1933 年，热能工程专家林宗虎出生在这个久负盛名的小镇。

建于南宋淳祐年间，迄今已有 750 多年的历史，它到处呈现出江南文化底蕴，是一个名副其实的江南水乡古镇。

南浔文化悠久，人才辈出，它自古就有“读书之邦”之美称。在明代有“九里三阁老，十里两尚书”之谚，仅宋明清三代南浔籍就多达四十几人。尤其是明代出了三位宰相——沈漼、朱国桢、温体仁；清代著述立学的南浔人有250多人；现在学者名人就更多了。在南浔文园西面，沿湖有一条名人长廊，墙壁上镶嵌着南浔建镇以来成就斐然，为国建功，为民造福的60位知名人士、英才乡贤。

南浔最有名的要说张静江，没有他就没有辛亥革命的早日成功，是国民党“四大元老”之一，孙中山称他为“二兄”“中华第一奇人”，蒋介石叫他为“革命的导师”，陈果夫称他为“党国理财第一人”，毛泽东称他为“有经济眼光的人”……

名人层出不穷，因为南浔人喜欢办学校或创立奖学金鼓励学生。南浔早期的学校，有刘家办的孺婺小学和张牟群办的正蒙学社，庞青城办的浔溪公学。江泽民主席曾经在叔蘋奖学金50周年纪念会上题词“热心教育事业，培养建设人才”。这句话对顾乾麟和叔蘋奖学金进行了高度评价。

由于拥有这样优秀的文化气息，南浔名人层出不穷。在1995年的一份统计数字让南浔感到自豪，使各地的人也惊叹不已。如南浔籍教授在全国就有230几人之多。在旧中国当时很少有知名大学，但就在这些知名的大学中，北京大学有一位叫张翔龙的南浔人的当校长，燕京大学校长是南浔人陈志韦，张乃燕是南京国立中央大学的首任校长等等。此外还有航天之父屠守锷，新型导弹驱逐舰总设计师潘镜芙，著名作家徐迟，中国第一体操学院创始人徐一冰等。南浔人才济济，不胜枚举。

其中最精彩的词句为：古镇“难寻”，南浔古镇。这是他们对南浔的最确切的评价。要在全国、全球找到这样一个能影响国家历史进程、文化底蕴深厚、尊文崇教、人才辈出的古镇确实不易。

当前，我们正处在一个伟大的变革时刻，正处于为中华民族的伟大复兴而奋斗的时代。国富民强，市场繁荣，商贸活跃，工业兴盛，国泰民安，欢乐祥和。在这样一个从未有过的美好坏境中，我们要居安思危，要不断创新、不断改革才能创造新的经济繁荣和文化繁荣。啊！南浔，您的一切都深印在我们心里，我们热爱您！作为您的儿女，我们预祝您在创新改革的大潮中一如既往，奋勇向前，蒸蒸日上，万世昌盛，永葆青春，不断取得新的辉煌。

第二章

故居之恋

南浔百间楼

我家在南浔的故居位于百间楼。百间楼是江南水乡至今保存最完整的的沿河居民宅群，国内已不多见，这是南浔的一个旅游景点，也是历史文化保护单位。俯视百间楼，江南水乡民居特色一览无遗，一条小河蜿蜒流过，两岸隔河相对，临河建成民居群落，此起彼伏，错落有致，充满诗情画意。所谓“小桥流水人家”正是对这里民居的最好写照。清朝方熊曾有诗赞美百间楼景色，诗云：“参差阛阓压溪流，长坂桥连洗粉兜。夹岸珠帘风宕漾，春波影泛百间楼。”

百间楼俯视景色

流过百间楼的小河原称百间楼港，后称百间楼河。此河通运河，可由此航行到湖州、苏州及上海，并有分支流入洗粉兜。河上有多座小桥。北口有建于明代的莲界桥，俗称阮家桥；中间有长板桥，原为张静江所建，是一座石级架木三洞桥，后改建为钢筋水泥三洞桥；南口原有东吊桥，为元朝所建，解放后改建为一洞钢筋水泥桥。

如沿百间楼长街散步，穿过封火墙下的一道道拱形过节门洞、廊檐、石阶和河埠，看着映在河水中的各种倒影和荡漾在河中的小舟，诗情画意就会不自主地涌上心头。

在百间楼石青砖铺就的长街上，一幢幢楼房毗连，有的是石库墙门封火墙，有的是木门并排落地长窗、白粉墙、青灰瓦、木栅窗，大多是砖木结构的二层楼房。屋前形成狭长的人行道，一排排沿河排柱廊檐，一重重拱形过街门洞。沿街在河边间隔着筑有一座座河埠踏级石阶。如果推开一扇石库门，就可看到小巧的石井、雕花的木窗、古朴的厢房。天井中的花卉盆景和墙上垂下的青藤相映成趣，给古色古香的楼房平添了不少和谐和温馨的气氛。

百间楼始建于明代中期，相传是明代礼部尚书董份所建，因河两岸相对建有楼房百间而得名。董份祖先是梅林人，明初迁居南浔。明嘉靖四十一年（1562 年），董份任礼部尚书兼翰林学士，后被弹劾罢归，伏游林下。传说董份的第五个孙子和南浔白华楼楼主茅坤的孙女联姻迎亲时，茅家嫌董家房屋不够宽敞，请媒人来董家说："茅家孙女陪嫁婢女有上百个，你家住不下的。"董份回话说："不妨，我马上盖一百间楼房，让每名婢女住一间。"因而百间楼初时为董份女眷家仆的居处。董份在通津桥北堍东首另有豪宅，称"大宗泊第"。

百间楼长街没有一般城市的休闲花园、名人雕塑和一切人工装饰，就凭其小桥流水人家的浓郁江南水乡风光和古朴纯正的自然风格，使其从任何角度看去都是一幅精美的图画。人们散步或小憩其间，那幽静、空灵、和谐、自然、历史的气息和韵味迎面飘来会令人心灵净化、尘世尽忘。

南浔百间楼故居

我家的故居位于百间楼河东，由 55 号、56 号和 57 号三幢楼房构成，是湖州市历史建筑。

湖州市设的林宅铭牌

林宅离长板桥不远，从长板桥在河东下桥，沿河岸往北略行数分钟即到达林宅。楼房沿河岸廊檐下设有靠背长椅可休息纳凉。清风徐来，四周静悄悄，心灵就顿时安定下来，神清气爽，很是舒服，久久不想起身。

林宅全景（最左边三间楼房）

我是在1937年，日寇入侵南浔时离开家乡的，虽然在故居住的时间不长并且是在幼时，但数十年后，还能记得一些基本的印象，我知道故居在南浔百间楼，有一个大厅，大厅有大柱子，是我们孩童们做抢柱子游戏的地方。故居大门前有河道和航船，居门出去是洗粉兜，故居有两层，我家住在楼上，清晨能听到清脆的军号声。我家逃难到上海后，虽长期住在上海，没有回过一次故居，但家里仍保持着南浔的习俗，讲南浔话，保持南浔的风俗和饮食起居习惯，加上乡亲们不时来沪探视和借宿我家，使我们对南浔的变迁有了一个基本的了解。所谓百闻不如一见，一直想回家乡和故居看看实际情况，但解放前的战乱，解放后连续不停的各种运动，动荡的生活以及人生道路上不断前进的步伐使我对家乡和故居的思念只能停留在魂牵梦萦的状态。终于在“文化大革命”告一段落后，在上世纪70年代末我有机会去了一次南浔并探寻了故居。那时我在西安交通大学（简称西安交大）执教，有一次去无锡锅炉厂开会，会议结束较早，无锡离南浔也不远，我想为何不趁便去南浔一次以了却多年的思念呢？于是我收拾好行李，立即去无锡长途汽车站购票奔赴南浔，大约两个多小时后到达南浔长途汽车站。车站在浔溪大桥附近，下车后即乘人力车前往大陆饭店住宿，听说当时这是最好的旅馆，到旅馆已接近晚饭时刻，住房虽简单但尚洁净。放下行李就上街找饭店吃晚餐，听说长兴馆汤面很有名，于是就去吃汤面顺便要了一盆白切羊肉，白切羊肉是在冷盘柜台上卖的，奇怪的是羊肉装盆时不是用刀切片的而是用剪刀剪成的，汤面很鲜美不虚所传。

次日一早，早餐后就去探视百间楼，百间楼离大陆旅馆不远，风景优美，中间一条河流，水波荡漾，波光闪闪，东西两岸都有人家，均枕河而眠。百间楼楼房结构相仿，门牌在解放后又重新编过，因而不知门牌号，不知位于河东还是河西就很难找到故居。我在河西沿岸走到长板桥，过桥后又在河东沿岸走了一程。但时值清晨，各家大门紧闭，不方便敲门打扰，于是只好怅然离去，得到的收获是故居与回忆中的相像，使回忆变成了现实，信步走走来到了一个热闹的菜场，菜场就在河边，半露天形式，四周无墙，顶上有一个大棚遮着以避烈日和雨淋。菜场上交易旺盛，河边还有刚捕到的鲜鱼活虾出售，真是鲜活祥和的小镇生涯。使我们这些刚从十年“文化大革命”中脱离出来的人感到耳目一新，似乎又回到了幸福世界。下午我就乘长途汽车回上海了，此后，因忙于出国、科研、教学等工作就未有机会再来南浔。我想要了解确实的故居地址大概很难了，因为事隔数十年亲戚均已离散，知道实情的人已经不多了。那是我第一次回乡探望。直到 1997 年南浔镇政府邀请我和潘镜芙院士访问南浔时才有机会第二次回乡。当时受到区委书记吴文江，镇委书记杨建新（现湖州市常务副市长）、副书记杨建华的热情接待。在谈到故居时，才知道潘家故居已在抗日战争中焚毁，林家的在百间楼河东，至今还保存较好，就是已住进不少人家。会见时，《南浔通讯》主编睦桂庆和原南浔中学林黎元校长均表示他们知道我家故居地址，林校长还说他是我的本家，小时常去我家玩耍。这真使我万分高兴。后来林黎元和睦桂庆两位先生就陪我去探访故居，特别是林先生虽步履轻健，但已是80多岁高龄，使我深受感动。

与林黎元先生合影

走到故居，大门正开着，睦、林两位为镇上名人，大家都认识，所以就一起径直走进建在最里面的客厅。客厅柱子还在，但已成为多家的吃饭间和厨房了。我和出来招呼我们的朱奶奶谈了一会家常。她说："大家知道这房屋是林家的，您们走后，房屋空了，就住进来了。"客厅右侧有楼梯，我们就上楼看看，楼上一排有四间大房，原来是父亲一辈四个儿子住的，每家一间，我的父亲是长子，住在右边第一间，我走进去一看，房间面积有30多米^2，高度约3米，楼板很厚，厚度约有30多毫米，很结实，所以至今不坏。门窗用料都很讲究，不变形，至今开关如意。四间房的房门外有一共用走廊，推开走廊窗户，就可以看到门楼上刻着的祖父写的"俭以养德"四个大字。

与潘镜芙院士（右二）及杨建新书记（右一）、杨建华副书记（左一）合影

楼上下来后，再去看看厨房和后门，原来印象中从后门出去就是洗粉兜。什么叫兜呢？在南浔叫兜的地方很多，比如唐家兜、北小兜、红映兜等等。兜从字意上讲是和口袋相同的东西，如衣兜，用于水流则是不通外港的盲港的意思，而这个洗粉兜是有来历的，相传 2500 年前我国四大美人之一西施从萧山到苏州的路上，曾在这个兜边上停留，暂住，并在河中洗过脂粉，故名洗粉兜。到后门外一看，不见什么洗粉兜，只见一片田野。后来了解到，洗粉兜已在 1972 年填平，现改名为洗粉坪，成为一个村庄名字了。洗粉兜离张氏家族和庞氏家族的宅第和园林不远。祖父当时购宅第于此，一方面可能是宅第大小和式样合意，另一方面也可能是便于和张家和庞家交往议事。走出故居大门，我看见大门边上有一大排电表，想必应该是每户人家一个，我略数后约有 28 个，亦即故居中现有住户是 28 家。故居以前的面貌是看不到了，直到 2005 年，在睦桂庆主编的《南浔通讯》2005 年第二期上读到了任志荣先生写的一篇名为《浅说林宅》的文稿后，使我对故居旧貌又有了一个新的较全面的认识。

作者任志荣先生是林宅的老住户，因而他的描述应该是真实确切的。现将该文记述如下，以志纪念。

林宅坐落在南浔百间楼河东中段（55、56、57号），朝西座东，是一幢典型的明清及民国的建筑民宅。林宅门前临河，河水由北太湖缓缓向南流入市河。这条河原是围城河。南浔古代由南林和浔溪合成，此河作防御之用，河的南端有堍东吊桥，战乱时把桥板拉起，防止入侵，太平时放下桥板，通往行人，南端还有堍由张静江先生建造的钢筋水泥桥——长板桥。北端有阮家建造的阮家桥。这三堍桥把河东与河西连接在一块。

林宅背面是一片良田，田中央有个村庄——洗粉兜，可直通张静江先生的后花园（张家花园）及庞莱臣先生的后花园（庞家花园）。林宅的总面积约有2000多米^2，目前为整条百间楼最大、最深，保存得较完整的民宅。

林宅门前是三开间廊棚，雨天可避雨，夏天可纳凉，可供来往客人小憩。南北两间是带楼阁的平房，中间一间有六扇大木门关着，推开木门是间过道，通往行人，前端有六扇蜊壳落地长窗关着，推开长窗是天井，天井中央用三条花岗石板铺地，两边用卵石铺地，走过天井是间过道，南北两边是前楼房连接，南面是楼房，北面是平房。过道前端有两扇黑漆大墙门关着，推开大墙门是天井，天井中央用花岗岩石板铺路。天井有四开间，南面一间用花墙隔开，北面一间一半是厢房，一半是天井，站在天井中央可看到高大、雄伟的门楼，门楼上刻着“俭以养德”四个大字。据说是林梅生老前辈的手迹，苍劲有力，是教诲林家子子孙孙做人的座右铭。所以林宅出了一批又一批为国效力的有用人才，也是我们所有租户教育子女的座右铭。因年久失修，加上“文化大革命”扫“四旧”，门楼已拆，但原貌却深深印在墙上，至今清晰可见。四个大字中的“德”字已掉下，只剩三个字。黑漆大门外的所有蜊壳落地长窗几乎没有了，可惜！天井的面积约有50多米^2。天井前端是一排整齐高大的楼房，楼房上朝天井的窗全是蛎壳窗。楼檐下的木条全都雕刻着各种图案花纹，做工精细、考究。楼下一排蛎壳落地长窗关着，推开花窗来到大厅，厅是三开间，前端一排 12 扇屏门，南北各 4 扇，中央 4 扇。厅的中央屏门上方高高挂着一块大匾，匾是白底黑字，写着“澍德堂”三个大字，落款林梅生，还有年份及图章，年份我记不得了，大匾下面一张长台，放供物之用，厅的中央两黑漆廊柱上还分别挂着匾牌，匾牌上的题字我也记不得了。“文化大革命”时，大匾、匾牌统统拆去，不知去向，厅的两边放着太师椅和茶几，供来客小憩、叙谈。厅的地面全部用 40 厘米见方的青方砖铺地，显得大厅格外雅致、大方、气魄。厅顶端楼榆上多有铜钩钉，供红白喜事挂灯结彩之用。大厅的面积约六七十米^2。

推开北面屏门是一间林宅小家堂，家堂内供着林宅祖先牌位，前端是天井，推开中央屏门是林宅的大家堂，家堂内供着林宅祖先牌位及尊主。林宅的租户几十年来都没有碰动过林宅的家堂。可是“文化大革命”一来，两间家堂全都拆下，林宅的祖先牌位及尊主撒得一地。那时我在杭州求学，回家时，一位邻居讲给我听那里的惨景，同时他拿出了从地上拾来的几幅林宅祖先尊主给我看。林宅的祖先在清朝时全穿官服，彩色画像，幅幅尊主都裱糊得十分考究，可惜仅留下的几幅尊主也没了。推开南面屏门是扶梯、走廊及天井，扶梯下有两间布置得颇为精致的房间。据说：一间作用膳之用，另一间是书房。两房之间有两扇黑漆墙门关着，推开黑漆墙门，是林宅的厨房、柴房，共有五间，东西两个天井，面积约一二百米^2。

走上扶梯，来到楼上，朝西四间大房，北面一间楼房有厢房和合房，南北两间偏房。各房间摆设齐全，应有尽有，租户只要被褥铺盖搬进来就可住下。解放初期，政府把各房的摆设全部搬走，不知去向。朝西的四间大房，推开蛎壳窗就可看到门楼上的四个大字，可知林老前辈教育子女的用心良苦。

林宅这幢房子，黑漆大墙门内是经拆造成目前的样子，拆造年份，据说在清明、民初时期，大厅和楼上都曾装过电线、电灯。大厅中央屏门后的大家堂和扶梯下的两间房间的窗，全是玻璃的。黑漆大墙门外的房子是原来的样子，人家说是明清的建筑。整幢房子用高高的围墙围住。从围墙上的雄伟封火墙外观可知，是一幢大户人家的民宅。

《浅说林宅》是我们了解林宅的较翔实的材料。后来据我大弟林宗熊说，镇上曾来函询问过林宅的处理问题，他经商议后，决定按当时大多数人的意见捐献给政府。这是我的第一个故居，也是我的出生地，但由于住的时间较短，严格地说，只能称为祖居。

上海大胜胡同故居

我的第二个故居在上海，曾在那里生活了 20 多年，现在我弟弟林宗熊等还住在里面。此宅位于上海华山路（旧称海格路）229 弄 25 号，是一幢西式里弄房屋，里弄名称为大胜胡同。“胡同”这一名称在北京很普遍，但在上海可能仅此一家。上海里弄的取名，一般均以里、村或别墅等收尾，如慈厚南里、愚谷村、静安别墅等等，以胡同收尾的较别致，带北京味儿，因此大胜胡同在上海颇为有名。现在这一建筑群已被评为上海市优秀历史建筑。

父亲一辈的四兄弟刚从南浔迁到上海时还是颇有财力的。那时祖父因过度焦虑全家安危，已在大家到达上海前去世。因此他们都各自在上海租界找寻住房。解放前上海的住宅基本有两类。一类是自购土地，再在土地上自建房屋，这一类是全产权的私人财产。另一类是由房地产公司兴建一批房屋，然后用“顶”的方式招客来居住。

大胜胡同的优秀历史建筑铭牌

“顶”的方式是由租户先交一笔费用给房地产公司，向公司购买居住权，然后再每月付房租后就可长久居住了，之后，如果租户要搬迁了，租户可以将居住权转让给下一租户，由下一租户付一笔“顶费”给前一租户以购得居住权。此后，下一租户只需要每月付房租就可租住了。以“顶”的方式取得租住权所耗费用自然要比全产权的低很多。但是，租界的房屋“顶”费还是相当贵的，特别是法租界，我家选在法租界的大胜胡同，位于华山路与福煦路（现为延安西路的一段）相交处附近。由于二叔长期在香港从医，二婶等在沪，所以和我家就合住在一起，便于照顾。这套房屋的“顶”费很贵，约为 3 根大金条(3 斤[①]黄金)。大叔的房屋选在法租界嵩山路附近。三叔的房屋也在华山路上，离我家不远，在华山路起点端与静安寺相邻的地方。于是，从此以后我们就脱离了封建大家庭的群居环境，各家都过起了独立自主的相对自由的居家方式。

① 1 斤 =0.5 千克。

后来听父亲说，当初他考虑在此安家首先是租界较安全，不会受到日军的欺凌。此外，此处位于法租界与英租界的交界处，过了福煦路就是英租界，如果日军侵入法租界很快就可迁往英租界，这样考虑应该算是十分周全了。不过后来事态的发展出乎意料，使他的期望全部落空了。1941 年日本偷袭珍珠港，日美宣战，日军迅速占领了法租界和英租界，全上海沦陷。英美等在沪的外侨全部关进集中营。我们也就无处可逃，只能在沦陷区生活了。

大胜胡同居所朝南的一面共 3 层 3 大间，全是钢窗，底层有一个不到 30 米^{2}的小花园，种了些桑树、夹竹桃和黄阳等花木。有一扇花园门可以通外面。每一大间居住面积大约为 25 米^2，高度很高，特别是三层的，这样通风采光较好，夏天时三楼也不显得太热。

大胜胡同居所的朝南一面

大胜胡同居所朝北的一面有4层。北面房屋右边的门为大门，最左边的门是厨房天井的出门口，大门进去是一个面积约7米^{2}的门厅，地上铺有带花式的瓷砖，进门后的左侧设有冬天加热用的暖气片，右侧墙角里有一台使用人工冰制冷的冰箱。冰箱是木质外壳，古色古香很美观，使用时将购来的已制成的冰块放在冰箱的上层，食物放在下面几层，由于冷气是往下沉的，这样就可以使食物得到冷却。在上世纪30年代家用电冰箱尚未普及，有这样一台靠现成的冰块制冷的冰箱已经很时尚了。在对着大门的门厅墙的上方装有一台长方形的指令装置，里面有4块用电磁铁控制的可翻转的牌子，上面分别印着1、2、3、4的号码。这是通知佣人应去哪层房间服务的指令牌。如三楼房间需佣人服务，就在三楼房间中按电铃按钮。这样，下面印有3的牌子就会翻出来，同时电铃也响了，招呼佣人前来三楼服务。每间房里都有这种按钮以便传呼佣人。

门厅进去有一过道，向左转就是进厨房的门，向右转是上楼的楼梯，向前走就是进客厅的门，走出客厅的南门就是小花园了。因此房屋的一层就由客厅、门厅、厨房、楼梯、楼梯下的储物间、过道、还有厨房外的天井以及天井中的卫生间构成。房屋二楼有朝南的大房间、朝北的亭子间、带浴缸等全套设备的卫生间、楼梯及过道。墙上还有一个电话总机，我还记得当时的电话号码是74009。三楼结构与二楼的结构相同再上去就是四楼，四楼由过道、朝北的亭子间和晒台组成，没有朝南的大房间。每个房间中均有暖气片和传呼佣人的电铃按钮。每个大房间都有电话分机。地板全是打蜡的，光可照人。一楼地板不是贴着地面铺设的，而是架空1米铺设的，地板下面有1米高左右的通气室，所以一楼地板至今仍未受潮腐烂，整幢房屋里面有暖气、煤气、电话、旧式冰箱，有3个卫生间，在当时是十分新颖和现代化的。即使与该屋建成80年后今天的上海住房标准比较，单就每幢房屋具有独立暖气设备系统和多个装有全套进口卫浴装置的卫生间这两点来看仍是先进的。全屋的暖气设备系统采用自然循环热水系统，在客厅里有一台铸铁热水锅炉，炉壁是隔层，隔层中间充满了由四楼水箱流入的冷水，锅炉中间部分有烧煤的炉排。使煤燃烧将隔层中的冷水烧热，热水就会靠自然循环原理沿管路上升流入各房间中的暖气片加热室内空气提高室温。最后水流上升到四楼水箱沿下降管路往下流入锅炉隔层后再次受热上升，卫生间的浴缸是铸铁外涂搪瓷的，是瑞典造的，搪瓷层很厚，如小心使用可经久不坏。

大胜胡同是比利时教会的产业，正式名称为 Victory Terrace，中文直接译名应为胜利排屋，所谓排屋意即各幢楼间是连排的，不是独幢的。据说当时负责建房的神父是从北京来的，所以就定名为大胜胡同。整个胡同有 150 幢房屋，中间是一条宽大的弄堂，弄堂两边，由 3 ~ 5 幢房屋连排成一条条小支弄。房屋的建筑标准是为外侨和中产阶级以上家庭设计的，有汽车的家庭，还另有专门的独立汽车间租用。那时的居民约有 1/5 为外侨，其中包括白俄以及美、英、葡萄牙等国的侨民。华人居民也都是中上层人士或有产阶级，如名医、教授、厂长、中等企业家等。整个里弄清净整洁并且井井有条。胡同中用水也是由胡同里的水处理间将井水处理后经管道送往各家的。

大胜胡同故居的多功能客厅

大胜胡同是 1936 年建成的，我们 1938 年入住时仍感到很新、很亮丽。房间里都布置好各种西式家具，墙上贴有色彩调和、纹理雅致的壁纸，还挂有油画，地板锃亮。客厅中顶灯是一组带铜质鹿头装饰的吊灯，在立式锅炉两侧墙上各有带同样鹿头装饰的一个壁灯。壁灯下面各有一把扶手椅。客厅中间是一个棕色的西餐桌。此桌式样和木料讲究并制成可拉伸式的，不拉开时是一个方桌，拉开后，中间可按需加插进去三块同样质地的插板，这样就可将其演变成不同长度的长方形餐桌。在靠南的两个墙角里各布置了一个单人沙发，一个大的三人沙发布置在进门左边的靠墙处。此处，还有一个与餐桌相配的同质地的咖啡杯柜。客厅南边左右各有一扇带窗格的玻璃钢窗，中间是一扇带窗格的木质花园门。当阳光透过园中花木和门窗照进客厅，将摇曳的花木疏影和门窗格影投射在家具和地板上形成优雅美丽的图案时，一种家的温馨感觉就会在心中油然而生。

入住大胜胡同后，母亲怕走楼梯，我们一家就住在二楼，二婶一家住在三楼，我家人口较多，所以四楼也归我家居住，底层仍保留为客厅。祖父去世不久，他的灵台也设在家里，在客厅北面墙上悬挂着他的大幅照片，灵台上放着烛台等。每天进出都见到祖父的照片，所以对他的印象特别深刻。

大胜胡同故居入住时我大约 4 岁，那时我的印象十分新奇。因为在南浔住的是明清建筑式样的古代大宅，而这里是现代化的西式小楼，家具也不太相同，南浔的都是笨重的红木桌椅和柜子，这里是新式的西方上蜡家具和沙发。在此之前，我们还未见过和坐过沙发，更未用过煤气灶、电话、暖气设备和新式卫浴。所以一切都是新鲜事物。那时，我身高不到客厅花园门的开门把手处，想开门去花园还打不开门，只好退而坐到沙发上，觉得很软很舒服。沙发是弹簧式的，在沙发座位上还配有沙发垫子。一个座位上有一个 1 米见方已制作成形的垫子，约有 20 厘米厚，3 个沙发一共有 5 个厚实的垫子，这些垫子后来还成了我们孩童时期的主要玩物之一。例如，当我们读到北极的爱斯基摩人用冰块搭建冰屋居住时，就可以用这个垫子在靠墙一边搭起一间小屋，用沙发垫当冰块形成一间有进出口的模拟小冰屋。在客厅和花园中模拟爱斯基摩人捕鱼打猎后，就钻进小屋躺着休息，玩得非常高兴。此外，在玩“小人家”游戏时，可以用垫子来分隔一个家庭的生活功能区，然后将小家具、小炉子、锅碗瓢盆等玩具配合着一起玩也很生动有趣。稍大后，学会了打乒乓球，于是西餐桌拉长后就成了我们的室内乒乓球桌，可以在家内进行乒乓球比赛,玩得不亦乐乎。客厅外的小花园也是一个好玩的场所。在花园中间一块泥地上，挖 3 个洞，就可以用玻璃弹子玩弹子游戏。游戏时分两队对抗。在相同时间里，以弹子进洞的多者为胜方，一年四季均可玩，即使在冬天，双手因与泥地接触受冻而皲裂也在所不惜，继续在寒风中玩。此时，在花园中还可玩“中标”游戏，在树上挂一块标牌，然后用手投或橡皮筋弹射方式将标投向标牌，中标点愈近标牌中心分数愈高，最后比较各人分数高低就可定出胜负。这种游戏看似安全可靠，但存在一定危险性，有一次我用竹弓弹射一支木箭，不小心木箭飞出围墙，落在围墙外一位路人的眼部。这下可闯祸了,母亲赶紧出去赔礼道歉,急送医院检查,好在尚无大碍,后来赔钱了事。我难免受到一顿责骂，直到现在，印象还是相当深刻。

客厅的另一种功能是作为祭祖和祭神的场地，每逢祖父母的生日或者忌日都要进行祭祖。祭祖时，供桌上放满丰盛的菜肴和果品，点好蜡烛和供香，然后大家依次跪拜磕头以示敬意和追思。午饭时丰盛的供品就归大家享用了。因而祭祖时，大人们很辛苦，而最高兴的是我们这些孩童，因为有好东西吃了。我母亲是信佛的，每早起来要念金刚经，每年农历七月三十地藏王生日，她要祭神和烧地藏香。地藏香是棒香，由孩童一根根插在花园泥地里。所以每逢这个节日，我们就拿一把棒香分别安插在泥里并把香点燃，使小花园中形成点点香火，在夜晚一闪一闪显得特别明亮动人。

客厅也是姐姐们假日谈恋爱的地方。特别是大姐一对，酷爱美食，喜欢假日里购些时兴食品，在家里边吃边谈。大姐长我15岁，我们做弟弟的都很乖巧，不随便去打扰他们，但一旦有好吃的，他们也会招呼我们进去品尝，例如，他们从日本人集居的虹口区购来的精美日式糕点等都很可口。有一次，他们招呼我们进去吃一种叫龙虱的零食，印象很深刻。龙虱是广东、香港一带的美味食品，模样就似大蟑螂，可吃的就是肚子下部一块瘦肉干，十分鲜美，价格很贵。当时我想，人家常说“天上的龙肉，地上的驴肉”，这两种肉都没吃过，现在吃到的龙的虱子都那么好吃，那龙肉和驴肉一定非常美味，后来当我60岁以后，在一位广东主人请客的高级宴会上，作为冷盘之一，出现了一盘龙虱，主人很得意地问大家:这是什么?敢吃吗?桌子上大多数人都说没见过，最后我说：这不就是龙虱吗?我在几十年前就吃过了。说罢，我拿起一个就吃了。这就是数十年前，我大姐对我美食教育的成果。长大后，驴肉、狗肉都吃过，但就肉质和鲜味而言都不及鸡肉和猪肉。因而前述的对驴肉的宣传语言难免有夸大其词的嫌疑。当然，各地口味的不同，也可能得出不同的结论。龙肉是不存在的，其滋味如何无人知晓，就只能凭想象了。

我有3个姐姐和3个弟弟。未来姐夫们要和姐姐们联姻就必须和我们这几位未来的妻弟搞好关系。因而纷纷陪我们玩耍，使我们高兴。大姐夫做得特别到位，将他少年时玩过的旱冰鞋带过来教我们玩，还亲自手把手地教我们骑自行车。这样，使我们玩的技术和地盘迅速发展。我们可以不时在长而宽的里弄中来回骑自行车或穿上溜冰鞋在水泥地上飞快地滑行。他还为我们拍照。现在他和大姐均在几年前去世，但照片还保存在我的相册中，看到照片就会使我忆起当年他为我们拍照时青春快乐的笑脸。

在故居大墙外与两位弟弟的合影

解放前，住在故居三楼的堂兄林宗琦在交通大学（简称交大）念书，是一位热爱革命的中国共产党员。那时在国民党统治区，共产党员身份是不能公开的，因而他是交大“地下党”组织的成员，在上海解放前夕，他们的活动也特别频繁。于是，故居的客厅也成了他们秘密活动的据点和会议室之一。他们经常借欣赏古典音乐之名召开会议。开会时，将古典音乐声音调到很响以掩盖他们的会议谈话声。我们当时还在读高中，也不满国民党的腐败统治。所以心中对他们的勇敢奋斗精神深表同情和钦佩。虽然我们知道他们的身份，但都主动为他们保密，也不去干扰他们，这一时期，故居客厅还为“地下党”组织的活动起了一定的掩护作用。

有时客厅还成为来沪亲戚的借宿地。父亲待人宽厚，气量大度，来沪亲戚有时常在我家借宿，有的一住就是一年多。此时，就只能请他们暂睡沙发，或者在客厅中支起一个活动床（或称行军床），睡时支成一个床，白天可收起再放入楼梯下的储物间。

当然，客厅的主要作用应是接待客人。但这一作用一般要到春节时才得到充分发挥。届时，窗帘、桌布、沙发套等均已清洗干净，餐桌上放上花瓶和各式果盘，厨房里也备有莲心羹、熏豆茶、青果等以便待客。春节给孩童们带来无限欢乐，穿新衣，吃年糕，出去拜年，收压岁钱，购玩具，放鞭炮，天天生龙活虎地兴高采烈。回忆当年情景，真是童趣无涯，天真快乐。

此外，客厅花园门边的小桌子也是母亲和姐姐们给我们授课识字的地方。当时，上海很少有幼儿园，幼儿一般均靠家教。我们学习的是姐姐们购来的带漂亮图片的幼儿读本和一盒盒的方块字。方块字是一张张方纸片，正面是字，反面是表示字意的图画。如果你忘了这个字的意义和发音，你翻过来一看就可以得到提示。这是幼儿自学认字的一种很有效的方法，幼儿读本也非常生动有趣，能吸引幼儿主动去学习。此外还有一些辅助读物，我记得读过的书中有一本书名为《汪汪和咪咪》，是讲小狗和小猫故事的，配有图画，十分有趣。我们认字到一定程度后就会主动去看辅助读物，欣赏其中的故事。我到 5 岁时就毫无困难地进入小学一年级学习了。这种教育方法培育了我一辈子喜欢主动学习、主动读书的兴趣和习惯。

大胜胡同故居的岁月回忆及怀念

大胜胡同故居自我 4 岁入住后，一直到 1955 年大学毕业前都住在那里。后来研究生毕业分配在西安工作后，在父母亲去世前，每逢回沪还经常住在那里。

故居周围中外邻居不少，面对我们大门住的是一家美国人和一家英国人。面对我家花园门的是一家白俄人和一家葡萄牙人。隔壁 26 号住的是一家姓唐的银楼老板，24 号住户变动较大，有时是企业家，有时是政府官员，大家相处都很和睦，只有一次，因我二姐每天一早在四楼晒台上大声背德文，打扰了一对英国老夫妇的睡眠，他们才提出了温和的意见。英、美两家都没有孩子，因而交往较少。

1941年日美交战后，这两家人员都被关进了集中营，搬进来的是两家日本人，交往就更少了，白俄人家有一位女孩叫娜塔莎，一位男孩叫萨夏，他们在华山路上经营一家咖啡馆为生。葡萄牙人家有一位男孩叫蒙得威尔，父亲是洋行经理。我家和白俄及葡萄牙人两家关系较好，因为孩子们经常在一起踢足球和打垒球，圣诞节时有时他们会送来蛋糕、点心，春节时我家请对方父母来品尝中国菜。我们的球场就在一排汽车间前面的宽大广场上，中外混战，不亦乐乎。车间屋顶上是一个大平台，弄堂附近一家乔克生洗染公司清洗好的地毯就铺在平台上晒干。我们玩累了就爬上大平台，躺在地毯上休息、晒太阳、闲谈。大家都用英语交谈，因而我们在玩乐之中就轻松地学了不少口语。解放前夕，白俄一家移民到澳大利亚，葡萄牙一家也离开中国，可能是回国了。

夏季在上海很热，傍晚不时有海风吹来，那时各家都没有空调，就是电风扇也很少。我家有一台铜质风叶的国产“华生”牌电风扇也不常开。于是傍晚餐后，大家就搬了座椅或者躺椅到屋外风口乘凉。大人们乘便交流邻居感情，孩子们也天南海北地自由闲谈，十分热闹。抗战胜利后。隔壁24号住进了一位国民党高级技术官员，带来了美国别克汽车和GE电冰箱等一系列新式用品。他家有三儿一女，和我们年纪相近，大家相处很融洽。乘凉时，他们很友好，除自己喝加了果汁的冰水外，也给我们每人一杯。这本是很平常的事，却受到他家老女管家的当面斥责，嫌他家孩子将电冰箱中的冰水全用完了，这使我们很尴尬。喝得很不愉快。我暗下决心，等我工作后一定首先要购一台冰箱以出这口恶气。但往后的日子是连续的战争、不断的阶级斗争和运动，能吃饱饭已经很好了，哪有钱来买冰箱，并且即使有钱，市场上也没有冰箱出售，直到30多年后，1982年我从美国回国时才运回一台日本三洋的小冰箱，外面是木纹装饰的，容积只有110升。这才算是有了第一台电冰箱。改革开放30多年来，我国工业和经济水平有了飞速的发展，人民生活得到很大改善。

一个月的工资就可购买多台冰箱。这与以前窘困的生活相比，真是不可同日而语。美国迈阿密大学清洁能源研究所所长 T. N. 魏齐鲁格洛（T. N. Veziroglu）教授 1981 年夏天访问西安交大后回国就向我讲了一个故事。他说他在作报告时想喝冰水，但是偌大的西安交大竟然拿不出一杯冰水来，后来从制冷教研室才制出了一杯冰水，由此可见当时经济的落后和人民生活水平的低下。这是由乘凉引起来的后话。

乘凉时，如风向不好，就会有一股煞风景的恶臭不时飘来，这是附近福煦路“外国坟山”的焚尸炉烟囱排出的焚尸味。“外国坟山”是一个管理很好的外国公墓，但上海人都叫为“外国坟山”，外侨逝世后不运回国的就安葬于此。当时上海有两个外国公墓，另一个在嵩山路。“外国坟山”中的坟墓都各有特色。有钱人家的坟墓都是大理石铺砌的并建有天使等大理石雕像，更富的还建有休息用的亭子，墓占地不大，周围空地上铺满草坪，看上去圣洁肃穆并带有空灵感觉。一般的坟墓也均用大理石或花岗石铺砌，带有墓碑及祭台。公墓的正门在南京路上，进门是一条宽大笔直的两边植有高大法国梧桐的林荫大道。大道左右为墓地，其尽头就是形似教堂的焚尸塔。火化一般在傍晚后进行，因而白天闻不到臭味。我们在中学时，有时就到公墓来学习。那时周边没有高楼，外界马路上也没有那么多汽车，蓝天白云，绿草如茵，再加上四周不时出现雕刻精美、各种姿态的白色仙女圣童，使人有一种宁静空灵、如入仙境的感觉。在这种境地中心静如水，实在是一个学习的好地方。现在，这一公墓已改建为静安公园，免费开放。坟墓都迁移了，焚尸塔建筑还在，已改作他用，周围高楼林立，游人如织，完全找不到原先宁静空灵的感觉了。

大胜胡同是一条很长的弄堂，靠近福煦路一端的称 229 弄，靠近善钟路（现为常熟路）一端的称 285 弄。前面提到的乔克生洗染公司就在 285 弄旁边。这家公司的隔壁有一条很长的弄堂，里面都是带花园的独幢别墅。其中在弄堂口有一处是二姐女同学王婉亭的家。二姐长我 11 岁，有时就带我去玩。这弄堂十分幽深，弄堂两边都植有高大的榆树等树木，夏天进入弄堂便有蝉声阵阵、林木森森的感觉，似乎暑温也降了几度。由于在住的人口密度低，因而在里面玩要很少遇到行人。夏天我们常在这里抓知了，秋天便在此处捕蟋蟀。这是我在上海见到的最优雅幽深的弄堂之一，里面各幢楼房的式样都不一样。我们在玩时也在揣想这些别墅中究竟住些什么人，直到数十年后，我外甥到计算机研究所工作时才知道原来蔡元培先生的住宅也在其中，因为蔡元培先生的女儿就是他的所长，并且她从小就在那里长大。

大胜胡同 229 弄出口马路对面有一个上海很有名的德国大教堂，里面建筑宏伟，在大堂壁上有一台巨型管风琴，在亚洲都很有名，演奏时声音宏亮，气势辉煌，最适宜演奏宗教音乐，每逢圣诞节日，有时我们会邀几位喜欢音乐的同学一起去教堂参加弥撒活动，主要是去领略教堂中的虔诚宗教气氛和欣赏庄严优美带有空灵感的弥撒音乐，这种音乐由管风琴演奏时就似来自天国的声音，慢慢地由上而下，由远而近逐渐渗入你的心灵，使人的思想得到净化，十分感人。

解放后，风行学习俄语，在德国大教堂旁边建立了上海人民广播电台，电台中有赴电台学习俄语的节目。于是在 1950—1951 年，我就去参加了电台俄语学习班。一直到 1951 年 9 月，因为考入交通大学后须住宿，来回不便，才中止了学习。但这一阶段的学习，对于 4 年后攻读苏联专家研究生时的会话以及阅读俄文资料均有不少帮助。现在，上海人民广播电台早已迁移，德国大教堂也已拆除，在原址上高高地竖立着两幢五星级宾馆——贵都大酒店和希尔顿酒店。

故居的四楼亭子间也是值得我们回忆的，我们兄弟姐妹七人根据家庭居住人口的变化都睡过四楼，此外，四楼也是大家高考取得胜利成果的孵化器。高考前的春夏两季，不管多热，轮到应考的姐弟都会自觉地埋头在里面闭门学习，没日没夜地学习各种高考习题指南和题解，就像母鸡孵化小鸡一样勤奋，皇天不负苦心人。大家的孵化努力都得到了胜利的成果。姐弟们纷纷考入了交通大学、同济大学、复旦大学、同济医学院和南通农业大学等著名大学。邻居们很羡慕，他们说他们的孩子也很努力，有时边走边背书不小心头都撞到树上了，但仍未考上，我们也说不出所以然，可能这间房间是一个备考福地吧。

秋天来了，秋高气爽，十分舒服。中秋节时，晚上吃过团圆饭和月饼后，大家一家在花园赏月。但一轮明月常被周围楼房挡住，不尽人意。于是中学时我和大弟有时就从晒台爬上屋顶，再登上烟囱赏月。烟囱上有一块平台，中间有两个烟囱出气口，平台足够两人躺下。我们就脸朝天地躺在平台上，用手钩住一个出气口，以防摔下。此时，一轮明月，了无遮拦，月明星稀，万籁俱寂，只有银色月光温柔地普照一切。秋风徐来使人神清气爽。大弟小我 1 岁，那时两人都处在富于幻想的青少年时期，也对自己前途有了一些设想，于是就谈起了长大干什么的问题。大弟喜欢踢球，他说长大了他要以踢球为主，同时开一家烟纸店以维持生活就行了。我说我要做一个科学家或者工程师，像爱迪生那样创造些新东西。时间虽然已过去半个多世纪了，但此时此景仍铭记在心中。后来他逐年成长后，观念也变了。他不仅从交大造船系本科毕业，还在列宁格勒水运工程学院取得了副博士学位，成为一位有名的造船专家。

啊！故居，您对我太重要了，我在您那里承欢双亲膝下，我在您那里享受姐弟亲爱。您见证了我的童年、少年和青年，您见证了姐姐们的出嫁和兄弟们的迎亲，您见证了子孙诞生时我们的欢乐也见证了父母逝世时我们的悲痛。我们家半个多世纪来的沧海桑田无一不在您的见证下演变，无一不能在您那里找到踪迹。在我中学时

期有一本歌集名为 *One Hundred and One Best Songs*（《一百零一首最佳歌曲》），其中有一名为 *Sweet Home*（《可爱的家庭》）的名曲特别受我喜爱，歌词曰："我的家庭真可爱，清洁美丽又安详，兄弟姐妹都亲爱，父母亲都健在，虽然没有好花园，月季凤仙常飘香；虽然没有好厅堂，冬季温暖夏季凉。可爱的家庭呀，我不能离开您，一切恩惠比天长。"我觉得此歌的意境和描述与我家十分贴近，每当听到此歌，我的心就会怦然共鸣，就会思念家庭和亲人，甚至热泪盈眶。随着时间的飘逸，父母早已西去，姐弟也已消逝过半，只有故居尚在。现今，下一代的林家子弟正在国内和欧美等地奋发图强，建功立业，他们的业绩和成功信息一定会不时传回故居。

我的新居

1957 年，我在西安交大正式工作后，职称逐渐由讲师上升到一级教授，住房面积也由 4 人住 13 米^2 逐步上升到 230 多米^2，大有天地之差的感觉，这真得感谢改革开放带来的功效。上海故居现有大弟住着。考虑到养老和有事回沪居住的方便，我在上海锦秋花园购了一套连体别墅。这是上海第一家建造的连体别墅，位于上海大学新校区对面，环境绿化优美，房屋前后均有 30 多米^2 的私人花园，可供停车或种花之用。

锦秋花园交通便利，大门口即为地铁 7 号线的起点站和多个公共汽车站。乘地铁到故居静安寺约 20 分钟。这样与故居及亲友的交往就十分方便。我在此已断续居住 10 多年，再往下去，这里又将成为一个新的故居。

锦秋花园住宅

第三章

林氏家史

林氏家族追源

现在科技发达，信息通畅，生活水平提高后，人们就纷纷提出寻根的问题，自贵为一国的王子到海外一般华侨，以及台湾地区政坛名人等都纷纷回祖地寻根。大家都想知道自己的祖宗是谁，是如何一代一代传下来的，自己的祖籍在何处等等。我现在写的是一本自传式的作品，自然也避免不了要谈家史的问题。这对我来说是一件难事，因为以前忙于学习、生活和工作，很少有时间来考虑此问题。也未及在父母及姐姐们在世时向他们探究和询问。我只记得母亲对我说过祖父是从福建福州市到南浔来发展的，并说从家谱中知道所有林姓人氏均发源于福建。从现实需要来看也确实要下功夫将近代家史整理一遍，否则下面的儿孙们连自己的近亲也不相识了。据说我们林家原来有一本家谱的，但后来在战乱中遗失了。从任志荣先生的文章《浅说林宅》谈及南浔林宅家堂中原来供有祖先牌位及尊主一事来看，也应该是有家谱的，并且祖父以上各代祖先的状况也是清楚的。

好在天无绝人之路，1998 年由林乐志先生主编的《比干后裔：林氏家族三千年统谱》一书由光明日报出版社出版，并于次年由林先生寄赠一本给我，使我对林氏家族的来历和概貌有了一个粗浅的了解。林乐志先生著作后面附有 93 篇参考文献和 25 本参考资料可供进一步阅读参考。他前后耗时近 10 年编成此书，为后来研究姓氏文化做出了贡献。此外，堂兄林宗琦也为我家的近代史料提供了可靠的资料。

历代对林氏家族的研究的资料都表明林氏家族是我国商朝名臣

比干的后裔，比干生于公元前 1092 年，死于公元前 1029 年，终年 63 岁。他是商都亳邑人（今河南安阳市），因封地在比（今山东淄博一带），故称比干。比干是商朝纣王的王叔、少师和顾命大臣。在纣王执政初期协助纣王治国安邦，巩固政权，政绩卓著，受到纣王的重用和尊敬。此后，纣王以为大业已成，武功盖世，天下无敌，便逐渐贪图享乐，追求豪华，沉湎于酒色并且荒淫残暴，残害贤臣和百姓。比干屡谏不听反遭剖心杀身之祸并被满门抄斩。比干之妻妫氏怀孕在身，被同情比干的士兵放走，隐居于长林石室中，生下遗腹子。周武王克纣后，封比干之墓并找到比干夫人及其所生男儿。周武王因此男婴诞生于长林，就赐姓林，取名为坚，食采于清河邑，改封博陵，爵公，封邑三千户，世为大夫。因此，林氏始祖为林坚，西周初博陵邑人，爵位为清河公，是比干之子，而比干为林氏太始祖。

比干像

林坚像

比干 82 世孙林隶的次子林禄在公元 317 年随晋元帝渡江到晋安（今福建省福州市），由散骑常侍升至晋安太守，成为林氏入闽望族之始祖。至于从林禄开始到我祖父一代的传代关系就不清楚了。

唐宋以来家谱研究表明林氏家族有 5 个世系。首先林氏始祖林坚的封地在博陵邑，其地理位置在今山东茌平县西北。是林氏家族的第一个发祥地，称为博陵世系。经过 40 代后，有一部分族人迁移到济南，成为第二个发祥地，这些族人称为济南世系。后来扩展到徐州，成为第三个发祥地，这些族人称徐州世系。后来，林禄迁至福州任太守后，福州成为第四个发祥地，他的族人称福州世系。随后福州林氏又扩展到福建莆田，成为第五个发祥地，这些族人称为莆田世系。

福州林氏之始祖林禄

综上所述，林氏正宗望族，自西周至唐代，经历了4次大变迁，出现了5支望族。然后，又从上述5个发祥地扩展到全国各地和世界各国。因而当今林氏家族分部在全球各地的各个分支基本上都是上述5个世系的后裔。显然，母亲从家谱中读到所有林姓人氏均发源于福建的说法是不全面的。

中华民族是世界最古老的民族之一。我们的祖先早在5000年前就对世界文明做出了辉煌的贡献。林氏家族，源远流长，从诞生到发展经历了3000余年的历程。现在林氏家族分布在全世界几十个国家和地区。在国内，按传统的中国汉族十大姓氏排列为张、王、李、赵、刘、陈、林、杨、徐、周。林姓居十大姓氏中的第七位，其人数可高达5000万。林氏子弟在经济领域和科技领域涌现出许多杰出人物，正为世界各地的人类文明建设做出积极的贡献。

在此，我只能将我家自祖父开始近4代的史料做一个扼要的整理，其中有些资料还是不齐全的。

祖父及南浔林氏家族分支

我的祖父是林梅生，他出身贫苦，据母亲说原是个孤儿。年轻时由福州单身来南浔谋发展。他发奋图强，诚信可靠又善于经营，深得南浔豪门张氏家族的信赖。他一生为张氏家族的企业服务，从一般职员上升到副总经理，克勤克俭，积累了不少财富，成为南浔的“金黄狗”之一，实属不易。祖父长期在上海工作和居住，南浔的故居是他购给儿子们居住的。他和祖母生有四个儿子两个女儿。长子林开文(林炳章)，是我的父亲，次子林子英，三子林开第(林羡门），四子林开益（林友山）。

祖父一生的愿望是建立一个以他为核心的富裕的多子多孙的封建大家庭。他基本做到了。据长辈们说，祖父业务能力很强，记性好，人又聪明，别人一个人管一个交易柜台，他可以一个人管七个。他治家很严，有威势，除祖母外，大家都怕他。每天他办完公回家，吃晚饭时由他一个人先吃，子孙全坐在旁边，静听他发表议论或提问。大家吃饭时，他往往围着饭桌踱方步，一面继续他的孔孟之道和古训的教导。在这样的气氛下，小辈从小就养成要尊敬和孝顺长辈的习惯。祖父自持甚俭，他最爱吃的菜就是祖母烧的青菜烧豆腐。祖母用碧绿的青菜和细嫩雪白的豆腐加重油煮成的菜肴的确十分诱人可口。

祖父对子女受教育的观念是逐步转变的。在早期，他经济尚不宽裕时，对前面的两个儿子都采用他自己成才的方法进行培育。他分别让我父亲和大叔到张氏家族的企业中，从小职员做起再逐渐升

祖父林梅生

祖父母和四个儿子（林开文（左三）、林子英（右二）、林开第（左一）、林开益（右一））合影

职的方法进行培育。后来他在上海看到洋学堂教育的业绩和后劲，他也逐渐接受“纵有家财千万，不如一技在身”以及“学好数理化，走遍天下也不怕”的新型教育观念。他对祖母及儿女们说：“即使当掉包脚布，也要让子女们上学堂。”后来，他就让二叔进入上海圣约翰大学（St. Johns University）医学院读预科，再转入香港大学医学院念到本科毕业，毕业后就在香港做医生。他的这种观念转变对儿女们影响颇深。后来林氏家族对子女的教育都十分重视，在祖父的孙辈中很少有不是大学毕业的。在祖父兴建的封建大家庭中，四子两女的婚事毫无例外都是靠父母之命、媒妁之言办理的，此外，重男轻女的思想也比较严重。但是祖父建成的封建大家庭毕竟是不符合时代进步潮流的，何况又在思想进步的国际化都市上海。因此 1937 年祖父去世后，儿子们都分家分居独立生活了。祖父出生年月估计在 1875 年，因而他在世约为 62 年。祖母是在 1935 年去世的。祖父辛勤一世，受到大家的尊敬，是我们南浔林氏家族分支的创建者，如今这一分支在国内已扩展到上海、广州、香港、西安、北京、沈

阳、江苏等地，在国外已扩展到美国、欧洲、澳大利亚、新西兰等。据我所知，这一分支的林氏子弟都生活幸福，事业有成，各自为祖国的富强和世界的发展做出了应有的贡献，这是可以告慰生育和抚养我们的祖先的。

我的双亲及姐弟

我的父亲是祖父的长子林炳章，生于1900年，经父母之命、媒妁之言，他在16岁时就奉命和比他大两岁的母亲吴锡珍成婚。母亲后来说结婚时他还在玩打弹子游戏。这样的早婚可能是祖父母急于想抱孙子的缘故造成的。但是事与愿违，母亲先生了5个女孩，并且之后生下的第一个男孩，一年后即因脑膜炎夭折。这使母亲十分伤心。大叔结婚后，大婶连生了3个男孩，更使母亲在封建大家庭中倍感无形的压力。在她生育第一个男孩后，1933年生育了我，十分爱惜，为了使我长得强健取名为林宗虎。1934年生下大弟，取名林宗熊。1936年生下二弟林宗振，这次由于已有前面两个男孩，所以不再以动物命名了。至此，她已生育了9个孩子，尚有余力再生，于是1943年她又生育了三弟林宗帆，此时她已45岁了。我们姐弟们都为这晚来的小弟弟感到高兴。帆弟小我10岁，比大姐小25岁。父母虽生育了10个孩子，但因种种原因，最后实存的为7名，我居中间，前面3位姐姐，后面有3个弟弟，形成了一个多子女的大家庭。母亲产后缺乳汁，于是按当时的办法就是请奶妈。我们每个姐弟都有一个奶妈。南浔人对奶妈很尊重，称之为干娘，待遇很好。每个孩子和自己的干娘关系始终很亲。父母为抚养我们长大，培育我们成才，真是费尽全力。要维持这样一个大家庭的生活还要每年支出大笔的学费，真不容易。我们做子女的都感到自己的一点寸草心实在难以报答他们的三春晖。

父亲林炳章与母亲吴锡珍合影

大姐林善瑛与父母合影

大姐是我们姐弟中生活和经历最为丰富的一位。父母结婚后次年，即1917年就生育了大姐，她比我们大得多，因而对我们的教育和成长起了不小的帮助和示范作用。她从南浔中学初中毕业后，就去苏州就读景海女中。这是一所由美国教会在苏州创办的著名教会女中，毕业后在南通农业大学纺织系学习。抗战期间她和班上同学到苏北解放区参加革命工作。当时，她的男友徐伟已在南通农业大学农学系毕业并在沪工作，闻讯后，坚决陪她一起前往。直到抗战胜利后一起回沪工作并结婚。大姐的婚礼是我们姐弟婚事中办得最为隆重的一次，因为一则是在解放前，婚姻仪式不同，二则对方徐家也属于苏州大家，徐伟的父亲徐正铿为美国康奈尔大学的农学硕士，为国内知名农业专家并担任过上海圣约翰大学农学院院长等职。因而也要办得隆重些。婚礼是在上海最著名的百乐门舞厅举行的。这家舞厅于 1933 年由南浔四大富豪之一顾氏家族的顾联承投资 7 万两白银兴建，被誉为“远东第一乐府”，不仅装修豪华，并且以舞池铺设弹簧地板著称。舞者在弹簧地板上跳舞，舞步轻盈灵动，有飘飘欲仙的快感。所谓弹簧地板并非在地板下装上真的弹簧，而是指地板并不铺实，下面安装了汽车钢板使其成为富有弹性的舞池地板。据说，张学良到上海，必携赵四小姐到百乐门一游，飞虎将军陈纳德和陈香梅的婚礼也是在百乐门举行的。大姐和姐夫的婚礼仪式主要按西式进行，穿婚纱礼服，奏婚礼曲，有傧相等，很热闹。我那时还小，也是第一次进舞厅，在弹簧地板上跑来跑去，蹦蹦跳跳，

大姐夫妇回上海定居时的照片

新鲜有趣，印象十分深刻。解放后，他们两人前往新疆支援新疆建设，一直在靠近印度边界的叶城从事银行工作，满60岁后由叶城迁回上海居住。大姐最后是以中国人民银行叶城支行行长身份作为离休干部离休的，是我家唯一的离休干部。他们有一个儿子徐威振，已在美国定居，从事计算机技术工作。

二姐长我11岁，毕业于同济医学院妇产科，为上海长宁区卫生所医务工作者，解放初和同事汪振东结婚。有一个儿子汪泓，从事制冷设备专业工作。三姐比我大4岁，中学毕业后就参加市政工作，是上海房地产局干部，三姐夫祝家祺是财务工作者，他们有一个儿子祝修勤，在澳大利亚经营自己的室内装修公司。姐姐和姐夫们对兄弟们都很照顾。二姐夫业余爱好为种花和收集古董座钟，他调煮的金针木耳老鸭煲十分鲜美，印象深刻。

二姐夫妇合影

大弟林宗熊，比我小1岁，1956年毕业于交大船舶制造专业本科，后赴苏联深造，获列宁格勒水运工程学院副博士学位，是我国造船界知名人士，教授级高工。他和弟媳周瑛都是学造船的，在留学时相识，回国后成婚。他们育有一子林强，从事船舶设计检定工作；一女林梅，在上海招商银行工作。

三姐夫妇合影

大弟林宗熊在基辅第聂伯河畔（1961 年）

二弟林宗振比我小 3 岁，1960 年毕业于复旦大学数学系，为广州暨南大学教授，上世纪 80 年代曾在美国迈阿密大学数学系做访问学者两年，弟媳姜雯为钢琴教师。他们育有一子林晨，现为香港大学经济与金融学院和商学院讲座教授。

三弟林宗帆，比我小 10 岁，1969 年同济大学硅酸盐专业本科毕业，弟媳沈本钰是他大学同班同学。他曾任国营徐州水泥厂首任厂长，国家正局级干部，后在上海任中泰合资龙华水泥厂副厂长，是我家级别最高的干部。

二弟林宗振年轻时照片

三弟林宗帆夫妇结婚时与父母合影

我家的婚事自第三代开始都是自由恋爱结合的，父母非常开明，从不干涉子女的婚姻，他们本着自己的事自己负责的思想认为他人可以提些参考性意见，但最终还得自己决定，因而大家都很高兴，不会产生任何抱怨情绪，这实在是一种非常明智和民主的做法。我们自己子女的婚姻也参照此法执行，避免了许多不该有的家庭矛盾，此外，我们一辈的婚礼，除大姐在解放前举行外，都是在解放后举行的，因此都十分简单。一般都在单位举行，一个仪式或者更简便的就宣布一下，发发喜糖就完成了，所以婚礼全由自己解决，不须劳烦父母，高高兴兴，没有任何负担。反顾现在生活好转后，青年们的结婚方式，实在有过分奢侈和华而不实的感觉，并且给为人父母的带来很大的压力和烦恼。希望不久的将来反对浪费、提倡节俭之风能够深入人心，大行其道。

我们一家7个子女分散在各地工作，有的在上海，有的在新疆、西安，有的在大连，有的在广州，真是东南西北，散居全国。因此，要拍一张合家欢照就很困难。我手边现有资料中有6个子女与父母的合影。当时是解放初二姐夫用自拍相机在上海襄阳公园照的，其中缺了大姐和姐夫，因为他们已在新疆工作了，而我们都在上海读书或工作，就有机会聚在一起。我记得这张照片就是为了寄给在新疆的大姐才拍摄的。

6个子女与父母及二姐夫合影

（左起依次为大弟、母亲、三姐、二弟、我、二姐、父亲、二姐夫和三弟）

我的叔父和姑妈

大叔林子英家有4个儿子1个女儿。长子林建之在上海圣约翰大学化工系毕业后主要在美国施乐（Xerox）复印机公司工作，高级工程师，他研究彩色复印技术，有1个儿子，也在美国工作。次子林达之毕业于上海私立大同大学土木建筑系，为西北建筑设计院总工程师，全国劳模，生有1个儿子2个女儿，儿子林芝安在美国工作，两女儿林芝兰和林芝文均从事建筑设计工作。三子林适之1952年毕业于交大机械系，为沈阳黑色冶金研究院教授级高工。四子林海宝在大连俄文学院毕业，为俄文专家。还有一个女儿也在沈阳工作。

二叔林开第香港大学医学院毕业，主要在香港从事医生工作，生有4个女儿3个儿子。林杏芳，上海第一医学院毕业，医生。林静芳，在上海崇明工作。林宗雪在美国，医生。林宗琮在美国加州大学洛杉矶分校工作。林宗仁在香港中信银行工作。林宗邦在香港是统计数学专家。林宗琦1952年交大电机系毕业，为上海交通大学（简称上海交大）教授，曾在美国加州大学圣地亚哥分校访问两年，工作多年，他解放前参加革命工作，以离休干部身份离休，是林氏家族第二位离休干部，他夫人是邓鼎芳，1956年毕业于交大电力系，生有一子林自然，在美国工作。

三叔林开益生有一女两男，分别为林美玲、林宗鸿和林宗城，后者在公安系统工作。

父亲有两个姐妹，是我的大姑妈和二姑妈，大姑妈嫁在张家，解放前住在上海法国公园（现复兴公园）附近，后来就离开大陆了。二姑妈嫁在朱家，后来还有来往，长子朱宝钰曾是我国机械工业部的一级工程师，次子朱宝荣曾任上海华山医院内科主任。

南浔林氏家族后继有人

以上就是祖父创建的以祖父为第一代的林氏家族南浔分支近四代族人的大致情况。现在第一代和第二代族人均早已去世。第三代族人也至少年过 70，且逝者不少。第四代族人则刚值壮年时期，还在各个岗位上努力工作，奋发有为，为国家和人民做出应有的贡献。自祖父青年时期到目前大约有 130 年，在此期间，全国人民经历了推翻清朝的辛亥革命，军阀战争，抗日战争，解放战争，抗美援朝战争等一系列残酷的战争考验，解放后又经历了思想改造、土地改革、“三反五反”和“肃反”运动、“反右”斗争、困难时期，以及十年“文化大革命”等的洗涤。在这样剧烈的国内外政治形势和经济形势动荡变化中，林氏家族南浔分支能取得这样的发展和成就实属不易。仔细想来，这和祖父创建的经济基础和全家重视教育的思想有着密切的关系。当然，这也和改革开放以来国家经济的腾飞和人民生活的提高是分不开的。

现在第三代和第四代林氏家族成员中大多受过高等教育并毕业于名牌大学，不少还出国留学或在国外工作。各家都尽着自己的职责，为人民服务，取得了应有的成就并过着幸福的生活，再看一下第五代的林氏子弟，目前大多在有名的中学和大学中学习，正随着国家在复兴中华和日益富强的道路上前进，应该说都是前途无量的。

据不完全资料，林氏家族第四代成员约有 18 位，都各有成就，生活美好，但就其当今社会地位和业绩影响可能应首推林晨。

林晨生于1978年，是我二弟林宗振的独生子，2000年获华南理工大学工学学士学位，2004年、2005年和2006年分别获得美国佛罗里达大学工商管理硕士、经济学硕士及博士学位。2010年任香港中文大学金融学正教授，当时他博士毕业刚4年，年仅32岁，是香港最年轻的正教授之一。2012年被授予香港中文大学首批卓敏讲座教授席，为香港最年轻的冠名教授席教授，该教授席是以香港中文大学创校校长命名，用以表彰香港中文大学在研究中有卓越贡献的学者。全校共有10名最高学术级别的教授被授予该教授席。他还是香港金融管理局金融研究院研究员，香港研究资助局商学评审委员，香港政府大学资助委员会研究评审委员。过去5年中，他有10多篇论文在世界顶级金融学期刊 *Journal of Finance*（《金融学学报》）和 *Journal of Financial Economics*（《金融经济学学报》）发表或被接受。其中有两篇作为《金融经济学学报》卷首论文发表。2011年他的论文获得《金融经济学学报》年度最佳公司金融论文奖詹森奖第一名。他的研究成果对于金融创新、金融改革、公司治理、金融监督以及金融稳定提供了建议和意见，其研究成果已连续3年被世界银行“全球营商环境报告”引用。他与其他两位著名学者共同主编的 *Research Handbook of International Banking and Governance*（《国际银行和治理研究手册》）已于2012年由爱德华·埃尔加出版公司（Edward Elgar Publishing Ltd.）出版。2013年他已被香港大学聘为金融经济学院和商学院的讲座教授。

高校中的讲座教授一般均由校内少量资深著名教授担任，要经过国际学术评审，对于香港大学这样世界一流名校而言要求更严。林晨在30多岁便能以其学术成果成长为名校的讲座教授，实属不易。应该说是我们第四代林氏子弟中升起的一颗充满希望的新星。我们预祝林晨等第四代林氏子弟发奋图强，坚持不懈，为国家和人民做出更大的贡献。

林晨的成功主要归功于国家的培养、师长的教导和本人的努力，但二弟夫妇的精心培育也起了重要作用。林晨从小学开始，一放学就被二弟接回家中，只许在家中玩，家中玩具一应俱全。学习不懂的，家长在家再教一遍。所以在进大学前，家长管教严格。大学毕业后，在择业、留学、再择业等各种需要选择的关键时刻，二弟都郑重把关。承二弟对我的信任，他总是及时和我仔细讨论研究，做出一个稳妥、优化的可靠方案。正如我在本书一开始说的，人的一生是一个选择过程的总和，选择对了，就是成功的一半。林晨的成功也是他自己和二弟夫妇正确选择事物的结果。林晨的智商和情商都很高，希望他戒骄戒躁，做出更大的业绩。

2010 年三弟一家来沪参观世博会时，在世的第三代林氏姐弟聚会合影并祝贺林晨担任香港中文大学教授一职。当时大姐、二姐均已以 84 ~ 85 岁的高龄去世。

第三代林氏姐弟夫妇与林晨夫妇（后排左边一对）在上海合影

2011 年 1 月中旬，我应邀参加院士“香港行”活动，林晨夫妇热忱邀请我们在香港半岛酒店品尝英式下午茶，香港半岛酒店已久闻大名，在香港规格很高，价格昂贵，但仍订不到座位。所以先由侄媳齐倩提早半个小时去排队订位，订到后我们再过去。酒店很有气派，中外宾客盈门，孩童谢绝，有乐队伴奏，咖啡和蛋糕点心均很出色。晚上，在他们住宅附近五星级黄金海岸大酒店品尝海鲜宴。现在看来，摄影技术确实是一种对人类大有益处的伟大发明，平时拍照后也就放在书桌中不觉得非常重要，但在回忆往事时却大有用处了。这叫做平时不在意，用时显光彩。试想那些逝去的岁月，没有相片，当时情景就无法记清了。

林氏家族中我的至爱

林氏家族成员都是相互爱护，相互帮助的。想起每个人都能带来不少温馨的回忆。但在这些至亲的成员中，能使我魂牵梦萦，经常思念的就只有我的至爱——母亲。虽然她去世已经30多年了，但至今我还能经常梦见。2008年，在她去世30周年时，我写了一篇纪念短文《怀念母亲吴锡珍》以寄托我深切的思念，后来刊于2012年东方出版中心出版的《共和国院士回忆录》上。现将该文收入我的自传以便我们永远怀念，终生难忘。

怀念母亲吴锡珍

林宗虎

每当“母亲节”来临之际，我总想写一篇短文来怀念母亲她老人家。因为人世间她是最爱我的，也是我的最爱。但总因琐事而未能如愿，在她逝世30周年，又是她110周年诞辰之际，我下决心要写一篇纪念短文来寄托我深切的思念。

母亲名叫吴锡珍，生于书香门第，年长父亲两岁。她在19岁时按父母之命嫁入林家。婚后次年即生下大姐，此后，一共生了10个子女。她的生育过程很富戏剧性，按工程术语是分批生产，第一批连生5个女孩，第二批再生5个男孩。当然，在当时以祖父为核心的重男轻女大家庭里，这样的生育程序对她形成的压力和烦恼是不言而喻的。我是在她的第一个男孩亦即我哥哥患脑膜炎幼年夭折后出生的，因而备受珍爱。为了期望我健康成长，为我取名时加了一个“虎”字。母亲产后缺奶，子女都是请奶妈来家带大的。因此，家中除了一群子女外，还常有好几个奶妈和保姆，形成了一个不小的家庭。好在祖父家境殷实，父亲又是高级职员，收人颇丰，所以在经济上还能应付过去。

母亲身材修长，端庄秀丽，富存大家闺秀的风度和气质。她慈祥、稳重、公正、宽容，是全家的主心骨，在她的精心操持下，家中人数虽多，但在任何时候都井井有条，保持着一种和睦、团结、亲切、温馨的气氛。

她虽是一位普通妇女，但处事坚强果断，乐观向上。我懂事以来就从未见她愁眉不展或伤心流泪。

1937年日寇将要侵入故乡浙江南浔时，母亲决定独自带全家赴沪避难并与父亲在沪会合。我们经乡村小道再乘船赴沪。一天路宿农家时，恰逢太湖强人晚上前来拦劫。强人一路奔来，一面大声追问：“林家在哪里？”弟弟天真，正想答应，母亲机智地一手掩住他口，不让出声，这样，总算逃过一劫，平安抵沪。

当时，日寇在沪尚未占领租界，我们就在法租界海格路大胜胡同的一幢楼房内安顿下来。大胜胡同是一条西式里弄，原为比利时人的产业，建成于1937年，现今被评为上海市优秀历史建筑。全上海称为胡同的里弄可能也仅此一条。我们从南浔住的明朝建筑迁入全盘西式的新居感到十分新奇。这里有电话、煤气、水汀、冰箱及全套卫浴设备，使母亲大开眼界，十分高兴。

我的幸福童年、多彩青少年时期都是在那里度过的。后来这里就成了我们沪上的老家，至今，弟弟还住在那里。

大胜胡同是我住得最长的地方，也是我承欢父母膝下最久之处。在那里可以勾起我一系列对往事的回忆。

我们幼时，社会上尚未开设幼儿园，因而学龄前教育就由母亲和姐姐们承担。当时学的是方块字。所谓方块字就是在一正方形纸片上，一面印有一个正楷汉字，另一面印有表明字意的精美图画，如果将字忘了，翻过来看图画就能帮助你回忆起来。在母亲的循循善诱下，我们进步很快，我5岁时就读小学一年级了。

在我童年的回忆里，母亲每天会在深更半夜时照着手电从二楼轻轻地到四楼卧室来探视我们。她为我们盖好散落的被子，抚摸一下我们的小脸，然后又悄悄地回去。当我们在半醒状态感到慈母的爱抚时，一股幸福的暖流便会缓缓地从心底升起。

8岁时我不幸染上了白喉并迅速传给了两位弟弟。这时，恰逢父亲失业，真是“屋漏偏逢连夜雨”，但父母不顾高昂的出诊费用仍请了沪上名中医徐小圃先生多次出诊看病。当时家里几乎成了医院。父亲忙着煎药，母亲仍指挥若定地操持家务。在我们眼中看不到惊慌，得到的只是爱抚、安慰和精心的治疗。一段时间后．这原本应由西医治疗的疾病竟然经徐医生妙手回春用中药治好了，并且不带任何后遗症。这是我们至今染上的唯一一次致命疾病，所以对父母当时的无私厚爱印象特别深刻。

自我家定居上海后，家乡一些亲友来沪时常寄住家中，有的往往一住几年，但父母为人宽厚，不仅热心接待还不时为他们介绍工作。母亲十分注重清洁卫生，由于家中来客较多，为了避免疾病传播，家中用餐都采用公筷制。这一卫生文明的习惯在我后来建立的小家中也一直沿用至今。

父母是比较开明民主的，他们尊重子女的人格和意见，因而作为他们的子女是自由快乐的。除小学外，他们从不强行检查我们的学业，中学、大学、专业、工作、婚姻等大事都尊重我们的意见，由自己选定。甚至在新中国成立前大姐远赴解放区参加革命这样的大事也由大姐自己做主。这样就及早有效地培养了我们尊重他人的意识和独立工作的能力。他们用平时的教育和自身的榜样引导我们懂得如何做人。其结果是随他们长大的7个子女个个都学有所长，都为社会做出了应有的贡献。以我们4个男孩为例，两位留美、1位留苏，都是国家的教授。最小的弟弟也是国家正局级干部。在他们的影响下，我们各自的小家也均洋溢着不强迫命令、相互尊重与亲切和睦的气氛。凡事可多商量，但最后自己的事要自己决定。

我的中学是上海著名的天主教学校圣芳济中学，该校的特点为在新中国成立前除公民和国语两门课外，全部采用外文原版，并由外国神职人员等用英语讲授。因而使我有机会读了不少国外原著作品，其中美国著名作家华盛顿·欧文（Washington Irving）在其名著 *The Sketch Book*（《见闻札记》）中有一段描述妻子的文字给我留下了深刻的印象。他将丈夫比做一棵刚直的大树而妻子就像蜿蜒盘绕在树上的青藤。平时两者依偎着生长，一旦狂风劲吹，大树摇摇欲倒时，蜿蜒的青藤就会尽其所能扶持大树不让其倾倒。我觉得这正是对我父母当时的恰当写照。那时正值上海解放前后，物价飞涨，社会动荡，父亲经济也陷入了困境。此时，母亲就义无反顾地取出全部珠宝首饰供父亲去变卖或抵押以维持家用。父母的关系确实就像树与藤一样，相互扶持，费尽精力将一个庞大的九口之家支撑起来。好在不久姐姐们也先后参加了工作，她们都尽力资助家庭使之度过困境。新中国成立前上海曾有一份著名的报刊称为《申报》，设有奖学金用以资助优秀学生，但须通过严格考试获得。看到家中的困境，我也想出一分力，就去报名应试。考试是在海私立大同大学进行的，结果一考通过，全家非常高兴。这样，一面检验了我自己的学业成绩，一面又解决了高昂的学费。

母亲待人宽厚大度，对待保姆和奶妈也不例外，每当她们中年轻的结婚，母亲总备一份厚礼。对稍有私心为自己积攒一些食油等琐事的，母亲发觉了也从不提起。她常说人无完人，用人就要信任和宽厚，不要追究琐事。因而我家与保姆的关系一直很好。“文化大革命”中，父亲单位的“造反派”去旧时保姆处调查父亲材料时，竟无一人说我家坏话。家中有一位无亲可靠的奶妈就一直在我家工作到老。最后由我们负责将她送入养老院养老，一直到101岁去世。平时，在沪的弟弟们常去看望或将她接回家中过年，就像对待家人一样。

1957年，我随交通大学迁到西安工作后，与母亲的接触就少多了，只能书信问候。好在我常回上海出差，所以每年还能见到。她爱吃符离集的烧鸡，我每次回沪，车经符离集时总下车带两个回家。有次回沪，列车晚点，一直到下午二时半才到家。母亲早在等候了，见我尚未午餐，就亲自下厨为我做了香肠蛋炒饭和紫菜虾米汤。她将午餐放在餐桌后就坐在对面看我用餐。我偶尔抬头，就看到母亲正笑眯眯地看着我，她眼中流露出来的慈祥、欣慰、充满爱怜的目光深深地打动了我。这目光是与生俱来的伟大母爱的自然展示，使我终生难忘。我也不由自主地微微一笑。我们母子之间瞬间的情感交流所带来的幸福和快乐也只有我们自己才能体会到，那时我国正值20世纪60年代的困难时期，普通香肠实属来之不易的珍品。不知是由于腹中空虚还是母爱的感动，这40多年前的普通一餐，却成为我至今享用过的各类宴会和美味佳肴中印象最深的美食。

随着岁月的逝去，子女们都逐渐走上了工作岗位，家里经济情况也日益好转。每个子女都自觉地按月寄家用给父母，并且约定不将小孩在父母家寄养以保证他们安度晚年。

母亲信佛，每天有一定时间念《金刚经》以期保佑全家平安幸福。有一次我在晚春时节回沪，母亲想去灵隐寺进香。那时母亲已62岁，父亲尚在工作。我和母亲略做准备即乘火车前往杭州。我们在西湖边的湖滨饭店要了一间向湖的客房。安顿后两人就在湖滨漫步。母亲年轻时来过杭州，所以尚有模糊印象。我们边走边谈，春风微拂，湖光山影，使人萌发出从未有过的快乐休闲心态。次日一早，我们便雇车去了灵隐寺及其他景点并在楼外楼菜馆用餐。回程时购了不少小礼品用以分送亲朋好友。母亲十分高兴，她觉得有孩子陪同专门出游是人生一大快事，而我也感到能使母亲高兴是我最欣慰的事情。父母之间相互关爱、相互尊重的品德永远是我们学习的榜样。父亲爱吃湖蟹但嫌麻烦，母亲每当湖蟹上市时，总耐心地为他准备好去壳的蟹粉和蟹油。母亲爱尝醉蟹和糟蛋，父亲下班回家时常带些回来。他们相互扶持，同心协力，在战争不断的年代里为抚养子女长大成才所付出的努力和代价是难以想象的。但他们做到了，他们用自己的爱心、信心、恒心和毅力做到了，这就是他们的伟大之处，是值得我们尊敬、学习和永远怀念的。

父母对我们无私的恩和爱是绵长、厚重且无法比拟的，是永远道不尽的，也是无法报答的。这种爱涓涓滴滴地渗入我们的血液中，丝丝入扣地长在我们心头，使我们经常怀念，终生难忘。

第四章

上海求学

日军入侵逃难赴沪

1937年7月，日本对华发起了侵略战争。8月11日，日本第三舰队驶进黄浦江及长江下游浏河以下各港口，已有在淞沪登陆，发动战争的意图。我方军民均群情激昂，积极奋勇抗战，但由于蒋介石多次下达不得进攻命令，贻误战机，使得日军能经过激战后攻入上海。11月10日，日军在金山卫登陆，离南浔还有相当的距离，大家以为日军到南浔的日子还远着呢，不必忙着逃难，至少要到敌人进攻平望时再逃还来得及。另外大家还幻想这场战争可能是短期的，没有认识到日本侵略军的残忍性和毁灭性。11月13日，日军飞机轰炸平望，爆炸声清楚地传到南浔。11月14日，镇上通知老百姓逃难。于是镇上大乱，百姓开始逃难。当时祖父也未认识到这场战争的残酷性和长久性，所以一直到1937年10月，除祖父母、父亲和二叔在沪外，整个家庭仍在南浔。计有林氏成员22人和女仆7人，共29人。除大叔和四叔外，全是妇孺。在11月中旬，我们也开始逃难了，这支队伍的整体行动，由大叔林子英决策。我们租了三条手摇小船，第一站到离南浔10多千米的织里镇。在亲戚家住了几天后，再租船往北，逃到石匠兜（距织里几千米）。11月18日，南浔沦陷，日军放火烧房，火光冲天，烧毁房屋约5000间，晚上在石匠兜都能看到东边南浔上空一片火光。在石匠兜住过两天后，再往北数千米到杨溇，二日后再往东数千米到鸭蛋兜（现称约淡兜）。大家在鸭蛋兜安顿住了一个月。但为了解决29人的伙食，每天大家须到当地集市七都去买菜，十分显眼。终于被土匪探到消息，计划当天来抢南浔林家。大叔得到消息后，当机立断，将全家迁到七都一个乡绅家，并由乡绅出面和土匪谈判，总算免了一劫。此后，除三叔一家及一个女仆独立行动，前往上海外，大家一直等到1938年3月左右，听说到上海的水路已可通航，大叔才带领其余24人再租三条航船由七都出发，一直摇船到达上海。自1937年11月，我们离开南浔后，与祖父失去联系，又无法通信和通电话。祖父十分着急，曾在上海广播电台发布寻人启事，也无结果。祖父急虑成疾，医治无效，在我们到达上海前已经去世。祖父去世时，只有我父亲和二叔在旁，其他人均失去了送终的机会，真是十分遗憾。以上的逃难经历主要是堂兄林宗琦回忆的情况，他比我年长3岁，那时已是7岁，所以回忆内容比我清楚得多。

我当时4岁左右，只记得是乘船离开南浔前往上海的。在鸭蛋兜住了些时候，住在乡绅家的大房屋内。房子里有一个大厅，孩童都在厅内游戏。那时是秋末冬初，天气还不太冷，鸭蛋兜有大片桑树林，我们随村里孩子一起在桑树林里玩耍。桑树林里村民正在修剪桑枝。锯树声、工具清脆的撞击声不时打破田野的静寂，此起彼伏。偶尔还传来几声鸟鸣，十分动听。田野是广阔的，空气是新鲜而清凉的，对于我们这些常年关在深宅大院的孩子来说，心胸大为舒展。随着孩童在田野树林中奔跑，欢乐极了。孩童们还会找来一些桑葚或浆果给我们吃。有时会带我们去坟山，在坟山堆里找一些茅草，将茅草顶上的茎拔下，里面的草汁可供吸吮，甜美可口。这些都是我们从未尝过的。但此后，经过何种途径到达上海的就不清楚了。

小学生涯回顾

到上海，住进大胜胡同后就准备进小学念书了。大姐替我们在附近一家有名的私立正志小学报了名，正志小学位于善钟路中段，离家不到1千米。校舍是一栋4层的欧式洋房，外表很古典，可以入画。一楼是供5岁以下儿童入学的幼稚园及办公室。二楼以上均为教室，供一年级到六年级学生教学之用。此校学生为数不多，但管教甚严，教学质量好，现改名为常熟路第一小学。幼稚园的学习轻松愉快，整天唱歌、跳舞、做游戏、讲故事。我已5岁，经考核后，进入一年级学习。每当到二楼教室上课经过幼稚园时往往听到一片歌声笑语。但我们并不羡慕他们，因为我们自觉已经成长了，而他们还只是娃娃。

学校有一个大花园，供学生们课外活动和上体育课。花园左边有一个木制大荡船，船的底部两端设有相对的两个长椅。每个长椅可坐三个学生。每个长椅还有两根可移动的钢带和布置在长椅外的固定架子的顶端横梁相连。这样，推动荡船可使荡船在固定架子上来回荡动。玩时一般由两个孩子站在荡船底上晃动荡船，与其余坐在椅子上的孩子共享荡动的快乐，然后再由其他孩子轮换晃船。这样大的荡船，我在其他地方未曾再见过。每逢下课，大家都抢着去玩荡船。

小学学习课程有语文、算术、常识、音乐、美术、体育等。还要学珠算和毛笔字。老师教得生动，学生学得也很有兴趣。进入三年级就开始学习英文和文言文。教英文的是杨先生，广东口音，瘦高个子，教课很清楚。在教完26个英文字母后，开始学习英文的"你、我、他"。我发现他对英文的"我"（I）字十分反感。他在黑板上写了一个很大的"I"，在"I"的周围画了个大圆圈，然后用教鞭指着"I"大发议论。他说："世界上最坏的就是这个'I'字，就是'我'字，一切以我为中心，个人主义！"我到现在也没弄清楚那天他为什么要对我们这些小学生大发议论。也许是受到了什么刺激。但这事留给我太深刻的印象，以至于每当我读到"I"字就会想起杨先生发火的模样和教导。语文是一位中年女教师朱先生教的。她就住在学校附近，很严厉。大家有些怕她。但她讲课讲得很生动。

她带我们学习了不少《古文观止》中适合我们的精篇。如《苛政猛于虎》《冯谖客孟尝君》《桃花源记》《捕蛇者说》《醉翁亭记》《秋声赋》《口技》《卖柑者言》等。这些精篇通过她的讲解使我们的语文水平和欣赏能力大为提高，受益匪浅。此外，也学习了不少唐诗宋词，如孟郊的《游子吟》、李白的《静夜思》、岳飞的《满江红》等使我们对古诗词文字的精炼和力度、诗词意境的深远和高超，以及中国文字的博大精深有了初步的认识。我们的班主任是一位时尚的年轻何姓女老师，教务长是一位中年男老师，一直穿西服，衣冠端正。这两位老师对学生比较严肃，不苟言笑，有一定威严。同学见他们大都是既尊敬又害怕。学校对学生的惩罚方式是打手心、立壁角（面向墙站立）、关晚学（放学后不让按时回家）和家长谈话，所以学生都小心避免触犯校规。

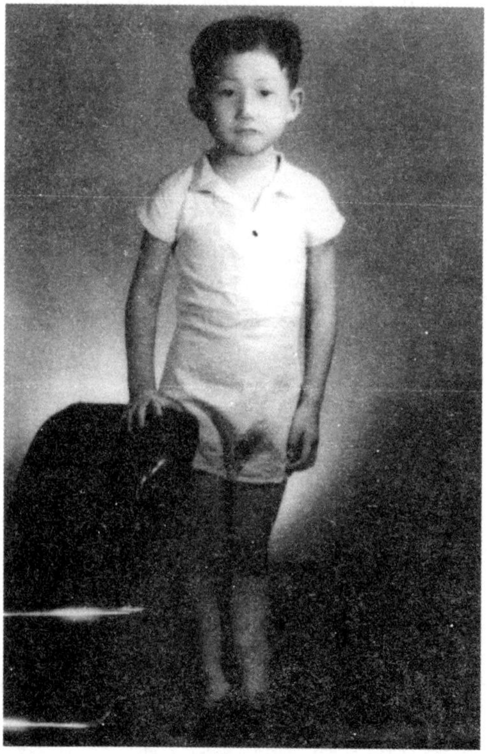

入小学时照片

入小学时和大弟合影

去学校上课及课后回家都是由仆人陪着接送。中午午餐也由仆人从家中送来。母亲到上海后很注意学习育儿方法和卫生知识。所以我们在小学阶段，每天早餐一定要喝牛奶，吃钙片和鱼肝油，这样可以使我们不缺营养地茁壮成长。这些养育方法在当时乃至现在都是很先进的方法。

但有时往往事与愿违。我在小学三年级上学期不幸染上白喉。白喉是一种凶险的传染病，死亡率很高，经空气传播，潜伏期约7天。我在开始时中等发热，轻微咽痛，软弱无力，胃口不好，扁桃体出现白点。很快此病传染给大弟和二弟。父母十分着急，就请上海著名中医徐小圃来家就诊。徐大夫确诊为白喉（也叫缠喉风）后就悉心用中医方法治疗。那时家中就像医院，三个孩子睡在三张病床上，定时服用中药。父亲刚逢失业，就在家中煎药，母亲处理家务。

经过10多天的治疗后，三个孩子均告痊愈，并且没有留下任何后遗症。徐大夫的出诊费是很贵的，来了10多次，收了我家一大笔出诊费后，和我们也搞熟了。于是在临别时送了我们每人一个高级玩具。他很懂得男孩子的爱好，送给我的是一把气枪，黄色木质枪托，乌黑的钢质枪管，还有一大盒子弹。这枪是欧洲造的，放在我的病床上，其长度超出我身高。这枪有一定的杀伤力，能将数十米外的鸟儿击落。射击时，先装好子弹，拉开枪机，枪机用弹簧控制，拉开枪机要用不小的力气。我当时病后体弱，拿不动此枪，更拉不开枪机，只好当作床上伴侣。但即使这样，还是看看心里就高兴，希望早日康复。这可能也是医生医病的一种心理协调法。弟弟们收到什么玩具我忘记了。此枪经弟弟们一个个轮流玩过后，现在还放在大同胡同的故居中，成为70多年的玩具纪念品了。

前一段时间曾经刮过一阵全面否定中医的歪风，在其中还有一些自以为样样都懂但并不在行的所谓的专家。我是中医的受惠者，我觉得中医是我国五千年文化的重要组成部分，我国五千年来的人民保健和疾病防治主要靠的是中医，怎能说中医不科学，甚至一无是处呢？就以我患的白喉而言，在1928年左右，青霉素发明以前，是一种凶险的传染病。就像当时的肺结核一样，用西医的方法近乎是绝症。就以今日的西医治疗方法而言，也是复杂的。首先得判定此病是由白喉杆菌引起的白喉症。然后，要用白喉抗毒素中和尚未与细胞组合的毒素，再用青霉素消灭细菌并防止播散，但青霉素不能代替抗毒素治疗。而中医却在古代早已能识别并治疗这种传染病。因此怎能说中医无用呢？再说由于微生物学的发展，西医也开始认识到同一疾病对不同病人应采用个别专用药方和治疗方法才更有效。这一个别就诊的方法在中医方面历来就是这样应用的。因此中西医应该互相学习，互相探究，这样才能更深地探究大自然的秘密，更好地治病救人。

病愈后，原本我可以继续在三年级下半学期学习，并将落下的课程补齐。但母亲考虑到医嘱，认为白喉的恢复期较长，不宜立即恢复学习。她坚持让我和大弟休息半年再去上学。她说：晚毕业一年没有关系，身体健康最重要，以后的日子还长着呢。就这样，我和大弟就在家休息了半年，顺便还看了不少中国古典名著，如《封神榜》《西游记》《隋唐演义》等。

在小学阶段，我们一面接受学校的培育，一面接受家庭教育。这两者对培养人的素质都很重要。父母十分注意卫生，由于他们气量较大，又热情好客，因而南浔乡亲来沪常食宿我家。父母考虑孩子多又不明来客的健康状况，为了防止结核性肺病等的传染，家中饮食都常采用公筷制，即大家用公筷将菜夹到自己碗碟中，然后再用自己的筷子取食。这样就避免了通过饮食传染疾病。这一制度后来移植到我们的小家庭，至今还在执行着。我想如果国人都能采用公筷制，一定可以显著减少传染病的传播。此外母亲对饮食卫生要求特严。早上仆人从菜场购买回的菜，特别是鱼、肉、虾等，她都严格检查是否新鲜，是否有异味。她手里经常拿一个酒精瓶和一包药棉，吃苹果时，先用水洗净，再用酒精擦外皮，最后削皮再吃。我们现在虽没有她那样严格，但在她的影响下，我家从不连皮吃水果，也不吃无皮的水果，如草莓、蓝莓、杨梅等。此外我家不吃生菜，不喝生水，即使在国外也是这样。

我在三年级一场白喉风险痊愈后，由于休息时间长，恢复充分，营养及时，以及注意卫生，至今 70 多年未曾患有大病。连吊针也未用过。看来母亲的“养好身体，迟毕业一年”的决定是完全正确的。

父母以身作则的榜样在各方面教育和影响着我们。我家是一个多子女大家庭，经常有客人一起就餐。父亲有机会就会教导我们就餐礼节，例如：主人在客人未入席时不能抢先入坐，要注意位置的排列；新菜上来应请客人先动筷品尝；第一筷菜应先是素菜，再吃荤菜；不能不顾他人，专吃自己喜欢的菜；喝汤或粥时应寂静无声，就像和尚在庙堂里就餐一样鸦雀无声，不许发出任何怪异失礼的声音；

吃饭不能狼吞虎咽，要细嚼慢咽，食不露齿；如已食毕，要提前离席，应将筷子放在碗上（表示餐已用毕），并请各位慢用，再告辞。

父母对我们在为人之道方面的教育主要是为人应有诚信，宽厚和善良的品质。父亲常说：“我和你们祖父都是财会人员，一生手上经过的钱财何止千万，但从不贪财。每一笔账都得算清楚，最后算总账时不能多一分钱，因为多了也就意味着少了，可能有一笔账没有计入。”他为了一笔账没有平衡，常带回家，在晚上复核，一直到算平为止。他特别讲诚信，答应他人的事一定办到，遵守诺言。父母对人十分宽容厚道，有些亲戚在我家一住就是几年，还要替他们介绍工作。年轻的女仆出嫁时，母亲都为他们备下一份礼品。二弟的奶妈在家中人员均因瘟疫去世后，就一直在我家工作，年老后我们出了一笔养老金让她在国家宝山养老院安度晚年。弟弟们像对待长辈一样经常去看望，节日接回家，后来到了100多岁才去世。母亲信佛，一切慈悲为怀，不太计较小事。因而“文化大革命”中调查我家情况时，在我家工作过的仆人没有一个说我们坏话的。

父亲一直从事财会工作，不熟悉理工。但他在担任金坛盐公堂经理时与华罗庚家为邻。华家开设的小烟纸店就在盐公堂附近。在金坛，华罗庚刻苦自学终于成为名扬世界的数学大师的事迹人人皆知，也感染了父亲。因此他常以华罗庚成才的事迹教育子女：成为科学家,必须勤奋学习。俗话说得好:“学好数理化,走遍天下都不怕。”他以这样的教育引导子女的求学道路，因而在林家子女中，没有一人从文，大都是学理工和农医。说到金坛，我就想起我在金坛发生的一件风险事。母亲告诉我，在刚学会走路时，我就随父母在金坛居住。有一天发现我失踪了，父母十分着急，赶紧动员盐公堂全体人员外出寻找，找了半天，终于有一位叫王依生的男工人发现我正在城外的一条小道上慢慢地往回走着，于是立即将我抱送回家，总算是有惊无险。这应该说是我人生中第一次走在歧路上。真是上天保佑。大概当时是我走累了，风景也看够了，终于迷途知返了。如果那次遇到坏人或车祸，那我的人生经历就当另写了。后来盐公堂解散了，王依生已近老年，无处可去，父亲为了感谢他，就将其带到家里工作。他在上海常带二弟到马路边去看汽车，和蔼可亲，与大家关系都很好。后来年老了，他想回家，父亲就送他一笔钱，让他回家安度晚年。

日美战争爆发后，英美外侨均被关进集中营，小学里开始教日文，学了日文字母和一些诸如《春天到樱花开》之类的短文，我发现小孩的认知能力真的很强，就像一块白的吸墨海绵，教什么就深深地印在那里。此后我对日文接触很少，但经过那一段短期的日语教学后，至今我仍能背诵那些日文字母。所以根据我自己的体验，小学入学年龄至少可以提前到 6 岁。这样可以增加一个人的未来工作年龄。

在抗日战争后期，美国 B-29 型轰炸机不时来上海轰炸周边的日本军事设施。有一次我们正在下午自习课进行自习，老师也不在。突然听到警报声，教室里顿时乱成一片。这时有一位同学请大家不要慌乱。他从口袋中拿出口琴，熟练地吹奏起优美的旋律。说也奇怪，瞬间同学们就安静下来，有的甚至随音调唱起歌来。此时，我深为音乐的安抚作用所感动。有一次飞机来袭时，正值假日，我们在室外看到 B-29 型飞机飞得很高，日军的高射炮弹形成一朵朵烟云，在飞机下面漂浮。我们看得正高兴时，母亲将我们拉回客厅。她怕飞机扫射的子弹伤着我们。她在客厅餐桌上铺了三条丝绵被，然后让我们躲在桌子下面避难。桌子四周垂下的被子可用于防弹。好在不久日本就宣告投降，这种紧张局面告一段落。我是在 1945 年小学毕业的，恰逢抗战胜利，大家着实为庆祝抗战胜利而欢欣鼓舞了一阵子。随着战火的纷飞，我已从一个 5 岁的无知儿童，成长为一个有初步识别能力的少年。

抗战胜利庆祝热潮逐渐平息，国民党要员对沦陷区的接管大潮又迅速展开。美国水兵（上海人称之为美国“烂水手”）开着吉普车，一手拿酒瓶，一手抱着“咸水妹”飞驰而过的景象，不断刺激着国民的视觉，加之经济不稳定，法币贬值，物价飞涨，国共战争，百姓的生活仍是苦不堪言。父亲的家产由于长期失业和物价飞涨也消失殆尽，好在大姐、二姐已经开始工作，其工资可以补贴家用，所以生活尚可勉强维持，但经济状况已今非昔比。

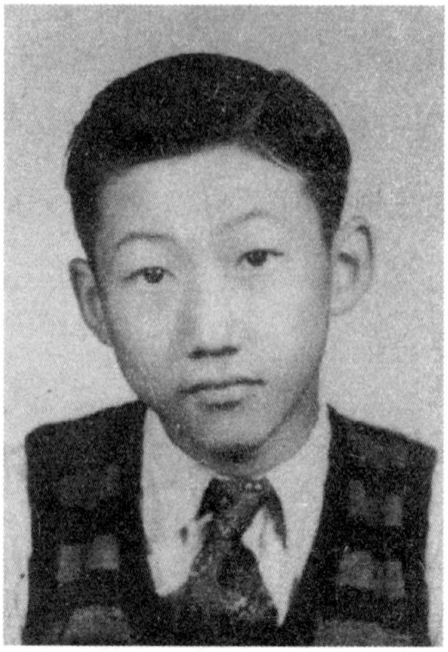

小学毕业照

中学生涯回顾

抗战胜利后对我而言，第一件要事是进入中学。进入哪一所中学呢？当时父母忙于生计已无暇顾及我们的学业，此外他们一贯民主，即使小学时也从不检查我们的学业和成绩单。所以中学的择校，由我们自己决定。当时虽然只有12岁，但比现在的孩子上大学还得父母陪着似乎要成熟得多。那时我的一位堂兄林达之在上海私立大同大学念书。此校虽为私立大学但名气不小。不少交大教授都在那里兼职任教。于是我和几位好友商量后就决定投考上海私立大同大学附中。上海私立大同大学离我家稍远，步行需半个多小时，得经过静安寺、新闸路等绕过去才能到达。校舍只有一座五层楼的大厦，运动场很小，大学中学都在里面上课，并且附中教室位于最高层五楼，又没有电梯，每天早上进入教室就已经气喘吁吁了。桌椅是最简单的多人位置连在一起的长条式，进出很不方便。此外，还要自带午餐，很不方便。因此，虽然教育质量不错，特别是一位教语文的王姓女教师，讲课文时能配以动作和表情加深学生对课文的理解，很受同学们的欢迎。但由于诸多不便，读完初一后便考虑转学到位于大胜胡同隔壁的圣芳济中学，这样不到10分钟就能到校并且午餐可以回家用餐。于是寒假便去投考圣芳济中学的初二插班生。插班生是很难考的。因为录取数量很少，并且各校的教学方式和教材也是不同的。圣芳济中学的教材采用的是英国的，特别重视英文水平。应该感谢小学英语教师杨先生的教导成果和里弄中一起玩耍的外国小孩的打闹厮混。经过考试后，我顺利地被录取了。从此，我要接受圣芳济中学的西式培养方法了。这对我以后的成长影响很大。但在上海私立大同大学附中还有一些印象是终生难忘的。上海私立大同大学附近有一家上海著名的沙利文食品厂。其营销店之一就在我家附近的善钟路上，上小学时每次上学都要经过此店，有时购买些蛋糕点心之类的来品尝。在上海私立大同大学附中上课时，每逢11点左右，沙利文食品厂出炉的食品香味便随风飘来，瞬间充满整个教室。此时同学们一面享受着奶油蛋糕诱人的香味，一面触动了饥肠。大家已无心听课，只祈求老师早些下课。这一情景在后来的生活中再未遇到过。解放后沙利文食品厂成为益民食品厂的一部分，但这一品牌在老上海人的脑海中是不会消失的。

圣芳济中学是由美国圣芳济天主教会创办的历史悠久的男子中学。有初中部和高中部，总部在美国。该校在美国和中国的香港、上海均有分校，原名为St. Francis Xavier's College。1951年7月我自该校高中毕业时，已是第71届毕业生。该校教师由中外神职人员和中国教师组成。解放前，该校课程除国语和公民外全都用英文教材和英文授课。校舍和运动场均较大，有标准的足球场、篮球场、排球场，以及双杠、单杠等技巧运动和田径运动设施。所学英文课本及英文文法书均来自英国进口，英文课本为一册册的皇家读本，文法书采用著名的《纳氏文法》。在文法讲授中还包括英文的古语语法。如古语中，“you shall not steal”（你们不可偷窃）应写为“thou shalt not steal”等。在高中时要增加外国著名作家的原著解读，如美国作家华盛顿·欧文的《见闻札记》等。历史、地理用的都是英文版的世界历史和世界地理。如地理中讲季风（monsoon）的形式等，考试“以试述上海赴美留学的海航线路”等为题。神职人员一般为修士，穿着上一律为黑袍、黑帽、黑鞋，领圈上挂一个大的金色十字架。中国教师全是男老师，西装笔挺，很有风度。上课时，班长唤声起立，大家整齐起立致敬。然后修士在胸前划十字，做祷告，大家站着等祷告完后一起入座。学生对修士不称老师，对外国修士一律称“Brother”，对中国修士称“相公”。

圣芳济中学主要的神职人员合影

此校只招男生，管教甚严，穿着礼节都有一定规律，如穿西装不带领带就会被训斥为“ruffian”（流氓），对女士要“lady first”（女士优先），走路姿态要抬头挺胸，下雨下雪也得这样。以前家里也教过，要“立如松，坐如钟，卧如弓”，但这样做太累，没人监管也就不做了，但在学校，大家都会提醒你，久之，也就养成习惯了。所以此校毕业的学生，一般都衣着整洁，腰背挺直，姿势正确，彬彬有礼，具备男子应有的气质和风度。由于从小立姿正确，所以至今年过 80，我的腰背仍然挺直。

圣芳济中学是一所贵族学校，学费很贵。在校学生大都是富有家庭和名人子弟。例如在我们一届同学中就有永安公司郭氏家族、无锡荣德生家族、信谊药厂资方等富豪的子弟，也有国民党外交家颜惠庆家族、京剧名家周信芳，以及当时上海市市长等党政要人的孩子。一般人家要支付这一高昂的学费是很费劲的。解放前夕，因多年战乱、纸币贬值、父亲失业等因素，我家经济也陷入困境。为了帮助家里脱困，我想去报考奖学金。当时，上海有一份著名报刊称为《申报》，设有奖学金资助优秀学生，但须通过严格考试择优获得。我去报名后考试就在上海私立大同大学进行，结果一考通过，全家非常高兴。这样一面检验了自己的学业成绩，一面又解决了高昂的学费。后来，母亲因觉得我家经济收紧些还是能过去的，这种奖学金机会应该留给更困难的人家，所以此后就不再去考了。

该校十分重视体育，其足球队在全市有名，球衣是由绿色和白色相间的竖条衣料制成的，胸前有中学徽章的图案，背部有代表校名缩写的英文字母“S.F.X.C.”。比赛时十分勇猛，球场边观众很多。篮球队也很有名，我的同班同学林克济和林克涵两兄弟是校队高手，同时也是游泳健将。第三种在校内风行的球类是垒球。垒球（softball），球较软，直径也稍大，一般供女子和未成年男孩比赛；类似地有棒球（baseball），球很硬，尺寸较小，供成年男子比赛。两类比赛的规则相似。当时在上海，民间一般玩垒球。解放后，在部队中推行棒球。棒球小而硬，玩时球速高，力度大，易伤人。

垒球由两队进行对抗赛，每队9人，一队攻击，一队防守。队员根据场上位置分别为一垒手、二垒手、三垒手、游击手、外野手、投手、捕手、打击手。攻击队派出一名打击手持球棒打击投手投来的球，如投来好球，打击手就须击球，如3次好球均未击中，打击手就被判出局。打击手击出的球如果未落地就被防守球员接住，打击手也被判出局。打击手击球后应尽快跑到一垒，如球先到一垒，打击手同样被判出局。如果攻击队有3名打击手被判出局，那就一局结束，攻击队变为防守队，防守队变为攻击队。如果一名打击队员能从一垒顺利经二垒、三垒跑回本垒，就算攻击队得1分。比赛结束时，根据各局所得总分多少确定胜负。如果投手连续投了4个坏球，则打击手可自动进入一垒。这种球类运动是美国国球之一。在日本、中国台湾、北美洲均十分流行。上世纪50年代在上海、北京、天津等地也很流行。不仅在本地有联赛，还常去外地比赛。我们中学内有不少自己组成的垒球队。每年暑假练球，然后去参加上海市组织的联赛。我们班级组成的队名为黑天鹅队，也去参加联赛。由我担任捕手，郑华安担任投手。捕手位于打击手后面，比赛时要蹲着接投手投来的球，不仅很累，而且面临着头部附近挥动的球棒威胁和投手投来的高速球的危险。对捕手的要求是体质和机敏性较好和投球准确有力。为了避免受伤，棒球的捕手均戴有钢丝面罩和护胸。由于捕手在防守时较易受伤，一般球员都怕担任。但担任捕手也有好处，可以增强体质和灵敏度，提高蹲功和投掷力。在历届体育比赛中，我在“掷手榴弹”项目上总是前几名。此外，至今我久蹲后站起来头仍不晕。这些都是担任捕手后带来的积极功效。学校足球和垒球队的裁判和教练一般是由 Brother Vicent 担任，而篮球队的裁判和教练则由徐相公担任。

该校同时很重视音乐教学，由徐相公主讲。讲课从音符、简谱、五线谱等基本知识讲起，然后介绍世界著名古典音乐家的经历和作品，并教唱世界名曲和各国民歌。同学们都兴趣盎然。上课前，徐相公先做祷告，整理衣服，头颈在白色的领寸中转动几下，将领寸往下拉一些，然后就可开讲或教唱了。他教得很好，我对古典音乐的知识和喜爱首先来自他的教导。中学的数学、物理、化学主要由神职人员教授，部分课程由中国教师讲解。由于实验设备齐全，教师水平较高，我班同学毕业后大都进入名牌大学。

解放后增加一门政治课，由杨老师讲授。他的讲授从自然发展规律到剩余价值的产生和剥削的形成，从各种社会形态到政治制度的演变，一直讲到最后一定会形成没有剥削、没有阶级、各尽其能、按需分配的共产主义社会。其中，当然讲到近代中国广受外强欺侮屈辱的历史，人民深受“三座大山”的压迫，深知共产党解放全中国的必然性和伟大意义。政治课的设立和讲授使青年学子的政治觉悟和爱国热情迅速提高。大家都觉得应该为新中国的建设和强大献出自己的青春和力量。我班是1951年暑期毕业的。毕业前，有不少同学响应政府号召，参军和参加市政建设。当时，毕业生的英语水平已达到相当的水准，参军的可直接分配到抗美援朝前线我军设置的联合国军俘虏营用英语教育俘虏，有的分配到其他军种工作。参加市政建设的经培训后直接参加全市电业、电信业和公安系统等单位工作。

2013年中学同学在上海淮海路光明邨酒家聚会时，不少同学已经仙逝，有些同学因行动不便或在外地而未能赴会。距离中学毕业时间间隔长达62年，真是人生苦短，虽往事历历在目，但时间不再，昔日生气勃勃、满怀理想的英俊少年，一晃都变成动作迟钝、儿孙满堂的耄耋老人了。幼时每逢作文难以开题时，往往采用“光阴似箭，岁月如梭”这两句陈词来作为开场白，但这两句话的真实分量，只有到今日才能切实地感受到。

1951年夏，圣芳济中学1951级全体毕业生欢送参加市政建设同学合影
（作者为后排右起第九位）

2013年中学同学聚会合影

圣芳济中学虽由教会主办，但因其教学质量很高，其学生总数不多，每年招生或毕业 50 ~ 60 人。但无论在国内外工作，大多毕业生均为成功人士。其在上海办学的最后 7 年内，毕业的近 400 名学生中，据不完全统计，被选为中国工程院院士和中国科学院院士的就有 5 名：胡壮麒、柳百成、袁渭康、柳百新和我。平均每 80 位毕业生中就有一位能成为中国院士，这成绩是十分难得的。此校后来不久由上海市教育局接管，改名为时代中学，校址也重迁新址。原来的校舍已属上海延安饭店所有。

教会学校的办学目的之一是培养一批能为洋人服务的买办式人物。在旧社会，毕业生可进入洋行工作或由教会学校资助出国留学。但是，列强欺凌中国的种种劣迹：日本的侵略、美国水兵的横行不法等，使每一个爱国青年都意识到身为贫穷落后民族的沉痛和屈辱，都希望坚决走中华复兴的道路，从内心都有“科学救国”的信念。解放后，中国百废待兴，迫切需要工业建设。同学们大都报考工科，少数选择医科，但很少报考农、文、史、哲和艺术类学科。学校不像现在那样，临考前组织什么“模拟考试”和“摸底考试”，一切靠学生自己课后回家复习。我首选的大学是当时南边最著名的位于上海的交通大学机械工程系，也有考清华大学或者其他院校的。我投考交大的原因有 3 个。首先它是非常著名的国立工科大学；其次，我有一位堂兄在念其中的机械工程系，另一位在念其中的电机工程系；其三是离家很近，位于华山路终端，交通很方便。如何才能考进交大呢？只有靠自己奋斗努力备考。于是从高三寒假开始，我有空就躲在四楼潜心着重研究数理化试题。我在四楼找到两本以前姐姐们用过的考大学指南。有一本叫《暨南大学入学考试试题及题解》，很厚的一本，有 1000 多页；另一本是严济慈著的《大学物理》。我将试题分类再用自己所学的相应知识去解题，然后再和题解对照，检查各自的解题思路和不完善之处。这样，进步很快，增强了我对入学考试的信心和能力。

大学生涯回顾

解放初期，各大学均自己设立考题，没有统一的国家试题，因而难度差别较大。交大以“基础厚，门槛高”著名。其入学考试要求高。1951年上半年在一片备考声中度过了。值得高兴的事是圣芳济中学毕业文凭拿到了，交大机械工程系也如愿考取了。

当时录取新生人数较少，所以录取名单都在当地报刊上公布。该年交大共录取新生696名，分别由数学系、化学系、物理系、化学工程系、机械工程系、电机工程系、土木工程系、航空工程系、造船工程系、水利工程系和电信工程专修科11个系招录。机械工程系招收144名，我名列第41名。这一届圣芳济50多名毕业生中考入交大机械工程系的有我、杜任芳、何绍基、叶家伟和江祖华，考

畢業證書
學生林宗虎係浙江省吳興縣人
現年拾捌歲在本校高中
部叁年級修業期滿成績
及格准予畢業此證
校長陳新
一九五一年七月 日

中学毕业证书

入电机工程系的有徐星宁、陈增荣和周勤谋，考入造船工程系的有姚肇康；考入清华大学的有柳百成、吴俊郊和姚祖康；其他考入同济大学、复旦大学、上海第一医学院、上海第二医学院、南京大学、山东大学等名校的也为数不少。

这年暑假后，我就进入交大大门正式报到了。这扇大门以前也曾进去过多次，那时是为了参加垒球联赛而去的，这次是作为交大学生进入的，意义和心情就不一样了。

报到后，机械工程系一年级新生（除唯一1名女生外）全住在上院三楼。上院是一幢欧洲古代样式的大楼，建于1900年，是一幢三层山字形楼房，顶层有钟楼，建筑面积6500 $米^2$。一层和二层为教室。我们20多人住在一间大房间内，室内布置了许多床位，显得十分拥挤。同学入住后，都挂上蚊帐，活动空间就更小了。此外，公用卫生间离住房很远。特别是冬天，晚上去卫生间又冷又远，大家视为畏途，很不方便。

开学典礼是在新文治堂举行的。由陈石英副校长陈词。他说："同学们，我祝贺大家考入交通大学，从今后你们就是交大人了。考入交大是很不容易的。交大的特点是'门槛高，基础厚'，今年的数学题你们只需40多分就算是合格了……"他后面还说了一堆话，如介绍学校情况、注意事项等。但我只记住了上面几句话。因为我入学考试后总觉得数学未考好，估计只有60多分。这次听到只要40多分就算合格的消息，使我十分宽慰，自责的心情也就消失了。此外我也没有想到这次进入交大门，作为交大人后，未来的一辈子将一直在交大工作和生活。

进入交大后的第一堂课便是听交大校史介绍和参拜穆汉祥和史霄雯烈士塔，接受爱国主义教育。

交大的前身是建于1896年的南洋公学。那时恰逢清末甲午战争战败后，中国的志士仁人痛感亡国危机，决心广设学堂，走实业救国与兴学育才的道路。创办初期以培养经济、外务、师范人才为主。自1907年唐文治任校长后，迅速走向工科教育。南洋公学1897年4月8日正式开学。1922年4月8日，交通部部长兼交大校长叶恭绰电令：“今日为交通大学成立纪念日，放假一天。”此后4月8日便成为交大校庆纪念日。1930年学校形成了“五院一所”的格局。“五院一所”为机械工程学院、电机工程学院、土木工程学院、管理学院、科学学院与交通大学研究所。1937年日军发动全面侵华战争，8月13日进犯上海并强占交大校舍。交大先借法租界震旦大学办学。1941年日本占领租界，交大迁到重庆办学。在重庆时期，交大又新建航空工程系和造船工程系等以培养抗战急需人才。抗战胜利后，交大回到上海徐家汇旧址办学时已拥有理、工、管等18个系和两个专修科。交大学子以振兴国家民族为己任，潜心学习新知识，崇尚先进文化，与反动腐朽势力进行坚决斗争，不惜为真理而献身。在解放前就有“民主堡垒”的称号。解放前夕，交大2000多名学生中已有“地下党”人员180多名。穆汉祥和史霄雯两位便是“地下党”中为迎接新中国而英勇献身的交大学子。他们是值得大家致敬和学习的。此后，仍回上院一楼教室上课，忽见有一间教室门前留有斧砍的深痕。教师告诉我们，这便是国民党特务用斧头砍门抓学生的痕迹。现在留在那里作为爱国主义教育的材料。

与上院相邻的一座建筑为中院。中院于1899年建成，共3层，面积为4950米^2。其底层为办公室，二楼和三楼为教学用房。后来我念研究生时的研究生室和锅炉教研室都在中院一楼。

在交大上学期间常去的地方之一为图书馆。图书馆建于1918年，建筑面积2687米^2，藏书丰富，自修室安静，是每位学子必去的地方。对学生的成长和知识的积累帮助很大。但自修室座位较少，迟去就会无座而归。

进入交大校门，不远处左边便是图书馆。向前可望见四块剪割得非常平整就像绿色地毯一样的大草坪。草坪周围被上院、中院、容闳堂、体育馆等欧式建筑所围绕，显得庄严、古朴、大气，充分显示出最高学府的气质和品味。

2011 年春天，当我在建校 115 年校庆日被上海交通大学授予上海交通大学杰出校友卓越成就奖时，看到校门已修饰一新。回想 60 年前考入交大，初入校门的兴奋心情似乎仍在心头，但岁月无情，60 年过去弹指一挥间，令人感慨不已。今后虽然时间不多了，但还得努力不能虚度。

入学后，我被分配在蒸汽动力机械制造专业学习。该专业交大历史上只办了一届，后来就将动力机械中的主要机械如锅炉、汽轮机、内燃机等分别成为独立的专业招生了。由于我们这一届中锅炉、汽轮机、内燃机，还包括燃气轮机、压气机、蒸汽机等都要学习，因此，开设的课程和总学时数就特别多。总的开设了 35 门课程，学时总数达 4000 之多。平均每天上 4 学时课程。这些课程包括：微积分、普通物理、普通物理实验、工程画、工厂实习、体育、社会发展史、理论力学、新民主主义论、外国语、金属工学、电工学、机械制图、材料力学、机械原理、热力学、政治经济学、俄语、机械零件、热工学、流体力学、汽轮机原理、公差及技术量法、金相热处理、传热学、安全及防火技术、燃气轮机及压气机、汽轮机运行、锅炉原理、企业经济组织及计划、锅炉制造及钢材、汽轮机制造工艺学、锅炉运行等。

在进入交大之前，已经知道描述交大学子苦学结果的四句话："第一年买蜡烛，第二年买眼镜，第三年买痰盂，第四年买棺材。"面对这样整齐繁重的学业，应该怎样来进行学习呢？每门课都要保持全力以赴，保持学习全 5 分的光荣称号，但肯定有损于健康。我不想做"东亚病夫"式的学者，更不希望发生学业未成身先死的悲惨结局。因而决定将主要力量放在重要课目上，而对一些我认为次要的课程则采取能通过就行的方针。这样可以既学得精华，又保持健康的体魄，以便将来更好地为国家建设服务。这样的学习方针经过四年实践后取得了良好的效果。在 35 门课程中有 30 门考试课，

交通大学学生成绩登记卡

系别：动力机械系

学号 12308　姓名 林宗虎　性别 男　籍贯 浙江吴興　民族 漢

出生年月 1933年5月　入学年月 1951年9月　毕业年月 1955年7月

课程考试考查成绩

次序	课程	学时数	学期	成绩 考试	成绩 考查	备注	次序	课程	学时数	学期	成绩 考试	成绩 考查	备注
1	微積分	270	1/2	95			23	流体力學	140	5	96		
2	普通物理	200	1/2	90			24	汽輪機原理	160	5/6	90		
3	普通物理实驗	70	1/2		及格		25	公差及技術量法	40	6	92		
4	工程画	140	1/2	86			26	金相熱處理	90	6	86		
5	工廠实習	50	1/2		及格		27	傳熱學	140	6/7	93		
6	體育	40	1/2		及格		28	安全及防火技術	40	7	82		
7	社会發展史	150	1/2	80			29	燃氣輪機及壓氣機	140	7/8	91		
8	理論力學	150	2	94			30	汽輪機運行	70	7	86		
9	新民主主義論	150	3/4	82			31	鍋爐原理	160	7/8	96		
10	體育	40	3/4		及格		32	企業經濟組織及計劃	80	7	84		
11	外國語	140	3/4	93			33	鍋爐製造及鋼材	70	8	90		
12	金属工學	140	3/4	82			34	汽輪機製造工藝學	70	8	90		
13	電工學	140	3/4	90			35	鍋炉運行	70	8	92		
14	機械製圖	70	3	90			36						
15	工廠实習	50	3/4		及格		37						
16	材料力學	150	4	94			38						
17	機械原理	150	4/5	88			39						
18	熱力學	90	4	85			40						
19	政治經濟學	160	5	78									
20	俄語	120	5/6	94									
21	機械零件	170	5/6	85									
22	熱工學	90	5	92									

系主任：[illegible]　制表人：鄭公肅

我的大学学习成绩登记卡

凡属数、理、外语、基础技术科和专业课的18门主要课程考试成绩均在90分及以上。在其余12门须考试的但被我视为次重要的课程（学生称之为卫生课）考试成绩也都在80分左右及以上。后者属于文、史、哲，以及企业管理、安全防火、工程画等一听就懂、无须深入研究的课程。这一学习成绩应该说是令人满意的。此外，我还有时间积极参加学生会的社团活动，如加入歌咏队、摔跤队和垒球校队。歌咏队的指挥和教练是我同届机械工程系同学谭玉山，现为西安交大机械工程系退休教授。摔跤队教练是从校外请来的，有一套本领，但要学会也非易事，只有学员之间或学员与教练之间展开对攻才能学到。学习时，大家都穿好用帆布制成的摔跤服，摔跤服外束一根腰带，摔跤时双方微弯着腰，冲向对方，努力用手抓住对方的衣领或腰带，手脚用力设法将对方摔倒。学习多次后也学到了一些诀窍。其中之一是，如果你被对方摔倒快倒地时，你一定要先将头向前略弯，收缩到两肩中去，这样头部及颈部不易受伤。这一方法为学摔跤时形成的习惯动作，后来两次使我化险为夷。一次是在上世纪六七十年代困难时期，供应紧张，买鸡要到乡下去找。为改善生活，我约邻居天亮前骑自行车下乡。马路上没有路灯，也无月光，四周一片漆黑。突然车前轮撞到了一个重物，我就不由自主的向前飞了出去，这时来不及思索，就凭上述那个习惯动作，我就没有受伤，一个前翻滚就站了起来。起来一看，吓了一跳，原来我撞上的是一辆停在马路上的装满沙子的架子车，幸亏撞的位置是在架子车两个把手之间，否则真的会有生命危险。第二次发生在白天。上世纪 80 年代，我正骑自行车贴着人行道前进，突然后轮不动了，于是我又向前翻下自行车。全靠那个习惯动作，我仍未受伤。起来一看，原来旁边一个扫地工人扫地时不慎将硬的扫帚柄塞进我车后轮中去了。真是难以预料的怪事。因此，有机会学一些有益的东西总是有用的，虽然在学习时不可能预知何时能起作用，但千万要注意的是不能因学习枝节事物而使自己致残或致命，因为这样就使自己为国为民做贡献的理想和抱负无法实现。在一次摔跤课上，同学杨柏生和教练对攻，教练用一个背摔将其摔倒，但杨柏生的摔倒姿势不标准，当他头朝下倒地时，他的头颈和地板先接触，这样倒地前他的整个体重压在颈部使头颈摇晃了几下。我在旁边看着真替他担心头颈折断或受伤。下场后，我立即向他询问感受如何，是否要去医院。幸亏他的颈脖较粗，未发生大碍。此后我就不再去训练摔跤,因为我的目标是科学家而不是摔跤手,犯不着去冒这样大的风险。

交大垒球队的教练是本校体育教授朱荣年。由于我在中学打过垒球，基础较好，所以不久就加入了垒球校队。到高年级时课程压力增大，我就退出校队，专注学习了。

我在交大学习期间，校长为彭康（1901—1968）。他早年在日本京都大学求学，是马克思主义哲学家、教育家，大革命时期加入中国共产党。历任中央文委书记，华中局、华东局宣传部部长等职。1952年任交大校长，次年兼任校党委书记。他主持学校工作14年，对交大的建设、发展和西迁做了大量工作。后来在“文化大革命”中不幸被迫害致死。

在西安交大校园中为表彰唐文治、叶恭绰和彭康3位校长对交大的贡献，均立有半身塑像以示敬意。

由于我们的专业课很多，有35门，因此在交大教过我们的老师（主讲加上助教）至少有60多位。他们都用心备课，谆谆教导使学生印象深刻，受益匪浅。

在大一首先教我们的是微积分学教授唐济揖。他备课十分用心，准备试题所花时间要比学生考试时间长好几倍。讲课时条理清楚，全神贯注，旁若无人，讲完一段就会抬头望着天花板，在讲台上散起步来，好像是在思索如何用更生动精辟的表达方式来讲解下一段。因而听他的课更是一种生动的艺术享受。

大一的物理也均由名师讲授，除赵富鑫教授讲授电学和磁学外，其余的物理章节由王之昌和沈德滋教授讲授。赵富鑫教授是交大物理系主任，1924年毕业于南洋大学，终身在交大教学，业务精湛，对学生态度和蔼，但要求极严，桃李满天下。他随校西迁，90多岁逝世。王之昌教授是世界物理学名著、美国西尔斯（Sears）教授著的《大学物理》的译者。沈德滋教授是后来上海历届高考物理专业的负责人。由于他们的指导，使我们具备了厚实的物理基础，对今后的顺利学习和工作起到了重要的支持作用。

张寰镜教授是画法几何及制图教研室主任。我们班的机械制图就是由他亲自讲授的。张教授讲解清楚易懂，教学经验丰富，使我们受益匪浅。有的同学毕业后就留在制图教研室工作。当时交大学子流行一种课余在外当家教或在中学授课的风气，这样可以保持经济上独立，不再增加家庭负担。在大一后期，我中学好友董亲建的哥哥在交大读三年级的时候突然生病，原来由他担任的勤生纺织厂的夜校制图课就要停课了。他俩商量后推荐我去代课。当时我年轻气盛，大有初生牛犊不怕虎的气概，觉得机械制图好学易懂也就答应了下来。就这样，一边向老师学习并加强自学，一边就去授课了。勤生纺织厂在大西路（现为延安西路的一段）上，离我家不远，是荣德生家的工厂。代课人是每周上两次课，每次讲两小时，待遇是每月 40 元外加两次晚餐，这待遇已经不错了。因为那时学徒工的月工资也只有 20 多元。一个人每月的伙食费也只需 8 ~ 10 元。第一次去工厂是夜校的一位男班长接待我的。班长姓何，40 多岁，头已秃了，是机械维修工，但学习热情很高。他先陪我去食堂晚餐。工人的伙食很好，五菜一汤，有荤有素，八人一桌。饭后就去教室上课。一进教室，就见 30 多名工人已经整齐地坐在那里，见我进来，大家都站起来齐声说：老师好。他们都是有经验的工人，大多为 30 ~ 40 岁，而我只有 19 岁。这一场面使我感到受之有愧。好在我备课充分，有恃无恐，并不气馁。我一面请大家坐下，一面像模像样地开始了我有生以来的第一次课堂教学。这是我首次和大量工友接触，我也想从中体会一下政治课上讲的工人阶级特点。对于工人阶级的大公无私特性，因为是阶级特点，我还无法深刻体会到，但和他们同吃同学习两年后，对于工人阶级坦诚、团结、实事求是、守纪律的优点是深有体会的。这一工作持续两年后，因自己学习任务加重而中止。张寰镜教授的讲授不仅使我今后工作时的制图工作受益匪浅，而且还解决了我整个大学学习期间的经济问题。

基础技术课是学好专业课的重要环节。交大在这方面的师资力量是很强的。特别是热力学和传热学。这两门课程的授课教授为陈大燮教授。陈先生留学美国，曾在国外科技杂志上发表过自创的热力学循环——大燮循环，因而在同学们中有很高的声望。他对所授的工程热力学课程十分熟悉，理解深刻，可达到倒背如流的水平。当他讲解蒸汽特性图表时，特别强调要我们深刻理解和熟练运用。他说："这将是你们今后一辈子要用的东西。"果不其然，一直到现在耄耋之年，我还须应用此图标。热机工质中的热力参数"熵"是热力参数中最不容易讲清楚的参数。教师可以从多方面(包括数学式)来说明熵的意义。但学生往往还是搞不清其实质。陈教授在多角度说明熵的意义后，最后做了一个精彩的小结："什么是熵，熵就是废热的函数，熵多了就是废热多了。"这就是陈先生的功力所在，能清楚的讲出熵的实质。陈先生还是我的传热学知识的启蒙者。当时全国院校除交大和清华大学外都尚未开设此课程。他讲课时不拘于三尺讲台。有时边走边讲，一直走到教室后部再回头。有时会直接对助教提问题，使得助教在上课时也必须仔细听课，不敢松懈。他后来在西安交大担任过副校长职务。

我们大学期间学过的基础技术课按照交大"基础厚，要求严"的精神，安排得丰富而全面。有理论力学、材料力学、流体力学、机械原理、机械零件、电工学、金属工学和公差与测量技术等。其中印象最深刻的有辛一行教授讲的机械零件。辛一行教授较胖，令人过目不忘。他教得很好，但在讲台上走路时皮鞋是不离地的，整个鞋底在木质讲台上拖着走，因而走动时发出沙沙的摩擦声。程迺晋先生教机械原理，他的特点是讲话很慢，有足够的时间让学生去记笔记和思考，教学效果也不错。后来到西安交大，他曾是我工作的动力工程学院的党总支书记，做思想工作常讲到累得眼皮也抬不起来，是一位好党员和好教师。但在"文化大革命"中却受到不公正对待，真是一片混账，一派胡言。电工学由兰章夏教授主讲，他讲课条理清楚，平实易懂，使我们能够牢固地掌握电机和电工的基本原理，至今未忘。此外令人难忘的是黄维德先生的流体力学课程。他能够将讲课配以肢体动作，把一门难懂的流体力学课程讲得明白、生动而有趣。前几年，同济大学100周年校庆时，我曾在同济大学机械与能源工程学院遇到他，已经超过90岁了，但身体仍很好，这可能与他原来热爱足球运动不无关系。最后，让我记忆犹新的是范元弼教授的金属工学课。他业务精湛、熟悉，讲课生动无废话。他讲课姿势古怪，首先不来回踱步，而是让讲桌的一角顶着他的腹侧，最后甚至将一只脚跨骑在讲桌角上。不知道是否因疝气或者肝痛才保持这样的姿势。还有一次我们坐在教室等他来上课，但他未请假又久等不来，于是课代表就去探听原因。结果是范教授进校门时，忘了带校徽和证件，门卫不认识他，坚决不许入校，他一气之下就回家不来上课了。后来经校领导劝导后才又回教室。范教授有名士风度但脾气大。其他一些基础技术课大多由中青年教师授课，但能上讲台的均业务熟练，勤奋钻研，备课认真，因而教学效果都很好。

我们学习的蒸汽动力机械制造专业覆盖了蒸汽锅炉、蒸汽轮机、燃气轮机、内燃机、蒸汽机等专业。因而专业课程很多，可以说包括了目前动力机械各专业的主要专业课。

锅炉原理由在美国专学锅炉并获得普度大学硕士学位的陈学俊教授讲授。陈先生讲课深入浅出，有不少比喻，生动易懂。他在讲锅炉燃烧时曾做了一个比喻，他说炉内燃烧就像唱歌，歌声中含有颤音，常使歌声更动听，即燃烧中如果有适当的扰动就会使燃烧更完善。这一比喻我至今未忘，使我对扰动增强混合所以增强燃烧的概念领会得更加深刻。陈先生后来于1981年被选为中国科学院院士，是中国工程热物理学会理事长、西安交大副校长，也是我念研究生时候的指导老师。他桃李满天下，科研成果和学术著作都很丰富。他是我进入锅炉行业的启蒙者、领路人。

锅炉制造及钢材是由当时刚从美国回来的顾逢时教授讲授的。当时尚无合适的教材，全凭他的笔记讲授。他很用功，知识面很广，阅读并综合相关杂志中的研究和应用成果作为教材，内容较新。他对各种元素对金属性能的影响分析全面而透彻，还介绍了不少因温度变化对钢材性能影响的事例，例如冷脆等。学生都很钦佩他的学识丰富。可惜他直言不讳，一度遭到不公正待遇，也影响了他能力的更好发挥。此外，许晋源先生还为我们班讲过锅炉自动调节的课程。

汽轮机原理是留德博士陆振国教授讲授的。用的教材是莫斯科动力学院的科学通信院士雪格梁耶夫教授著的《汽轮机原理》。此书难度较大，但内容丰富，实用性、理论性都很好，学完后已基本上可以进行汽轮机初步设计了。陆先生语言不够精炼，他的讲课方法一般按课文边读边解释，力求将每一段文字讲清楚。所以花的时间较长，常须延长课时。此外，他常讲得口干舌燥，只好向学生说：“对不起，我要吃块糖（润喉糖）了。”陆先生平易近人，是一位学富五车的忠厚长者和专家。

蔡颐年教授给我们班讲授汽轮机制造工艺学时刚从英国回来。年轻高个，戴一副金丝边眼镜，很有绅士风度。无论与男女同事外出吃饭，他总是主动坚持付款。他研究长叶片计算和湿蒸汽两相流体力学，培养了一批硕士和博士研究生。

燃气轮机在当时是一门新课，由向一敏和沈炳正共同讲授。当时我们国内刚开始制造6000千瓦汽轮机，正在制造蒸发量为40吨/时的中压锅炉。对于燃气轮机及压气机的知识可说是一片空白。向先生是从同济大学来交大工作的。德文很好，所以燃气轮机教材是按德文教材编译的。沈先生刚从欧美游学回国，讲压气机，讲课时拿出一套闪光的压气机和涡轮叶片并指着说这些叶片都是高温合金钢制成的，其材料价格比金子还贵。这也是我首次看到复杂的叶片结构和昂贵的高温合金材料。他俩当时都不到30岁，年轻有为。后来向教授留学苏联，获得副博士学位，长期从事无叶蜗壳及向心式汽轮机研究。沈教授后来在上海机械学院工作。

专业课中有关水力学和水力机械的知识是由江宏俊教授启蒙的。他是留日的，基本概念讲得很清楚。后来在西安交大，我还在流体力学教研室与他共事过一段时间。有关内燃机和蒸汽机的结构运行知识是陆修涵教授讲授的。他有丰富的理论和实际知识，曾在上海柴油机发电厂管理过一台 800 千瓦的柴油机发电机组。

要培养一名优秀的工程技术人才，不仅要提高他们的理论水平和道德素质，还要与生产实践相结合，提高他们的劳动实际知识，使他们在实际工作中能将理论与实践相结合解决实际工程问题。因此在我们的学习过程中几乎每年都有大量的实验和实习工作。低年级时主要在工程馆（也称恭绰馆）及其附属工厂中进行劳动实习。如学习木工、钳工、铸工和金工等。学习基础课和基础技术课时要在工程馆内各种实验室中进行实验工作。如物理实验，水工、热工、电工及材料等试验。三年级时进行结合专业的认识实习。四年级时进行毕业实习。在三年级时全班同学进行专业分组，采取自填志愿再组织分配的方法。青年人爱动，觉得动的设备理论和技术总是更高超一些。所以我和大多数同学都首先填汽车专业，其次为汽轮机专业。结果我被分到锅炉专业。那时我对锅炉没有好感，不就是一个澡堂用煤烧热水的设备，有什么好学的。后来经陈学俊教授做锅炉专业介绍后，大家才清楚，我们平时见到的都是一般小蒸发量生活锅炉和工业锅炉。锅炉最重要的作用是用来生产蒸汽供汽轮机发电机组发电的，是国民经济中用于电力行业的一种不可或缺的重要设备。我国解放前无力设计和制造，全靠进口，正需我们这一代去建设和发展我国的锅炉行业。锅炉是一个高压容器，要学好力学、流体力学和传热学等后才能进行设计。所以不仅我们这一代，此后我们的儿子、孙子甚至曾孙都需要发展这一行业。后来由吴有荣教授带我们在上海杨树浦电厂进行电厂实习后，我们才初步体会到了锅炉专业所包含的各种专业知识之广和涉及的理论之深，是一个我们一辈子也学不完，值得一辈子为之献身的好专业。我们去学习的是一台正停炉检测的进口高压锅筒式锅炉，蒸发量不到 200 吨 / 时，压力在 10 兆帕左右，但高度已有 6 层楼高，备有自动电梯，外形十分壮观。吴教授带我们参观了煤粉制备系统、灰渣系统、燃烧设备和各种热交换部件、给水供应系统和空气烟气系统等。最后还允许我

在热工实验室蒸汽机旁留影

们进入烟道和锅筒参观内部设备。电厂实习使同学们将理论初步联系了锅炉实际，对于从事这项专业更是信心和兴趣倍增。四年级毕业实习是在上海锅炉厂进行的，由陈学俊教授带队。通过听报告和参观设计处、工艺处和各制造车间，初步明白了锅炉厂的构成、锅炉设计的分工和合成、制造图样的绘制和准备，以及锅炉的制造过程乃至安装形式和锅炉部件运出锅炉厂的方式和要求等。在上世纪 50 年代，上海锅炉厂的制造设备还是相当落后的。弯管和封头制作不少还是用手工制成的。加热部件不具备专业加热设备，而是采用从地上打孔引出火焰的地火加热方法。那时上海锅炉厂的总工程师杨立洲是陈先生的留美同学，所以毕业实习进行得顺利而有收获。通过 4 年严格的理论、实验和实习，使我逐渐成长为一个决心为祖国锅炉工业建设和发展而奋斗的青年工程技术人员。

我所处的年代是一个剧烈动荡的年代，国外有第二次世界大战，国内有日本侵华战争。我4岁开始逃难，经历了抗日战争、解放战争。新中国成立后，我在1951年进入大学。在这由旧社会转变到新社会的过程中，无论从思想认识到物质基础都发生了巨大变化。要涤荡洗刷旧社会的污泥浊水，建立新社会的思想认识就必然要经过多次反复的波动。1950年开始了土地改革运动，同年末开始了抗美援朝的参军参干运动，1951年春发动了镇压反革命运动。这些运动离自己较远，只是作为群众参加而已。1951年秋进入大学不久就开始了1952年初以全国大学为主的知识分子思想改造运动。改造对象主要是历史问题较多，国外关系复杂和名望高的知识分子。当时抗美援朝战争正在进行，知识分子大都是资产阶级和帝国主义培养的，其世界观是资产阶级的，普遍存在亲美、崇美和恐美思想，所以必须进行思想改造才能更好地为社会主义、为人民服务。这场运动的进行方法是先动员改造对象主动谈认识和思想转变过程，谈自己的历史问题、资产阶级世界观，并进行自我批判，然后大家深入揭发批判，帮助提高认识，直到他认识错误，初步树立了无产阶级世界观。要解决头脑中的亲美、崇美和恐美思想进而仇恨帝国主义，要继续改造世界观，跟共产党走，为建设新中国贡献力量。我们是新学生，有时也接到通知要参加批判会。这种思想改造运动促使知识分子去正视自己存在的各种非无产阶级思想，逐步端正自己的世界观，走社会主义革命的道路。交大素来以民主著称，因而思想改造也进行得比较温和。但即使像我的老师陈学俊先生那样积极靠近党组织，要求进步的教授，也要接受改造。我在陈先生2009年由西安交通大学出版社出版的回忆录中读到他对思想改造运动的回忆。他写道："1952年8月，学校在校党委的领导下进行了思想改造运动，使我在思想上起了从未有过的第一次剧烈的思想斗争，在同志们和同学们的帮助下，从思想上认识到了自己多年来虽有爱国之心，但由于出身于旧社会的商人家庭，长期受过资本主义教育，受资本主义思想影响很深。在这次运动中，批判了自己在思想上的名利思想和学术上的崇美思想，对我的教育帮助很大，并为以后继续改造世界观打下基础。”这一次思想改造运动对我们青年学子是一次学习和受教育的过程，使我们懂得了应该具备什么样的世界观、名利思想的可耻和害处等。当时全国批判较集中的有梁思成教授的“大屋顶”建筑思想、冯友兰教授的“唯心论”等。在同一年全国又掀起了主要针对机关的“三反”运动，即反贪污、反浪费、反官僚主义运动，以及针对工商界的“五反”运动，即反行贿、反偷税漏税、反偷工减料、反盗窃经济情报、反盗窃国家资产运动。“三反”“五反”对学校相关机关干部和部分学生家庭起到了相当大的影响，但对我家几乎没有什么影响，因为我家是职员出身，家教中主要的就是戒贪和俭以养德。

与此同时，中国的教学体系正在按照苏联专家的指导，将解放前形成的欧美模式改为苏联模式。苏联教学模式的特点是培养以某种产品或专业为对象的专才，而不像欧美模式以培养通才为主，其功利性突出，学生毕业后可进入对口工厂开始工作而无须入厂后再进行后期专业培训。

1952 年下半年开始了全国高校的院系调整工作，目的是有计划地为社会主义各个部门培养干部。调整规模很大，调整结果是综合性大学由 55 所减少到 14 所，工科院校由 18 所增加到 37 所，师范院校由 12 所增加到 37 所，教会学校停办。交大的航空工程系调整到南京的华东航空学院，化学工程系发展成为华东化工学院，土木系调整到同济大学，化学系调整到复旦大学，电信系调整到成都电讯工程学院等等。当然也有其他学校的院系调入交大的。如同济大学的机械系、大连工学院的造船系等等。我们班也由同济大学和上海工专并进了不少新同学。此外，全国还发展了一批专门学院，如钢铁学院、电力学院、纺织大学、石油大学、建筑学院等。这对中国大学教学系统而言又是一个大的波动。俗话说一波未平一波又起，大学院系调整的事尚未结束，1955 年夏天，全国又开始了揭发批判“胡风反党集团”的运动。胡风何许人也？我根本不认识，通过学习文件才知道他是 20 世纪 30 年代中国文坛的一名干将，有一批追随者，形成了一个“集团”。解放后因对党的领导产生不满，“集团”成员经通信或开会在暗地里发泄了一系列不该说的话。这本来是文化界应该批判的事件，但一下子“胡风反党集团”就上升为“反革命集团”了，这场运动就转入全国性的“肃反”运动，要肃清暗藏的反革命分子。于是全校包括学生都成了“肃反”清查对象。我们班刚处于毕业阶段,这场运动要大家相互揭发,主动交代，弄得大家勾心斗角，人心惶惶。后来运动告一段落时，大家再也无心毕业聚餐，连集体毕业照也未拍就赶紧散伙，各奔前程了。后来我在相册中找到一张毕业前在交大新建教室前拍的集体照，权且代替毕业照。

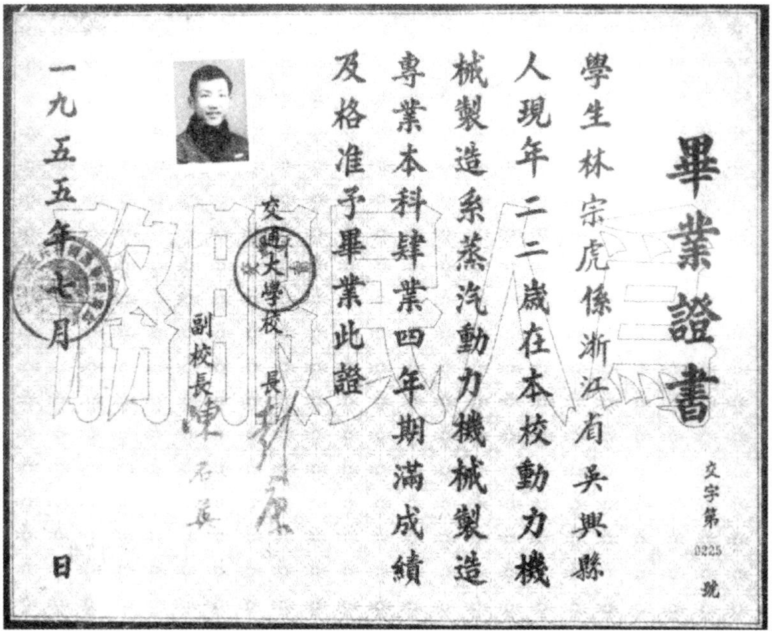
交字第 0225 號

畢業證書

學生林宗虎係浙江省吳興縣人現年二二歲在本校動力機械製造系蒸汽動力機械製造專業本科肄業四年期滿成績及格准予畢業此證

交通大學校 校長 彭康

副校長 陳石英

一九五五年七月 日

大学毕业证

1955 年毕业的蒸汽动力机械制造专业同学毕业前集体照（第一排左二为作者）

研究生生涯回顾

1955 年前后，有一批苏联专家来到中国各重点高校指导工作并招收研究生。交大动力工程系也来了 3 位，即罗岗诺夫（内燃机专家），阿列克谢夫（制冷专家）和魏佳耶夫（锅炉专家）。于是在大学毕业分配时我和其他 7 位同学被留校作为苏联专家的研究生。其他 7 位为：陈正包、余亚屏、宓禔昌、卓宁、张兴华、黄祥新、章燕谋。这样我们 8 位研究生又做同学了 3 年多。陈正包是班长，由专家直接指导。其余 7 名同学各另配有中国导师协同指导。我、张兴华和宓禔昌的中国导师为陈学俊教授，其他 4 位由顾逢时教授和许晋源先生指导。

魏佳耶夫专家来自苏联动力工程最高学府莫斯科动力学院，学术精湛，认真负责。他除指导教学外，还带来了一批苏联的锅炉教学和科研资料。

魏佳耶夫专家

按照当时教育部和学校的指示和规定，要全面学习苏联并重视中苏人民之间的友谊。我们研究生学习期限为两年半（1955年9月—1957年12月）。总的课程有哲学、高等数学、外语、高等流体力学、锅炉制造工艺学、锅炉安装工艺学、锅炉结构力学、锅炉设计和毕业论文。哲学由许绍李和章德安先生讲授，外语由李宝堂和万家翔老师讲授，高等流体力学由江宏俊教授讲授，锅炉安装工艺学似乎是黄长谦教授讲授的，锅炉设计由相关指导教师负责。魏佳耶夫专家讲授锅炉制造工艺学和锅炉结构力学（即锅炉构架设计），并和中国导师一起负责毕业论文指导工作。

与此同时，哈尔滨工业大学也邀请了苏联专家马克西莫夫讲课和指导工作。该专家的专长为煤粉制备和燃烧系统。所以有时交大也请他及其研究生一起来交大讲课和听课。

研究生的学习任务是很繁重的。课程计划上安排的学时数在5个学期中总计达2720学时。此外还要有两次实习。1956年夏季，我们8位锅炉专业研究生一起按计划到太原第一热电厂去进行首次实习。这是我第一次到江苏、浙江以外的省份去，因而也倍感新鲜。太原第一热电厂是苏联支援我国建设的156项工程之一，可以同时供电和供热。热电厂装备的是蒸发量为75吨/时的中压锅炉，在当时已是较先进水平，因为我国尚处于向捷克学习制造蒸发量为40吨/时的中压锅炉水平。有的锅炉还在现场安装。我们请教了正在指导安装的苏联专家一些疑难问题，但大多数不能回答，可能由于他们是被派来的熟练安装的技术人员，对锅炉理论不太熟悉的缘故。太原市是山西省省会城市，建城已有近千年历史，地跨汾河两岸，传统产品为汾酒和陈醋。初到太原，情况不明也闹了些笑话。我们一行 8 人都是江南一带人士，只知道镇江产醋，不知道山西也有名醋。第一天去食堂午餐，大家要了一碗面，一尝似乎未加调料。一会厨工端出一个存满似乎是酱油的大脸盆，于是大家拿起勺子就往面里加了一勺。直到一尝，大家酸得直皱眉头，方知这可能是醋。一问电厂职工，他们大笑起来说："这是著名的山西老陈醋。"平时上海人吃醋是很少的，一般放在小碟中，在吃虾饺或蟹黄包时略蘸一下以增加鲜味或者解腥，从不在面条中加醋，并且镇江醋是醋中带柔性的，而山西老陈醋酸度强，可一直酸到牙根里。所以这碗面是吃不成了，只能再买一碗。太原毕竟是阎锡山的老家，城市建设得很好。听说著名的晋祠离此不远，所以选了一个假日一起去晋祠一游。晋祠离太原市约 25 千米，是山西著名的名胜古迹。这里有清泉古寺、唐槐周柏，稻田连片，风景秀丽，素有"山西小江南"之称。我们去晋祠那天，虽属酷暑，但进入晋祠即酷暑全消。我们坐在一个池塘岸边，将双脚浸入池水，池水竟然冰凉入骨，不到 1 分钟就被迫出水。后来了解到这里都是地下水，所以夏天温度低，且水的碱性大。由于水的碱性大，所以山西人民好吃老陈醋以中和碱性，否则容易得病。这真是一方水土养一方人，各地水土不同，造成各地饮食习惯也大不相同。我们后来随交大西迁西安，生活数十年后，也习惯于吃面条加醋的饮食方法，并且不加醋时总觉得还缺了什么。

1957 年 2 月左右，我们又去哈尔滨锅炉厂进行第二次实习。哈尔滨锅炉厂也是苏联援助的 156 项工程中的一项，设备先进，当时的压制设备、焊接生产线都是苏联最先进的。我们在设计科、工艺科和车间进行了实习，并在资料室阅读并摘录了大量苏联的技术资料，很有收获。那时中国人民还处于贫穷阶段，能糊口已是幸事。哪像现在，可以拖儿携老出国旅游。所以哈尔滨对我而言只是久闻其名的一个遥远的靠近苏联的城市。从上海到哈尔滨一共乘了两天多的火车，路经南京、天津、北京、沈阳、长春等城市。由于这些城市均未去过，处处感到新鲜，所以也未感到路途遥远而厌烦。一路上经过的山川河流不计其数。越往北温度越低。又遇到下雪，顿时想到毛主席的《沁园春·雪》中的开头几句："北国风光，千里冰封，万里雪飘。望长城内外，惟余莽莽；大河上下，顿失滔滔。"这几句词真把北国雪景写绝了，十分真实感人而大气。

好不容易火车到了哈尔滨，在一个俄式建筑的车站进站，然后住在南岗哈尔滨工业大学招待所。离位于香坊的哈尔滨锅炉厂还有一段路，需乘公交车来回。三餐就在土木系大楼底层食堂用餐。这是一个俄式食堂，早餐有面包、牛奶、火腿肠、鸡蛋、果酱、奶油、咖啡、水果等，中晚餐有牛排、鱼排、红菜汤、蔬菜等，相当丰富。有时还有野禽供应。水果比较特殊的有冻梨、冻柿子等。这是江南一带没有的。水果冻了后模样不好看，却非常甜，口感很好，像吃水果冰淇淋一样，但清甜可口，没有冰淇淋的奶油腻味。饮料也是俄式的。除红茶等茶类外，有一种称为格瓦斯的酸饮料，是用粮食发酵制成的，甜酸味，很可口，特别适宜夏天加冰后饮用。现在国内康师傅等饮食企业也开始生产销售，与可口可乐一挣天下。哈尔滨城市很具特色，房屋建筑主要是俄式风格。高楼不多，但建筑都很严实。房屋外面色彩都很亮丽，与雪白的雪景配在一起显得宁静、美丽又婉约动人。自南岗到香坊的路边有许多俄式小木屋，周围用白色栅栏围成小花园，显然是白俄人住宅。俄国"十月革命"成功后，有不少原来的贵族逃到哈尔滨长期居住，成为所谓的白俄。在我国解放初期，特别是东北，这样的白俄为数不少。哈尔滨市最著名的百货公司为秋林公司，里面有不少白俄女服务员都是讲俄文接待购物宾客的。当时这家公司就是由白俄经营的。在沈阳、大连等地都有分店。这家公司的酒心巧克力糖和称为高白思的俄式香肠很有俄式风味。我们都购了些回沪馈赠亲友，很受欢迎。现在秋林公司仍在营业，当然负责人也换人了，已成为一个中型百货店。但上述两种产品仍然有名，特别是秋林的高白思，购买时还得排队。

我们去哈尔滨时正值冷时，室外温度 –28℃。以前在沪时，最低室外温度不过 –5℃，现在这种低温对于我们来说确实是一种考验。好在那时年轻，衣服帽子稍厚些也就对付过去了。哈尔滨的主要河流松花江已冻得严实。松花江上开展了多种多样的冰上运动。如冰帆船、滑爬犁、溜冰等十分热闹。我们没有下到江面去玩，而是在岸边看热闹。张兴华喜欢摄影，随身带着他的“莫斯科”牌Ⅱ型照相机为大家在松花江边拍了些照片。松花江畔的拉摩台很有俄式建筑特色，听说在“文化大革命”中已被拆毁，深感可惜，当时未将拉摩台全景摄下。2012 年我应中国航空工业集团公司邀请参加咨询活动时，在哈尔滨伏尔加庄园看到了拉摩台的复原建筑。

松花江边留影

拉摩台边留影

这次哈尔滨实习收获不少，不仅在业务上大有增长，而且对祖国的地大物博有了初步感性的认识。我情不自禁地感叹：我们祖国多么辽阔广大。但这还是井蛙之见。从上海到哈尔滨只是上海往东北方向一部分路程，如果再往东北方向前进，还要走这一段路的一半才能到达边疆。再说如果上海往西北方向走，从上海到大姐工作过的新疆叶城县的路程要比上海到哈尔滨路程长一倍。因此我一面体会到祖国的广大，另一面十分敬佩大姐和姐夫长期支援叶城的坚强勇气。

从哈尔滨回到上海后，一面继续完成剩余的课程，一面积极准备毕业论文工作。根据当时我国锅炉工业的技术水平，不在于要写出一篇科学研究论文，而在于掌握先进锅炉的设计方法和制造运行技术。所以我们这一届研究生的毕业论文工作是以全面设计一种新型锅炉为主的毕业设计。当时我国的锅炉水平处于引进捷克技术制造配 6000 千瓦汽轮发电机组的蒸发量为 40 吨 / 时的中压锅筒锅炉阶段，是干态排渣样式。国际上高压大蒸发量锅炉一般为压力 10 兆帕，蒸发量不大于 200 吨 / 时，水循环形式有自然循环和强制直流两类。

我分配到的毕业设计课题为蒸发量 160 吨 / 时、过热蒸汽压力 10 兆帕、过热蒸汽温度 540℃的拉姆金式高压直流锅炉。当时国内尚无直流锅炉，如何设计也未全面研究过。因而这一毕业设计的完成对于发展我国直流锅炉具有一定的探索意义。直流锅炉的主要优点是可用于任何压力。自然循环锅炉在压力为 20 兆帕以上时已不易发生水循环，而提高压力以提高电站效率的方法正是电站锅炉的发展方向，因而只有采用强制流动的直流锅炉。随着电站容量的增大和蒸汽参数的提高，直流锅炉将得到越来越广泛的采用。其次，直流锅炉无笨重的锅筒，受热面均由小管径的钢管制成，总重量轻，因而用以支撑的钢架也轻，所以其用钢可比同参数同蒸发量的自然循环锅炉少 20% ~ 25%。第三，无须制造锅筒，制造时不须用水压机、卷板机等重大装备。此外，受热面布置自由，安装运输方便且可以快速启停。其缺点为给水品质要求高，水泵功率消耗较大，自动调节需求也较高。随着锅炉蒸发量和工作参数的增高，直流锅炉的优点更为突出，而缺点则相应地减少。因而从上世纪 50 年代起，已认定是一个重要发展方向。当时的应用情况更证明这一观点是正确的。当时确定的毕业设计题目中未明确应采用何种排渣方式。国内锅炉大都采用干态出灰排渣。液态排渣与此不同，其使炉膛中煤燃烧后形成的灰渣以流动态的形式流出锅炉炉膛底部，并在冷渣井中冷却成固态灰渣后再排出。国内对此未进行过设计研究。我经过阅读相关国外论文和资料，通过计算研究，发现液态除渣炉具有燃料适用面广，锅炉效率较高、受热面较少，除尘设备任务轻等优点。为了使自己在毕业论文工作期间多学一些新技术，我将我设计的锅炉增加了液态除渣的内容，成为液态除渣的拉姆金式高压直流锅炉。这样一来就增加了设计难度。

我们读大学时，伙食是由国家免费提供的。到研究生时，伙食要自费，还须购不少技术书籍，而发给的津贴只有 28 元 / 月。由于津贴太少不够用，大家向高教部提出要求增加津贴。当时助教工资是 65 元 / 月。后来教育部将研究生的津贴提高到 60 元 / 月。这才在经济上有所松动。于是我每月给母亲 10 元补贴家用，其余作为自己的生活费和购书费用。

毕业设计进行得很艰难，主要是缺少参考资料。幸运的是外文书店及时进口了一批苏联学者的相关著作。由于经济上已宽裕，所以赶紧去购买，日夜研读。这些著作包括：马哥洛娃著的《锅炉机组布置与热力计算》、中央汽锅研究院的《空气动力计算标准》、卡什尼科夫著的《锅炉机组的计算例题及习题》、尤飞斯著的《容克式空气预热器的水阻力与传热研究》、紫洛金著的《烟气洁净》、谢洛夫著的《直流锅炉运行》、拉姆金主编的《拉姆金直流锅炉》、勃拉乌杰主编的《高压锅炉机组的制造与运行》、修洛苗特尼可夫著的《固定式锅炉的过热器》、法尔马纳等著的《液态除渣炉》、乌伐洛夫等著的《锅炉机组主要部件的制造工艺》、克洛里著的《高压锅炉机组特性》、中央汽锅研究院的《蒸汽锅炉原件强度计算标准》以及斯狄利科维奇主编的《高压锅炉沸腾时的水动力学和热交换》等。此外还有大量俄文学术期刊上的论文需要研读。因而在研究生学习期间，我们基本上是两耳不闻窗外事，闭门只读教科书。

正当我们研究生忙于潜心听课和钻研学术期间，校内和全国正在发生着一系列重大的变化和政治运动。根据国家经济建设发展战略需要，国务院决定将交大主体西迁西安，并于1955年由高教部下发相关文件到交大。1956年校庆时，彭康校长为此进一步开展了部署，他在报告中指出："我们学校从今年起就要迁往西安。造船工程系留在上海成立造船学院。电讯工程系迁往成都，和其他学校相关系科成立电讯工程学院。迁校是为了配合国家的工业建设，并使学校接近了工业基地，使学校工作很快提高。我们应该坚决克服困难，做好迁校工作。"当时西安和上海生活水平和环境相差很大，要久居上海的本地教工迁到西安自然阻力不小。1957年4月底，中共中央发布关于"整风运动"的指示，主要整顿脱离群众和脱离实际的官僚主义、宗派主义和主观主义。欢迎非党员参加"整风运动"。要组织群众协助共产党"整风"。经过多次动员，逐渐进入"大鸣、大放、大字报"阶段，不断爆出各种论点。所谓"鸣放"就是百家争鸣、百花齐放。由于是帮助党"整风"，鸣放时自然批评意见居多。鸣放到6月8日，人民日报发表《这是为什么？》的社论，宣告鸣放结束而反击"右派"分子进攻的运动就此开始。当时交大的主要矛盾是迁校问题。1957年初迁校问题引发全校大辩论，校内"大鸣、大放、大字报"主要也集中在此问题上。锅炉教研室的顾逢时教授从美国回来不久，未参加过国内的群众活动。反对迁校的教工推举他发言，他也不赞成迁校，他说将交大迁到西安，就等于把一棵大树种在沙漠里。这句话言简意赅，引起反迁校教工的一片掌声。我们当时学业压力太重，又因年轻，对党的官僚主义、宗派主义和主观主义提不出意见，也不感兴趣，此外将来我们分配到何地也不知道，因而迁校原则上与我们没关系，所以并没有去参加讨论和鸣放。我只是觉得日夜用功后身体虚弱，开始显著脱发，急须休养一段时间。那时研究生很少，学校有一个研究生科，但无专人管理，研究生行动比较自由。我在接近暑假的时候就乘火车前往成都探望当时的女友（我的夫人）黄蓉蓉去了。黄蓉蓉原在交大电讯系，已在1956年按迁校指示调整到成都电讯工程学院。我在成都电讯工程学院住到9月初，身体逐渐恢复了元气。期间成都电讯工程学院也有人来打听过，以为我是逃亡“右派”，后来知道我是研究生来度暑假，也就不再过问了。9月接到交大通知，告知我已分配到交大锅炉教研室工作，要我9月直接到西安报到，并且从朋友处得知学校中已有不少人被定为“右派”分子，其中还有几位是原来的大学同学，并且知道我们8位研究生中，陈正包、黄祥新、章燕谋和我留在交大锅炉教研室工作，余亚屏、宓禔昌分配到哈尔滨工业大学，张兴华、卓宁分配到重庆大学工作。我的本意是希望在研究所工作，可以进行科技创新研究，但经过“反右”运动后，谁敢再提反对意见呢？就这样，我也不回上海，直接从成都到西安报到。这一报到就使我长居西安，至今57年了。但世上事真奇妙，此事虽不从我心愿，但是塞翁失马，焉知非福。就在西安这块神奇的土地上，经过38年艰苦曲折的奋斗，终于成就了我幼时成为一名科学家的梦想。西安交大使我从一个刚毕业的研究生，成长为一位首次公选通过的工程院院士。因而可以说上海是我求学成长的基地，而西安则是我奋斗立业的基地。

1957年10月我在西安获得了交通大学研究生毕业证书并取得了优秀的毕业成绩。

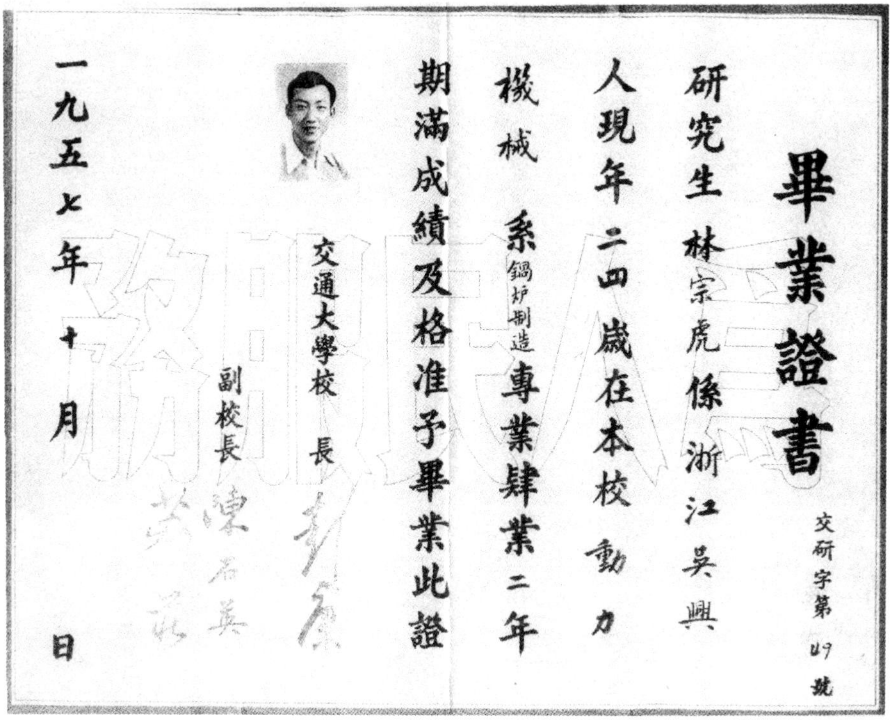

畢業證書

交研字第49號

研究生林宗虎係浙江吳興人現年二四歲在本校動力機械系鍋炉制造專業肄業二年期滿成績及格准予畢業此證

交通大學校 長

副校長 陳石英

一九五七年十月 日

研究生毕业证书

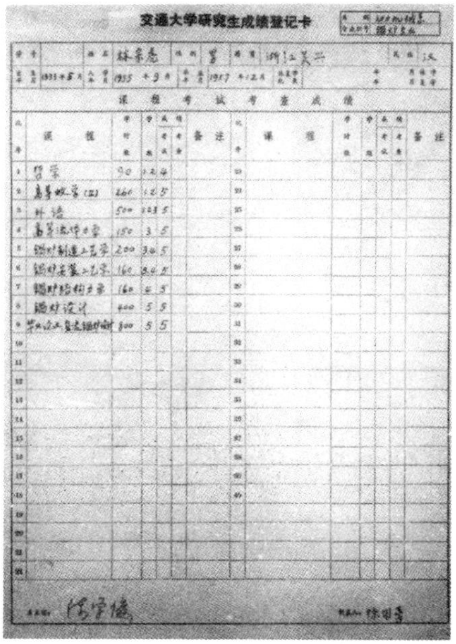

交通大学研究生成绩登记卡

姓名 林宗虎 籍贯 浙江吴兴

课程考试考查成绩

次序	课程	学时数	学分	成绩
1	哲学	90	[illegible]	4
2	高等数学(2)	260	[illegible]	5
3	外语	500	[illegible]	5
4	高等流体力学	150	3	5
5	锅炉制造工艺学	200	[illegible]	5
6	锅炉安装工艺学	160	[illegible]	5
7	锅炉结构力学	160	[illegible]	5
8	锅炉设计	400	5	5
9	[illegible]	400	5	5

研究生成绩单

研究生毕业照

第五章 西安立业

初到西安

1957 年 9 月，我从成都乘火车奔赴西安，一路上风景优美，火车沿线都是青山绿水，远处竹林中偶尔有农舍隐现，嘉陵江依着群山伴着线路缓缓流动，真像图画一样。火车在秦岭最高处一个车站暂停时，我趁机下车，远眺秦岭。时值秋天，天高气清，但见群峰俯首，尽在眼下，大有“会当凌绝顶，一览众山小”的意境。路边有护路员工及其居住小屋，想想他们成年累月都在此艰苦条件下工作，自己能留在西安工作已经很不错了。此外，从小受大姐解放前参加革命和解放后长期支援新疆叶城的影响，我心中一直有“好男儿志在四方”和“行行出状元”的想法。再者，我以前申请加入中国共产党的愿望在 1956 年得到批准，那时宣传的主体思想是“要做党的驯服工具”和“服从组织分配”。因此就暗自下决心，应该服从分配并且一定要在西安这块黄土地上努力工作，一面教学，一面注意创新，成就一番事业。

在赴陕西西安前，已预先做了一番了解。陕西省位于黄河中游，因位于陕原以西得名。在春秋时为秦国辖地，亦简称秦。全省北部为黄土高原，南部为秦巴山地，中部为渭河平原。全省主要为高原和山地，高原约占全省面积的 45%，山地占 36%，平原占 19%。秦巴山地由秦岭和大巴山组成。渭河平原又称关中平原，西起宝鸡峡，东至潼关，东西长约 360 千米，由黄土堆积、河流冲击而成，海拔 300 ~ 600 米，以土地肥沃、农业发达闻名，号称“八百里秦川”。陕西在中国历史上占有独特的地位。早在 100 万年前，蓝田猿人就在此繁衍生息。6000 年前，半坡村人在此留下了母系社会繁荣阶段的原始村落。公元10世纪前，陕西曾长期是中国政治、经济、文化的中心。西安市为陕西省省会，位于渭河平原中部，是全省政治、经济、文化、交通中心。古时称长安，寓意“长治久安”。已有3000多年的历史。自1162年起,先后有10多个王朝在此建都。黄巢、李自成等农民起义也曾在此建立政权。有70多个帝王在此执政，留下了数不尽的古代遗迹和文物珍宝。是我国著名的6大古都之一。市内外及附近地区有许多名胜古迹，陕西当时虽以农业为主，但能源和各种矿产丰富又处中原地带，十分适合国家经济建设发展战略的需要。因此国务院为配合陕西和西安的发展，决定将交大迁到西安。这是国家调整高等教育战略布局的重大举措，由周恩来总理亲自指导关怀，从中央部委到陕西、上海两地政府为迁校成功做出了巨大努力。西部人民群众也满腔热情迎接交大的到来。在我到达西安之前，学校已在西安踏勘校址并破土动工建设新校区，开学典礼已于1956年在西安进行。

西安火车站就在城墙附近，所以一出站就看到城墙。城墙以前我只在小说中读到过，或在连环画及电影中见过，但真实的城墙还是第一次看到。西安城墙是中国古代城恒建筑至今保存最完整的一处，也是世界上现存规模最大、最完整的古代军事城堡设施。从西周开始，先后有13个朝代在西安建都。古都城墙，历朝历代多有修筑，均被历史尘埃掩埋。明朝统一中国后，西安筑城工程从公元1370年开始到1378年竣工，总共修了8年。墙高12米，底宽18米，顶宽15米，周长13912米。墙体厚度大于高度。墙外有护城河围绕，城门口有便桥通入。西安城墙雄伟高大，给我的印象特别深刻。

交大有校车接待来西安的交大员工，我便随车驶回学校。一路上所见西安的市政建设相当陈旧落后，没有像样的高层建筑和商场。不仅无法与十里洋场的上海南京路或优雅宁静的淮海路相比，就和成都相比也要逊色不少。汽车穿过市区在城墙的和平门驶出不久就

西安城墙局部图

到了学校大门。由于交大西安新校区是1955年10月才动工兴建，由来自全国的8支建设队伍同时展开施工。所以建设速度很快。但毕竟时间较短，只能边建边办学。1956年9月入学的2100多名新生和二年级1600多名学生已全部入住新校区。由于照顾主体工程的完工，新校区的大门和礼堂是十分简约的。我第一眼见到的简易校门是一个临时用木条修搭起来的简易牌楼式校门，欢迎人员很热忱，大家就在热烈掌声中进入校门。

1957年西安的交通大学校门

不久交大西安部分1957—1958学年开学典礼就在草棚大礼堂举行。此礼堂由交大师生设计建成，可容纳4000多人。在往后的六七年时间中，交大西安部分的大会或其他大型活动均在此礼堂举行。直到有了合适的会议地点，才将其拆除。

我到交大西安部分后就住在一村34宿舍二楼，与黄祥新同住一室。1957年大部分专业及师生已迁至西安，在田野四围的校舍中迅速开展教学和科研，为扎根黄土地而艰苦奋斗。西迁中，开发大西北成为全校共同的心声，多少人甘愿舍弃优越的生活条件，甚至不惜卖掉上海的住房,义无反顾迁来西安。在迁校及建设新校的历程中，师生员工开拓奋进，备尝艰辛，顾大局、讲奉献，充分体现了交大人的爱国爱校风范，出现了不少动人的事迹。此外，陕西省和西安市政府和人民也给予交大极大的照顾和关怀。交大的用地是西安市市区最好的地段，离城只有两站公共汽车路程，即使步行也可进城，交大校门的对面就是即将建设的兴庆公园。为了照顾交大师生的南方饮食习惯，将本地产量不多的大米和鱼类调拨给交大食堂，以便大家尽早适应陕西的环境和生活。

这些都有力地鼓舞了大家要在西安生根发芽，建造一个新交大的决心。抗日战争期间，在那样艰苦条件下，我们还成功地在重庆建立了交通大学，现在有党、国家和人民的积极支持和配合一定可以在西安建立一个实力雄厚、声名远扬的交通大学。

到西安后也听到了一些不幸消息，有一部分教职员工和学生被定为右派分子。其中有一些是与我们同一届考进交大并留校工作的青年教师。此外，顾逢时教授最后也被划为“右派”分子。这些人的主要问题可能还在于反对迁校。

1955年后热工教研室的教师分成了热工、锅炉和汽轮机3个教研室并相继成立了锅炉制造专业和汽轮机制造专业。学生的课程也做了相应的调整。锅炉教研室主任为陈学俊教授，教研室在上海时设在中院一楼。我们的研究生自修室就位于教研室隔壁。我们的专业蒸汽动力机械制造专业只办了一届，1956 年毕业时的同学就成为全国首届的锅炉制造专业毕业生。我们这届毕业生因学习的专业课较多，因而毕业后工作面也较广，有的在锅炉、汽轮机行业，有的在化工、核能行业，也有的在热能、自控、仪表及内燃机行业。他们都曾是这些行业的著名科研人员，现在均已退休了。

新任讲师的自我规划

1957 年 10 月研究生毕业后，大家也就各自东西奔赴分配到的单位去报到了。陈正包、章燕谋、黄祥新和我就留在交大锅炉教研室工作。教研室也为我们的工作按研究生毕业论文工作内容初步做了一些分工。除锅炉本体大家都应熟悉外，陈正包和黄祥新偏重于燃烧设备，章燕谋偏重于锅炉钢和强度计算，我偏重于锅炉内部过程。

1957 年陈学俊先生与 8 位研究生在校园合影
（前排自左至右：林宗虎、陈正包、余亚屏、章燕谋；
后排自左至右：黄祥新、宓禔昌、陈学俊先生、卓宁、张兴华）

刚到新的岗位，作为青年教师应该如何开展工作？我觉得首先必须熟悉业务，应该先熟悉与自己工作有关的课程，搞清楚每个计算公式的来龙去脉和总体的国际发展水平。这样才能使自己讲课时胸有成竹，融会贯通，不出教学偏差。要做到这点就必须大量阅读和钻研新的相关著作和论文期刊，还要推导每个主要公式和阅读辅助材料。其次，要熟悉锅炉专业的其他课程，如燃烧设备，锅炉制造安装，各种风机、水泵、烟气洁净和排渣设备等及其相应计算方法。所以工作十分紧张，经常自我钻研，独立奋斗，乐在其中，同时也培养了我在今后独立思考、解决困难的素质和能力。在新的岗位上，我不想单纯地成为一位教书匠，而是觉得应该同时进行科研和创新，将新的成果用于推进工程理论的发展并补充到教学中去提高教育质量。但是科研和创新的题目和方向从哪里来呢？我觉得除去上级分配给我的科研任务外，可通过大量阅读，对比和研究现有方法的不足之处以及参加工程实际来发现值得研究的问题，然后，集中力量去解决这些问题以取得成果。俗话说："发现了问题就是成功的一半。"所以发现问题是十分重要的。为了获得新资料，除经常去图书馆阅读国外著名期刊及借阅新书外，还去新华书店及外文书店翻阅及购买有兴趣的相关新书，特别是俄文著作。当时我的经济条件也容许我购置书本。我留校时工资为 72.5 元 / 月，职称是讲师。虽然工资额与现在相比微不足道，但在当时实际购置力还是可以的。以青菜为例，当时是 2 ～ 3 分 / 斤，现在是 2 ～ 3 元 / 斤，相差 100 倍。因而当时工资的购置力约相当于今日 7000 元购置力。我每月寄给父母 15 元做家用外，余下的自用已很宽裕了。我对苏联学者的科学和工程著作较为推崇和赞赏，因为其计算方法和工程结论都建立在深厚的理论和试验研究基础上，很少保密，学了就能用，并且应用效果和原著相近。相反，英美、西欧等资本主义国家的著作和论文由于各家公司的专利和保密要求往往带有浓厚的保密色彩。其内容不深不透，有的是 5 年或 10 年前研究的已近淘汰的技术和方法，大多试验曲线图都不标明单位和数值，只能看出一些影响趋势和发展方向。此外，苏联的科技书价格一般只需 2 ~ 3 元，而欧美进口书价格常高达数十到百余元。所以我购置的书籍以俄文为主，英文的就借图书馆的阅读。况且经中学时在上海人民广播电台俄文班以及大学和研究生时的俄文课程学习后，我的俄文已达到较高的水平，已可自由阅读和正确理解俄文科技著作，并具备一定会话能力。这一能力对我业余的提高起了重要的作用。我始终认为外文对科技人员的成功太重要了，不懂外文，对于世界科技的成果和进展如同睁眼瞎子，必须经过他人翻译或讲授才能学到一些，不仅在时间上滞后而且不全面，有时甚至于错误理解。

交大锅炉教研室当时正处于师资力量强盛时期，年长的有陈学俊和顾逢时教授，中年的有许晋源、徐士民和陈钟颀老师，都是拔尖人才。年轻的有我们留校的 4 位研究生、哈尔滨工业大学分配过来的张鹤声和张昌煜两位研究生，以及 1956 年首届锅炉制造专业优秀毕业生陈听宽、许德与李素梅，还有 1955 年与我们同班毕业的留校教师贾斗南和屠传经老师。在这样强手如林的团体中，谁不勤奋学习、努力工作，谁就根本没有立足之地。由于我清楚认识到这一点，所以一开始就不敢怠慢，勤奋学习，努力工作，力求在此团体中能站稳脚根，不被淘汰。在此期间，我阅读了大量锅炉相关著作，业务提升较快。在此期间，我写了两篇综述性论文，一篇是《直流锅炉设计》，另一篇是《锅炉吹灰装置》，都作为交大科技资料发表，未投稿在正式刊物上刊登，因而未收入 2013 年出版的《林宗虎院士科技论文选集》一书中。

合作设计我国首台电站直流锅炉

当时正处于“大跃进”初期，在教学上号召教学与生产实践相结合，并提倡勤工俭学。上海锅炉厂也准备生产几台大蒸发量新型锅炉设备。陈学俊教授作为教研室主任与厂方签订了勤工俭学协议，由交大委派师生与厂方合作设计。1958 年教研室委派了熟悉这些设备的 4 位留校研究生带领一批将毕业学生赴上海锅炉厂开展工作。我负责的是蒸发量为 220 吨 / 时、压力为 10 兆帕、过热蒸汽温度为 540℃的拉姆金式高压直流锅炉，这一设计任务与我研究生毕业设计题目近乎相同，因而在与上海锅炉厂技术人员合作和指导交大同学工作方面十分顺利。这台直流锅炉的主任设计师为上海锅炉厂的顾醒展工程师。这是我国第一台用于电厂发电的高压大蒸发量直流锅炉，设计良好，制造后装在上海杨浦电厂，一直运转到前两年电厂淘汰 5 万千瓦运行机组时才停运。这次双方合作完成了直流锅炉、旋风炉、大型中压锅筒锅炉和回转式空气预热器等新型设备的设计工作，并建立了上海锅炉厂和西安交大锅炉教研室的友好关系。上海锅炉厂付给学校勤工俭学费用约 3 万元。此后，在上世纪 60 年代和 70 年代我还多次带领毕业班同学赴上海锅炉厂进行毕业设计和答辩。由于西安交大锅炉专业毕业生业务好、素质高，都经过毕业前的锅炉厂实际设计工作培养，分配到各单位均能立即投入工作，因而深得用人单位信任和欢迎。用人单位每年必须及早提前预订才能聘到毕业生。

1962 年与参加上海锅炉厂毕业设计的同学合影

1964 年与上海锅炉厂领导、工程师和毕业班同学合影
（前排右起：主任设计师李庆奕、顾醒展，设计处处长史习仁，副总工程师马兰江，总工程师杨立洲，主任设计师宋光裕，林宗虎，主任设计师林泽勲、赵柏年、何克明、金忠政，毛工程师）

远赴延安劳动锻炼

1958 年暑假后回到西安，教研室领导通知我，学校今后要分批组织教师和干部下乡和下厂进行劳动锻炼，接受农民和工人再教育，将我安排在第一批，明年春节后出发到延安锻炼。锻炼期为 5 个月

在农村，5 个月在工厂。当时我尚未结婚，无家庭拖累。于是 1959 年 2 月作为西安交大第一批劳动锻炼人员向延安进发。我们劳动锻炼大队的大队长为交大党委宣传部部长马平，副大队长为基建处处长任祖扬。那时赴延安尚未通火车，公路也是路面很差的土路。因而大队人马只有分乘几辆大汽车从西安出发。我一直在上海长大，在南方也未下过乡，因而对于赴延安农村锻炼感到十分新鲜。大汽车载着我们一路风尘仆仆经高陵、耀县、铜川、黄陵、洛川后到达延安，凡车队经过之处尘土飞扬、遮人视线。土路较窄，不很规范，有时会看到车在路上行驶时靠路边的一个车轮悬在空中的险情。因而要求司机必须心态稳定，技术高超。一路上汽车都在爬坡前进，因为延安位于陕北高原而西安是渭河平原。车快到洛川时遇到一个特大的斜坡，我正在担心汽车能否上坡时，只听见马达轰鸣，前面一辆车已经开足马力上坡了。过了洛川便离延安不远。一路颠簸，到延安已是人困车乏了。

延安市市政府先安排我们在市招待所休息。延安市区不大，只有一条主要街道，街道两侧的商铺都漆成宝蓝色，配上阳光，淡蓝色的天空和周围的群山、延河，自成一幅清丽的图画。我们分配到离延安市最近的冯庄人民公社去锻炼。次日延安市召开欢迎会，市委书记欢迎大家前来传经送宝、支援延安发展并设宴招待，然后由冯庄人民公社党委书记及干部带领大家前往各锻炼生产队。我和热工教研室的吴清金等近十人分配在白坪生产队锻炼。大队就设在冯庄人民公社。白坪生产队离延安最近。白坪村在一个山坡上，村民们散居在山上各个窑洞中。生产队队长姓申，是一个壮实的年轻人，村支书姓李，原是一位红军，因恋乡不愿外出而留在本地。他常告诉我们，他的战友随大部队外出作战后已升任各地干部了，只有他还在白坪种地。这就像我认定的，人生就是一个选择过程，选择不同，结果也大相径庭。他战友过的是干部生活，他过的是日起而作、日落而息，与青山绿水为伴的陶渊明式的生活，也未必不好。我和吴清金住在一个老农家中，他有两个独立的窑洞。我和吴清金合住一个窑洞。窑洞内炕上有两块户主准备用作寿材的木板作为我们的床铺。我俩打开行李，铺好被褥后就在水缸中稍打了一些水略事梳洗。这里用水全靠山坡下的水井，每天要下山挑水。这一工作对于从小用惯自来水的我们而言本身就是一种锻炼。能用扁担挑着前后两桶水自在地走路爬坡实在是一门技艺。你的脚步必须和两个水桶的晃动频率和振幅配合完美才能使桶中的水不晃出来。此外，你还必须具备足够的肩力和腿力，没有一周时间是很难练出来的。

1959年在白坪锻炼的交大教工合影
（前排左起：吴清金、陈纯正、徐家澍、李瑶珠、张昌煜、高占明；后排：林宗虎（右一）、黄蓉蓉（右二）、吴德地（左一）、侯国华（左二）、翁思义（左三））

到白坪后，次日一早，申队长便吆喝社员们出工了。我们也拿着借来的锄头、铁锹等农具随队出发了。延安农村多山地，生产方式也十分落后，采用古代传下来的广种薄收、靠天吃饭的办法。耕地都在山坡上，种地时人就站在45度或更大倾角的斜坡上种植。没有水渠，浇灌全靠毛驴驮着水桶送水。生产队社员认为我们都是省里派下来的大干部，对我们在劳动和生活上都十分照顾。我们的任务基本上就是锄地、锄草以及在耕牛后面往耕好的松土中下种子。社员的劳动也不大紧张，休息时，大家聚在地里仅有的几棵遮荫的大树下面乘凉。有的社员就直着嗓子唱起陕北民歌来，调门高亢嘹亮，大有直上云霄之感，引得四周群山回声久久。试想在这样的蓝天白云、一片青翠、凉风习习的山谷中能高歌一曲，真是荡气回肠、痛快之极。年事稍长者则以鞋作枕，就地躺下，仰观蓝天，白云悠悠，独享闲适。我也效法长者，仰卧斜坡，在伴着青草和泥土香味的新鲜空气中尽力享受大自然赐给的清福。

当今风行一时的赛才艺、赛歌咏电视节目中，如《中国达人秀》《星光大道》等经常有一些陕北歌手横空出世、一鸣惊人，其音调之高亢，中气之充沛，除藏族歌手外，很少有人能与之匹敌。这些歌手就是在广阔的大自然环境中自我训练出来的，其音量即使没有任何音响设备也足以声震屋宇，余音绕梁。

傍晚收工回村时一般已是日落西山、晚霞满天。我们队的侯国华老师好唱歌，有时向社员学习头上也扎一块白毛巾，在田间休息或收工回村时他时常忍不住对着群山美景高歌一曲。

生产队主要种植糜子、玉米和豆类，也种土豆、红薯和蔬菜。春季播种加水和少量有机肥后就很少后期管理，靠天吃饭，能收多少就多少，所以广种薄收，总产量不高。村民粮食还是够吃的，但现金较少，全靠在市上出售鸡蛋和农产品换得。那时市上鸡蛋为5分钱一个，村民都将鸡蛋积聚到一定数量再在集市上出售。我们下村后的伙食由队里在村民家轮换派饭解决。由我们付给现金，这样也增加了村民部分现金收入。

延安农村的生活水平较低，我们在各家派饭时，各家主妇都努力设法为我们做一些可口的饭菜。经常吃到的菜碟为四个小碟中分别装有油拌辣椒面、土豆丝、盐拌生洋葱丝和酸菜。主食很丰富，通常吃的有小米饭、小米粥、玉米粉发糕、玉米糁子粥、面条、白面馒头、锅盔、枣糕、软糜糕（硬性的糜子称为栗或小米，糯性的称软糜子，具有与糯米相似的黏性）、洋芋擦擦（将洋芋切成条状再蒸熟做主食）和浆水鱼鱼（用面粉或玉米粉做成蝌蚪状食料再放在发酵的酸浆水中煮熟，连汤一起食用。陕西人将蝌蚪称作鱼鱼）等。晚餐有时更为稀罕，端上一大锅杂粮来，有甜红薯、新鲜玉米棒、一串串的带壳毛豆、长生果、黄而甜的老南瓜等等，新鲜而美味，在上海家里从未这样吃过，近几年只有在高档宴会上才有这样的吃法，而我们早在50年前就已经品尝过了。在白坪饮食中绿色蔬菜和肉类较少，油也不足。我记得在白坪的5个月中，只有在市委欢迎会和农村转入工厂锻炼时冯庄公社欢送会上才吃到猪肉。此外，有一次白坪的羊群不幸摔死了一头羊，又有一次被毒蛇咬死一头羊后，大家才品尝了两次羊肉。

延安农村是一个自给自足的自然经济社会，粮食自己种，虽然广种薄收，产量不高，但由于人口较少，这些收成已足以自给有余。燃料主要靠两个来源，其一是靠柴薪，山沟野地里有的是枯枝朽木，取来即可燃用；其二是靠挖煤。陕西省的煤、石油、天然气储量都很丰富，但那时除了铜川煤矿外均尚未形成规模开挖。延安一带产煤，但均为村民为自用开挖的小煤矿。我们带了一条毛驴和挖煤工具，沿山路走到一个洞口，房东停下来说这就是煤窑。于是他就带上工具俯伏地上爬进洞口，背后用绳索拖着一只装煤用的箩筐。约一个小时后，他爬出来了，拖了一筐煤，满头大汗。接着我也拖了一个箩筐爬进煤窑。这是一个很低的坑道，只容许一个人爬动，爬了一阵子便进入一个尺寸较大的煤窑。于是我就跪在地上用铁锹等工具将煤从壁上挖下，装满一筐后转身拖着箩筐爬出洞来。由于洞内缺氧，空气闷热，所以爬出时已是浑身大汗了。我们将箩筐一左一右装在毛驴背上就慢慢回家了。总之，白坪的生活是十分原始艰苦的，但精神上是愉悦放松的。好在对于饮食，我口味较杂，胃口不错，吃什么都是美味，所以也并不觉得特别艰苦。当然，如果带有味精或其他调味品，那味道将更美好。

在白坪锻炼 5 个月后，我们告别农村前往延安电厂进行工厂锻炼。延安电厂就在延安市郊，规模很小，只有一台蒸汽机发电，发电量只有 100 千瓦。我们这次下厂的任务是帮助厂方安装一台 6000 千瓦的汽轮发电机和一台蒸发量 40 吨 / 时的中压锅炉。后者正是我们熟悉的由上海锅炉厂按捷克图样制造的第一台中压电站锅炉。6000 千瓦汽轮发电机由西安华山机械厂制造。到工厂后生活就和学校相近了，住在招待所，吃饭在员工食堂。厂长 50 多岁，绍兴人，待人接物亲和有礼，知道我们大都是江浙一带人士后关系更加亲近。有时请我们去他家品尝绍兴黄酒。他的酒量很好，一次要喝两斤以上。我们问他，喝这么多酒为什么不醉并且胃也不涨。他告诉我们，酒喝下去后会从脚底下流出来的，鞋袜都会潮的。这是我首次听到的喝酒不醉的奇事，印象特别深刻。

由于我们业务熟悉，关系良好，配合默契，因而锅炉和汽轮机的安装工作按时顺利完成。这次工作使延安电厂发电量由 100 千瓦增加到 6000 千瓦。一下就增加为原来的 60 倍。时间飞驰，一会儿 5 个月又过去了，国庆过后，我们就将锻炼结束，返回学校。这段锻炼的时光还是很有收获的，一方面加深了我们与工农的感情，另一方面使我们懂得我们国家有多么贫穷落后，人民大众要改善生活的愿望有多么迫切，我们青年学子要振兴中华的担子有多么沉重。这些都促使我们要发奋图强，努力工作，有所作为，以加速我国的前进步伐。此外，也锻炼了我们理论与实践相结合的能力，提高了教学水平。

1959 年 10 月下旬，我们启程回到学校，虽然离校只有 10 个月，但校内也发生了很大变化。首先，在政治上开展了反“右倾”运动。

其次，国务院在7月决定交通大学西安、上海两部分独立成为两所学校，即西安交通大学和上海交通大学，由彭康担任西安交通大学校长兼党委书记。于是在1959年国庆游行队伍中首次出现了西安交通大学的校名。

50年后重访延安

离开延安后还经常想起在白坪和延安电厂时结下的深厚情谊，一直想再回去看看。但是，大家事务繁忙，要聚集原班人马谈何容易。特别经过“文化大革命”后，不少人调走，也有逝世的，要成行就更难了。2009年在离开延安50周年之际，我们一家四人乘火车重访延安。经两个多小时后，列车到达延安。首先看到的是十分宏伟宽敞的延安火车站，比西安解放路火车站大得多。但旅客不多似有华而不实之感。据说建造费用达1亿多元。走在延安市大街上，主色调仍是宝蓝色，但多了不少灰色的高楼大厦，增加了现代都市气息。延河依旧，宝塔山如故，但市民生活水平有了显著提高，时尚的俊男美女相拥而过，与其他内陆城市相仿。

登上宝塔山可以看到延安市的全貌，以及后来建设的延安大学和一些新兴工业等。陕西煤化工的发展、油田和天然气的开发使延安等陕北城市都迅速富裕起来。这使我们感到十分高兴。

我们去参观了延安革命纪念馆、毛泽东故居等多处革命旧址和纪念地。

晚上在延安留宿了一晚，第二天原想去白坪村。但想到50年后原来认识的老朋友可能已经作古了，一切物是人非，免得打扰后人。于是在延安午餐后就乘火车回西安了。

讲授锅炉课程，正式发表科技论文

1959年下放回校后不久，教研室通知我要在明春为锅炉专业讲授锅炉设备课程。这方面我已存有不少资料，但尚未形成讲课稿件。所以赶紧备课。

在备课过程中,我发现在计算锅炉管内汽水[1]混合物的摩擦阻力计算式中，苏联、德国和英美都用计算单相流体时的达西公式，只是将其中的比重和速度换成不考虑汽水相对速度的混合物比重和混合物速度。这种算法只适用于汽水两相混合物十分均匀，两相速度相等且处于热力平衡的状态。但实际上，根据压力、流速、流动方向以及含汽率的不同，汽液两相的混合均匀度以及两相的相对速度相差很大。因而这种计算方法的计算结果和实际情况常有较大的偏差。如用于计算水平管，则计算值比试验值小20%；用于计算垂直上升管，则计算值比试验值大30%左右。在高压和超高压情况下更为显著。要得出一个符合实际情况的两相流体摩擦阻力计算式必须进行大量不同工况的试验。当时学校没有高压试验台，也无力去做大量试验。我就决定借用国外已有试验资料来推导这一计算式。根据大量资料收集，我觉得实际上已有可能得出一个不同倾角圆管中汽水混合物摩擦阻力的统一计算式。经过大量分析、归纳和计算工作，我建立了一个形式上统一于达西公式的汽水两相在圆管中流动的摩擦阻力计算式。式中，λ_{cm}为汽水混合物流动阻力系数，与压力、含汽率、管径及流动方向有关。式中的工质比重和工质流速采用汽

① 这里指水蒸气和水的混合物。本书中汽水/气水、含汽率/含气率、汽液/气液、汽温/气温等术语中，“汽”指水蒸气，“气”指气体。

水混合物的真实比重和真实流速进行计算。以此为题的论文《两相流体在管内流动时的摩擦力计算》在1961年完成，刊于《电力技术》1962年第5期，是我正式发表的第一篇科技论文，可用于计算水平管、垂直上升管、垂直下降管和倾斜管。

后来苏联在1961年和1978年出版的《锅炉水力计算标准方法》中也采用在达西公式基础上加修正系数 ψ 的方法解决了合理计算汽水混合物摩擦阻力的问题。但其校正系数缺乏计算式，不便于用电子计算机进行锅炉水动力计算。1983年我国在编写《电站锅炉水动力计算方法》（JB/T 201—1983）时采用了由我和陈立勋负责的西安交大锅炉教研室研究成果。我们的成果也采用达西公式形式，但修正系数不仅可查图确定，也可按计算式确定。此法经国内主要锅炉厂对各类锅炉的水动力工况进行试算后，与实际运行情况接近，从而得到广泛应用。

在备课到“锅炉过热器和再热器”章节时，正逢我国已制成配10万千瓦汽轮发电机组的锅炉，正在研制配20万千瓦机组的锅炉。在蒸发量配10万～15万千瓦的锅炉机组为提高效率一般都采用再热器，而采用何种方式进行再热汽温的调节是一个技术难点。我在全面研究了现有的各种再热汽温调节方法后，觉得都存在一定缺点。因此我创建了一种以空气为工质调节再热汽温的新方法并写成论文。此法的原理为将部分再热器受热面延伸到炉墙外面，并以高速空气通过而冷却这部分受热面。当改变通过的空气量时即可达到调节再热汽温的目的。此法的优点是：调节幅度大，可调节汽温40～50℃，所以能单独进行调节；减温工质无压力，所以减温器工作可靠，制造方便；流出汽温调节器的空气被加热到90℃左右再送入空气预热器加热，能防止空气预热器的堵灰和腐蚀问题；无用烟汽调节汽温的一些缺点，如影响燃烧，使受热面积灰、磨损等；无面式减温器中冷凝水分配不均匀及水击问题；使过热器汽温调节与再热汽温调节无关，使调节系统大为简化；此外，调节惯性小。这一调节方法的缺点为：增加空气道阻力（约30毫米水柱①），因而使风机耗电量略增；增加了因减温而附加增加的再热器受热面，使再热器中压力略增，这将使燃料消耗量略增0.0056%，数量微小；此外，减温用空气道尺寸较大，使布置有些不便。后来这一论文在1964年举行的全国汽轮机锅炉协会年会上发表并被收入论文集。这是一项国外从未用过的创新汽温调节方法。当时讨论很热烈，但由于国内锅炉设计制造业长期处于仿制和引进技术阶段，因而新的创见的实际应用尚须待以时日。

调任流体力学教研室副主任，再开新课

1960年完成锅炉设备讲课任务后，每年教学任务都很重，每年要讲一门课并在暑假带毕业班学生去锅炉厂完成毕业设计及答辩工作。1962年和1964年带队参加上海锅炉厂的工作。通过持续的理论和实践方面的学习和锻炼，我对锅炉专业已有了一个较全面的了解。锅炉是能源与动力工程中不可或缺的专业，不仅是在燃煤阶段，即使在未来的核动力时代也需要锅炉（或称之为蒸汽发生器）。设计、制造和运行锅炉需要具备一系列理论知识和工程实践。例如需要燃烧学、流体力学、热力学、传热学、多相流体力学、多相传热学、力学、结构力学、机械原理和零件、锅炉钢和强度理论、风机与泵、水处理、环境保护、脱硫与排硝设备等各方面的知识。无论在受热面结构布置、燃烧设备、汽温调节方法、自动控制、洁

① 1毫米水柱=9.806375帕（0℃时）。

净蒸汽、洁净烟气、除灰排渣、风机水泵等方面只要有一方面有些创造发明都可取得显著的业绩。通过科研论文的发表和自己业务知识面的成熟，我对锅炉专业的热爱日益增加，并决心为此奋斗终身。但是这一愿望又遇到了波折，1964 年暑假后，正当我从上海锅炉厂带完毕业实习回到学校时，当时我系的党总支书记，也是我的机械原理老师程迺晋教授找我谈话，他说："系里流体力学教研室有好几位 1953 年毕业的教师不够团结，业务也上不去，总支研究后想将你调去当副主任。主任是江宏俊教授，他教学很好，但科研稍差。你是研究生毕业，过去后可以镇住阵脚。"鉴于"反右"斗争的经验，以及我对程教授的尊敬，我就同意了这次调动。到流体力学教研室后，和锅炉教研室勤奋向上的学术气氛相比，这个单位确实比较松散。一共只有两门课，水力学和流体力学。讲过一次课后，讲稿就可延用终身。实验室有一张乒乓球桌，有空大家就去打乒乓球或玩桥牌，很少进行学术报告或教学交流。我想怎样才能转变气氛呢？首先我必须立即钻研流体力学，迅速掌握业务并开课，在业务上超过他们，这才有发言权；其次要带领及鼓励教师到相关工厂及研究所去争取科研课题来开展科研工作和提高教学水平。好在 1964 年上半年，流体力学教研室集体编写了一本内部应用的流体力学教材，由本校教材供应科发行，可供动力系各专业选择性应用。于是我就依靠以前学到的流体力学知识结合锅炉专业需要按此教材进行备课。我除了讲授一般的静力学、理想流体和黏性流体动力学、不可压缩流体和可压缩流体的流动、超声速气流及冲波等，特别加强了管道流动、边界层理论及物体阻力、旋涡理论及两相流动的内容，以便今后学生学习锅炉专业课时应用。1964 年下半年在紧张备课中过去了。1965 年上半年就对锅炉专业同学讲授流体力学。1966 年又讲了一次。由于我对专业课比较熟悉，讲授这门基础课时能有的放矢地与专业相结合，因此受到同学们的欢迎。

我将一些改革设想与江教授和教研室党支部 3 位成员交换了意

见，他们原则上同意但表示实现有些难度。后来在一次教研室会上，我将改革意见谈了一下，会后，有人对我说："你真是新官上任三把火呀。"我回去仔细一想，觉得这一定触动了某些人的利益和习惯工作方法，同时也是对我急于求成的一种批评。我觉得将我空降到这里来当副主任是不合适的，应该从原有的三个党员中提拔一个才是正道。但事已至今只好走着瞧吧。

"文化大革命"风暴回顾

1966年5月，全校师生突然接到通知去大操场集合，听重要报告，报告是全国联播的，先是刘少奇发言，他的发言大意为全国要开展"文化大革命"了，如何搞，他也不清楚，这是老革命遇到新问题。随后是邓小平发言，他的四川话十分简短、有力。但也没有听出什么名堂来。1966年6月，"文化大革命"开始，学校停课闹革命。先是学生搞大串联，到全国各地串联活动。后来，学生和青年教工组成红卫兵揪斗所谓的"党内走资本主义的当权派"。西安交大一些领导人都受到冲击和不公正对待。最惨的是校长彭康，1968年有一天正在吃早饭时就被校内红卫兵揪去游街。一路走去，校长身体不支倒地身亡，口吐白沫，有的红卫兵还说他装死，上前踢了几脚，真是惨无人道。此外，还针对校内高级知识分子，教授和副教授一级的几乎都被关进牛棚，加上"资产阶级学术权威"和"执行修正主义教育路线黑干将"等帽子,留学回来的还加上"外国特务"帽子，进行批斗和隔离审查。我的老师如锅炉教研室的陈学俊教授、汽轮机教研室的陆振国教授和流体力学的江宏俊教授等均无一幸免。这时西安已分成以西安交大红卫兵为首的和以西北工业大学红卫兵为首的对立派别，相互进行打、砸、抢活动。每当毛主席有指示时，两派均要组织游行示威以表示毛主席是支持本派的。为了控制局势，在各校都派遣了军宣队和工宣队。那时流体力学已由造反派掌权，我轮不上学术权威，出身不是“黑五类”（地、富、反、坏、右）也不是“红四类”（工、农、兵、革命干部），而是团结对象“花五类”（职员、自由职业等），因而只需要开会时到会，平时靠边站就行。我们不能学业务，不能学外文，只许读毛主席著作，否则就是走“白专”道路。在“文化大革命”时期工人不做工、农民不种地、知识分子不看书，对全国而言真是莫大的浪费和退步。为了打发时间，我去外文书店购了一本《毛主席语录》英文版（*Quotations from Chairman Mao Tse-Tuno*，1966年外文出版社出版）和一本服装裁剪书。这样一面熟背英文语录，学习政治词句，另一面学习自己裁缝衣服，这样进步很快，政治英语大有进步，至今这本红宝书还保存在我的书架中。在衣服裁剪方面也进展神速。我可以裁剪缝制男士衬衣、裤子等，甚至还做了一件我自己穿的可脱卸衬里的驼毛大衣，至今还放在地下室中留作纪念。自己购买的缝纫机也已运用自如。这种自得其乐的平静日子过了不久，不平静的风浪就来了。一天，有一家工厂游行，经过学校北大门时锣鼓声和口号声惊天动地。我走出校门看了一眼，只见每人胸前都挂了一个硕大无比的毛主席徽章，材质很好，闪闪发光，似乎是不锈钢的。当时我思想上第一个反应是这尺寸已经不像是一般的徽章而像是古代军士们胸前的护心镜，耗用了国家那么多贵重材料，太浪费了。回到教研室后，我随便说了一句“现在的毛主席徽章真是越做越大了”。这本是一句老实话，也不犯任何纪律，但即刻被政治敏感性超强的人士反映给教研室“文革”领导小组。第二天，大字报栏里就贴出了“男同志哪来产假”的针对我的大字报，那时我妻子刚生小孩，在家休息。大学中教师是从来不上班的，我一直采取这样的态度，有事就去单位，无事就在图书馆或家中备课、读书。妻子产后事情多些，在家就顺便照料一下。教师历来都是这样生活的，没有违反任何规定，也提不上什么产假问题。锅炉教研室一位朋友看到后告诉我，单位可能准备批判我了。我想也是，山雨欲来风满楼。这一张针对我的大字报是一位平时不大声响的职员写的，这显然是“文革”领导小组动员他写的，他只好写了一张这么不着边际、莫名其妙的大字报。过了两天，暴风雨就来了，领导通知我要开批判会。到时候，红卫兵将我押解上台，我只好低头认错。参加批判会的除红卫兵外，还有流体力学和热工两个教研室的教工。于是安排好的教工就依次批判，批判内容无非是“反对毛主席”“资产阶级名利思想和生活方式”等等，由于缺乏真实内容，这些批判都是口号式的，苍白无力。我抱定的宗旨是不加辩解，照单全收，有则改之，无则加勉。这样批判会热闹一阵后就结束了，主持人宣布要我下去写检查。此后，每天上班就坐在实验室写检查，并取消了我跳忠字舞的资格。过了一阵，学校为加强知识分子劳动锻炼，成立了制砖队。为此，专门购了几台制砖机和烧砖窑，教师们轮换制砖。在流体力学教研室中，我自然成为首选需要劳动锻炼人员，到制砖队后我被分在制造砖的泥坯一组。工作是将搅拌好的泥土制成长方形土坯，然后放在钢丝切砖机上切成砖的泥坯，将泥坯送入窑中烧砖那是其他组的工作。与此同时，“文革”小组还到我的亲友处要他们揭发我的问题，调查有否小集团等。由于实在查不到不当言行，后来，制砖锻炼结束后也就将我解放归队了。总之，我在“文化大革命”中所受批判还是比较轻的。各位教工对我的批判也是迫于形势，我全部谅解。这件事完全是由于我的愚蠢造成的。在家中，妻子对我说：“徽章越做越大是众所周知的事情，只是大家不说而已，就你最笨，带头去说。”她的话是对的，俗话说“祸从口出”，就是对这一件事的真实写照。从此我也提高了一点认识，说话实质上就是宣传，你不在宣传正能量，就在宣传负能量。因此，说话千万得小心，特别触及政治问题的谈话。

林彪“一号通令”和下放岐山

1969年冬，林彪“一号通令”下达说是为了保护知识分子，西安交大全体教职工即时迁往岐山县祝家庄公社等农村生产队。我们一家四口赶紧收拾行李随学校大汽车出发。一路上经过咸阳、武功、扶风后到达岐山。途中还经过杨贵妃墓，下车一看，已被红卫兵破坏殆尽、脏乱不堪。现在发展旅游事业，想必已修缮一新。岐山县在原上，好大一片平整的土地，种满庄稼，田间管理很好，与延安白坪的广种薄收种植方法不大相同。到生产队后，我们一家安排在一户木匠家中。木匠家境不错，有一个四合院，他姓陆，50多岁，妻子已去世，有一个20多岁的大儿子和一个8岁左右的小儿子。家里很干净，四合院中有四五间房屋，我们四口住一间，伙食自理。我们带来一个蜂窝煤炉。蜂窝煤由学校定期供应，每天不是开会便是下地劳动，工作量不大。我家大孩就在附近小学上学，小儿才1岁多，托养在隔壁老奶奶家。每周假日，全家拉一个架子车到附近集市购买粮食、蔬菜、鸡、肉或瓜果供一周之用。脱离了学校环境的批斗、游行、武斗、大喇叭轰鸣等混乱场景后，感觉特别清闲自在。

岐山县是以面条出名的，生产的面条细而劲。有一次房东家有喜庆，请我们吃喜面。按当地规矩，男宾可以在餐桌吃，妇女则只能在灶间吃。各位男宾坐好后，面条就由妇女端上来了。拿在手里一看，碗里面汤很多，面条很少且特别细，汤里面还加上由土豆丁、胡萝卜丁和酱制成的调料。我吃了两口，面条就吃完了，只好喝起汤来，味道不错。房东一见就说：“碗给我，汤不能喝干的。”原来这次吃的面是泔水面，每碗里面只有一筷子面，一口就能吃完，然后不喝汤，将碗放在桌上，等待第二碗面送上来时再吃。桌上只有汤的碗，妇女们会收去，将汤倒回到面锅作为汤水再煮面条。这种吃法称为泔水面，在其他地方没有见过，实在有些不卫生。但是由于回锅的汤水都要再度煮开，因而问题似乎也不大。这种泔水面吃法场面很热闹，不断有妇女排队将面碗端来，又有人将碗收回去。一般社员要吃30碗以上，我们教职工吃10来碗也就饱了，岐山面条特细，汤又多而鲜，因而口味很好，吃过一次，至今40多年后仍记忆犹新。在农村早起早睡时间过得很快。几个月后，下乡结束，1970年上半年全体员工奉命回校。回校不久，1971年又要组织人马赴高陵修渭河水堤。"文革"领导小组委派我和教研室少数教工随军宣队参加高陵修堤劳动。这时对于劳动，我已习惯，也不怕吃苦，但离校劳动，对家庭照顾总是不便。好在高陵离校不远，每周还能回家探望。在高陵期间，军宣队一位连长叫范革命，这姓名称呼起来不小心就与"反革命"同音。所以他下决心到公安局申请改名，改成范忠林。好不容易改名成功。他正在高兴时，1971年9月林彪戏剧性地摔死在蒙古。他的效忠偶像成了"反革命"，他不得不再去申请改名了。这是当时私下流传的一件趣事。

调回锅炉专业，赴青海招生

1972年军宣队、工宣队工作结束，离开学校。学校在准备"复课闹革命"。这时各教研室的教师开始有些调动，也有同意调往上海等地的。我对自己的人生做了一次选择，我觉得自己要实现科学家的理想，就必须离开流体力学教研室。第一，因为流体力学是一门理论加试验的学科，单相流体力学经数百年发展，已经很成熟，发展余地较小；第二，基础技术课本身就像几粒种子飘在空中，必须具体地与某个专业相结合才能落地生根，在该专业中结出成功的科技果实；第三，该单位要求学术上进的气氛不浓，而具有政治敏感性的人不少。从1964年到此单位，9年过去了，我已年近40而一无所成。所以必须离开这个单位，否则我将后悔一辈子。于是我就写了一个申请报告给党总支，大意是要求调回锅炉教研室，否则我申请调离学校，因为我是国家培养的锅炉专业研究生，应该在锅炉专业发挥作用。不久我的申请就得到批准，我也就顺利回到锅炉教研室工作。回到锅炉教研室后的第一件工作就是到青海去招收工农兵大学生。

青海久闻其名，尚未去过，因而就欣然领命前往，由我一人代表西安交大负责青海省招生事宜。于是我就从西安乘火车经兰州直达西宁。一路上自然风光优美，由于思想上没有压力，因而大有外出旅游之快感。到西宁后，青海省教委来车将我安排在西宁市第一宾馆。省招生办公室就设在宾馆。招生委员会主任为青海省教委的一位副主任，为大家介绍了青海省及西宁市的情况，请大家安心在此工作，星期天请大家去名胜参观。来青海招生的国内名校不少，有清华大学、北京大学、大连工学院等。那时，虽已进入上世纪70年代，但经济仍很困难，按人定量发粮票，还有鱼票、肉票、布票等等。大家营养很差。但在青海因为按党的政策，受到上海、青岛、天津的支援，物资供应还相当充沛。招生办很照顾招生人员，竟然伙食中还有上海都难买到的黄花鱼，肉类就更多了。当然，有时也要吃青海湖的特产湟鱼。湟鱼在当地视为神鱼，几百年来都是不敢吃的，但在前几年经济困难时期，粮食不够吃时，还是大胆吃了。据说靠吃湟鱼就挽救了不少居民免于饿死。湟鱼略有腥味，说是鱼骨中含有放射性元素，所以不能多吃。否则易致病。过了两天就是星期天，省里备了一辆大汽车送我们到青海湖和塔尔寺去游览。青海湖真是风景优美，是我国最大的咸水湖，面积有 4500 多千米^2，水深 30 多米。水呈幽蓝色，但清澈见底，游鱼尽现。居民要抓湟鱼，一般用鱼叉就能叉到。

美丽的青海湖

塔尔寺离西宁约 20 千米，是班禅活佛居住地，是著名喇嘛教寺院。建筑宏伟，朝觐者众多，我们在最高层参观了班禅卧室。寺内有一专供酥油雕刻作品陈列的房间。十分阴凉，酥油塑像神采奕奕，逼真动人。这次来招生的大连工学院负责人员恰好是我大弟林宗熊，事先双方都未及相互告知，因此见面时特别惊喜。两人一起做伴游了青海湖和塔尔寺。工作一段时间后，招生对象大致均已按条令确定，但尚须当面面试，并且要招生人员亲自前去面试考察。由于青海地广人稀，因而这是一项费力的工作。我校有一位待面试的学生在玉树自治区，要翻越一座高度约为 5000 米的高山才能到达。我随车前往，一路上草原、牛羊、藏民居住的帐篷在汽车高速行驶中一一闪过，以沥青铺的青藏公路像一条黑色玉带伸向远方。逐渐我们进入高山峻岭区域。汽车一路向上爬坡，开始时还无特殊感觉，快到顶部5000米高时，就开始头疼和全身不适，这显然是高原反应作祟。赶紧服药，似乎好了些。我想这时司机千万要清醒,否则困在此处就麻烦了。于是急忙询问司机情况。后来他说没事,我就放心了。这一高度也是至今我登过的最高高度。到玉树见到生员后，我在玉树先休息一天，再回西宁。回到西宁，招生工作已近尾声，突然麻烦事情来了。一天，招生委员会主任约我和熊弟谈话，要我们招收一名青海军区首长的亲戚为新生。我们向清华大学和北京大学干部了解后，知道这名新生是不合格的，他们拒招。我和熊弟商量后也拒招这名不合格的新生。这下麻烦事情就来了。省招生委员会主任向我们说："青海地方小，就这几个干部，大家抬头不见低头见，开后门的事，我们是挡不住的，只有请你们把关。"次日，又约我们谈话，一位干部对我们威胁说："你们不招，我们要到你们省委和校党委控告你们，排斥革命干部子弟入学。"我们表示，不符合规定的不能招收，大家不欢而散。回去后我对熊弟说：我们出身是职员，是团结对象，不用怕他们，如果校党委批评我们，那就请校党委做主，将此名新生招入，不关我们的事。此外，还有北京大学、清华大学的招生人员可以为我们的正确做法作证。回校后，将完成招生任务汇报后，工作结束。最后未听到校党委有什么意见，我想青海军区干部也只是威胁一下而已。

青海的物资供应确实很好，当时各省民众粮油都很稀缺，西安交大有的老师用鱼肝油炒菜，有的花高价到饭店去点菜加油增加营养。但在青海西宁市，上海梅林食品厂出品的猪油罐头可随便买，这正是我们需要的食品。我和熊弟都买了不少，以解燃眉之急。回校后，这批罐头对改善生活起了不小的作用。这也是青海之行的副产品吧。

参加电厂投运仪式，初登华山

1973年后，“文化大革命”似乎开始有收尾的迹象。教工们已能在较平稳的状况下进行教学和工作，但仍不时有短期的下乡劳动任务，如到略阳和草滩等。我除完成分到的劳动任务外，每年担任锅炉专业的教课和带实习任务。由于我在直流锅炉方面的业绩在国内已有一定知名度，1974年陕西秦岭电厂首台12.5万千瓦直流锅炉机组投入运行时邀请陈学俊教授、燃烧专家许晋源老师和我一起参加投运仪式。这是上海锅炉厂继上次与我们合作设计的5万千瓦直流锅炉后的第二种直流锅炉产品，蒸发量为400吨/时，结构也是拉姆金式。秦岭电厂在华阴县罗敷镇，就在西岳华山附近。这个罗敷镇也是自古有名的，是三国时期美女罗敷的家乡。有一句成语“罗敷有夫”就是说的罗敷的故事。我们参加完仪式，考察过锅炉的运行情况后，次日一早4点左右就去游华山，每人背了一个大包，装上啤酒、香肠、牛肉、面包等午餐用品，然后手持火把摸黑上山，经北峰、苍龙岭直到中锋，途中经过在峭壁绝崖上凿出的千尺幢、百尺峡、上天梯等十分惊险的地段，深感“奇险天下第一山”和“自古华山一条路”之言之不假。一路上，寺庙、石像等在“文化大革命”中破坏和毁坏不少，实在可惜，并且找不到一处出售茶水或吃食的小店，因而想到电厂为我们准备这包食品的良苦用心。中午时刻，大家坐在山石上享用啤酒午餐，其乐融融。清风徐来，极目四望，秀丽险峻景色尽收眼底，令人心旷神怡，心胸顿时开扩，在校时的压抑气氛一扫而空。

午餐后就逐步下山，到下午近5点才回到住处。那时陈学俊先生 55 岁，我也有 41 岁，虽然仍属壮年，但平时锻炼不够，已感到十分疲劳，特别是小腿肌肉酸痛，过了 5 天后才慢慢恢复。华山是值得再去一游的。在 20 世纪 90 年代，蓬勃发展的旅游业改变了华山一条路的自然状态，新修了黄甫峪旅游公路和智取华山登山路。此外，还架设起现代空中索道，比 40 年前我们登山时方便多了。但看到假日游客拥挤不堪，排队前进的状况，再去一次的雅兴就烟消云散了。

合作研究两相分配器，创建“林氏公式”

1974 年上海锅炉厂要设计制造 30 万千瓦机组的近临界压力直流锅炉。锅炉蒸发量为 935 吨 / 时，压力为 17 兆帕，过热蒸汽温度为 570℃，再热蒸汽进口温度为 337℃、出口温度为 570℃。炉膛受热面采用一次垂直上升管屏型式。由于炉膛受热面管子太长，需要沿管长用两个分配器（或称混合器）使汽水混合物混合两次后再流入下一个受热面，以保证各管内汽水混合物的流量和含热量相近。这一汽水混合物分配器的结构就由上海汽轮机锅炉研究所负责研制。此项目的负责人恰为我大学同窗好友王孟浩副总工程师，并邀请我们锅炉教研室一起参加研制。于是 1975 年由我带领纪硕丰、于莉、黄天德、张积来 4 位锅炉专业毕业班同学一起赴沪参加此项目试验研究工作。分配器的主要工作应保证由分配器分出去的各管内汽水混合物的汽流量和水流量均相等或尽量相等。为此，就须经常测量各分管中的汽液两相流流量和含汽量。当时测量方法有多种，但有的测量精度不高，有的局限于试验室应用。如将测量单相流体流量的孔板用于测量两相流体且保持一定精度，则是一种方便且用途广泛的测量方法。这种方法自 1957 年开始，在生产和科研上已渐见应用,发表论文不少,但计算式均适用于一种压力和部分含汽率的工况。没有一个适用于各种压力和全部含汽率范围的通用计算式。应用这种方法测量时，先要在实际应用压力下，对汽水两相流在不同流量和含汽率流过孔板时的压降进行标定。然后在管上实际测量时，根据实际测得的孔板两边的压降在标定好的曲线上查得流量或含汽率。因而实际使用时还是很不方便，并且不适用于测量变压力或含汽量变动时的流动工况。

气液两相流体的管内流动除锅炉蒸发管外,在石油、化工、冶金、核能、制冷等工程中是经常遇到的。在核电站蒸发器、各种沸腾管、各式气液混合器、热交换设备、化学反应设备以及地热利用站等处都存在管内两相流体需要测定其流量和含汽率的测量问题。因此，如果能建立一个适用于各种压力和含汽率的两相流体通用孔板流量计算式将对这种测量方法起到积极的推广作用，在学术上也是对两相流体力学的一项贡献。于是我就下决心要以此作为科研目标来建立一个两相流体通用孔板流量计算式。

上海汽轮机锅炉研究所建立了一个用氟利昂做工质的两相流体试验台，用来模拟进行近临界压力的汽水混合物试验，这样可以有效节省建台费及试验运行费。我们按氟利昂的压力 / 临界压力与所需实际汽水混合物的压力 / 临界压力相同的原则，在 3 种不同压力 / 临界压力的情况下，用氟利昂对孔板进行了两相流流量和含汽率的标定试验。然后用此方法对已设计制造好的 3 种分配器的分配管进行分配均匀性试验。最后确定了一种分配最均匀的分配器供锅炉实际采用。这样，分配器的研究工作就完成了。但建立两相流体通用孔板流量计算式的科研工作还刚开始。

1975 年回校后，除教学任务外，空余时间我全在图书馆，全力查找有关两相孔板的全球研究论文，深入钻研其理论、计算式形式及试验数据。首先，我采用两相流体力学中的分相流动模型建立起一个理论计算式，此式与实际情况不符之处用一修正系数 Θ 加以修正。此修正系数由试验数据确定。要确定修正系数 Θ 是一个困难的过程。因为影响实际工况的因素太多了。这些因素有压力、气液重度、管道直径、孔板孔口直径、气体的可压缩性、两相的相对速度、含气率、流体黏性等等。我记得学习矛盾论时有这样一段话，大意是:任何过程均存在一系列矛盾,其中一个是起主导作用的主要矛盾，其余均为次要矛盾。只要找到这个主要矛盾，一切问题就迎刃而解了。于是，我就在掌握的大量试验数据资料中采用不懈的归类、计算、对比等一系列研究后发现在管道直径 D 为 2.54 ~ 20 厘米，孔口与管道直径比 d/D=0.25 ~ 0.75 时，标准锐边圆孔板的修正系数主要和工质压力 p 与工质临界压力 p_C 之比 p/p_C 有关。亦即，与此工质在压力 p 时的气体重度和液体重度之比 r_g/r_l 有关。依此，得出了与各种压力 p，亦即各种 r_g/r_l 相对应的修正系数 Θ，形成一条 $\Theta=f(r_g/r_l)$的关系曲线。将此曲线与导得的理论两相孔板流量计算式相配合，就建立起一个通用于各种压力的两相孔板流量计算式。可适用于低黏性气液混合物的流量或干度测量，如空气和水、氟利昂气液、水和水蒸气、水和天然气等。这一研究成果花了我 3 年的全部空余时间，终于以《用标准锐边孔板测量汽液两相流动的干度和流量》为标题的论文发表在《西安交通大学学报》1979 年第 4 期上。这是我应用气液两相流理论、相似原理、全球近 30 位学者的试验数据以及我们自己测定的高 r_g/r_l 测量数据建立起来的两相孔板流量计算式，有着厚实的理论基础和试验基础，是完全正确可靠的。要是这一计算式有错，那就意味着以前 30 位学者的试验数据有错，这是不可能的。

学生时代学习流体力学有关管内单相流体流动时的摩擦阻力系数时，知道 J. 尼古拉兹（J. Nikuradse）建立起人工粗糙度管子的摩擦阻力系数图用了他一生的时间。后来L．F．莫迪（L．F．Moody）建立清洁商品钢管的摩擦阻力系数图时也花了大量时间。但由于这两张图厚实的试验基础和可靠性，每本流体力学书中都将其作为经典用图列入书中。当时我希望我建立的这一两相孔板流量计算式将来也能得到国际承认并刊入两相流体力学著作，为祖国争光。不久，这一愿望当真实现了，现在该计算式已收入国内外8种著作，在国际上被推荐为最佳式，称“林氏公式”，并被广泛应用。

解决南市电厂直流锅炉脉动问题和首本专著出版

1974年我在上海锅炉厂带毕业设计时突然接到南市电厂的电话，邀请我们去协助解决厂中一台本生型直流锅炉的炉膛蒸发管流量脉动问题。这台直流锅炉是华东电业局自行设计制造的。他们对直流锅炉运行很有经验，但对其设计要点尚未完全掌握。因而当运行时，因设计缺陷而造成蒸发管流量脉动时就束手无策。当时由于脉动，蒸发管供水不足，因而钢管烧得通红，多余蒸汽不时从安全阀向空排汽，形成巨大声浪，使南市全区民众无法安眠。我们前去看到了现状再经过计算，确定这是流量脉动，因进水不足造成的，随即为厂方做了在炉膛蒸发管进口处装节流圈、采用呼吸箱等3项建议。厂方采用后立即解决了问题，次日厂方盛情请我们在食堂美餐一顿以示感谢。

1978年有一件喜事是由我和科学技术文献出版社重庆分社联系编写的《大型电站锅炉炉内传热和水力特性》一书出版。锅炉教研室参加的作者还有陈立勋、陈听宽、陈学俊、陶文铨、杨世铭。这本书为当时我国即将发展的超临界压力和更大蒸发量的锅炉机组带来了锅炉结构、锅内传热和水动力学特性等方面的国内外最新成就资料，可供电站锅炉研究、设计、运行人员参考使用。

优质通过国家英语考试，准备赴美访问

1978 年召开的中共十一届三中全会推倒了“两个凡是”，拨乱反正，提倡实事求是和科学发展，是中共历史及我国历史上的一个伟大转折点。从此，开始了我国科学事业和建设事业的新起点。在此前后，国家已在考虑选派科教人员留学欧美的计划。1979 年上半年有一天锅炉教研室领导陈听宽老师来我家动员我去参加赴外国访问学者的出国英语考试。他说：“有一个空名额，放弃可惜，你去试试吧！”这个名额原定人员英语未过关，于是就空了出来。但离考试太近了，只有 10 天可供准备。妻子劝我不要去，她说一去就要分别两年。我对她说：“人生能有几回搏，有机会就要去拼搏，你带两个孩子太辛苦，可否请你妈来西安帮下忙。”于是我就去图书馆借了一本周全些的英文文法书，认真复习了一周多就去应试了。这次是陕西省的国家级英语考试，分口语及文法两门单独考试。考试结果不久就公布了，我的成绩是口语全省第一名，文法全省第二名。我分配去美国访问。于是接下来就是联系接收我去访问的美国高校。我大叔的长子，亦即我的堂兄林建之在上海圣约翰大学化工系毕业后在解放前就经台湾去美国工作，是施乐复印机公司研究彩色复印

的高级工程师。他替我联系了他所在的罗切斯特市的罗切斯特大学。我自己也联系了位于美国迈阿密市的迈阿密大学。因为一方面迈阿密大学清洁能源研究所是国际上著名的研究气液两相流体在管内脉动流动的单位，另一方面该校机械工程学院副院长、脉动问题专家李世泽（S. S. Lee）教授将来沪探亲，约我去上海见面。在上海和李教授见面后，我就确定去迈阿密大学访问。随后准备出国的人员都在北京外国语学院集中培训，一面加强外语学习，另一面按规定制作出国服饰。

在北京期间，刚巧小弟林宗帆来京出差，于是就约他在前门品尝正宗全聚德烤鸭。那时尚在配给时期，油水不足，营养不良。因而吃烤鸭已是一种美味享受。我们点了每人半只烤鸭再加上一大盆香肠等配菜。两人边谈边吃，十分高兴，最后上来一碗鲜美的鸭架汤，味道特别好。大家尽兴不觉就将菜全吃完了。旁边有几位东北食客称赞道:“这哥们真能吃。”当时年轻能吃,现今大概只能折半了。如今，30多年来，中外饮食、宴会吃过无数次，但这次美餐印象特别深刻，在家庭聚会中还常引作笑谈。

赴美前，校园内又在进行一项重要活动，即在“文化大革命”中被废除的职称制又要恢复。这意味着教师们可以升等和加薪了。锅炉教研室中1955年及1956年大学本科毕业的教师不少，这些人都是毕业20多年职称和工资未曾变动过的人员。但升等的名额是有限的，因此，将谁作为升等对象向上申报是一个棘手问题。这时出现一个“猴子爬树”理论，说是一群猴子同时爬树是肯定上不去的，应该让一只猴子先上树，然后上去的猴子才可帮助大家一起上去。哪一只猴子应该先上呢？大家又开始积极讨论。我因即将出国，好事不应该让一个人占尽，因而退出了讨论。后来也不知道先申报了哪一只“猴子”。但等我两年多出国回来，很高兴知道，教师中该升等的都已得到了升等。由于国内事务均已安排妥当，无所牵挂，接下来就可安心赴美访问，向国际学术界进军。

第六章

访问美国

初访美国

1980年3月，我从北京乘飞机前往美国迈阿密。这是我首次出国，也是首次乘飞机。那时国内飞机少，机票很贵，一般都是供达官贵人乘坐的。普通人员买不起票也不让报销。这次是乘长途飞机，要飞20多小时才能到美国，所以感到新奇。这次飞行不是直达美国，而是要经巴基斯坦的卡拉奇、法国的巴黎，再到美国旧金山。在美国旧金山经海关进入美国后，还要经纽约、华盛顿再到迈阿密。

飞机起飞，进入高空平稳飞行后，我就透过舷窗玻璃俯视外界，但见地面建筑已缩小到难以分辨，只有群山峻岭重重叠叠在下面一一飞过。飞机下面白云悠然飘过，再望远处清澈的蓝天无边无际，照入机舱的阳光也觉得特别明亮。总之，感觉到人是上天了，天上的首感是美好的。

飞行不久就到了卡拉奇，由于转机，就在机场候机厅内转了一圈，但见各商店中均是一片银光闪闪。展出待售的均为巴基斯坦特产银制工艺品，银罐、银壶、银首饰、银质摆件等。工艺精细，惹人喜爱。换机后就飞向巴黎。到巴黎后，须等待5小时再上飞机。本想乘车去巴黎市区转一圈，但初次出国，担心不能及时返回而误机，三思以后还是作罢了。后来就在候机厅和机场附近转转，也未看到什么特色。这也算是第一次走在巴黎大地了。10多年后，我因开会和探亲又两次畅游巴黎，这才真实领略了巴黎等法国名城的魅力和风土人情。

飞离巴黎后，我已相当疲倦，不知不觉就睡着了。但睡不多久就被旅客的躁动声吵醒。原来由于时差缘故，此时已是清晨，一轮红日正从远处云端中升起，金光四射，彩霞满天，壮观之极，比之泰山观日出，不可同日而语。我有幸坐在舷窗边，可以尽情享受这一美景。日出不久即早餐，此后就半睡半醒，以养神恢复疲劳了。突然，广播中报告快到旧金山了。我往外一看，美国旧金山及其标志性建筑金门大桥已在飞机下方。

金门大桥早在中学外国地理课上已经知晓。此桥建于1933年，与我生日同年，1937年开放，由著名桥梁设计师施特劳斯设计，长约3.2千米，是当时全球最长的吊桥。不久飞机降落在旧金山机场并经海关检查后正式进入美国，在候机厅稍等后即转机前往纽约。这是一次由西到东横越美国的旅途。到纽约后，已有我国使馆人员负责接待，由机场直驶我国驻纽约领事馆客房休息。一进领事馆立即就有到家的亲切感。餐厅的伙食全为中餐，味道鲜美，合乎口味。即使是桌上的调味品也全是国产的，如镇江醋、桂林辣油、腐乳等。在纽约可以休息两天后再去华盛顿报到。

纽约是美国经济中心，也是世界金融枢纽，位于纽约的帝国大厦、自由女神像、华尔街等人文景点闻名已久。初到纽约，感觉到这是一个国际性大都市，既有悠久的往日历史又有现代的蓬勃气息，市里贫富差距明显，既有富丽堂皇的高楼大厦，又有破旧肮脏的贫民居所，如在曼哈顿区富人聚居的豪华住宅区派克大道（Park Avenue）和贫民区哈莱姆（Harlem）区之间仅一街之隔。

既然在纽约有两天休整时间，也就不顾时差反应，次日一早就乘出租车前往帝国大厦一睹其风采。司机是白人，十分健谈。先问我是否是日本人，知道我是中国人后便打开了话匣子。他是罗马尼亚人，职业是律师，因受不了齐奥赛斯库的家族式专制统治，便出逃到此处从事出租车司机工作，现在虽然清苦些但生活自由。车到帝国大厦便道谢告别。

帝国大厦曾以“世界七大工程奇迹”之一闻名于世，1931年建成，连续多年为全球第一摩天大楼，楼高443米，直冲云霄，位于曼哈顿第五大道。我曾在美国电影《金刚》中看到大猩猩金刚攀爬这幢大楼的情景，印象十分深刻。出国前国内最高建筑以上海国际饭店为首，其层高不过 24 层，这时已有人开玩笑说：“乡下人到上海仰头看国际饭店，看得连帽子也掉地上了。”现在在我面前这个庞然大物有 102 层，比国际饭店高 4 ～ 5 倍，在其周围已无法仰视其顶端。

排队购票后就乘电梯直上观景台，观景台位于第 86 层，层高 320 米。电梯速度很快，不一会儿就停在 86 层。人们在玻璃亭里可以看到四周全景色景观。当我第一眼从高空俯视纽约时，心中便升起一股震慑感，但见周围高楼林立，一群群如雨后春笋般在我脚下冒出。顿时使我感到美国科技的发达和人类力量的伟大。应该说这是一种令人敬畏的景色。

帝国大厦观景台留影

离开帝国大厦后就沿街随便走走，一般街景与上海南京路相仿。不知不觉中进入了哈莱姆区，这是主要的黑人聚居区，建筑物低矮、陈旧，墙上到处涂鸦，街道很脏，满地废纸废物，与派克大道等处的豪华光鲜景象大相径庭。最令人不安的是人行道上靠墙聚集着一些似乎是无业的年轻人，他们有的手拿酒瓶，有的两手交叉放在胸前，背靠着墙，两眼无精打采、漫无目标地审视着行人。经过他们时真担心会随时发生什么事故。我在纽约人地生疏，因而赶紧设法离开该区。此后，我又来过纽约两次，听说上世纪 90 年代，有不少资金注入该区，降低了犯罪率，促进了经济迅速发展，该区已成为一个繁荣的旅游区。但由于初次印象不佳，后来我再未进入该区。

离开哈莱姆区后，乘出租车去了华尔街并参观了自由女神像。

华尔街是世界金融中心，我和其他游客一样是带着崇敬的心情到此一游的。这里曾是农产品和黑奴的交易中心，早年荷兰裔移民为反击英国人入侵在此修过一道木栅栏墙。英国人胜利后拆墙建街，称之为华尔街，意即“墙街”。这条街长仅 540 米，宽 11 米，两旁有 2900 多家金融和外贸机构，共有 120 个门牌，全是高耸入云的摩天大楼，遮光蔽日。有人形象地称华尔街是一个“人造大峡谷”。街上 11 号是一栋不起眼的普通七层楼房，这就是世界金融业的重要场所纽约证券交易所所在地。

自由女神像是美国最著名的雕像，我对她仰慕已久。自由女神像高 46 米，底座高 47 米，骨架为 120 吨钢铁，外皮为 80 吨铜皮，总重达 225 吨。她矗立于哈德逊河畔靠近曼哈顿一角的自由之岛上，此雕像由法国雕塑家巴托尔迪花费 21 年心血完成的，是法国祝贺美国脱离英联邦和美国结束南北战争所赠予的礼物，象征着自由和民主。自由女神像在 1886 年正式登基，直面从上湾驶入的船只。她头上王冠光芒四射，双足踏着砸碎的脚镣。她右手高擎火炬，左手握着代表《独立宣言》的石刻碑匾。女神身着罗马古代战袍，优雅端庄、英气逼人。她是美利坚民主精神的象征，也是美国国家级文物。

在纽约住了两天，对美国有了初略印象后，即飞往华盛顿中国驻美大使馆报到。中国大使馆相当宽敞，有客房可供国内出访人员居住。当时中国驻美大使为柴泽民。在使馆内每人领取了发给大家的床单、被单、毛毯、枕头套等再休息一天后各自前往接受访问的单位。趁这一天的空闲，我们游了华盛顿纪念碑。此碑是华盛顿的最高标志建筑，由于建筑限高的缘故，在华盛顿各处均能找到此碑的位置。华盛顿城市不大，游客可步行到各个旅游点，当然也可乘坐发达的公交系统和出租车。整个城市街道宽阔，建筑庄严大气，没有高楼大厦，给人以清洁、庄重、沉稳的首都感觉。乘电梯可达华盛顿纪念碑观景台，登高四望，华盛顿风光尽收眼底。

美丽的迈阿密

参观过华盛顿后，次日即由此动身去迈阿密市。迈阿密市在有阳光之州称号的佛罗里达州的最南端，与古巴首都哈瓦那隔着加勒比海相望。佛罗里达州盛产橙子和橘子，解放前和当前畅销的美国花旗蜜橘就来自佛罗里达州。因而飞机由华盛顿飞临佛罗里达州时，但见下面一片片绿色橘林装点大地，别有风光。见此，我知道迈阿密快到了。迈阿密市包括只有 4 千米 ^{2} 的市区和椰子林区、珊瑚阁区。迈阿密市区高楼林立，风格各异，现代化气息浓郁，主要为政府部门和商业办公楼，两个区也各有特色，具有密集的商业区和不同的居民区，迈阿密大学的总校就在珊瑚阁区，周围均为迈阿密市的高级住宅区。迈阿密市三面被比斯坎湾和迈阿密河的温暖流水环绕，属于亚热带气候，夏天闷热而潮湿，冬天则是避寒胜地，类似于我国海南三亚。美国有两个著名的旅游海滨地区，一个是夏威夷檀香山的怀基基海滩，另一个就是迈阿密海滩。迈阿密海滩离陆地约有 4 千米，是一个长 11 千米、宽 2.4 千米的狭长小岛，位于比斯坎湾和大西洋之间，因其蓝天、碧水、阳光、白沙滩和热带风光著名。滩上棕榈成林，建筑奇特，设有各种时尚俱乐部和专卖店。游客可以在此尽情享受各种休闲活动，如高尔夫、网球、快艇、潜水、深海垂钓等，还有美丽的夜景和丰富的夜生活。每年全球有数百万游客慕名而来度假。美国北部的富豪也纷纷来此过冬。

迈阿密大学清洁能源研究所及所长魏教授

在迈阿密机场，迈阿密大学清洁能源研究所的阿古斯洛（Akyuslu）已在出口等我了。他是土耳其人，快取得博士学位了，现为美国新奥尔良大学教授。他很热心，还帮我办理了迈阿密大学工作证和美国社会安全卡。珊瑚阁很清幽美丽，道路宽阔，高大的棕榈树形成一片片绿荫，路上行人很少，十分清净。

珊瑚阁的街景

迈阿密大学是全球著名高校，是一所私立国际性大学，其工学院包括机械工程、电机工程、土木工程，均闻名于世，其他如海洋学院、音乐学院、气象学院、法学院、商学院以及理学院也很有名。其总校在珊瑚阁，其他还有3个校区分布在迈阿密市相应地区，这次接待我的是机械工程系的清洁能源研究所。所长为T. N. 魏齐罗格洛教授（简称魏教授）。

1981年与魏教授合影

魏教授在伦敦大学获得博士学位，在上世纪60年代来迈阿密大学和史丹宁（Stenning）教授一起研究气液两相流体在受热管中的流量脉动问题。史丹宁教授去世后，他和李世泽教授等继续相关研究，他的主要贡献是首次将脉动区分为3种主要类型，即压降型脉动、密度波型脉动和热力型脉动。这一区分在欧美各国已得到普遍认同和采用。他们进行了试验和数值计算模拟，两者在一定范围内近似吻合。我在研究生时期，由于设计直流锅炉防止管内脉动的需要，已开始学习苏联有关脉动的研究成果，已掌握了判别会否发生流量脉动的判别准则数和消除脉动的多种措施，并在1974年用这些判别方法和消除措施成功地解决了上海南市电厂次高压本生型直流锅炉的受热管内的流量脉动问题。因此，我来迈阿密大学之前，对于两相流动、管内流量脉动的成因、判别方法和消除措施已相当熟悉。因此，完全可以用专家身份和眼界来审视、评价和学习欧美研究脉动的方法和成果。

魏教授及其团队当时正在开展具有各种强化传热表面的并联管中的脉动问题。一面采用试验方法，一面采用不同模型进行数值模拟计算以确定何种模型更适用于受热管的流动脉动工况。当时由于“文化大革命”的影响，我国的计算机技术和数值模拟较为落后，测试技术也不先进。因此，我确定在此应注意数值模拟计算、测试技术和强化传热管的脉动特点3方面的学习。很快我就加入团队，开展试验和数值计算工作。

魏教授不仅在脉动问题研究上有成就，而且在清洁能源氢能方面名声卓著。他是国际氢能学会主席，也是《国际氢能》学术期刊的主编。他曾建议在美国一个岛上用太阳能或电能大规模分解水制氢，再输送到陆地上应用，但此建议结果未被采用。他的脉动研究团队有四五个博士生，主要是土耳其学生，大家相处很好。虽然他们只有20多岁，我比他们年龄大了近一倍，但都有共同语言，对我也特别照顾和尊重。

后来，曼达斯在1986年寄赠一本他的博士学位论文给我，对我们的合作和支持表示特别感谢，并在文中表示将我在迈阿密创建的国际上第一个脉动流动时的传热计算式用于他的脉动流动数值计算感到十分方便。2012年在西安联合召开的国际多相流会议和第12届国际清洁能源大会上有幸遇到了格尔盖西，这对他而言真是他乡遇故知，大家都十分高兴。他告诉我，曼达斯在美国，依尔卡在土耳其中东科技大学，他在澳大利亚昆士兰大学任教，均是60岁左右的老教授了。会后一起合影留念，并由他转发给各位老友。

1980年，与土耳其博士生依尔卡（右）、格尔盖西（中）合影

1981年，与土耳其博士生阿古斯洛（左一）、依尔迪里姆（左二）、依尔卡（右一）、曼达斯（右二）合影

2012年，与格尔盖西在西安合影

在美国，土耳其学者在其姓氏中常有罗格洛的尾音，后来我了解到这是家族的荣誉称号，姓氏中带罗格洛的都是贵族，世家出身。由此可知，魏教授也出身于贵族世家。他对中国十分友好，由于我是中国大陆在迈阿密大学的第一位访问学者，对我就特别重视。他有很强的识人能力，到研究所与我谈话数次后，他就觉得我英文好，业务水平高。在与工学院副院长李世泽教授商量后给我以访问教授的身份。这样就为我在美国的住房、开课以及外出作报告等提供了一系列方便。刚到研究所时，每天中午都有一位博士生请我到校外餐馆用餐。我要付费时，他们告诉我不用客气，这是“老板”请客，餐后他们会向老板报销的。在美国研究生都称其导师为“老板”，因为他们的工作和生活费都是“老板”负责的。现在国内研究生也流行称其导师为“老板”，有人批评其为商业化，其实都是美国流传过来的称号。

魏教授对我这位东方来客做如此细致的、人情化的照顾和安排，显然是生怕我在美国感到孤独和饮食不惯。这份友情使我感到十分亲切和慰藉。约一周后，一个周末上午，大家在实验室开完例行的一周工作汇报会后，魏教授邀请我去他家吃午餐，于是就随他的车前往。他的家在离校不远的一个高级住宅区内，是一幢独立的平面住宅，绿化面积很大，与邻居隔得很远。客厅布置雅致，还挂有几幅中国古画，沙发前方有两个玻璃装饰柜，里面放置了不少晶莹透亮的玻璃工艺品，沙发茶几下铺有一块全白的长羊毛地毯。我们还一起坐在沙发上合了个影。客厅外是一块长条草地，一直通向河边。如有游轮，就可以沿河航行到大海。珊瑚阁地价远比美国东西海岸的地价便宜。所以高级住宅一般占地较大，采用单层平面设计。接近午餐时间我们一起去市区一家高级餐厅吃了一顿包括美式牛排和海鲜的高档西餐。然后送我回宿舍。

由于我是以访问教授的身份来校的，由此校方分配了一套研究生宿舍给我居住。这套公寓约有 80 米^{2}居住面积，有客厅、餐厅、卧室、卫浴间及设备和配有全套电气设备的厨房。这种公寓原本是提供给带家属和孩子的研究生居住的。房价不贵，每月约 150 美元。

宿舍内厨房设备已电气化，有电灶、电烤箱、电冰箱等，使用很方便，因此后来就自己开伙。好在到西安后已练就一套烹饪本领，此时正派上用场。迈阿密气候闷热，湿度较高，一年中大部分时间需开空调降温除湿，全年电力消耗不少，加上电灶、电热水器、电灯以及其他电力设备用电，我一个人每月耗电约 700 度①。美国电费不贵，每 10 度约 1 美元，因而每月电费约 70 美元。美国伙食很便宜，每人每月 80 ~ 100 美元已经很不错了。这样，大使馆每月汇给我们每人 400 美元生活津贴已大致够用了。

① 1 度 =1 千瓦·时。

工学院副院长李世泽教授

工学院副院长李世泽教授来自台湾，是美国伯克利加州大学的博士，和田长霖教授及中国科学院院士吴承康是研究生同学。他告诉我，他们三人中吴承康学习最好，因为头最大，外号“大头”。后来我回国后有一次与吴院士一起开会，就想起这句话来，仔细端详了他的头部后觉得似乎是要大一些。李教授也是国际上流动和传热的著名学者，除研究流动脉动外还研究核电站循环水排入海中的散热影响问题。

李教授及夫人都是虔诚的基督教徒。在以前学习《新约全书》时我记得在《马可福音》中讲述基督教的最重要戒律为：必须全心全意爱主，必须爱人如爱己。我觉得他们两人确实是真诚地力求做到这两点。他们对台湾同胞和大陆同胞都一视同仁，并尽力去帮助他们，像对待自己一样对待他人。我来后李教授亲自来宿舍看望，走时他说你这里太冷清了，平时莫说音乐了连声音都没有。于是他将办公室的一台高级收音机放在我房内，让我知道些外界信息和听音乐。每逢假日，他俩都在前一天烹调好不少菜肴，然后邀请华人朋友来假日聚餐，交流感情。他常说他的一切都是上帝施与的，所以他应将自己全部奉献给上帝。我也去他家聚餐多次，还承他送我英文版《新约全书》一本，是小巧的掌中本，至今仍收列在我的书架中。李教授热爱音乐，是音响设备的发烧友。他的家也是一套平面设计的独立房屋。其特点是室内音响十分高级，花园中有一个露天游泳池。

迈阿密大学设施及观感

迈阿密大学校区设施完备。图书馆称为里奇特图书馆（Richter Library），藏书丰富，日夜开放，是我常来之处。运动设施一应俱全，除大场地供橄榄球、足球等比赛外，其他篮球、排球等球类及田径类运动都有相应场馆可供锻炼，有室外游泳池及跳台，还有保龄球馆。这是我第一次玩保龄球，当时国内尚未引进。

保龄球馆内景

由于学校设有音乐学院，因而校内有一个高级的音乐厅，每周均有师生举办的免费音乐会。有一次傍晚，我去欣赏了一次，音乐厅外表及内饰均够水平，但台上乐队演奏的爵士和摇滚音乐实在无法领教。尽管台上乐队成员奏得如痴如狂，乐声震天，鼓声如雷，但台下的我却感到心烦意乱，头脑胀痛，毫无美感可言。后来到了难以忍受的地步，只好悄悄退出音乐厅，回到室外宁静的月光普照的银色大自然中。

我到美国后，在迈阿密大学清洁能源研究所和机械系度过了两年多属于我人生转折点的重要时光。除了首先感受到美国科技发达外，第二个感觉是美国真是自由世界，一个人只要合法地工作、挣钱、养家糊口外，尽可以不违法地自由生活和消费，没有那么多的阶级斗争和政治运动。我想我们国家也应该如此，只有让民众安心工作和生活才能振兴中华和建设新中国。

在工学院大楼前留影

我来美国之前，已参加工作 23 年了，除去 10 年“文化大革命”影响，在理论和实践知识方面已有 10 多年的沉积和提高，已是一名成熟的教师和科技工作者。此外，还有两年多的时间与工农接触，一起生活和劳动，懂得了我国的贫弱和工农大众的疾苦，培养了工农感情。“文化大革命”之后，国家正处于经济不佳、外汇紧张的情况下派我们出国访问，学习先进技术，真是对我们寄以莫大的期望和信任。祖国和人民希望我们早日学成归国振兴经济，建设中国，复兴中华。我们肩上的担子真是十分沉重，千万不能怠慢。由于好久没有定下心来接触业务了，我对国外新成果、新发展的学习热忱和效率很高，求知欲如饥如渴，就像海绵吸水一样对新知识吸纳收效很快。此外，我长期积累的知识和对国家的热爱情感也促使我要在国外厚积薄发地做出一番事业。

研究所工作及自定研究目标

魏教授在工作方面未布置给我具体任务，给我以完全自由。我在刚到时就先查阅研究所以往有关脉动流动的研究成果和资料。在有试验时，和大家一起参加试验，其他时间学习数值计算技术。约一个月后，我在查阅以往数值模拟计算程序中，发现在计算管壁温度时所需的一个脉动流动时的传热系数时，他们是采用先假定，再重复计算使之逐步接近的方法确定的。这给模拟计算带来很大的不便。他们为何要这样做呢？原因是国际上当时还没有一个脉动流动时传热系数的计算式。试想要做管内两相流脉动试验已经很难了，还要设法测定各种脉动流动时的工质变化温度和管壁变化温度，算出其相应传热系数并考虑其多种影响因素，再总结出一个计算式实属难上加难的研究项目。魏教授的博士生们都分别在用不同的两项流动模型（如均相模型、分相模型、漂移流模型等）进行脉动流动的数值模拟计算，然后比较用何种模型的计算结果与试验结果相符程度最佳。此外，也有的在研究消除和防止发生脉动流动的方法和措施。我觉得用不同理论模型进行脉动数值计算已无新意，防止和消除脉动流动的方法我已掌握，并已经过工程实际检验，所以也不须研究。我有兴趣的是研究国际上未曾解决的问题，这样研究成果才有首创的创新意义。我想我们现在正在进行脉动流动试验，已有大量脉动流动和传热的测试数据，为什么不换个思路，从研究脉动流动时的传热系数着眼，建立一个可供大家应用的相关计算式。这样就可以创新地解决这一国际难题。于是我就暗自确定了以此作为我在迈阿密的一个主要研究目标。

在布鲁克海文国际多相流会议上作专题报告

1980年10月，魏教授替我联系好去美国著名的布鲁克海文（Brookhaven）国家实验室举办的一次国际多相流会议上作报告的工作。那时我国与西方国家学术交流极少，所以会议承办单位希望我作一个有关苏联和中国在两相流研究成果方面的报告。于是我就立即准备了一篇题为《苏联和中国在汽液两相流方面的研究成果》的论文，并在末尾提供了51篇相关参考文献供大家查阅。由于这是欧美学术界很想了解的新鲜题目，因而听众满堂，其中不少是欧美已经成名的两相流学者。报告后反应热烈并与英、法两国两相流与传热著名专家合影留念，包括英国哈威尔（Harwell）实验室主任休惠特（Hewitt）教授、半球出版社董事长班吉尔（Begell）、法国核能研究中心的德尔哈耶（Delhaye）教授、英国核能技术部主任科利尔（Collier）教授。

散会时刚走出会议厅就遇到西安交大核能研究所的付龙舟教授等，他们是来参观该实验室的大型加速器的。于是就和他们一起参观了那台原来是吴健雄做过试验的加速器。他们对我刚来美国就能应邀来这样的大会作学术报告感到惊奇，说我活动能力强。其实他们不知道，没有魏教授的推荐和信任，我是不可能有此机会的。晚上大家住在布鲁克海文国家实验室的招待所内，有几位美国学者邀我去市里品尝纽约龙虾，说是美国名品。由于工作顺利完成，就随他们小车一起前往。美国朋友间实行的是 AA 制，个人自付费用，因而也不用客气。龙虾一盘 13 美元，侍者端上来时，大龙虾已在腹部沿长度剖开，整只爬在大盆中，形成红红的满满一盆，十分诱人。盆边上放一个烤熟的大土豆和一些装饰用的绿叶菜，于是大家就加上调料，开怀品尝，大快朵颐。纽约龙虾新鲜体大，肉质肥美，富有弹性，名不虚传。

主讲流体力学课程

回校后不久，李世泽教授找我，希望下学期能代他教大学生的流体力学课程。讲课费和教授待遇相同。我想这可能是他想改善我的经济状况而想出来的办法。他将他的讲稿借给我，以此作为教学大纲和课程内容。由于我在国内已教过两遍流体力学并对流体力学内容曾下过一番苦功，因此就欣然同意。但他说还须经过系主任考核后才行。次日系主任卡茨（Catz）教授就约我谈话。谈了约 1 小时，包括业务及其他方面，他认为合格，同意上课。同时他还向我说，这里是私立大学，学生缴了很贵的学费，如教师不合格，学生会上法院控告学校的。因而他作为系主任就必须对新教师进行面试考核。

李教授告诉我教材用的是斯特里特（Streeter）著的 *Fluid Mechanics*（《流体力学》）。我立即去书店买了一本教材，便结合李教授的讲稿一边备课，一边科研。寒假后，一切就绪就去上课了。上课前，李教授告诉我，应在黑板上多写些要点，这样学生较易掌握，课外不须花大量时间去补充学习。学生不喜欢幻灯片式的教学方法，因为记不下讲课内容。我正是依照这种方法去教学的，因而很受学生欢迎，考试成绩也不错。美国大学上课是很放松的。学生的座椅和书写板是连成一体的，因此，座椅可以根据学生需要随便移动，不须排列整齐。此外，教师也不必固守在三尺讲台上，也可走到学生中讲课。

与上流体力学课的部分机械系学生合影

1981 年下半年又为土木系学生讲授了一次流体力学课程。此外，还应魏教授邀请，作为他讲授的核能学的辅导教师一次。

在气体工学院作学术报告

1981 年 11 月，经魏教授联系，我又接到伊利诺伊州芝加哥气体工学院吉达斯保（Gidaspow）教授的邀请赴该校作学术报告。

芝加哥位于密歇根湖南畔，以 1871 年发生的大火闻名，但也是这场大火使其成为现代建筑的先行者。芝加哥是一个世界建筑博物馆，具有各种样式的现代建筑，西尔斯大厦（Sear Tower）等著名高楼集中在一起构成了激动人心的摩天大厦群。芝加哥虽与纽约、洛杉矶同为国际大都市，但人口密度不大，物价平和，是一个环境优美、空气清新和充满活力的宜居城市。

我抵达芝加哥机场时，气体工学院的接待人员已在出口处等候。气体工学院对我的接待规格很高，为我在其附近一家五星级宾馆订了一个带客厅和两个卫生间的大套房。现在当然并不稀奇，但在那时我还从未住过，所以颇有受宠若惊的感觉。坐在大沙发里我在想人生真是很奇妙，在延安白坪村我住在破窑洞，睡在棺材板上，20 来年后，又住进美国大宾馆，睡在可以睡三个人的席梦思弹簧大床上。但不管怎样，我作为一个男子汉，一个林氏家族的一员，是见过世面，经过磨难的，要荣辱不惊。我既能忍受艰苦的乡村岁月，更会享受美好的现代生活。

次日吉达斯保教授（以下简称吉教授）驾车来接我去作报告，吉教授是一位研究气体带着固体颗粒一起流动的气固两相流及其测量的专家。气体工学院也以研究气固两相流为主。我在报告中着重介绍了苏联、中国及我个人的研究成果。听者众多，反应很好。吉教授是俄裔美国人，当他得知我的研究生导师是莫斯科动力学院教授时高兴地与我说起俄语来。我们一见如故，他热忱邀请我去他家晚餐，我不便推却，只能客随主便，随他回家。芝加哥房价较高，因而其住宅没有迈阿密的那样宽敞。他的夫人是美国人，因结婚较迟，孩子尚幼。家中装饰带俄式风味，墙上挂有俄式壁毯。晚餐是美俄混合式，有美式牛排、绿色蔬菜、俄式红菜汤、红酒、面包、甜点和咖啡。孩子因来了异国客人而显得特别高兴。

与吉达斯保教授合影

晚餐后，吉教授驾车送我回宾馆。告别时，我请他方便时来西安交大访问。后来在1984年5月由西安交大陈学俊院士和迈阿密大学魏教授共同主持召开的中美两相流与传热国际学术会议上，吉教授和我都做了学术报告。大家都为重逢而感到高兴。

访问美国西北大学和阿贡国家实验室

1981 年离开气体工学院后，由吉教授的博士生驾车送我到离芝加哥不远的一个小镇埃文斯顿。那里是著名的美国西北大学所在地。我在西安交大的同事陈立勋和何家文正在美国西北大学访问。我正应他们的邀请去看望他们。陈立勋也从事锅炉和两相流研究工作，他曾对美国西北大学著名两相流学者班可夫（Bankoff）教授的变密度含气率计算式提出过改进建议。因此，他就慕名访问班可夫教授实验室。我们一起参观了实验室，并与班可夫教授合影留念。

与陈立勋合影

在美国西北大学密歇根湖边

埃文斯顿小镇十分宁静，有一家私人钟表店，陈立勋介绍此店售货价廉物美，于是就进去买了日本“CITIZEN”的男女自动表各一只。表壳是包金的，质量很好，一直用到现在已35年了尚未修过。两只表共180美元（当时美元与人民币汇率为1 ∶ 1.8）确实不贵。

美国西北大学离同在伊利诺伊州的著名美国阿贡国家实验室不远。于是我们设法与该实验室主管之一的美籍华人沙阿（Shah）教授联系想去参观。不久沙阿教授就派人将我们接去参观了大型两相流试验装置。阿贡实验室面积很大，设备和布置都很先进，单就室外电线布置而言，当时已全部移入地下，在室外空间中看不到一根电线。

忙碌的1981年，完成创新论文多篇

1981年是十分忙碌的一年，11月刚从美国西北大学回迈阿密。12月15日魏教授主办的第四届国际替代能源会议就在迈阿密沿海的科诺弗宾馆（Konover Hotel）召开。陈学俊先生也来参加会议，他是在 1980 年末被评为中国科学院学部委员（即中国科学院院士）的，见到我十分高兴，并将我已升为副教授的消息带给我。

与陈学俊先生在宴会合影（1981 年）

1981 年初，魏教授的研究团队中来了一位土耳其中东科技大学的卡卡奇（Kakac）教授。他是英国曼彻斯特大学的博士，已是两相流和传热方面的国际知名专家，团队中有些土耳其博士生都是他的学生。他是以客座教授身份来迈阿密大学的，对中国也很友好。他是带着妻子和女儿一起来美的，也很好客，约我去家中品尝他夫人的土耳其风味餐。于是，假日里就随他回家。他们刚来美国，所以住房比魏教授的小些。他夫人已准备好了午餐，有凉茶、土耳其烤肉，羊排等，每道菜中调料十分丰富。最后有土耳其浓咖啡和用南瓜制作的土耳其布丁。土耳其浓咖啡很苦，成稠液状，倒在像中国喝功夫茶的小杯中慢慢品尝。南瓜布丁味道特甜，根本尝不出任何南瓜味。这两样是我从未吃过的，所以印象很深刻。有时他邀请我去海边度假，我们就在他车中放好可折叠的躺椅、遮阳伞、食物和存放冰冻饮料的保温箱。然后驱车到迈阿密海滩消磨宁静时光。大家躺在遮阳伞下，听海涛，吹海风，闲谈或看书，十分随意。土耳其民族很爱国，也比较传统，他夫人告诉我他们女儿要嫁土耳其人，不嫁美国人。海滩面向大西洋。浩瀚的海洋无边无际，海天相连，令人心旷神怡。海洋风云多变，尽管迈阿密气候较热，但12月落日时已颇有寒意。大西洋夕照风云虽美，但天色渐暗，游人开始散去，我们也就收拾器件，打道回府。假日一天就这样悠闲健康地度过。一周疲劳尽已消失，次日又可精神饱满地投入工作了。1982年我回国后，魏教授和卡卡奇教授还多次来华出席西安交大举办的国际多相流和传热会议。大家欢聚一堂，十分高兴。

在西安邀请卡卡奇教授夫妇品尝牛羊肉名菜和名点（1994年）

2000年6月与魏教授在北京开会时相遇。那时他80岁左右，夫人已去世多年，他迎娶了一位30多岁的土耳其新夫人。他身体很好，还生了一个可爱的小女孩。宴会时，我坐在他们边上，他已知道我在1995年被选为中国工程院院士，他向我祝贺，还说：“你在迈阿密时，我已替人家介绍你是中国一流的两相流和传热专家，现在果然取得了成功。”我十分感谢他对我各方面的照顾和帮助，祝他健康长寿，全家幸福。

2000 年在北京与魏教授合影

魏教授和卡卡奇教授后来均被聘为西安交大名誉教授。卡卡奇教授不久也在土耳其被选为科学院院士。现在看来，魏教授不仅是一位在两相流和氢能方面的杰出专家而且是一位辨识人才的伯乐。我在迈阿密访问时，他不给我规定具体任务，而是一面努力推荐我去国际学术界作报告，结识国际学术名流，提高我的知名度，另一方面让我自由奔驰，发挥我的创新能力。这是在对我充分信任的基础上的一种极好的培养方式。

我也没有辜负大家的信任，努力开展自己确定的研究工作。我们进行的试验录像有 72 卷,试验自动记录数据资料摞起来有半米高。面对这样一堆成千上万个如天女散花一样的试验数据，如何才能将其整理归纳出一个脉动流动时的传热系数计算式又是我们面临的一个难题。

1981 年根据已积累的理论和实践知识和经验，我觉得在相似理论基础上采用无量纲分析和湍流中的时间平均值概念相结合的半理论半经验方法是建立这一传热系数计算的最有效方法。然后我就日以继夜地整理，研究分析这堆数据，确定对这种传热系数的主要影响因素。最后，建立了国际上第一个可以预测脉动流动工况下沸腾传热系数的计算式。这一计算式可用于光管及多种强化传热管，对脉动沸腾传热的数值计算，研究和预测锅炉、反应堆蒸发器等设备的安全性具有重要意义。

1981 年年末我决定将该研究成果写为论文，以我为第一作者，与魏教授、卡卡奇教授及两位主要相关博士生共同署名发表。当我将写好的论文给魏教授、工学院领导及李世泽教授审阅时，他们十分惊喜和赞赏。李教授的评语指出这项研究成果为脉动研究带来了新思路。魏教授赞叹道:“林先生，就凭这篇论文，你就该当教授了。”我们决定将这篇论文寄给美国传热学会并要求参加 1982 年举行的第七届国际传热大会。国际传热大会对各国允许参加的论文数有限额，因而须各国传热学会对参加的论文进行评价选择确定。美国传热学会评价为此项成果具有开拓性和实用性，同意送呈第七届国际传热大会宣读。第七界国际传热大会定于 1982 年 5 月在意大利召开，正是我忙于结束访问回国之际，因而请卡卡奇教授前往代为宣读，反应很好并被收入这届国际传热大会论文集。

1981 年年初，我二弟林宗振也得到作为访问学者赴美的机会。他是复旦大学数学系毕业后在广州暨南大学任教的，专长是泛函分析。经我联系后就来迈阿密大学数学系访问。1981 年春他也来校报到。对于一般访问学者，校方是不管其住宿的，须自行租屋居住。于是他就来我处合住，这样我的房租杂费也可减轻不少。他来后，我们就一起商量合作起来写一篇论文作为纪念。我发现一种单相流体湍流流动的统计理论——能谱方法（energy spectrom method）已成功应用于气象学。于是就提议能否将此方法引入两相流动领域，用于计算管内气液两相摩擦压降。由二弟去准备数学部分而我则准备流动与数学的结合以及用于验证的试验数据。最后，我们应用能谱理论和混合长度理论相结合的方法建立了一种计算气液两相流体在管内流动时的摩擦压降的计算方法，计算值与试验值相符良好，特别在高压和超高压时。并且，我们以《应用能谱方法计算两相流动摩擦阻力》为题写的论文发表在1982年4月在迈阿密举办的第16届热科学东南会议上，并被收入论文集。

1981年我将国内完成的孔板两相流量通用计算式用在迈阿密大学以R-11工质得出的测试结果，将其和新的汽水混合物测量结果进行进一步验证后，写成论文寄给权威学术期刊*International J. of Multiphase Flow*（《国际多相流》），并在1982年第6期得到发表。这是大陆学者在此多相流权威期刊上发表的第一篇论文。后来被称为两相流权威学者的休惠特评为同类计算式中的最佳式，称为“林氏公式”。这一公式被收入8本国内外专著和手册并得到广泛引用和应用。

入选 Sigma Xi 会员

1980年3月—1982年5月，我在迈阿密大学担任访问教授期间共主讲两次流体力学，辅导1次核能学，参加4次国际会议作报告及担任分组会议主席，发表学术论文8篇，向国外学者交流和显示了我国学者的多相流研究水平和成果。同时结识了一批国际著名学者和专家提高了自己及我国在国际多相流学术界的知名度。我们研究团队中的博士生因我发表论文之多而快戏称我为“论文机器”。后来因我对科研发展的贡献被选为美国荣誉科学研究学会（Sigma Xi）会员。

第一次访美结束时，我意外地收到校方给我的一封对我工作的评价信。信中大意称我在美期间处处表现出是一位热爱祖国的学者，有很强的业务能力等。回国后我将此信交给人事处存档。我不知道其他访问学者是否也有这样的评价信函。

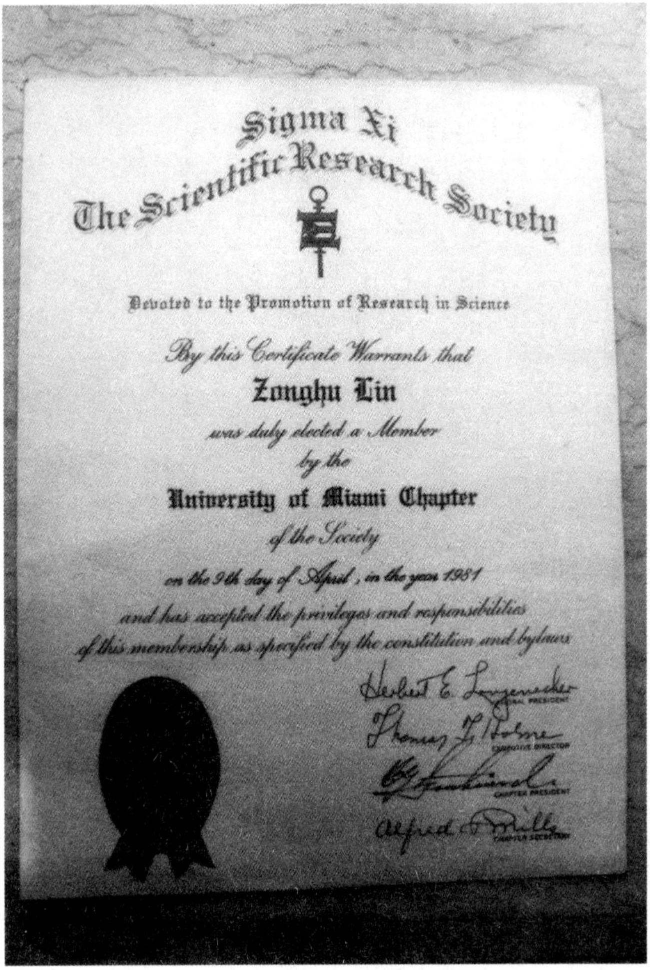

Sigma Xi 会员证书

在美期间李教授曾表示可以承认我的研究生学历为硕士学位，建议我再读一个博士学位。但我觉得年龄已不小，不能再将时间浪费在读学位，而是应该抓紧钻研和多发表一些有价值的学术论文。回国时也有一些访问学者因各种原因和想法不按时返回或留在美国工作。我觉得十分可惜和遗憾，一个人首先应具备诚信和有担当的素质，国家和人民费了大力将我们送到国外进修，对我们抱有巨大的期待和希望，我们不回去建设国家又应该谁去建设呢？这是责无旁贷、义不容辞的事情。

忙里偷闲忆当年

在迈阿密工作是十分紧张的，每天都在晚上 12 点之后才休息。但在假日有时也抽空出去领略当地风光、做客或购物。

我们去参观富豪的海景古堡别墅，玩帆板船。每逢海中虾季来临时，成群的海虾随着波浪涌来，大家在深入海中的堤上用网等各种工具捕虾都能满载而归。回家将虾烹调后下酒，其味鲜美无比。

在帆板船上

我们去参观海洋馆时坐在鲸下颚骨制成的座椅上休息。我和二弟林宗振一起参观肯尼迪太空中心时与宇航员合影。太空中心离沃特·迪斯尼（Walt Disney）的故乡——奥兰多不远。所以离开太空中心后，我们又驱车前往奥兰多参观迪斯尼乐园。迪斯尼游客的拥挤程度不亚于国内假日各景点的游客情况。

与振弟及宇航员合影

在美国有一种购物中心称为“mall”，是两边开设各种购物商店，中间为顾客休息地带的商场，设有喷泉、座椅、绿化植物等，购物环境十分优雅。当时国内尚无这类商场，现在国内各大城市均已引入这种商业模式。

在美国度过第一个冬天时，迈阿密冬天仍温暖如春，于是用假雪造成雪景。当然，圣诞节时圣诞老人也是必然出现的。

迪斯尼游客摩肩接踵

在美国“mall”购物后小息

在周画家处聚会

迈阿密市华人不多但生活都很好，闲时也常有聚会。曾有两位中国大使馆人员来迈阿密看望我们，当时应当地画家周千秋夫妇邀请在周家聚会。周先生是著名国画家，以画虎闻名，曾有一幅作品赠予美国总统。周夫人是著名鸟卉工笔画家，功力也很深厚。

在画家周千秋先生（右一）家聚会

访问纽约长岛和罗切斯特市

1980年我去纽约布鲁克海文国家实验室作报告后，应青海医学院一位访问学者的邀请顺道去纽约长岛冷泉港（Cold Spring Harbour）的癌症研究所参观。纽约长岛是富人居住的地区，很幽静、美丽，尤其是我去的时候正值秋季，金色的秋景分外诱人。我朋友的宿舍楼每层由多个单独套间组成。他的邻居是一位在研究所工作的博士。晚上我就寄宿在朋友的套间中。

1980年10月赴纽约前我还应堂兄林建之的邀请去他家做客，我先乘飞机到纽约州罗切斯特市。堂兄来机场接我到他家。他家是一栋带花园的两层小楼，我就住在二楼客房，有专用浴室。罗切斯特市在北美五大湖之一的伊利湖附近，施乐复印机公司总部和柯达公司总部均设于此。堂兄和堂嫂大学谈恋爱时曾在我家住过。长久不见，能在美国相会，大家都十分兴奋。他们一家人已入美国国籍，次日上午堂嫂陆文仙要去选举站投票选议员。她邀我一起去看看美国的选举。美国选举是在一个固定选举站进行的，各人分散自行前去投票，而不采用集中在一起同时投票的方式。

第三天即乘火车由罗切斯特赴纽约。一路上火车沿着哈德逊河驶行，秋景十分畅目。河岸绿化极佳，不同树种呈现出一片黄色、红色和深浅绿色交杂的彩色图案，望窗外就像一幅幅水彩风景画在眼前掠过，印象十分美好。

与堂兄林建之合影（1980 年 10 月）

按时回国发挥作用

1982 年 5 月第一次访美结束，我就乘飞机从迈阿密经纽约回到北京。黄蓉蓉在机场接我。她未来过北京，便陪她游了故宫和长城。

回国后，随即开展了气液两相流动中的不稳定性、分叉管流量分配均匀性及两相流流量测量等一系列科研工作，并在国内首次对研究生用英文讲授气液两相流和沸腾传热、强化换热及其工程应用两门新课程。此外，陈学俊先生和迈阿密大学魏教授商定在 1984 年 5 月在西安召开第一届中美两相流与传热学术讨论会。会议十分成功，中外著名学者云集。距今 30 年过去了，大部分学者现均已退休，不少年长者已仙逝多年。这一由西安交大和迈阿密大学联合创办的国际会议随后基本上按 4 年一次举办，一直至今。两校还分别向中美两国申请国家科学基金进行合作研究和交流。

第一届中美两相流与传热学术讨论会参会代表合影（1984 年）

第二次访美合作科研

1991 年秋由我赴美进行合作研究和交流。这是我离美近 10 年后再次访美。

这次我先去波士顿市外甥徐威振及杨毓樱家，他们均已在美国学习和工作多年了。毓樱的哥哥也在波士顿工作。他们来看望我并一起在中餐馆聚餐。

在波士顿与威振等聚餐

波士顿是马萨诸塞州首府，是美国主要的历史、文化和学术中心，人口约56万人，但高等学校有35所之多。著名的哈佛大学、麻省理工学院均位于此。威振驾车带我们去了这两所名校。在哈佛大学河边遥望波士顿的景致，虽是一座名城，但高楼不多，十分清幽。

从哈佛大学遥望波士顿市区

我们还驱车去了与马萨诸塞州相邻的罗得岛州。此州是美国 50 个州中面积最小的一个，但十分清静，景致优美，古堡众多，人口 100 多万人。著名的布朗大学就位于此。

在威振家住了两天就赴纽约州立大学，看望西安交大在该校攻读博士学位的杨之华老师及其导师李教授（S. L. Lee）。李教授来自台湾，是国际著名的的多相流和传热专家。我们一见如故，他邀请我去台湾参加一个由他举办的国际多相流和传热会议。当时去台湾因政治原因十分困难。后来他告诉我，事情太困难了，未办成，只好等后面的机会了。他将该会议的一本很厚的论文集签名后寄赠给我。事隔不久，就得知他因劳累过度而英年早逝，真是十分可惜。

在纽约州立大学与李教授合影

离开纽约州立大学我就从纽约直飞迈阿密。迈阿密有了不少新变化。首先，我原来居住的宿舍楼已拆除，盖了新大楼。魏教授驾车陪我参观了市区。市区也变化较大，除建了不少新楼外，还建成了高架轨道车。魏教授还指了一幢中间开了一个大口的大楼对我说，这是最新式的设计。但我国学习世界先进经验的速度实在惊人，我回国不久，就看到上海一些建筑中也已采用这种设计方式。那次在迈阿密就住在魏教授女秘书露西尔（Lucile）家中。她丈夫原是教授，到 40 多岁后就和她离婚了，但留了一套大房屋给她。于是她就依靠工资和出租多余房间生活。

与露西尔合影

露西尔是一个善良合群的人，每天我搭她的车上下班。她也很高兴，因为一路上可以有个伴闲话解闷。从她那里听到了不少教授的小故事。欧美教授与中国教授在个性与文化背景上有相当差别。他们的婚姻大多不长，到了 40 多岁不少教授就再婚再娶。我在迈阿密时就接到过两次参加再婚婚礼的邀请信。

在迈阿密合作科研近 3 个月后，我再经纽约回国。在纽约住所遇到两个浙江省企业家访美团。他们要去参观美国著名的西点军校，邀我同往。我对该校也闻名已久，次日即欣然随车而去。西点军校建于 1802 年，现已向游人开放，在校内可以看到军校学生们列队操练，偶尔也可看到装着“爱国者”导弹的军车徐徐驶过。校内有华盛顿和西点军校创始人塞耶（Thayer）等的塑像，围墙外秋季哈德逊河谷景色十分迷人。

第三次访美学术交流

1999年国家自然科学基金资助了一个重大基金项目“能源动力中多相流热物理基础理论与技术研究”，由我主持，西安交大、清华大学、中国科学院工程热物理研究所、浙江大学和东南大学承担。经过一段时间研究工作，我们决定参加2001年6月在美国新奥尔良市召开的国际多相流与传热会议，进行国际学术交流。

新奥尔良市位于路易斯安那州东南部。坐落于密西西比河弯曲部的中间地带，人口约50万人，以黑人居多。在法语区存在不少殖民地时期留下的建筑，其特点为大多阳台均用铁艺制品装饰。这里的音乐很有名，是爵士乐的发源地。著名的路易斯安那州的音乐厅也在该市。

出席会议期间，由德士古石油公司高级工程师陈宣政作东，同西安交大陈学俊、陈听宽等，以及清华大学杨瑞昌教授在中餐馆聚餐。陈宣政曾在西安交大多相流国家重点实验室取得博士学位并工作多年，国际会议后，他邀请我们去得克萨斯州达拉斯市参观他公司的实验研究所。我们乘船经密西西比河再驾车到达拉斯。

达拉斯是得克萨斯州的第三大城市，人口约120万人。建于1839年，是美国石油工业的金融中心。1963年肯尼迪总统在此遇刺后更名闻天下。这里是老布什和小布什总统的家乡，因此布什家族的影响深远，如建有布什图书馆、布什机场等。我们在此顺便参观了布什图书馆和著名的得克萨斯农工大学。此校建于1826年，有4万多学生，以校景优美著名。进校后，但见大片修剪整齐的草地，引人注目，真有绿草如茵的感觉。这是我见过的环境最优美的大学之一，印象深刻。此后，陈学俊先生继续在美顺访亲友，其余人士各自取道离美回国。

在中餐馆聚餐（左一为杨瑞昌教授，右一为陈宣政）

自 1980 年起到 2001 年我一共访问美国 3 次，约每隔 10 年 1 次。我到过纽约州、佛罗里达州、华盛顿特区、路易斯安那州、马萨诸塞州、得克萨斯州、罗得岛州、伊利诺伊州和加利福尼亚州，以及纽约等各大城市。多次访问使我对美国的地大物博、科技先进、崇尚创新、环境优美、法制完备、物价平稳等优点有了切身的体会。但对其贫富悬殊、国债高举、种族问题、枪支泛滥、毒品流行、性开放和随意干涉别国内政等问题也有深刻的认识。中美两国人民都是善良和热爱和平的。虽然两国体制不同，但要求进步发展的愿望是相同的。希望两国政府能相互尊重、求同存异、优势互补、谅解沟通，共同推动世界科技和经济的快速发展，以造福两国和全球人民。

第七章
科教成果

首次访美归国后的科教工作

1982年第一次访美归来，我已经49岁了，已发表了10多篇科技论文，其中两相流孔板流量计算式和脉动流动传热计算式发表后，国内外反应热烈，索要资料者众多，已初步奠定了我在多相流、传热和测量界的学术地位，下一步应该如何开展工作呢？经过仔细考虑，我觉得首先应该将自己近年来的收获奉献给国家，具体做法就是先用英语开讲两门研究生新课，第一门为气液两相流和沸腾传热，第二门为强化传热及其工程应用；其次，要建立一个两相流试验台，继续指导研究生开展管内两相流量脉动及其他两相流动科研项目，以推进两相流体力学在我国的发展并解决工程上急需的两相流课题。为何要用英语讲课，根据我的体会，首先便于和国际接轨，便于学生阅读和理解英文参考文献；其次便于学生进行国际学术交流，如参加国际会议和发表英文论文等，根据我自己在中学接受用英语教授数理化的效果，这种教学方式对自己后来的专业学习和工作受益匪浅。根据当时学生的英语水平，如课文和讲解全用英文可能要求过高，不易适应。于是我就采用中文讲义和英文讲授相结合的方法授课，效果很好。与此同时，设计建造了一个以R-113为工质的中压热态气液两相流试验台，其工作压力达0.4兆帕，质量流量达25千克/分钟，加热量达20千瓦。此试验台的工作压力比迈阿密大学的高15倍，流量比迈阿密大学的高20倍，以便进行更接近工业实际的试验工作。另外建立了一个大型气液两相流试验台，可进行空气和水的两相流试验或油气两相流试验。

首创用单元件测两相流双参数的测量法和分流分相测量法

回国后不久，胜利油田科技部看到我发表的用孔板测量两相流流量和干度的论文后专门派人来校与我商谈合作事宜。胜利油田为提高采油量拟采用热采法，即将高温湿蒸汽注入油层，使油加热后黏度降低以提高采油量。湿蒸汽由锅炉生成。一个锅炉产生的蒸汽量要分别注入多个油井，为此必须测定注入各油井的蒸汽量和干度数值。当时胜利油田采用的测量设备为进口的分离测量设备。该设备中的分离器将气液两相分离成单相流体，再用单相流量仪表测定气液两相流流量和组分。其缺点为分离器体积庞大，价格昂贵，测量管路复杂且测量精度视分离器分离效率而定。后来我们和胜利油田合作改为孔板测量并将两相流双参数测量作为一个固定的科研项目，至今已进行了近30年的研究，已有的研究成果有单孔板双相流量计、孔板－文丘利管组合式双相流量计、节流元件－多孔动压探针组合式双相流量计、分流分相式两相流体流量计、用哥式流量计测油水两相流流量及组分、分时分流式两相流量计和应用弯头测量两相流流量及组分等。在上述成果中有两项成果是具有国际领先意义的。第一项是单孔板双相流量计。在两相流领域，要同时测量两相流流量和组分，必须用两个测量元件。由于每个测量元件前后均需一段长的直管，其长度是该管直径的数十倍乃至百倍，这不仅使管中流动阻力增大，增加能源消耗，也给整个仪器安装、维修带来不便。我想能否采用一个测量元件来同时测定两相流流量和组分两个参数。虽然这是一个国际难题，但我有兴趣试一试。经过3年的潜心研究，在1985年我终于在理论和试验上首先解决了用一个测量元件（如孔板）同时测定两相流流量和组分的国际难题，并在1986年获国家专利和应用。该方法可用于各种压力，在国际上直到1994年比利时的吉奥（Giot）教授才发表相同方法的低压试验论文，比我的成果获得至少滞后8年。第二项是我们研究团队经5年研究后首创的分流分相测量法。众所周知，气液两相流测定要比单纯为液体或气体的流量测定困难得多，因为不同情况下，气液两相在管内流动时的流型是不同的，这就会影响测量精度。一般两相流测量方法的测量误差可达6%以上。我们的分流分相测量法为先分流一小部分有充分代表性的气液混合物，用一个微型分离器使其分离成气体及液体，进行单相流量测定后再回到总管路。只要预知分流流体占总流的比例，就可确定总的混合物流量。按此法制成的仪表在价格上比进口仪表低数倍而在测量误差上远比其他仪表低，其误差可低于3%，达到国际领先水平。这在理论和试验中均得到了验证。相关论文在2002年第四届国际多相流测量大会上发表时，被国际评委评为是一种创新的巧妙的测量方法，已获得发明专利并在多个注汽热采油田得到应用，经济效益显著。某油田每年注汽费用达8亿元，应用此仪表对每口井注汽量进行按需检测注汽后，每年可节省注汽费1.6亿元。

建立各种U形管沸腾脉动判别方法和防止、消除措施

我们团队第二项较为固定的科研项目是受热沸腾管内的脉动流

动发生界限判别及其数值计算。由于直立管的相关研究在苏联、美国等已有较多的研究，因此我们着重对U形管内脉动进行开创性的系统研究。我们研究了直立U形管、水平U形管、倾斜U形管和倒立U形管内沸腾时发生脉动流动的界限判别方法和数值计算。此外，还研究了脉动的防止和消除措施。

研究两相流分配均匀性及三相流

为了解决我国在发展高参数大型直流锅炉中所需的中间集箱、分叉管、不等径三通等部件中的两相工质分配均匀性问题，我们以这些特殊结构部件作为第三项科研项目进行了一系列研究，得出其分配不均匀影响因素和改善措施，可供设计和运行部门参考应用。

随着日益紧张的能源危机，我国油气开采已向近海或深海发展，采用单管混合输送油气的方法因具有显著的经济效益而被各国广泛应用。但油气混合输送时在一定工况下会因流型变化或通球清液而产生弹状流（或称段塞流），从而造成流量不稳定和管系的振动破坏。为了配合单管油气混输管路系统的设计和运行以及深海油气田的开发，油气混输管路中的多相流特性被列为我们第四项固定的科研项目。对此，我们进行了长时间的系统研究，研究内容包括：管内油水和管内油气的流型及其转变特性，管内油水和管内油气的截面含气率、截面含液率和两相摩擦压降，管内油气两相流和油气水三相流的段塞流流动特性及段塞流预测模型，通球清液时管内混合物的瞬态过程流动特性试验和数值模拟，段塞流捕集装置的结构及设计等。

系统研究两相涡街特性，首次建成通用判别式

我们第五项固定的科研项目是气液两相流旋涡脱落特性及工程应用。液体绕流柱体时，在一定条件下会形成柱体后部周期性交替旋涡脱落现象并诱发柱体振动，对于单相流体的这类工况已进行过长期深入研究并取得许多成果。

但对于气液两相流体的这类流动工况，因其流动复杂，研究难度较大，国外也只有少量零星论文发表。但实际工程中，在大型相变换热器中如设计不良，也会因管外气液两相流体横向冲刷管束而诱发管束振动破坏事故。某核电站的蒸发器管束曾因此而造成蒸发管与管板连接处泄漏。因此，研究两相流旋涡脱落特性及其防止，对于保证相变换热器的可靠设计和运行具有重要意义，并对发展两相流体力学中的旋涡理论具有重要学术价值。为此，我们决心对其进行长期的系统研究。自 1991 年起经 10 年系统研究，我们率先在国内外发表的主要成果有：气液两相斯托拉赫数的通用计算式；气液两相流体横掠多种单柱体（包括圆柱体、方柱体、三角形柱体等）、顺列管束或错列管束时，作用在柱体或管子表面的压力分布、脉动升力、脉动阻力及其影响因素研究；两相流旋涡脱落诱发振动的判别方法研究等。此外，在两相涡街中含气率分布测定方法、两相脉动力测定方法及两相涡街数值计算方法等方面也均有创新。

主持并优质完成国家自然科学基金重大项目

我国是一个能源不富裕的国家且主要能源为煤，为了解决能源需求日益增长和环境恶化的问题，我们必须大力发展超临界压力燃煤机组和高效清洁燃烧技术，积极开发海上（包括深海）油气资源。此外还必须努力开发新能源和节能减排技术。因此，开发高效清洁燃煤发电技术和开发先进采油技术、新能源和节能减排技术必然成为我们团队的第六项重要固定科研项目。为此，我们自 1998 年起，由我负责会同清华大学等单位开展了题为“能源动力中多相流热物理基础理论与技术研究”的国家自然科学基金重大项目的科研工作，获得了一系列创新成果，将在新一代压水堆核电站、大型超临界燃煤发电机组设计中得到应用，总体上达到国际先进水平并获得优等验收评价。

研究并设计超临界流体产油技术

2002 年根据陕西省长庆油田采用新型 CO_2 泡沫压裂液采油技

术的需要，我们建立了一个压力高达 40 兆帕的超临界压力试验台，在国际上首次进行了超临界压力 CO_2 胍胶泡沫压裂液的流变特性研究，为油田应用 CO_2 泡沫压裂液采油以增加产油量提供了有力的依据。

与此同时，我和上海四方锅炉厂一起研制了国内外第一台油田注汽用超临界压力蒸汽发生器（压力 26.5 兆帕）供胜利油田等热采深层原油应用。

开展节能减排和余热回收技术研究

在节能减排方面，我们进行了燃气锅炉余热回收的试验研究。在同济大学工作期间，我和同济大学、复旦大学师生一起完成了上海市环保局委托的“上海市柴油和 CNG 公交车生命周期成本比较”的科研项目。在上海理工大学工作期间，和上海理工大学师生一起进行了外加电场强化自然对流和沸腾换热的试验研究以及宝钢委托的高炉瓦斯泥旋流脱锌后回收利用技术研究。此外，还和上海理工大学章立新团队一起研发了 JNC 方形横流闭式冷却塔等产品，其特点为塔体小、材料省、能耗低、节能环保、维护方便，各项技术指标均居国际前列水平。该产品已在多家企业应用，效果良好并使企业生产成本和用户运行成本大力降低，并获得浙江省科学技术进步奖二等奖和上海市技术发明奖二等奖。

这些科研成果都是在国家和企业科研资金资助下靠研究团队全体成员通力合作取得的。其主要论文已收录在 2014 年由西安交通大学出版社出版的《林宗虎院士科技论文选集》一书中。这些科研成果获得的国家和省部级奖励、论文名称均列在本书附录中。

西安交大多相流国家重点实验室的部分大型试验系统

西安交大的动力工程多相流国家重点实验室是一个国内外著名的科研单位。自1984年开始，每隔4年（特殊情况除外）由该实验室举办一次国际多相流与传热会议。实验室设置下列5个研究部：多相流与大型热能动力研究部、石油工程多相流研究部、可再生与替代能源研究部、节能与高新技术研究部和通用理论与技术研究服务部。2012年该室固定在岗人员69名，有院士3名，教授40名，副教授8名，讲师12名，试验技术人员8名（其中正高4名，副高1名），管理人员1名。形成了一支老中青结合，以中青年为主的知识和年龄结构合理、朝气蓬勃、发奋图强的研究队伍。

以陈学俊、郭烈锦和我为学术带头人的多相流与大型热能动力研究部建有国际一流的超超临界压力水工质流动与传热试验系统，其压力为40兆帕，流量为4.5吨/时，功率为1.5兆瓦。可为我国发展超超临界压力火电机组及其他相应设备开展相关科研工作。

以郭烈锦和我为学术带头人的石油工程多相流研究部与中国海洋石油公司合作建成了国际领先的高压大管径深水段塞流控制与流动安全在线监测模拟试验平台，其油流量为29米^3/时，水流量为29米^3/时，气流量为1020标米^{3}①/时，压力为35兆帕，温度为3～

① 标准状态下一定量的气体的体积以米^{3}为单位表示时，采用的单位为标米^3。

70℃，功率为1500千瓦，试验管段长度为2100米。可为我国深海油气田的开采和储运进行各种油气水三相流试验和其他流动安全在线监测模拟试验，使其研究成果更接近工业实际工况。

超超临界压力水工质流动与传热试验系统

深海油气水三相流试验平台

国家重点实验室每5年要评审一次，如果连续3次评审都为第一名，则可以免评1次。2013年我们的国家重点实验室连续3次在业绩评审中都被评为第一，因此已列入少数可免评的优秀国家重点实验室行列。我相信，依托上述两个重大试验平台，我们今后一定会为我国电力事业的发展和油气资源开发研发出一系列创新成果，为国家做出更大的贡献。

青出于蓝而胜于蓝，原创性科研显实力

现今我们培养出来的一代代学子已成为国家科研教学以及其他方面的中坚力量，都在各自岗位上做出重要贡献，有的已成为院士，有的成为高等院校校长或政府管理官员，更多的成为教授、博导和高级工程师。留校的同学也都奋发有为，在科研和教学方面做出应有的贡献，已成为学校的主要力量。有的更是青出于蓝而胜于蓝，在科研上做出重要的原创性的科研成果。例如实验室主任郭烈锦教授不但领导实验室使之成为优秀实验室，而且在两届“973 科研资金”资助下，在国际上首次成功实现小型工业示范的生物质太阳能聚焦耦合超临界水气化制氢装置，该装置的生物质处理量为 1.03 吨 / 时，最大太阳能功率为 163 千瓦，温度为 800℃，压力为 40 兆帕。

现在该项目正在开展煤的超临界水气化制氢耦合发电技术产业化研究，可达到煤的高效洁净发电和综合利用。陕西省省委书记和省长已批示要协调全省力量予以支持。

原创的国际首套生物质太阳能聚焦耦合超临界水气化制氢装置

1989年与郭烈锦合影

又如我们实验室工程技术研究中心副主任、教授级高工张少军，他主持的宁夏三新镁业科技公司与实验室合作原始创新研发的复式反应炉镁冶炼技术及整套工艺装备，也已建成示范生产线，经初期连续生产表明，与国内外常用的皮江（Pidgeon）法相比具有明显技术经济和节能环保优势。其建设占地约为皮江法的1/10，全厂人工定员约为皮江法的1/2，单台日产镁量约为皮江法的40倍。中国工程院化工、冶金、材料工程学部“有色金属节能减排发展潜力研究”课题组6位院士会同中国镁工业协会、中国有色金属集团专家，在2013年6月在现场调研考察后一致认为该公司与西安交大联合团队在深入进行原镁冶炼基础理论研究的基础上开发出的新型复式反应炉原镁冶炼工艺和成套专用装备具有高效生产、大幅度节能减排、明显降低成本的显著效果，该技术与现行的硅热法炼镁技术相比是一项具有一定变革进步意义的原镁冶炼技术研究成果，该项技术的推广应用对我国镁产业的全面发展进步有着重要的现实意义，并且专门写报告建议国家给予重点支持，加大推广应用力度，同时建议宁夏自治区政府给予有效的政策、资金扶持。我曾在2012年赴银川调研考察过上述两个原创性示范装置，十分赞赏他们的首创精神和客观效益。我鼓励张少军说：“以前大家知道国际上有个侯德榜先生首创的侯氏制碱法，我希望你再加把劲，使国际上再增加一个张氏冶镁法，为国家和母校增光。”

我的科研观点和方法

我在长期科研生涯中逐渐形成了一些观点并积累了一些经验。

我一直认为科研是一种对未知规律的探索，其价值就在于在原有认识基础上的开拓和创新。因而科研就是要研究别人未做过的事情，要探索出前人未知的自然规律。我在选择科研题目上首先是在我专业范围内，以国际视野去发现那些既是尚未解决的空白领域，而且又是我国急需的科研项目。这样的科研项目既能获得国家和企业的资金支持又能做出创新的科研成果，为国家和企业工程实际应用。爱因斯坦道："提出问题是解决问题的一半。"这就说明选题的重要性。科研项目是不可能一蹴而就的，确定题目后必须有计划地在较长时间内分段进行系统深入的接力棒式的研究。这样才能总结出一些有价值的理论和工程成果。因此我在安排研究生研究课题时，力求组织他们围绕一个项目分阶段进行全面深入的接力棒式研究。不少成果就是这样获得的，例如对多相流流量和组分的测量方法、U 形管中沸腾脉动的界限判别和数值模拟计算、气液两相流旋涡脱落特性及工程应用、油气水两相或三相流的流型转变特性和摩擦阻力研究、弹状流（或称段塞流）的生成条件及防止方法研究等成果都是由一批研究生接力研究完成的。科研取得成果后一定要在第一时间内尽早在正式刊物上发表或申报专利。因为科研是创新，只有第一、只有首创，没有第二，因而必须力争首创。否则如沦为第二，就只能起到跟踪研究和添砖加瓦的作用。例如，我在 1985 年首创的用一个测量元件同时测定两相流流量和组分的测量方法，当年就申报国家专利，1986 年获得国家专利，而比利时的吉奥教授等在 1994 年才发表同样方法的论文，他的论文起不到首创价值，只能说是在我首创 8 年后又一次验证了我的首创方法的正确性。我在 2001 年对气液两相流旋涡脱落特性及工程应用的科研项目经过 10 年研究取得不少成果后就和研究团队的 4 位博士生一起合著了一本题为《气液两相流旋涡脱落特性及工程应用》的国际上首本专著。书中除了论述我们得出的理论和试验成果外，还论述了两相旋涡脱落特性的工程应用。其中专门论述了利用此特性的两相涡街流量计的计算原理和制作方法，并在2000年由我的博士毕业生李永光教授获得了这种流量计的国家专利。在2006年我赴澳门参加第五届国际多相流测量技术会议时遇到好几位某大学的研究生，他们都认识我，一见面就说："林院士，我们这一阵正在钻研您的那本两相旋涡脱落的专著，因为其他地方找不到相关资料。"我听后很高兴，因为这再次证明我们那本专著是国内外的第一本，具有重要的首创意义。他们也在研究两相涡街流量计，但选题已经晚了些，他们的研究成果已失去了首创价值，最多只有跟踪和改进意义。所以科研一定要选好题目，要创新，要勤奋，要争第一，要对发展国家经济和提高人民生活水平做贡献。

我生于战乱，每当读到列强欺凌我国的一部血淋淋的近代史，看到日本的侵略和抗战胜利后美国水兵在上海等地的横行不法，都深刻地激励自己要立志为中国兴起而努力。我觉得中国之所以贫弱主要是科技落后。试看近代科技发明有多少是国人首创的，再看近代科学定理和公式中又有几多是以国人姓名冠名的。我崇敬科学家，爱读他们的传记，他们对于强国富民、推动人类生产和社会进步的作用是无可替代的。因此，我从小就想长大后成为科学家，不使自己碌碌无为地虚度一生，而是要为祖国富强和人民幸福做出贡献。这一立志使我具有强大的动力去从事我的工作和学习，推动我不断前进。理想是靠毅力和自我监督来实现的。古人云："吾日三省吾身。"这一要求我未能做到，但至少我做到了"吾年三省吾身"。每年我均为自己预定工作计划并不时对全年工作中的成绩和缺点进行自我检讨，每当科研有所发现、有所成就时，就勤于写作，尽快形成论文在国内外刊物发表，并且积极参加国内外科技大会扩大成果的传播。

我的科研和教学成果小结

在前述大量科研成果的基础上，自 1962 年我的第一篇科技论文发表，到 2013 年末，在 50 多年中我和研究团队发表了约 220 篇科技论文，平均每年发表 4 ~ 5 篇。当论文积累到一定数量时就出版一本专著。例如《管路内气液两相流特性及其工程应用》这本专著就是由我及团队的一系列相关论文组成的，书中 90% 内容均为我们得出的具有国际先进水平的科研成果。这部专著在 1995 年获得第七届全国优秀科技图书奖一等奖，同年获得国家教委科技进步奖二等奖。2001 年出版的《气液两相流旋涡脱落特性及工程应用》这部专著是我和研究团队集 10 年研究成果的总结性专著，是国内外有关研究项目的第一本专著，对设计和运行核反应堆、蒸发器、各种相变换热器和两相测量仪表有重要工程实际意义。

早在留美期间，我已深切感受到多相流体力学、多相传热学，强化传热和多相测量学对今后发展能源动力工程及其新装备的重要作用。因此我除了进行这些领域的研究工作外，尽力收集相关科技资料。1982 年回国后，我一面为研究生讲授气液两相流和沸腾传热、强化传热及其工程应用两门新课，另一面与 3 个出版社签订了《气液两相流和沸腾传热》《强化传热及其工程应用》《气液固多相流测量》3 本著作的出版合同。这 3 本著作汇集了苏联、欧美以及自己的科研成果，具有国际创新意义。特别是第二本，当时强化传热被誉为第二代传热技术，其论述只散见于期刊，国内外尚无一本全面论述强化传热的专著，因而具有首创意义。关于多相流测量技术，当时国际上只有英国休惠特教授著的一本提纲式的介绍气液两相流测量方法的薄书，因而出版一本全面论述气液、气固、液固等两相流以及三相流等多相流的测量技术的著作就具有创新意义。这3本专著是在1984年困难的条件下同时写作的。那年秋季，父亲在沪去世，我购好机票正想回上海时，妻子黄蓉蓉被人撞倒，小腿全部骨折，只有皮肤相连。于是，赶紧送医院接骨治疗。后来她卧床一年后才能下床走动，这段时间虽有保姆帮忙，但还有两个孩子需要照顾，家事十分忙碌，我一边上课，一边从事这3本书的著作。现在回想起来当时真不知道是怎样定下心来完成著作任务的，我对那时自己的毅力和镇定表示惊奇。

在著作方面，如果写一本成熟的学术著作或教学用书，如物理学、流体力学或传热学等,那就可找到成百本已有的同类书可供参考，写作大纲章节编排次序及内容也大致大同小异。这样写作就轻松方便得多。但如果是写作某个领域的首部著作，那难度就大多了。必须先搜集和取舍相关资料，确定写作大纲、章节编排次序及具体内容。要前后连贯，有理论有实践，由浅入深，将读者引入门后逐渐扩展到理解全部内容。我在1984年那么多分心事物下能同时写作3部内容各异的创新型著作，确实很不容易。但在我的坚持下，这3本著作按时完成并在1987—1988年分别由3个著名出版社出版。这些著作的争先出版，有力地促进了中国相关新技术的研发和应用，也奠定了我在多相流体力学、强化传热学和多相流测量学方面的学术地位。国内从事这3方面研究的学者和工程技术人员大多读过这3本专著。1988年按国家教委安排，为提高锅炉专业毕业设计质量，由我负责（合作者为张永照教授）编写一本《锅炉手册》。当时国内尚无一本指导锅炉设计的锅炉手册，因而此书销量旺盛，对提高锅炉设计水平起到有效推进作用。此书于1989年出版，后来在1991年获机械工业部优秀科技教材奖二等奖。由于我的科技著作适合工业和教育发展的需要，质量好、销量旺，因而深受出版社和社会的欢迎。连年来，出版社的约稿不断。1982 年回国时我曾计划这辈子要出版 10 本科技著作，但实际上至今已正式出版 23 本著作，超额计划 13 本。由于我们的科研成果、论文和著作的发表，国际上对我的工作也刮目相看，邀请我参加由国际著名学者合著的科技著作工作。1986 年我和 N. P. Cheremisinoff 等著的 *Encyclopedia of Fluid Mechanics*（Vol.3）(《流体力学百科全书》(第三卷)) 由美国 Gulf 出版社出版。1991 年我和 S. Kakac 等合著的 *Boilers*, *Evaporators* & *Condensers* (《锅炉、蒸发器和冷凝器》) 一书由美国 John Wiley & Sons 出版社出版。1987 年我应邀担任了美国出版的《国际工程流体力学》期刊的国际顾问。

1993 年英国剑桥国际传记中心来函要将我的传略列入其当年出版的 *Dictionary of International Biography* (《国际传略辞典》)，并申明不收任何费用。这本传略辞典我 1980 年在美国时见过，那年，迈阿密大学魏教授也刚列入辞典。因而我即去信同意。后来，剑桥传记中心给我寄来了一本列有我的传略的《国际传略辞典》(1993 版)、一封收录证件及一个限量为 500 件的精美瓷盘以为纪念。

《国际传略辞典》收录证书

《国际传略辞典》纪念瓷盘

1987—2013 年我出版著作 22 部，字数超过 900 万，差不多平均每年完成字数为 35 万字的著作一部。如加上 1978 年出版的 1 本，到 2013 年底，在国内外我已出版著作 23 部，发表科技论文 212 篇，获得国内外专利 17 项。其中《变幻的流动——多相流体力学》一书还和叶笃正院士等人的著作一起获得 2005 年国家科学技术进步奖二等奖。这些著作的名称、作者、出版单位及年份均列于本书附录。其中包括锅炉著作 7 本、传热学著作 4 本、两相流体力学著作 6 本、测量学著作 5 本、科技论文集 1 本。此外，还有这本《林宗虎自传》。

1978—2013 年出版的 23 本科技著作

由我培养并获得学位的研究生近50名，博士后1名。其中，王栋的博士论文在2003年被评为该年度教育部全国100篇优秀博士论文，使我获得了教育部颁发的2003年全国优秀博士学位论文指导教师奖杯和奖金5万元。此外，还获得陕西省颁发的优秀博士导师奖杯。

由于我在科技和学术上的成就，至今我已获得国家级及省部级以上的科学奖11项，其中包括国家自然科学奖三等奖1项，国家科学技术进步奖二等奖1项和国家教委科技进步奖一等奖等省部级奖9项。得奖的名称、等级及年份可参见附录。

此外，我还受化学工业出版社委托，根据国家节能减排要求主编“节能与环境保护丛书”一套,副主编为俞炳丰、张旭和车德福教授。丛书包含如下9本专著:《强化传热技术》《烟气热能的梯级利用》《蒸汽凝结水的回收及利用》《热泵技术》《城市垃圾的处理与利用技术》《冷热电联产技术》《热管技术》《洁净燃烧技术》《空调蓄冷技术与设计》，由化学工业出版社自2007年起依次出版。按国家发展新能源的需要，化学工业出版社又委托我主编“替代能源应用技术丛书”一套，包含如下4本专著:《地热能开发与应用技术》《太阳能应用技术》《风能利用技术》《海洋能应用技术》，也由化学工业出版社依次出版。

这些科技书籍的出版将对我国的节能减排、开发新能源和改善环境工作起到有效的促进作用。由于我在能源、多相流及其测量，以及传热及强化等领域都有创新的业绩和相应的学术地位，我除了担任西安交大锅炉专业教授、热能工程博士生导师、动力工程多相流国家重点实验室学术带头人外还担任其他一系列兼职。我曾任国家自然科学基金评审组成员、国家科技奖励机械评委会评委、流体机械国家研究中心学术委员会主任、锅炉煤清洁燃烧国家工程研究中心和动力工程多相流国家重点实验室学术委员会委员、香港评审局学术评审专家、中国电机工程学会锅炉专业委员会副主任、中国工程热物理学会副理事长、中国工程热物理学会多相流专业委员会主任、陕西省工程热物理学会副理事长、陕西省计量测试学会副理事长、美国《国际工程流体力学》期刊国际顾问、《中国工程科学》期刊编委、春兰集团公司顾问、志高集团公司顾问、金牛锅炉集团公司顾问、迪森集团公司顾问、通用锅炉集团公司顾问、广西省柳州市市政府顾问、同济大学兼职教授等职。目前的兼职有中国《工程热物理学报》副主编、《工业锅炉》期刊名誉主编、《自然》杂志编委、英文期刊 *Frontiers in Energy*（《能源前沿》）编辑顾问、《工业热加工》期刊顾问、上海理工大学制造科学与工程学院院长、大连理工大学双聘院士、湖州职业技术学院名誉院长、大连锅炉厂集团有限公司顾问、上海锅炉厂有限公司专家咨询委员会副主任委员、中国电力出版社和化学工业出版社的出版委员会委员等。

由于我在科研和教学上的一系列成就，1988 年国务院授予我“国家级有突出贡献中青年科技专家”称号，1989 年被评为“陕西省优秀科技工作者”，1991 年获政府特殊津贴，1995 年被选为中国工程院院士。至此，可以说我已初步实现了担当一个科学家的人生理想。但往后的时日将更为艰难，任务将更重，国家要求将更高。自己必须不负众望，站在国际科研前沿，和大家一起奋力向前。根据国家和社会发展的需要做出更大的贡献。

第八章

院士生涯

中国工程院章程及我的当选

中国工程院是由后来的两院院士（既是中国科学院院士又为中国工程院院士）师昌绪、张维、侯祥麟、张光斗、王大珩、罗沛霖向党中央、国务院建议并由国务院批准在1994年成立的。

建议成立中国工程院的6位院士
（左起分别为师昌绪、张维、侯祥麟、张光斗、王大珩、罗沛霖）

中国工程院院士章程规定中国工程院是中国工程科学技术界的最高荣誉性、咨询性学术机构，由院士组成，致力于促进工程科学技术事业的发展。

章程规定中国工程院的职能和任务为：

（1）贯彻落实科学发展观，积极实施科教兴国战略和人才强国战略，组织研究、讨论工程科学技术领域的重大、关键性问题，结合国民经济和社会发展规划、计划，对工程科学技术的发展与应用，提出报告和建议；

（2）对国家重要工程科学技术发展规划、计划、方案及其实施提供咨询；

（3）促进全国工程科学技术界的团结与合作，推动我国工程科学技术水平和不断提高工程科学技术队伍建设，激励优秀人才成长；

（4）组织开展科学技术领域的学术交流与合作，代表中国工程科学界，参加相应的国际组织和有关国际学术活动；

（5）弘扬科学精神，传播科学思想，倡导先进科学文化，维护科学道德尊严，普及科学技术知识。

同时章程还规定中国工程院院士是国家建设的工程科学技术方面的最高学术称号，为终身荣誉。院士由选举产生。

在院士标准和条件方面，章程规定：在工程科学技术方面做出重大的、创造性的成就和贡献，热爱祖国，学风正派，品行端正，具有中国国籍的高级工程师、研究员、教授或具有同等职称的专家。

在院士的义务和权利方面章程规定为：积极促进科学技术的研究、开发和应用，努力创新，不断做出成绩；积极培养人才，推动工程科学技术队伍的建设；参加工程院及学部的活动，承担工程院及学部组织的咨询、评议任务，促进工程科学技术与国民经济、社会发展相结合。对国家工程科学技术的发展和决策有建议权；对院士候选人和外籍院士候选人有提名权；在院士会议上有选举权和被选举权；享受国家规定的有关待遇。

在院士标准中所说的“在科学技术方面做出重大的、创造性的成就和贡献”主要是指：在某工程领域有重大发明创造和取得重要研究成果，并有显著应用成效；或在重大工程设计、研制、建造、运行、管理及工程技术应用中，创造性地解决关键科学技术问题，做出重大贡献；成为重要工程领域的奠基者和开拓者。以上各项中包括其在培养工程技术人才方面做出的成就和贡献。

由此可见，要成为中国工程院院士的标准和要求是很高的。一旦成为工程院院士，固然国家给予了工程科学技术方面的最高学术称号并为终身荣誉，但是院士应尽的责任和义务也是很重的。工程院成立时的第一批院士是在 1994 年由中国科学院院士以及各单位推荐遴选出来的人员组成的，共 96 位，机械与运载工程学部为 19 人，名单如下：丁衡高、王永志、关桥、李鸿志、吴有生、闵桂荣、汪槱生、沈志云、陆元九、阮雪榆、姚福生、顾诵芬、钱学森、郭孔辉、黄旭华、屠善澄、谢友柏、路甬祥、管德。1994 年 9 月工程院启动在全国首次评选院士，西安交大推荐我为中国工程院院士候选人。学校要求我提供编写中国工程院院士候选人提名书的材料。时间紧迫，又无参考材料。提名书中候选人在工程科技方面的主要成就和贡献一栏中填写字数不得超过 3000 字，候选人情况简表中填写字数不得超过 300 字，要将自己数十年的科技成果用这么少的字数表达出来确实难度不小。后来，我采用重点突出，对待成绩不夸大也不缩小，实事求是的态度完成了材料提供工作，其中每句话、每个成果均有列在附录材料中的证明加以证实。候选人提名书送出后，我也不再去探听，因为我的做事风格是做事时尽我所能做到最好，效果如何那只能由评委评定，非我力所能及。1994 年底，好消息传来，我已被选为中国工程院院士，而且是西安交大这次唯一中选的。这实在是一件难得的好事，试想中国上千万有贡献的知识分子中有多少人期望在工程院第一次正式选举中中选。但我处事一直比较淡定，我觉得山外有山，天外有天，比我高明的人有的是，我的中选不过是自己的一些成果和机遇相结合的结果，特别是经过“文化大革命”的磨练后，我已变得更加成熟，我认为人应该具备古人说的“卒然临之而不惊，无故加之而不怒”的涵养。中选后应该戒骄戒躁，更好地工作，这样才对得起院士这一荣誉称号。那天我和妻子只是相对喝了一小杯葡萄酒以示庆祝。

不久，我当选为1995年中国工程院机械与运载工程学部院士的正式通知寄到学校，并要我1995年7月去北京参加中国工程院第一次全体院士大会。

1995年当选的中国工程院机械与运载工程学部院士共30名，其名单为：王兴治、乐嘉陵、朱英浩、朱能鸿、刘大响、刘兴洲、孙敬良、李明、杨士莪、何友声、汪顺亭、张立同、张启先、张贵田、张炳炎、张福泽、陆孝彭、陈先霖、陈秉聪、林尚扬、林宗虎、周勤之、饶芳权、顾懋祥、徐滨士、郭重庆、涂铭旌、黄文虎、屠基达、潘镜芙。

国家领导人会见全体院士

第一任中国工程院院长为德高望重、功勋卓越的朱光亚院士。1995年7月，党和国家领导人会见中国工程院第一次院士大会全体院士并作报告鼓励院士们继续努力，为国家做出更大贡献。会上为各位院士拍摄标准照并颁发了院士证。刚当选的顾懋祥院士因病缺席，次年不幸去世，大家对于未及谋面人已去世的场景十分遗憾。有人建议今后每次召开全体大会都应全体合影一张以资纪念。我们机械与运载工程学部的首任学部主任为姚福生院士。我们都是1955年交大毕业生。他后来去波兰深造获博士学位，回国后任机械工业部总工程师，我则作为苏联专家研究生，在国内学习，大家都是搞动力的，因而很熟悉。

1995 年党和国家领导人会见工程院院士合影（局部）
（作者在下面一幅后排左起第六位）

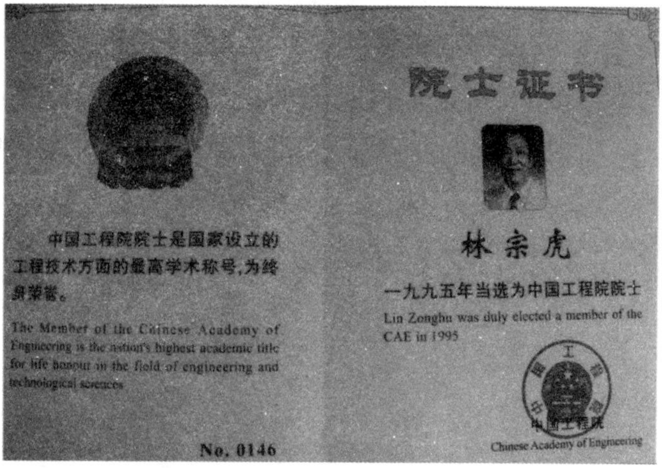
院士证书

中国工程院院士是国家设立的工程技术方面的最高学术称号，为终身荣誉。

The Member of the Chinese Academy of Engineering is the nation's highest academic title for life honour in the field of engineering and technological sciences

No. 0146

林宗虎

一九九五年当选为中国工程院院士

Lin Zonghu was duly elected a member of the CAE in 1995

中国工程院

Chinese Academy of Engineering

我的工程院院士证

次年，1996年6月召开中国工程院第二次院士大会时，我们学部的工作人员就为大家摄影留念，很有纪念意义。现在再看这张照片，18年已经过去了，照片中不少人已经去世，大多已成为资深院士。

1996年机械与运载工程学部与会院士合影（第四排左二为作者）

中国工程院每年举行一次院士大会，每两年选举一次院士。大会上都有党和国家领导人作报告。在和中国科学院全体院士大会一起开会时，一般会有党和国家领导人会见院士、作报告和合影事项。

1998 年第四次院士大会时机械与运载工程学部院士合影（第四排右一为作者）

2000 年 6 月党和国家领导人会见两院全体院士时合影（局部）
（第五排左四为作者）

2000 年 6 月机械与运载工程学部院士合影（第一排右三为作者）

2002年中国科学院第十一次和中国工程院第六次院士大会党和国家领导人会见两院全体与会院士的合影（局部，作者在下图第二排左起第五位）

2004年6月中国科学院第十二次和中国工程院第七次院士大会时党和国家领导人会见两院全体与会院士的合影（局部，作者为下图第二排右三）

当选院士后的科教成果

我在1995年当选院士时虽已62岁，在社会上已过了退休年龄，但在院士中还远在平均年龄以下，身体也健康，应该还可奋斗20年，为国家和人民多做些贡献，这样才符合自己的心愿和世界观，同时也对得起院士的称号。于是，在领到工程院院士证后，我就开始按院士的要求对自己人生最后阶段的生涯做了一个概略的安排。首先必须努力加强我专业所需的能源动力发展的理论和科技的研究、开发和应用。要发展对创新设备有重要作用的多相流体力学、多相流体测量学和强化传热新理论并形成著作。此外，要加强年青教师和研究生的培养以增强科研力量和后继有人的人才资源需要，还应加强学校与工矿企业的结合，使科研能促进产业发展和更新换代，推动经济的持续发展。

为了探明世界能源的发展前景和我国能源工业的现况与发展方向，我从可持续发展观点出发，于1996年在《西安交通大学学报》上发表了《锅炉技术的发展与展望》，1997年在《世界科技研究与发展》上发表了《论我国可持续发展的能源道路》两篇论文，明确指出，根据我国人口、经济、资源和环保等问题的综合协调与平衡，我国必须强化节能工作，必须加强高效低污染煤炭应用技术的研究开发，必须发展安全可靠的核能发电（包括热核聚变装置）和其他可再生能源的利用。这样才有可能到2050年将我国能源耗费中的煤炭比例降到50%以下并保持能源的可持续利用。为此，西安交大联合中国科学院工程热物理研究所、清华大学、浙江大学和东南大学等，向国家自然科学基金委员会提出了题为“能源动力中多相流热物理基础理论与技术研究”的重大研究项目，1999年得到国家自然科学基金委员会批准，由我主持该项目。由于这是该基金的重大项目，是最高级别的，因而资助金额较大。当时，一般面上基金的每项资助金额约4万~5万元，这项重大基金资助金额为500万元。该项目着重对发展大型超临界压力清洁高效燃煤发电设备、核反应堆及蒸发器以及油气混输工程中的复杂多相流动与传热传质规律及测量问题进行深入系统的研究。该项目经各单位协同配合，系统深入研究后在2004年结题。

这是我选为院士后主持的最大项目，验收专家组给予了很高的评价，认为该项目的主要特点为：

（1）项目研究注重基础性，研究成果显著。该项目在国内外重要学术刊物或学术会议上发表论文319篇，论文被SCI收录26篇次，EI收录85篇次，ISTP收录13篇次，出版专著3部，总结性学术专著1部，获省部级自然科学奖一等奖1项，省部级科技二等奖1项。

（2）研究工作与国民经济紧密结合，部分成果已得到应用，对国民经济的发展发挥了重要指导作用。发明专利7项，实用专利5项。

（3）课题组广泛开展了国际学术交流与合作，提升了我国多相流研究在国际学术界的地位和影响。组织大型国际学术会议2次，举办全国性学术会议3次；应邀在国际会议作大会报告及特邀报告2次，分组报告61次；与英国、俄罗斯、希腊等国家著名学者开展了国际合作研究。

（4）培养了一批从事多相流热物理学的中青年后辈人才，培养了20余名中青年学术骨干，3名博士后、44名博士（一位获全国百篇优秀博士论文）、54名硕士。

该项目所取得的学术成果是我国在非线性多相流相界面动力学与能质传输、油气水多相流管内流动理论、测量与除砂技术、高参数气液两相流与安全传热等研究领域总体上达到国际先进水平，项目评为优秀。

这一科研项目的总结性学术著作是在2010年由中国电力出版社出版的，我为第一作者，主要合作者有郭烈锦、陈听宽等，书名为《能源动力中多相流热物理基础理论与技术研究》。此书出版有一过程，当时，正当我为这本书的出版找寻出版社时，中国电力出版社编辑告诉我，国家新闻出版总署正要求他们出这样一本书，题目和我提出的是相同的，因而中国电力出版社愿意不加任何条件下出版此科技书。双方一拍即合，后来此书稿还申请到了国家出版基金资助，不过我至今不明白，为何国家新闻出版总署会指名要出此书，他们又是如何知道这一书名的。但有一点是可以肯定的，即此书的研究内容和价值是符合当时国家发展经济和生产所急需的。与此同时，我也应邀担任了中国电力出版社科技图书编审委员会委员。此外，2007 年我还应邀担任了中国石油和化学工业协会第五届科技图书编审委员会委员。根据西安交大锅炉专业教学和锅炉行业测试的需要，我在 1996 年出版了《锅炉测试》的专著，1997 年又应化学工业出版社邀请出版了《工程测量手册》一书。有鉴于 1989 年我和张永照编写的《锅炉手册》销售旺盛并得到机械部优秀教材奖二等奖的情况，化学工业出版社在 10 年后，即 1999 年邀请我出版一本内容更新的并附有计算习题和示范例题的锅炉手册，名为《实用锅炉手册》。我在 1999 年和徐通模一起编著出版了这本手册，得到了广泛的应用和好评，为了响应工程院希望院士写一些科普读物的号召，我在 2000 年出版了《变幻的流动——多相流体力学》一书，由清华大学出版社出版，后此书在 2005 年以“院士科普书系”的名称获国家科学技术进步奖二等奖。

上世纪末，中国工程院院士的数量尚少，各大学院校和工矿企业纷纷邀请相关院士担任全职或兼职工作，院士要做脱离原单位的调动工作较为困难，但院士又是全民的人才资源应该可以共享，因而时任上海市市长的徐匡迪院士就提出了可以柔性引入院士的办法，即院士在组织或人事关系不脱离原单位的情况下，定期到其他单位担任兼职工作。陕西院士较多，也有要求调动倾向，陕西省领导当然不愿意本省院士转入他省工作。因而主管教学科研的领导表示，院士在陕西工作还能在外省兼职该有多好，何必非全职调动呢？那时，我自 1957 年离沪定居西安交大工作已 40 多年了，对陕西和西安交大虽也有较深感情，但我的7个姐弟中有5个在沪，我妻子的母亲及兄长也均在沪，因而思乡之情也随着年龄的增长而日益浓厚，也希望能有机会回沪工作一段时期，于是在21世纪初，我应上海理工大学校长陈康民教授的邀请以双聘院士身份来校参加能源与动力工程学院的工作，后来又应同济大学校长吴启迪教授的邀请参加该校能源与动力工程学院工作。我在两校能源与动力工程学院的工作为指导学术和科研方向。我采取的方法之一是和院领导或学术委员会商讨存在的问题和改进措施，例如要加强国家自然科学基金的课题申报和重视联合已有的科研成果，申报省部级或国家级科研成果奖等。方法之二是经常为研究生作学科前沿的科技报告或请教授们做自己的科研成果报告以起到明确学科方向和前沿水平以及相互交流鼓励启迪的作用。方法之三为带领或鼓励教师们著书立说、发表论文，争取科研课题以提高教师的科研学术水平和国内外知名度。

这些方法很起作用，在申报国家课题方面，上海理工大学能源与动力学院后来就规定有博士学位的教师每年必须申报国家自然科学基金并列入考核指标，当时院内持有的该基金项目为空白，后来先由我和杨茉教授以“高炉瓦斯泥旋流脱锌技术”为题联合申请国家自然科学基金资助和宝钢研究基金资助。结果两项申请均批准为资助项目。取得良好开端，随后申请国家自然科学基金的人数和项目日益增多，到2013年，单是该年全院申请基金项目有30项，得到批准立项资助的达8项。在此期间，还有教师申请到“863”等国家资助项目，得到省部级科学技术进步奖的项目和得到国家专利的数目也逐年增多。

在这一段时间，我针对国家急须在能源方面创新解决的改革措施，诸如改变以煤为主的能源结构、开发油气田、发展高效洁净的燃煤发电技术、节能减排、开发可代替能源等方面做出了积极的响应。一方面联合企业、相关院校及研究单位争取课题开展相关研究。例如，前述的国家自然科学基金重大项目、与国家特种设备检验研究院合作申报的“863”重要课题等。又如，我和同济大学团队等一起开展的“上海市柴油和CNG公交车生命周期成本研究”以及我和上海理工大学团队开展的“高炉污泥脱锌以回收利用”研究课题等。

另一方面，我针对国家需要，带领西安交大、上海理工大学和同济大学教授和出版社一起及时组织出版急需的科技专著以指导和促进国内所需设备的创新和研发。例如，2001年我根据当时工业锅炉运行中的一些问题，按化学工业出版社的委托，与上海理工大学李瑞阳教授等合作出版了《锅炉用水、清垢及除灰》；2003年由于我在1987年出版的研究生教材《气液两相流与沸腾传热》已有16年了，有不少新资料有待补充，因而与西安交大王树众及王栋教授合作出版了《气液两相流与沸腾传热》(第二版)；2004年根据我国发展可以清洁燃烧的循环流化床锅炉的需要，我与同济大学魏敦松教授等合作出版了《循环流化床锅炉》，其特点为附有循环流化床锅炉的设计方法案例；2007年与上海理工大学汪军教授等合作出版了《强化传热技术》；2009年离1999年出版的《使用锅炉手册》已有10年了，锅炉设备在诸多方面均有不少的发展和变化，因此按化学工业出版社出版的要求，和西安交大徐通模教授等合作出版了《实用锅炉手册》(第2版)；2001年与上海电力学院李永光等合作出版了《气液两相流旋涡脱落特性及工程应用》的专著；2010年与西安交大郭烈锦、陈听宽教授等合作出版了一本名为《能源动力中多相流热物理基础理论与技术研究》的学术总结性专著。

随着我国经济的快速发展，粗放型的能源利用和燃煤量的急增以及环境变化的日益严重，节能减排和环境保护已在我国形成势在必行的局面。化学工业出版社有鉴于此，委托我作为主编出版一套“节能与环境保护丛书”，我决定将我在职的西安交大和兼职的上海理工大学、同济大学的教授们组织发动起来，让他们在各自专业方向的强项上，写出专著，一面将学识造福社会，另一面也提高作者及所在高校在社会和行业中的知名度。这套丛书由西安交大的俞炳丰、车得福教授和同济大学的张旭教授担任副主编。全套丛书共9本专著，主要由西安交大、同济大学和上海理工大学教授编著。如前述的《强化传热技术》由上海理工大学编著；《烟气热能的梯级利用》和《蒸汽凝结水的回收及利用》由西安交大车得福教授等编著；《热泵技术》由同济大学张旭教授编著，《空调蓄冷技术与设计》由同济大学于航教授编著，《城市垃圾的处理与利用技术》由同济大学安恩科教授编著等。

在我当选院士的近 20 年时间中，我的另一种工作方法为在我工作的及兼职的 3 所大学中培养研究生及青年教师，每年我都针对当前热点研究项目站在国际前沿准备一两篇专题报告，为三校研究生及青年教师作科技报告以扩展其科技视野和选择新的科技研究项目。这些科技报告如《论我国可持续发展的能源道路》《能源和动力工程中的重要理论基础——多相流热物理》《我国工业锅炉的发展趋向》《近期多相流基础理论研究综述》《多相流的近期工程应用趋向》《我国能源政策的调整对工业锅炉应用趋向》《我国能源政策的调整对工业锅炉发展的影响》《高炉瓦斯泥回收利用新技术》《煤层气——一种亟待开发利用的清洁能源》《循环流化床锅炉的发展过程及趋向》《风能及其能用》《生物质能的利用现况及展望》《低碳技术及其利用》《核电站的发展过程及应用前景》及《管式换热器中的单相流体强化传热技术》等。这类科技报告必须在阅读大量国内外资料，加以分析综合对比后才能写成，也促使我必须活到老、学到老，必须紧跟时代发展步伐，随时更新知识以免被时代淘汰。这些科技报告后来都以论文形式发表在各种科技期刊上。

在 1995 年后这近 20 年的院士生涯中，我和研究团队共获国家科学技术进步奖二等奖 1 项，省部级科学技术进步奖二等奖 4 项，获得国内外专利 12 项，出版科技著作 12 本，在国内外发表科技论文 165 篇。培养出研究生 38 位，博士后 1 位，有一篇博士学位论文被评为全国 100 篇优秀博士学位论文。在完成的众多科研项目中，有两项属于国际首创，其中一项是经 10 年系统研究，首次得出的发生两相涡街时的两相斯托拉赫数的通用计算式及对各种柱体发生两相涡街的系统研究；另一项是首创的气液两相流测量中的分流分相测量方法，此法与国际上其他方法相比在经济上和精度上都占优势。

参加陕西省决策咨询委员会

在评为院士后除了完成上述大量科研、教学和著作工作外，由于地位的变化，接触的人和事也和以前大不相同，范围要扩大很多。从前述我担任的大量兼职工作可以看到，我必须和国家级和省市级政界人士接触，必须和国内外学术界专家进行学术交流，必须和大量青年工程技术人员和研究生打成一片，此外还必须与民营企业家相互交往，我必须出席大量的学术会议、各种评审会，如大到评审国家或省部级科技奖项、国家自然科学基金项目和中国工程院院士评选，小到评定研究生的科研开题报告等，还有各式鉴定会、验收会，以及各种院士咨询、考察活动（如“院士行”）等。有一首流行歌曲的歌词说得好：“人生就是你和那些人、那些事相遇的过程。”选为院士后，相遇的人和事大量增加，就会使自己的人生过程大为丰富多彩，能不断学习新知识、新事物，从而增加自己的学识和才能。虽然耗费一些时日，但都是必要和值得的。在这段时期，印象深刻的活动除前面已列出的各次受到党和国家领导人接见并合影外，根据不全面的回忆有下列一些也是印象深刻的，并有照片佐证。照片尽量优先采用集体照以便引起更多参与活动人士的回忆共鸣。

陕西省决策咨询委员会每年要举行咨询会议，这是我每年必去的会议，并因建议较好而得到两次建议奖。2003 年会议时，时任省委书记李建国、副省长徐山林等领导与全体委员合影留念。李建国书记现任国家人大常委会副委员长，是一位亲民的有情有义的国家领导人，他在陕西任职时曾在某年春节来我家探望，与我谈笑风生，言词亲切，毫无架子，就和朋友一般，他到中央工作后，还在春节或新年向每位陕西省院士亲笔签名送贺卡祝贺，给我留下深刻印象。

陕西省咨询委员会第二届第二次会议时合影（局部）
（第一排左四为李建国，第一排左一为徐山林，第一排右五为作者）

参加三校 100 周年建校纪念会

我还有幸参加了三所名校即西安交大、上海理工大学和同济大学的建校 100 周年纪念大会和一系列庆祝活动。1996 年 4 月 8 日，我参加了西安交大建校 100 周年暨迁校 40 周年纪念大会。

西安交大建校100周年暨迁校40周年纪念大会主席团合影（局部）
（作者在第二排左起第四位）

2006年我参加了上海理工大学建校100周年纪念大会。2008年参加了该校动力工程学院上海校友会第一届理事会。

上海理工大学动力工程学院上海校友会第一届理事会合影
（作者在第一排右起第六位）

同济大学的建校100周年庆典是在2007年参加的，同时还参加了同济大学机械工程学院建院96周年纪念活动。在座谈会上，非常高兴遇到在交大上学时教我流体力学的黄维德教授，他在解放前毕业于同济大学的机械系，虽已90多岁，但仍能独立活动来参加校庆，真是老当益壮，祝他寿比南山。

担任名誉院长工作

本世纪初，湖州市在“资源共享，优势互补”的决策下，将湖州职业技术学院和湖州广播电视大学合署共建。

为了加强该学院的办学力量，湖州市决定聘请我为其名誉院长和学术委员会主任，这是家乡的需要，我当然愿意为之效力。

湖州市副市长张维娟给我颁发聘书

我每年去湖州职业技术学院一两次，和校领导讨论学校规划、发展和科研问题，并对师生作学术报告或座谈，此外，还须了解学院的建设情况并察看现场。学院的领导团结一致，干劲十足，学院整体发展迅速，真是一年一个样，不久大变样。

与湖州职业技术学院首任书记林锦江（左三）及院长胡世明（左二）合影

与院长胡世明（右）、现任书记杨柳教授（左）讨论工作

这所院校已形成高职高专教育为主体、现代远程与开放教育和职业技能培训为两翼的独特办学模式，已成为国家教育部、中央电大首批“人才培养模式改革和开放教育”试点院校，以其严谨的教风，创新的教学方法得到教育部专家的好评，2012 年我决定在该院校设立奖学金以资助和激励优秀学生。

各种讲学活动

1999年接到上海大学校长钱伟长院士来函，邀请我在教育部“现代科技与力学教育改革”高级研讨班上作报告，研讨班由上海大学主办，我在研讨班上做了多相流体及其工程应用的报告，建议在现代科技与力学教育中加入多相流体力学的内容，出席研讨班的报告人均为国内力学界名家，其中中国科学院院士有钱伟长、张维、钟万勰等，中国工程院院士陈士橹、杜庆华、何友声和我等。

教育部“现代科技与力学教育改革”高级研讨班合影
（作者在第二排右起第二位）

研讨班自1999年5月24日开始一直到5月26日结束，期间上海市副市长周慕尧还在上海大剧院顶楼宴请各位院士。

研讨班结束时,钱伟长院士赠我一本经他亲笔题字签名的《八十自述》自传式著作，读后很受教育。当时，我想在80岁时，如有精力，也应该写一本类似的著作供子孙和年经一代参考。岁月飞逝，一瞬间10多年过去了，我也年过80，于是赶紧动笔。可以说，钱先生的赠书也是我写这本自传式著作的一个重要促进因素。

香港讲学

1999年下半年我接到王宽诚教育基金会来函告知，基金会可资助我在本年11月赴香港科技大学、香港理工大学、香港大学等校讲学，为期1个月。王宽诚教育基金会是由香港著名企业家王宽诚先生出于爱国热忱，出资1亿美元于1985年在香港创立的。1987年基金会开设“学术讲座”项目，由该基金会贷款留学生考选委员会主任钱伟长教授主持，钱院士亲自起草设立，“学术讲座”规定，资助内地学者前往香港、澳门讲学，资助美国学者和港澳学者来国内和内地讲学，用以促进中外学术交流，提高内地及港澳高等学校的教学质量，因此，这次我能得到资助应该和钱院士的评选不无关系。于是我和妻子黄蓉蓉如期前往香港。我在香港的讲演题目主要是两个：第一个是“论未来的中国能源”，这篇讲座报告主要从世界能源的发展和展望，结合我国能源工业的现况与发展趋势，对我国未来能源工业和发展进行了展望和建议；第二个讲演题目为“气液两相流的涡街问题研究”，这是我们研究团队经10年研究后得出的世界前沿性研究成果，在国内外首次建立了气液两相横掠单柱体发生涡街时的两相斯特拉赫数的通用计算式，柱体所受脉动升力、时均阻力和脉动阻力的测量和计算方法以及气液两相绕流错列管束和顺列管束时的试验和理论成果。当时，我们相关的总结性专著《气液两相流旋涡脱落特性及工程应用》尚未出版，因而这是全新的、高质量的学术交流，后来这两篇讲演文稿刊于2000年出版的《王宽诚教育基金会学术讲座汇编》（第19集）中，这次赴港交流主要是由香港科技大学机械工程系系主任郑平教授接待的。他是著名国际传热学专家，原为美国夏威夷大学机械工程系系主任，我们在香港期间一见如故得到他和夫人袁孝堂的热忱接待，至今心中还存在感谢之情。一个月很快过去，临别时，郑教授的夫人告诉我郑教授快退休了，他有意退休后继续在上海工作，我说没有问题，他这样的专家，大家都抢着引进。后来我将他引入了上海交大。他在那里工作十分出色，争取到大量科研经费培养博士生，得到国家级科技奖并被选为上海交大的中国科学院院士。这次学术交流可以说非常成功，因为最后我将一位顶级传热专家郑平教授也交流到内地的大学了。我在香港期间，我的硕士毕业生毕勤成正在香港科技大学攻读博士学位。现在他是西安交大教授。他在港时的博士生导师赵天寿教授原是郑平教授的博士生，现在也是西安交大的客座教授。

在港期间还去香港理工大学和香港大学进行了学术交流。香港理工大学和企业结合密切，国外企业常将最新设备赠予该校，供学生实践和使用，因而其实践教学环节很强。

香港大学与我们林氏家族是很有缘分的，早年我们第二代中林开第是该校医学院的毕业生，改革开放后我作为第三代曾以教授和专家身份来校学术交流，现在我们家族第四代，我的侄子林晨已在其商学院担任讲座教授并从事行政工作。这些均无法预测，只能说是有缘了。

外地活动和考察

2001年青岛海洋大学邀请我访问该校。该校位于一个小高地上，校景很好。该校拟成立热能工程系，承校长管华诗院士热忱接待并赠送该校研制的海洋生物护肤品等，印象深刻。

与青岛海洋大学校长管华诗院士合影

由于我家的根在福建，祖父是福建人，因而福建省科协院士办公室也经常和我联系。办公室主任沙中然先生等每年春节都去探望在外省的福建籍院士并送去漳州水仙花。我也常去福建参加各种活动。2002年10月我和林尚扬院士等参加“院士八闽行”活动，考察了生产火电厂电气除尘设备的龙净集团和棉花滩水电厂，并参观了永定县的土楼代表作——振成楼。振成楼由永定林氏家族于1912年建成的，2001年申报为世界文化历史遗产。

与沙中然主任合影

主持和参加学术会议

2006年12月，在澳门科技大学举行第五届国际多相流测量技术大会，为期4天。由我担任会议主席并作主席报告。此外，还在大会上由我的研究团队宣读了论文。

2007年8月，中国工程热物理学会多相流学术年会在大庆油田建筑设计研究院召开。这种学术会议每个学会每年都要召开。

2009年2月，第六届国际多相流、传热传质和能量转换会议在西安召开。

2007年8月多相流学术年会在大庆召开时专家合影
（作者在一排左起第十位）

2009年2月第六届国际多相流、传热传质及能量转换会议与会专家合影（局部）
（作者在一排左起第八位）

2009 年 8 月 30 日，多相流学术年会在吉林市东北电力学院召开。

2009 年多相流学术年会与会专家合影（局部）
（作者在二排右起第六位）

2010 年 3 月，中国工程院组织院士航空科技咨询活动，参加活动的院士众多，主要在西安、咸阳和洛阳考察、咨询，在洛阳还参加了“院士林”植树活动。

院士航空科技咨询活动在洛阳时合影（作者在第一排右起第五位）

2010年1月20日，与邱大洪、吴有生等院士参加了深圳中国海洋石油公司深水工程重点实验室学术委员会会议。

中国海洋石油深水工程重点实验室学术委员会会议与会人士合影
（作者在第一排左起第二位）

2010年1月28日，在西安参加西安交大多相流国家重点实验室第四届学术委员会会议并合影留念。

参加多相流国家重点实验室第四届学术委员会会议合影
（作者在一排左起第八位）

2010年5月，我赴张家港市参加科技节并在江南锅炉厂考察。恰逢全国人大常委会原副委员长蒋正华也在张家港。他原来为西安交通大学教授，大家都很熟悉，于是一起合影留念。

在张家港科技节与领导、专家合影

2010年6月23日，出席在武汉华中科技大学举行的中国工程院咨询研究项目“机械产品的数字化设计与制造战略研究”研讨会。

在华中科技大学与院士、专家合影（作者在前排左起第五位）

应邀作学术报告、咨询或考察

2010 年 4 月 26 日与上海理工大学庄松林院士夫妇及秘书一起参观世博会预展。2010 年 5 月 10 日我应邀在世博会“相约名人堂”作“低碳技术在世博会中应用”的报告，同台作报告的还有圣芳济中学的校友、沈阳金属研究所的胡壮麒院士。主持人为当时上海理工大学副书记燕爽，现为上海市宣传部副部长。

在世博“相约名人堂”作报告

2010 年 7 月 15 日，应云南师范大学邀请在太阳能研究所作“低碳技术及其工程应用”的报告。后来又由昆明到云南腾冲市，与政府研究地热的开发利用技术。

2010 年 10 月，应大连市邀请咨询大连市“十二五”规划，考察了大连造船厂、大连机床厂和轴承厂等大型企业并在大连工程热物理研究学会和大连锅炉厂作科技报告。

2010 年 11 月，赴北京科技部，参加小城镇科技项目评审工作。

2011 年 1 月 11 日，在杭州评审浙江省重点科研单位。

2011 年 1 月 15 日—1 月 21 日，应邀参加“香港院士行”活动。

参加“香港院士行”活动的院士合影（作者在第二排左起第二位）

被授予上海交大杰出校友卓越成就奖

2011 年 4 月 8 日，我应邀参加上海交大 115 周年校庆，并被授予上海交大杰出校友卓越成就奖。

上海交大杰出校友卓越成就奖获奖校友与校领导合影
（作者在第一排右起第三位）

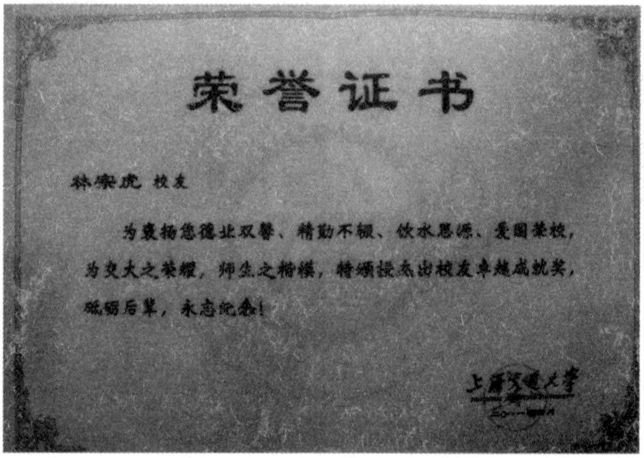

上海交大杰出校友卓越成就奖奖牌与荣誉证书

2011 年 4 月 15 日，我在杭州参加浙江省特种设备检验院 4 吨 / 时单燃烧器煤粉炉评审会。当时住在西湖边上的望湖宾馆，由卧室可欣赏西湖景色，环境优美。

主持国际会议、成果鉴定、考察企业和建立院士工作站

2011 年 5 月 8 日，我在山东省莱阳市参加上海理工大学为富耐克散热器有限公司研制的散热器及检测试验台的成果鉴定会。

会后，应山东理工大学刘永启教授和联兴炭素有限公司董事长王佐任高工的邀请赴淄博市潍坊联兴炭素有限公司考察和咨询。联兴炭素有限公司是国内最大的民营炭素企业，董事长王佐任是一位尊重知识创新和有诚信的企业家。刘教授在上海理工大学获得博士学位，是一位肯钻研、能吃苦、热衷于科研的教授。两者结合，利用强化传热及气固两相流理论将罐式煅烧炉高温煅后焦的高温余热用于生产蒸汽，节能效果显著。所产蒸汽的售后经济收益甚至高于主产品炭素的收益。同年 12 月我参加了该成果的鉴定会。该成果后来获山东省科学技术进步奖一等奖。

与王佐任（左）、刘永启（右）在潍坊滨海开发区合影

2011年5月20日，在上海参加了由我担任主席的2011年可再生能源与环境材料国际会议。参加会议的国内外论文有500多篇。

2011年可再生能源与环境材料国际会议与会专家合影（局部）
（作者在第一排右起第四位）

2011年7月13日，我参加了中国工程院组织的“2011年湖南省工程机械产业院士行”活动。湖南长沙市的工程机械产业闻名于世。特别是三一重工因同年日本福岛核电事故后捐赠抗灾工程机械而大长国人志气。访问三一重工时梁稳根董事长会见众院士并介绍企业如何从小工厂成长为超大企业的经历。易小刚总工程师带大家参观产品并讲解。易总是一位有诸多创新发明的工程机械专家，得到过不少国家级及省部级科技奖，为企业发展做出了重要贡献。此行我还高兴地结识了三一重工的刘院长，他也是西安交大校友。在三一重工中我深刻体会到企业家办企业的艰辛和创新转型的重要性。三一重工领导能看准国家发展对工程机械的迫切需要而决心从事这一行业就是具有远见卓识的一大成功之举。此外，企业领导的企业目的除为国为民做出贡献外，其对内方针政策也是鼓励和团结职工人心的。企业的口号大意是要使三一员工过上受人尊重的体面的生活，要使三一岗位成为大家热爱的工作。此外严格的奖惩制度、鼓励创新和人性化的关爱使全体员工能视企业为家，奋发图强，积极创新，努力工作使企业迅速发展。在咨询研讨会上，院士们对三一重工的发展趋向和技术难点提出了积极的建议和措施。后来，三一重工因在美国筹建风力发电设备受到了不公正对待而状告美国总统的举措也是前所未有的，反映了他们的底气、实力和敢想敢为的勇气，值得大家学习。

在橘子洲毛主席雕像前合影

我们还考察了另一家超大型工程机械制造企业中联重科并进行了咨询座谈。中联重科已能制造 3500 吨级履带式起重机，可供安装大型核电设备应用。

为了响应国家提出的积极开展产、学、研协同创新的要求，我们的研究团队努力开展与企业共同研发创新产品的工作。2011 年 7 月，我在上海理工大学的团队在浙江省诸暨市与金菱制冷工程有限公司成立了金菱制冷院士工作站。这一工作站由于我们团队中章立新教授等的创新研发和校企紧密结合，取得了卓越成果。

与诸暨市副市长（左一）、章立新教授（右一）、
金菱公司创始人向董事长（左二）合影

我在西安交大研究团队中的王树众教授与江南锅炉厂联手，积极研发国际先进的超临界压力污水处理设备，已将校内试验结果移植到厂内进一步试验生产。因而在2011年8月在张家港市成立了江南锅炉厂院士工作站，便于校企进一步协同创新。此外，我还担任了联兴炭素有限公司院士工作站、浙江特检院院士工作站和森赫电梯股份有限公司院士工作站的技术顾问。

与江南锅炉厂张建东总经理（左二）等领导合影

2011年9月20日在大连锅炉厂作为厂方技术顾问，为大连市工程热物理学会作当时日本核事故后的热门话题“核能的发展与应用前景”的报告。报告后与大连锅炉厂刘敏智董事长，教授级高工、西安交大锅炉专业校友徐永裕总工程师合影。刘董事长是一位不常见的企业家。在与他的交往中，我感到他不仅组织管理能力强，能识人用人，能看准企业发展方向，并且品格高尚、热心助人，在同事及员工中有口皆碑。有朋友去世将女儿托付给他，他和夫人不仅善待如己出并且一直培养到学业有成乃至成婚工作。实在是一位有能力、有情义、有担当的男子汉，是一位可以深交的朋友。他对我一见如故，特别照顾。每次来到大连，为安排我的住宿，他常先去查看，使我常有当之有愧、无以为报的感觉。

与大连锅炉厂刘敏智董事长（后排中间）、徐永裕总工程师（后排左二）等领导合影

次日赴大连理工大学参加该校海洋能源利用与节能教育部重点实验室验收会议，由我担任验收委员会主任。很高兴遇到老友浙江大学岑可法院士、南浔同乡大连理工大学的邱大洪院士和曾在火车上有一面之缘的时任该校校长欧进萍院士。会后欧校长聘请我担任该校双聘院士。

与会专家同校领导、教授们合影
（前排左五为岑可法院士，前排左六为欧进萍院士）

时任大连理工大学常务副校长、现任该校校长的郭东明院士是精密制造技术与装备专家，曾获得国家技术发明奖一等奖等多项科技奖项。

与郭东明校长宴会前合影

除上述工作外，每年中国工程院院士大会是必须参加的，一般有选举新院士的年份是开 3 次会，约 20 天。一次是本部门的院士遴选会议，另两次是工程院遴选会。2013 年中国工程院院士大会后与工程院院长周济院士合影，感谢他对我 80 寿辰的书信祝贺。

贺 信

尊敬的林宗虎院士：

在您 80 寿辰之际，谨向您致以崇高的敬意和衷心的祝贺，向您和您的家人表示最诚挚的祝福！

您是我国著名的蒸汽工程专家。长期在锅炉等工程的重要科技领域气液两相流和传热等方面从事系统性研究，取得了多种开创性成果。您创建的两相流孔板流量计算式被国际上评为最佳式，称林氏公式，被广泛引用和应用。率先对强化传热管和 U 形管内两相流脉动机理进行系统研究得出计算程序和防止法。建立了国际上第一个脉动流动时的沸腾传热计算式，开拓了研究新领域并应用广泛。解决了用一个元件同时测定两相流两个参数的国际难题。您还获得了多项国家奖励。

您热爱祖国、服务人民、尊重科学、勇于创新；您教书育人、为人师表，为国家培养了一批高素质人才。您十分关心工程院的工作，积极参与工程院的各项活动，为工程院的发展做出了重要贡献。您敬业奉献的高尚品德，严谨求实的治学态度，理论联系实际的工作作风，是我国工程科技界的楷模和学习的榜样。

在此，衷心祝福您生日快乐，健康长寿，阖家幸福！

中国工程院 周济

二〇一三年五月十三日

此外，还要参加一系列家乡活动。2012年我应邀参加湖州市南浔区在沪招商就是一例。会上巧遇原上海市副市长谢丽娟，原来她也是湖州人，并且现在是湖州同乡会会长。

参加行业及学生活动

2012年末我应邀在2012年工业锅炉行业节能减排新产品、新技术研讨与推广会上作“节能减排与工业锅炉技术创新”专题报告。

我与老友王孟浩教授和上海理工大学原校长陈康民教授还一起参加了先进炉排评审会。此外还与广州能源所专家访问大亚湾核电站。

参加先进炉排评审会（前排右一为陈康民教授，前排右二为王孟浩教授）

任职大学每年的大学生和研究生的开学典礼、毕业典礼只要有时间也是必定要出席的。

与西安交大1998届锅炉专业毕业生合影

参加上海理工大学能动学院毕业生联欢会

我指导的研究生都在国内外取得了事业和家庭的双丰收。其中，1997 年毕业的博士生梁志鹏现在是我国发改委新能源司副司长。

作者与部分博士生合影（右三为梁志鹏）

在任院士的时日里还出差韩国 1 次，美国两次，去过欧洲两次，美国的出差已在“访问美国”一章中提及，其他的将在下面的“欧亚漫记”一章中介绍。

由上所述可见，院士生涯是十分繁忙的，留给自己的时间很少。我和其他院士一样，必须继续奋斗，不断学习，不断创新，为国家经济和国防发展，为培养新生力量做出新贡献。

2010 年是我与夫人的金婚年，是值得纪念的一年。是年我 77 岁，夫人 74 岁，我们想一改传统的纪念方式，谨以摄影记述这一年的主要历程作为纪念。这年除日常工作外，我们工作和访问过的省市有陕西（西安阎良、临潼）、江苏（张家港、苏州）、河南（郑州、洛阳、嵩山）、浙江（杭州、湖州、绍兴、诸暨）、上海、湖北（武汉、咸宁）、山东（淄博）、云南（昆明、瑞丽、腾冲）、香港等省市和特别行政区，行程数万千米，耗时近3个月。是年，我做了6次科技报告，出版了1部论文集及1部科技著作，发表论文2篇，出席了一系列重要的咨询会和评审会，会见了众多老友和新识。工作虽忙，但生活过得很充实、多彩和愉快。

第九章

欧亚漫记

初访欧洲出席会议

2003年下半年我接到意大利寄来的邀请信，希望我能组织中国学者去参加国际会议。这次会议是由试验传热学、流体力学和热力学国际会议组织机构，意大利热流体动力研究所和意大利比萨大学力学系主办的，规模较大，有20多国提交的347篇论文宣读。会议主席为意大利热流体动力学研究所的G. P. 塞拉塔（G. P. Celate）教授，副主席为比萨大学的P. D. 马可（P. D. Marco）教授。我国出席会议的有12人，由我担任团长。会议论文分30个专题作报告。论文内容主要包括：单气泡、单液滴或单颗粒的运动及动力学，流动结构，两相流的分配、分离和混合，两相流的波动湍流和不稳定性，有传热的两相流，两相流测量以及各种工程应用。我国提交的论文有23篇，我们研究团队提供了有关油气水三相流的流型、阻力的研究论文，两相流测量技术以及两相涡街研究论文，这些研究成果都达到了国际先进水平，特别是两相涡街的研究，这次会议上同类论文的研究水平还停留在对个别柱体的两相涡街研究而我们已在一系列个别柱体的研究基础上得出来判别两相涡街的通用计算式和对柱体束和管束的两相涡街研究成果，可以说是起到了领先作用。

会议于2004年9月22—25日在意大利比萨举行，比萨是一座举世闻名的古城，以其比萨斜塔而著名。未来比萨前，我们不知道这里有个比萨大学，也不明其水平高低，来后，才知道这次举办单位之一的比萨大学是一座建校有600多年历史的著名高校。早期，著名物理学家伽利略（1564—1642）就毕业和执教于该校，并传说在比萨斜塔上进行过著名的有关自由落体的实验。近期，该校又培养出诸如物理学家费米这样的优秀人才，因而自古以来就是一所著名的高水平大学。

比萨是一个宁静小镇，坐落在阿尔诺（Arno）河畔，人口约 9 万人，但游客众多。我们来参加会议的团队人员是分散自行到达比萨的，我们西安交大一行由我、郭烈锦、白博峰和陈学俊夫妇组成，在北京乘飞机经佛罗伦萨到达比萨。飞机经近 10 小时的飞行到达的佛罗伦萨是意大利(人口 5780 万人)一个较大的城市(人口约 37.5 万人)，位于意大利中部，离比萨不远，也是旅游名城。但听说参观一个景点常须排队很久，我们须在当天到达比萨，因而未出机场，就在机场餐厅各人要了一份比萨饼当晚餐。比萨饼在美国已品尝过多种，都是饼中夹入奶酪，入口松软的软饼，但这次端上来的却是烤得干硬，薄薄脆脆，毫无弹性的比萨饼，真是大失所望。听人说比萨饼原本产自意大利，这种硬比萨饼是意大利比萨饼的本色风味。我不喜欢吃硬而生的食物，因而吃了一部分就放弃了。不久，就转机到比萨，到达时已天黑，后乘出租车赴预订的住所。出租车沿着荒凉地带行驶，不久驶入一片树林，说是目的地到了，大家下车找不到宾馆，只见一片树林，满地秋叶，风景倒是不错，但大家长途旅行后都急于休息，也无暇欣赏美景。不久，找到管理处，才知道这里是夏日露营地，于是他随即领我们去我们在国内预定的几幢简易小木屋。天色已晚，大家无法，只能在此将就一夜了，这些房子是白博峰不明就里，觉得房价较低，便在网上预订的。当时陈先生已 85 岁高龄了，那晚也只能委屈他们夫妇了。一早起来，鸟声啾啾、空气清新、秋虫鸣叫，池塘蛙声不时传来。木屋周围全是森林，地上铺满金色秋叶，晨风吹来，黄叶纷纷落下，随风飘逸，真是一派意大利秋日美景。大家经一晚休息，再加阳光普照的秋晨美景均已神清气爽。当前重要的事是找到宾馆，再去大会报到。于是赶紧收拾行李前往会场近处的市中心找宾馆。到达市中心，我和陈先生在一个街角看守行李，年轻的几位分头去找宾馆，不久，找房的都回来了，大家商量后决定住在离会场不远的一个名为学术宾馆（Accademia Hotel）的四星级宾馆。

这座宾馆设施很一般，连电热水壶也没有，与我同室的一位专家带了一个电热杯以便热饮之用。晚上睡觉时，我突然闻到一股焦味，立即起床察看，只见电热杯的插座还在插座上，而杯中的水已经烧干，真是危险之极，如果两人都睡着了，那就会造成火灾大祸，不仅违法而且两人均有命丧火海的危险。后来我笑着对那位专家说，这次出来，我们两人真已成了同患难、共生死的至交了。

2004年，国内的宾馆业已很发达，在江南一带，像这样的宾馆大概只能算二星级宾馆了。次日一早，我去楼下餐厅早餐，看到各种食物均露天放着，一群苍蝇正在逐盘叮食，我对一位年纪稍长的服务员用英语说，这里是四星级宾馆的餐厅，怎能有这么多苍蝇。不知他是否懂英语，他只是伸出两个手臂挥舞着表示苍蝇在飞，突然一停，单臂直指窗外。我想他大概是表示苍蝇在飞，一会儿会自己飞出窗外去的。最后他双肩一耸，两手一摊，表示无能为力了，我别无他法，只好烤两片面包，抹上锡纸包装的奶油将就吃了，就去会场开会了。中午会场不供应午餐，我们外出看到一家餐厅有意大利自助餐供应，12欧元一位，大家认为合适就一起进去品尝。进去一看菜还不少，色彩鲜艳，还有点心、水果、饮料，一应俱全，但真的拿盘子前去选菜时，使我大失所望，原来这里的素菜全是生的，这不算稀奇，奇怪的是连鱼、肉也是生的，如生鱼片、盐渍的生火腿切片等等。对于我这个不吃生食的顾客而言，真是无从下手，于是我只好拿了些意大利面及点心权当午餐。同行者中大胆者就不顾一切，开怀大吃。后来，再就餐时我就去中餐馆。

比萨斜塔及教堂

会议休息期间，我们就去了离会议场所不远的奇迹广场。广场上有斜塔教堂和洗礼堂，在修剪整齐的草坪映衬下显得分外庄严而美观大方，比萨斜塔我在不到 10 岁时就知道其奇迹，但一直到 2004 年在我 71 岁时才亲眼见到其英姿。

比萨斜塔及教堂

比萨斜塔是比萨大教堂的钟楼，共 8 层，为圆锥形建筑，塔高 54.5 米，全由大理石砌成，1174 年开始兴建，建完第三层时已发现倾斜，被迫停建，100 多年后再开始建造，于 1350 年完工，虽经地震冲击，至今未倒，成为世界建筑史上的奇迹。20 世纪 90 年代初，英国设计师约翰 · 伯兰（John Burland）采用增加重量和填充泥土的方法，到 2001 年，才使其恢复到 1838 年的倾角。进入门票为 15 欧元，但须等较长时间分批进入，我们没有时间，所以均未进入。

另一个景点为大教堂和其洗礼堂。在教堂前面有一个孩童大理石群雕像，几个胖乎乎的孩童造型生动而可爱，我趁便在雕像边留影一幅。比萨的奇迹广场固然漂亮，但仍然不能免俗，在广场进口，游客必须经过许多纪念品商店以及穿越兜售小商品的小贩重围才能见到想看的建筑。

孩童群雕

陈旧的列车设施

2004年9月24日会议已基本结束，晚上我就乘火车赴法国里昂。我的签证到9月底到期，还有近一周时间，我准备去卢森堡看望长子林捷一家，他们离国已近5年了，我在火车站购了当晚去里昂的“欧洲之星”列车二等卧铺票一张。因为我在美国乘过火车，其车厢和设备都相当不错，想着这次乘“欧洲之星”列车大约也会很舒服，只有一个晚上就到了，似乎没有必要加一倍价格去购一等票。于是，到时候就上车了。上车一看车厢与我国老客车硬卧车厢类似，每一排有上、中、下三层卧铺。我购的是下铺，还算方便，这种车厢自我国引进德国车厢并自己国产后，这种旧式车厢早就不用了，但欧洲之星列车竟然还在使用，并且其陈旧程度真叫不见不知道。我头顶上的中层卧铺床板竟然是由几块木板拼成的，其中有一块摇摇欲坠，如果晚上掉下来就相当危险。中铺是一位美国来的小伙子，我向他说明后，他十分友好，主动将那块板拆下，但他的卧铺位就狭小了不少，他还对列车员开玩笑说：“我只睡了这卧铺的2/3，你们应该退还我1/3车费。”这卧铺车相当拥挤，与改革开放前国内情况相似。我们对面一排卧铺上坐着3个意大利人，我问其中一位老者，列车是否经常这样拥挤，老者开玩笑说：“你中国人来了，美国人也来了，全球的人都来意大利旅游了，这车能不挤吗？”列车上的服务员全是男性，一上车就把乘客的护照收齐，然后就不再出现了。次日晨，列车快到里昂前，列车员前来各铺将护照发还旅客。

美丽的巴黎

里昂离卢森堡约 500 千米，开车过来约 4 小时。我在里昂车站和林捷通电话后，就在车站内等候。上午 9 时许，林捷到达里昂车站，稍息一会，便一起前往巴黎再回卢森堡。

法国人口约 6200 万人，但在巴黎市区人口就达到了 1000 多万人，巴黎不愧为世界名都，其恢宏、高贵和庄严的气派令人神往。巴黎位于塞纳河两岸，是法国首都，已有 2000 多年历史。这是我第二次踏上巴黎土地，第一次是在 1980 年赴美时在此转机，在候机室中坐了 4 个多小时，足迹未出机场。这次是时隔 24 年后，再次来到巴黎，可驾车畅游。巴黎著名的旅游景点分布在塞纳河右岸及左岸，位于左岸的有埃菲尔铁塔、战神广场公园、罗丹博物馆、圣心大教堂等。位于右岸的有卢浮宫、凯旋门、香榭丽舍大街和蓬皮杜国家文化艺术中心等。巴黎圣母院则坐落在塞纳河的城岛上。

凡尔赛宫则位于巴黎西南郊的凡尔赛镇。

那天，巴黎天气晴朗，秋高气爽。由于时间紧迫，没有顾得上法国美食，在一家麦当劳快餐后便径直去埃菲尔铁塔。该铁塔是在 1889 年为纪念法国大革命 100 周年而修建的，以设计者埃菲尔命名，位于绿草如茵的战神广场公园北端，是现代巴黎的标志，也是巴黎电视中心。塔高 320 米，内部设有电梯和楼梯，可沿塔身向上直达塔顶。在 57 米、115 米和 276 米处分别设有平台，可供公众俯瞰巴黎市容，是游客必到之地。登塔要购票再排长队分批入内，所以等次年带夫人来后再登。绕塔一周后，取出相机，摄下来巴黎后的首张作品“铁塔英姿”。

铁塔英姿

下一个景点准备去卢浮宫，巴黎市区像是一个建筑和雕像博物馆，休闲广场很多，广场周围都是庄严大气的巴洛克式建筑，广场中设有休息椅和雕刻精美的各式雕刻艺术作品，还有鸽子在游人四周啄食。这种无与伦比的艺术景观及安定和谐的和平气氛令人印象深刻、流连忘返。

不知不觉间气势恢宏的卢浮宫映入视野，卢浮宫原为法国中世纪城堡，后几经扩建，1791 年法国国民议会将其改为卢浮宫国立博物馆，馆内藏有法国、希腊、埃及以及欧洲其他诸国的绘画、雕像、圣牌、手稿等精品 40 余万件，其镇馆三宝为希腊雕刻《米洛斯的维纳斯》《胜利女神》和达·芬奇的油画《蒙娜丽莎》。卢浮宫前的玻璃金字塔是美籍华裔设计师贝聿铭于1988年设计的。由于时间关系，我们未进入博物馆。

卢浮宫及金字塔

按计划安排，我们去访问下一个景点凯旋门和香榭丽舍大街，凯旋门是为庆祝拿破仑军队的辉煌战绩而于1806年开始修建的，但此后，拿破仑时运不济，连续败仗直到彻底失败，此时凯旋门尚未完工，直到1836年才完全建成。

凯旋门位于星形广场的中央，此广场有几条大街通向四面八方。有一条通向协和广场的称为香榭丽舍大街，这条宽阔的林荫大道是巴黎的第一商业街，全长1800米，道路两旁有巴黎最豪华的百货商店、时装店、夜总会和影剧院。自19世纪以来，这一大街一直是巴黎时尚和快乐生活的象征，也是世人神往的旅游胜地，在香榭丽舍大街上转了一圈，未发现有什么值得买的，人也有些累了，就在室外露天桌椅上吃了一个套餐当晚餐，一面慢慢用餐，一面欣赏一下巴黎的红男绿女不断地从面前晃过也是一件乐事。不久，天渐渐黑了，灯光亮起，巴黎显得更加妩媚动人了。但我们人地生疏不敢久留，就直接回旅馆休息。

初访布鲁塞尔

由于明年还要陪夫人探亲，再游欧洲，因而这次就只能走马看花式地游一下。次日，因为由巴黎经比利时回卢森堡还需要5个多小时，所以清晨上车后就直驶比利时首都布鲁塞尔。比利时人口1020万人，首都人口约100万人，公元979年建城堡，1830年成为首都。布鲁塞尔是全国政治、文化中心也是最大的工业中心，该市是欧洲联盟总部，北大西洋公约组织总部。

布鲁塞尔中心广场十分宏大，周围有各种辉煌的古典欧式建筑，中心广场东北面有一条购物长廊，其中有不少商店，包括发明果仁

布鲁塞尔市政厅

巧克力的Neuhaus糖果店。还有不断小便的小于连小孩铜像，像高约半米。据说在15世纪中叶的一次反侵略战争中，暗藏于市内的敌人偷偷点燃了地下火药库的导火线，企图炸毁城市，小于连发现后用小便浇灭了导火线，从而拯救了全城人民。为了纪念他的功绩，特立此铜像留念。

小于连铜像

该市还有原子塔博物馆。1958年为纪念原子能研究的发现和布鲁塞尔万国博览会而建。该塔由9个巨大的银白色铝球构成，球直径18米，球与球用钢管连接，每根钢管长16米，直径3米，整个塔高102米，总重2200吨，通往各圆球的电梯都设在钢管内。

我们在布鲁塞尔吃了快餐并品尝了Neuhaus糖果店的名牌巧克力后，已是下午一时许，于是只好恋恋不舍地向卢森堡和法国国界相近的一个法国小镇梅茨（Metz）前进。一路上，反映布鲁塞尔人民生活的生动镜头不断映入眼帘，诸如一个正在维修的教堂，一幅人们购物、散步和用餐的日常街景，一块带喷泉的休闲绿地，以及堂吉诃德和他仆人的雕像等都引起我们这些初来乍到人们的兴趣。

车子终于驶上了去法国梅茨的高速公路。在欧洲各国的高速公路中比利时修建的质量较次，车在路上平滑地行驶就表明在其他国家路段上，车感抖动时表明已驶入比利时路段。

车辆先是在比利时路段上行驶，过了一段时间，路面状况显著改善，不久就到达了法国边境城市梅茨，梅茨是一个环境优美，旅客较少的小镇，我们下车绕镇环行一圈后就已游毕，印象很好但要静下来体会。

梅茨河畔景色

欧洲小国卢森堡

车到卢森堡市，我们在一家中餐馆晚饭后回家，到家时已晚上8时，赶紧洗澡休息。连日奔波，有些疲倦，晚上睡得特别香。次日一早起身，阳光普照。从阳台望去，秋色迷人，群林皆染，卢森堡市的一大标志性建筑，美丽、庄严的圣母大教堂已沐浴在金色的阳光中，在不远处向我们展示其风采。

卢森堡是欧洲小国之一，人口约44万人，但是经济发达国家，金融、钢铁、广播电视业是其经济的三大支柱，是欧盟一系列重要机构所在地，有位于卢森堡市的欧盟办公大楼。其首都为卢森堡市，人口约8万人，其他城市人口均不到3万人或只有数千人。

卢森堡工资收入高，各项社会保障补助收入多，所以其家庭收入水平在欧盟各国中常高居榜首，比欧共体平均水平约高40%。该国失业率低，工资高，所以不少法国等国边境人士常一早开车来卢森堡工作。由于当天是一个最适宜出游的秋日，我们早餐后准备在卢森堡市游转一天。

早餐后，我们驾车来到宪法广场，广场上有一个建于1923年用于纪念第一次世界大战中阵亡的3000名卢森堡军人的纪念碑。碑高12米，碑顶矗立着一个镀金的铜制少女雕像。雕像高高在上，金光闪闪，十分引人注目。此雕像6年后曾移至我国举办的2010年世博会的卢森堡馆前展示，深受国人喜爱。

卢森堡大公宫殿位于卢森堡市中心，这座宫殿简洁朴实，具有平民气息。该宫殿是该国政治中心，是大公举行重要会议、仪式和接待各国驻卢外交使节的场所。

卢森堡大公雕像

卢森堡市风景优美，其象征景色为卢森堡大峡谷。这座城市就是以大峡谷为中心，建在大峡谷两岸的。大峡谷宽约 100 米，深约 60 米，幽长深远，是世界著名景点。有峡谷就必须有连接峡谷两岸的桥梁，卢森堡全市桥梁有 95 座之多，其中最著名的是阿道夫大桥，该桥建于 19 世纪末至 20 世纪初大公阿道夫执政时，全长 221 米，高 46 米，是一座石头砌成的高架桥，桥中央由长达 84 米的拱桥做支架，结构独特，为卢森堡市的市标之一。

阿道夫大桥景色

富足优闲的居民

卢森堡语言十分复杂，仅官方语言就有卢森堡语、法语和德语，三种语言地位相当。该国较小，位于德国与法国两大国之间，因而人民在语言、爱好、生活上都受到邻国的一定影响。卢森堡人一般热情开朗，酷爱音乐，他们有句谚语“一人一个玫瑰园，两人咖啡聊聊天，三人成个小乐队”。这谚语反映了该国人民的日常生活画面，我在市内大街上见到一个结构复杂的生动雕像，其立意就是要表明卢森堡人平静、从容、闲淡优雅的生活状况，

小乐队群雕像

其中有一人吹小号，一人吹大号，另一击鼓，三人合成一个小乐队在奏乐，伞下有两个妇女管着四头绵羊一起陶醉在乐声中。

卢森堡森林覆盖率达33%，其首都更是满城披绿，其国花玫瑰随处可见，因而有“天然公园”“欧洲之肺”等美称，并且多古堡，四眼望去，到处是一幅幅美丽的天然图画，绿色丛林中不时呈现出挺拔屹立的中世纪古堡英姿。

羊排和摩拉

次日一早，我要经巴黎回国，因而晚上在卢森堡市最好的西餐厅请林捷一家聚餐。这家由西班牙人经营的餐馆已有数十年历史，以价格昂贵著称，他们平时很少去。长孙林弗雷已12岁了，小学二年级时转学随父母去卢森堡市就读当地小学。他在小学里要学卢森堡语、法语和德语，将来在中学再学英语，所以在当时已是家里学外语品种最多的一位。他听说去餐馆当然高兴，但又有些疑虑，就问："老师说去好的餐厅都要穿正装，我们应否穿正装？"我说："不需要，你跟我进去，有钱就行。"进入餐馆，顾客很少，只有一对外国中年情侣在品尝烛光晚餐，我说："今晚爷爷请客，你想吃什么都可以点。"大家看了菜单并点了菜，他说："我想吃羔羊的羊排，但是很贵呀。"我说："没关系，我们不会付不出钱把你抵押在这里的。"点完菜，大家都坐着聊天，不一会，我们点的菜，什么牛排、猪排的都送来了，只有羔羊排需要精烹细做，所以姗姗来迟，等得他有些急不可耐了。不久，心爱的羔羊排来了，他立即露出笑容，一手持刀，一手持叉，准备享用了，于是我顺手将他此时的表情拍了下来。奇怪的是羊排的上部露出一排无肉的肋骨，以表明下面这块排骨肉在羊身上的部位。这块羊排真的很贵，在账单里，其价格为38欧元，而同桌的牛排只要10欧元。当时1欧元可换10元人民币。因而这块羊排实际花费了我380元人民币。这是至今我见到的最贵的肉排，印象十分深刻，因为此价格在国内已足可购一头羊了。

有一道黑色贝壳菜也是当地特色菜，法语称为摩拉（moule），英文为摩塞尔（mussel），每人一大盘，各国烹饪方法不一，但主要应去腥保鲜。该店的摩拉味道很鲜，略带辣味，很合我们口味。回家一查字典，原来此物幼时已知，上海称为淡菜，新鲜的未见有售，一般在南货店里见到的是将其肉煮熟晒干后的干货，称为淡菜干，用于煮汤。这次聚餐时才首次见到并食用其鲜货，所以无法识别其庐山真面目了，后来在其他国家和国内食用过多次，才对此物有了较全面的了解。摩拉中文学名为海虹，又称贻贝，营养丰富，味道鲜美，我国沿海产量不少，最近在《舌尖上的中国》中看到其身影和采集镜头，当中将其称为壳菜，须人潜入海水在石壁上以专用工具铲集。通常吃法就是将贝肉带汤汁一起吃，贝肉由一块硬的贝肉、裙边和一个大的软包构成，这个软包应该将一切内脏包括排泄物全包在里面，想到这点，在后几次食用时就不再食用软包了，这可能是一种浪费的吃法，但我觉得只有这样，我才能舒心地食用此美味。想不到这次聚餐却让我在羊排和海虹上增长了不少见识。世上的知识真是太丰富了，值得自己虚心学习一辈子。

西餐馆聚餐

次日一早，林捷将我送到巴黎戴高乐机场离法回国。我的首次欧游到此结束。这次出国使我对意大利的环境、生活卫生习惯、旅游和交通设施的印象和好感大打折扣。

再访欧洲探亲旅游

回国后，我一面给夫人观赏我的欧游照片，一面动员她趁现在身体尚健，明年一起出去探亲一次，她很赞同，于是立即行动起来，写申请书，体格检查，跑外事处、公安局、卢森堡驻华大使馆等，3个月后，护照及签证都到手了，可以从 2005 年 10 月开始去欧洲探亲 3 个月。我们从北京飞到德国法兰克福，该市在美因河畔，人口 6.5 万人，是德国西部金融中心和交通枢纽。该城老区大部毁于战争，现在新建的摩天大楼不少，有大城市气派。林捷是驾车来法兰克福陪我们回卢森堡市的，所以乘便先在市中心转了一圈，然后直接驶回卢森堡市。车行约 5 小时才到家，这是我第二次赴欧洲，由于要住 3 个月，因而可游得深入一些。

林捷住在近闹市区，离火车站较近。生活、购物均很方便，刚来几天有新鲜感，一两周过去，在白天儿子们上班后，我们无事消遣也觉得难受。因为当地报刊、杂志、电视都看不懂，特别是我平时惜阴如金，现在这样无所事事，实在可惜，于是我对夫人说，既然我们是来玩的，明天起只要天气好，身体好，我就陪你去玩，她说："没有车，怎么玩？"我对她说："我们可以利用公交车辆，我在火车站购票处看到，40 欧元购一张月票，可在卢森堡全境乘火车和公共汽车一个月。"于是，我就当即去购了两张月票，这就为我们在卢森堡全境游增添了双翼。火车站离住所只有 10 分钟步行的距离，是我们今后的常来之地。

游遍卢森堡国

次日早餐后，我们前往火车站，一看时刻表最早的一班是去佩唐日的，我们上车一看，车厢整洁，乘客不多，就选了两个位置坐下。卢森堡全境不大，火车在境内行程一般不超过两小时。到站后，我们就沿街散步，看看风土人情，累了就在室外休闲椅上小憩，或在咖啡店品尝一杯咖啡及点心，十分自由悠闲。该市人口约 14 万人，街道清洁但游人不多，其特点为路灯杆一律向路中央倾斜布置，其目的可能是使顶端路灯能照在路中央。后来，我们乘市公共汽车从起点站一直乘到终点站，这样，城市的全貌就大致收入眼底了，傍晚再乘火车回家。

就这样，每早就上火车去访问一个城市，乘公共汽车环游全城，再在热闹城区散步、用餐。卢森堡市有 6 条铁路线，通往各方向的各个城镇，我们两人用 3 周时间几乎游遍了该国主要城镇。

第二天访问了埃特布鲁克（Ettelbruck）市。该市约 7000 多人，街中心有个 3 个穿长衫的人闲谈的雕塑，至今不知其创作意图和背景。由该市乘半小时公共汽车可到达菲安登（Vianden）镇，其古堡始建于 11 世纪，但保存完好，是著名景点。

卢森堡北部的克莱沃（Clervaux）市位于克里夫（Clierf）河谷，温度较低，有“冷城”之称，人口虽不到 2000 人，但是著名景点。该市群山环绕，风景如画。有一座双尖顶的罗曼式教堂，和一座建于 15 世纪的古堡，很有特色，信徒们在古堡举行唱诗会时，虔诚空灵的歌声回荡山间，使小城古朴凝重的中世纪气氛变得更为浓郁，使人有悠然出世的感觉，心灵特别淡定和清静。

双尖顶教堂前合影

有一天我查地图，发现有一个最北部的城市特罗斯维尔戈斯（Troisvierges）尚未去过，于是就乘火车前往。火车驶过“冷城”站后就到此市，下车后乘公共汽车环市一周，发现此市人烟稀少，在中心区散步，也不常见人，就如进入“鬼城”一样，如果遇到不良人士真束手无策。后来走过一座造型奇特的黑乎乎的大教堂，更增加了心中不安的感觉。教堂下层有两扇大铁门，此时夫人不知哪里来的雅兴，她想将铁门拉开，进去看看。至此，我才相信女人的思维是和男人不同的，有时，她们的胆量特别大。我赶紧制止并吓她说："门里可能养着狼狗，此外，你开门进去，人家将门一关，你从此就在世界上消失了。"她这才退了回来。那天天气不好，也较冷，到处阴森森地，我们游兴顿消，随即乘火车回家。

我们还去了卢森堡与德国边境的艾希特纳赫（Echtemach）古城。该城位于苏里（Sure）河畔，是一座历史名城，有许多保存完好的古迹。由此可步行去穆勒塔尔（Mullerthal），该镇以独特的砂岩地貌、瀑布、泉水和森林出名，有古桥、山泉，有一股泉水流入桥下溪谷。

在德国特里尔遭罚票

卢森堡与德国交界处的瓦瑟比利希（Wasserbillig）市在河畔，河水清澈，呈蓝色，可乘游艇游览，游客众多。

瓦瑟比利希市景色很美，我们去过好多次，但乘车时必须注意不得过站，否则就到德国境内。我们购买的月票就失效了，其后果是罚款。我们最后一次去该市时遇到意外而乘过了站。当车到该市时，大量车厢旅客均往前面车门下车，比较拥挤，我们靠近后面车门，于是往后门下车，但车门无法打开，其他乘客帮助开门也无效。最后，列车开动，误了下车。列车员说："你们下一站下车，等反向车来时再上车，无须购票。"下一站是德国的特里尔（Trier）市，这次我们随大家前门下车，下车后始知这里是一个德国西部的著名旅游点，该市人口 10 万人左右，是马克思的故乡，位于摩泽尔（Moselle）河畔。该市是德国最古老的城镇，比罗马还早 1300 年就屹立于世。12—18 世纪一直为选侯的驻地，也有数位罗马皇帝设宅邸于此，因而古跡不少，其中最著名的为罗马遗跡尼格拉城门（Porta Nigra，又称黑城门）。该市还有一座特里尔大学，有几位国内学生在该校求学。特里尔市游客不少，我们在该市吃了以德国猪蹄为首的午餐后便到火车站上车回卢森堡。

上车后，我正闭目养神，走过来两个查票的德国列车员。我告诉他们，我们是因车门损坏无法下车，才乘到特里尔的，来时列车员说无须购回程票，所以没买票。但查票员坚持要罚票，车票原价 4 欧元，罚票为 10 倍，每人 40 欧元。我也懒得再说，因为确实说不清楚，就给他一张百元欧币。他找钱后还礼貌一笑，连说谢谢。回国后每说起欧洲之行，蓉蓉记得最牢的地点就是特里尔，可见罚款之作用和影响之深远。

鬼节出游遇“鬼”

除了我们两人在卢森堡自由行外，每逢假日，林捷就驾车带我们到其他国家去自驾游。第一个去的就是比利时。

在布鲁塞尔，我们先去中心广场合影，再与广场一组雕塑合影。正当我们想去看小于连铜像时，林捷突然迷失方向了，车在原路上转了好几圈就是找不到原来很熟悉的铜像所在地，就像国内小说中说的遇到了“鬼打墙”。然后请旁边一辆车带我们去，结果也未奏效。忽然，前面出现了一个大教堂和一片大草地，风景特别好。大家说先去那里吧，于是车就停在教堂背后已有数辆车停在那里的草地上。然后，我们就和游客一起进教堂参观。此教堂很大很气派，我们花了 1 小时才完成参观，并在教堂前面正门处拍照留念。

教堂正面留影

正当林捷前去开车时，他大喊一声不好。我们前去一看，车窗已被击破，车内物件洗劫一空。仔细清查一下，还好损失不大，我们的护照和大额现金都随身带着，相机在手中，我损失了一个小的手提包，里面有一个父亲赠予我的珍贵玉石图章和剃须刀等。林捷损失钱包一个，里面有证照、信用卡等，现金不多。于是赶紧先电告银行，使信用卡止用。然后，去找教堂管理人员报警。我们请蓉蓉坐车内等警察，我和林捷去报警。我们从后门进入教堂，在教堂底层有一位修女在管理着一家咖啡厅。见我们进来，修女请我们坐下，然后带来了两杯咖啡。当我们向她求援时，她二话没说，立即拨通电话报警，并坚持免收我们咖啡费用。这使我深刻体会到天主教教义“爱人如爱己”的伟大和在此修女身上的体现。正在和修女闲谈，等待警察时，只听到外面夫人在高声尖叫“快来！”我们不知道又发生了什么事情，赶紧告辞修女，奔出教堂。原来警察直接到现场看去了。夫人见到警察，语言不通，就用手势请他们在此等候，她就跑出车外找我们，但又不知道我们在何处，只好高声叫喊。这次驾车来了两名比利时警察。我们汇报后，他们要我们的车跟着警车去警察局备案。到那里一看，汽车被盗的报案者还真不少。我们办完手续就回家了。车上我对夫人说：“平日你讲话轻声软语，想不到喊起来还能声震寰宇。”那次我们的车辆遭窃，还是由于林捷的外套随手放在车座上引起的。后来，无论在国内外，下车时，车座上决不再放任何物件。回家后一查日历，原来这天是国外鬼节，我们这次真是见鬼了。在那么圣洁的教堂内，在阳光普照下，还会在上帝的眼皮下发生窃案。如果要写小说或拍短片可命名为“上帝眼皮下的犯罪”。此案不久就结束了。比利时警方在垃圾箱中捡到了林捷的钱包，里面证卡俱在，现金已取走。他们将证卡和钱包寄回林捷，事情就以最好方式结束了。

游览布鲁日和奥斯坦德

在比利时，我们还去了好几个城市。其中，印象较深，值得再去的有布鲁日（Bruges）和奥斯坦德（Ostemde）。前者为比利时西北部文化名城，隔英吉利海峡与伦敦相望，人口近12万人，比利时总人口只有1000万人左右，因而是一个省会级城市。市内古式房屋众多。因而市容中有浓厚的中世纪风貌。城区河道环绕，水巷纵横，不少建筑傍河而建，风景优美。

奥斯坦德为西部海滨旅游城市，离布鲁日不远，可乘火车前往，对岸即为英国。火车站广场有不少城市雕塑。该市还建有游艇码头。

再访巴黎登塔鸟瞰

这次来欧洲又陪蓉蓉去巴黎玩了两天。这次时间较宽裕，所以决定登上埃菲尔铁塔。耐心排队两个多小时后，终于登上塔的最高观景平台，饱览了铁塔四周的巴黎风光，摄下其鸟瞰图以留作纪念。

巴黎风光鸟瞰图

鸟瞰时的心境与在地面时大不相同。但见滤去了游客的拥挤和噪声后，一个安宁美丽的巴黎就静静地整体展现在你面前，使你不由得去欣赏和赞叹建筑与自然的和谐之美，劳动人民的伟大。

一路游到巴黎圣母院时，天色已晚已无法留影了。

漫游荷兰

告别了法国，我们去了荷兰。荷兰人口约1600万人，在欧洲算是一个人口中等的国家，与比利时相比，人口要多600万人。荷兰的英文名称为The Nethrlands，意即“低地”，此词准确地概括了荷兰的地理状况。至今，其1/3国土仍在海平面以下。荷兰人民与自然抗争的武器是堤坝、运河和风车。他们填海造田，建立了自己的国家。风车的用途不仅是磨面，主要是排水，在围海造田的技术上，他们先在浅水区围起堤坝，在堤坝上建好风车，堤坝周围开出环形运河，风车抽出的水排入运河，在汇集后注入大海。风车是荷兰人发明的，最多时有 1 万多架，现在还保存了 900 多架，在鹿特丹（Rotterdam）附近地区较集中地保有建于 1740 年的 19 架风车，已在 1997 年被评为世界文化遗产。在现今能源告急、环境恶化的情况下，风车发电又成全球新宠。荷兰的风力发电量约占总发电量的 20%。

荷兰首都阿姆斯特丹（Amsterdam），人口有 73 万人之多，其地势低于海平面 1 ~ 5 米，是全国最大城市，有王宫、教堂、科学院、阿姆斯特丹大学、博物馆和音乐厅等。

海牙（Den Haag）人口约 47 万人，是荷兰政府所在地和王宫驻地。市内和平宫是国际法院驻地，曾两次在此举行国际和平会议并签订了《海牙法》。海牙靠近北海，是旅游胜地。

荷兰娱乐城

北海海边风光无限，浅蓝的海水，天水一色，十分赏心悦目。傍晚风力骤增，浮云乱渡，风云突变，北海顿时波澜起伏，海水变色。

北海景色

海牙美食久负盛名，我们在海边一家餐厅饱餐了一顿海鲜，味道确实鲜美，就以海虹为例，也个大肉嫩，比卢森堡的更为美味。

倦游思归，临别聚餐

在欧洲旅游了两个月，包括第一次赴欧，足迹已遍及意大利（佛罗伦萨和比萨）、德国（法兰克福和特里尔）、法国（巴黎、里昂）、比利时（布罗塞尔、布鲁日和奥斯坦等）、荷兰（鹿特丹、阿姆斯特朗、海牙等）以及卢森堡（近乎全境主要城市）。旅游兴趣和劲头已逐步消失，旅游审美疲劳感已经逐步增浓，觉得各地建筑、山和海、食物和人文都相近。因此，虽然签证还有一个月到期，我们已觉得哪里也没有家好，不久就从巴黎戴高乐机场起飞回国了。途中，航空广播中介绍说正在经过西伯利亚，鸟瞰了一下西伯利亚大地，只见冰雪世界，白茫茫一片。

离开卢森堡市时，又与儿孙聚餐一次，上次去的那家餐馆的西班牙老板已停业回西班牙养老了。所以就去另一家美餐一顿。这次发现相别1年，长孙已长得和我一样高了。

与下一代聚餐

访问韩国

现在来回顾一下我的亚洲行。我对亚洲各国漫游的兴趣远比对欧美各国的小。因为首先我国周边各国的人文风情均与我国与之接界的地域相近，且各项设施均比国内落后。其他稍远的国家大多是政局不稳，经济落后，气候特殊或宗教意识特强的国家，不符合我的休闲旅游的要求。因此我从不主动出国亚洲游，只是有差事时才出去一下。因此，我的亚洲游主要是境内游和港澳游，去他国的至今只有韩国1次，越南1次。

1996年4月8日，西安交大100周年校庆时不少韩国贵宾亲自来学校祝贺，其中有浦项大学校长和明知大学校长。西安交大校长蒋德明决定聘请这两位校长为西安交大名誉教授。但当时聘请手续和聘书未及办完，1996 年 9 月，校长委派我为代表团团长代表校长授予他们西安交大聘书。同行的有科技处处长徐可为教授、理学院李福利院长及信控学院韩崇昭院长。此外，我们还去参加一个由江原大学主办的“韩中新技术国际学术会议”。我们从北京乘飞机到浦项。浦项市最著名的企业为浦项钢铁公司。该企业的钢铁产量占韩国总产量 70% 以上，是世界著名钢铁企业。浦项大学即为该企业 1986 年独资兴办的工科大学，是该企业技术创新的重要载体。该校用高薪在全球招聘海外名校获博士学位的教授，全校有博士学位的教师近 100%。虽然我们到该校时其校史还只有 10 年，但其声望和实力已居世界先进水平。我们考察了其教学和科研设施并召开专门会议，授予该校张水荣校长西安交大名誉教授聘书。

浦项大学张水荣校长的名誉教授受聘仪式

张校长除在校热忱接待外，还破例请我们赴他家做客。张校长喜欢收集各式瓷杯，家中书橱顶部就放了不少藏品。

告别浦项大学后，我们去了韩国首都首尔。韩国人口约 4800

万人，国土面积约占朝鲜半岛总面积45%。首尔人口为980万人，约占全国人口20%以上。在首尔市的明知大学安排我们住在当时该市最好的宾馆——首尔宾馆。被聘任为西安交大名誉教授的该校高建校长是韩国国内著名政治家，以清廉著称，曾任首尔市市长。

明知大学高建校长的名誉教授授予仪式

高校长正式宴请我们一次，又招待我们韩国烧烤一次。他很亲民，大家在一起就似朋友一般。那时韩国虽已是“亚洲四小龙”，经济快速增长，但物价很贵，一个苹果要10元人民币，宴会上的孔府家酒要50美元一瓶。城市建设也很一般，马路狭小、商铺杂乱等经济发展前的痕迹随处可见。但汉江治理得很好，不但水质洁净而且风景优美。

那时韩国汽车业已发展，教授们称：“购一辆国产车很容易，价格便宜，但运行费太贵，受不了。现在你们贵宾来了，就用一会。”在首尔，狭窄的支路上，两侧停满汽车。教授们要将车开出来就像考驾照一般，很不容易。此外，停车位不够也是一个大问题。

此后，我们就到江原道的江原大学出席“韩中新技术国际学术会议”。会上我们代表团成员和韩方专家各自做了相应的新技术报告。进行了相互研讨并出版了论文集。

在韩期间，我们去看了一些景点，如龙驹衙门、民俗村、第一个灯塔、现代雕塑展等，这些对西方人可能有新鲜感，但对国人而言，因为太熟悉了，因而兴趣就不大。

值得高兴的是，我们回国后不到 1 年，从新闻得知高建校长已出任韩国总理。这样一来，我们专程赴韩国聘请的名誉教授高建将是西安交大名誉教授中政治级别最高的一位。可谓不虚此行。

访 问 越 南

越南，我是在上世纪 90 年代陕西省人事厅组织本省专家休假时去的。那次，我们主要去广西，经过了桂林、南宁、龙胜、北海、防城、东兴后，在东兴经海关到越南芒街。芒街各种情况都比对岸的中国东兴差多了，街上运货载人的摩托车很多，来往飞驰，行路得特别小心。我们转了一圈，购了些牛角雕塑品就回国了。那次是蓉蓉首次出国，看到她跨出国门，离别祖国时的凝重表情，就随手抓拍了一张，现在看看还挺有意思。

访 问 澳 门

2006 年我们因国际会议去了一次澳门。澳门自 1999 年回归后，成为我国特别行政区。澳门由澳门半岛、氹仔和路环两个离岛组成，面积约 28 万千米^2，人口约 50 多万人。澳门从前是个小渔村，16 世纪第一批葡萄牙人抵达澳门时，询问当地名称，居民误以为指庙宇，答称“妈阁”。葡萄牙人将其译为“Macau”，由此形成了其英文名称。澳门 400 年来一直是中西文化的大熔炉，两者共存，留下许多珍贵历史遗产。澳门是一个旅游购物消费城市，全区有大型娱乐场所 26 家。我们见到的有葡京娱乐场、星际娱乐场等。

澳门旅游景点众多，最著名的为大三巴牌坊。大三巴牌坊是天主教圣保罗教堂正面前壁的遗址。该教堂创建于 1580 年，1835 年一场大火将其烧毁，仅剩下前壁。当地人因此前壁与中国传统牌坊形似，称之为大三巴牌坊。此石壁中西合璧在全球天主教堂中是独一无二的。

大三巴牌坊

澳门除了繁华的大街和热闹的娱乐场所外也存在不少小巷老街，在那里，房屋古旧，商铺简陋，与不远处的繁华时尚、高楼成林的主街形成鲜明的对照。但这里的居民和全澳门市民一样，根据各自的情况，过着有条有理有期盼的幸福生活。

澳门的出租车体型较小，坐着较挤，但便于通行小巷。澳门以饮食著名。我们应澳门科技大学校长邀请去品尝正宗的葡国菜。宴席上有葡国鸡、红豆猪手、炒蚬、葡式牛排、薯蓉青菜汤等，当然还有当地红酒和葡式蛋挞等美点。

访问香港

香港位于珠江口东侧，包括新界、九龙、香港岛及附近岛屿。古时因产沉香而得名“香江”，明代因转运香木而成“香港”。1840年英国发动鸦片战争，迫使清政府割让香港，对其进行殖民统治。1997年7月1日香港回归中国，成为特别行政区。1999年第一次去香港前，将其想象得太好，住了一个月后觉得香港固有其各方面的优点，但总体而言，由于发展较早，地域太小，因而住房拥挤，设施陈旧、老化，商场狭小，特别是小型电梯空间太小，很少像国内一线城市的有气派上档次的商场遍地开花的景象。那次我们去了海洋公园、迪士尼乐园、太平山顶等景点。2010年第二次去时就访问了一些新景点。如金紫荆广场的香港特别行政区区花紫荆花的金色塑像、尖沙咀风景、维多利亚港，以及被誉为最佳海鲜馆的珍宝海鲜舫，并在蜡像馆与胡锦涛蜡像合影。

蜡像馆留影

最近，我对一本中国地图集仔细回忆和查考了一下，除去内蒙古、西藏和台湾外，其他各省和自治区我都去过。如果一一漫记，则又可写一本专集了。因此，本章只能在此结束了。

叶落归根，最爱故园

写到这里，我不经要问自己，在国内外周游或居住过那么多城市后，究竟最爱哪一个？我的回答是：美丽的城市见过万千，唯有上海最可爱。我爱上海，不仅是由于她的日新月异的建筑风貌、大都市气派和舒适的生活环境，更重要的是我从小就在她的怀抱里长大，我熟悉她的过去、现在和发展过程，我习惯于当地的人文、习俗、语言和饮食。我过去的每一年都和她有着丝丝扣扣的联系和思念。只有住在上海，我心里才真真感觉到是回了家。我很高兴的是在我晚年还能在上海拥有一个真实的舒适的家，使我能一面工作一面享受着家的感觉。

第十章

情感世界

我的居所有一个小花园，种了一些我们所喜爱的花木。近日，我们发现在一棵桂花树中筑了一个鸟巢，一对白头翁正在辛勤地筑巢，一公一母交替着飞进飞出，把带回来的细枝杂草逐渐编织成了一个舒适的鸟巢。我想这一定是这对爱鸟在为下蛋和哺育小鸟做准备。由此可见，鸟类是有情感的，他们不随意交配，并且很有担当，一起劳动做巢，为哺育下一代共同奋斗。这些现象在其他动物群里也可发现，他们都能识别和认定自己的配偶，并且相亲相爱，永结同心。智商愈高的动物、禽类，其情感表现愈明显。

人非草木，孰能无情

人是万物之灵，其情感世界当然要丰富得多。首先，人是社会的成员和国家的公民，是国家、家乡和父母培养和生育了我们，没有他们就没有我们的一切，因此，对于他们的恩情是回报不尽和永世不忘的。我们一生中会接触到许多人和许多事，由此会产生很多情感问题。简单区分一下，可以有：友情、亲情和爱情。如何正确处理情感问题，对于一个人的事业成功、生活幸福和健康长寿有着十分重要的关系。我们为何在一生中能与这些人、这些事相遇，用马列主义哲学的说法就是由于必然性和偶然性的交结而发生的，用佛教的语言就是“缘”。既然是缘，既然相遇了，用什么方法去解决呢？我觉得就应该用爱心，用基督教所说的“爱人如爱己”的方法去解决，用诚信、宽容、沟通对话、换位思考的思想和行为去对待，特别重要的是要尊重人，要以平等方式待人。情感问题就是爱的问题，人非草木，孰能无情。只要能用真爱去对待人和事就一定可以使各种情感推陈出新，永葆青春。首先谈谈我的友情。

尊师爱生，情同家人

友情中不少是师生情。我对学生一直抱着平等对待的态度，因为我的观点是今天我们是师生关系，学生一毕业就是同行关系，将来学生成长了就可能是我的领导。我对学生的态度是开导式的，很少训斥，因为我觉得表扬引导往往比斥责训骂更能使人进步。这也是我尊重人的一种表现。我和学生关系很好，特别是研究生，他们有特殊家事、恋爱困惑、经济困难时都愿意和我谈心，我也将他们看作自己的子女，给他们一些指点或经济支援。有几位父母不在本地的，结婚时就请我当主婚人，有时还替学生介绍工作。学生有困难时，老师扶上一把是完全应该的，这叫“雪中送炭”，学生印象深刻，特别感激。

郑学朋，是我的第一位研究生，十分能干，我的第一个氟利昂试验台是他负责设计建造的。车得福，现在是西安交大锅炉研究所所长，博导、教授。张旭，现在加拿大工作，经常寄来贺年卡片问候。王栋教授，是我研究团队的主要成员，从事多相流测试技术研究工作，其博士论文曾被评为全国百篇优秀论文。我们团队的另一位主要成员是王树众教授，曾是我的博士生，现为西安交大能动学院党总支书记，从事节能环保科研工作。

我的第一批博士生合影（1984 年）
（前排左为郑学朋，后排左起依次为张旭、王栋、车得福）

每年锅炉专业同学毕业时都一起毕业留影。学生和研究生是我科教成就的重要力量，我们教学相长，我从内心感谢他们。

西安交大研究生节日来家祝贺和献花

与西安交大1991届锅炉专业毕业同学合影

对于我的老师，我是十分尊敬并怀着感恩之情的。没有老师的传道和启蒙，哪有我今日之成就。所谓“一日为师，终生为父”。交大素有“尊师爱生”的优良传统，这种传统对我处理师生关系方面起到重要影响作用。我和老师顾逢时先生、向一敏先生及我的学生丁昭教授曾一起在校园合影。顾先生后来去美国定居并在那里去世，上世纪90年代末，顾师母回国，我们请她来校叙谈并聚餐以表学生感谢之意。

与顾逢时先生（左二）、向一敏先生（右二）等合影

同行同事，诚信互助

友情中另一种很重要的是同行情谊和同事情谊。人在社会中工作和生活，就必须和你接触的同行、同事和邻里保持良好的友情与和谐的关系。俗话说“好花还需绿叶扶”。失去了同行的扶持，失去了同事的帮助，你将成为一个无立足之地、一事无成的孤家寡人。如何能保持和发展友情呢？我觉得首先要尊重人，其次必须有诚信、有实力，使人感到与你交友和合作是可靠的、有收获的。合作中的利益分配必须透明公开，相互协商，合理分配。合作中如有失误，应勇于承

担，查明原因，再继续奋进。此外，必须以礼待人，热忱接待，要有“有朋自远方来，不亦乐乎”的精神。要相互扶持，能助人处就助人，俗话说“帮助别人就是帮助自己”，是有其哲学道理的。要宽容他人，因为多一个朋友总比多一个敌人好。我就是以这样一些原则来处理友情的，因而在同行、同事间都有许多老中青各种年龄段的好朋友。

我在担任大连锅炉厂技术顾问时，该厂刘敏智董事长曾陪我及夫人访问大连清泉禅寺。他来西安时，我们一起参观秦始皇兵马俑博物馆。

考察家乡南浔森赫电梯公司时，结识了该公司李东流董事长。他是一位有能力、有魄力、有诚信，脚踏实地埋头苦干的企业家。在他的管理经营下，这家公司从制造和销售德国莱茵电梯起家迅速成长为能年产 4 万台电梯的现代企业，并在 2013 年全资并购德国莱茵电梯公司。为了开拓创新，加强产、学、研协同效益，2013 年成立了森赫院士专家企业工作站，并请我担任技术顾问，乡情难却，我又将西安交大科研实力强大的电器研究所引入工作站，希望能在自动控制、节能体系、梯速提升、新材料应用等方面有新的成果，以促进整个电梯行业的创新发展。

与大连锅炉厂刘敏智董事长同访大连清泉禅寺

考察南浔森赫电梯公司

我和老友哈尔滨工业大学原副校长锅炉专家秦裕琨院士一起被评为上海交通大学杰出校友。

与秦裕琨院士合影

上世纪70年代西安交大锅炉教研室的大多人员现已退休，有的已去国外或其他单位发展，有的已去世。但我们的友情仍在，他们对我的帮助仍铭记在心。

2013年冬在甘肃省敦煌评审“973”项目时与西安交大多相流国家重点实验室专家和评审专家一起在莫高窟前合影。

西安交大锅炉教研室成员合影（上世纪70年代）

与专家们在莫高窟合影（2013年）

英国两相流权威休惠特教授来西安交大讲学时，我为他翻译。我们在美国相识，我十分感谢他在教材中客观地将我的两相孔板计算式列为同类式中的最佳式，并在他周游全球讲课时推荐应用此式。

担任休惠特教授讲课翻译

迈阿密海洋研究院赵教授夫妇来校时，陪他们参观学校并聚餐。在迈阿密时，我们曾多次赴他家聚餐，赵太太是图书管理专业出身，所以家中物件管得井井有条，每个抽斗上都贴有标签以便取物时识别。她还在将难度很大的《封神榜》译为英文，很有勇气，希望将来译成后洋人能看得懂。

与赵教授夫妇合影

同学情谊，相互珍惜

友情中另一重要部分为同学情谊。同学是我们同时代的同路人，是伴我们一起度过少年和青年美好时光的伙伴和朋友。这种情谊是十分特殊和不可复制的。我的小学同学已联系较少了，但是中学、大学和研究生时期的同学还是经常联系的。我们之间的友谊均有 60 ~ 70 年之久，应该说都是老朋友了。

年龄大了，虽然各人中学分手后的专业和境遇都不一样，但大家都十分珍惜这份情谊。有机会大家都积极参加聚会，有从外地来的，有坐轮椅来的，有的额头受伤还来。因为大家都清楚这种相聚的机会已是愈来愈少了。

2005 年中学同学聚会

2005 年大学同班同学聚会

1994 年同班 4 位研究生无锡相聚

大学时室友、原福建省科技厅厅长陈朝柱夫妇来家留影

同窗浙江大学教授屠传经夫妇来访

定居澳大利亚的研究生同窗好友张兴华夫妇来沪合影

冷却设备大量应用于电力、石油、化工、冶金、制冷等大量使用循环水的行业，但一直处于缺乏行业归口的状态，严重阻碍了其健康发展。最近成立了“中国通用机械工业协会冷却设备分会”并请我担任顾问。上海理工大学能动学院还为冷却设备行业技术人员举办了专业基础培训班。自此我又结识了冷却设备行业的一系列新朋友。

冷却设备行业的新朋友（前排左四为上海理工大学能源与动力工程学院马静波书记）

随着时间推移，老朋友会渐渐离去，新朋友会不断增加。不管新旧朋友都是好朋友，我们必须珍惜老朋友，爱护新朋友，相互扶持，友谊第一，永葆友谊常青。

亲情天成，团结奋进

下面谈谈我的亲情。亲属自然比朋友要更近一程，因为亲属有一定的血缘关系，是不可再生、不可增减的。亲属可分为3类：一类是叔伯、堂兄、堂妹等，简称堂亲；一类为姨母、表兄、表妹等，简称表亲；最后一类为父母亲生的儿女，简称为至亲或直系亲属。一个家族要兴旺发达，日益增强，就必须保持亲属团结，相互扶持，和谐奋进。因此，亲情的深浅对于一个人的成长和成就同样有着十分重要的作用。我出身在一个封建大家庭，虽亲属很多但大家从来就是相互扶持、对话沟通、宽容谅解地生活在一起。父亲一代各自成立小家后，堂兄、表兄、表姐等在我家住上数月甚至数年都是常事。父母气度很大，都像自己子女一样接待他们，所以大家对父亲的爱称为“好伯伯”。大家来沪都会来看望他。1983 年堂兄林建之夫妇自美国回国探亲时在华山路家中合影，当时还有大叔家堂兄林宗琦夫妇及儿子林自然、大弟林宗熊夫妇及女儿林梅、三姐林善坤、二弟林宗振的奶妈吴宝囡。这位奶妈因亲人亡故，无家可归，一直在我家服务。我们都称她为干娘，就像对待长辈一样。后来老年后，我们出了一笔钱送她进入国家养老院养老，姐弟常去看望，直到 101 岁高龄去世。

这幅合影很有意义，因为父亲第二年就去世了，这样的热闹场景就再也不能重现了。大叔家另一位堂兄林达之是西安西北建筑设

堂兄们探望父亲合影（1983 年）

计院总工程师，我在西安交大工作，两家经常来往，假期里我家的孩子有时玩得高兴就睡在他家。因此，我们在堂亲和表亲层面上的关系是十分和睦的。在至亲层面上，我父母生育了我们7个儿女，大家更是相爱、相亲、相互扶持。七人年龄差距较大，大姐比我长15岁，比小弟长25岁。因此，我们兄弟们从小就受到姐姐们的爱护和教导。姐姐们工作后就尽力帮助父母克服经济上的困难。她们孝敬父母，爱护兄弟，这些榜样的力量深刻教育我们该如何做人。我们工作后每月都寄家用给父母以提高其生活水平，并且约定大家不得将孩子送给父母照顾，让他们能自由自在安度晚年。父母家有什么特殊开支都由4个兄弟分担，因为姐姐们早期已为抚养我们做出了重要的贡献。大家都各自有自己的家庭、事业，大家都本着一切靠自己的信心，因而7个姐弟间从未发生过争吵。每看到报道一些家庭因争财产等琐事而兄弟反目，相互告状，甚至相互残杀，心中十分难受。兄弟姐妹本是同根生，应该相扶共生长。以我家而言，世界上就这么7个至亲关系，不可能像朋友一样增多或减少。一个人的成功就是全体的光荣，一个人的失败或犯罪就是全体的不幸或耻辱。因而一个人的努力不仅是为了国家和人民，同时也关系到家族的荣誉和声望。正因为本着这样的精神，我们一代人，可以说在有生之年间，都对国家、对家族做出了应有的贡献。但大家分散各地聚少离多，因而每次见面都十分高兴。

在广州与振弟夫妇合影

在华山路故居与熊弟合影（身后为父母遗像）

在 2013 年秋季振弟一家来沪时，三姐和熊弟也已相继过世。因而我们七姐弟在世的已经只有我、振弟及帆弟了。

我们家和蓉蓉他们家的关系都很好，每年有机会都会有多次聚会。岳母已在多年前以 94 岁高龄去世。他们给我们的帮助和照顾不少，使我们至今常怀感激之心。

有缘千里来相会，人心美胜貌美

最后我想谈谈我的爱恋观和经历。爱恋的情感是最亲密的情感，没有这种情感，生命将无法延续。男女之间为何会生成爱情呢？我觉得一个是缘分，另一个是选择。茫茫人海中，一对对男女会自然结成夫妇，是什么原因使他们相爱成婚呢？首先要有相遇相识的机会。这种机会实在是非常随机的。就我们 7 个姐弟而言，大姐和小弟的对象是同学，二姐的对象是同事，三姐的对象是邻居，大弟和弟媳是在苏联留学时认识的，二弟和弟媳是在广州到上海的火车上闲谈相识的，下车后发现两人在沪的住所都是大胜胡同，于是关系就逐步发展了。

我和蓉蓉是在上海交大周末舞会上认识的。那时流行交谊舞会，交大校长彭康喜欢跳舞，因而每逢周末，学校都有例行舞会，十分热闹。1955年我大学毕业后留校读研究生，就与同学一起去参加舞会。舞会上有人指点我，那边站着的姑娘是全校最美的，应该邀他跳舞。于是我就前去邀请,她也欣然同意。于是就相识了。但是相识不等于相知。我是学理工的，不像诗人或音乐家那样具有浪漫狂热的激情，而是习惯于冷静理性的思考。毛主席说："没有无缘无故的爱。"爱情有了相识的机会后还有待于双方的选择。我选择爱人的标准是不仅要外表美还要内心美。没有外表美,今后相伴一生看着总是不顺心,没有内在美,要白头到老更非易事。相识后我们的交往就日益密切起来。我们一起谈心赏月，游公园,看电影,关系日益密切。她比我小3岁，美丽、清纯而温柔，孝顺父母，知书达礼，能吃苦，不奢华，不像上海小姐那样"作"，其出身门户也与我家相当，爱好相同，所以预计未来是一位有主见、能持家的贤妻良母型的好对象，是一位能够伴我终身，白头偕老的好妻子。交往一年后，我就带她回家见过父母。我也去她家见过她母亲和兄长。关系基本上就这样初步确定了。

蓉蓉给我的首张照片

1956年暑假，蓉蓉所在的无线电系要迁到成都电讯工程学院。临别前我们去上海最高级的国际饭店美餐了一顿，我告诉她明年我一定会来看她的，请她自己多保重。随后，就开始了我们的书信往来期,基本上每周一封。那时没有电话,一封信要一周以上才能收到。有一次,信在路上耽误了,我有些焦虑。母亲说:"女人一般从一而终，蓉蓉不是生性轻浮的人,是一个有主见、稳妥的好姑娘,你放心好了。"不久信来了，还附了一张照片，模样长得更甜美了。

1957年暑假，尽管学校在开展"反右"斗争，我趁研究生无人管理之便，如约到成都看望蓉蓉。她高兴极了，招待我游景点，上餐馆，吃遍了成都的名菜、名点。使我看到了她不贪钱财、慷慨大方的为人一面。我们在成都定下终身并照相留念。我在成都电讯工程学院附近为她摄了两幅照片，现在看来还有一定艺术意境。

1955 年上海中山公园留影

成都寄来的照片

定情照

成都留影之一

成都留影之二

随后，我去西安交大报到和工作，她在成都，又是分离和等待。我向西安交大申请，要求将她调入西安交大工作。那时研究生学历的教师很少，学校比较重视。1958年下半年就将她调进学校。那时蓉蓉已将长辫剪去，显得更加成熟，可以做新娘了。

西安兴庆湖畔

西安兴庆湖合影

西安交大留影

和谐爱情，相濡以沫

1960 年 5 月 1 日我们结婚，结婚未进行任何仪式，发一下喜糖就行了。学校分配了一间十多平米的婚房，我们感到已经很幸福了。1961 年第一个男孩林捷降生。蓉蓉还想要一个女孩。我说：“我们计划生育，过 8 年再说吧。”1968 年林益降生，仍是男孩。于是生育计划就到此打住，我们依靠请保姆，岳母帮助和交大完善的幼儿园，将孩子抚养到进入交大附小，度过了最困难的育儿时期。1973 年“文化大革命”风浪已显露平息迹象。为了庆幸我家这叶扁舟能平安度过这一风浪，就一起去西安照相馆拍照留念。

结婚照

我们一家，人虽不多，但为了工作，经常过着聚少离多的生活。长子林捷长年在欧洲，次子林益在西安交大，我们两人一般在上海或各地出差，冬季 4 个月住在西安。因而有机会相聚时就合影一幅留念。

1973 年全家合影

长孙林弗雷现在德国慕尼黑工业大学学习建筑。2014 年 2 月林明道加入中学组织的加拿大游学团去加拿大访问，并和对口中学交流。一天，他们到位于加拿大西海岸的皇家路德大学去访问，恰逢英国伊丽莎白女王也在该校考察。遇到这群中国学生后，女王做了一个简单的讲演。讲演结束后，老师说："你们有什么要对女王说吗。"林明道就抢先上去用英语说："非常高兴见到您，能和您合个影吗？"女王很有修养，回答说："Sure（当然可以）。"于是就用手机拍下这张难得的照片。当天，他就将照片传给我们。我问他："这张照片上的女王是真人还是蜡像，你为何不再靠近些呢？"他说："当然是真人了，再靠近，旁边站着的女王保卫人员就要干涉了。"这真叫世界真奇妙，有缘千里来相会。这次遇见女王应该是林明道这辈子的一大奇遇了。

林益及林明道父子骑骆驼

林明道与英国女王合影

随着银婚、金婚的一一度过，我们现在正在向着2020年的钻石婚前进，可以说至今我们已经基本上实现了结婚时的庄严誓言：爱一辈子，白头到老，无论贫富，永不分离。现在我们相濡以沫，过着平静、富足、充实、舒心的最后一段时光，我们个人的心愿都已实现了。但是我们全国、全民族的“两个一百年”的奋斗目标尚未完成，我们的中华复兴、中国梦尚未实现。我们仍要继续奋斗，促进工程创新和人才培养，首先为在2020年建成全面小康社会的第一个一百年目标贡献力量。

我和蓉蓉结婚50多年，从未红过脸。这要归功于我们的相互尊重、诚信、爱护、宽容、沟通和谅解。家庭是要经营的，爱情是要培育的。上述这些素质就是保证我家这叶扁舟能在惊涛骇浪中顺利到达彼岸的重要因素。

附　录

附录一　为创新能源工程理论而努力

——中国著名热能工程专家林宗虎院士

与华罗庚为邻　从科技救国之路

在上世纪30年代的江南雄镇南浔，有一户人家人丁兴旺、儿女满堂。这是一个有5个女儿和5个儿子的大家庭，排行老七的男孩于1933年5月13日出生，因为他在哥哥去世不久后出生，父母尤其期待他能健康成长，于是在他名字中加了一个“虎”字，但这一加，却使“老虎”的外号伴随了他一生。他，就是中国热能工程专家林宗虎。

林先生的父亲从事财会工作，早年工作时曾与科学家华罗庚家为邻。华罗庚，这位靠刻苦自学而成功，最终名扬世界的数学大师就生活在林先生的身边。因此，父亲常以华罗庚成才的事迹教育子女：要成为科学家，必须勤奋学习。俗话说得好：“学好数理化，走遍天下都不怕。”这样的教育引导着林家子女们的求学道路，在林家子女中，竟没有一人从文，而是大都学理工和农医。

受抗日战争的影响，林先生3岁那年，林家由浙江南浔迁居上海华山路。自此，这条著名的马路就与他结下了不解之缘。林先生的学业主要在华山路附近的3所名校完成。小学是在正志小学，老师的循循善诱使他对每门功课都产生了浓厚兴趣，大大激发了他的求知欲并培育了他爱好学习的良好习惯。三年级便开始学习英文、诗词和文言文的林先生，至今还能背诵唐诗宋词以及《古文观止》中的一些名篇。中学时期林先生就读的美国圣芳济天主教会兴办的圣芳济教会中学，更是以严格的教学和悠久的历史著称。值得一提的是，这所学校除国文和公民课程外全部采用英文教材，由外国神职人员和部分中国教师用英语授课，这为他的英语水平打下了很好的基础。教会学校的办学宗旨在于培养一批能为外国人服务的买办式人物，但是列强欺凌中国的种种事迹，日本的侵略、美国水兵的横行不法，都让林先生深刻地意识到身为贫穷落后民族的沉痛，从内心坚定了“科学救国”的信念。

解放后，中国迫切需要工业建设，于是考大学时，位于华山路终端的交通大学成了林先生的首选目标。考取交大后，林先生被分配在锅炉专业，经过4年严格的工程教育和两年多的研究生学习，他以优异的成绩被留在交通大学西迁而成的西安交通大学任教。从此，林先生离开了度过他童年和青少年时代的华山路。现如今，每当他回沪探家漫步华山路时，往事总是如潮水般涌上心头，使他感到特别亲切和温馨。

勇攀无人顶峰　自创中国公式

1955年，林先生于交通大学本科毕业。1957年，在莫斯科动力学院魏佳耶夫教授和交大陈学俊教授的指导下，他又完成了锅炉专业研究生学业。值得关注的是，他当时完成的毕业论文是中国当时尚未生产的直流锅炉的设计问题，于是1958年，他带着一批学生与上海锅炉厂技术人员合作，设计出中国第一台电站用的高压直流锅炉。

在1974年，他成功地解决了上海某电厂本生型直流锅炉严重的流量脉动问题，后来又参与指导了中国大蒸发量直流锅炉关键设备汽水混合物分配装置的研究，研究出的装置至今仍在中国配30万千瓦的直流锅炉上应用，效果良好。1985年，他又卓有成效地负责完成了难度较大的超临界压力直流炉变压运行时两相流体在分叉管和中间集箱中的分配均匀性与阻力研究。

“要做别人没有做过的事”，林先生这样对记者说。在长期的科研生涯中，林先生形成了科研就要创新的思想。“因为科研是一种对未知规律的探索，其价值就在于在原有认识基础上的开拓和创新。”

对林先生来说，更大的兴趣聚集在工程理论方面的研究。气液两相流和传热是热能、核电、石油和化工等工程的重要理论，他迫切希望能在外国人统领的科技领域中建立中国学者的理论和计算式。50多年来，林先生凭着一股虎虎生气，在这一领域纵横驰骋，取得了一个个开创性的成果，得到国内外专家学者的广泛重视和应用。他的科研成果主要分为3个方面，即气液两相流体力学方面、沸腾传热学方面和多相流测量学方面。

在气液两相流方面，他创建的两相流孔板流量计算式可通用于各种压力、不同组分、多种两相流体和变压力工况，被国际上推荐为最佳式，称“林氏公式”，并被收入国内外8本著作中，得到广泛应用。他首先对U形管内两相流体压降型脉动机理进行系统研究，创建其计算程序和脉动判别法，并成功地用于解决电站锅炉严重脉动问题。他应用能谱理论等创立了3种两相摩阻计算法和一种截面含汽率计算式并被广泛应用。

此外，他还首先建立了气液两相流诱发管束卡门涡街振动的通用判别式和数值计算方法。用近10年研究成果出版了国内外第一本研究气液两相流旋涡脱落特性的专著。在沸腾传热方面，他创立了国际上第一个脉动流动时的沸腾传热计算式，该式可用于光管和多种强化传热管，开拓了传热研究的一个应用前景广阔的新方向。此外，对过冷沸腾传热、稳定流动沸腾传热等均有研究成果。

在多相流测量方面，他在“林氏公式”基础上首先解决了用一个元件同时测量两相流量和组分两个参数的国际难题并得到专利和应用。与其博士生一起开创了一种全新的气液两相流体流量测量方法，即分流分相式方法。此法不仅价廉而且精度高，被国际学者评为是一种创新的巧妙测量方法，得到发明专利并在油田注汽热采系统中得到广泛应用。

这一切累累硕果的取得，无不饱含着林先生多年的心血与汗水。就拿“林氏公式”的建立过程来说．每一个脚印无不凝结着林先生在科学探索中的坚韧和追求。

1976年，林先生带学生到上海做毕业论文。当时上海汽轮机锅炉研究所正在研究30万千瓦直流锅炉的核心部件“汽水分配装置”。该装置在试验时，要用孔板测量管子里的汽流量、水流量以及汽水混合物的流量。然而，当时并没有适用的计算两相孔板的方法。国外虽然有公式，但却只适用于狭小的压力和组分范围，超过一定的压力便无法计算。这时，林先生的科学嗅觉使他萌发出要搞一个通用公式的想法。

接下来，林先生紧紧抓住灵感的蔓藤进行摸索。从上海回校后，他便一头扎进图书馆里，开始查找、研究这方面的资料，在日复一日、月复一月的研究计算中，他发现了两相流孔板计算式的一个规律，那就是在诸多影响因素中，压力为主要因素。于是，他从低、中、高、特高压力入手，收集、整理出自1962年以来国内各大图书馆收藏的国内外全部两相流孔板计算式及有关数据与论文，结合自己的高压试验数据，经过3年多、1000多个日日夜夜的辛勤研究，终于在1979年撰写并发表了《用标准圆孔板测量汽液两相流动的干度及流量》的论文，建立了国际上第一个能通用于各种压力、组分、多种两相流体和变压力工况的计算式。1982年，该计算式经补充试验验证并在国际权威杂志《国际多相流》上发表后，受到英、美、日等8国各种工程方面的学者来函赞许并索要资料。现在，该论文已收入国内外8种著作，在国际上被推荐为最佳式，称“林氏公式”并被广泛应用。

林先生研究成功的脉动流动沸腾传热式是在美国建立的。1980年，林先生以讲师身份到美国迈阿密大学做访问学者。由于其流利的英语和杰出的专业水平，被迈阿密大学给予“访问教授”的头衔，并让他在该大学讲授流体力学等专业课程。作为迈阿密大学的第一个新中国访问学者，林先生十分珍惜这次科研机会，他深感自己的责任与义务，觉得必须做出些成绩才能使自己安心，给祖国争光。所以在迈阿密大学两年的时间里，他竟然从未去旅游一次，而是几乎每天都工作到晚上 12 点。在这兢兢业业的两年内，林先生撰写并发表了高质量的论文 8 篇，几乎每 3 个月就要发表一篇论文，这种勤奋与成就使美国同行叹为观止。特别是在脉动沸腾传热领域，林先生所取得的成就更加卓越。这一领域由于难度大，国际上研究甚少，林先生在迈阿密大学，对此进行了系统的研究，仅该项试验的录像就拍了 72 卷，试验的数据摞起来有半米高。

在经过长时间的试验、分析、研究后，林先生在 1982 年撰写并在第七届国际传热大会上发表了题为《两相流体脉动流动时的传热以及受热壁面状态对传热的影响》的论文，该文建立了国际上第一个两相脉动时的沸腾传热系数计算式，这一算式可用于光管及多种强化传热管，对研究和预测锅炉及反应堆蒸发器等设备的安全性有重要意义。对此，美国李世泽（S. S. Lee）教授曾指出，这项成果为脉动研究带来了新思路；美国传热学会等评价说，这项成果具有开拓性和实用性……因为论文具有重大价值，当时迈阿密大学清洁能源研究所所长、著名教授魏齐罗格洛看完后还不禁赞叹道："林先生，就凭这篇论文，你就该当教授了！"

攻破创新领域　中国领先国际八年

1982 年，林先生放弃诸多优越的国外条件毅然回到祖国，继续从事科研与教学工作。虽然这时他已成功地取得多项创新成果，但对科学的投入使他并不满足，又开始了新的探索。当时在多相流测量学领域，要同时测量两相流流量及组分，必须用两个测量元件。由于每个测量元件前后均需一段长的直管，其长度是该管直径的数十倍乃至百倍，这不仅使管子里流动阻力增大，增加了能源损失，也给整个仪器的安装、维修带来极大的不便。面对这样的现状，林先生多年来的科研灵感不由得使他想到：如果能用一个测量元件来测量那该多好。可这是个国际难题，当时尚未有任何关于这方面的论文，要攻破这个难题就意味着一切都得靠自己去重新摸索。从1983年开始，林先生一直潜心这个课题的研究，经过整整3年的时间，在1985年，他终于解决了用一个测量元件同时测定两相流量和组分的国际难题，并且该方法可用于各种压力。而后，该成果于1986年获国家专利并得到应用，在国际上直到1994年比利时的吉奥（Giot）教授等才发表相同方法的低压试验论文，因而林先生的这一成果至少领先国际水平8年。

据林先生介绍，气液两相流的流量测定要比单纯为液体或气体的流量测定困难得多，通常有两种测量方法，一种是对气液混合物整体进行测量，称之为均相测量法，但误差较大，可达6%以上。另一种是将管内混合物先进行气液分离，分别对气及液测定流量后再混合起来回入管路，称之为分相测量法。分相测量法需要一个很大的气液分离器，价格昂贵、笨重，尤其在高压时，此外管路复杂。林先生等经5年研究后首创了一种全新的分流分相测量法，其法为先分流一小部分有充分代表性的气液混合物，使之分离成气及液，进行单相流量测定后，再回入总管路。只要预知分流流体占总流的比例，就可确定总的混合物的流量。这种方法只需一个微型分离器即可显著提高流量测量精度，按此法制成的仪表在价格上比进口仪表低数倍而在测量误差上远比其他仪表高，其误差可低于3%。相关论文在2002年第四届国际多相流测量大会上发表时，国际评委评为是一种创新的巧妙测量方法，已获得发明专利并在多个注汽热采油田得到应用，经济效益显著。某油田每年注汽费用达8亿元，应用此仪表对每口井注汽量进行按需监测注汽后，每年可节省注汽费1.6亿元。

1999—2004年林先生主持了国家自然科学基金重大项目“能源动力中多相流热物理基础理论与技术研究”的研究工作，对大型电站锅炉、核反应堆及蒸发器、油气混输工程中的复杂多相流与传热传质规律及测量问题进行了系统深入的研究。该项目在国内外发表论文300多篇，总体评价达到国际先进水平，部分成果已得到应用，提升了中国多相流研究在国际学术界的地位和影响。这些成果已反映在以他为第一作者的同名专著中，由电力出版社在2010年4月出版。

在此期间，他还和上海四方锅炉厂一起设计了国内外第一台油田注汽用超临界压力蒸汽发生器。

近年来鉴于中国化石能源渐趋紧迫，环境污染严重，急需节能、减排等现况。他先后出版了《锅炉用水、清垢及除灰》《循环流化床锅炉》《强化传热技术》等著作，并主编了由化学工业出版社出版的"节能与环境保护丛书"(共10本)和"替代能源应用技术丛书"(共4本)，以推动和促进节能环保事业的发展。在科研方面他完成了"高炉瓦斯泥多相流脱锌技术研究"项目，可以将大量污染环境的瓦斯泥废物脱锌后再回炉使用，已在某钢厂进行中试。目前，他正在从事用超临界压力技术处理污水的研究工作，已进入中试阶段。此外还正在建设一个大型海洋石油管路试验平台以便进行深海采油时管路多相流机理以及必须掌握的管路流动保障技术的研究工作。

老骥伏枥志千里　笔耕不辍育千秋

林先生常说：时间对每个人都是公平的，只有勤奋不辍的人才能收获丰硕的果实！及时将科研成果写成论文发表和勤于著作已是林先生常年来养成的习惯。除忙于学校正常教学工作外，他就着手著作。这也是林先生目前精力的主要方向。

早在留美期间，林先生深感多相流体力学、强化传热学和多相流测量学对今后发展能源动力工程及其新装备的重要作用。他一边进行这些领域的科研工作，一边尽力搜罗积聚相关科技资料。1982年回国后，他就结合自己的科研成果同时编著《气液两相流与沸腾传热》《强化传热及其工程应用》以及《气液固多相流测量》3部著作，并在1987—1988年间分别由3个出版社出版。当时强化传热被誉为第二代传热技术，但国内外尚无一本全面论述强化传热的专著。多相流测量也是第一本相关专著。这些专著的出版有力地促进了中国相关新技术的研发和应用，也奠定了他在多相流体力学、强化传热学和多相流测量学方面的学术地位。

自1987年至今，林先生已出版著作22部，差不多平均每年一部，发表论文近150篇，其论著总字数超过700万字。其中包括锅炉著作7本、传热著作4本、测量著作5本，两相流体力学著作6本。这些著作中，《气液两相流旋涡脱落特性及工程应用》内容全是他的科研成果也是国际上首本专著。

《管路内气液两相流特性及其工程应用》一书中，90%内容为他具有国际先进水平的科研成果，已在美国出版的两部专著，更是他与国际著名专家联袂合作的结晶，享有国际先进地位。

林先生以其50余年的艰辛探索和研究，成功地实现了自己的心愿。他在多相流体力学、传热学和多相流测量学等方面做出了多项创造性成果，解决了多项国际难题。他的成绩使国内外学术界对他刮目相看，国际同行们也对他取得的成绩感到由衷的佩服。至今，他已取得国家自然科学奖三等奖、国家科学技术进步奖二等奖各1项；国家教委科技进步奖一等奖等省部级奖10项；持有美国专利1项，中国专利16项。国外学者将林先生评为“中国研究两相流与传热的首屈一指专家”“具有国际水平的活跃研究者”。每每谈及这些盛赞，林先生都深深意识到成就的来之不易。

为了表彰林先生在学术上的杰出成就，1988年，国务院授予他“有突出贡献中青年科技专家”的光荣称号，1989年被评为“陕西省优秀科技工作者”，1991年获政府特殊津贴，1995年，又被选为中国工程院院士。

金婚夫妻和谐赞　自树树人榜样先

林先生执教50余年，可谓桃李遍天下。如今，他致力于热能工程领域高级专业人才的培养，已培养博士、硕士40余名。在人才培养上，林先生充分发挥学生的聪明才干，尽量让他们独立研究。学生在研究中遇到问题，他便与学生一起探讨，启发学生的思路。他指导学生写作论文并和学生们一起发表科学著作，使学生们能在学术舞台上迅速成长。他性格随和，为人平和，所以，他带的博士、硕士都喜欢和他交谈，不仅谈专业，也谈生活和为人处事的准则，师生之间相处非常融洽。

有一次，林先生带的一个博士毕业后，因生活琐事与爱人闹矛盾，他爱人来找林老师调解。林老师得知后，立即放下工作，劝了女方又劝男方，经过林老师的一番调解与教育，小两口平息了矛盾，和好如初。几年过去了,这对夫妻一直不能忘怀这件事。在他们看来，林老师不仅是他们学业上的师长，也是生活中的榜样。

林院士对学生如此，对家人更是挚爱，他与夫人结婚50年来，相濡以沫,恩爱如初。20世纪80年代初,他在美国两年多的时间里,不管工作多忙，除了每月一封家书外，每年的结婚纪念日和情人节都不忘给夫人寄上一张情深意长的贺卡。如今30年过去了，贺卡也有些泛黄了，但夫人还一直保留着。尽管林先生的工作总是非常繁忙,夫人仍然无怨无悔地主动承担了大部分家务。他们相互关心爱护、相互尊重、有事商量，令人惊奇的是，风风雨雨50载，这对恩爱的夫妻竟然从未争吵过。如今，儿孙均已长大，家中十分民主，他在晚辈面前从不摆家长架子，不干涉他们的事务，而是提倡各人的事最终由各人自己决定。

志存高远提能力　把握机遇成大业

青年是我们的未来，青年科技工作者是中国创新兴国的希望，他们的迅速成长和早日成功是振兴中华的重要因素。

回顾自己走过的路，林先生坦诚地对记者说：“我觉得促使一个人成功的因素是众多的，但首先应为立志。一个胸无大志的人是很难有所成就的。”

“我的人生追求其实很简单，只是想在科技领域中为祖国兴起和人类进步作一些贡献。这一立志却使我具有强大的动力去从事我的工作和学习，推动我不断前进。”林先生表示：“古人曰‘吾日三省吾身’，这一要求我未能做到，但至少我做到了‘吾年三省吾身’。”

据林先生介绍，每年他均为自己预定工作计划并不时对全年工作中的成绩和缺点自我检讨。据了解，他曾在50岁时下决心要着手在其研究领域中出版10本著作，现在这一计划已超额12本完成，这些著作中有3本为国际上首本专著，一本获全国优秀科技图书奖一等奖，一本获部优秀教材奖二等奖。由此可见，立志对一个人的发展是多么重要。

“其次，应具有能力和机遇。”林先生讲道，机遇是带有随机性的，不易预计，但能力是可以通过个人努力得到培养提高的。这样，机遇来临时即可把握，取得成功。

一个人要提高能力必须具备3个方面的素质。

第一个素质是勤奋。古人曰“业精于勤荒于嬉”，勤奋是十分重要的。但勤奋并非指一般的忙忙碌碌，而应该是有目的、锲而不舍地利用时间。对此，林先生回首逝去的岁月，可以无愧地说：“我没有浪费过宝贵的时间。”

第二个素质是进取。“业无止境”“精益求精”这样的格言都说明富有进取精神的人绝不能满足于已有成绩，而应该不断攀登以达到新的高峰。因此，只有进取才可能保持高水平和取得成功。此外，世上充满了竞争，成果不可能从天而降。“以我完成的科研项目和著作出版为例，无一不是通过不懈的进取才获得立项并取得成果的。”林先生斩钉截铁地表示。

第三个素质是创新。林先生深刻地透析，万物是在发展变化的，只有创新才能适应事物的发展和促进人类的进步。无论从事科技、艺术或其他事业，凡取得成绩者毫无例外均具有创新精神。“我的科研课题大都选取工程上急需且处于国际科技前沿的项目，在研究过程中力求在原有基础上得出一些创新成果。我的创新成果都是在这样的基础上得出的。”林先生介绍到，以他建立的脉动流动时沸腾传热计算式为例，这一项创新成果是在美国迈阿密大学做访问教授时得出的，该校是国际上研究气液两相流体脉动流的一个著名单位。他在研究其成果时发现他们数值计算中应用的脉动沸腾传热系数是用试凑法得出的，且在国际上因研究难度尚无这种传热系数的计算方法，于是他决心在这方面做些工作。当他通过大量试验数据，应用时间平均概念和相似理论创建了这一计算式时，该校工程院领导给予了高度评价，认为这一成果为脉动研究带来了新思路。

当然林先生最后强调了一点，即健康。面对青年人，林先生不遗余力地分享着自己的宝贵经验：“因为失去了健康就失去了一切，所以我希望青年科技工作者能走立志、进取、创新、健康这样一条成功之路，迅速成长以保证振兴中华的伟业早日实现。”

摘自《创新中国》2010 年 4 月

附录二　林宗虎大事年表

1933年

生于浙江省湖州市南浔镇。

1937年

因日军入侵，由南浔迁居上海。

1938年

入读上海市正志小学。

1940年

因患白喉，休学1年。

1945年

正志小学毕业，考入上海私立大同大学附中读初一。

1946年

转学考入上海市圣芳济中学读初二。

1951年

上海圣芳济中学毕业，高分考入位于上海徐家汇的交通大学。

1955年

交通大学蒸汽动力机械制造专业本科毕业，留校做苏联专家研究生。

1956年

加入中国共产党。

1957年

研究生毕业，留在西安交通大学锅炉教研室工作，讲师。

1958年

与上海锅炉厂合作设计我国第一台电站用高压直流锅炉。

1959年

在延安市冯庄公社白坪生产队和延安电厂劳动锻炼10个月。

1960年

首次主讲锅炉设备课程。

1962年

在《电力技术》期刊上发表首篇科技论文。

1964年

调入西安交通大学流体力学教研室，主讲流体力学。

1969年

因林彪“一号通令”，下放陕西省岐山县祝家庄公社劳动。

1970年

赴陕西省高陵县修渭河水堤。

1972年

调回西安交通大学锅炉教研室并赴青海招生。

1974年

与上海汽轮机锅炉研究所合作研究成功配30万千瓦近临界压力直流锅炉分配器，并应用孔板测量汽液两相流流量及含汽率，还解决了上海南市电厂直流锅炉严重脉动问题。

1975年

着手研究建立一个通用于各种压力的两相孔板流量计算式。

1978年

第一本专著（合著）《大型电站锅炉锅内传热和流动特性》出版。

1979年

两相孔板流量通用计算式建成并发表于《西安交通大学学报》1979年第4期上。

高分通过我国访问学者出国国家级英语考试，准备访美两年。

1980年

在美国迈阿密大学清洁能源研究所担任访问教授。

在美国纽约布鲁克海文国家实验室举办的国际多相流会议上作学术报告。

在迈阿密大学主讲流体力学课程并进行两相流脉动流动研究。

升任西安交通大学副教授。

1981年

在美国芝加哥的气体工学院作学术报告。

被选为美国荣誉科学研究学会（Sigma Xi）会员。

访问美国西北大学，并访问美国著名阿贡国家实验室。

出席在迈阿密举行的第四届国际替代能源会议并发表论文。

1982年

两相孔板流量计算式经补充试验后在《国际多相流》期刊1982年第6期发表，反应热烈，此式后称“林式公式”，被评为同类式中的最佳式，得到广泛引用和应用。

重要论文《两相脉动流动时的传热及受热壁面状况对传热的影响》在第七届国际传热大会上发表，首次提出了脉动流动时的传热计算式。

5月，按时回国。

1983年

在国内首次用英语讲授气液两相流和沸腾传热、强化传热及其工程应用两门研究生课程。

开展U形管中气液两相流不稳定性、分叉管流量分配均匀性及两相流测量等科研工作。

1984年

参加和协助组织首届中美两相流与传热学术讨论会，以后该会议每四年举办一次。

1985年

首先解决了用一个测量元件测两相流两个参数的国际难题并得到中国专利，升为教授。

1986年

“两相流体流动脉动时传热及受热面状况对传热的影响”科研获国家教委科技进步奖二等奖。

合著的*Encyclopedia of Fluid Mechanics*（Vol.3）（《流体力学百科全书》（第三卷））一书在美国出版。

1987年

《气液两相流与沸腾传热》和《强化传热及其工程应用》两书出版。

“用孔板测量气液两相流流量及干度”科研获国家教委科技进步奖二等奖。

任美国《国际工程流体力学》学术期刊国际顾问。

1988年

《气液固多相流测量》一书出版。

“管内气液两相流与沸腾传热特性研究”科研获国家教委科技进步奖一等奖。

获“国家级有突出贡献中青年科技专家”称号。

1989年

《锅炉手册》一书出版。

“管内气液两相流与沸腾传热特性研究”科研获国家自然科学奖三等奖。

获“陕西省优秀科技工作者”称号。

1990年

《锅内过程》一书出版。

经国家教委批准为博士生导师。

1991年

第二次赴美国迈阿密大学进行学术和科研工作3个月。

《锅炉手册》获机械部优秀教材奖二等奖。

批准为政府特殊津贴获得者。

合著的 *Boilers*、*Evaporafors & Condensers* 一书在美国出版。

1992年

《管路内气液两相流特性及其工程应用》一书出版。

1993年

本人传略列入英国剑桥传记中心出版的《国际传略辞典》。

1994年

《热水锅炉手册》出版。

1995年

当选为中国工程院院士。

“管路内气液两相流特性及其工程应用”科研获国家教委科技进步奖二等奖。

《管路内气液两相流特性及其工程应用》一书获第七届全国优秀科技图书奖一等奖。

任陕西省咨询委员会委员。

任《工业锅炉》期刊名誉主编。

1996年

《锅炉测试》一书出版。

任中国工程热物理学会副理事长和中国《工程热物理学报》副主编。

作为西安交通大学代表团团长赴韩国浦项大学和明知大学向两校校长颁发名誉教授聘书，并去江原大学进行学术交流。

1997年

《工程测量手册》一书出版。

“两相流流量与组分测量技术研究”科研获国家教委科技进步奖二等奖。

1999年

《实用锅炉手册》一书出版。

“沸腾管内汽液两相流流动不稳定性及脉动规律研究”科研获教育部科技进步奖二等奖。

主持国家自然科学基金重大项目“能源动力中多相流热物理基础理论与技术研究”。

在教育部现代科技与力学教改高级研讨班讲学。

受王宽诚教育基金资助在香港科技大学、香港理工大学和香港大学进行学术交流。

2000年

《变幻的流动——多相流体力学》一书出版。

任上海理工大学兼职教授，任柳州市市政府科技顾问。

2001年

《气液两相流旋涡脱落特性及工程应用》一书出版。首次建立了气液两相流绕流柱体时发生涡街的通用判别式。

任湖州职业技术学院名誉院长。

《锅炉用水、清垢及除灰》一书出版。

出席美国新奥尔良国际多相流与传热会议，宣读论文。

2002年

任同济大学兼职教授。

2003年

《气液两相流与沸腾传热》（第二版）一书出版。

获教育部颁发的全国百篇优秀博士论文指导教师奖杯及奖金5万元。

2004年

《循环流化床锅炉》一书出版。

出席意大利比萨举行的国际多相流与传热大会进行学术交流。

所主持的国家自然科学基金重大项目结题验收，被评为优秀。

任上海锅炉厂专家咨询委员会副主任。

2005年

《变幻的流动——多相流体力学》获国家科学技术进步奖二等奖（“院士科普书系”集体得奖）。

2006年

任在澳门科技大学举行的第五届国际多相流测量技术大会主席。

2007年

《强化传热技术》一书出版。

主编“节能与环境保护丛书”一套。

主编“替代能源应用技术丛书”一套。

2008年

任《自然》杂志期刊顾问。

2009年

《实用锅炉手册》（第二版）出版。

2010年

《能源动力中多相流热物理基础理论与技术研究》一书出版。

在世博会“相约名人堂”作低碳技术报告。

任英文期刊《能源前沿》的编辑顾问。

2011年

任在上海举行的2011年可再生能源与环境材料国际会议主席。

被授于上海交通大学杰出校友卓越成就奖。

任大连理工大学兼职教授。

2012年

在湖州职业技术学院设立奖学金。

2013年

“大型燃煤锅炉炉膛流动传热燃烧控制技术”科研获上海市科技进步奖二等奖。

《林宗虎院士科技论文选集》出版。

2015年

《林宗虎自传》出版。

附录三　主要科技论文及著作目录

（论文全文及作者名称参见《林宗虎院士科技论文选集》）

一、中文科技论文

1.《两相流体在管内流动时的摩擦阻力计算》

2.《论再热器的汽温调节》

3.《用标准锐边圆孔板测量汽液二相流动的干度及流量》

4.《提高轴流式风机出力的途径》

5.《用 Herschel 文丘利管测量汽水混合物的干度及流量》

6.《两相流体脉动流动时的传热以及受热壁面状况对传热的影响》

7.《氟利昂 -11 过冷流动沸腾传热研究》

8.《应用能谱方法计算两相流动摩擦阻力》

9.《应用单孔板测量气固两相流流量》

10.《双锅筒纵置型蒸汽锅炉改为热水锅炉的水循环系统选择》

11.《临界热流密度值模化方法研究》

12.《应用弯头测量汽液两相流的流量及组分》

13.《分叉管的两相流分配特性研究》

14.《垂直圆管绝热两相流截面含气率的计算》

15.《几种分叉管两相流体的阻力特性研究》

16.《垂直 U 形管内沸腾流动不稳定性的研究》

17.《表面式换热器强化传热技术评价方法》

18.《稳定流动时管内强制对流沸腾强化传热研究》

19.《气液两相流通过弯头时的阻力特性研究》

20.《国际电站锅炉的发展与方向》

21.《两相工质在直流锅炉中间集箱内的分配特性研究》

22.《应用动态法进行气液两相流的双参数测量》

23.《气泡在液体中形成的试验研究》

24.《气液两相绕流柱体时的涡街特性研究》

25.《气泡在垂直向上流动液体中的形成》

26.《倾斜下表面上形成的气泡形状及尺寸》

27.《水平并联管子系统中气液两相流在联箱内的压力分布研究》

28.《竖直环形通道内的两相流摩擦阻力研究》

29.《电子器件在高温气流中的绝热方法研究》

30.《用多孔探针测量高压汽水混合物的流量与干度》

31.《气液两相流流经突缩再突扩管道的压降研究》

32.《发挥高等院校科技教育优势　更好为经济发展服务》

33.《锅炉技术的发展与展望》

34.《流动方向对三角形柱体气液两相涡街的影响》

35.《气液两相流体涡街中旋涡结构的特性研究》

36.《柱体形状对气液两相涡街的影响》

37.《水平 U 形和 Z 形集箱系统的两相流流量分配特性实验研究》

38.《一种新的混输油气热物性计算模型 TPOG》

39.《油气两相混输的稳态计算程序——STPHD》

40.《含不凝气体的蒸汽冷凝换热系数的关联式》

41.《布置方式对 U 形管不稳定性的影响》

42.《气液两相涡街的数值计算》

43.《论我国可持续发展的能源道路》

44.《一种梭式流量计》

45.《垂直布置倒U形管内汽液两相流稳态特性及脉动特性研究》

46.《加热U形管内压降型脉动发生界限研究》

47.《T形柱体气液两相涡街现象的研究》

48.《一种新型的电容式油气两相流相份额传感器》

49.《水平并联管系统中两相流流量分配特性的可视性研究》

50.《垂直下降管中两相流的流型以及液相黏度对流型的影响》

51.《管内油气两相流流量变化瞬态过程研究》

52.《几个油气管线多相流模拟软件的模型剖析和性能比较》

53.《油气两相流试验数据微机采集系统》

54.《垂直下降管中高黏液体两相流的流型转变》

55.《我国工业锅炉的发展趋向》

56.《垂直向上气液两相流中T形柱体两相斯托拉赫数的研究》

57.《受气液两相流横向冲刷的圆柱表面压力分布研究》

58.《气液两相流诱发顺列双圆柱升力功率谱特性研究》

59.《气液两相流中旋涡诱发圆柱振动时的脉动升力研究》

60.《气液两相流中旋涡诱发方柱和正三角柱振动时的脉动升力研究》

61.《气液两相流体绕方柱流动的数值模拟》

62.《一个简化的瞬态油气两相流模型》

63.《气液两相流中顺列管束涡街特性试验研究》

64.《气液两相流中错列管束上脉动升力的试验研究》

65.《能源和动力工程中的重要理论基础——多相流热物理》

66.《管间距对串联双圆柱表面压力分布特性的影响研究》

67.《多相流流型检测与识别技术》

68.《新型管柱式旋流气液分离器的设计与应用》

69.《错列圆柱表面周向压力分布的试验研究》

70.《气液两相流中错列圆柱上旋涡脱落规律的试验研究》

71.《气液两相流体流量的分流分相测量法》

72.《近期多相流基础理论研究综述》

73.《多项流的近期工程应用趋势》

74.《垂直向上气液两相流中两相斯托拉赫数的研究》

75.《改进 BP 神经网络在流型判别中的应用》

76.《方形空间内混合对流换热的数值研究》

77.《一种新的气液两相流体流量计——三通管型分流分相式两相流体流量计》

78.《我国能源政策的调整对工业锅炉发展的影响》

79.《垂直下降管内油气水三相流摩擦压降的试验研究》

80.《两相流垂直下降横掠 T 形柱体的斯托拉赫数》

81.《利用 T 形三通测量气液两相流体的流量和干度》

82.《在线多相流量计测试技术及选型分析》

83.《转鼓分流分相式：气液两相流体流量测量技术研究》

84.《水平管气液两相分离流相间水力摩阻系数计算》

85.《水力旋流器分离效率计算》

86.《在线多相流量计测量技术研究》

87.《水平管内油气水三相流动摩擦压降特性的试验研究》

88.《新型管柱式气液旋流分离器》

89.《高炉瓦斯泥回收利用新技术》

90.《纯热量法在火电厂热力系统局部定量分析中的应用》

91.《水平油气输送管线中液滴升力的理论预测》

92.《取样管型分流分相式气液两相流体流量计》

93.《水力旋流器水相流场的数值模拟》

94.《压力传感器测量水平管液弹瞬态特性参数》

95.《高炉瓦斯泥旋流脱锌后含锌率的实时监控》

96.《水平剪切气流中升力在液滴扩散中的作用》

97.《水力旋流器内固液两相分离理论——Ⅰ物理模型》

98.《水力旋流器内固液两相分离理论——Ⅱ数学模型》

99.《高炉污泥旋流分离中颗粒浓度场的计算》

100.《水平管内油水两相流动摩擦压降的试验研究》

101.《超临界 / 胍胶泡沫压裂液流变特性研究》

102.《油水气三相流的流型及泡状流向弹状流的转变》

103.《水平分层 / 雾化流中相间滑移特性的理论研究》

104.《泡沫压裂液两相流流动特性的试验研究》

105.《神经网络在含水率预测中的应用》

106.《热质进出再热机热系统最佳方案的研究》

107.《起伏管线中的多相流液弹发展特性研究》

108.《冷凝式燃气锅炉烟气余热回收可行性经济分析》

109.《水煤浆气化炉激冷流程中气液两相负浮力流动的数值模拟》

110.《电场强化乙酸乙酯自然对流和沸腾换热的试验研究》

111.《地形诱导的弹状流生成特性研究》

112.《不等径水平三通的相分离特性研究》

113.《Coriolis 流量计在油水两相流中的误差特性研究》

114.《盾构掘进隧道内空气自然对流的数值模拟》

115.《垂直下降管中泡状流向弹状流的转变》

116.《圆形弯管气固两相流动数值模拟》

117.《水平管气液分层流压力梯度和含气率计算方法研究》

118.《水平油气两相流中液滴分布的衰减系数》

119.《燃气锅炉烟气余热回收试验分析》

120.《竖管中 CO_2 泡沫压裂液的管流阻力特性》

121.《应用 Coriolis 流量计测量油水两相流质量流量和含水率》

122.《气液两相流横掠错列圆柱形成旋涡脱落诱发管束振动的试验研究》

123.《近期多相流过程层析成像技术的发展》

124.《一种基于差压波动图的段塞流识别方法》

125.《水平放置的 Coriolis 流量计中油水两相流滑脱特性研究》

126.《超临界水氧化工艺处理城市污泥》

127.《水平管路中多相弹状流压降计算》

128.《海底输气管道干空气干燥工艺技术》

129.《东方 1-1 海底输气管道排水与干燥工艺技术》

130.《施工条件下 CO_2 泡沫压裂液的对流换热特性》

131.《水力旋流器湍流流动的数值模拟》

132.《超临界区水的拟临界温度的确定》

133.《超临界水氧化技术的研究进展》

134.《污泥处理技术的新进展》

135.《高炉污泥旋流法颗粒分离的数值模拟》

136.《基于神经网络的水平管三相分层流相分率测量》

137.《水力旋流器变参数对高炉污泥脱锌的影响》

138.《高炉瓦斯泥旋流脱锌论分离粒径的确定方法》

139.《PM 型浓淡燃烧器内气固两相流动的数值模拟》

140.《CO_2 泡沫压裂裂缝三维延伸及温度场的数值模拟》

141.《外加电场强化苯自然对流和沸腾换热的试验研究》

142.《重大项目“能源动力中多相流热物理基础理论与技术研究”取得重要进展》

143.《污泥的超临界水氧化动力学研究》

144.《油水混合物在水平管中的二相流动特性研究》

145.《基于分时原理的多相流体比例分配方法》

146.《水力旋流器参数对高炉污泥分离的影响》

147.《两相流研究的国际动向》

148.《超临界水氧化处理含油废水的试验研究》

149.《进口浓度对水力旋流器颗粒分级的影响》

150.《多相流体力学及其工程应用》

151.《煤层气——一种亟待开发利用的清洁能源》
152.《城市污泥超临界水氧化及反应热的试验研究》
153.《高炉污泥旋流脱锌技术的试验研究》
154.《水平管内两相流动网丝电容层析成像》
155.《水平管气液环状流在新型分配器中的分配研究》
156.《应用分时分流原理测量两相流体的流量》
157.《上海市柴油和 CNG 公交车生命周期成本比较》
158.《新型三通分配器中环状流相分离预测》
159.《超声速旋流天然气分离器的旋流特性数值模拟》
160.《电站锅炉锅筒产品超压水压试验现行工艺合理性的分析》
161.《超声速旋流天然气分离器研究》
162.《用于超声速旋流分离器中的超声速喷管研究》
163.《非圆截面通道内 R–113 的流动沸腾换热持性》
164.《微 / 小通口内非牛顿流体多相流动与传热研究展望》
165.《风能及其利用》
166.《侧向风对自然通风直接空冷塔性能影响的数值分析》
167.《预测水平管气 – 液两相环状流液膜分布的简化模型》
168.《气液两相流破口泄漏的相分离试验研究》
169.《基于分时原理的气液两相流流量测量》
170.《水平管气 – 液两相分层流底部小破口泄漏预测》
171.《气液两相流体流量或质量含气率的液体取样测量方法》
172.《循环流化床锅炉的发展过程及趋向》
173.《引进设计的电站锅炉锅筒超压水压试验工艺的改进方案》
174.《喷管内高速流动天然气相变特性数值研究》
175.《基于管壁取样的气液两相流流量测量》
176.《多相流体流量测量的采样分流方法》
177.《多孔板流量测量的试验研究》
178.《生物质能的利用现况及展望》

179.《低碳技术及其应用》

180.《核电站的发展过程及应用前景》

181.《毛细管网在闭式冷却塔中的应用分析》

182.《管式换热器中的单相流体强化传热技术》

二、英文科技论文

183. *Measurements of Vapour Quality and Flow Rate in Two-Phase Flow with Sharp-Edged Circular Orifices*

184. *Two-Phase Flow Measurements with Sharp-Edged Orifices*

185. *Heat Transfer in Oscillating Two-Phase Flows and Effect of Heater Surface Conditions*

186. *Using the Energy Spectrum Method to Calculate The Two Phase Frictional Resistance*

187. *Two-Phase Flow Measurements with Herschel Venturies*

188. *Soviet and Chinese Research Works on Vapor-Liquid Two-Phase Flows*

189. *Measurements of Gas-Solid Flow Ratk in Gas-Solid Two-Phase Flow with Single Orifice*

190. *An Analytical Study of the Pressure-Droftype Instabilities in a Horizontal Hairpin Tube*

191. *An Experiment Study of Boiling Flow Instabilities in a Hairpin Tube*

192. *On the Generalized Modeling Method of Critical Heat Flux*

193. *Two-Phase Distribution in Branch Pipes*

194. *An Investigation of Boiling Slow Instabilities in a Vertical Hairpin Tube*

195. *Two Phase Flow Boiling Instabilities and Oscillation Thresholds in a Vertical Single Channel with Heat Transfer Enhancement*

196. *A Study of Two-Phase Pressure drop of Wye-Type Branching*

Pipes

197. *Two-Phase Pressure Drop in Bends During Gas-Liqu1d Flow*

198. *Gas-Liqu1d Two-Phase Separation and Pressure Drop of a Horizontal T-Junction*

199. *Pressure Losses of Gas-Liquid Two-Phase Fllow Passing Through Orifices*

200. *A Study of Bolling Flow Instabilities in an Inverted U-Type Tube*

201. *High Pressure Steam-Water Flow Measurements with Multihole Probes*

202. *The Formation and Structure of a Two-Phase Vortfx Street Behind a Triangular Cylinder*

203. *Numerical Modeling for Pigging Operations in Oil and Gas Two-Phase Flow Pipelines*

204. *Gas-Liquid Two-Phase Flow Measurement Using ESM*

205. *Application of Coriolis Mass Flowmeter in Oil-Water Two-Phase Flow*

206. *Flow Pattern and Pressure Drop of Gas-Liquid Two-Phase Flow through Venturi Nozzle*

207. *Air Drying Models for New-Built Offshore Gas Pipelines*

208. *Wire-Mesh Tomography in Gas-Liquid Flows*

209. *Water Holdup Measurement in Kehosene-Water Two-Phase Flows*

210. *Equivalent Water Layer Height (Ewlh) Measurement by a Single- Wire Capacitance Probe in Gas-Liquid Flows*

211. *Gas-Llquid Two-Phase Flow Measurements by Full Stream Batch Sampling*

212. *Study on Venturi Nozzle for Gas-Liquid Two-Phase Flow*

三、已出版的主要科技著作目录

1.《大型电站锅炉锅内传热和流动特性》，重庆科技文献出版社出版，主要合著作者为陈学俊、陈立勋等，1978 年。

2.《气液两相流与沸腾传热》，西安交通大学出版社出版，1987 年。

3.《强化传热及其工程应用》，机械工业出版社出版，1987 年。

4.《气液固多相流测量》，中国计量出版社出版，1988 年。

5.《锅炉手册》，机械工业出版社出版，主要合著作者为张永照等，1989 年。

6.《锅内过程》，西安交通大学出版社出版，主要合著作者为陈立勋，1990 年。

7.《管路内气液两相流特性及其工程应用》，西安交通大学出版社出版，1992 年。

8.《计量测试技术手册（流量、压力、真空）》，中国计量出版社出版，主要合著作者为郑德修、费祥麟等，1994 年。

9.《热水锅炉手册》，机械工业出版杜出版，主要合著作者为章燕谋等，1994 年。

10.《锅炉测试》，中国计量出版社出版，1996 年。

11.《工程测量手册》，化学工业出版社出版，1997 年。

12.《实用锅炉手册》，化学工业出版社出版，主要合著作者为徐通模等，1999 年。

13.《变幻的流动——多相流体力学》，清华大学出版社出版，2000 年。

14.《气液两相流旋涡脱落特性及工程应用》，化学工业出版社出版，主要合著作者为李永光等，2001 年。

15.《锅炉用水、清垢及除灰》，化学工业出版社出版，主要合著作者为李瑞阳等，2001 年。

16.《气液两相流与沸腾传热》(第 2 版),西安交通大学出版社出版,主要合著作者为王树众、王栋,2003 年。

17.《循环流化床锅炉》,化学工业出版社出版,主要合著作者为魏敦崧等,2004 年。

18.《强化传热技术》,化学工业出版社出版,主要合著作者为汪军等,2007 年。

19.《实用锅炉手册》(第 2 版),化学工业出版社出版,主要合著作者为徐通模等,2009。

20.《能源动力中多相流热物理基础理论与技术研究》,电力出版社出版,主要合著作者为郭烈锦、陈听宽等,2010 年。

21. *Boilers*, *Evaporators & Condensers*, 美国 John Wiley & Sons 出版社出版,合著。

22. *Encyclopedia of Fluid Mechanics* (Vol.3),美国 Gulf 出版社出版,合著,主编为 N. P. Cheremisinoff,1986 年。

23. 主编“节能与环境保护丛书”一套,副主编为俞炳丰、张旭、车得福。该丛书包含《强化传热技术》《烟气热能的梯级利用》《蒸汽凝结水的回收及利用》《热泵技术》《空调蓄冷技术与设计》等 9 本专著,由化学工业出版社 2007 年起依次出版。

24. 主编“替代能源应用技术丛书”一套,包含《地热能开发与应用技术》《太阳能应用技术》《风能利用技术》和《海洋能应用技术》4 本专著,由化学工业出版社 2007 年起依次出版。

25.《林宗虎院士科技论文选集》,西安交通大学出版社出版,2013 年。

26.《林宗虎自传》,航空工业出版社出版,2015 年。

附录四　主要获奖和专利目录

一、获得的省部级以上的科技和著作奖励

1. 两相流体流动脉动时传热及受热面状况对传热的影响，国家教委科技进步奖二等奖，1986 年。

2. 用孔板测量气液两相流流量及干度，国家教委科技进步奖二等奖，1987 年。

3. 管内气液两相流与沸腾传热特性研究，国家教委科技进步奖一等奖，排名第二，1988 年。

4. 管内气液两相流与沸腾传热持性研究，国家自然科学奖三等奖，排名第二，1989 年。

5.《锅炉手册》，获机械工业部优秀科技教材奖二等奖，排名第一，1991 年。

6. 管路内气液两相流特性及其工程应用，国家教委科技进步奖二等奖，1995 年。

7. 管路内气液两相流特性及其工程应用，第七届全国优秀科技图书奖一等奖，1995 年。

8. 两相流流量与组分测量技术研究，国家教委科技进步奖二等奖，排名第一，1997 年。

9. 沸腾管内汽液两相流流动不稳定性及脉动规律研究，教育部科技进步奖二等奖，排名第二，1999 年。

10.《变幻的流动——多相流体力学》（“院士科普书系”之一），国家科学技术进步奖二等奖，集体得奖，无排名，2005 年。

11. 大型燃煤锅炉炉膛流动传热燃烧控制技术，上海市科技进步奖二等奖，2013年。

12. 获得光华奖、王宽诚教育奖和教育部百篇优秀博士论文导师奖等。

二、获得的专利

1. 单孔板双相流量计，专利号：85201644（实用新型）。

2. 孔板－文丘利管组合式双相流量计，专利号：86207384（实用新型）。

3. 节流元件－多孔动压探针组合式双相流量干度计，专利号：86203508（实用新型）。

4. 真空隔热吸汽剖面测试仪，专利号:92237200.4（实用新型）。

5. 高温高压四参数测试仪，专利号：96226526.8（实用新型）。

6. 分流分相式两相流体流量测量方法,专利号:98U113068.2（发明）。

7. 分流分相式两相流体流量计，专利号：98251787.4（实用新型）。

8. Measurement Device Used in a Four-Parameter Measuring Syatem and in a High Temperature and High Pressure Condition，专利号：US5731517（美国发明专利），1998年3月。

9. 可调式水力旋流器，专利号：03232483.9（实用新型）。

10. 分时式多相流体比例分流方法及装置，专利号：200410025900.8（发明）。

11. 两相流体网丝电容层析成像方法，专利号：200410026282.9（发明）。

12. 高炉瓦斯泥旋流脱锌后粒径分布实时在线测量装置，专利号：20042003867.3（实用新型）。

13. 高炉瓦斯泥旋流脱锌后含锌率实时估测方法，专利号：200410025547.3（发明）。

14. 大型火电直接空冷机组乏汽热能利用的装置，专利号：200510043088.6（发明）。

15. 超声速旋流天然气分离器的超声速翼，专利号：200610044640.8（发明）。

16. 两相流体网丝电容层析成像方法，专利号：200610074260.9（发明）。

17. 撬装式燃油超临界压力直流注汽锅炉，专利号：200610042957.8（发明）。

参 考 文 献

［1］陈云琴 . 从王羲之到吴昌硕——湖州书画两千年［M］. 杭州：浙江摄影出版社，2001.

［2］湖州市诗词学会 . 古诗吟湖州［M］. 海口：海南出版社，1998.

［3］南浔镇志编委会 . 南浔镇志［M］. 上海：上海科学技术文献出版社，1995.

［4］徐迟 . 江南小镇［M］. 北京：作家出版社，1993.

［5］林乐志 . 比干后裔：林氏家族三千年统谱［M］. 北京：光明日报出版社，1998.

［6］张建智 . 张静江传［M］. 武汉：湖北人民出版社，2004.

［7］张加强 . 南浔往事［M］. 南京：江苏美术出版社，2003.

中医医院
康复指导手册

ZHONGYIYIYUAN KANGFU ZHIDAOSHOUCE

李向丽　丁劲　刘小勤　主编

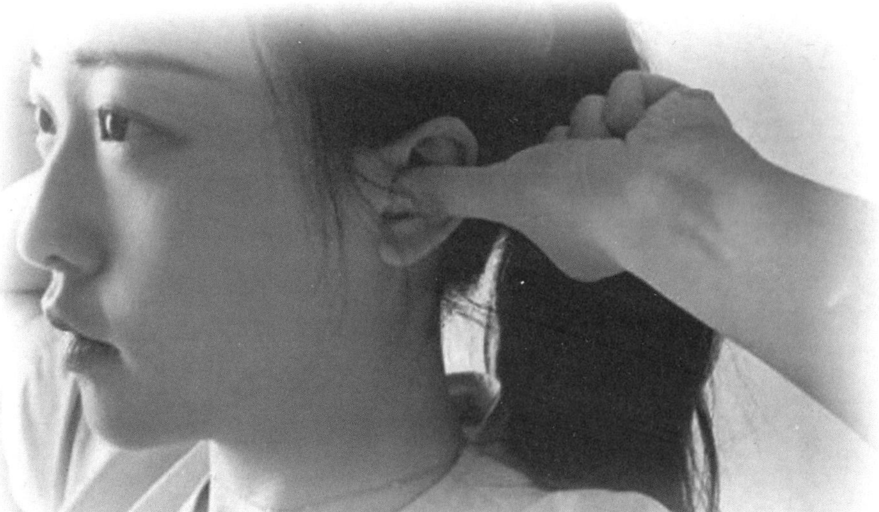

甘肃科学技术出版社
（甘肃·兰州）

图书在版编目（CIP）数据

中医医院康复指导手册 / 李向丽，丁劲，刘小勤主编. -- 兰州 ：甘肃科学技术出版社，2018.4（2023.12重印）
ISBN 978-7-5424-2576-8

Ⅰ. ①中… Ⅱ. ①李… ②丁… ③刘… Ⅲ. ①中医学-康复医学-手册 Ⅳ. ①R247.9-62

中国版本图书馆CIP数据核字(2018)第083128号

中医医院康复指导手册
李向丽 丁 劲 刘小勤 主编

责任编辑 黄培武
封面设计 魏士杰

出 版 甘肃科学技术出版社
社 址 兰州市城关区曹家巷1号 730030
电 话 0931-2131575（编辑部） 0931-8773237（发行部）

发 行 甘肃科学技术出版社　　印 刷 三河市铭诚印务有限公司
开 本 787毫米×1092毫米 1/16　　印 张 22.75 插 页 1 字 数 400千
版 次 2018年10月第1版
印 次 2023年12月第2次印刷
印 数 1001~2050
书 号 ISBN 978-7-5424-2576-8　　定 价 145.00元

编写委员会名单

主　编: 李向丽　丁　劲　刘小勤

副主编: 宋宗惠　潘　虹　葸英博　张亚娟

编　委: (按姓氏笔画)

卢昌霞　包小英　冯宜蓝　刘　婧

刘　颖　刘　静　刘凤艳　刘翠清

杨　虹　杨晓霞　李　瑾　李巧梅

李红梅　余文娟　张立环　张吉明

张莉琴　周巧玲　赵雅文　贺丽娟

郭小荣　曹文静　韩国炜　喻　琳

程晓芸　蔡　瑛　蔡学梅　衡　妍

魏冬青　魏瑞娟

前言

习近平总书记在致中国中医科学院60年贺信中提到“中医药学是中国古代科学的瑰宝,也是打开中华文明宝库的钥匙”。如何把祖先留下的宝贵财富“用起来”,让原创的科技资源“活起来”,发挥中医在治未病中的作用,在重大疾病治疗中的协同作用,在疾病康复中的核心作用是我们中医工作者的重大使命。近年来,随着中医事业的蓬勃发展,人们对中医的认可越来越高,同时,也对中医护理提出了更高的要求,如何将中医护理做好做精,不仅仅要求我们做好治病的工作,还要求我们传递防病、治病、保健的相关知识给有相关需求的人。

由甘肃中医药大学附属医院医疗、护理专家和临床骨干,组织编写了《中医医院康复指导手册》,将本院近年通过摸索、临床实施,患者反应较好的部分药膳、养生茶和保健操收集、整理,编著成册,供临床护理参考使用。本书提供本院临床常见疾病的中医养护知识,包括食疗、药膳、养生茶及康复保健操等,旨在传承中医护理知识,提升中医护理工作者的工作水平和临床应用能力,满足患者对于相关疾病的健康需要。在编写过程中,融入了各科临床科研成果,参考了部分古籍、现代医书及相关同行专家的优秀成果。由于专业知识和实践的局限性,难免有疏漏或不足之处,恳请广大同仁和读者批评指正。

本书在编撰过程中,得到了院内领导和各科同仁的大力支持,在此表示衷心感谢。

编者

目 录

第一部分 常见病药膳指导

第二部分 养生茶

第三部分 康复保健操

第一部分　各科常见病膳食指导

外感发热(上呼吸道感染)

外感发热是指感受六淫之邪或温热疫毒之气,导致营卫失和,脏腑阴阳失调,出现病理性体温升高,伴有恶寒、面赤、烦躁、脉数等为主要临床表现的一类外感病证。外感发热的病机是外邪入侵,人体正气与之相搏,正邪交争于体内,则引起脏腑气机紊乱,阴阳失调,阳气亢奋,或热、毒充斥于人体,发生阳气偏盛的病理性改变,即所谓"阳盛则热"的病机。外感发热的病理性质为阳气亢奋,即属热属实。其不同的病变和临床表现,则是由外邪的性质和病邪作用的脏腑部位所决定。如病邪影响发病,火热之邪为病,热变较速,发热为主;湿热为病,其性黏滞,病变多留恋中下焦;风寒为病,则有一郁而化热的过程;疫毒为病,起病更急,传变更快,热势很甚。又如病位影响发病,随病邪作用的肺脾肝胆、胃肠膀胱等的不同,则相应脏腑的气机发生紊乱,因而就有不同的外感发热病证。

膳食宜忌:多喝水,利于养阴排毒,少吃些辛辣刺激、肥腻的食物;多食新鲜蔬菜和水果,保持大便通畅。

通用药食:米粥,葱白,生姜,蜂蜜,雪梨,扁豆,萝卜,薏仁等。

辨证用膳:

一、风寒束表证　恶寒重,发热轻,无汗,头项强痛,鼻塞声重,鼻涕清稀,或有咽痒咳嗽,痰白稀,口不渴,肢节酸痛。舌苔薄白。

【常用药膳】姜贝杏仁饮

【来源】肺病科主任医师孙杰

【组成】鲜生姜10克、川贝母6克、杏仁3克、冰糖适量。

【制作及用法】生姜洗净,切丝,川贝母洗净,杏仁去皮洗净,放入锅中,加适量清水,用武火烧沸后,再放入冰糖,转入文火煮30分钟即成。每日临睡前服用一次。

【功效】解表散寒，化痰止咳。

【方解】生姜味辛，微温，解表散寒，温肺止咳；川贝母润肺化痰；杏仁味苦性微温，归肺经，有止咳、平喘之功效。

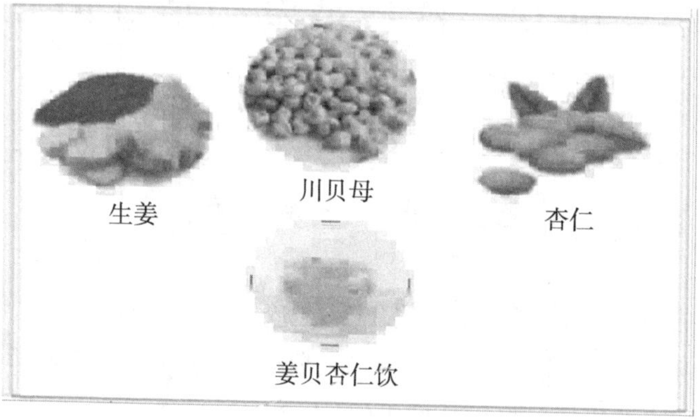

二、风热犯表证 发热重，微恶风寒，鼻涕流黄浊涕，身热有汗或无汗，头痛，咽痛，口渴欲饮或有咳嗽痰黄。舌苔薄黄。

【常用药膳】竹叶川贝鲜梨汤

【来源】肺病科主任医师孙杰

【组成】竹叶20克、川贝3克、鲜梨1个。

【制作及用法】将鲜梨去核洗净，竹叶、川贝母洗净放入锅中，加适量清水文火慢煮30分钟即可。

【功效】清热解毒，化痰止咳。

【方解】竹叶味甘、淡，性寒，具有清热，生津，利尿的功效；川贝母润肺化痰；鲜梨清热镇静、化痰止咳。

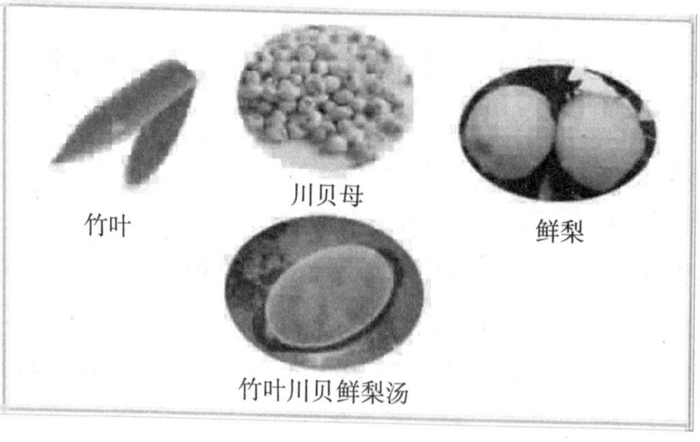

三、暑热袭表证 恶寒发热，头重，胸腹闷胀，恶心腹泻，肢倦神疲，或口中粘腻，渴不多饮。舌苔薄黄。

【常用药膳】扁豆蜂蜜蒸雪梨

【来源】肺病科主任医师孙杰

【组成】白扁豆15克、蜂蜜适量、雪梨1个。

【制作及用法】白扁豆洗净，清水浸泡2~3小时，将雪梨洗净开盖去核，装入白扁豆，盖严蒸熟，淋上蜂蜜，一日两次分食。

【功效】清热解暑。

【方解】白扁豆清暑热、护中气；鲜梨清热镇静、润肺生津。

四、卫气同病证 自觉发热重，烦渴，小便短赤，舌红苔黄，恶寒或恶风，或高热寒战，流涕，咽痒咽痛，头痛头胀，喷嚏。舌红苔薄黄或黄腻。

【常用药膳】薏米梨粥

【来源】肺病科主任医师孙杰

【组成】薏米100克、鲜梨1个。

【制作及用法】薏米淘洗干净后，清水浸泡30分钟，鲜梨洗净切块，一同放入锅中煮沸30分钟即可。

【功效】润肺止咳、健脾。

【方解】鲜梨清热镇静、化痰止咳之功效；薏米健脾补中。

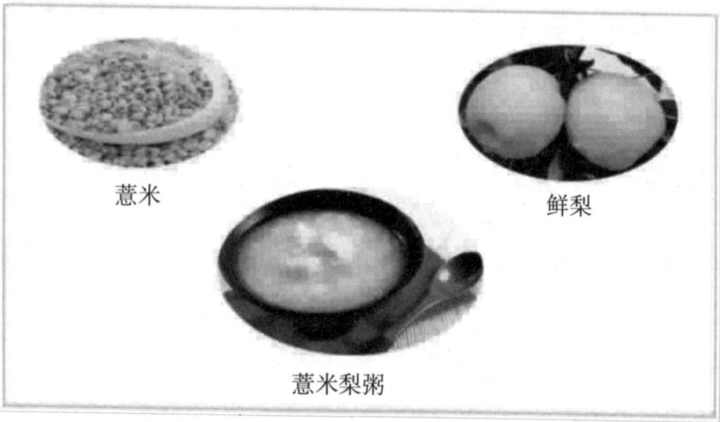

薏米 鲜梨 薏米梨粥

咳嗽(肺炎)

肺炎属中医“风温”、“咳嗽”、“肺热病”等范畴。肺炎常发生于劳倦过度,醉后当风等人体正气不足,表卫不固之时,因感受风热之邪或风寒之邪,入里化热所致。临床主要症状为寒战、高热、咳嗽、咯痰、胸痛等。肺炎四季皆可发病,而多发于冬春两季。青壮年多见,男多于女。本病若及时诊治,预后良好。

膳食宜忌:肺炎病人的饮食应以病人的康复、营养物质的补充和增加机体的抗病能力为原则。总的原则是进食高热量、高维生素、高蛋白的易消化或半流质食物。(1)宜吃滋阴润肺的食物,如百合、梨、蜂蜜、银耳、木耳等。(2)宜吃生津养肺的食物,如山药、莲子、绿豆、荸荠、枇杷等。(3)宜吃高热量、高维生素、高蛋白的易消化或半流质清淡食物,如人乳、牛乳、米汤、菜水、果汁、瘦肉等。(4)不宜食辛辣刺激食物,不易大量食用含脂肪丰富的食物。

通用药食:百合、山药、木耳、银耳、莲子、绿豆、瘦肉类、梨、枇杷、果汁等。

辨证用膳:

一、风热袭肺 发热畏寒,头痛咽痛,咳嗽痰黄黏,胸痛不适。舌尖红,苔黄,脉浮数。

【常用药膳】

1. 芦根豆豉饮

【来源】甘肃省名中医、主任医师张志明

【组成】芦根30克、淡豆豉15克。

【制作及用法】水煎30分钟后,去渣加适量冰糖,代茶饮。

【功效】具有清肺热,止咳功效。

【方解】芦根,性味甘寒,用于肺热咳喘;淡豆豉辛散苦泄性寒,入肺经,具有疏散宣透之性,既能透散表邪,又有能宣散郁热。

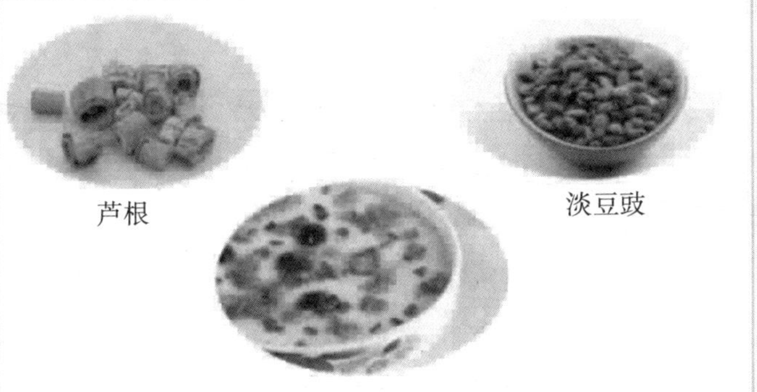

芦根豆豉饮

2. 川贝母、杏仁、冬果梨粥

【来源】甘肃省名中医、主任医师张志明

【组成】川贝母30~60克、杏仁(去皮、尖)10克、冬果梨1个、粳米30克。

【制作及用法】川贝母、冬果梨加水先煎20分钟,再加入杏仁10克,粳米30克煮粥,待温凉后食之。

【功效】疏散风热,清肺解表。

【方解】川贝母味甘,性寒,具有润肺、特别适用于肺燥或秋燥所致的咳嗽;杏仁可祛痰止咳,平喘。

川贝母、杏仁、冬果梨“粥”

二、邪热壅肺 高热不退,汗出而不解,咳嗽气急,鼻煽气粗,咯痰黄稠或咯铁锈色痰,胸痛,口渴烦躁,小便黄赤,大便干燥。舌红苔黄,脉滑数或洪数。

【常用药膳】知母大黄薏米粥

【来源】甘肃省名中医、主任医师张志明

【组成】知母15克、熟大黄15克、大枣10枚、薏米50~100克、冰糖少许。

【制作及用法】(1)将知母、熟大黄、大枣、薏米洗净,覆盖保鲜膜,浸泡12小时。(2)连水带料一起倒入搅拌机,充分打碎成粉浆。(3)倒入砂锅中,加入两碗水,大火烧开转小火,根据口味添加适量冰糖,边搅动边煮10~15分钟。(4)空腹食用,每日两次。

【功效】清宣肺热,化痰降逆,润燥滑肠。适用于脾肺气阴亏损,午后低热、咳嗽等症。

【方解】知母,味苦,性寒,具有滋阴润燥、生津止渴;熟大黄,泻下作用缓和,却增强了活血化瘀的作用;薏米具有清热、排脓的作用。

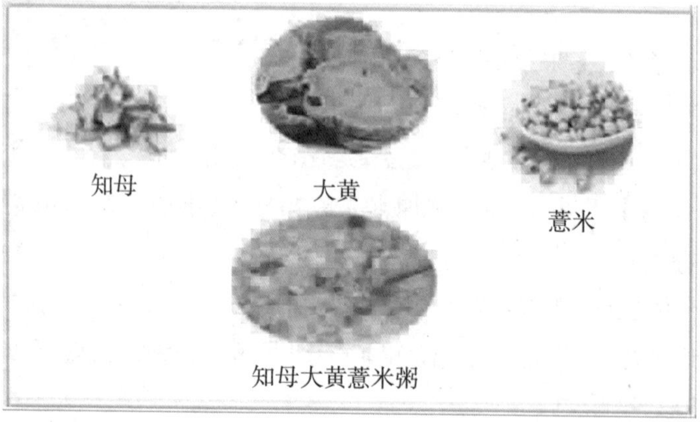

三、热毒内陷 高热不退,咳嗽气促,痰中带血,烦躁不安,神昏谵语,口渴。舌质红绛,苔焦黄而干,脉细数。

【常用药膳】石斛鲜藕百合汁

【来源】甘肃省名中医、主任医师张志明

【组成】石斛50克、百合50克、雪梨、鲜藕各250克。

【制作及用法】以上洗净切碎,捣烂绞汁。每日服3次,每次30~50毫升。

【功效】清营解毒,化痰泄热,养阴生津。

【方解】石斛性微寒,既能清透肺胃气分实热,又能生津止渴、除烦,故可用治热病伤津,烦热口渴者;百合甘凉清润,主入肺心、有清肺润燥止咳,清心安神定惊的功效,临床适用于阴虚肺燥、咳嗽多痰等症的治疗;雪梨有润肺清燥、止咳化痰的作用,因此对急性气管炎和上呼吸道感染的患者出现的咽喉干、痒、

痛、音哑、痰稠、便秘、尿赤均有良效；莲藕生用性寒，有清热凉血作用，可用来治疗热症；莲藕味甘多液、对口渴、咯血者尤为有益；藕汤有止咳作用，直接饮用带皮莲藕榨出的汁，可治疗严重咳嗽。

石斛　百合　藕

石斛鲜藕百合汁

肺炎喘嗽（支气管肺炎）

肺炎喘嗽（支气管肺炎）又称小叶肺炎，是小儿时期常见的肺系疾病之一，尤多见于婴幼儿，好发于婴幼儿，年龄越小，发病率越高，病情越重。也是5岁以下儿童主要死亡原因。本病一年四季都可发生，尤以冬春两季为多。临床以发热、咳嗽、痰壅、气急、鼻煽为主要症状，重者可见张口抬肩、呼吸困难、面色苍白、口唇青紫等症。

膳食宜忌：宜食新鲜蔬菜如：白菜、菠菜、油菜、萝卜、胡萝卜、西红柿、黄瓜、冬瓜等，不仅能补充多种维生素和无机盐的供给，而且具有化痰、清火、通便等功能；黄豆及豆制品含人体需要的优质蛋白，可补充反复呼吸道感染对机体造成的营养损耗。平时可多选用具有健脾、益肺、补肾、理气、化痰的食物，如猪、牛、羊的肺脏及枇杷、橘子、梨、百合、大枣、莲子、核桃、蜂蜜等，有助于增强体质。患呼吸道疾病的宝宝，应少吃鱼、虾、蟹、肥肉等，助火生痰之品。辣椒、胡椒、蒜、葱、韭菜等，辛辣之物均能刺激呼吸道使症状加重，菜肴调味也不宜过咸、过甜，冷热要适度。

通用药食：蜂蜜、雪梨、枇杷、川贝、薏米、百合、粳米、陈皮、生姜、鸡蛋等。

辨证用膳：

一、风热闭肺 发热恶风、微有汗出，咳嗽气急，痰多，痰黏稠或黄，口渴咽红。舌红，苔薄白或黄，脉浮数。

【常用药膳】金银花芦根粥

【来源】儿科主任医师吴丽萍

【组成】金银花10~20克、芦根20~40克、粳米50~60克、冰糖适量。

【制作及方法】将金银花、芦根先洗净加水煎取药汁，去渣，加入粳米煮成稀粥。每日2次，温食。

【功效】清热解毒，宣肺止咳。

【方解】金银花为清热解毒的常用药物，芦根味甘，性寒，主要有清热生津的作用。

二、风寒闭肺 恶寒发热，无汗，呛咳气急，痰白而稀，口不渴，咽不红，舌苔薄白或白腻，舌质不红，脉浮紧。

【常用药膳】生姜红枣粥

【来源】儿科主任医师吴丽萍

【组成】生姜9克、红枣4个、糯米150克。

【制作及方法】把糯米淘洗3遍，浸泡30分钟；生姜去皮，切成薄片；大枣去核，对半切开；将米放入锅中，简单干炒一下，再放入准备好的水；用勺子将米搅拌均匀后，放入大枣和生姜片；文火慢煮，直到粥煮熟；放入少许盐。一日2次食用。

【功效】温胃散寒、温肺化饮。

【方解】生姜有祛痰、祛寒、补气、平喘的作用，能消炎、散热、发汗，缓解鼻塞流涕等感冒症状；大枣有补气、生津的功效。

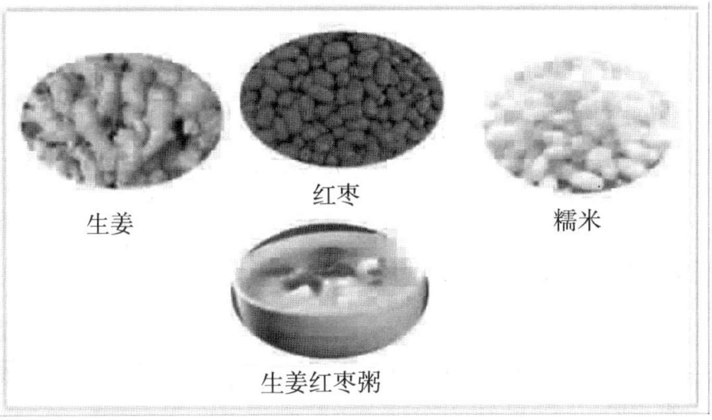

三、痰热闭肺 发热，烦躁，咳嗽喘促，气急鼻煽，喉间痰鸣，口唇青紫，面赤口渴，泛吐痰涎，舌质红，苔黄腻，脉滑数。

【常用药膳】鱼腥草陈皮竹茹粥

【来源】儿科主任医师吴丽萍

【组成】鱼腥草6克, 陈皮10克，竹茹10克，粳米50克。

【制作及方法】陈皮切细丝备用，鱼腥草、竹茹加水煎煮，去渣取汁，用其汁与粳米一起煮粥，待粥将成时，加入陈皮丝，稍煮即可。一日2次，温食。

【功效】清热化痰，和胃除烦，理气健脾，燥湿化痰。

【方解】鱼腥草清热解毒，消痈排脓，利尿通淋；陈皮健脾和胃，行气宽中，降逆化痰；竹茹性微寒，味甘，清热化痰，除烦止呕。

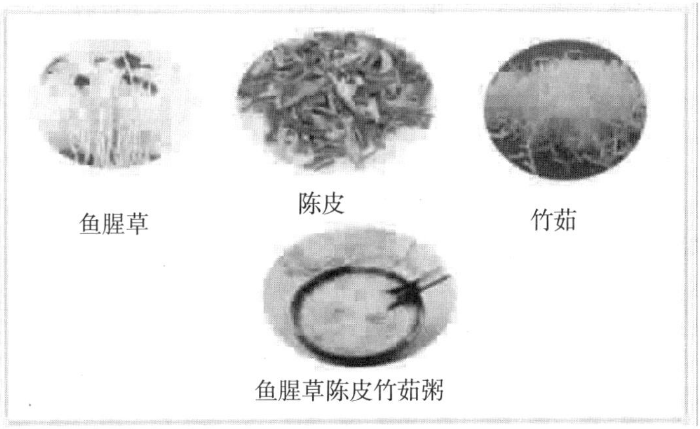

四、阴虚肺热 干咳少痰，低热盗汗，面色潮红，五心烦热，舌质红、乏津，舌苔花剥、少苔或无苔，脉细数。

【常用药膳】川贝雪梨粥

【来源】儿科主任医师吴丽萍

【组成】川贝12克,雪梨1个、粳米适量、冰糖适量。

【制作及方法】川贝洗净,去杂质,雪梨洗净,去皮和核,切成1厘米见方的小块,粳米淘洗干净,将粳米、川贝、梨放入锅内,加清水500克,置锅于火上,用旺火烧沸,加入白糖,用小火再煮40分钟即成。每日2次,温食。

【功效】养阴清热,润肺止咳。

【方解】梨味甘,性寒,入肺经,有养阴润肺、化痰、止咳的作用;川贝母味苦、甘,有化痰止咳,清热散结的作用。

川贝雪梨粥

五、肺脾气虚　咳嗽无力,喉中痰鸣,低热起伏不定,面白少华,食欲不振,大便溏,舌质偏淡,苔薄白,脉细无力。

【常用药膳】薏米百合莲子粥

【来源】儿科主任医师吴丽萍

【组成】薏米75克,莲子25克,百合100克,冰糖50克。

【制作及方法】将莲子洗净,泡开后剥皮去心,百合、薏米均淘洗干净。将锅内倒入水,放入薏米、百合,烧沸后用小火煮至半熟,放入莲子,待煮至薏米开花发黏,莲子内熟时,加入冰糖搅匀,即可食用。

【功效】补脾益肺。

【方解】薏米味甘,性淡,具有健脾利湿,补肺清热的功效;莲子具有补脾、益肺、养心、安神的作用;百合具有补脾养胃、养阴润燥,安心养神的功效。

薏米

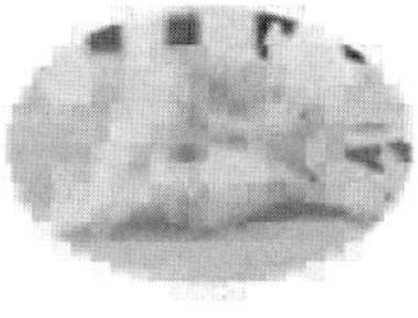

百合

莲子

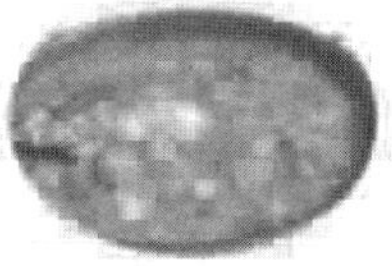

薏米百合莲子粥

喘病(慢性阻塞性肺疾病急性发作期)

慢性阻塞性肺疾病(COPD),简称慢阻肺,特征性症状是慢性和进行性加重的呼吸困难,咳嗽和咳痰等,多属于中医学的“咳嗽”、“喘证”、“肺胀”、“痰饮”等范畴。对COPD病因病机的认识多为慢性支气管炎、肺气肿等疾病迁延不愈,脾阳虚,痰湿内蕴,肺气郁闭,成为发病的基础。时间长久后就容易导致肺虚,肺卫不固,外邪六淫,饮食不当,情志失调,劳倦过度等对人体的反复乘袭,诱使病情发作,呈进行性加重。最终导致多脏腑功能失调,肺、脾、肾、心功能失调。《丹溪心法·咳嗽》篇:“肺胀而咳,或左或右不得眠,此痰挟瘀血碍气而病。”明确指出痰瘀伏肺、肺气郁闭是本病的基本病机。

膳食宜忌:饮食以清淡、易消化、富营养为原则,每日饮食摄入的热能应在2500千卡以上,可一日多餐,避免每餐吃得过饱,即少量多餐,提高总热量,除普通谷米、面食外,增加含蛋白质的食物,如牛奶、鸡蛋和瘦肉的摄入,每日可饮1~2杯牛奶,吃1~2个鸡蛋和100~150克瘦肉。另外,维生素B和维生素C可提高机体代谢能力,增进食欲,维护肺部及血管等组织功能,维生素A和E可改善肺部防御功能,这些维生素在各种新鲜水果和蔬菜中含量丰富,合理安排,予以调配,多食新鲜水果和蔬菜。进食清热生津之品,如苦瓜、冬瓜、绿豆、荸荠等,忌煎炸、肥腻、辛辣之品。

通用药食:鸡蛋、瘦肉、百合、银耳、雪梨、枇杷、川贝、苹果、香蕉、橘子、米粥、豆豉、葱白、生姜、核桃、黑芝麻、木耳、柚子、扁豆、萝卜、薏仁等。

辨证用膳:

一、外寒内饮 受凉后出现头痛、身痛，发热畏寒，咳嗽，气急，喉中痰声漉漉，痰色白清稀，胸闷气憋。舌质淡苔薄白，脉滑。

【常用药膳】百合白果牛肉汤

【来源】老年病科副主任医师邓海娟

【组成】百合、白果各60克、红枣15枚、牛肉400克、生姜5片、食盐少许。

【制作及用法】牛肉洗净切成薄片，白果除壳，热水浸去外薄膜，洗净；百合、红枣、生姜清水洗净，红枣去核，生姜去皮切5片，砂锅中加水500毫升，猛火煮沸，放入百合、红枣、白果、姜片，改中火把百合煮熟，加入牛肉，炖至肉熟，放入食盐调味即可。每天1~3次，每次150~200毫升。

【功效】补血养阴、滋润养颜、润肺益气、止喘涩精。

【方解】百合润肺止咳，清心安神；白果润肺定喘；红枣滋阴补阳、补血；生姜发散风寒、化痰止咳，又能温中止呕、解毒等。

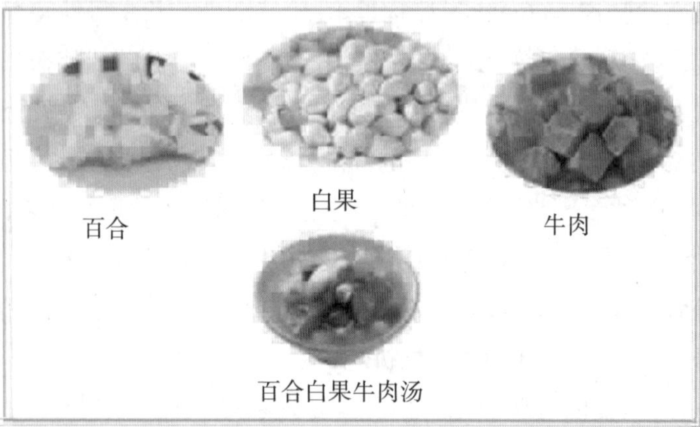

二、风热犯肺 发热，恶风或恶热，头痛、肢体酸痛，咳嗽咽痛，气急，痰黄质稠。舌质红，苔薄白或黄，脉滑或浮数。

【常用药膳】金银花茶

【来源】老年病科主治医师张帆

【组成】金银花5克、白砂糖5克、开水适量。

【制作及用法】将金银花放入茶壶，冲入沸水，加入白糖，加盖焖泡15分钟左右，茶汤呈浅金色，倒出饮用。

【功效】具有清热解毒，凉散风热之功效。据现代研究，金银花有广谱抗菌作用，能加强机体防御功能，夏季用金银花冲泡代茶饮，可以清热解毒，疏风散热。

【方解】金银花，性寒，味甘，归肺、心、胃经。具有清热解毒，疏利咽喉，凉散风热之功效。

三、痰浊壅肺 咳嗽喘息，咳吐痰涎，量多色灰白，心胸憋闷，气短，不得平卧，脘痞纳少。苔白腻，脉弦滑。

【常用药膳】雪梨银耳百合汤

【来源】老年病科主任医师李红

【组成】水发银耳100克、百合100克、雪梨1 个，蜂蜜10毫升。

【制作及方法】将银耳撕成小碎块，雪梨去核，切块，同放砂锅中煮30 分钟，放入百合再煮10 分钟即可，调入蜂蜜食用，每日分2 次服。

【功效】银耳百合梨汤有治疗干咳，痰多咽喉干燥，止咳化痰的功效。

【方解】百合性平，味甘微苦，能养肺阴、润肺燥、清肺热；白木耳（即银耳）有滋阴、润肺、生津、补虚的作用；雪梨则清热生津，润肺止咳。此粥适宜体质羸弱、阴伤咽燥者食用。

四、肺气郁闭 常因情志刺激而诱发，发作时突然呼吸短促，息粗气憋，胸闷，咽中如窒，但喉中痰鸣不甚，或无痰。平素多忧思抑郁，失眠、心悸。苔白，脉弦。

【常用药膳】杏仁粥

【来源】老年病科主治医师李永荣

【组成】甜杏仁（去皮、尖）10克、大米50克。

【制作及方法】将甜杏仁研成泥状，将大米淘洗干净，两味相和加适量水煮开，再用慢火煮烂即成。用法每日2次，可作早晚餐，温热随量服食。

【功效】镇咳平喘、润肠通便、下气开痹、抗炎、镇痛功效。

【方解】杏仁主入肺经，味苦能降，且兼疏利开通之性，降肺气之中兼有宣肺之功而达止咳平喘，为治咳喘之要药，用于咳嗽气喘。

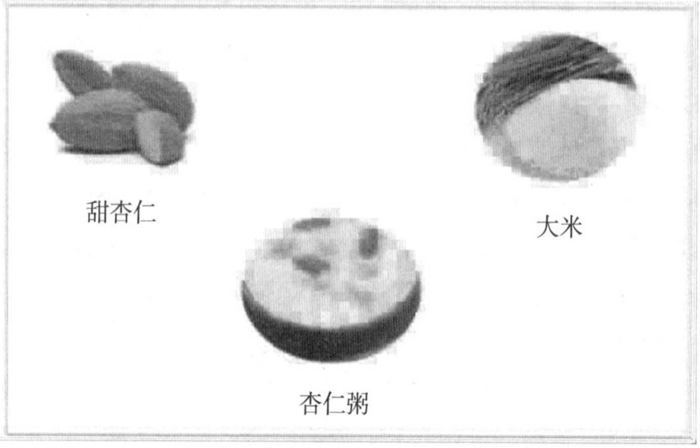

哮病（支气管哮喘）

哮病，是一种发作性的痰鸣气喘疾患，也是小儿时期常见的一种反复发作的哮鸣气喘性肺疾病。临床以喉中哮鸣有声，呼吸气促困难，甚则喘息不能平卧为特征。病理因素以痰为主，痰的产生主要由于人体津液不归正化，凝聚而成。因各种诱因（如因外感、饮食、情志、劳倦等诱因而引触，其中尤以气候变化为主），以致痰阻气道，肺失肃降，肺气上逆，痰气搏击而发出痰鸣气喘声。发作时伴有哮鸣音的呼气性呼吸困难或发作性咳嗽、胸闷。严重者被迫采取坐位或呈端坐呼吸，干咳或咳大量白色泡沫痰，甚至出现发绀等，哮喘症状可在数分钟内发作，经数小时至数天，用支气管舒张剂或自行缓解。某些患者在缓解数小时后可再次发作。夜间及凌晨发作和加重常是哮喘的特征之一。

膳食宜忌：

（1）饮食宜营养丰富、易消化的流质或软食，多饮开水，平时应注意忌食刺激性食物和冷饮，并尽量避免巧克力等过甜食品，以免诱发哮喘。

（2）奶及奶制品：因牛奶致儿童哮喘发生率为最高。因此，对需要乳类喂养的婴幼儿来说，应积极主张母乳喂养，以减少牛奶喂养所致哮喘的发生机会。

（3）海产品及水产品：这些食物的致敏原通常耐热，其熟食品也常常诱发哮喘，特别是食用不新鲜的海产品可使哮喘的发生率明显增加。

（4）部分水果：少数水果可能诱发哮喘，如桃子、苹果、香蕉、草莓、樱桃、椰子等，虽仅为个别情况，但亦应提高警惕。

(5)鸡蛋：鸡蛋诱发过敏性疾病的病例不少，其中有少部分表现为哮喘。如果只吃蛋黄不吃蛋清则可降低哮喘发作率，这是因为蛋清中的卵蛋白是诱发过敏的主要致敏原，而蛋黄不含卵蛋白，故很少会引起过敏发生。

通用药食：萝卜、白菜、骨头、绿豆、油菜、苦瓜、丝瓜、橘子、梨、核桃、荔枝、甘蔗、柚子、燕麦、糙米、柚子、橙子、柠檬、草莓、荔枝、西红柿以及各种绿叶蔬菜、米汤、稀饭、面条、玉米粥、软米饭、软馒头、全麦等谷类。

辨证用膳：

发作期 特点为发病骤急，气长而有余，以呼出为快，胸胀气粗，脉搏多实而有力。

一、风哮 时发时止，发作喉中哮鸣有声，反复发作，止时又如常人，发作前多有鼻痒、咽痒、喷嚏、咳嗽等症。舌苔薄白。

【常用药膳】萝卜姜枣汤

【来源】肺病科主任医师孙杰

【组成】生姜、红枣、白萝卜各30克。

【制作及用法】将白萝卜、生姜、大枣置锅中，加水400克，煮沸20分钟，去渣留汤，最后加入蜂蜜，再煮沸即可。

【功效】疏风散寒，止咳平喘。

【方解】生姜味辛，微温，解表散寒，温肺止咳；红枣味甘，平，补脾胃，益气血；白萝卜味辛甘、性凉，除痰润肺，下气宽中。

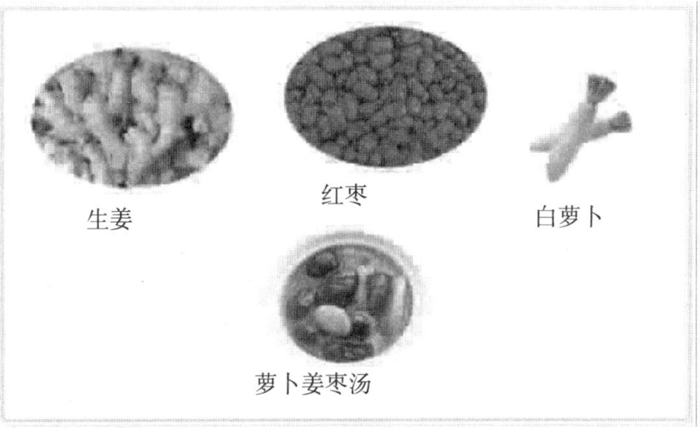

二、寒哮 喉中痰鸣如水击声，呼吸急促，喘憋气逆、痰多、色白多泡沫，易咯，口不渴或渴喜热饮，恶寒，天冷或受寒易发，肢冷，面色青晦。舌苔白滑。

【常用药膳】

1. 杏仁猪肺粥

【来源】肺病科主任医师孙杰

【组成】杏仁10克、猪肺90克、粳米60克。

【制作及用法】将杏仁去皮、尖,洗净。猪肺洗净,切块,放入锅内煮沸后,捞出用清水漂洗干净。将洗净的粳米与杏仁、猪肺一起放入锅内,加清水适量,文火煮成稀粥,调味即可,随量食用。

【功效】宣肺降气,化痰止咳。

【方解】杏仁微温,有小毒,归肺经,可止咳、平喘;猪肺味甘,微寒,可止咳、补虚、补肺;粳米甘平,可健脾养胃。适用于痰多、喘憋气逆之症。

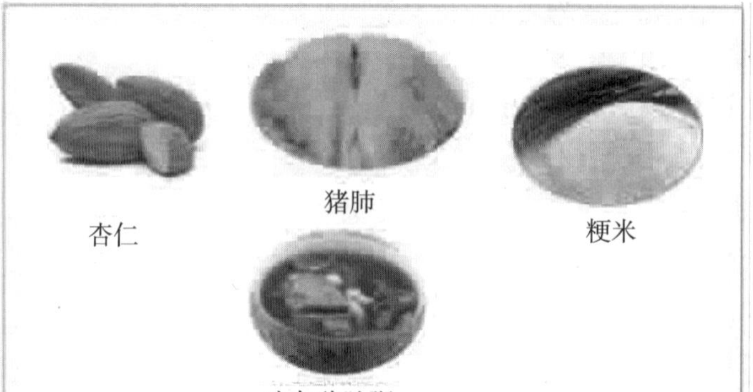

杏仁猪肺粥

2.蜂蜜生姜汁

【来源】儿科主任医师吴丽萍

【组成】生姜30克、蜂蜜50克。

【制作及方法】将生姜捣烂取汁,与蜂蜜混匀,分3次用温水冲服。

【功效】温肺止咳,发汗解表。

【方解】生姜具有发汗解表、温中止呕、温肺止咳、解毒;蜂蜜甘平质润,润肺止咳,发汗解表。

三、热哮 喉中痰鸣如吼,咯痰黄稠,胸闷,气喘息粗,甚则鼻翼翕动,烦躁不安,发热口渴,或咳吐脓血腥臭痰,胸痛,大便秘结,小便赤短。舌红苔黄腻。

【常用药膳】丝瓜凤衣粳米粥

【来源】肺病科主任医师孙杰

【组成】丝瓜10片,鸡蛋膜2张,粳米30克。

【制作及用法】用鸡蛋膜煎水取汁，煮粳米粥1碗，加入丝瓜再煮熟，加盐、味精、麻油少许调味。每日1次，趁温热服完。

【功效】清热化痰，止咳平喘，调和脾胃。

【方解】丝瓜肉性凉，味甘，入肝、清热化痰；鸡蛋膜性甘、平，可润肺、止咳；粳米甘平，可健脾养胃。适用于胸闷、气喘、胸痛之症。

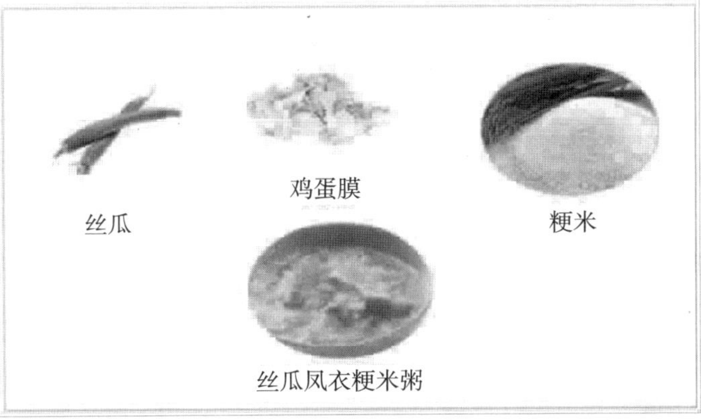

四、虚哮 喉中痰鸣如鼾，声低，气短息促，动则喘甚，发作频繁，甚至持续喘哮，咳嗽无力。舌质淡或偏红，或紫暗。

【常用药膳】核桃杏仁汤

【来源】肺病科主任医师孙杰

【组成】核桃仁25克、杏仁、生姜各10克、蜂蜜适量。

【制作及用法】将生姜洗净，与核桃仁、杏仁分别捣碎，一同入锅，加水400毫升，煮沸加蜂蜜，再煮沸，然后改用文火焖10分钟即成。日服1剂，分2次服完，连服数月。

【功效】补肾入肺、止咳定喘。

【方解】杏仁微温，有小毒，归肺经，有止咳、平喘之功效；核桃性温，味甘，有健脾、润肺之功效；生姜性辛，微温，解表散寒，温肺止咳。适用于久患哮喘、体质虚弱、气短喘促之症。

缓解期 特点是发病徐缓，气短而不续，声低息短，动则喘促，无明显发作间歇，脉多虚细无力。

一、肺脾气虚证 气短声低，反复感冒，喉中时有轻度哮鸣，痰多质稀，色白，自汗，怕风，神疲懒言，形瘦纳差，面白少华或萎黄，常易感冒，倦怠乏力，食少便溏。舌苔薄白，脉细弱。

【常用药膳】

1. 参苓粥

【来源】肺病科主任医师孙杰

【组成】党参30克、茯苓30克、生姜5克、粳米120克。

【制作及用法】将党参、生姜切薄片，茯苓捣碎泡半小时，取药汁两次，用粳米同煮粥，一年四季常服。

【功效】补肺益气，固表止哮。

【方解】党参味甘、性平；有补中益气，健脾益肺的功效；茯苓性味甘淡平，入心、肺，益脾胃；生姜性辛，微温，解表散寒，温肺止咳；粳米甘平，可健脾养胃。

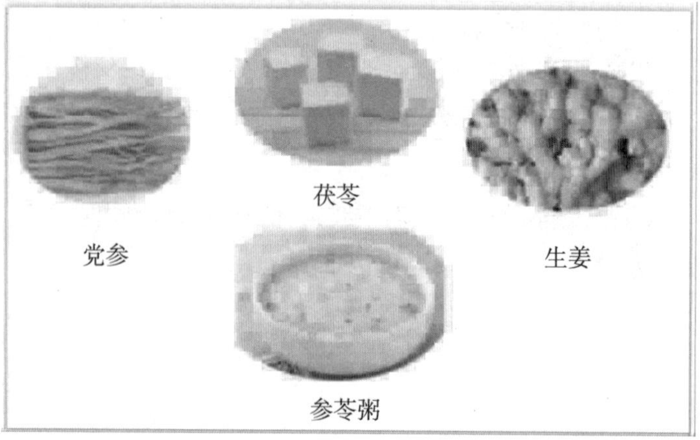

2. 薏苡杏仁露

【来源】儿科主任医师吴丽萍

【组成】薏苡仁100克、杏仁20克、冰糖少许。

【制作及方法】将薏苡仁淘洗干净;杏仁去皮、尖,洗净;冰糖,捣烂。将薏苡仁放入锅内,加清水适量,用武火煮沸后,转用文火煮至半熟,放入杏仁,继续用文火煮至熟,加入冰糖,溶化即成露。

【功效】润肺止喘,健脾化痰。

【方解】薏苡仁,清热、健脾;杏仁,润肺祛痰、止咳平喘。

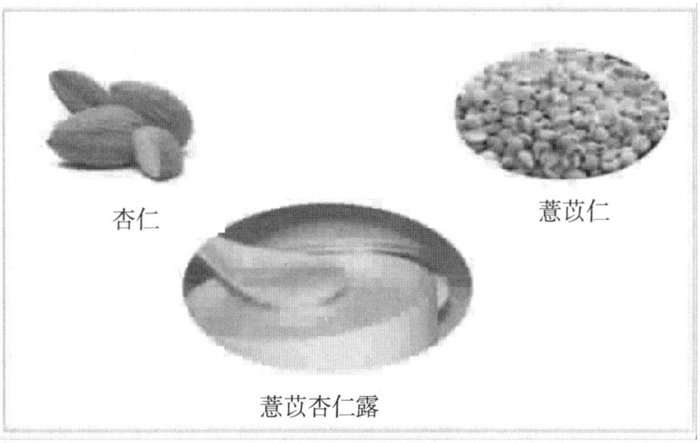

二、脾肾阳虚 肾阳虚动则喘促咳嗽,面色苍白,形寒肢冷,脚软无力。脾阳虚腹胀纳差,大便溏薄。

【常用药膳】芡实虫草粥

【来源】儿科主任医师吴丽萍

【组成】芡实30克、冬虫夏草10克、杏仁(甜)10克、红枣10个、粳米50克。

【用法】以上各味洗净,红枣去核与粳米同煮成粥,分次服食,也可常食。

【功效】补肾纳气定喘。

【方解】芡实补中益气、固肾补脾;冬虫夏草益肾壮阳,补肺平喘,止咳化痰。

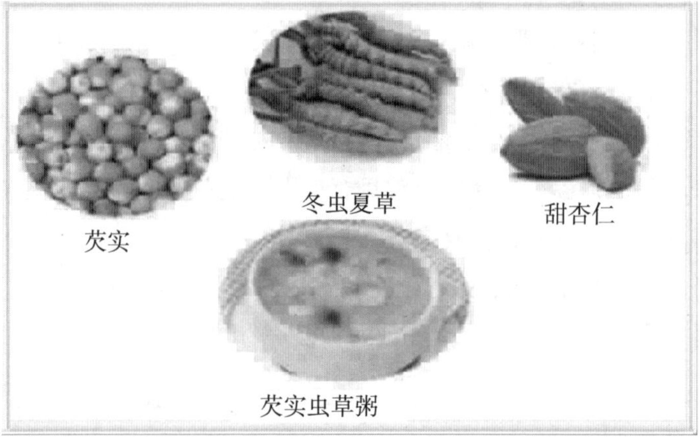

三、肺肾阴虚　喘促乏力，咳嗽时作，干咳或咳痰不爽，面色潮红，形体消瘦，潮热盗汗，口咽干燥，手足心热，便秘。舌红少津，舌苔花剥，脉细数，指纹淡红。

【常用药膳】核桃杏仁汤（同前）

积聚（肺癌）

肺癌是发病率和死亡率增长最快，对人群健康和生命威胁最大的恶性肿瘤之一。肺为气血之源，五脏之华盖，虚如蜂窝，下无透窍，吸之则满，呼之则虚，为人身血气调和之枢纽，中医认为肺癌由内因和外因两方面引起。外因是风、寒、暑、湿、燥、火长期侵袭肺脏，邪毒聚结到肺，日久不散所致。内因是七情太过或不及，或因正气虚损，邪气乘虚侵袭肺，郁结胸中所致。

膳食宜忌：加强营养，患者宜进食高热量、高蛋白，高维生素的食物。肺癌患者可适当进食一些具有养阴润肺，止咳功能的食物，如莲子、山药、百合、白木耳。宜选用牛奶、鸡蛋、鸡肉、鱼、瘦肉、豆制品、新鲜的蔬菜水果等等。忌食油腻及一些刺激性食物。

通用药膳：莲子、山药、百合、白木耳、牛奶、鸡蛋、鸡肉、鱼、瘦肉。

辨证施膳：

一、肺脾气虚证　久咳痰稀，胸闷气短，神疲乏力，腹胀纳呆，浮肿便溏。舌质淡，苔薄、边有齿痕。

【常用药膳】糯米山药粥

【来源】甘肃省名中医、主任医师张志明

【组成】糯米1杯,红枣10粒(去核),山药300克,枸杞两大勺。

【制作与用法】糯米洗净,加水6杯,烧开,改小火煮粥,红枣泡软,放入同煮。山药去皮切丁,待粥已形成时放入同煮至熟,并加糖调味。最后加入洗净的枸杞煮溶即关火盛出。

【功效】健脾益肺。

【方解】山药健脾,糯米补肺,培土生金也。肾气不足,火不陪土,则脾气渐虚,故用枸杞子补肾以暖土。红枣健脾益气养血。

二、肺阴虚证 咳嗽气短,干咳痰少,潮热盗汗,五心烦热,口干口渴。舌赤少苔,或舌体瘦小、苔薄。

【常用药膳】核桃雪梨汤

【来源】肿瘤科医师王鑫

【组成】雪梨两个,核桃20克,银耳少许,冰糖30克,枸杞少许。

【制作与用法】银耳温水泡发,枸杞洗净。将核桃碾碎,银耳剪碎,枸杞沥去水。雪梨洗净,去皮,割下一头,中间掏空,填入已备好的果料。放上冰糖,盖上切下的梨盖,蒸30分钟左右,待梨汁渗出,梨肉变透明即可。

【功效】滋阴养肺,补气润燥。

【方解】枸杞子滋肾阴,核桃助气化;银耳益气养阴,雪梨冰糖补肺润燥。诸药共奏,滋肺养阴,润燥止咳。

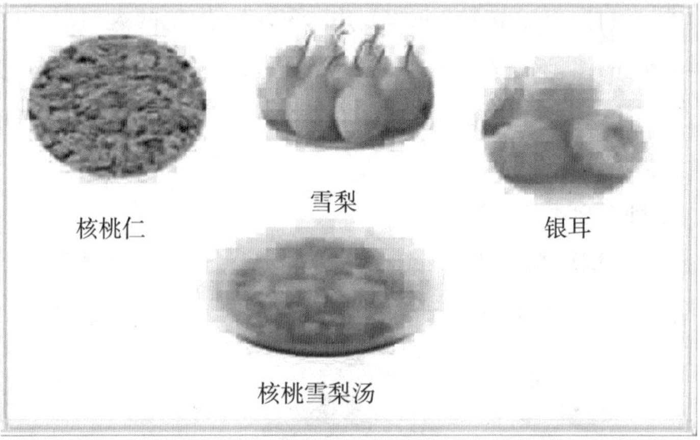

三、气滞血瘀证 咳嗽气短而不爽，气促胸闷，心胸刺痛或胀痛，痞块疼痛拒按，唇暗。舌紫暗或有瘀血瘀斑、苔薄。

【常用药膳】白萝卜丝汤

【来源】肿瘤科医师王鑫

【组成】白萝卜250克，佛手 15克，当归15克，虾米皮适量，油适量，盐适量，香菜适量，姜适量。

【制作与用法】白萝卜去皮洗干净切成丝。锅中放油爆香姜片；放入虾米皮翻炒后放入清水，水开后去浮沫；放入萝卜丝，炖煮15分钟，汤呈白色加入盐。加入香菜末出锅即可。

【功效】下气消食，除疾润肺，解毒生津。

【方解】白萝卜下气消痰；佛手理气解郁；当归凉血止痛。三药同用化痰理气，凉血止痛，降气止咳。

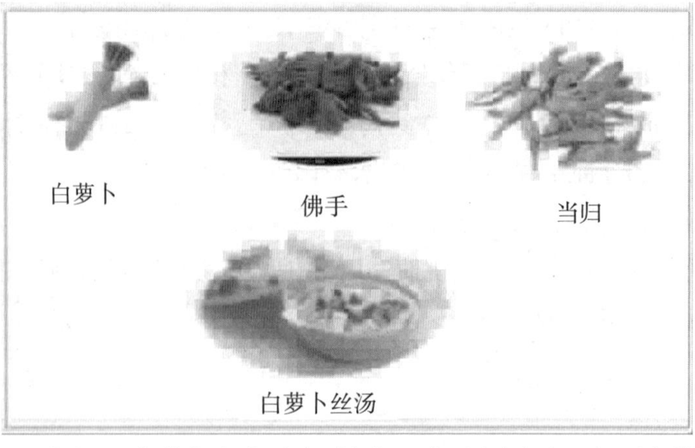

四、气阴两虚证 咳嗽有痰或无痰，神疲乏力，汗出气短，午后潮热，手足心

热,时有心悸。舌质红苔薄,或舌质胖有齿痕。

【常用药膳】皮蛋瘦肉粥

【来源】甘肃省名中医、主任医师张志明

【组成】大米150克,皮蛋两个,猪瘦肉90克,水适量,盐适量,鸡精适量,料酒半勺,淀粉少量,香油一勺。

【制作与用法】将大米放入大碗中,加水揉搓后,洗净,放入水中浸泡30分钟。将泡过的大米再度洗净,沥去水后倒入锅中,加水适量,盖上锅盖开煮。瘦肉浸泡出血水后,再清水冲洗一遍,与生抽、淀粉、适量盐抓拌均匀腌制10分钟。皮蛋剥皮切丁备用。将腌好的肉丝加水煮开,待肉变白熟好后,捞出待用。待粥煮的比较黏稠后加入瘦肉丝,皮蛋丁,煮1分钟左右,并用勺子不断搅动,放入适量盐,鸡精,香油即可。

【功效】益气养阴,养血生津。

【方解】大米益气。皮蛋,猪肉均为有情之品,用之补气养阴。

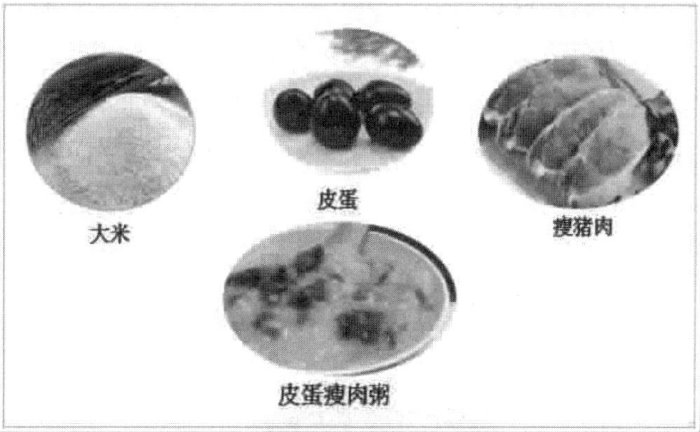

胃脘痛(慢性胃炎)

胃脘痛(慢性胃炎)是由不同病因引起的各种慢性胃黏膜炎性病变,是一种常见病,其发病率在各种胃病中居首位。自纤维内镜广泛应用以来,对本病认识有明显提高。临床分为常见慢性浅表性胃炎、慢性糜烂性胃炎和慢性萎缩性胃炎。常见病因包括幽门螺杆菌感染,病毒,毒素,刺激性物质,药物,胆汁反流,X线照射,环境改变,口腔、咽部感染。常见症状包括腹部隐痛,食欲减退,饱胀,反酸。

膳食宜忌:饮食宜定时定量,以细软、少渣、易消化营养丰富的食物,多食含

维生素A、B、C多的食物。进食时要细嚼慢咽，使食物充分与唾液混合，有利于消化和减少胃部的刺激。过酸、过辣等刺激性食物及生冷不易消化的食物应尽量避免。忌服浓茶、浓咖啡等有刺激性的饮料。

通用药食：如鱼、禽、虾、瘦猪肉、嫩牛肉、软米饭、馒头、花卷、鱼片、细面条等。

辨证用膳：

一、肝胃气滞　胃脘痞胀疼痛或攻窜胁背，嗳气频作，遇烦恼复发或加重，胸闷食少，嗳腐吞酸，大便成形、排便不畅。舌苔薄白，脉弦。

【常用药膳】金橘猪肚汤

【来源】脾胃病科副主任医师刘俊宏

【组成】金橘根30克，鲜猪肚1个（约100克），盐适量。

【制作及方法】将金橘根洗净切碎，鲜猪肚洗净切碎。将二者放入锅中，加清水1000毫升，烧开后改文火炖至350毫升左右，放盐即可。

【功效】疏肝理气，和胃止痛。

【方解】金橘，为芸香科植物，根性温味酸苦，含挥发油等，能行气，散结，止痛，《闽东本草》记载它能“调气降逆，健脾开胃”。猪肚即猪胃，味甘、性温，入胃、大肠经，《别录》有“补中益气”的功用。

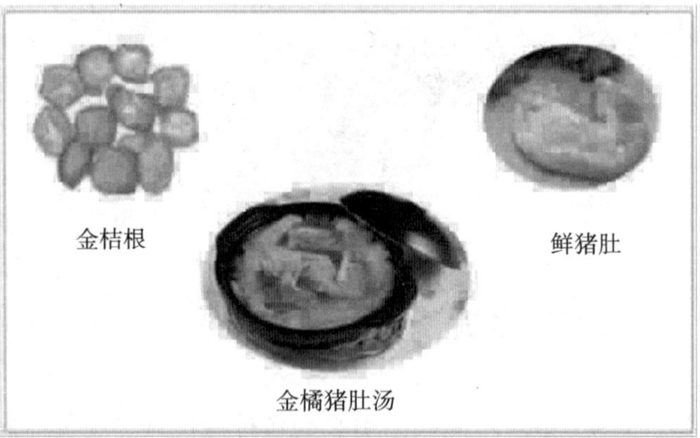

金橘猪肚汤

二、肝胃郁热证　胃脘灼痛，痛势急迫，喜冷恶热，得凉则舒，心烦易怒，泛酸嘈杂，口干口苦。舌红少苔，脉弦数。

【常用药膳】鲜芦根粥

【来源】脾胃病科副主任医师刘俊宏

【组成】新鲜芦根100克、青皮5克、粳米100克、生姜2片。

【制作及方法】将鲜芦根洗净后，切成1厘米长的细段，与青皮同放入锅内，加适量冷水，浸泡30分钟后，武火煮沸，改文火煎20分钟。捞出药渣，加入洗净的粳米，煮至粳米开花，粥汤粘筒。端锅前5分钟，放入生姜，每日分2次温食。

【功效】疏肝理气，泄热和中。

【方解】芦根清热养阴，青皮行气止疼；生姜和胃止呕；粳米养胃益脾。以上诸药配伍得当，共达泄热和胃，养阴止痛之功效。

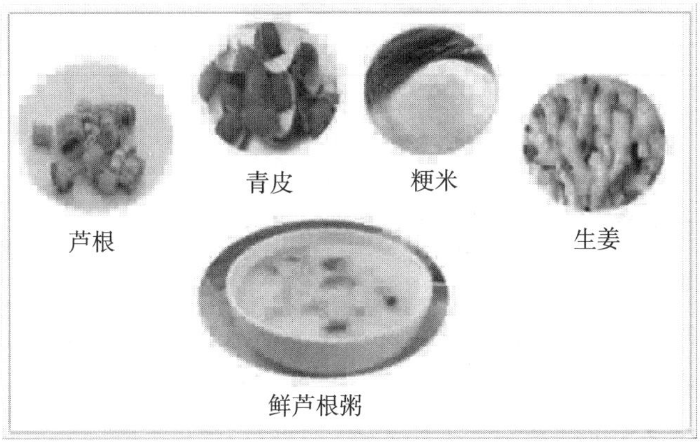

三、脾胃湿热证　胃脘疼痛，嘈杂灼热，口干不欲饮，饥而不欲食，小便色黄，大便不畅。

【常用药膳】薏米瘦肉煲

【来源】脾胃病科副主任医师刘俊宏

【组成】薏米100克，猪瘦肉150克，鲜百合40克、调味料、冰糖、盐。

【制作及方法】(1)先将薏米放入清水中浸泡半天，猪肉用温水洗净后切长小块，百合洗净后备用；(2)取瓦罐，放入薏米、瘦肉、清水，先煮至八成熟后加入冰糖、百合、再用小火将猪肉煮熟烂，最好加盐调味即可食用。

【功效】祛湿养胃。

【方解】本汤品中，薏米具有健脾、祛湿的功效；百合具有很强的养胃作用。二者结合食用，对慢性胃炎患者有很好的补益作用。

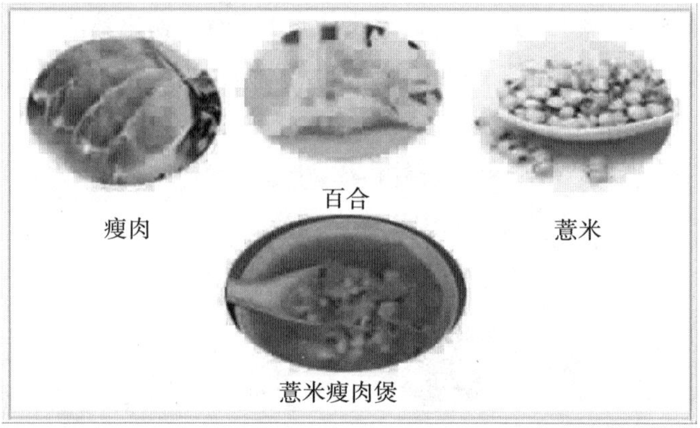

四、脾胃虚寒证

【常用药膳】桂圆糯米粥

【来源】脾胃病科副主任医师刘俊宏

【组成】糯米100克，桂圆肉25克。

【制作及方法】将糯米淘洗干净入锅，加水1~1.5升。先用大火烧开，再转用小火熬煮。待粥半熟时加入桂圆肉，搅匀，继续煮至粥成。

【功效】补中益气，健脾养胃，止虚汗之功效。

【方解】糯米有收涩作用，对尿频，盗汗有较好的食疗效果；桂圆味甘、性温，归心、脾经，有开胃、养血益脾、补心安神、补虚长智之功效。

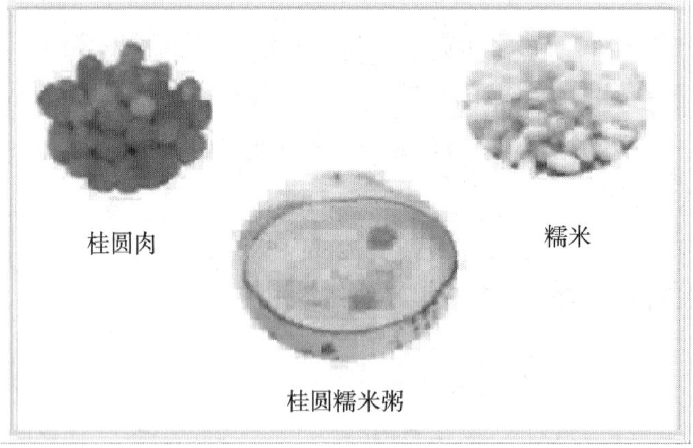

胃疡(消化性溃疡)

消化性溃疡是常见、多发的消化道疾病之一,分为胃溃疡和十二指肠溃疡,主要表现为胃脘部近心窝处疼痛,以胀痛,刺痛或灼痛为主,周期性发作,伴有嗳气,反酸,食后腹胀,消化不良,恶心呕吐等,甚至便血,吐血。溃疡的形成有各种因素,其中酸性胃液对黏膜的消化作用是溃疡形成的基本因素,因此得名。消化性溃疡属于典型的心身疾病范畴,心理-社会因素对发病起着重要作用,因此,乐观的情绪、规律的生活、避免过度紧张与劳累,无论在本病的发作期或缓解期均很重要。

膳食宜忌:

(1)为了补充营养和中和胃酸,宜常饮牛奶、豆浆;为了减缓胃部蠕动和胃液分泌,宜多吃奶酪和奶油。

(2)不宜多吃促进胃酸分泌的浓缩肉汁、香料、浓茶、咖啡、酒(除有治疗作用者外)及过甜、过酸、过辣、过硬的或含纤维素过多的不易消化及易产气的食物,如整粒大豆、芹菜、韭菜、泡菜、老菜帮等。

(3)煎、炸、烟熏、腌腊、生拌等法烹制的菜,不易消化,易增加胃的负担,不宜多食。

(4)为避免便秘,宜常吃香蕉、蜂蜜等润肠食物。

(5)少量出血时,宜适当用些牛奶、豆浆、米汤、藕粉一类流汁饮食,但不宜多加糖,以免引起胃酸过多,并应少食多餐,待出血停止病情稳定后,逐渐改用面糊、稀粥、蛋羹及饼干等食物。

(6)若并发大量出血、幽门梗阻、急性穿孔,应停止一切饮食,及时送医院抢救或手术治疗。

辨证用膳:

一、肝胃不和　胃脘胀痛,窜及两肋,善叹息,遇情志不遂胃痛加重,嗳气频繁,口苦,性急易怒,嘈杂泛酸。舌苔薄黄,脉弦。

【常用药膳】猪肚萝卜汤

【来源】脾胃病科副主任医师刘俊宏

【组成】白萝卜400克,猪肚1个。

【制作及用法】(1)将白萝卜洗净,切块备用。(2)将猪肚搓洗干净,切成丝,用料酒拌匀待用。(3)将处理好的白萝卜和猪肚一同放入锅里略炒,然后加水煮熟烂后调味食用。用法:每2日佐餐食用1次,连食10日。

【功效】疏肝理气。

【方解】白萝卜,味辛、甘,性凉,有消食化痰、顺气宽中、利五脏、止消渴、解毒防癌、轻身健美的功效,可用于治疗食欲胀满、咳嗽声哑、吐血、衄血、消渴、偏正头痛、口疮、损伤瘀血、脚气等症。猪肚味甘性温,有健脾和胃、补中益气、止渴消积的功效,可用于治疗体虚泄泻、消渴、水肿等症。

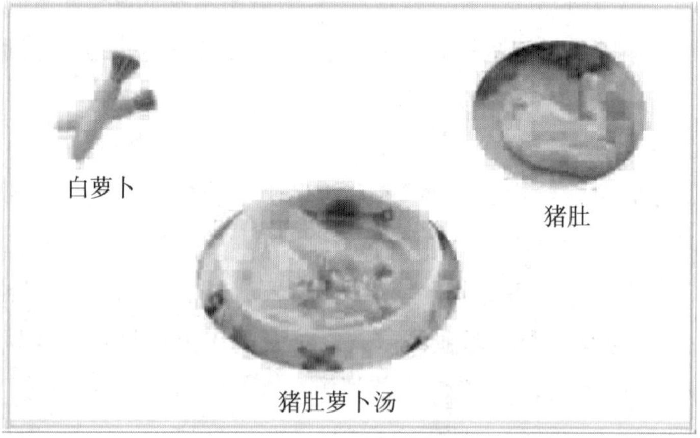

二、脾胃气虚　胃脘隐痛,腹胀纳少,食后尤甚,大便溏波,肢体倦怠,少气懒言,面色萎黄,消瘦。舌淡或有齿印,苔薄白,脉沉弱。

【常用药膳】大枣山药粥

【来源】脾胃病科主任医师张晶

【组成】山药1根 ,红枣6颗,大米适量,清水(按个人所需)。

【制作及用法】(1)准备好要用的食材,山药带上一次性手套削皮洗净,红枣用温水泡发;(2)大米用清水淘洗干净;(3)山药切段;(4)把全部食材倒入高压锅中,也可以用砂锅;(5)按个人所需加入清水;(6)盖上锅盖,大火煮开至上汽冒泡后、转小火再煮3分钟即可关火。每日1剂,分2次服,温热服食。

【功效】健脾养胃。

【方解】此粥中山药有止泻、健脾、补肺之效;红枣有安神、补脾胃、辅助降脂;大米富含碳水化合物。共成可健脾养胃,疏肝理气之功,适用于胃脘隐痛。

三、脾胃虚寒 胃脘隐痛，喜暖喜按，空腹痛重，得食痛减，纳呆食少，畏寒肢冷，头晕或肢倦，泛吐清水，便溏腹泻。舌淡，苔白，脉虚弱。

【常用药膳】姜汁羊肉汤

【来源】脾胃病科主任医师张晶

【组成】生姜1片（长1厘米），绿花菜（西兰花）125克，葱125克，水田芥（西洋菜）125克，糖荚豌豆125克，嫩玉米125克，羊腰肉（羊柳）500克或瘦羊肉8块，橄榄油1~2汤匙，盐、黑胡椒适量，花生油2汤匙，羊肉清汤、清鸡汤或高汤3汤匙，淡酱油1~2汤匙。

【制作及用法】（1）生姜削皮剁末，蔬菜洗净，绿花菜切成小朵，水田芥切碎，葱切成火柴棒粗细，糖荚豌豆去蒂去筋，以上材料与嫩玉米待用。（2）羊肉切成8块，每块2.5厘米厚，抹上橄榄油，加盐、黑胡椒。（3）煎锅不下油，用中火加热，放入羊肉煎两分钟至底部呈棕色，另一面煎3~4分钟，羊肉须熟但中心略带粉红色，加盖保温。（4）中式锅子或大煎锅注入花生油，加热，放入生姜及预备好的蔬菜，拌炒3~4分钟至软。（5）将羊肉清汤或清鸡汤、酱油加入蔬菜中，调味后加盖煮2分钟。（6）装盘时，在每个餐盘中放两块羊肉，用匙子将蔬菜舀在羊肉上及羊肉四周即可。

【功效】温中健脾。

【方解】羊肉性温而不燥，能够暖中祛寒、温补气血、开胃健脾，所以冬天吃羊肉，既能抵御风寒，又可滋补身体。羊肉常吃容易上火，因此，食羊肉时要搭配凉性和甘平性的蔬菜，能起到清凉、解毒、去火的作用。

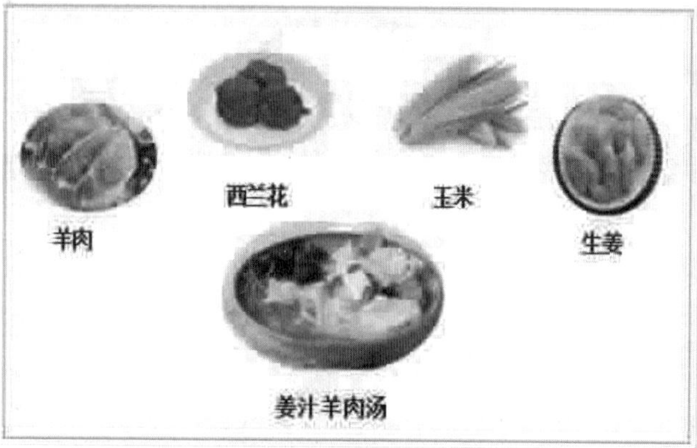

四、肝胃郁热 胃脘痛势急迫，有灼热感，口干口苦，吞酸嘈杂，烦躁易怒，便秘，喜冷饮。舌质红苔黄，脉弦或弦数。

【常用药膳】薏仁莲子粥

【来源】脾胃病科副主任医师刘俊宏

【组成】薏仁100克，莲子30克，红枣3颗，冰糖10克，冷水1000毫升。

【制作及用法】(1)薏仁淘洗干净，用冷水浸泡三个小时，捞出沥干水分，莲子去莲心，用冷水洗净；红枣洗净去核。(2)锅内加入1000毫升冷水，放入薏仁，用旺火烧沸，然后加入莲子、红枣，一起焖煮至熟透，最后加入冰糖，熬至成粥状，即可食用。

【功效】疏肝清热。

【方解】薏苡仁可用于治疗泄泻、筋脉拘挛、屈伸不利、水肿、脚气、肠痈、淋浊、白带等症。莲子的营养价值较高，含有丰富的蛋白质、脂肪和碳水化合物，为补养元气之珍品。药用时去皮、心，中医处方叫“莲肉”，具有补脾、益肺、养心、安神、益肾和固肠等作用；生可补心脾，熟可厚肠胃，适用于心悸、失眠、体虚、遗精、白带过多、慢性腹泻等症。另外，莲子含有丰富的蛋白质、碳水化合物、烟酸、钾、钙、镁等营养元素，也具有防癌抗癌、降血压、强心安神、滋养补虚、止遗涩精等功效。

五、胃阴不足 胃脘隐痛或灼痛，似饥而不欲食，口干而不欲饮，口干舌燥，纳呆干呕，失眠多梦，手足心热，大便干燥。

【常用药膳】 山药百合大枣粥

【来源】 脾胃病科副主任医师刘俊宏

【组成】 山药90克，百合40克，大枣15枚、薏苡仁30克及大米适量。

【制作及用法】 将山药、百合、大枣、薏苡仁及大米共煮粥。每日2次服食。

【功效】 健脾和胃。

【方解】 山药具有补脾和胃之功能；百合清热润燥；大枣、薏苡仁健脾和胃，诸物合用具滋阴养胃、清热润燥的作用。

(积聚)肝硬化

积聚是以腹内结块、伴有胀或痛为主要特征的病证。又称癖块、痃癖、痞块。一般积为脏病,属血分,病程长,病情重,且腹块有形,痛有定处。聚为腑病,属气分,病程短,病情轻,腹中结块无形,时聚时散,痛无定处。积聚的成因多由情志不舒,饮食不节,起居失宜,导致肝气郁结,气滞血瘀,脾失健运,食滞痰阻而引起。积聚初期以实为主,治以攻邪为主,兼以扶正;后期多为虚中挟实,治当以扶正为主,兼以攻邪。根据临床表现,积聚属于西医代偿期肝硬化。

膳食宜忌:

宜:补充蛋白质如蛋、奶、鱼、瘦肉和豆制品;补充糖类宜多吃含糖食物和水果(水果食品);在补充维生素方面宜多食新鲜蔬菜、水果和动物肝类。特别注意补充B族维生素和维生素A、C。如伴便秘者,可多食麻油、蜂蜜、芝麻、香蕉以保持大便通畅,减少氨的积聚,防止肝昏迷。

忌:绝对禁酒和刺激性食物。胆汁性肝硬化应禁食肥腻多脂和高胆固醇食物;有腹水时应忌盐或低盐饮食;肝昏迷时,应禁蛋白质;食道静脉曲张时应忌硬食,给流质或半流质;消化道出血时应暂时禁食,以静脉补充营养。晚期肝硬化并有肝昏迷者,应严格限制蛋白质摄入。浮肿或伴腹水者,应少盐或无盐饮食

通用膳食:芹菜、红枣、麦芽、鸡蛋、豌豆、瘦猪肉、番茄、豆腐、白菜、菜花、甲鱼、鲤鱼、香蕉、猕猴桃、李子等。

辨证用膳:

一、湿热内阻证 皮目黄染,恶心或呕吐,口干苦或口臭,胁肋灼痛,或纳呆,或腹胀,小便黄赤,大便秘结或黏滞不畅,舌苔黄腻。

【常用药膳】赤小豆粥

【来源】脾胃病科主任医师汪龙德

【组成】赤小豆50克、粳米50克,白糖适量。

【制作及用法】赤小豆洗净,温水浸泡2~3小时后放入砂锅中,加适量清水,用大火煮沸,再用小火煮烂,将淘净的粳米放入赤小豆汤内,继续用小火煮成稀粥,调入白糖。早、晚分食。

【功效】清热利湿、攻下逐水。

【方解】赤小豆含有较多的皂角甙,可刺激肠道,因此它有良好的利尿作用,能解

酒、解毒,对心脏病和肾病、水肿有益;还有较多的膳食纤维,具有良好的润肠通便、降血压、降血脂、调节血糖、解毒抗癌、预防结石、健美减肥的作用。适用于脾虚湿热之症。

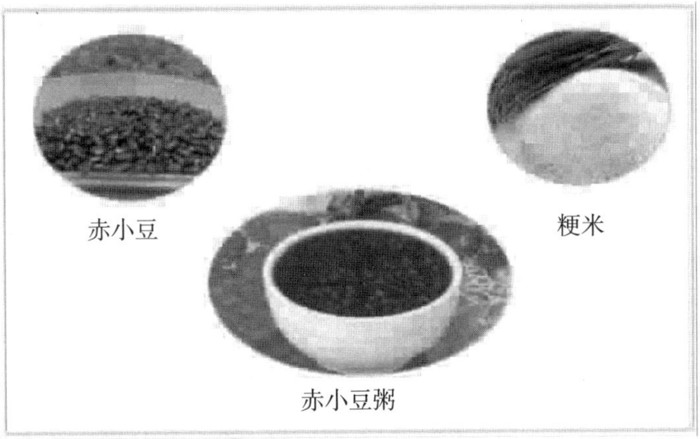

二、肝脾血瘀证 腹大坚硬,脉络怒张,胁腹刺痛,面色黯,面、颈、胸壁有血痣,呈丝纹状,手掌赤痕,舌色紫褐,口渴,饮水不能下,大便色黑。舌质紫红或有紫斑,脉细涩。

【常用药膳】桃仁丹参粥

【来源】脾胃病科主任医师张晶

【组成】桃仁10克,丹参20克,粳米100克,红糖适量。

【制作及用法】桃仁、丹参加入砂锅内同煎半小时,取汁去渣,再加入粳米煮粥,粥熟后加入红糖即可。温热服食,每日1次,连用10天为一个疗程。

【功效】活血化瘀、行气利水。

【方解】丹参有活血调经,祛瘀止痛,凉血消痈,清心除烦,养血安神之用,桃仁有活血化瘀,通经止痛的作用,此方适用于瘀血阻络之症。

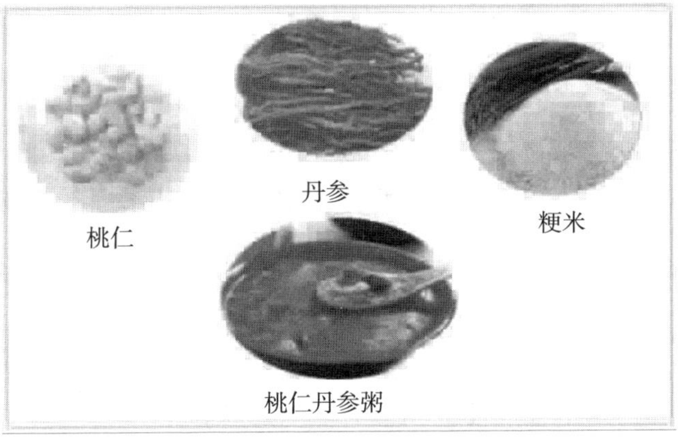

三、肝肾阴虚证 腹大胀满，或兼青筋暴露，面色晦暗，唇绀，口干心烦，失眠，牙龈出血，小便短少。舌质红绛少津，脉弦细数。

【常用药膳】鸭肉薏苡仁粥

【来源】脾胃病科副主任医师刘俊宏

【组成】鸭肉100克，薏苡仁50克。

【制作及用法】鸭肉洗净切块，与薏苡仁加水同煮，大火煮沸后，用小火煮至肉烂粥成即可。早、晚分食。

【功效】凉血清热，利水消肿。

【方解】鸭肉有滋补、养胃、补肾、除痨热骨蒸、消水肿的作用；薏仁性味甘淡微寒，有利水消肿、健脾去湿、舒筋除痹、清热排脓等功效，为常用的利水渗湿药，此粥适用于脘闷纳呆、腹泻便溏、风湿肢节重疼等，同时对腹部肿瘤也有一定辅助治疗作用。

鸭肉薏苡仁粥

四、脾肾阳虚 腹大胀满不舒，面色苍黄或晄白，脘闷纳呆，形倦怯寒，肢冷或下肢浮肿，小便短少不利，舌胖淡紫，脉沉弦无力。

【常用药膳】羊肉羹

【来源】脾胃病科副主任医师刘俊宏

【组成】羊肉250克，萝卜1个。草果、陈皮、高良姜、荜茇、胡椒各3克，面粉、生姜、葱、精盐、味精少许。

【制作及用法】羊肉洗净切丝，萝卜切片。草果、陈皮、高良姜、荜茇、胡椒用纱布包扎，与羊肉、萝卜、生姜、葱一起放入砂锅中，加适量清水，用大火煮沸，再用小火熬成汁，加精盐、味精调味，再加面粉调成羹即可。

【功效】温补脾肾、行气利水。

【方解】羊肉性温，既可御风寒，又可补身体，对一切虚状均有治疗和补益效果；萝卜有消食化痰助消化的作用；陈皮具有健脾和胃、行气宽中、降逆化痰的作用，适宜于平素脾胃虚寒，患有脘腹冷痛，呕吐，腹泻等症患者。

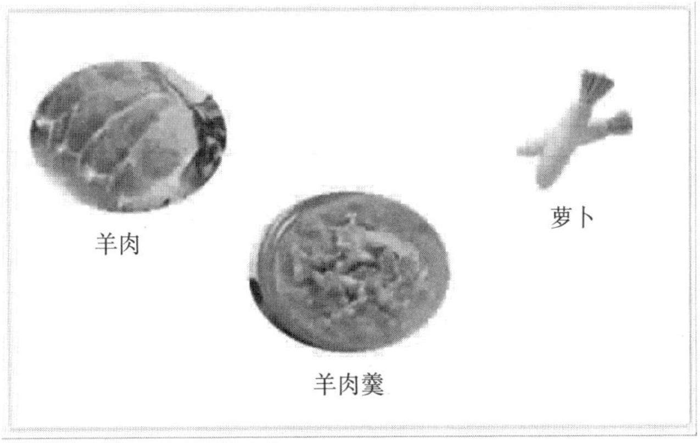

胆胀、胆石症（慢性胆囊炎、慢性胆管炎、胆石症）

胆胀，是指脏腑气郁，胆失通调所引起的以右胁胀痛为主要临床表现的一种疾病。多发于40~65岁年龄组，女性多于男性。且以偏肥胖体型多见。多因饮食偏嗜、忧思暴怒、外感湿热、虚损劳倦、胆石等原因，导致脏腑气机瘀滞，或郁而化火，胆液失于通降，即可发生胆胀。其临床表现与西医学所称的慢性胆囊炎、慢性胆管炎、胆石症等相似。

本病以右胁胀痛为主，也可兼有刺痛、灼热痛，久病者也可表现为隐痛，常伴有脘腹胀满，恶心口苦，嗳气，善太息等胆胃气逆之症，病情重者可伴往来寒热，呕吐，右胁剧烈胀痛，痛引肩背等症。起病缓慢，多反复发作，时作时止，复发者多有诸如过食油腻，恼怒，劳累等诱因。

膳食宜忌：

宜：（1）多吃富含维生素A、B族及维生素C的食物，如橘子、苹果、西红柿等水果蔬菜。（2）保护消化系统功能可用甜菜、杨梅、山药、薏苡仁、萝卜等。（3）多食有益于利胆的食品，如荞麦、薏苡仁、猴头菇、豆腐渣、金针菜、海参、无花果、芝麻、沙棘等。（4）多吃清淡，富含营养的食物，如鱼、瘦肉、蛋白、豆腐等，米、面等碳水化合物。

忌:(1)易产气使腹胀的食物不宜吃如炒黄豆、蚕豆、豌豆、红薯等。(2)忌动物脂肪及油腻食物。(3)忌烟、酒及辛辣刺激性食物。(4)忌霉变、油煎、烟熏、腌制食物。(5)忌坚硬、黏滞不易消化食物。

通用药食:患者应当在饮食上注意调养,可以适当多吃些无刺激的新鲜蔬菜、水果,鱼类,大豆制品,脱脂奶,木耳,苹果、陈皮、佛手、萝卜、西兰花、黄豆、黑豆、山药、粳米等。

辨证用膳:

一、肝气郁结型　右胁胀满疼痛,连及右肩,遇怒加重,胸闷善太息,嗳气频作,吞酸嗳腐。苔白腻,脉弦大。

【常用药膳】香橼粳米粥

【来源】社区副主任医师郑世铎

【组成】香橼20克,佛手10克,粳米100克,冰糖适量。

【制作与用法】将佛手、香橼、粳米一起放入锅内,加清水适量,武火煮沸后,文火煮成粥,冰糖调味即可。每日1剂,作早晚餐服食。

【功效】疏肝理气。

【方解】香橼味辛、微苦、酸,性温,归肝、肺、脾经,气香行散,可升可降,具有疏肝理气,宽胸化痰,除湿和中的功效。主治胸胁胀痛,咳嗽痰多,脘腹痞痛,食滞呕逆,水肿脚气,对胃胀、胃痛、早饱、嗳气等症状有明确疗效。佛手味辛、苦,性温,气味清香,药性平和,归肝、脾、肺、胃经,具有疏肝理气,化痰宽胸的功效,主治胁肋疼痛,胸腹胀痛等症。

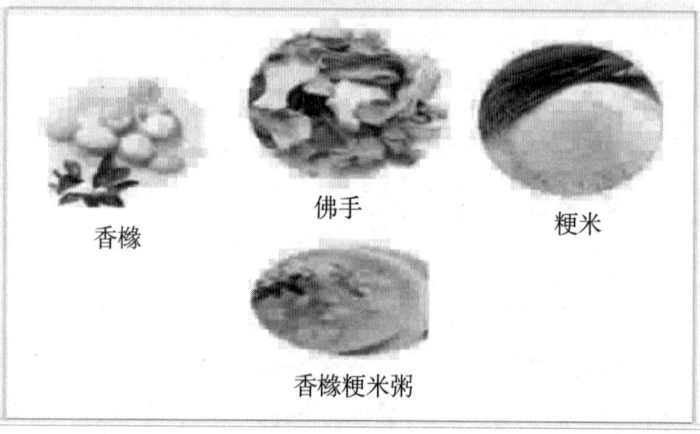

二、气滞血瘀型　右胁刺痛较剧,痛有定处,拒按,面色晦暗,口干口苦。舌

质紫暗，或舌边有瘀斑，脉弦细涩。

【常用药膳】

1. 牛肉萝卜汤

【来源】社区副主任医师郑世铎

【组成】白萝卜30克、牛肉100克、陈皮20克。

【制作与用法】牛肉切块，用清水浸泡半小时捞出，控干水分。陈皮切丝，萝卜切滚刀块。锅内清水烧开，放入牛肉煮沸，去浮沫，再煮至牛肉熟透时加入陈皮、萝卜，改用小火炖，待萝卜煮烂后下盐、味精调味即可。食肉喝汤。

【功效】调气活血，滋补肝肾。

【方解】陈皮性温、辛、苦，归脾、肺经，具有健脾和胃，行气宽中，降逆化痰的功效，主治脾胃气滞，脘腹长满，恶心呕吐，食欲不振，咳嗽痰多，胸膈满闷，梅核气；牛肉补气、温补，功同黄芪，补气的作用很强，能养气血，用来辅助调理中气下陷，对于虚寒的人很有好处，有健脾益肾之功。牛肉配陈皮，补而不滞，特别适合糖尿病、胆结石、腰腿酸软或是瘦弱乏力的人，正常人吃同样也有很好的保健作用。

白萝卜

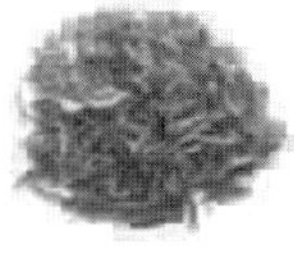
陈皮

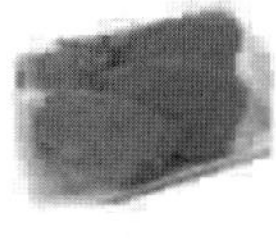
牛肉

牛肉萝卜汤

2. 化瘀养肝蜜

【来源】社区副主任医师郑世铎

【组成】丹参、白芍、当归各100克，柴胡50克，山楂250克，枸杞子250克，蜂蜜1000克，冰糖60克。

【制作与用法】将丹参、白芍、当归、柴胡、山楂、枸杞子6味中药冲洗干净，然后一起倒入砂锅内浸泡约1小时；砂锅置于火上，先用武火将中药煮沸，改用文火煎40分钟左右成为药液；将蜂蜜、冰糖加入砂锅，用文火再熬30分钟；待蜜汁与药液完全融合成黏稠状时离火，冷却后盛入容器内密封保存。每日3次，每次1匙，用开水冲饮。可长期服用达2~3个月。

【功效】活血化瘀，疏肝止痛。

【方解】丹参性味苦微温，能活血化瘀，宁心安神，止痛，主要适用于血热血瘀症者，有保肝作用，活血化瘀，回缩肝脾，调整免疫机能，抗肝纤维化；生山楂酸甘微温，能散瘀血、消食积，主要适用于瘀阻及痰湿积滞症；枸杞子性味甘平，入肝肾经，内含胡萝卜素、甜菜碱、核黄素、烟酸、抗坏血酸，钙、磷、铁等成分，具有降血脂作用;保肝作用，增强免疫功能；蜂蜜甘平，具补中润燥，解毒痛之功效。诸药搭配，共奏滋养肝肾，活血化瘀以及祛痰化湿之功效。

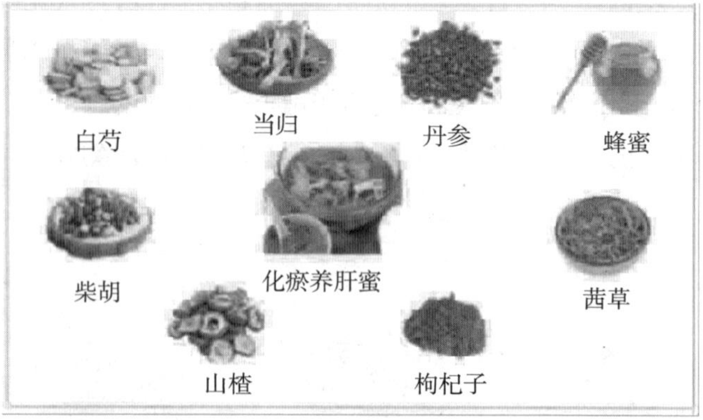

3. 山楂三七粥

【来源】社区副主任医师郑世铎

【组成】生山楂10克，炒莱菔子粉10克，三七粉3克，大米50克，蜂蜜适量。

【制作与方法】取山楂、大米煮粥，待沸时调入三七粉、莱菔子粉、蜂蜜，煮至粥熟服食。

【功效】活血化瘀，理气止痛。

【方解】山楂味甘、性微温酸，入脾、胃、肝经，具有健脾开胃、消食化滞、软坚消积、活血化痰、降压降脂、强心的功效；三七又名金不换、田七味甘，微苦，性温，归肝经、胃经、心经、肺经、大肠经，具有止血散瘀、消肿止痛的功效；炒莱菔子性平，味辛、甘，归肺、脾、胃经，主治消食除胀，降气化痰，用于饮食停滞、脘腹胀痛、大便秘结、积滞泻痢、痰壅喘咳；大米具有补中益气、健脾养胃、和五脏、通血脉、聪耳明目、止烦、止渴、止泻的功效。

4. 桃仁墨鱼汤

【来源】外科主治医师宗杰。

【组成】桃仁6克、枳壳 10克、墨鱼1条、调味品适量。

【制作及方法】将墨鱼去头、骨，洗净，切丝，桃仁、枳壳布包，加水同煮沸后去浮沫。文火煮至墨鱼熟透，去药包，调味服食。

【功效】缓肝散血, 行瘀去滞。

【方解】桃仁可以破血行瘀，抗炎抗过敏；枳壳的作用较为缓和，具有理气宽中，行滞消胀的作用；墨鱼具有较高的营养价值,养血滋阴、益胃通气、去瘀止痛的功效。三种食材合用，共同起到行瘀去滞，提高免疫力之功效。

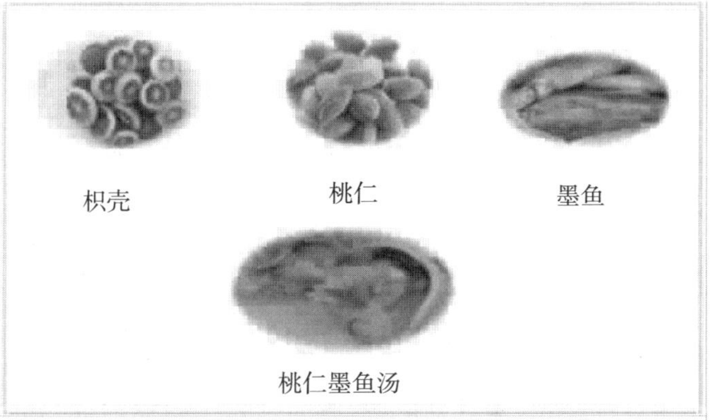

三、胆腑郁热型 右胁灼热疼痛，口苦咽干，面红目赤，大便秘结，小便短赤，心烦失眠易怒。舌红，苔黄厚而干，脉弦数。

【常用药膳】

1. 冬瓜薏仁汤

【来源】社区副主任医师郑世铎

【组成】冬瓜500克、薏苡仁50克、赤小豆25克、食盐少许。

【制作与用法】上述原料同煮熟后，食盐调味，食物喝汤。

【功效】清热利湿消肿。

【方解】冬瓜性味凉，甘淡，归肺、脾、小肠经，轻清走表，可宣可降，利水消肿，消热解渴，主治水肿，小便不利，伤暑，消渴，痈疮肿痛，跌仆伤损；苡仁性味甘淡，微寒，归脾、肺、肾经，利湿健脾、舒筋除痹、清热排脓，主治黄疸、水肿、小便淋沥、湿温病、泄泻带下、风湿痹痛、筋脉拘挛、肺痈、肠痈等；赤小豆又名猪肝赤，性平，味甘、酸，入心、小肠经，具有利湿消肿、清热退黄、解毒排脓、润肠通便、降血压、降血脂、调节血糖、预防结石的作用，主治水肿，黄疸，泻痢，便血，痈肿。

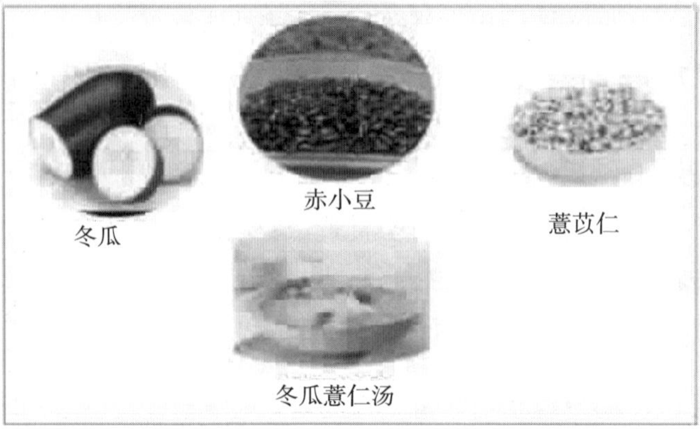

2. 芩鱼绿豆汤

【来源】《中华养生食谱》

【组成】鱼腥草25克、黄芩15克、绿豆50克、食盐、陈醋少许。

【制作与用法】黄芩、鱼腥草水煎去渣取汁与绿豆同煮烂，加食盐、陈醋调味服用。

【功效】清热解毒。

【方解】黄芩性味苦，寒，归肺、胆、脾、大肠、小肠经，有清热燥湿，凉血安胎，泻火解毒功效，主治温热病、湿热黄疸、上呼吸道感染、肺热咳嗽、肺炎、痢疾、咯血、目赤、胎动不安、高血压、痈肿疖疮等症；绿豆味甘，性寒，无毒，可消肿通气、清热解毒、可治丹毒、烦热风疹、补肠胃，治伤风头痛，消除呕吐，常吃，补益元气，和调五脏，安神，通行十二经脉之功效；鱼腥草味辛，性寒凉，归肺经，能清热解毒、消肿疗疮、健胃消食、利尿除湿、清热止痢，主治实热、热毒、湿邪、疾热为患的肺痈、脾胃积热、疮疡肿毒、痔疮便血等。三种食药合用具有抗菌、抗病毒、提高机体免疫力、利尿等作用。

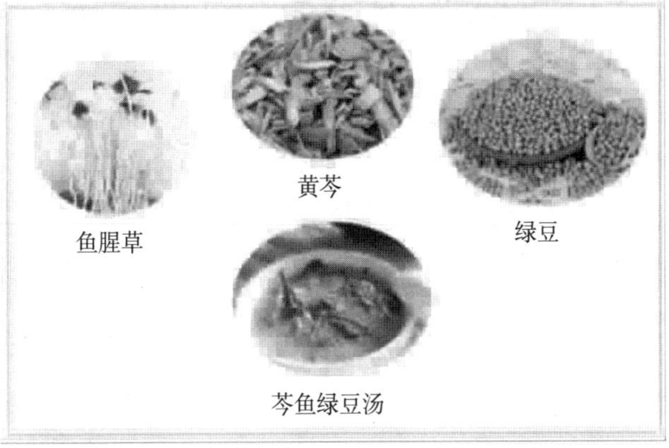

3. 黄芩茵陈茶

【来源】外科主治医师宗杰

【组成】黄芩10克、茵陈10克。

【制作及方法】先将黄芩、茵陈清水洗净，放入茶壶中，加开水适量，加盖浸泡，晾温后即可，每日随量服用。

【功效】清热行气利湿，退黄消炎。

【方解】黄芩具有清热燥湿；茵陈具有退黄消炎；共达清利肝胆湿热、消解热毒之效，适用于肝胆湿热之胆胀。

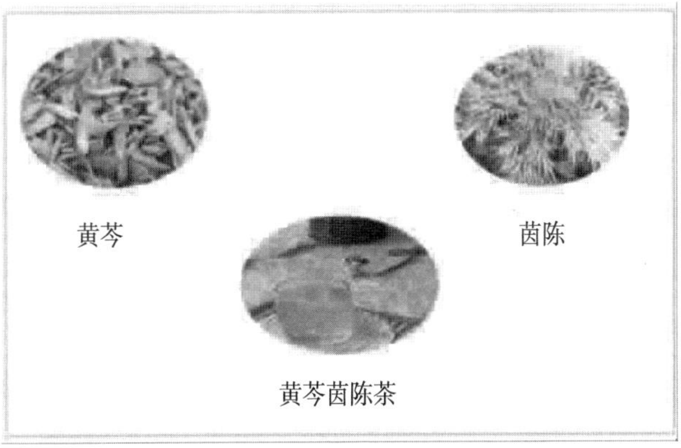

四、肝胆湿热型 右胁胀满疼痛，胸闷纳呆，恶心呕吐，口苦心烦、大便黏滞，或见黄疸。舌红苔黄腻，脉弦滑。

【常用药膳】百合豆腐汤

【来源】社区副主任医师郑世铎

【组成】百合10克、豆腐150克、泥鳅250克、盐3克。

【制作与用法】泥鳅去鳃及内脏，洗净；豆腐切块。泥鳅入锅，加盐、清水适量，置武火上，炖至五成熟时，加入豆腐、百合，再炖至泥鳅熟烂即可。

【功效】补益脾肾、利水解毒。

【方解】百合性味甘，微苦、微寒 ，归心、肺经，养阴润肺，清心安神；泥鳅味甘，性平，无毒，具有暖脾胃、祛湿、疗痔、壮阳、止虚汗、补中益气、强精补血之功效，同时有较好的抗菌、消炎作用；豆腐味甘、咸，性寒，无毒，主治宽中益气，调和脾胃，消除胀满，通大肠浊气，清热散血。

泥鳅　百合　豆腐

百合泥鳅炖豆腐

五、肝阴不足型　右胁隐隐作痛，或略有灼热感，口燥咽干，急躁易怒，胸中烦热，头晕目眩，午后低热。舌红少苔，脉细数。

【常用药膳】海参枸杞汤

【来源】社区副主任医师郑世铎

【组成】海参（水发）250克、麦冬15克、枸杞子25克、生地15克。

【制作与用法】发好海参洗净切成条状，将麦冬、生地、枸杞三药煎汁适量，用以烩煮海参，加盐、味精等调料，可作菜肴吃。

【功效】益肝利胆养阴。

【方解】枸杞子味生，性平，养肝、滋肾、润肺，归肝经、肾经、肺经，主治肝肾亏虚、头晕目眩、目视不清、腰膝酸软；麦冬性味甘、微苦，微寒，归心、肺、胃经，主治养阴生津，润肺清心，用于肺燥干咳，阴虚痨嗽，喉痹咽痛，津伤口渴，内热消渴，心烦失眠，肠燥便秘；生地味甘、苦，性微寒，归心、肝、肾经，质润降泄，泻小肠火，清燥金，平诸血逆，消瘀通经，主治吐衄崩中，热毒痢疾，肠胃如焚，伤寒瘟疫痘证，诸大热、大渴引饮，折跌绝筋，利大小便；海参性微寒，味甘、咸，归肺、肾、大肠经，有补肾益精、养血润燥、止血功效。主治精血亏损，虚弱劳怯，阳痿，梦遗，肠燥便秘，肺虚咳嗽咯血，肠风便血，外伤出血。

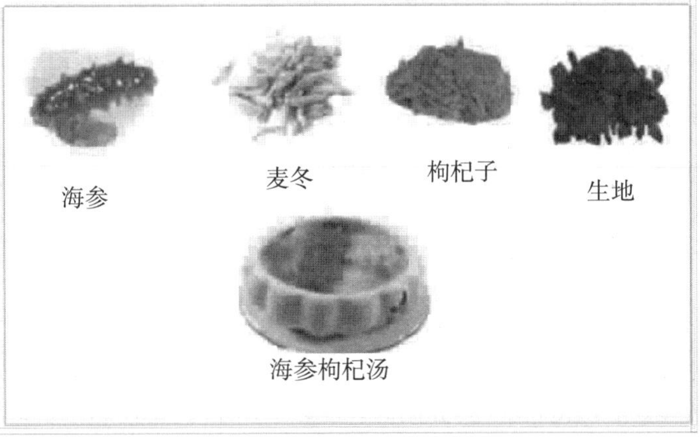

胆囊炎术后饮食：

术后第1天：肠蠕动恢复后，可饮水，饮水后无腹胀不适，可进流食，比如米汤、藕粉等，忌牛奶、豆浆。

术后第2天：进流食后如无不适，可进清淡半流食两天，也可适当喝点粥，疙瘩汤、面汤等。

术后第4天：进清淡半流食后如无不适主诉，可进食普通食品，多吃利胆食物和富含维生素C的蔬菜水果，比如菠菜、青笋、洋葱、番茄，橙子。多食低胆固醇、低脂肪食物，如瘦肉、鱼类等。

忌辛辣食物（因可刺激胃肠道分泌胆囊收缩素，引起术后并发胆瘘）；忌动物脂肪，如肥肉、猪油、猪头肉、猪蹄、奶油蛋糕；忌油煎、油炸食物，如炸油条、炸鸡蛋、炸鸡腿；忌含胆固醇高的食物，如蛋黄、肥肉、动物的内脏、鱼子。

术后第8天食物中可逐渐增加脂肪、蛋白含量。

术后1个月饮食可恢复至正常水平。

积证(大肠癌)

大肠癌是常见的恶性肿瘤,包括结肠癌和直肠癌。结直肠癌是常见的发生于结直肠部位的消化道恶性肿瘤,以40~50岁年龄组发病率最高,发病率占胃肠道肿瘤的第三位。慢性结肠炎患者,结肠息肉患者,男性肥胖患者等为易感人群。大肠癌的发病率从高到低依次为直肠、乙状结肠、盲肠、升结肠、降结肠及横结肠,近年有向近端(右半结肠)发展的趋势。主要与高脂肪和低纤维素饮食有关。

膳食宜忌:

宜:(1)应注意多吃富含膳食纤维的蔬菜水果,如菠菜、油菜、白菜、芹菜、韭菜及萝卜等绿叶蔬菜以及水果等,以保持大便通畅,减少粪便中致癌物与肠黏膜的接触时间。(2)结肠癌向肠腔凸起,肠腔变窄时,就要控制膳食纤维的摄入,此时应给予易消化、细软的半流食品,如小米粥、浓藕粉汤,大米汤、粥、玉米面粥、蛋羹、豆腐脑等。

忌:(1)忌食生冷辛辣等刺激性食物。(2)忌烟酒。

通用药食:山药、大枣、杂粮、绿叶蔬菜、莲子、萝卜等。

辨证用膳:

一、湿热蕴结型 腹痛腹胀,大便次数增多,便下脓血黏液,或里急后重,或便溏便稀。舌暗红,有瘀斑,苔薄黄,脉滑数。

【常用膳食】槐花饮

【来源】社区副主任医师郑世铎

【组成】陈槐花10克、粳米30克、红糖10克

【制作与用法】先煮米取米汤,将槐花末调入米汤中,每日放入红糖,适量调服。

【功效】清热凉血、止血。

【方解】槐花又名槐米、槐蕾,味苦、性寒,功效清热泻火,凉血止血,主治便血、痔血、咯血等出血性疾病,以及赤白下痢、风热目赤等症;粳米味甘,性平,能益脾胃,除烦渴。槐花与粳米同煮为粥,具有凉血止血作用。红糖味甘,性温、入脾,具有益气补血、健脾暖胃、缓中止痛、活血化瘀的作用。

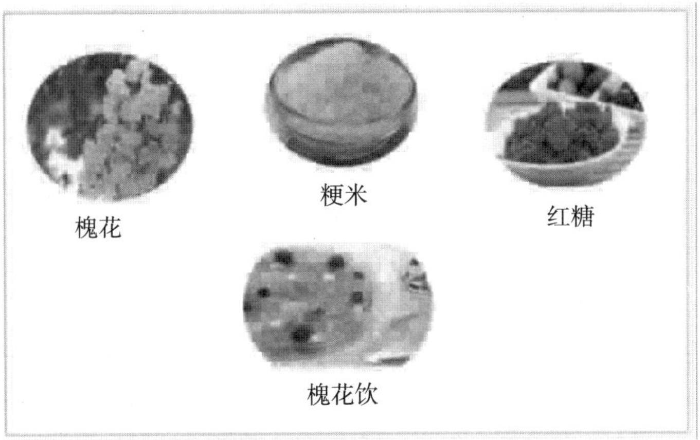

二、脾肾阳虚型 腹胀隐痛喜按，肢冷便溏，大便夹血，血色黯淡，气短乏力，或见五更泄泻，舌质淡有齿痕，舌体胖大。脉沉迟或沉细无力，苔薄白。

【常用药膳】高丽参炖鸭

【来源】《本草纲目》

【配方】高丽参10克、鸭肉50克。

【制作与用法】将高丽参切片，鸭肉去皮去骨，切成肉丝，把全部用料一齐放入炖盅中，加水适量，炖盅加盖，小火搁开水炖3小时。佐餐当菜，吃鸭饮汤。

【功效】大补元气，补虚固脱。

【方解】高丽参，学术名称朝鲜参、别直参(一般特指朝鲜半岛产的红参)，味微苦后甘甜，具有大补元气、滋补强壮、生津止渴、宁神益智等功效；鸭肉性凉，味甘、咸，入肺、胃、肾经，滋养肺胃，健脾利水。

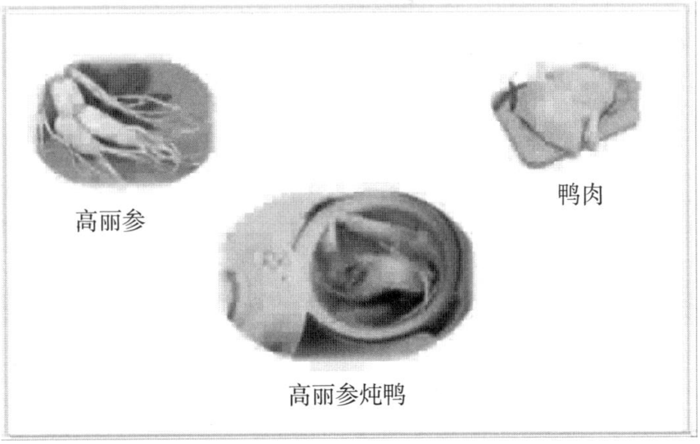

三、气血两虚型 体瘦腹满、肌肤甲错，头昏心悸、面色苍白，唇甲不华，少气乏力，神疲懒言，脱肛下坠。舌质淡，舌苔薄白，脉细弱。

【常用膳食】香菇汤

【来源】社区副主任医师郑世铎

【配方】三七10克、香菇30克、红枣20枚、鸭一只。

【制作与用法】先将三七切成片，再将香菇、红枣分别泡发，取香菇上层液倒入碗中，待用。将鸭宰杀，去毛及内脏入沸水锅中焯透，清水过凉，将三七片、香菇及红枣，纳入腹中，转入煨炖的砂锅，加足量水（以浸没鸭身为度），火煮沸，烹入料酒，改用小火煨煮1小时；待鸭肉熟烂如酥，倒入浸泡香菇的汁，加精盐、味精、五香粉拌匀，再煮至沸，淋入香油即成。佐餐当菜，随意食用，吃鸭肉，饮汤液，嚼三七饮片、香菇、红枣。

【功效】双补气血，活血抗癌。

【方解】三七味甘，微苦，性温，归肝经、胃经、心经、肺经、大肠经，可化瘀止血，活血定痛；香菇含有多种维生素、矿物质，对促进人体新陈代谢，提高机体适应力有很大作用；红枣味甘性温，归脾胃经，有补中益气、养血安神、缓和药性的功效；鸭肉性凉，味甘、咸，入肺、胃、肾经，滋养肺胃，健脾利水。

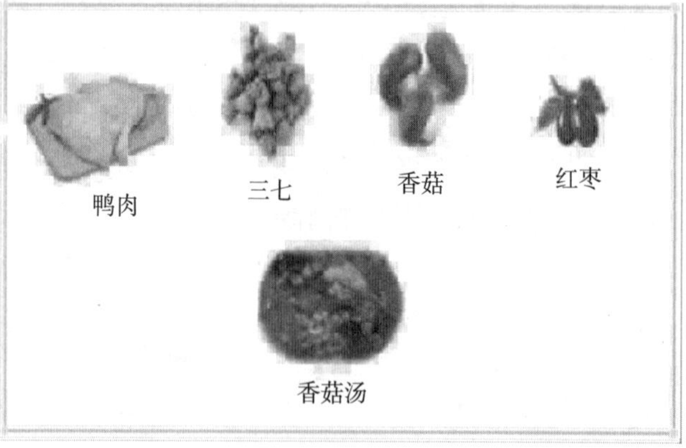

四、脾气虚弱型 面色萎黄，头晕心悸，饮食纳差，体瘦乏力，或双下肢浮肿。舌淡白，苔白薄，脉沉弱。

【常用药膳】黄芪鲈鱼汤

【来源】《嘉祐本草》

【配方】鲈鱼一条500克、黄芪30克、淮山药30克、陈皮6克、生姜4片。

【制作与用法】将鲈鱼去鳞、去肠杂、鱼鳃、洗净，切块儿；黄芪、淮山药、陈皮洗净;把全部用料一起放入锅内,加清水适量,大火煮沸后,小火煲1小时,调味即可,饮汤食肉。

【**功效**】健脾益气,开胃和中。

【**方解**】鲈鱼有很高的食用价值、营养价值、药用价值,其功效补益五脏,益筋骨,调和肠胃,腌制或晒干更好,能补益肝肾;淮山药味甘,性平,归脾、肺、肾经,有补脾养胃,生津益肺,补肾涩精,清热解毒之功效;生姜别名紫姜,鲜姜,老姜,性味辛、微温,归肺、脾、胃经,可发汗解表,温中止呕,温肺止咳,解鱼蟹毒,解药毒;陈皮性温,味辛、味苦,入脾经、胃经、肺经,具有理气健脾,调中,燥湿,化痰的作用。

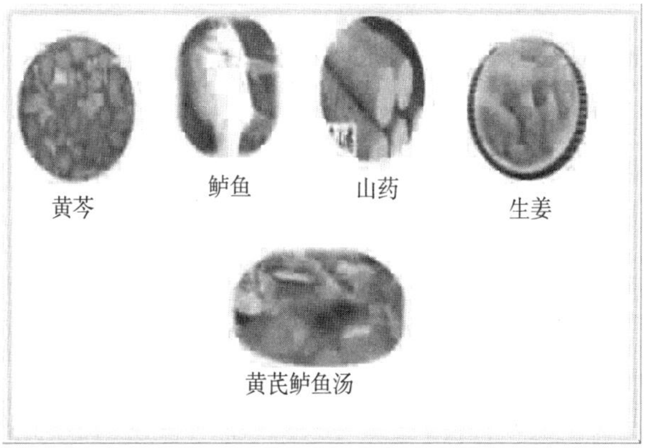

黄芩 鲈鱼 山药 生姜

黄芪鲈鱼汤

五、气机瘀滞型 腹部作胀,疼痛或隐痛,食欲不振,大便失调,矢气增多。苔白脉弦。

【**常用药膳**】薏仁粳米粥

【**来源**】社区副主任医师郑世铎

【**配方**】白萝卜100克、薏苡仁60克、粳米50克。

【**制作与用法**】将薏苡仁、粳米淘洗干净,清水浸泡30分钟,备用,白萝卜洗净,切片,先入锅中煎煮10分钟,加入薏苡仁、粳米,同煮成稠粥。早晚分食。

【**功效**】理气宽肠、健脾消食、抗癌。

【**方解**】白萝卜味辛、甘,性凉,入肝、胃、肺、大肠经,具有清热生津、凉血止血、消积滞、化痰清热、下气宽中、解毒之功效,能促进新陈代谢、增进食欲、帮助消化,可以化积滞,用于食积胀满、痰咳失音、吐血、消渴、痢疾、头痛、排尿不利等;薏苡仁性味甘淡,微寒,归脾、肺、肾经,利湿健脾;舒筋除痹,清热排脓;粳米味甘,性平,能益脾胃,除烦渴。

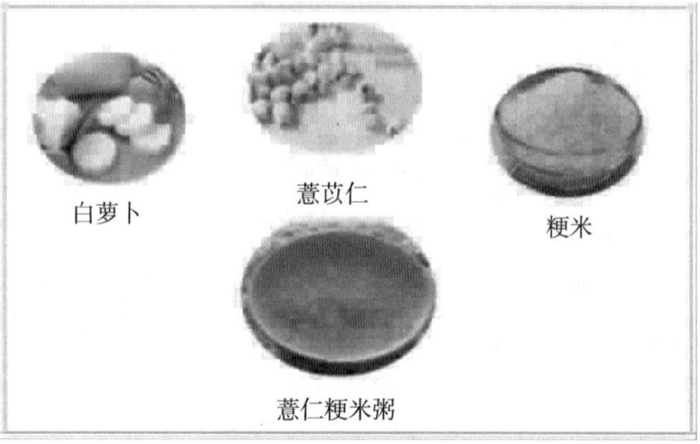

六、气滞血瘀型 腹块刺痛，坚硬不移，腹胀腹泻，利下紫黑脓血，里急后重。舌紫或有瘀斑，苔黄，脉涩而沉弦。

【常用药膳】桃花粥

【来源】《温病条辨》

【配方】仙桃花瓣10克（干品2克）、粳米30克。

【制作与用法】桃花瓣与粳米共煮成稀粥即可。隔日服一次，连服7~14天。

【功效】行气活血，利水通便。

【方解】仙桃花瓣味甘，性微温，治疗血瘀病症，但不宜久服，女性月经期间应暂停；粳米味甘，性平，能益脾胃，除烦渴。桃花与粳米同煮为粥，具有行气活血作用。

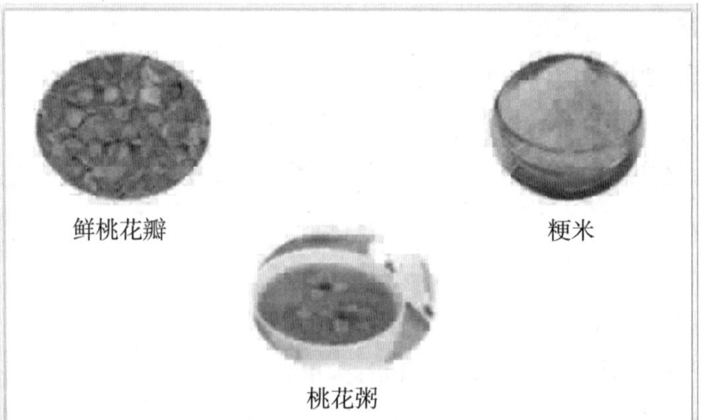

七、瘀毒内阻型 食欲不振，腹胀腹痛，大便溏薄或里急后重，黏液血便。舌苔厚腻，脉滑数。

【常用药膳】猕猴桃炖猪肉

【来源】社区副主任医师郑世铎

【配方】鲜猕猴桃根100克、猪瘦肉200克。

【制作与用法】将鲜猕猴桃根洗净，切片，煎煮50分钟，去渣取浓汁备用；将猪瘦肉洗净，切片，放入油锅中煸炒片刻，加浓缩汁及姜片、葱段、清水各适量，大火煮沸，改小火炖煮至猪肉熟烂，加入精盐、味精，再煮沸即成。佐餐当菜，随量食用。

【功效】清热解毒，活血通淋，抗癌。

【方解】猕猴桃根酸微甘，凉，具有清热解毒，活血消肿，抗癌，健胃，催乳，消炎，利尿，缓泻的作用；猪瘦肉较肥肉易于消化，能刺激人体胃液分泌，增进食欲。

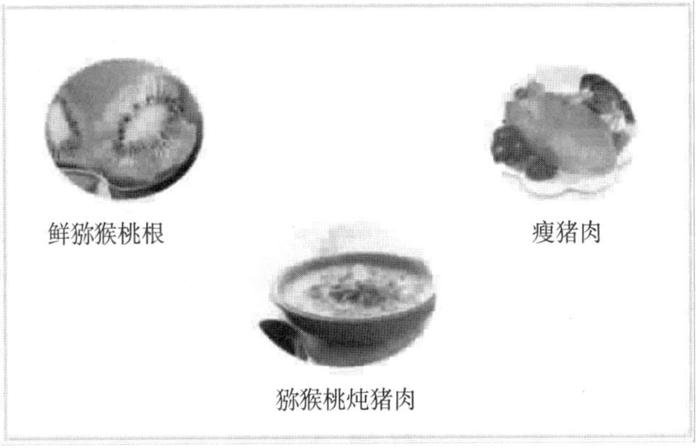

八、肝肾阴虚型 头晕目眩，腰酸耳鸣，低热盗汗，五心烦热，口苦咽干，大便燥结。苔少或无苔，舌质红，脉弦细或细数。

【常用药膳】芝麻润肠糕

【来源】社区副主任医师郑世铎

【配方】黑芝麻60克、菟丝子30克、桑葚子30克、火麻仁15克、糯米粉600克、粳米粉200克、白糖30克。

【制作与用法】将黑芝麻拣杂，淘净后晒干，入锅，用小火炒至香熟备用。再将菟丝子、桑葚子、火麻仁分别拣杂，放入砂锅，加水适量，大火煮沸后，改用小火煎煮20分钟，去渣留汁待用。将糯米粉、粳米粉、白糖放入盆中，兑入菟丝子、桑葚子、火麻仁药汁及清水适量，搓揉成软硬适中的面团，制作成糕，在糕上抹上一层植物油，均匀撒上黑芝麻，入笼屉，上笼，用大火蒸熟，即成。每日2次，每次50克或100克，随意服食。

【功效】滋补肝肾,润肠通便。

【方解】黑芝麻性味甘、平,归肝、肾、大肠经,补肝肾,益精血,润肠燥;菟丝子味辛、甘,性微温,归肝、肾、脾经,气和性缓,能浮能沉,具有补肾益精,养肝明目,健脾固胎;桑葚子味甘,性寒,滋阴补血,生津,润肠;火麻仁味甘,性平,归脾、胃、大肠经,润燥滑肠通便、润燥杀虫;糯米粉味甘,性温,入脾、胃、肺经,具有补中益气,健脾养胃,止虚汗之功效。粳米粉味甘,性平,能益脾胃,除烦渴;白糖性平,味甘,润肺生津、补中益气、清热燥湿、化痰止咳,解毒醒酒、降浊怡神。

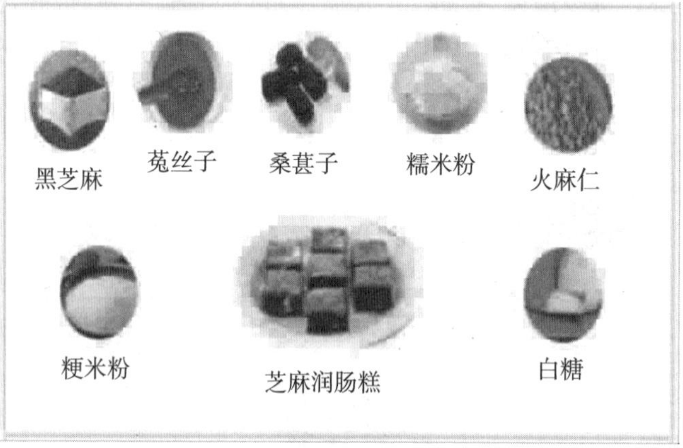

痔病(混合痔)

燥热内生,下迫大肠,以及久坐久蹲、负重远行、便秘努责、妇女生育过多、腹腔癥瘕,致血行不畅,血液瘀积,热与血相搏,气血纵横,筋脉交错,结滞不散而成。

膳食宜忌:宜食易于消化、质地较软的食物、具有润肠作用的食物、富含纤维素的食物。忌食刺激性食物、烟酒及发物类食物。

通用药食:牛初乳、粗杂粮、瘦肉、各种蔬菜、水果,如香菇、木耳、冬瓜等。

辨证用膳:

一、风伤肠络证　大便带血,滴血或喷射状出血,血色鲜红,大便秘结或有肛门瘙痒。舌质红,苔薄黄。

【常用药膳】绿豆粥

【来源】肛肠科主任医师张小元

【组成】绿豆50克、粳米100克、白糖少许。

【制作及用法】绿豆、粳米淘净同煮成粥，加白糖调味。温热服食。

【功效】清热凉血。

【方解】绿豆性凉，味甘，平时喝可以消暑止渴，并具有利尿下气的功效；粳米其味甘淡，其性平。

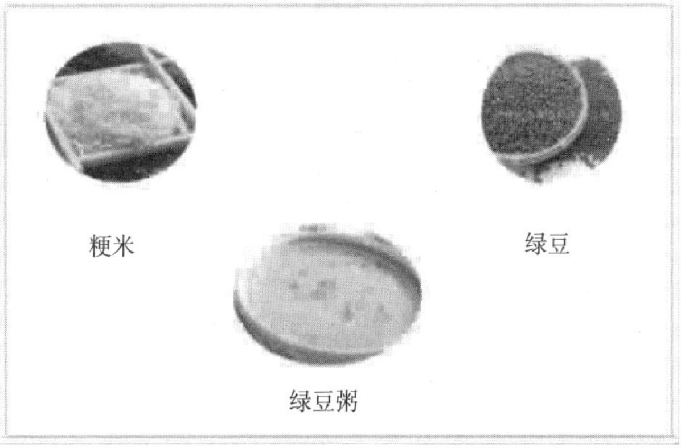

二、湿热下注证 便血色鲜，量较多，肛内肿物外脱，可自行回纳，肛门灼热，重坠不适。舌质红，苔黄腻。

【常用药膳】黑米红豆薏仁粥

【来源】肛肠科主任医师张小元

【组成】黑米60克、红豆40克、薏仁100克、白糖30克。

【制作及用法】取黑米、红豆、薏仁淘净同煮成粥，加白糖调味。温热服食。

【功效】清热利湿。

【方解】黑米性平，味甘，有胃益中，健脾活血，明目的功效；红豆性平，味甘、酸，有利湿利肿清热退黄，解毒排脓的功效；薏仁味甘淡，性凉，归脾胃、肺经，具有健脾除湿、清热排脓、除痹、利水的功效。

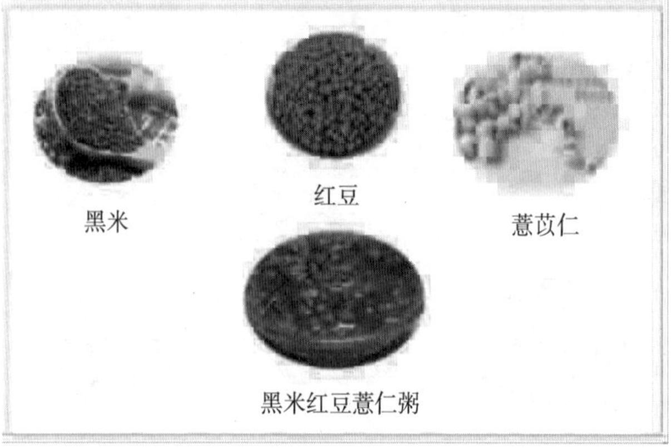

三、气滞血瘀　肛内肿物脱出，甚或嵌顿，肛管紧缩，坠胀疼痛，甚则内有血栓形成，肛缘水肿，触痛明显。舌质暗紫，舌苔白。

【常用药膳】红豆绿豆山楂大米粥

【来源】肛肠科主任医师张小元

【组成】红豆100克、绿豆100、山楂30克、大枣10枚、大米100克。

【制作及用法】将所有材料共放在锅中，加1000毫升冷水，同煮成粥豆烂即可。温热服用。

【功效】理气活血。

【方解】红豆性平，味甘、酸，有利湿利肿清热退黄，解毒排脓的功效；山楂味酸甘，性微温，有消食积、散瘀血的功效；绿豆味甘，性凉，有消暑、利水的功效。三者同煮，具有调理水肿，消化不良，肠胃胀气，利水渗湿的作用。

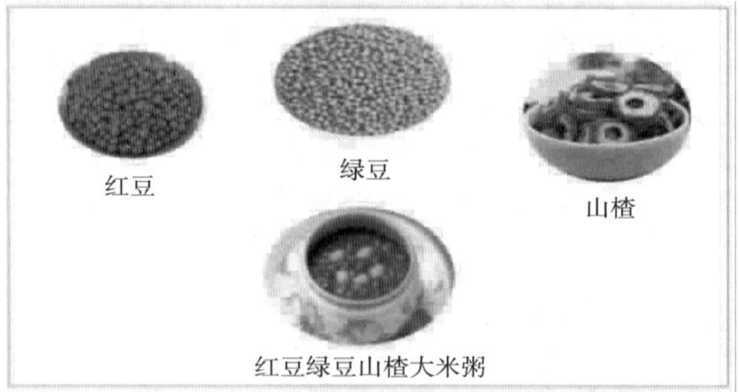

四、脾虚气陷证　肛门松弛，似有便意，内痔脱出不能自行回纳，需用手法回纳。便血色鲜或淡，伴头晕、气短、面色少华、神疲自汗、纳少、便溏。舌淡、苔薄白。

【常用药膳】茯苓粥

【来源】肛肠科主任医师张小元

【组成】茯苓粉30克、粳米100克、红枣20枚。

【制作及用法】取茯苓、同粳米、红枣同煮粥，每天1剂，清晨空腹服。

【功效】益气养血。

【方解】茯苓性甘、淡、平，归心、脾、肾经，可利水渗湿，健脾安神，具有利尿作用。

肛痈（肛门直肠周围脓肿）

肛痈是因湿热蕴结、热毒炽盛、阴虚毒恋而形成的脓肿。肛痈的发生绝大部分与肛隐窝炎有关，其临床特点是发病急骤、肛周剧痛，伴全身高热，酿脓破溃后易形成瘘管。

膳食宜忌：宜选清淡、富含维生素的饮食，保证新鲜蔬菜和水果的供给。少渣。忌食辛辣刺激之品，忌酒。

通用膳食：粗杂粮、瘦肉、各种蔬菜、水果。

辨证用膳：

一、火毒蕴结　肛门周围突然肿痛，持续加剧，伴有恶寒、发热、便秘、目赤，肛周红肿，触痛明显，质硬，表面灼热。舌质红，苔薄黄。

【常用药膳】凉拌鲜蒲公英

【来源】《私家菜菜谱》

【原料】蒲公英250克、木耳50克、香菇50克、蒜茸6克、醋、糖、盐、香油、鸡精、生抽各适量、杏仁粒30克。

【制作及用法】(1)新鲜蒲公英用淡盐水过一下,放凉待用。(2)木耳,香菇过水,放凉切丝待用。(3)开火加少许油,放蒜茸煸炒出香,倒入醋,生抽,盐,糖,鸡精搅拌。咸淡口味根据个人而定。(4)关火,待调味汁凉一点浇上蒲公英,木耳丝,香菇丝上。(5)浇香油。(6)杏仁粒碾碎,吃之前撒。

【功效】清热泻火解毒。

【方解】蒲公英其味苦、性寒,入肝、胃经。具有清热解毒,消痈散结,利尿等功效,是一味极其常用的中草药。

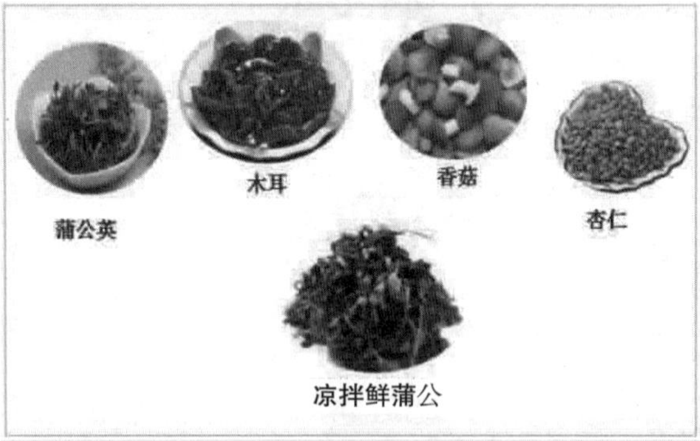

二、热毒炽盛证　肛门肿痛剧烈,可持续数日,痛如鸡啄,夜寐不安,伴有恶寒发热,口干便秘,小便困难。肛周红肿,按之有波动感或穿刺有脓。舌质红,苔黄。

【常用药膳】冬瓜薏仁汤

【来源】《家庭药膳全书》

【组成】薏米 50克、冬瓜 150克。

【制作及用法】(1)冬瓜一块、薏米用清水泡4~5小时备用,冬瓜切成1.5厘米的厚片。(2) 薏米入锅大火烧开后加水350克转小火煮熟至开花汤稍微变白即可。(3)下入冬瓜转大火烧开转中火煮2分钟即可出锅。

【功效】健脾去湿、舒筋除痹、清热排脓。

【方解】冬瓜润肺生津、化痰止渴、减肥降脂、美容养颜;薏米有健脾去湿、舒筋除痹、清热排脓等功效。

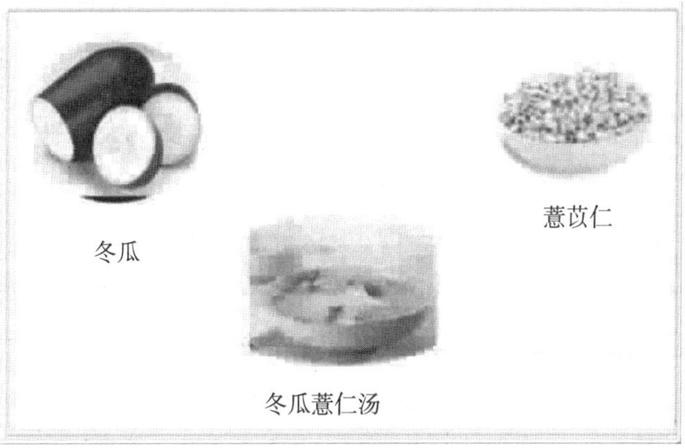

三、阴虚毒恋证 肛门肿痛，灼热，表皮色红，溃后难敛，伴有午后潮热，心烦口干，夜间盗汗。舌质红，少苔。

常用药膳：绿豆粥

【来源】《养生粥谱》

【组成】绿豆50克、粳米100克、白糖少许。

【制作及用法】取绿豆、粳米淘净同煮成粥，加白糖调味，温热服食。

【功效】滋阴降火。

【方解】此粥中绿豆性凉，味甘，具有消暑止渴、利尿下气的功效；粳米其味甘淡，其性平和。

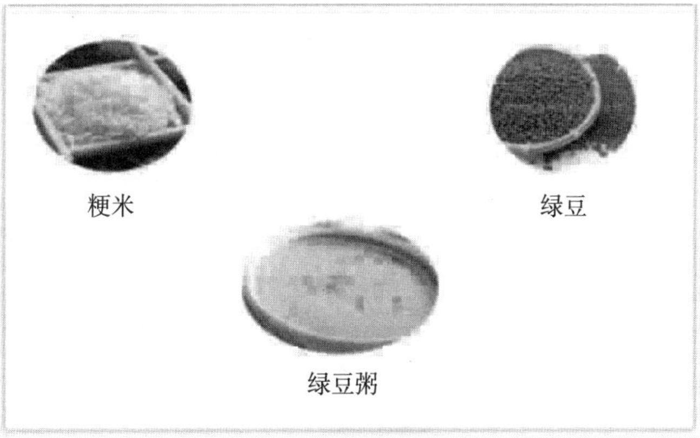

肛漏(肛瘘)

瘘,在中医指的是生疮,久而不愈,常出脓水。身体内因发生病变而向外溃破所形成的管道,病灶里的分泌物由此流出。

膳食宜忌:建立正常的膳食习惯,少进油腻饮食,应多吃清淡含丰富维生素的食物,如绿豆、萝卜、冬瓜、新鲜蔬菜及水果。对久治不愈的肛瘘,饮食上多吃含蛋白质类食品,如瘦肉、牛肉、蘑菇等,忌辛辣饮食。

通用膳食:萝卜、瘦肉、冬瓜、水果、香菇、芹菜、木耳、瘦肉。

辨证用膳:

一、湿热下注 肛周有溃口,经常溢脓,脓质稠厚,色白或黄,局部红、肿、热、痛明显,按之有索状物通向肛内,可伴有纳呆,大便不爽,小便短赤,形体困重。舌红、苔黄腻。

【常用药膳】粟米粥

【来源】《私家菜谱》

【组成】粟米50克、粳米50克、白糖适量。

【制作及用法】将粟米、粳米淘净,放入锅中,加清水适量,煮为稀粥服食,每日1~2剂,喜好甜食者,可加白糖适量同煮服食。

【功效】健脾利湿。

【方解】粟米性味甘、咸、凉,入脾、胃、肾经,具有健脾和胃,补益虚损,健脾和胃,补虚疗损之功效。适用于对素体亏虚,病后体虚者。

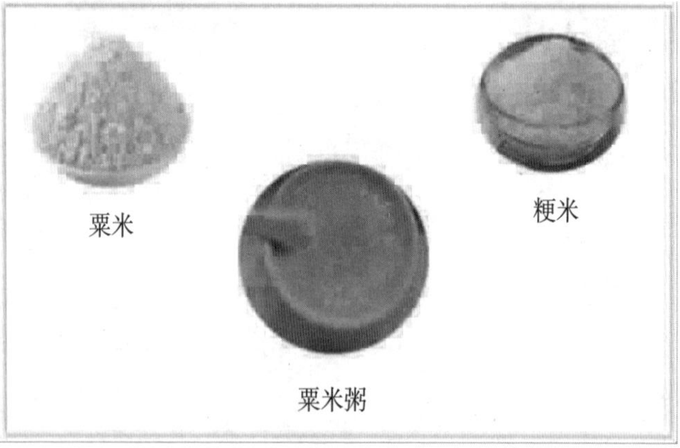

二、正虚邪恋证　肛周瘘口经常流脓，脓质稀薄，肛门隐隐作痛，外口皮肤暗淡，时溃时愈，按之较硬，多有索状物通向肛内，伴有神疲乏力，面色无华，气短懒言。舌淡、苔薄。

【常用药膳】大枣滋补粥

【来源】《圣济总录》

【组成】大枣10枚、粳米100克、冰糖适量。

【制作及用法】将粳米、大枣淘洗干净，放入锅内，加水适量先用武火烧开，后移文火上煎熬至烂成粥，再加入冰糖汁，搅拌均匀，盛碗内。

【功效】扶正祛邪。

【方解】大枣口味鲜美，营养丰富，具有健脾益气之功效。适用于脾胃虚弱、贫血、胃虚食少等症。

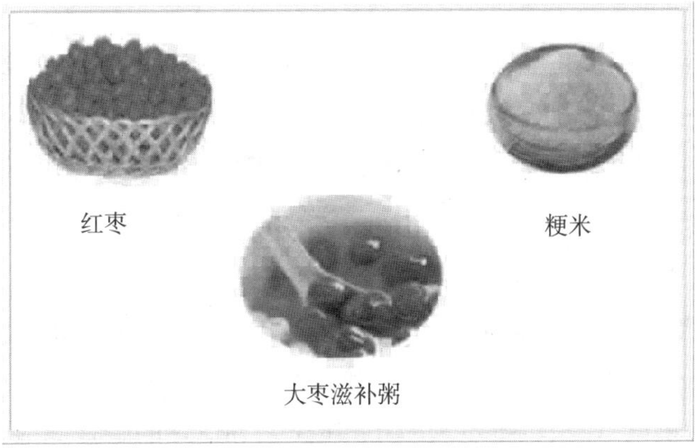

三、阴液亏虚证　瘘管外口凹陷，周围皮肤颜色晦暗，脓水清稀，按之有索状物通向肛内，可伴有潮热盗汗，心烦不寐，口渴，食欲不振。舌红少津，少苔或无苔。

【常用药膳】百合银耳羹

【来源】《家庭药膳食谱方》

【组成】百合30克、银耳10克、大米50克、冰糖适量。

【制作及用法】将大米、百合、银耳淘洗干净、先将大米入锅中，加水适量先用武火烧开，后移文火上煎熬至大米开花时加入百合、银耳熬至烂成粥，再加入冰糖汁，搅拌均匀，温热服食。

【功效】养阴润肺、健脾益气。

【方解】百合具有养心安神，润肺止咳的功效，对病后虚弱的人非常有益。

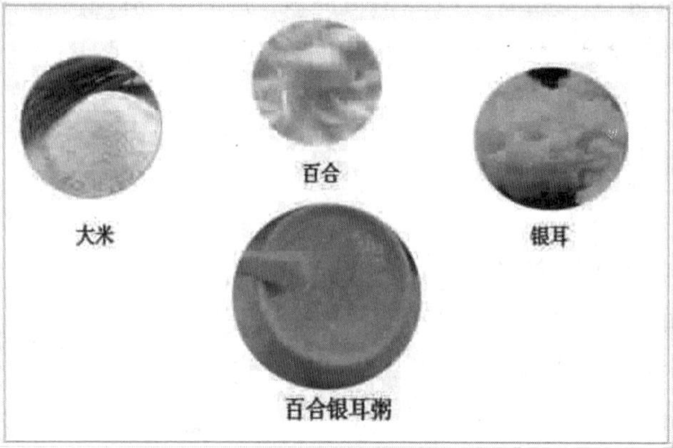

消渴(糖尿病)

消渴是指以疲乏多饮、多食、多尿、形体消瘦或尿糖增高为主要特征的综合病证。主要病变部位在肺、胃、肾,基本病机为阴津亏耗,燥热偏盛。消渴病日久,病情失控,则阴损及阳,热灼津亏血瘀,而致气阴两伤,阴阳俱虚,络脉瘀阻,经脉失养,气血逆乱,脏腑器官受损而出现疖、痈、眩晕、胸痹、耳聋、目盲、肢体麻疼、下肢坏疽、肾衰水肿、中风昏迷等兼证。

膳食宜忌:关于本病的膳食最好以素食为主,宜选清淡、易消化的低盐、低糖、低脂肪、低胆固醇、富含维生素的饮食。控制主食及脂肪的摄入量,保证新鲜蔬菜和水果的供给,以提供维生素C、B族维生素和适量的膳食纤维,辨证食疗则以患者的病变特点予以治疗。

通用药食:粗杂粮、山药、冬瓜、苦瓜、枸杞、银耳、萝卜、莲子、香菇、黄瓜、西红柿、芹菜、生紫菜、蘑菇、菠菜、大白菜、油菜、木耳、海带。

辨证用膳:

一、肝胃郁热 脘腹痞满,胸胁胀闷,面色红赤,形体偏胖,腹部胀大,心烦易怒,口干口苦,大便干,小便色黄。舌质红,苔黄,脉弦数。

【常用药膳】山药枸杞煲苦瓜

【来源】《养生粥谱》

【组成】枸杞子20克、山药20克、苦瓜50克 。

【制作及用法】山药洗净切片,苦瓜去瓤洗净切片;加入适量水,用大火煮15分钟,后加入枸杞即可。

【功效】补肾健脾、滋肝明目。

【方解】苦瓜具有清热消暑、养血益气、补肾健脾之功效；山药具有补脾、养肺、固肾、益精之功效；枸杞具有养肝明目，补血安神，生津止渴的作用。

枸杞子　山药　苦瓜

山药枸杞煲苦瓜

二、胃肠实热　脘腹胀满，痞塞不适，大便秘结，口干口苦，或有口臭，或咽痛，或牙龈出血，口渴喜冷饮，饮水量多，多食易饥。舌红，边有瘀斑，舌下络脉青紫，苔黄，脉滑数。

【常用药膳】苦丁菊花枸杞茶

【来源】《养生粥谱》

【组成】苦丁10克、菊花20克、枸杞20克。

【制作及用法】沸水将苦丁茶、菊花、枸杞泡开即可。

【功效】清热健胃、生津止渴。

【方解】苦丁茶味甘、苦，性寒，归肝、肺、胃经，疏风清热、明目生津，主治风热头痛、齿痛、目赤、口疮、热病烦渴、泄泻、痢疾；枸杞具有补肾益精、养肝明目、补血安神、生津止渴的作用；菊花味微辛、甘，能疏散风热、清肝明目。

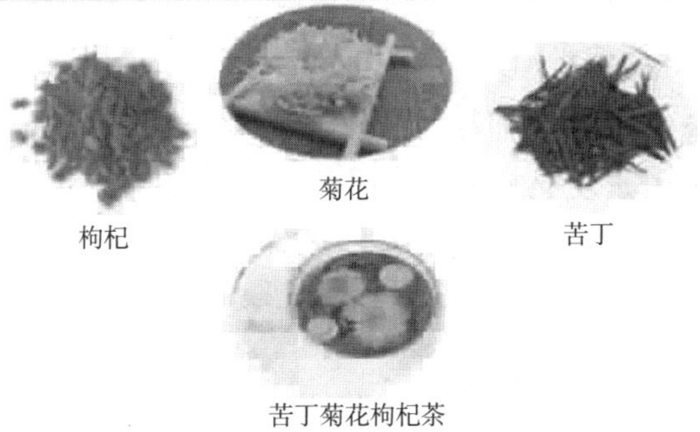

枸杞　菊花　苦丁

苦丁菊花枸杞茶

三、脾虚胃热 心下痞满，胀闷呕恶，呃逆，纳呆，便溏，或肠鸣下利，或虚烦不眠，或头眩心悸，或痰多，舌淡胖，舌下络脉瘀阻。苔白腻，脉弦滑无力。

【常用药膳】薏米芡实山药粥

【来源】《养生粥谱》

【组成】山药150克、薏米50克、芡实30克、枸杞20克（薏米和芡实共为粗粉）。

【制作及用法】山药、胡萝卜切成丁，薏米、芡实粉提前用凉水泡开，水开后下入泡发好的薏米、芡实粉、胡萝卜温火煮20分钟，出锅放入枸杞即可。

【功效】清热补脾、生津止渴、养肝明目。

【方解】山药有健脾益胃、滋肾益精、益肺止咳之功效；芡实有补脾止泻、除湿止带之功效；枸杞具有补肾益精、养肝明目、生津止渴的作用。

四、上热下寒 心烦口苦，胃脘灼热，痞满不痛，或干呕呕吐，肠鸣下痢，手足及下肢冷甚。舌红，苔黄根部腐腻，舌下络脉瘀阻，脉弦滑。

【常用药膳】菊花桂圆枸杞茶

【来源】《养生粥谱》

【组成】桂圆6枚、菊花10克、枸杞10克。

【制作及用法】取桂圆、菊花、枸杞、加水800~1000毫升大火煮开文火煎煮30分钟，温服，每日3~4次，每次200毫升。

【功效】解毒生津。

【方解】桂圆有安神养心、补血益脾之功效；菊花味甘苦，性微寒，有散风清热、清肝明目和解毒消炎等作用。

菊花桂圆枸杞茶

五、阴虚火旺 五心烦热，急躁易怒，口干口渴，渴喜冷饮，易饥多食，时时汗出，少寐多梦，溲赤便秘。舌红赤，少苔，脉虚细数。

【常用药膳】银耳莲子百合汤

【来源】《养生粥谱》

【组成】银耳20克、百合20克、莲子20克、枸杞10克。

【制作及用法】银耳提前泡发，洗净备用，莲子、百合隔夜泡发，将银耳、莲子倒入砂煲，加入适量冷水，大火煮开，小火炖煮20分钟，倒入百合，炖煮10分钟，后加入枸杞子，煮5分钟，温热食用。

【功效】滋阴祛火。

【方解】银耳具有强精、补肾、润肺、生津、止咳、清热、养胃、补气、和血、强心、壮身、补脑、提神之功效；百合具有润肺止咳、宁心安神、美容养颜、防癌抗癌之功效；带心莲子有清心火、滋养补虚之功效。

银耳莲子百合汤

六、气阴两虚 消瘦，怠倦乏力，气短懒言，易汗出，胸闷憋气，脘腹胀满，腰膝酸软，便溏，口干口苦。舌淡体胖，苔薄白干或少苔，脉虚细无力。

【常用药膳】生津饮

【来源】《养生粥谱》

【组成】梨皮20克、鲜藕10片、甘菊6克、麦冬6克、金石斛6克、枸杞10克，上药共为粗末。

【制作与用法】梨皮、鲜藕、金石斛、麦冬加水800~1000毫升大火煮开文火煎煮30分钟，出锅加入甘菊、枸杞即可。温服，每日3~4次，每次200毫升。

【功效】滋阴清热、生津止渴。

【方解】梨皮具有清热润肺、降火生津之功效；鲜藕有清热凉血、通便止泻、健脾开胃、益血生肌、止血散瘀之功效；甘菊有清热祛湿、祛火降压的作用；麦冬具有养阴生津、润肺清心之功效；金石斛有滋阴养颜、养肝护肝之功效；枸杞具有补肾益精、养肝明目、生津止渴的作用。

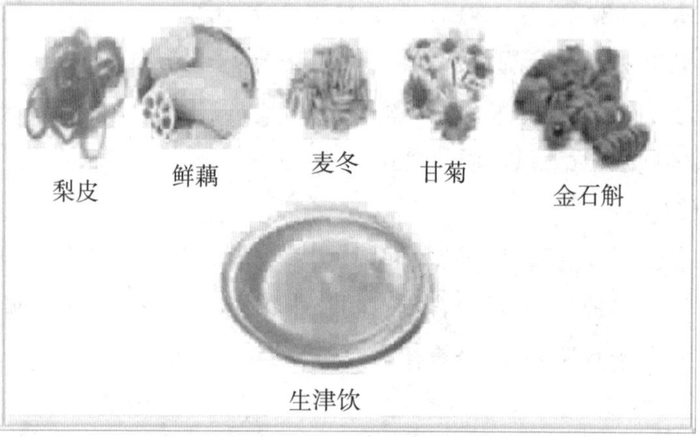

七、阴阳两虚 小便频数，夜尿增多，浑浊如脂如膏，五心烦热，口干咽燥，畏寒肢冷，面色苍白，神疲乏力，腰膝酸软，脘腹胀满，食纳不香，五更泄泻。舌淡体胖，苔白而干，脉沉细无力。

【常用药膳】香菇木耳汤

【来源】内分泌科副主任医师余臣祖

【组成】鸡块200克、香菇50克、木耳15克、黄芪15克、肉桂5克、枸杞10克、葱段10克。

【制作与用法】将鸡洗干净，剁成小块，沸水锅里焯水后捞出，再把炖锅里加入足够量的清水，放入鸡块、香菇、木耳、黄芪、葱段、生姜大火烧开后转小火慢炖2小时，放入适量的盐调味即可。

【功效】滋阴润燥，益气养血，补益肝肾。

【方解】鸡肉性温、味甘、咸、归脾、胃、肝经，具有温中益气、补虚填精、活血脉、强筋骨之功效，木耳具有滋补润燥、养血益胃之功效；香菇具有补气益肾健脾开胃、降血脂的作用；肉桂具有活血通经、散寒止痛之功效。

消渴目病（糖尿病视网膜病变）

消渴目病（糖尿病性视网膜病变）是糖尿病性微血管病变中最重要的表现，是一种具有特异性改变的眼底病变，是糖尿病的严重并发症之一。眼底病变主要表现为出血、渗出、水肿、毛细血管闭塞、微血管瘤、新生血管增殖等缺血性微血管病变以及表现为视野缺损等神经病变。

膳食宜忌：以素食为主，宜选清淡、易消化的低盐、低糖、低脂肪、低胆固醇、富含维生素的饮食，控制主食及脂肪的摄入量，保证新鲜蔬菜和水果的供给，以提供维生素C、B族维生素和适量的膳食纤维，辨证食疗则以患者的病变特点予以治疗。

通用药食：山药、香菇、猪肝、枸杞、百合、莲子、肉桂、牛肉、羊肉、鸡肉、鸽肉等。

辨证用膳：

一、气阴两虚，络脉瘀阻 口干咽燥，视力减退，目睛干涩，神疲乏力，便干或稀溏。舌胖，紫暗或有瘀斑。

【常用药膳】菠菜猪肝汤

【来源】《养生粥谱》

【组成】猪肝100克、枸杞10克、菠菜30克。

【制作及用法】猪肝洗净切成小片，菠菜洗净切成小段，开水大火下猪肝氽烫片刻后捞出备用。老姜切片将氽过水的猪肝放入汤煲中，加足量清水没过食材，大火烧开后调小火慢熬1小时，放入菠菜、枸杞加盐调味即可。

【功效】益气养阴明目。

【方解】菠菜有滋阴润燥、舒肝养血之功效；猪肝具有滋阴润燥、益精补血之功效；枸杞具有滋补肝肾、降低血糖之功效。

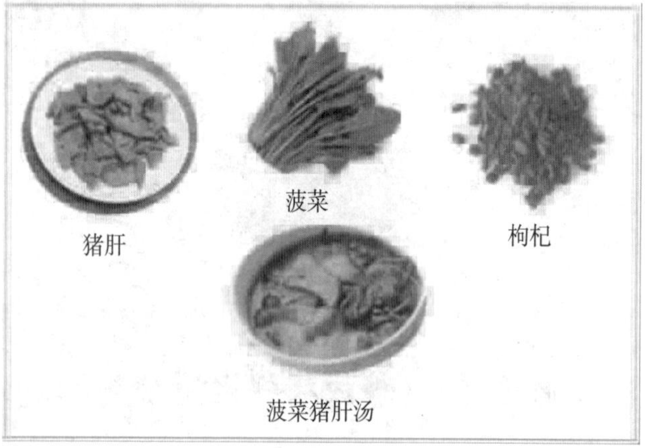

二、肝肾阴虚，目络失养　视物模糊或变形，目睛干涩，腰膝酸软，头晕耳鸣，大便干结。舌暗红，少苔。

【常用药膳】黄芪枸杞炖鸡

【来源】《养生粥谱》

【组成】鸡肉200克、香菇50克、黄芪10克、枸杞10克、肉桂10克。

【制作及用法】鸡块洗干净，剁成小块，沸水锅里焯水后捞出，再把炖锅里加入足够量的清水，放入鸡块、香菇、姜片、肉桂、黄芪，待大火烧开后转小火慢炖2小时，最后加入香菇、枸杞、盐调味即可食用。

【功效】补益肝肾。

【方解】鸡肉性温、味甘、咸，归脾、胃、肝经，具有温中益气、补虚填精、健脾胃、活血脉、强筋骨之功效；香菇具有和胃、健脾、补气益肾之功效；枸杞具有滋补肝肾、降低血糖之功效；黄芪具有益气固表、止汗、利尿消肿、养血之功效；肉桂具有助阳、散寒止痛、活血通经之功效。

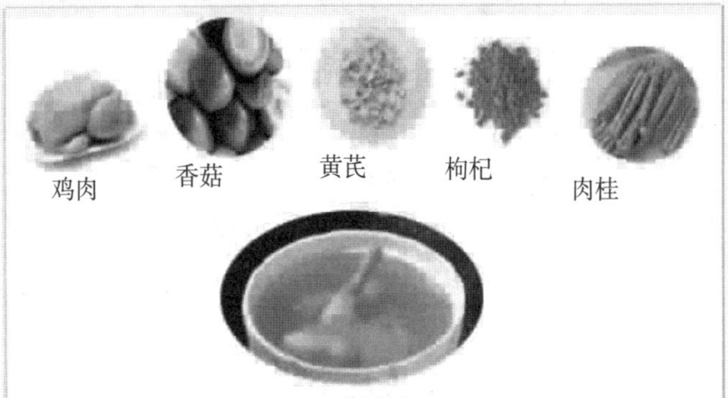

黄芪枸杞炖鸡

三、阴阳两虚，血瘀痰凝 五心烦热，视物模糊或不见，神疲乏力，失眠健忘，腰酸肢冷，大便溏结交替。舌胖少津或有瘀点。

【常用药膳】清炖枸杞鸽

【来源】《养生粥谱》

【组成】鸽子1只、天麻10克、山药15克、枸杞适量。

【制作及用法】鸽肉清洗干净，剁成小块，沸水锅里焯水后捞出，山药洗净去皮切块，再将炖锅里加入足够量的清水，放入鸽块、山药、姜片、葱段，天麻大火烧开后转小火慢炖2小时，加入枸杞、盐调味即可食用。

【功效】阴阳双补。

【方解】鸽肉性平、味甘、咸，归肝、肾经，具有滋肾益气、祛风解毒、补气虚、益精血之功效；枸杞具有补肾益精、养肝明目、生津止渴的作用；山药具有平补肺、脾、肾、三焦气阴，填精固肾，滋补健身、降低血糖之功效。

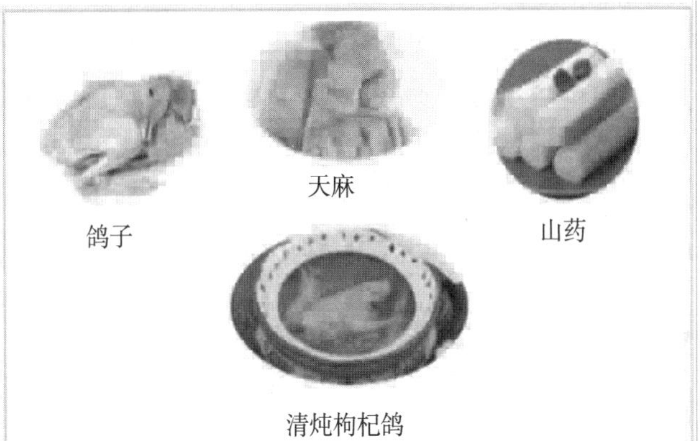

清炖枸杞鸽

消渴病痹症(糖尿病周围神经病变)

消渴病痹症是“消渴病”日久而致的“痹症”,是消渴病最常见的慢性并发症之一。其主要原因是阴虚燥热,灼伤津液,血黏成瘀,瘀血阻络,气血不能通达于四肢,肌肉筋脉失于濡养所致。多呈对称性肢体末端麻木、凉痛、灼痛及感觉异常、小腿抽搐、腰膝酸软等。

膳食宜忌:关于本病的膳食最好以素食为主,宜选清淡、易消化的低盐、低糖、低脂肪、低胆固醇、富含维生素的饮食,控制主食及脂肪的摄入量,保证新鲜蔬菜和水果的供给,以提供维生素B、C族维生素和适量的膳食纤维,辨证食疗则以患者的病变特点予以治疗。

通用药食:山药、百合、银耳、黑木耳、黑芝麻、山楂、枸杞子、老鸭、鱼肉、香菇等。

辨证用膳:

一、气虚血瘀 肢体麻木,如有蚁行感,肢末时痛,多呈刺痛,下肢为主,入夜痛甚,气短乏力,神疲怠倦,自汗畏风。舌质淡黯,或有瘀点,苔薄白,脉细涩。

【常用药膳】粳米菠菜粥

【来源】《家庭养生食谱》

【组成】菠菜100克、粳米50克。

【制作及用法】将新鲜菠菜洗净后切段,加清水400~500毫升,先将粳米煮10分钟后,将菠菜加入,文火煮5分钟,早晚温食。

【功效】滋阴清热。

【方解】粳米与菠菜其性平和,具有补中益气、健脾养胃、和五脏、通血脉、聪耳明目、止烦、止渴等功效,多食对头晕失眠,高血压、糖尿病等有较好疗效。

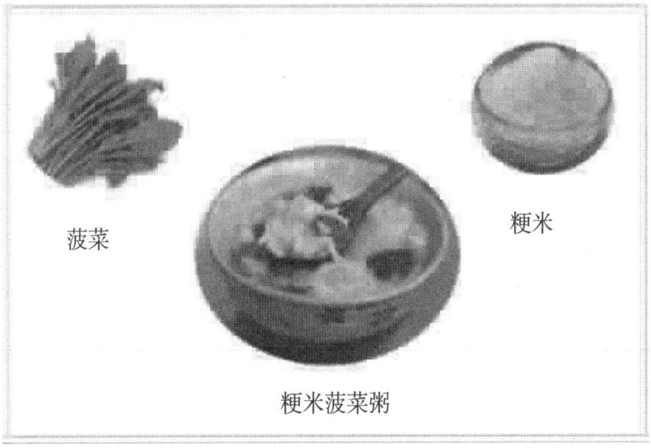

粳米菠菜粥

二、阴虚血瘀 肢体麻木，腿足挛急，酸胀疼痛，或小腿抽搐，夜间为甚，或灼热疼痛，五心烦热，失眠多梦，皮肤干燥，腰膝酸软，头晕耳鸣，口干不欲饮，便秘。舌质嫩红或暗红，苔花剥少津，脉细数或细涩。

【常用药膳】红枣百合银耳汤

【来源】《养生粥谱》

【组成】 红枣10克、百合20克、银耳20克、枸杞10克。

【制作及用法】银耳、百合、红枣提前泡发，洗净备用，将红枣、银耳、百合加入适量冷水大火煮开，小火炖煮30分钟，再加入枸杞煮10分钟即可，温热食用。

【功效】活血化瘀、滋阴润燥。

【方解】银耳具有补肾、补气、和血的功效；百合具有安心养神、润肺止咳的功效；红枣具有补气养血的功效。

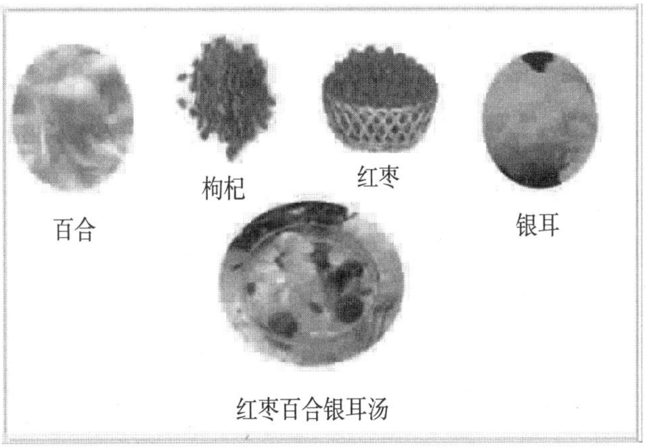

红枣百合银耳汤

三、肝肾亏虚 肢体痿软无力，肌肉萎缩，甚者萎废不用，腰膝酸软，阳痿不举，齿松齿摇，头晕耳鸣。舌质淡，少苔或无苔，脉沉细无力。

【常用药膳】山药枸杞百合粥

【来源】《养生粥谱》

【组成】山药400克、莲子20克、百合20克、枸杞10克。

【制作及用法】山药洗净去皮切片，莲子、百合隔夜泡发，将莲子、山药倒入砂锅煲，加入适量冷水，大火煮开，小火炖煮20分钟，倒入百合，炖煮10分钟，后加入枸杞即可温热食用。

【功效】滋补肝肾。

【方解】山药具有健脾益胃、滋肾益精、益肺止咳；百合具有润肺止咳、宁心安神之功效；带心莲子有清心火、滋养补虚之功效；枸杞子补血益肝肾。

四、寒凝血瘀 肢体麻木不仁，四肢冷痛，得温痛减，遇寒痛增，下肢为著，入夜更甚，神疲乏力，畏寒怕冷，尿清便溏，或尿少浮肿。舌质暗淡或有瘀点，苔白滑，脉沉细涩。

【常用药膳】枸杞生地茶

【来源】《传统药茶方》

【组成】枸杞5克、生地3克、绿茶3克。

【制作及用法】用250毫升沸水冲泡后饮用，冲饮至味淡。

【功效】滋肝补肾，养阴清热。

【方解】枸杞具有补血益肝肾之功效；生地具有清热凉血、养阴生津之功效；绿茶具有防衰老、防癌、、抗癌、杀菌、清热等特殊效果。

五、痰瘀阻络 肢体麻木不仁，常有定处，足如踩棉，肢体困倦，头重如裹，昏蒙不清，体多肥胖，口黏乏味，胸闷纳呆，腹胀不适，大便黏滞。舌质紫暗，舌体胖大有齿痕，苔白厚腻，脉沉滑或沉涩。

常用药膳：麦门冬茶

【来源】内分泌科副主任医师余臣祖

【组成】麦门冬5g、绿茶3g

【制作及用法】用200ml开水冲泡后饮用。

【功效】养阴润肺，益胃生津，降血糖。

【方解】麦冬门、绿茶适用于痰凝阻络所致肢体麻木不仁，肢体困倦，昏蒙不清，虚劳烦热，热病伤津，咽干口燥、便秘。

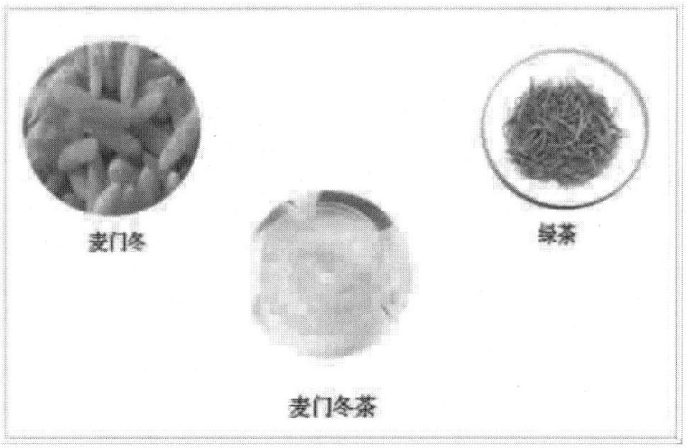

消渴（糖尿病肾病）

消渴是由于先天禀赋不足、饮食不节、情志失调、劳倦内伤等导致阴虚内热，表现以多饮、多食、多尿、乏力、消瘦或尿有甜味为主要症状的病症。病机主要在于阴津亏损，燥热偏盛，阴虚为本，燥热为标。肺、胃、肾为主要病变脏腑，尤以肾为关键。

膳食宜忌：节制饮食具有基础治疗的重要作用。在保证机体合理需要的情况下，应限制主食、油脂摄入，忌食糖类，养成定时进餐的习惯。注意含能量比较高的食物，高淀粉含量的食物少吃或不吃。进食升糖指数低的食物蔬菜，如黄瓜、西红柿、芹菜。水果，如柚子、猕猴桃。选择优质蛋白，如瘦肉、鱼类。主食最好选择玉米面、荞麦面、燕麦面。

通用膳食:黄瓜、西红柿、芹菜、柚子、猕猴桃、瘦肉、鱼类、玉米面、荞麦面、燕麦面。

辨证用膳：

一、气虚证　见神疲乏力，少气懒言，自汗易感，舌胖有齿根。

【常用药膳】扁豆瘦肉粥

【来源】《养生粥谱》

【组成】瘦肉50g、白扁豆10g、鹌鹑半只，水1500ml。

【制作及用法】鹌鹑洗净，切块，瘦肉切肉丁，同入锅汤，盖盖武火煮开。白扁豆清水浸泡2小时，入锅，武火煮开，文火焖煮30~40分钟。每日2次，佐餐食用。

【功效】补气益肾、益气养血。

【方解】白扁豆补脾和中，化湿消暑健脾；鹌鹑性平、味甘，归心肝脾肺肾大肠经；具有补益五脏，益气养血功效；鸡肉性平、温、味甘，入脾胃经，可益气补精、添髓。

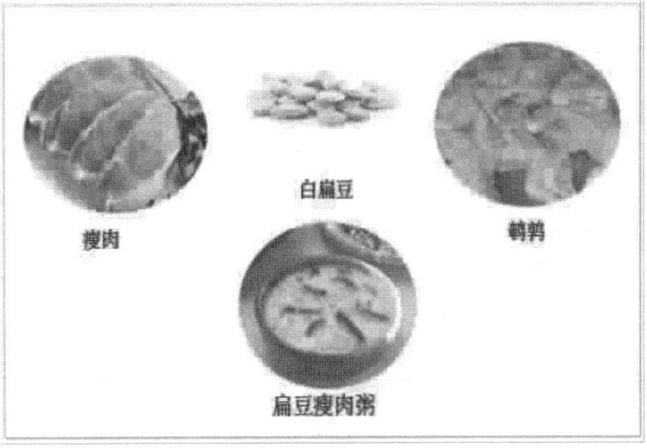

二、血虚证 见面色无华，唇甲色淡，经少色淡，脉沉细。

【常用药膳】花生黑豆粥

【来源】《养生粥谱》

【组成】红皮花生10克、黑豆10克、大米20克、水1000毫升。

【制作及用法】花生、黑豆、大米清水浸泡1小时。一并入锅，盖盖焖煮40~60分钟。每日2次，佐餐食用。

【功效】养血补虚，补肾利尿。

【方解】花生性涩，平，味甘，归经入肺、脾、肝经；花生衣有养血、止血、散瘀、消肿的功效；黑豆味甘，性平，具活血，利水，祛风，解毒功效，主治水肿胀满。根据中医理论，“黑豆乃肾之谷”黑色属水，水走肾，所以肾虚食之可调中下气、解毒利尿，有效缓解尿频、腰酸；大米补中益气、健脾养胃、益精。

三、阴虚证 症见怕热汗出，或有盗汗，咽干口渴，大便干，手足心热或五心烦热。脉弦数。

【常用药膳】银耳莲子粥

【来源】《养生粥谱》

【组成】银耳50克、莲子50克、大米50克、水1000毫升。

【制作及用法】银耳泡15分钟，待发后，去粗蒂撕成小块备用。莲子提前一晚浸泡，泡好后剥开除去里面的黑心，洗净备用。电饭锅加入清水，把莲子和大米先煮1个小时后，加入银耳炖半个小时即可。每日2次，佐餐食用。

【功效】滋阴补肾、清热益气、养心安神。

【方解】银耳性平和，味甘、淡，具有润肺生津，滋阴养胃，益气安神等作用；莲子性平，味甘、涩，入心、肺、肾经，具有补脾、益肺、养心安神、益肾、固肠等作用；大米味甘，性平，归脾、胃经，具补中益气，养脾胃。

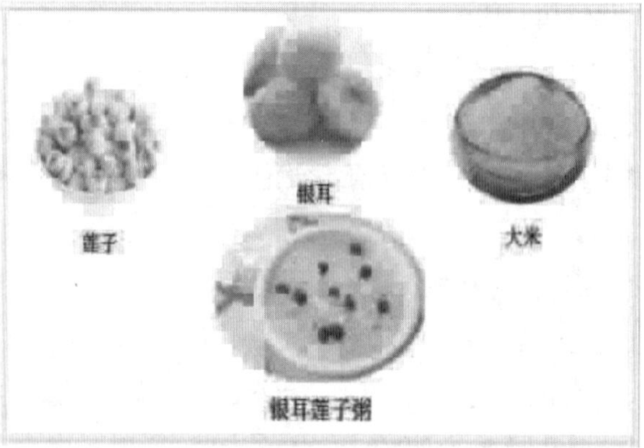

四、阳虚证　症见畏寒肢冷，腰膝怕冷，面足浮肿，夜尿频多。舌胖苔白，脉沉弦。

【常用药膳】韭菜鸡肉粥

【来源】《养生粥谱》

【组成】鸡肉50g、韭菜50g、生姜5g、花椒5g、水1000ml。

【制作及用法】鸡肉洗净，切丁，入锅汤，锅开撇去浮沫。韭菜洗净切碎，同生姜、花椒入锅，武火煮开，文火焖煮30~40分钟。每日2次，佐餐食用。

【功效】补阳健脾、补肾益胃、温中健体。

【方解】韭菜性温，味辛微甘，入心、肝、胃经，具补肾益胃，散瘀行滞，安五脏，行气血功效；鸡肉性平、温、味甘，入脾胃经，可益气，补精，添髓；生姜性味辛温，有散寒发汗、和胃、止呕等多种功效；花椒性味辛温，归脾经、肺经、肝经、肾经，具温中除湿等功效。

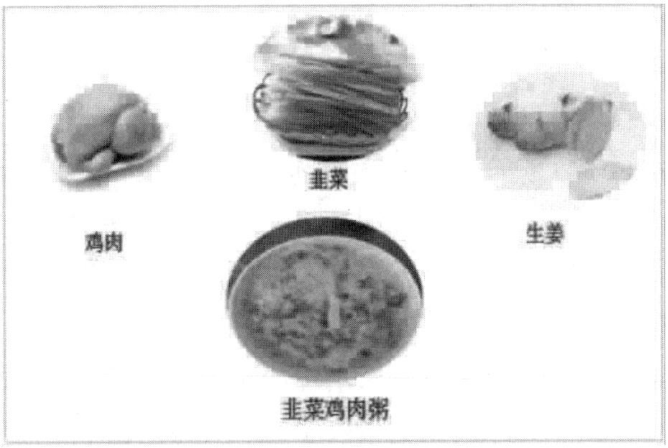

五、痰湿证 症见胸闷脘痞，纳呆呕恶，形体肥胖，全身困倦，头胀肢沉。舌苔白腻，脉滑。

【常用药膳】木瓜薏米鲫鱼煲

【来源】《养生粥谱》

【组成】鲫鱼500g、木瓜20g、薏苡仁50g、赤小豆10g、鲜荸荠2只，水1000ml

【制作及用法】鲫鱼洗净，入锅汤，锅开撇去浮沫。木瓜、荸荠切小块，入锅。红小豆、薏苡仁清水浸泡半小时，一并入锅。武火煮开，文火闷煮40—60分钟。每日2次，佐餐食用。

【功效】健脾除湿、生津开胃、利尿消肿。

【方解】薏苡仁性味甘淡，性凉，归脾、胃、肺、大肠经。具有利尿消肿、健脾除湿之功效、常为渗水利湿之药；鲫鱼具有健脾利湿，和中开胃，活血通络、温中下气之功效。对脾胃虚弱、水肿、糖尿病有很好的滋补食疗作用；木瓜健脾消食，消暑解渴；荸荠性寒，具有清热解毒、凉血生津、利尿通便、化湿祛痰、消食除胀的功效。

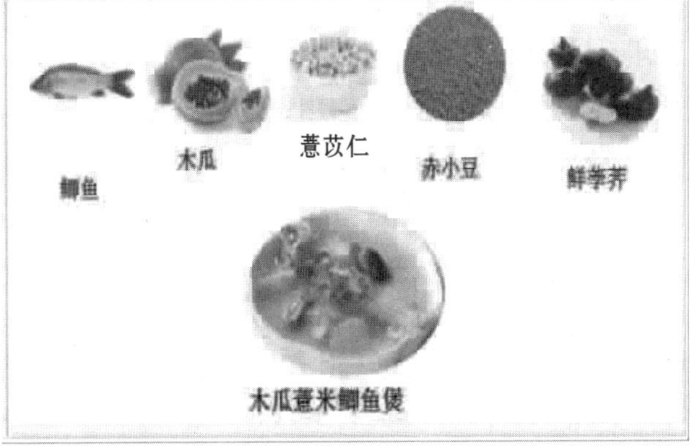

眩晕(高血压)

眩晕病,眩即眼花,晕是头晕,两者并见,称为眩晕。轻者闭目即止,重者如坐车船,旋转不定,不能站立,或伴恶心、呕吐、汗出,甚则昏倒等。本病发生,属虚者居多,如阴虚则肝风内动,血少则脑失所养,精亏则髓海不足;其次由于痰浊壅遏,或化火上蒙而致晕。临床表现主要以心、脑、肾病变为主。

膳食宜忌:本病宜控制总热量摄入,限制脂肪类摄入,适量摄入蛋白质,以每公斤体重1g为宜,每周吃2~3次鱼类蛋白质,多吃含钾、钙丰富而含钠量低的食品,如茄子,土豆,海带,莴笋。含钙高的食品,如牛奶,酸牛奶,虾皮。限制每日摄入盐量,逐减至每日6g以下,多吃新鲜蔬菜及水果,每日新鲜蔬菜摄入不少于8两,水果2至4两,适当增加海产品的摄入。辨证食疗则以患者的病变特点予以治疗。

通用药食:茄子,土豆,海带,莴笋、牛奶,酸牛奶,虾皮。

辨证用膳:

一、肝阳上亢证 眩晕耳鸣,头痛且胀,每因烦劳或恼怒加剧,面部潮红,急躁易怒,少寐多梦,口苦。舌质红,苔黄,脉弦。

【常用药膳】

1. 甘菊粳米粥

【来源】《养生粥谱》

【组成】甘菊新鲜嫩芽或幼苗30g、粳米50g、冰糖适量。

【制作及用法】将甘菊嫩芽或幼苗洗净切碎,加水适量。急火快煎去渣取汁,约100毫升,入粳米,再加水400毫升,煮成粥,入冰糖再煮几分钟即可。分2次1日服完。

【功效】 清肝明目,降低血压。

【方解】甘菊苗味甘淡,具有降压作用;粳米味甘淡,性平和,是滋补之物,含有多种人体必需氨基酸及微量元素。此方剂为平肝潜阳,兼养肝肾之品。

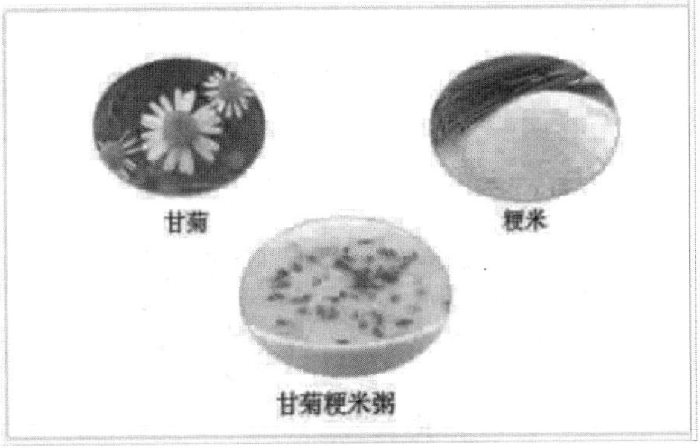

2. 葛根瘦肉花生汤

【来源】甘肃省名中医、主任医师钟栩

【组成】葛根100克、瘦猪肉50克、花生米50克、盐少许。

【制作及用法】将葛根、瘦猪肉、花生米共入锅加水适量，煲1个多小时，加盐调味。分次饮用，常服有效。

【功效】润肺、和胃、补脾。

【方解】葛根味甘、辛，性平，具有扩张血管，解肌退热，降糖降脂生津止渴，升阳止泻之功效；瘦肉具有补肾养血、滋阴润燥，利二便、止消渴中之功效；花生性平，味甘，具有降低胆固醇、血小板聚集，预防和治疗动脉粥样硬化、心脑血管疾病的作用。

3. 夏枯草猪瘦肉汤

【来源】《养生粥谱》

【组成】夏枯草15~25克、猪瘦肉50克。

【制作及用法】共入锅内，加水适量煲汤。饮汤，吃肉。常服可降压。

【功效】平肝潜阳。

【方解】夏枯草性寒，味甘、辛、微苦，具有清泄肝火、散结消肿、清热解毒、有清火明目之功效；瘦肉具有补肾养血、滋阴润燥、利二便、止消渴之功效。二者合之，共奏平肝潜阳之功效，适用于肝阳上亢之眩晕病。

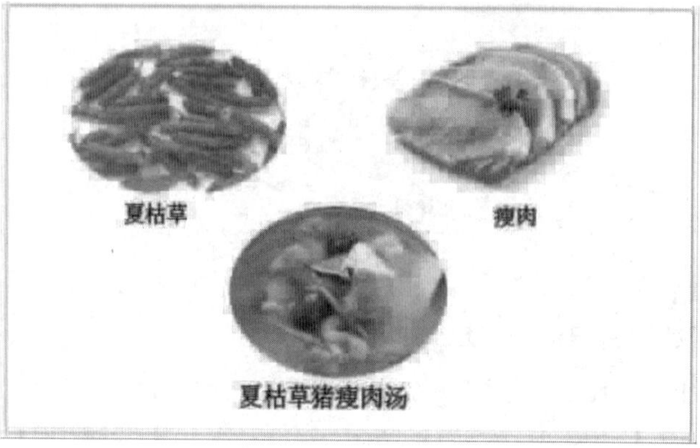

4. 海带黄豆汤

【来源】《养生粥谱》

【组成】海带50克、黄豆100克、白糖适量。

【制作及用法】将海带洗净切碎，与黄豆共入锅内，加水适量，用文火煲汤，白糖调味，日服2次。

【功效】健脾润燥。

【方解】海带性味咸寒，具有软坚、散结，消炎，平喘，通行利水，祛脂降压之功效；黄豆味甘、性平，具有宽脾宽中，润燥消水，清热解毒，益气之功效。二者合之，共奏健脾润燥之功效。

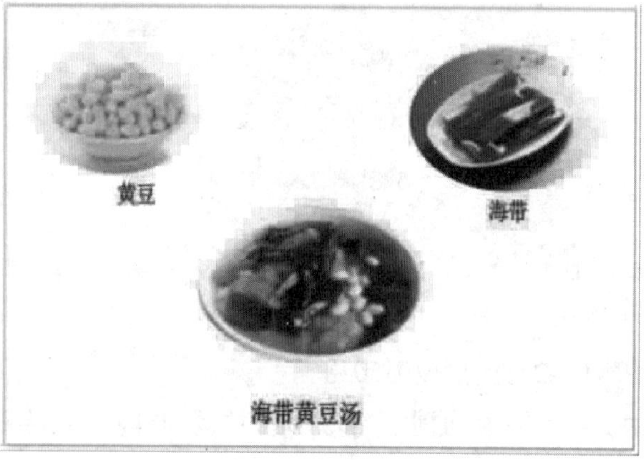

5. 海带草决明汤

【来源】《养生粥谱》

【组成】海带30克、草决明20克。

【制作及用法】将海带洗净，与草决明共入锅内，加水适量，煎汤，去渣饮汤。每日1次，连服5~7日。

【功效】清肝明目，补肾排毒。

【方解】海带性味咸寒，具有软坚、散结、消炎、平喘、通行利水、祛脂降压等功效；草决明味苦、甘而性凉，具有清肝火、祛风湿、益肾明目、润肠通便等功效。二者共成清肝明目，补肾排毒之剂，适用于肝阳上亢之眩晕病。

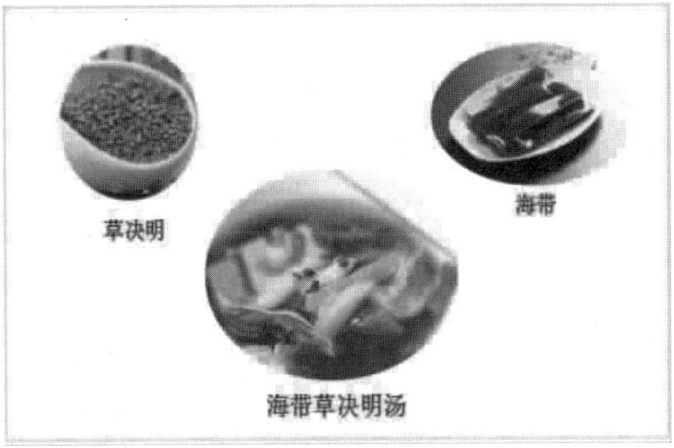

6. 海带冬瓜花生瘦肉汤

【来源】《养生粥谱》

【组成】海带30克、冬瓜100克、花生50克、猪瘦肉50克、食盐少许。

【制作及用法】将上物一起入锅内，加水适量同煲，加食盐调味。每日一次，连服4~5日。

【功效】补肾滋阴。

【方解】海带性味咸寒，具有软坚、散结、消炎、平喘、通行利水、祛脂降压等功效；冬瓜味甘，性微寒，无毒，有利尿消肿、清热、止渴、解毒等作用；瘦肉具有补肾养血、滋阴润燥之功效；花生性平，味甘，具有降低胆固醇，治疗动脉粥样硬化、心脑血管疾病的作用。诸物相合，共奏平肝潜阳，兼养肝肾之效。

海带冬瓜花生瘦肉汤

二、肾气亏虚证 腰脊痠痛（外伤性除外），胫痠膝软和足跟痛，耳鸣或耳聋，心悸或气短，发脱或齿摇，夜尿频、尿后有余沥或失禁。舌淡苔白、脉沉细弱。饮食宜富营养，如甲鱼，淡菜，银耳等，忌食煎炸炙烤及辛辣烟酒。日常可以黑芝麻、核桃肉捣烂加适当蜂蜜调服。

【常用药膳】

1. 淡菜松花蛋汤

【来源】《养生粥谱》

【组成】淡菜30克、松花蛋1个。

【制作及用法】淡菜洗净，松花蛋去壳，入锅加水共煲汤。每日1次，连服5~7剂。

【功效】补肝益肾。

【方解】淡菜性咸，温，具有补肝益肾，调经活血之功效；松花蛋味辛、涩、甘、咸，性寒，具有清热消炎、养心养神等功效。两者共奏养心安神，补肝益肾之效。

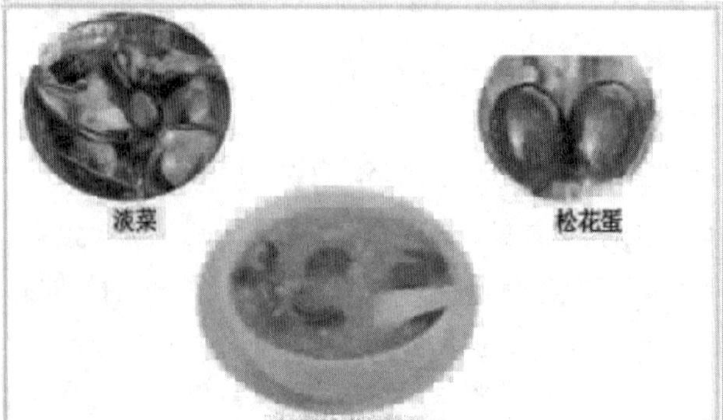

淡菜松花蛋汤

2. 芹菜红枣汤

【来源】《养生粥谱》

【组成】鲜芹菜250克、红枣4个。

【制作及用法】芹菜洗净切碎，与红枣放入锅中，水适量煮汤，分次饮服。

【功效】滋阴潜阳。

【方解】芹菜味甘、辛，无毒，具有有平肝清热，祛风利湿，润肺止咳、降低血压、健脑镇静的功效；红枣味甘性温，有补中益气、养血安神、缓和药性的功能。

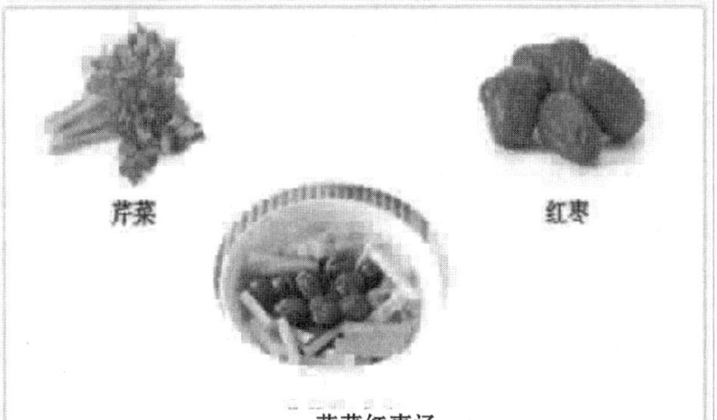

芹菜红枣汤

3. 海参煲冰糖

【来源】《养生粥谱》

【组成】海参30克、冰糖适量。

【制作及用法】将海参入锅加入水煲烂，入冰糖，煮片刻溶解，分次服食，可常服。

【功效】滋阴补肾。

【方解】海参味甘、咸，性平，具有补肾滋阴，除三焦火热之功效；冰糖调味，共成补肾滋阴之剂，适用于肝肾阴虚之眩晕。

4. 清炖甲鱼

【来源】《养生粥谱》

【组成】甲鱼1只、约300克、姜片、精盐、味精、植物油各适量。

【制作及用法】甲鱼洗净，弃去内脏，用刀在甲鱼腹部均匀划切深约1厘米的刀口，置锅中，入生姜、精盐、料酒，植物油各少许，加水约2000毫升，文火慢炖3小时，调以味精，食肉饮汤。

【功效】滋阴补肾。

【方解】甲鱼具有滋阴补肾，清热消瘀，健脾健胃等多种功效。

三、阴虚阳亢证 腰酸，膝软，五心烦热，心悸，失眠，耳鸣，健忘。舌红少苔，脉弦细而数。

【常用药膳】

1. 海带黄豆汤

【来源】《养生粥谱》

【组成】海带50克、黄豆100克、白糖适量。

【制作及用法】将海带洗净切碎，和黄豆共入锅内，加水适量，用文火煲汤，白糖调味，日服2次。

【功效】健脾润燥。

【方解】海带性味咸寒，具有软坚、散结，消炎，平喘，通行利水，祛脂降压功效；黄豆味甘、性平，具有宽脾宽中，润燥消水，清热解毒，益气之功效。二者合之，共奏健脾润燥之功效。

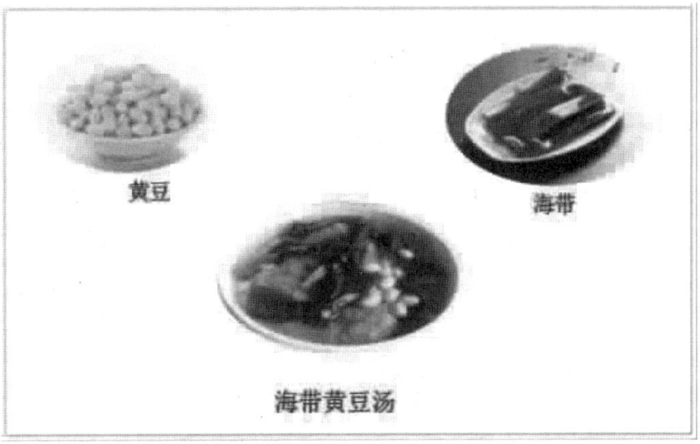

2. 海带草决明汤

【来源】《养生粥谱》

【组成】海带30克、草决明20克。

【制作及用法】将海带洗净，与草决明共入锅内，加水适量，煎汤，去渣饮汤。每日1次，连服5~7日。

【功效】清肝明目，补肾排毒。

【方解】海带性味咸寒，具有软坚、散结、消炎、平喘、通行利水、祛脂降压等功效；草决明味苦、甘而性凉，具有清肝火、祛风湿、益肾明目、润肠通便等功效。二者共成清肝明目，补肾排毒之剂，适用于肝阳上亢之眩晕病。

3. 海带冬瓜花生瘦肉汤

【来源】《养生粥谱》

【组成】海带30克、冬瓜100克、花生50克、猪瘦肉50克、食盐少许。

【制作及用法】将上物一起入锅内，加水适量同煲，加食盐调味。每日一次，连服4~5日。

【功效】补肾滋阴。

【方解】海带性味咸寒，具有软坚、散结、消炎、平喘、通行利水、祛脂降压等功效；冬瓜味甘，性微寒，无毒，有利尿消肿、清热、止渴、解毒等作用；瘦肉具有补肾养血、滋阴润燥之功效；花生性平，味甘，具有降低胆固醇，治疗动脉粥样硬化、心脑血管疾病的作用。诸物相合，共奏平肝潜阳，兼养肝肾之效。

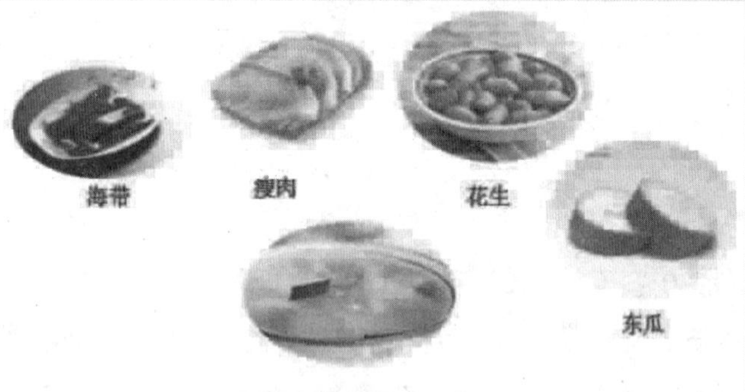

海带冬瓜花生瘦肉汤

四、痰瘀互结证　头如裹，胸闷，呕吐痰涎，胸痛（刺痛、痛有定处或拒按），脉络瘀血，皮下瘀斑，肢体麻木或偏瘫，口淡食少。舌胖苔腻脉滑，或舌质紫暗有瘀斑瘀点，脉涩。

【常用药膳】

1. 五指毛桃煲猪脊骨

【来源】《养生粥谱》

【组成】五指毛桃50克、猪脊骨约250克、陈皮、油、盐少许。

【制作及用法】五指毛桃与猪脊骨、陈皮同放瓦锅内，加清水适量，煲1小时以上，将成加油盐调味服食。

【功效】滋补肾阴。

【方解】五指毛桃性平，味甘、辛，有健脾补肺、利湿舒筋之功；猪脊骨味甘、性微温，具有滋补肾阴，填补精髓之功效。二者共用，具有益气化痰，活血化瘀之效。

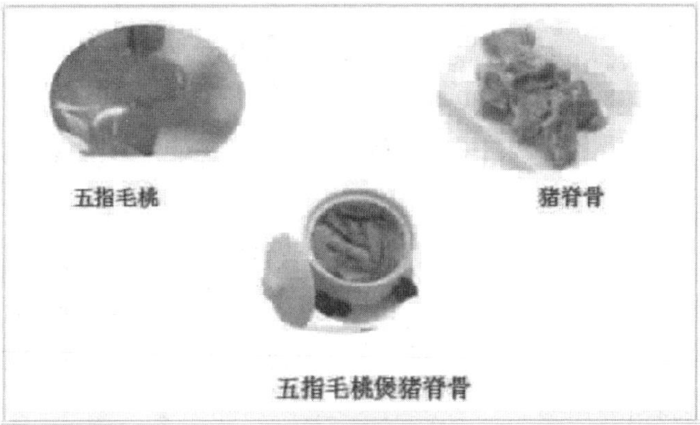

2. 田七薤白鸡肉汤

【来源】《养生粥谱》

【组成】田七15克、薤白30克、陈皮6克、红枣4枚，光鸡1只（约500克），猪瘦肉200克。

【制作及用法】田七置锅中，用鸡油或生油起锅慢火炒至微黄，稍冷后打碎；红枣去核、薤白、陈皮等洗净；光鸡、瘦肉洗净，切为块状。然后除薤白外一起放入瓦煲中内，加清水3000毫升（约12碗水量）武火煲沸后，改为文火煲2小时，加入薤白，适量食盐片刻，再加入米酒便可。此量可供3~4人用，鸡肉、瘦肉可捞起，拌入酱油佐餐用。

【功效】活血化瘀。

【方解】田七味甘微苦，性温，具有散瘀止血，消肿定痛之功效；薤白味辛、苦，性温，能通宣散结；鸡肉性温，味甘，具有补脾，滋补血液，补肾益精等功效。诸物相合，共奏益气化痰、活血化瘀之功。

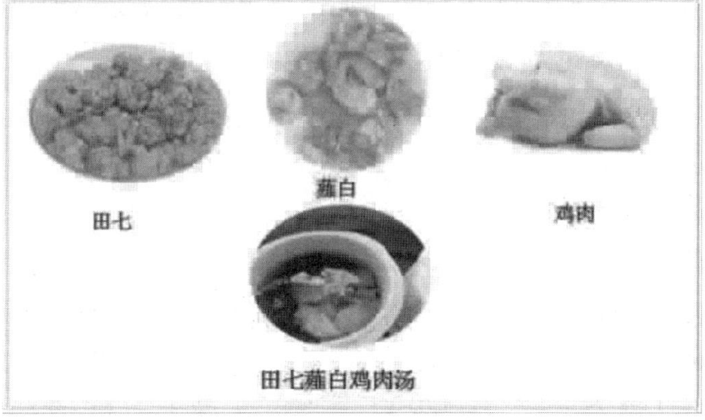

心衰病(心力衰竭)

心衰是以心悸、气喘、肢体水肿为主证的一种病证。多继发于胸痹心痛、心悸、心痹等疾病,是各种心脏疾病的最终转归,亦见于其他脏腑疾病的危重阶段。早期表现为乏力,气短,动则气喘、心悸;继而喘唾加重,喘不得卧,尿少肢肿,腹胀纳呆。心力衰竭病人由于心脏功能减退,静脉瘀血,肝肿大,胃肠道水肿以及消化、吸收功能差,故在药物治疗过程中配合合理的饮食治疗既能促进病情好转 ,又能维持营养需要。

膳食宜忌:宜低盐低脂,每日食盐量限制在3克以内,如果体内摄入钠盐过多,会使病情加重。每日最好吃4~5餐,每餐吃七分饱则可,避免饱餐加重心脏负担。在不增加心脏负担的同时,应该多吃些营养丰富的食物,如瘦肉、鱼类、蛋类、乳类、豆类,以及新鲜蔬菜和瓜果,以补充富含各种必需氨基酸的优良蛋白质、维生素B族、C、钾等,因钾对心脏有保护作用,不足时引起心律失常。辨证食疗则以患者的病变特点予以治疗。忌食辣椒、浓茶或咖啡、肥甘厚腻、煎炸食品,少吃含胆固醇高的食品如动物脂肪、内脏等。

通用药食:大米、面粉、小米、玉米、高粱。豆类及其制品,如豆浆、豆腐等。禽、畜肉类,如鸡肉、鸭肉(瘦)、猪肉(瘦)、牛肉。油脂类,以植物油为主,动物油少用。水产类,如淡水鱼。奶、蛋类:牛奶(250毫升/日),鸡蛋或鸭蛋(<1个/日)。各种新鲜蔬菜水果。

辨证用膳:

一、气虚血瘀　心悸、气短,活动劳累后心悸、气短加重,疲乏无力,面色淡白或自汗,胸闷通、阵发性刺痛、固定,拒按,唇甲青紫。舌质淡或边有齿痕,或青紫、有瘀点、瘀斑,脉沉细、虚数或涩、结代。

【常用药膳】

1. 人参三七炖鸡

【来源】甘肃省名中医、主任医师钟栩

【组成】人参10克、三七5克、鸡肉100克。

【制作及用法】将人参,三七,鸡肉共放炖盅内隔水炖1.5小时。食鸡,饮汤。

【功效】益气活血。

【方解】人参大补元气,复脉固脱;三七味甘、微苦,性温,具有化瘀止血,活

血定痛之功效；鸡肉性温，味甘，具有补脾，滋补血液，补肾益精等功效。

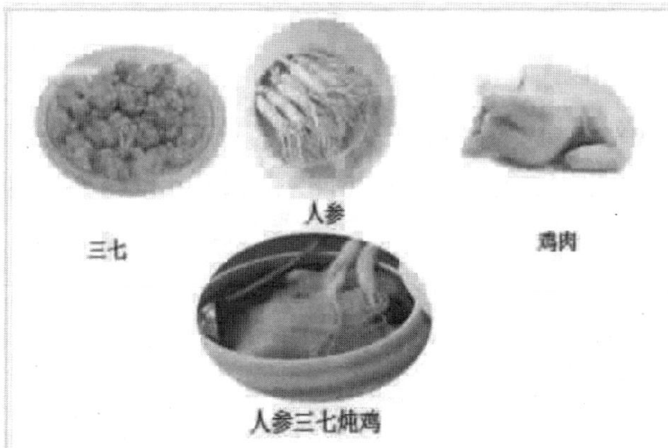

2. 双耳汤

【来源】《实用食疗方精选》

【组成】白木耳、黑木耳各10克、冰糖少量。

【制作及用法】先将木耳温水泡发洗净，与冰糖放入碗中，加水适量，加盖，隔水炖1小时。一次或分次服用。

【功效】补气润肺。

【方解】白木耳味甘、淡，性平，无毒，具有补脾开胃、益气清肠、滋阴润肺的功效；黑木耳味甘，性平，具有补气养血、润肺止咳的功效。

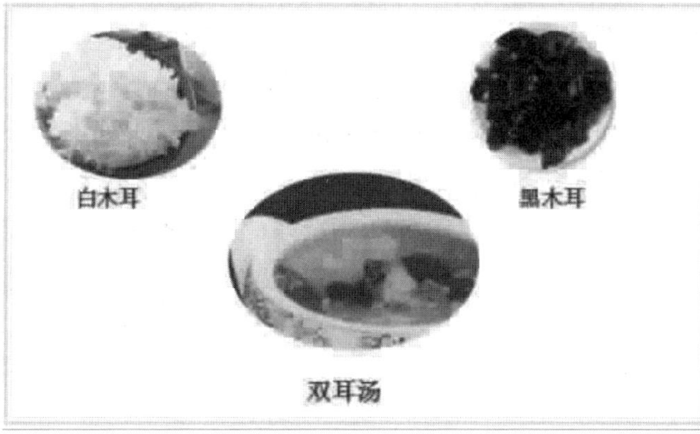

3. 归参鳝鱼汤

【来源】甘肃省名中医、主任医师钟栩

【组成】党参15克、当归15克、鳝鱼500克、盐、葱、姜适量。

【制作及用法】将党参、当归放入药袋中扎口，鳝鱼洗净切段，放入少许盐、葱、姜等，与药袋同煮开，去浮沫，改用小火炖1小时，捞出药袋即成。

【功效】健脾补肺，益气养血。

【方解】党参味甘，性平，归脾、肺经，质润气和，具有健脾补肺，益气养血生津之功效；当归味甘，辛、苦，性温，具有补血，活血，润燥滑肠之功效；鳝鱼味甘，温，具有补中益血，治虚损之功效。诸物相合，共奏健脾补肺，益气养血之功。

4. 黄芪川芎兔肉汤

【来源】《新编中国药膳食疗秘方全书》

【组成】兔肉250克、黄芪60克、川芎10克、生姜4片。

【制作及用法】兔肉切块，去油脂，用开水煮去血水，然后与黄芪、川芎、生姜一起放入锅中，加清水适量，武火煮沸后，文火煮2小时，调味即可。

【功效】健脾利湿，益气固表。

【方解】黄芪性味甘，微温，具有益气固表，敛汗固脱，利水消肿之功效；川芎味辛，性温，具有活血行气，祛风止痛之功效；兔肉性凉味甘，具有补脾益气，止渴清热之功效。诸物相合，共奏健脾利湿，益气固表之功。

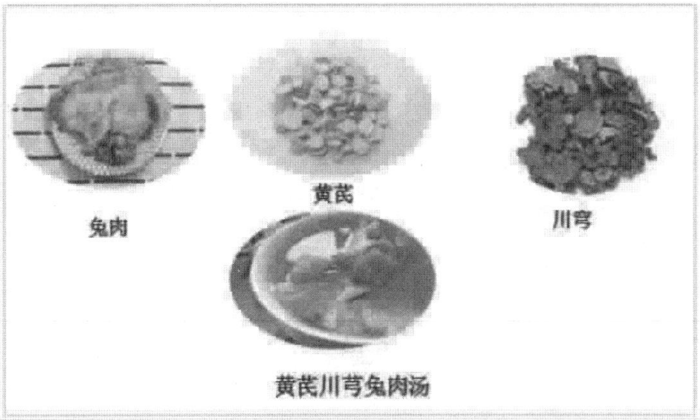

5. 芎芪玉竹粥

【来源】《护心养生》

【组成】川芎3克、黄芪30克、玉竹15克、糯米少许。

【制作与用法】将川芎3、黄芪30、玉竹加水煎煮，去渣取汁，与糯米共煮粥。

【功效】益气升阳，滋阴润燥，强心利尿，活血化瘀。

【方解】此粥中川芎性温具有行气开郁、活血化瘀、祛风燥湿之功效；玉竹性微寒，味甘，可养阴润燥、生津止渴；糯米味甘，性温，具有补中益气、健脾养胃、止虚汗之功效。

二、气阴两虚血瘀　心悸、动则气短、倦怠懒言、口干咽燥、面色少华，五心烦热、头晕目眩、胸闷隐痛、遇劳则甚、尿少浮肿、腰膝酸软。舌偏红而干或有齿印，脉细弱无力或结代。

【常用药膳】

1. 黄芪西洋参煲鸡

【来源】心血管一科主任医师滕政杰

【组成】黄芪30克、西洋参5克、鸡肉（去皮）200克。

【制作及用法】鸡肉洗净切块，大锅加水，投入黄芪、西洋参共煲，盐味精调味。食肉、饮汤。

【功效】益气补肾。

【方解】黄芪性味甘，微温，具有益气固表、敛汗固脱、利水消肿之功效；西洋参具有益肺阴、清虚火、生津止渴等功效；鸡肉性温，味甘，具有补脾、滋补血液、补肾益精等功效。

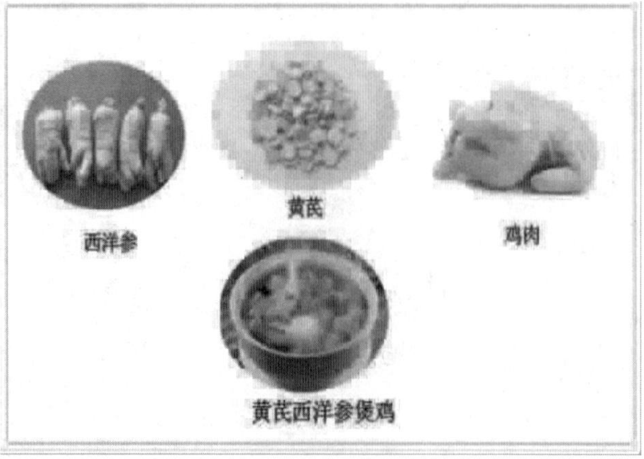

2. 莲子百合煲猪瘦肉

【来源】《养生食疗菜谱》

【组成】莲子、百合各30克、猪瘦肉200~300克。

【制作及用法】上料洗净共入锅，加水共煲。食肉，饮汤。

【功效】补脾止泻，益肾涩精，养心安神。

【方解】莲子具有养心安神、健脾、补肾的作用；百合具有补肺、润肺、清心安神、消除疲劳和润燥止咳的作用；瘦肉具有补肾养血、滋阴润燥之功效。

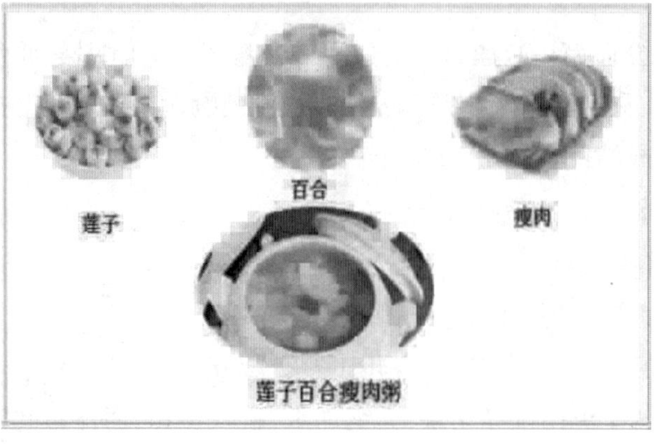

3. 五味子麦冬炖猪心

【来源】《养生食疗菜谱》

【组成】猪心一个、五味子5克、麦冬20克。

【制作及用法】猪心一个洗净瘀血，切小块，加适量水与五味子、麦冬同炖至烂熟，去五味子和麦冬后，调味饮汤食肉。

【方解】五味子性温、酸、甘，具有收敛固涩，益气生津，补肾宁心之功效；麦冬甘、微苦、凉，具有生津解渴、润肺止咳之效；猪心性平，味甘咸，具有补虚，安神定惊，养心补血之功效。

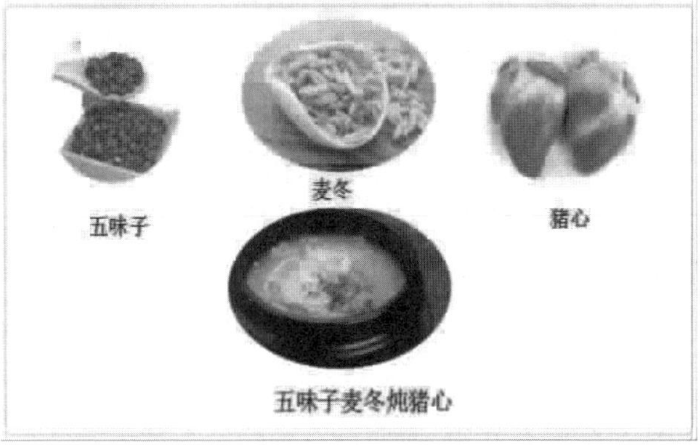

三、阳虚血瘀 心悸怔忡，咳嗽、咯稀白痰，形寒肢冷，短气喘息，胸闷不舒，心痛时作或面浮肢肿，唇甲淡紫或青紫。舌质暗或有瘀点、瘀斑，苔白腻，脉虚或结代。

【常用药膳】附子粥

【来源】《饮膳正要》

【组成】熟附子3~5克、干姜1~3克、粳米50~100克、葱白2条。

【制作及用法】先将附子、干姜煎煮1小时。取汁与粳米、葱白共煮粥。

【功效】益气温阳。

【方解】附子辛、甘，大热，有毒，具有回阳救逆、补火助阳、逐风寒湿邪之功效。

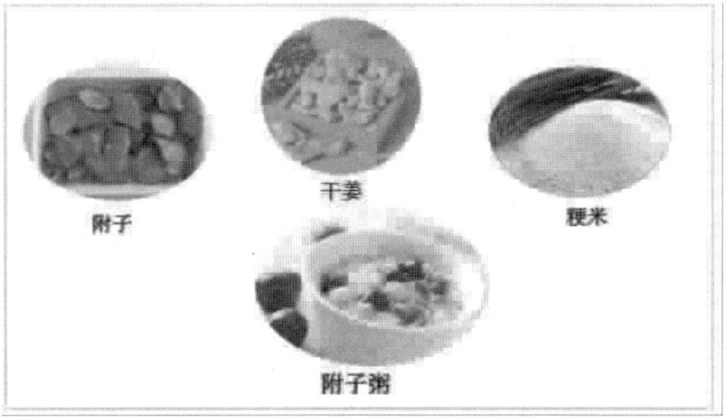

胸痹心痛(冠心病)

胸痹心痛，又称心痛。是由于正气亏虚，饮食、情志、寒邪等所引起的以痰浊、瘀血、气滞、寒凝痹阻心脉，以膻中或左胸部发作性憋闷、疼痛为主要临床表现的一种病证。轻者偶发短暂轻微的胸部沉闷或隐痛，或为发作性膻中或左胸含糊不清的不适感；重者疼痛剧烈，或呈压榨样绞痛。常伴有心悸、气短、呼吸不畅，甚至喘促、惊恐不安、面色苍白、冷汗自出等。多由劳累、饱餐、寒冷及情绪激动而诱发，亦可无明显诱因或安静时发病。

膳食宜忌：以素食为主，宜选清淡、易消化的低脂肪、低胆固醇、富含维生素的饮食，控制主食及脂肪的摄入量，保证新鲜蔬菜和水果的供给，以提供维生素C、B族维生素和适量的膳食纤维，要通过合理的饮食结构避免肥胖，以减轻心脏负担，保护冠状动脉血管。辨证食疗则以患者的病变特点予以治疗。

通用药食：粗杂粮、脱脂奶、鱼类、瘦肉、豆制品、各种蔬菜、水果。

辨证用膳：

一、胸阳痹阻　心痛，每由感寒诱发，气短，胸中闷塞，甚至心痛彻背，背痛彻心。舌苔腻，脉滑弦。

【常用药膳】薤白葱白粳米粥

【来源】甘肃省名中医、主任医师钟栩

【组成】薤白10克、葱白2根、香菜适量，粳米100克。

【制作及用法】将薤白、葱白洗净，葱白切成小段，与粳米同放人砂锅中，加水后用小火煮粥，粥熟后加切碎的香菜即成。每日1剂，分2次服，温热服食。

【功效】通阳宽胸

【方解】此粥中薤白辛散温通滑利，善散阴寒之凝滞，行胸阳之壅结，为治胸痹之要药；葱白辛温通阳；香菜味辛性温，具宣通之力；粳米甘平，可健脾养胃。共成温阳散寒、宣痹之功。

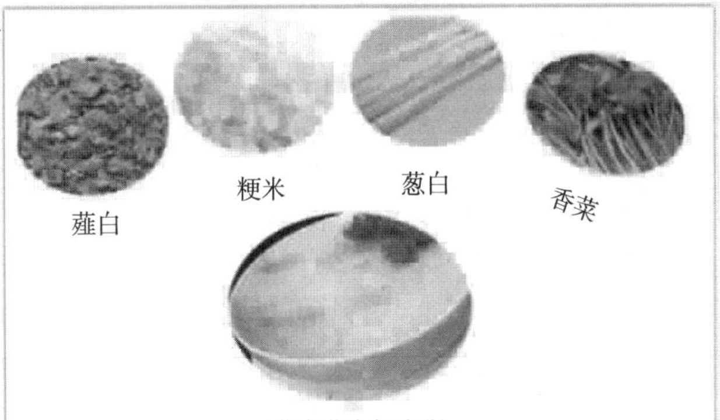

薤白葱白粳米粥

二、血瘀气滞 心胸刺痛，两胁发痛，气短、心烦不安。舌质有瘀点或紫斑，脉涩。

【常用药膳】丹参绿茶

【来源】《中国药茶》

【组成】丹参9克、绿茶3克。

【制作及用法】将丹参研成粉末，加绿茶，放热水瓶中，冲入半瓶开水，加盖焖10~15分钟后即可。

【功效】活血化瘀，疏肝理气。

【方解】方中丹参味苦，微寒，可活血化瘀、养心安神；绿茶清心利小便。二者相配，共奏活血化瘀、养心宁神之功，适用于胸痹心血瘀阻致心神不宁者。

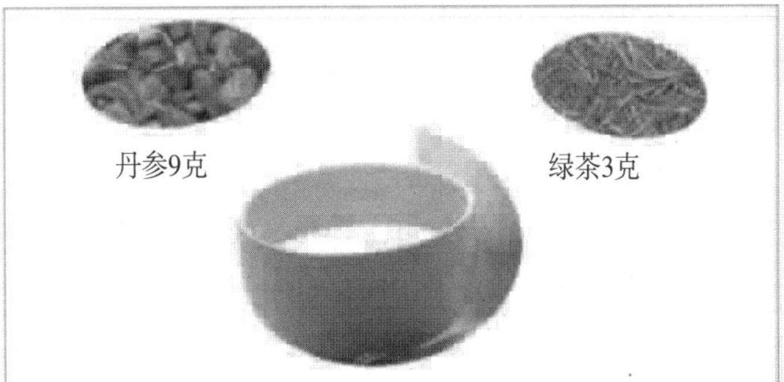

丹参绿茶

三、痰浊内阻 胸闷痛，形体肥胖，身重乏力。舌苔厚腻，脉滑。

【常用药膳】茯苓米粉糊

【来源】《家庭药膳全书》

【组成】茯苓细粉、米粉、山楂细末、槟榔细末、白糖各20克。

【制作及用法】将以上五种粉末入盆中，加水适量，调成糊状，蒸熟即成。上午、下午分次食用。

【功效】祛痰化浊。

【方解】此糊剂中茯苓健脾化痰、宁心发神；山楂活血化瘀；槟榔行气利水；米粉、白糖养胃调味。共奏化痰利湿、行气开郁之功，适用于痰浊痹阻之胸痹。

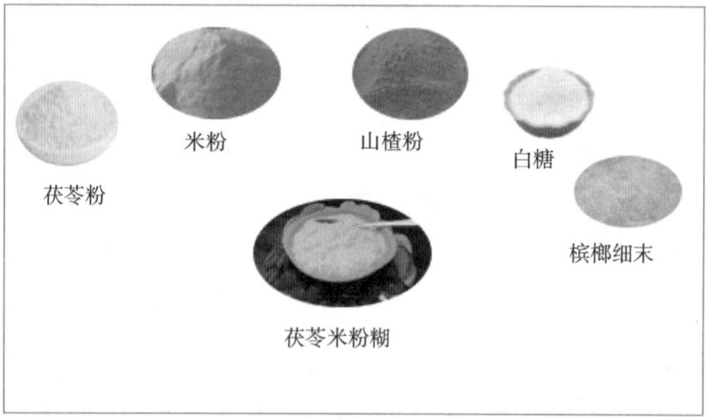

四、心肾阳虚　心痛、短气、心悸、胸闷、形寒肢冷，腰膝酸痛乏力，面色苍白。脉沉乏力或结代，舌淡苔白。

【常用药膳】人参薤白粥

【来源】《圣济总录》

【组成】人参10克、薤白6克、鸡蛋1个、粳米100克。

【制作及用法】先将人参单煮，取汁备用；鸡蛋放入碗中，搅拌均匀，备用；粳米如常法煮粥，米熟时放入鸡蛋、薤白、人参汁，再煮至熟。每日1次。

【功效】温补心肾。

【方解】人参味甘、微苦，性微温，可大补元气、益气固脱；薤白味辛、苦，性温，能通宣散结；鸡蛋味甘，性平，可滋阴润燥；粳米味甘，性平，可健脾益气，补后天之本。诸物相合，共奏大补元气、通阳除痹之功。

人参薤白粥

五、气阴两虚 胸闷隐痛，时作时止，心悸气短，倦怠懒言，面色少华，头晕目眩，遇劳则甚，自汗、口干少津。舌质红、少苔，脉细无力或结代。

【常用药膳】

1. 人参银耳汤

【来源】《中国药膳辨证治疗学》

【组成】人参5克、银耳10克、冰糖10克。

【制作及用法】先将银耳温水发胀，人参切片，与冰糖同放入锅，加水适量，小火煎煮2小时以上即成。早、晚分2次空腹服。

【功效】益气养阴。

【方解】此汤中人参大补元气；银耳滋养心阴；冰糖调味。共成益气养阴通脉之剂，适用于气阴两虚之胸痹。

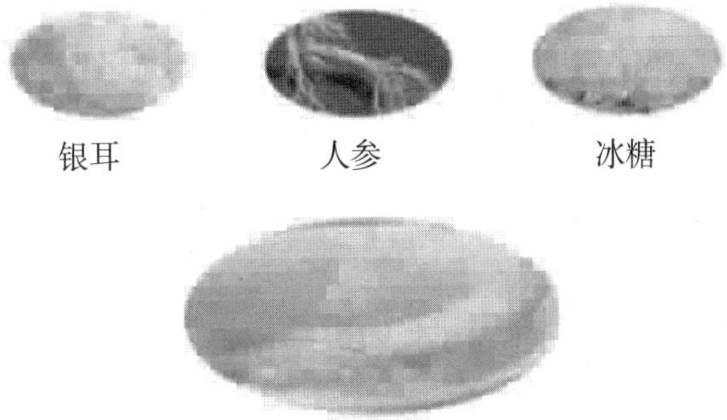

人参银耳汤

2. 当归熟地鲫鱼汤

【来源】甘肃中医药大学教授吴红彦

【组成】鲫鱼500克、当归、山药各15克、熟地5克，盐3克。

【制作及方法】鲫鱼宰杀洗净备用，当归、熟地、山药洗净后放入锅内，加入适量的水，先用大火煮开后改用小火煮约1个小时，后将处理好的鲫鱼放入锅炖大约20分钟，加入盐调料即可吃鱼喝汤。每日2次佐餐食用。

【功效】补气养血、止血凉血、健脾养胃。

【方解】当归味甘、辛、苦，性温，入肝、心、脾经，具有养血和血，活血止痛，润肠通便之功效。由于当归辛香走窜，又有“血中气药”之称，因此，临床与理气药配合，可治疗气阴两虚之证。熟地味甘性微温，归肝肾经，可补血养阴，填精益髓，治疗血虚诸证，如血虚萎黄、眩晕.心悸。鲫鱼有益气健脾、清热解毒、利水消肿等功效。《本草经疏》说“鲫鱼调味充肠，与病无碍，诸鱼中唯此可常食”。

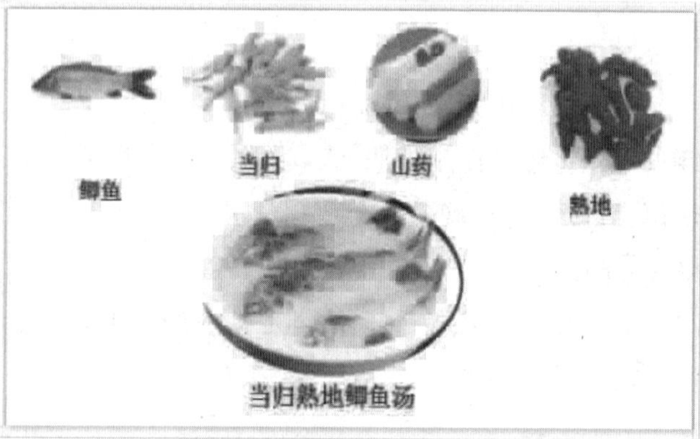

脑梗死(急性期)

中风又称卒中，属脑血管系统中的常见病。它分为两类，一类是脑血栓形成，一类是脑内出血。中医认为中风的发生与以下几种情况有关：

(1)由于起居失宜，七情郁结，肝热化风。

(2)饮食失节，脾失健运，湿聚生痰。

(3)体质素虚，外感风邪。风、火、痰、热互相影响而突然发病是中风最常见的直接发病因素。

膳食宜忌：饮食宜清淡，多吃新鲜蔬菜、水果，如萝卜、藕、芹菜、大白菜、香蕉、梨等，以凉血清热，消食开胃，宽胸理气。禁食膏脂、厚味、肥甘、生痰动火的食物，如羊肉、肥肉、辣椒、烟酒等。

通用药食：粗杂粮、脱脂奶、鱼类、瘦肉、各种豆类及豆制品、海带、紫菜、芹菜、白萝卜、洋葱、木耳等新鲜蔬菜水果。

辨证用膳：

中脏腑

一、痰蒙清窍证 意识障碍，半身不遂，口舌歪斜，言语謇涩或不语，痰鸣漉漉，面白唇暗，肢体瘫软，手足不温，静卧不烦，二便自遗。舌质紫暗，苔白腻。

【常用药膳】竹沥小米粥

【来源】《寿世青编》

【组成】淡竹沥30克、小米100克。

【制作及用法】先用小米加水煮粥，粥将熟时加入竹沥，调匀即可。空腹食用。

【功效】清热除烦，豁痰定惊。

【方解】竹沥性味甘寒，能清心肺胃之火，有豁痰润燥、定惊之效。主要用于治中风痰迷，肺热痰壅，惊风，癫痫，壮热烦渴，子痫，破伤风。

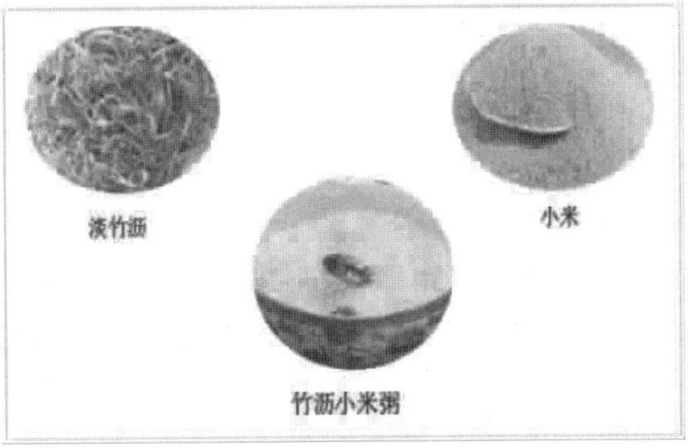

二、痰热内闭证 意识障碍，半身不遂，口舌歪斜，言语謇涩或不语，鼻鼾痰鸣，或肢体拘急，或躁扰不宁，或身热，或口臭，或抽搐，或呕血。舌质红，舌苔黄腻。

【常用药膳】竹沥姜汁粥

【来源】《本草经集注》

【组成】鲜竹沥50毫升、姜汁10滴、米50克。

【制作及用法】取1米左右的新鲜淡竹1段，架在柴火上，烧烤其中间部分。这时由两端流出的淡黄色液体，便是竹沥。取出50毫升备用。大米洗净，用砂锅煮粥，待粥熟烂后，加入竹沥和生姜汁，调匀后，少量多次温热食用。若无生姜汁，也可用生姜三片在粥半熟时，加入同煮至熟。

【功效】豁痰润燥、定惊调中。

【方解】竹沥性味甘寒，能清心肺胃之火，有豁痰润燥、定惊之效，姜汁解毒药，调中，去冷，除痰，开胃。

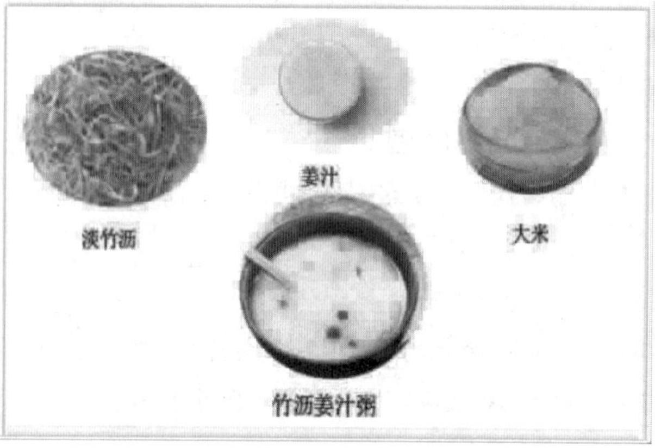

三、元气败脱证　昏语不知，目合口开，四肢松懈瘫软，肢冷汗多，二便自遗。舌卷缩，舌质紫暗，苔白腻。

【常用药膳】炖人参汤

【来源】《本草惠民和剂局方》

【组成】高丽参9克、西洋参6克、猪瘦肉50克。

【制作及用法】先将高丽参和西洋参切成薄片，与洗净的猪瘦肉一起放进炖盅内，加入1000毫升冷开水，隔水用中火炖2小时，待温，饮服。

【功效】益气固脱、回阳救逆。

【方解】高丽参具有大补元气、滋补强壮、生津止渴、宁神益智等功效，西洋参补气养阴，清热生津。用于气虚阴亏，内热，咳喘痰血，虚热烦倦。

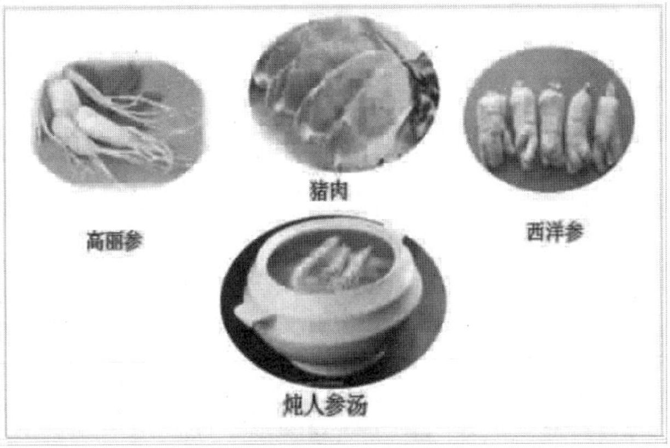

中经络

一、风火上扰证 眩晕头痛，或伴耳鸣目眩，口眼歪斜，面红耳赤，口苦咽干，舌强语謇，心烦易怒，尿赤便干，甚则半身不遂。舌质红绛，舌苔黄腻而干，脉弦数。

【常用药膳】莲子汤

【来源】《实用中医营养学》

【组成】干莲子300克。

【制作及用法】先将莲子用清水浸胀，去衣去心，用旺火蒸约1小时，至莲子酥烂。另取一锅，注水加上白糖和已蒸酥的莲子，置于火上煮，边煮边搅，至沸，晾凉饮用。

【功效】平肝潜阳，活血通络。

【方解】莲子有益心补肾、健脾止泻、降压安神的作用。

二、风痰阻络证 头晕目眩，痰多而黏，口舌歪斜，言语謇涩或不语，偏身麻木。舌质暗淡，舌苔薄白或白腻，脉弦滑。

【常用药膳】

1. 桃仁饮

【来源】《饮膳正要》

【组成】桃仁10克、决明子30克、香芹250克、白蜜适量。

【制作及用法】先将香芹洗净，用榨汁机榨取鲜汁30毫升备用。桃仁和决明子均打碎，放入沙锅内加清水煎药汁，煎好后加入鲜香芹汁和白蜜拌匀，饮服。

【功效】平肝清热、活血通便。

【方解】桃仁性甘平、味苦，入肺、肝、大肠经，有破血行瘀，润燥滑肠的功效；决明子味苦、甘、咸，性微寒，清肝明目，利水通便，缓泻，有降血压降血脂作用。

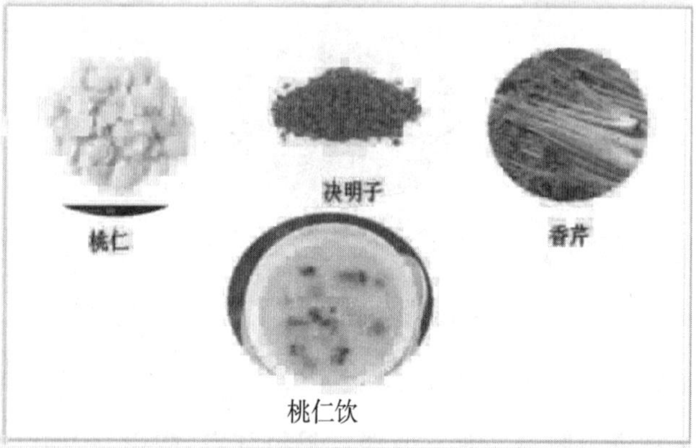

2. 防风粥

【来源】《药粥疗法》

【组成】防风10~15克、葱白2根、粳米50~100克。

【制作及用法】防风洗净入锅，熬煮数分钟，将药液过滤后备用；把粳米熬煮成稀粥，在粥内加入防风药液，放入洗净切碎的葱白，文火稍煮后即可调味食用。

【功效】熄风化痰，活血通络。

【方解】防风可祛风、解痉、除湿之功效；葱白性温通阳；粳米甘平，可健脾养胃。

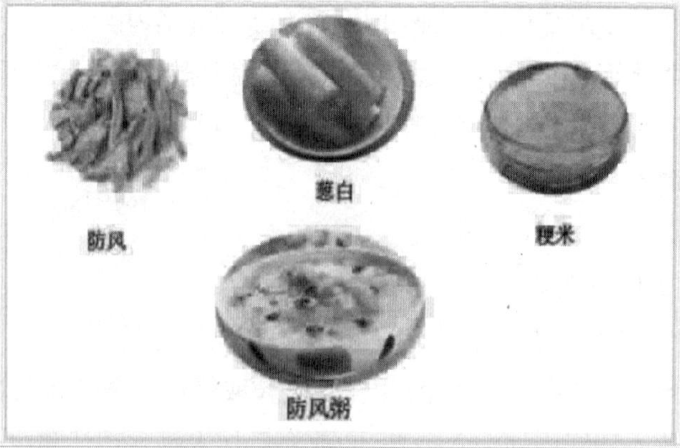

三、痰热腑实证 半身不遂，口舌歪斜，言语謇涩或不语，偏身麻木，头痛目眩，咯痰或痰多，腹胀、便干便秘，头痛目眩，咳痰或痰多。舌质暗红，苔黄腻，脉弦滑或偏瘫侧弦滑而大。

【常用药膳】

1. 萝卜汁粥

【来源】《图经本草》

【组成】鲜萝卜500克、大米100克。

【制作及用法】先将萝卜削去外皮，切粒，放榨汁机内榨取鲜汁，备用。大米洗净加水煮粥，然后加入100毫升鲜萝卜汁，拌匀，分2~3次食用。

【功效】消滞化痰。

【方解】鲜萝卜甘辛、平、无毒，下气消食，除痰润肺，解毒生津，和中止咳，利大小便。

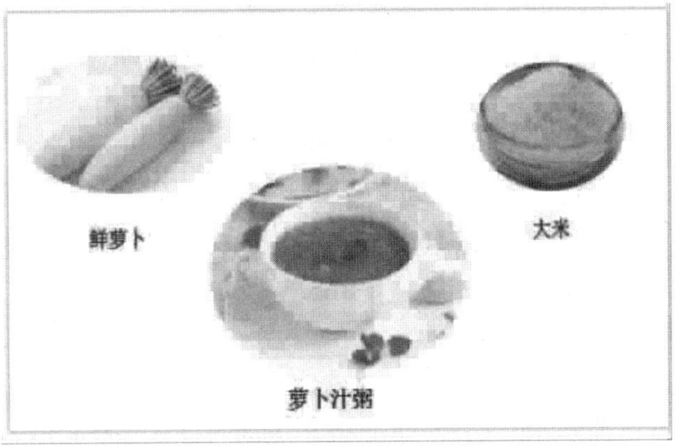

2. 萝卜汤

【来源】《家常菜谱》

【组成】萝卜1根，高汤4碗。

【制作及用法】萝卜洗净去皮切块，适量高汤与萝卜一起下锅，煮开后调至小火，熬至筷子可穿透萝卜即可。

【功效】化痰通腑。

【方解】白萝卜可除痰润肺，下气消食，利大小便。

四、气虚血瘀证 面色㿠白，气短乏力，口角流涎，自汗出，心悸便溏，手足肿胀。舌质暗淡，舌苔白腻，有齿痕，脉沉细。

【常用药膳】田参鸡肉汤

【来源】《本草求真》。

【组成】 鸡肉90克、田七10克、红参10克、黄芪30克。

【制作及用法】田七打碎，加鸡肉、生姜3片过油，把全部用料一齐放入瓦锅内，加清水适量，文火煮两小时，调味即可，随饭饮用。

【功效】益气生津，祛瘀止血。

【方解】田七祛瘀止血，消肿止痛，有比较好的降低胆固醇，降低甘油三脂的作用；红参有补元气、补脾肺、生津安神的作用。

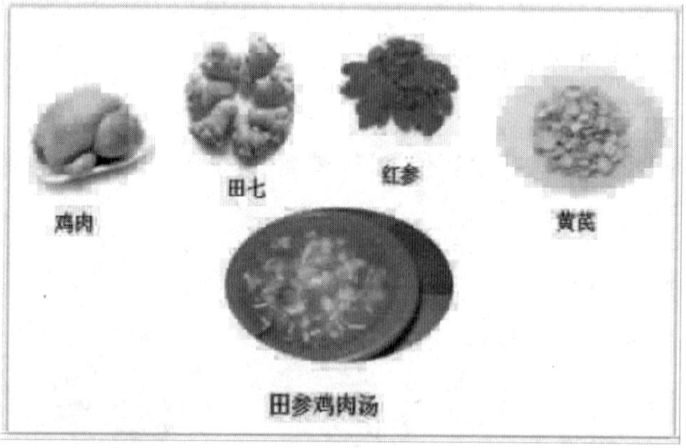

五、阴虚风动证 眩晕耳鸣，口眼歪斜，手足心热，咽干口燥。舌质红而体瘦，少苔或无苔，脉弦细数。

【常用药膳】地黄龟肉汤

【来源】《历代名医良方注释》

【组成】 龟1只(约200克)、干地黄30克、枸杞子20克、秦艽15克

【制作及用法】将龟去肠杂、斩块，把全部用料一起放入瓦锅中，加清水适量，文火煮两小时，调味即可，随饭饮用。

【功效】滋阴祛风

【方解】龟可除湿，补阴虚，滋肾水，止血，解毒。主治湿痹，风痹，筋骨疼痛。干地黄味甘、性寒，无毒，具有滋阴养血的功效。

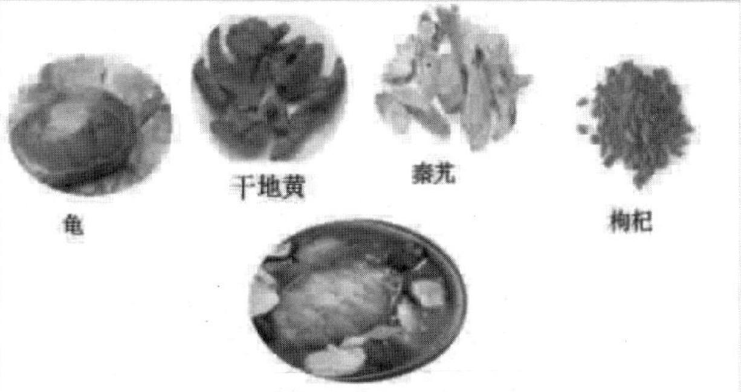

地黄龟肉汤

脑梗死(恢复期)

急性阶段经抢救治疗,若神志渐清,痰火渐平,饮食稍进,渐入恢复期,但后遗症有半身不遂、口歪、语言謇涩或失音等,此时仍须积极治疗并加强护理。

膳食宜忌:宜选清淡、易消化、低胆固醇、粗纤维的饮食。少吃动物脂肪,多食植物油,多食富含维生素B、E的鲜蔬菜和水果。不宜吃含盐重的菜品或腌制品,不宜吃含油脂过高的食物,如咸肉、咸菜、酒、肥肉、猪油、脑、动物内脏、糖、咖啡、浓茶。应戒烟、酒。

通用药食:糙米、小米、燕麦、荞麦、大豆、高标准粉、瘦猪肉、鸡、鱼、兔、鹌鹑蛋、芹菜、萝卜、茄子、洋葱、蒜、紫菜、海带、木耳、银耳、香菇、苹果、枣、香蕉、猕猴桃、核桃、葵花子等。

辨证用膳:

一、风痰瘀阻证 口眼歪斜,舌强语謇或失语,半身不遂,肢体麻木。舌暗紫,苔滑腻。

【常用药膳】

1. 天秦萝卜粥

【来源】《养生粥谱》

【组成】白萝卜500克、粳米60克、天麻10克、秦艽12克、盐4克。

【制作及用法】将天麻、秦艽水煎约30分钟,去渣取汁备用;白萝卜洗净切块;粳米淘净备用;将萝卜块、粳米放入药汁中,加适量清水煮成粥;加盐少许调味即可。

【功效】祛风、化痰、通络。

【方解】白萝卜具有促进消化，增强食欲，加快胃肠蠕动和止咳化痰的作用；粳米能益脾胃，除烦渴；天麻有平肝熄风，清热活血，补益肝肾的作用；秦艽有祛风湿，舒筋络，清虚热的作用。

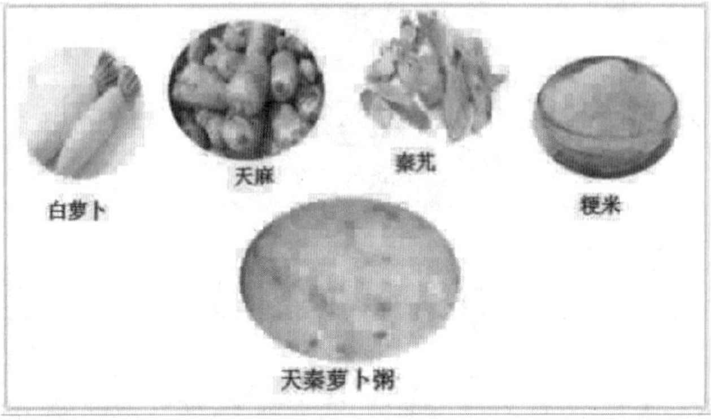

2. 薏仁萝卜粥

【来源】神经康复科主任医师毛忠南

【组成】鲜萝卜500克、薏苡100克。

【制作及用法】将萝卜削去外皮，切粒，放榨汁机内榨取鲜汁，备用。薏苡洗净加水煮粥，然后加入100毫升鲜萝卜汁，拌匀，分2~3次食用。

【功效】消滞化痰。

【方解】萝卜具有下气、消食、除疾润肺、解毒生津，利尿通便的功效；薏苡具有健脾养胃益肾，主治肺热、便秘、食滞、消化不良、痰多、大小便不通畅等。

二、气虚血瘀证 肢体偏枯不用，肢软无力，面色萎黄。舌质淡紫或有瘀斑，苔薄白。

【常用药膳】

1. 黄芪猪肉羹

【来源】《家常菜谱》

【组成】黄芪3克、大枣10枚，当归、枸杞各10克、猪瘦肉100克。

【制作及用法】猪瘦肉切片，与黄芪、当归、枸杞大枣共放锅中，加清水适量炖汤，汤成拣去黄芪、当归，调味即可。食肉喝汤，并吃枸杞与大枣。每日1剂，可连用1~2个月。

【功效】补气活血。

【方解】黄芪具有补气固表，利尿托毒，用于气虚乏力，食少便溏，中气下陷，表虚自汗，血虚萎黄，内热消渴；大枣通九窍，和百药，养肺胃，益气，润心肺，生津，助诸经，补五脏；当归补血，活血，润燥滑肠。

2. 川芎黄芪粥

【来源】《妇人良方》

【组成】川芎30克、黄芪30克、粳米100克、冰糖适量。

【制作及用法】将川芎、黄芪煎熬三次，收取4000毫升待用，将粳米洗净，放入锅中，加入川芎、黄芪汁，中火烧至米烂。

【功效】益气活血，强身益寿。

【方解】川芎味辛苦性温，入肝胆经，其性辛窜升浮，上行可至头目，下行可至血海，功能补血活血，行气开郁；黄芪味粳米性味甘平甘，性微温，入肺、脾经，补中益气，能兴奋中枢神经系统，增强网状内皮细胞的吞噬能力，提高抗病能力，扩张血管，改善血液循环，可补脾胃，益五脏，壮气力。

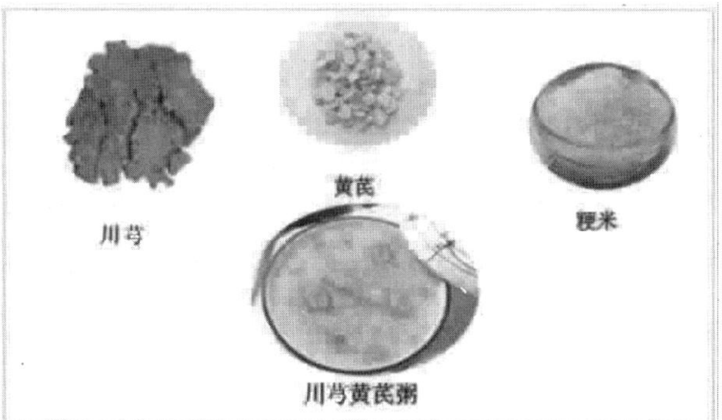

3. 黄芪兔肉滋补汤

【来源】神经康复科主任医师毛忠南

【组成】黄芪60克、兔肉250克、川芎10克、生姜4片。

【制作及用法】兔肉切块，去油脂，用开水汆去血水，然后与黄芪、川芎、生姜一起放入锅内，加清水适量，武火煮沸后，文火煮2小时，加盐适量调味即成。每日或2日1剂，随量饮汤食肉。

【功效】补气活血通络。

【方解】黄芪味甘，性微温，归肝、脾、肺、肾经，具有补气固表之功效；川芎味辛，性温，归肝经、胆经、心包经具有活血行气之功效；兔肉中脂肪、胆固醇含量低于其他肉类，卵磷脂含量高，易被消化吸收。卵磷脂是补充人大脑组织细胞的主要营养素，有利于健脑益智。

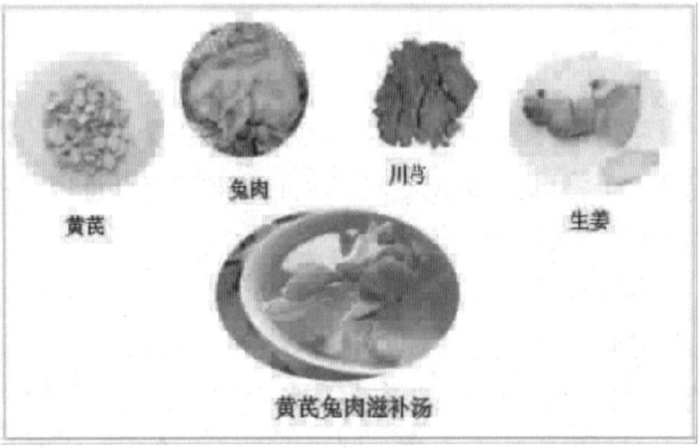

三、肝肾亏虚证　半身不遂，患肢僵硬，拘挛变形，舌强不语，或偏瘫，肢体肌肉萎缩。舌红脉细，或舌淡红。

【常用药膳】

1. 栗子桂圆粥

【来源】《养生粥谱》

【组成】栗子10个（去壳用肉）、桂圆肉15克、粳米50克、白糖少许。

【制作及用法】先将栗子切成碎块，与米同煮成粥，将熟时放桂圆肉，食用时加白糖少许。可做早餐，或不拘时食用。

【功效】补肾、强筋、通脉。

【方解】栗子有养胃健脾，补肾强筋，活血止血；桂圆肉性温味甘，益心脾,补气血,具有良好的滋养补益作用;粳米能益脾胃,除烦渴。

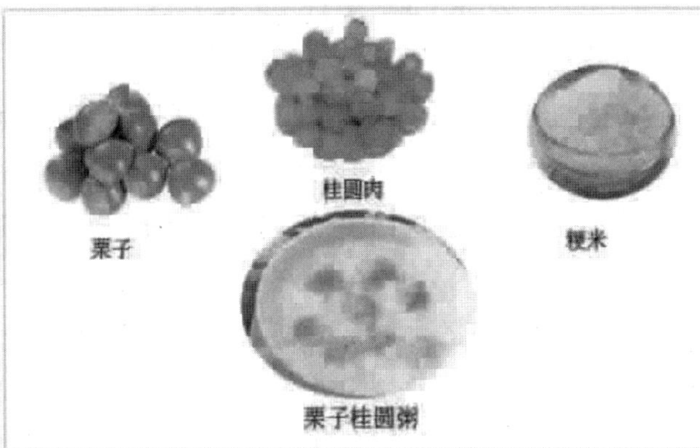

2. 枸杞羊肾粥

【来源】神经康复科主任医师毛忠南

【组成】枸杞子30克、羊肾1个、羊肉50克、粳米50克。

【制作及用法】将羊肾、羊肉切片放入锅中,用开水氽去血水,后将枸杞、适量葱、五香粉等佐料放入,先煮20分钟,再下米熬成粥。随量饮用。

【功效】补肾通脉。

【方解】羊肉有补精血,益虚劳,温中健脾,补肾壮阳,养肝等功效;枸杞有补肾益精,养肝明目,补血安神之功效。

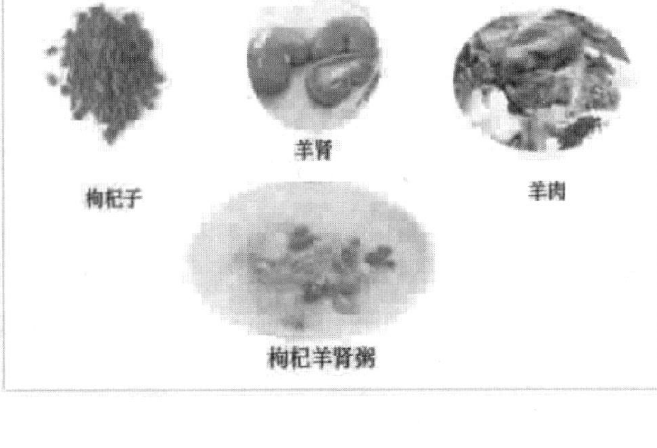

痴呆(血管性痴呆)

痴呆是由痰浊瘀血痹阻脑络,或大病损伤元神,或年老精血亏虚,或为先天不足所致,以呆傻愚笨为主要表现的脑神疾病。血管性痴呆指由各种脑血管病变引起的脑功能障碍而产生一组获得性的严重认知功能缺陷或衰退的临床综合征。

膳食宜忌:以清淡营养丰富的食物,要常吃富含胆碱、维生素B_{12}的食物,因乙酰胆碱有增强记忆力的作用,而乙酰胆碱都是由胆碱合成的。因此,应多吃一些富含胆碱的食物。多吃腐竹,其具有良好的健脑作用。多吃蔬菜和生果,少吃脂肪肥肉,蔬菜和生果含有维生素和纤维,能保持大便通畅。

通用药食:桂圆大枣汤、瘦肉、鸡蛋、鱼;新鲜蔬菜、水果,如芹菜、豆芽、黄瓜、香蕉、桔子;富含胆碱、维生素B_{12}的食物,如豆制品、蛋类、花生、核桃、鱼类、肉类、燕麦、小米、海带、红腐乳、臭豆腐、大白菜和萝卜等。

辨证用膳:

一、髓海不足证 形体疲惫,健忘,定向障碍,判断思维能力下降,或计算不能,或理解障碍,反应迟钝,行动迟缓,言语謇涩,或词不达意,伴腰膝酸软,发枯齿落,头晕目眩,听力减退,尿频,甚者二便失禁。舌质淡,脉沉细弱。

【常用药膳】

1. 胡桃首乌炖猪脑

【来源】《中国药膳》

【组成】何首乌15克、猪脑1副、胡桃仁15克、天麻6克。

【制作及方法】将天麻切片,首乌布包,猪脑去筋膜备用,锅中放清水,天麻、胡桃、首乌,文火炖沸后,下猪脑,煮至脑熟,去药包,调味服用。

【功效】益精补髓、养血补脏。

【方解】胡桃味甘、性温,胡桃仁含有较多的蛋白质及人体营养必需的不饱和脂肪酸,这些成分皆为大脑组织细胞代谢的重要物质,能滋养脑细胞,增强脑功能;何首乌功能补益精血、乌须发、强筋骨、补肝肾,用于血虚萎黄、眩晕耳鸣、须发早白、腰膝酸软、肢体麻木、久疟体虚等;猪脑,为猪科动物猪的大脑,性寒,味甘。入肝、肾经。猪脑含有钙、磷、铁等元素,另含维生素B_1、维生素B_2、烟酸、维生素C等。可滋阴润燥，益精补髓。

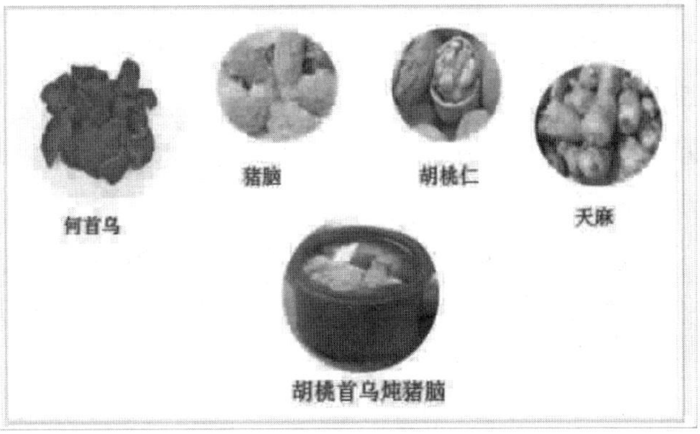

2. 百合鸡子黄汤

【来源】《金匮要略》

【组成】百合7枚，鸡子黄1枚，白糖适量。

【制作及方法】百合脱瓣，清水浸泡一宿，待白沫出，去其水。放入锅中，加清水，旺火烧沸后再改用小火煮约半小时，然后加入鸡子黄搅匀，再沸，调以白糖（或冰糖）进食。

【功效】滋阴润肺，清心安神。

【方解】百合善滋阴润肺，清心安神；鸡蛋黄能养血滋阴，与百合煮汤，更能增强滋阴养血，清心安神的功效。

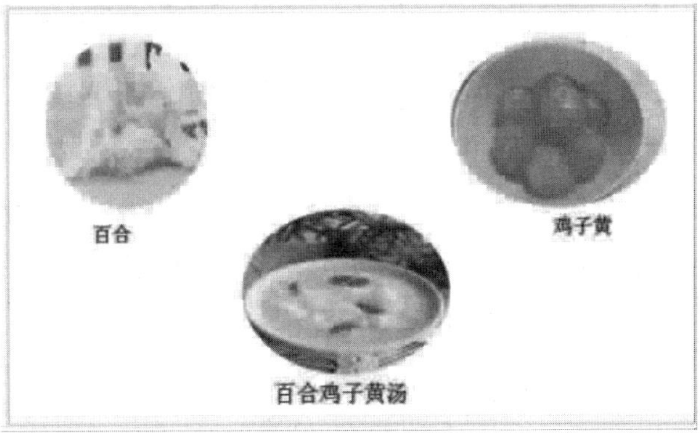

三、瘀血内阻证　健忘，定向障碍，判断力差，反应迟钝，理解障碍，不能与他人交流，或语言迟缓，甚则失语，伴头痛头晕，失眠心悸，或肌肤甲错，肢体麻木，面唇紫暗。舌质暗，边有瘀斑，舌下脉络紫，脉沉细涩。

【常用药膳】丹参佛手汤

【来源】《饲鹤亭集方》

【组成】核桃仁5个、佛手片6克、白糖50克、丹参15克。

【制做及方法】将丹参、佛手煎汤，白糖、核桃仁捣烂成泥，加入丹参佛手汤中，用小火煎煮10分钟即可食用。每日2次，连服数天。

【功效】疏肝解郁、除烦安神。

【方解】丹参性微寒味苦，具有活血祛瘀、清热除烦的功效；佛手性温味辛苦酸，具有理气和中，疏肝止呕的功效；核桃仁性温味甘，具有补肾、温肺、润肠的功效。

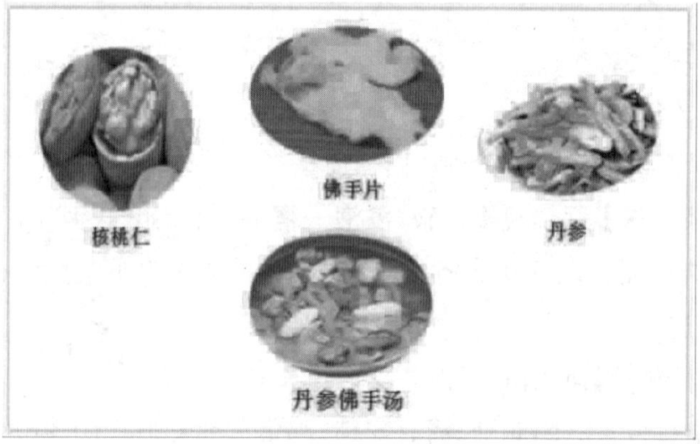

面瘫（周围性面神经炎）

面瘫，面神经麻痹（即面神经瘫痪），俗称“歪嘴巴”、“吊线风”，是以口眼向一侧歪斜为主要症状的疾病，又称口眼歪斜。任何年龄均可发病，春秋两季高发，发病急速，以一侧面部发病多见。本证是由于正气不足，脉络空虚，卫外不固，风寒或风热之邪乘虚入中面部经络，致气血痹阻，筋肉失于约束而弛缓，出现㖞僻。

膳食宜忌：因本病使味觉与咀嚼功能减退影响食欲，所以要尽量鼓励病人进食。给予适合病人口味，并富有营养、可口清淡、易消化半流质或软质饮食；多食新鲜蔬菜，水果，粗粮，豆类，如玉米、洋葱、大枣、香蕉、紫茄、丝瓜、南瓜、甜瓜、桑椹。可以吃各类鱼、瘦肉、蛋。保证新鲜蔬菜和水果的供给，以提供B族维生素营养神经，促进神经恢复。忌食生冷油腻刺激性食物；忌食不易消化，热性补药，热性食物，如烟酒、浓茶、绿豆、羊、狗肉、动物内脏。另外太酸的食物水果也忌食或少食。辨证食疗则以患者的病变特点予以治疗。

通用药食：各类时令蔬菜、水果，以富含B族维生素为宜。

辨证用膳：

一、风寒袭络证 突然发病，一侧面部板滞、麻木、瘫痪、不能蹙额、皱眉、露齿、鼓颊，口角向健侧歪斜，漱口漏水，吃饭夹食，兼见面部有受寒史，恶寒、畏风，头身疼痛，无汗。舌质淡红，苔薄白润，脉浮紧。

【常用药膳】防风粥

【来源】神经康复科主任医师毛忠南

【组成】防风10~15克、粳米30~60克、葱白2根。

【制作及用法】防风10~15克、葱白2根水煎取汁，去渣，粳米煮粥，待粥将熟时加入药汁，煮成稀粥，每日温服。

【功效】祛风解表散寒。

【方解】防风具有祛风解表、胜湿止痛功效；粳米具有健脾、除湿功效；葱白味辛、性温有发汗解表的作用。每日或隔日1剂，随量饮汤。

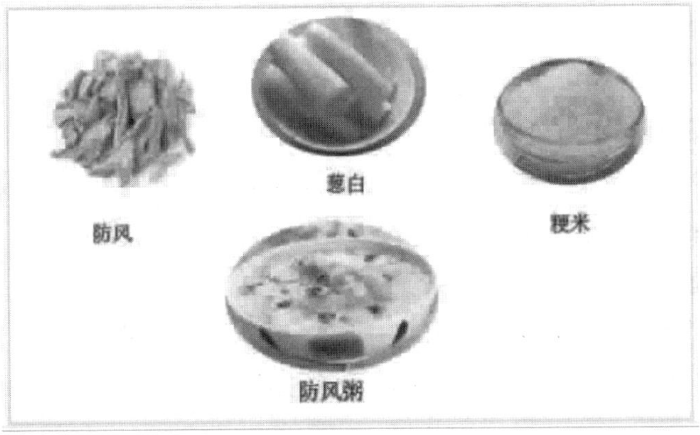

二、风热袭络证 突然发病，一侧面部板滞、麻木、瘫痪、不能蹙额、皱眉、露齿、鼓颊，口角向健侧歪斜，漱口漏水，吃饭夹食，继发于感冒发热或咽部感染史。兼见恶风、发热，头痛，口感微渴，或有汗。舌红苔黄腻，脉浮数。

【常用药膳】

1. 金银花粥

【来源】甘肃省名中医、主任医师魏清琳

【组成】金银花9克、淡豆豉9克、粳米60克。

【制作及用法】金银花、淡豆豉水煎去渣，加入粳米煮粥食。

【功效】辛凉解表。

【方解】金银花性寒，能清热解毒、疏散风热，并对感冒病毒有抑制作用，且不伤元气；淡豆豉性凉，常与金银花一起使用治疗风热感冒。适合以发热、头痛、咽喉肿痛为主要症状的外感风热者。

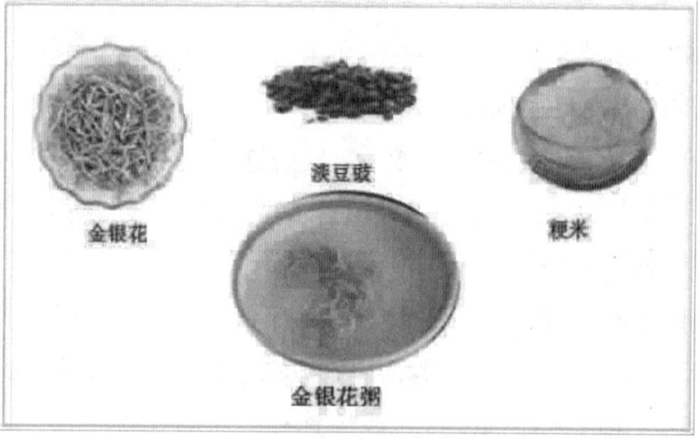

2. 芎菊粥

【来源】神经康复科主任医师毛忠南

【组成】川芎10克、菊花6克、粳米 500克。

【制作及用法】川芎洗净切片，菊花洗净，去杂质，粳米淘洗干净，粳米放炖锅内，放入川芎、菊花以及水800毫升。炖锅置于武火上烧沸，再用文火煮40分钟即成。每日1次，每次吃粥80克。

【功效】疏风清热，活血行气。

【方解】川芎味辛，性温，归肝经、胆经、心包经具有活血行气之功效；菊花性凉，能够清热解火；粳米具有健脾、除湿功效。适用风热感冒引起面瘫患者饮用。

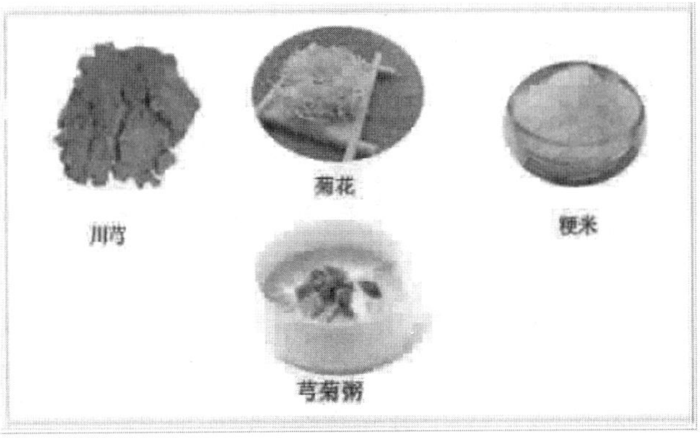

三、风痰阻络证 突然发病，一侧面部板滞、麻木、瘫痪、不能蹙额、皱眉、露齿、鼓颊，口角向健侧歪斜，漱口漏水，吃饭夹食，或面部抽动，颜面麻木做胀，兼见头痛，夜间加重，胸闷或呕吐痰涎。舌胖大，苔白腻，脉弦滑。

【常用药膳】

1. 山药薏苡仁粥

【来源】甘肃省名中医、主任医师魏清琳

【组成】山药、薏苡仁各20克、糖适量、粳米50克。

【制作及用法】先将山药洗净去皮切成小片，与麦冬、薏仁一起泡透后，再加入粳米50克，加水用火煮沸后，再用小火熬成粥。

【功效】健脾除湿。

【方解】山药味淡，既是中药材，又是可以吃的食物，有着健脾、益气、固肾、消除疲劳的作用，肥胖人士吃山药具有纤体作用；薏米，在中药里称“薏苡仁”，具有利肠胃，消水肿，健脾益胃之效。

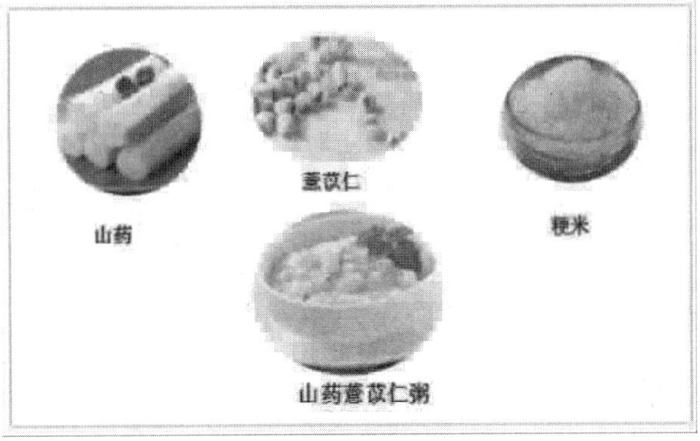

2. 牛奶生地牡蛎饮

【来源】神经康复科主任医师毛忠南

【组成】生地15克，牡蛎肉100克，牛奶250克，白糖20克。

【制作及用法】生地切片，牡蛎肉洗净切片。生地、牡蛎同放炖锅内，加入白糖，注入水200毫升。炖锅置武火上烧沸，用文火煮25分钟，再加入牛奶即成。每日1杯，喝牛奶吃牡蛎肉。上汤随量饮用。

【功效】平肝潜阳，清热化痰。

【方解】生地味甘、苦，性寒，归心、肝、肺经，具有养阴生津功效；牡蛎肉具有清热凉血、收敛固涩、清热益阴、软坚散结功效。

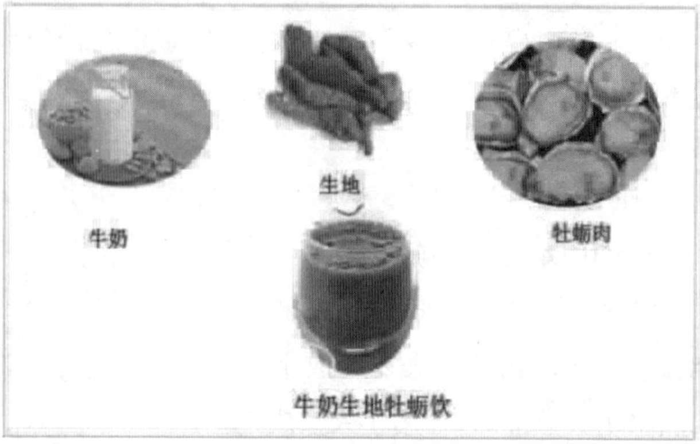

四、气虚血瘀证　一侧面部板滞、麻木、瘫痪、不能蹙额、皱眉、露齿、鼓腮，口角向健侧歪斜，漱口漏水，吃饭夹食，面肌时有抽动，兼见神疲乏力，头晕心慌。舌质淡紫，苔薄白，脉细涩或细弱。

【常用药膳】

1. 当归瘦肉粥

【来源】甘肃省名中医、主任医师魏清琳

【组成】大枣、枸杞、当归、瘦肉各20克、粳米100克。

【制作及用法】将瘦肉洗净入锅中，加水适量，与粳米同煮，约30分钟。将洗净的大枣、枸杞、当归入粥同煮10~15分钟，即可食用，每日1~2次。

【功效】益气养血、活血逐瘀。

【方解】当归味甜、微苦、略有麻舌感，入肝、心、脾和大肠经，具有补血活血等功效；大枣味甜，具有健脾益胃、补气养血、养血安神、缓和药性调和口味的作用。

2. 参杞大枣汤

【来源】神经康复科主任医师毛忠南

【组成】人参2克、枸杞子2克、莲子肉2克、山药2克、大枣5粒、胡桃肉各4~5枚。

【制作及用法】将人参、枸杞子、莲子肉、山药、大枣、胡桃肉，齐下煎汤取药汁服，口服2~3次。

【功效】补中益气、养血活血。

【方解】人参、枸杞合用补气作用加强，同时有安神、养血、补肝肾之功；莲子、山药具有补脾、益肺之功；大枣、胡桃具有补养身体，滋润气血之功效。

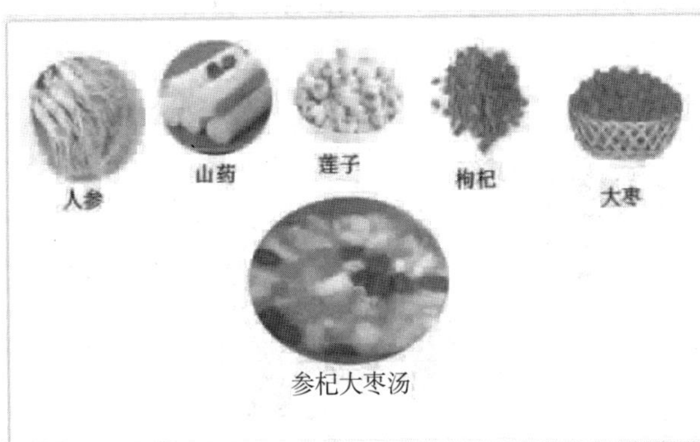

青盲(视神经萎缩)

视神经萎缩不是一种单独的疾病,它是视神经各种病变及其髓鞘或视网膜神经节细胞及其轴突等的损害,致使神经纤维丧失、神经胶质增生的最终结局。由于神经纤维的蜕变及萎缩,病人多有视功能的减退、视野的缩小。

膳食宜忌:饮食上补充动物的肝脏、麸皮等富含维生素B_1、B_{12}的食品,多吃新鲜水果蔬菜,补充维生素C,忌食辛辣刺激之品,忌烟酒。

通用药食:各类水果,蔬菜,以富含维生素B_1、B_2食品为多,如桔子、广柑、橙子等。

辨证用膳:

一、肝郁气滞证 视物模糊,视野中央区或某象限可有大片暗影遮挡;心烦郁闷,口苦胁痛,头晕目胀。舌红苔薄白,脉弦。

【常用药膳】荷叶粥

【来源】眼科主任医师颉瑞萍

【组成】新鲜荷叶1张、粳米100克、冰糖适量。

【制作与用法】取粳米煮粥,待粥熟后加适量冰糖搅匀。趁热将荷叶撕碎覆盖粥面上,待粥呈淡绿色取出荷叶即可。

【功效】疏肝理气,清暑利湿,升发清阳。

【方解】荷叶升发清阳,佐以少量冰糖以祛烦消渴、清热降浊,养阴生津。

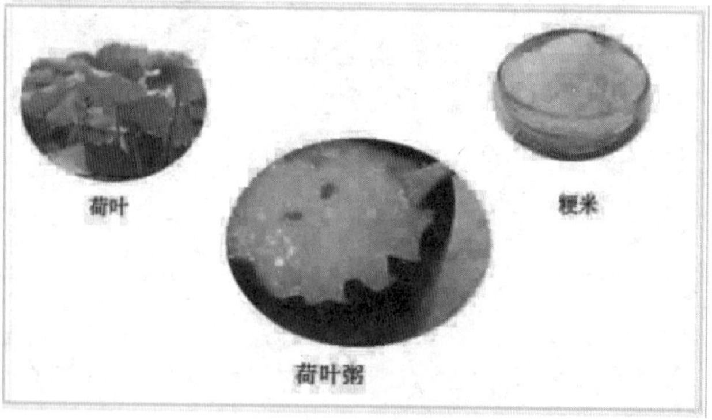

二、肝肾不足证 双眼昏矇日久,渐至失明,口眼干涩,头晕耳鸣,腰酸肢软,烦热盗汗,男子遗精,大便干。舌红苔薄白,脉弦细。

【常用药膳】银杞明目粥

【来源】眼科主任医师颉瑞萍

【组成】粳米100克、银耳15克、枸杞15克、麦冬15克、山药15克、莲子15克。

【制作与用法】银耳洗净，撕成小片，用清水浸泡待用；枸杞、麦冬、山药、莲子洗净待用。将锅置大火上，放入清水，加入粳米，水开后随即下入枸杞、麦冬、山药、莲子、小火炖至40分钟装入碗内即成。

【功效】补气益肾，滋阴明目，和血养荣。

【方解】枸杞滋补肝肾，益津明目；麦冬养阴生津、除烦；山药平补肝肾，莲子 清热宁心；粳米滋阴补肾，健脾暖肝，明目活血；银耳能益气清肠，滋阴润肺，增加免疫力。诸药合用，共奏补气益肾，明目美颜之功。

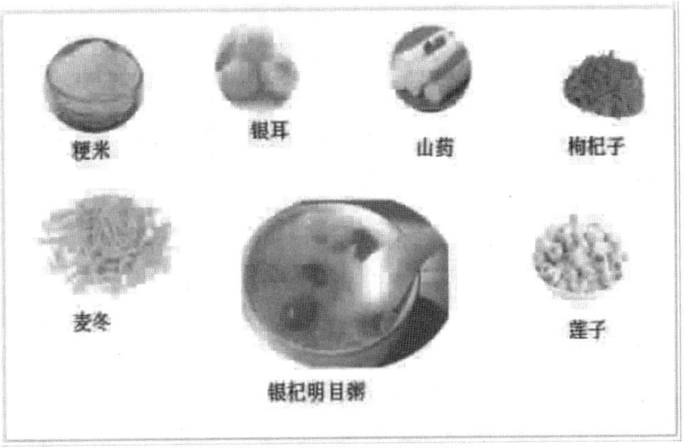

三、气血两虚证　视力渐降，日久失明，面色无华，唇甲色淡，神疲乏力，懒言少语，心悸气短。舌淡苔薄白。

【常用药膳】龙眼肉粥

【来源】眼科主任医师颉瑞萍

【组成】龙眼肉10克、大枣5枚、大米100克、白砂糖适量。

【制作与用法】将龙眼去皮取肉；大米淘净；大枣去核，与龙眼、大枣同放锅中，加清水适量，煮为稀粥，每日1~2剂，喜好甜食者，可加白糖适量同煮服食。

【功效】补气养血，养心安神，健脾补血。

【方解】龙眼肉补心安神，养血壮阳，益脾开胃；大枣补中益气，养血生津；大米补中益气，健脾养胃；白砂糖润肺生津、化痰止咳、降浊怡神。诸药共奏补气养血，养心安神，健脾补血之效。

四、气滞血瘀证 视神经萎缩见于外伤或颅内手术后，头痛健忘。舌暗红有瘀点。

【常用药膳】桃仁粥

【来源】眼科主任医师颉瑞萍

【组成】桃仁、生地各10克、粳米100克、桂花粉2克、红糖50克。

【制作与用法】桃仁浸泡后，去皮弃尖，与生地二药洗净后加入适量冷水，武火煮沸，改文火慢煎。30分钟后，除去药渣，将粳米洗净加入药汁中煮粥。粥熟加入桂花粉，红糖50克。粥的稀调可根据个人嗜好掌握。每次食1小碗，每天3~4次，该粥汤色红亮，米烂出油，香甜可口，口感滑利。

【功效】养血活血，行气化瘀，通络止痛。

【方解】桃仁可活血化瘀，润肠通便；生地能滋阴清热、养血活血；桂花、红糖能温通血脉而止痛；粳米味甘性平，能益脾和胃，含有蛋白质、脂肪、糖类、钙、铁和维生素B_1等；红糖不仅能供给热量，又富含铁质。

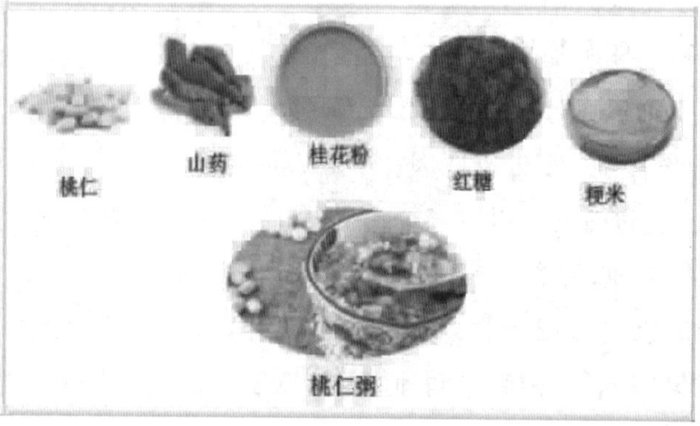

水肿(肾病综合征)

肾病综合征属中医学中的“水肿”范畴。是由于多种病因导致体内水液潴留，泛滥肌肤，引起以眼睑、头面、四肢、腹背甚至全身浮肿为主要临床特征的一类病症。其病因为风邪、疮毒、水湿之邪外袭，饮食不节，禀赋不足，久病劳倦；发病机理为肺失通调、脾失传输、肾失开阖、水液代谢障碍，潴留体内，泛滥肌肤。

膳食宜忌: 水肿患者饮食宜清淡，水肿严重者应限制水钠的摄入；适当的控制蛋白的摄入量；有高脂血症，应限制动物内脏、肥肉等富含胆固醇及脂肪的食物摄入；适当补充含维生素及微量元素丰富的蔬菜、水果、杂粮、海产品等；适当限制热量摄入。不宜多食酸、甜、苦、咸及生冷之品；不宜饮酒、吸烟，不可贪凉。忌食虾、蟹、腌制品。

通用膳食:鸡蛋白、牛奶、鱼、瘦肉、碳水化合物、山药、冬瓜。

辨证用膳:

一、脾虚水停 面浮肢肿或不肿，气短乏力，纳差或腹胀。舌质淡、舌体胖嫩、脉细弱。

【常用药膳】黄芪鲤鱼汤

【来源】肾病科主治医师柳振华

【组成】鲤鱼或鲫鱼1条(约300~500克)、生黄芪30克、赤小豆30克、莲子肉30克、芡实20克、砂仁10克。浮肿明显者可加冬瓜皮30克、茯苓30克；脾虚便溏者，加白术30克、茯苓30克。

【制作及用法】纱布包中药浸泡10~15分钟。葱白段1根，姜片1块，与药材、鲤鱼加水1000~1500毫升同煮开后文火煎煮1~2个小时。鱼汤煎至到100~150毫升为宜。每日一剂分2次服，喝汤吃鱼，每周1~3剂。不添加盐及其他调味料。

【功效】益气养阴、健脾和胃、活血利水。

【方解】鲤鱼性味甘温，具有除湿利水的功效，可治小便不利，水肿胀满，各类水肿等症。黄芪味甘性平，入脾肺经，具有补气升阳，固表止汗，利水消肿之功。另配赤小豆活血利水，莲子肉健脾养阴涩精，生姜温胃散寒、和胃降逆，砂仁醒胃降浊。白术、茯苓、冬瓜皮健脾渗湿利水，诸药合用，具有益气养阴、健脾和胃、活血利水之功。

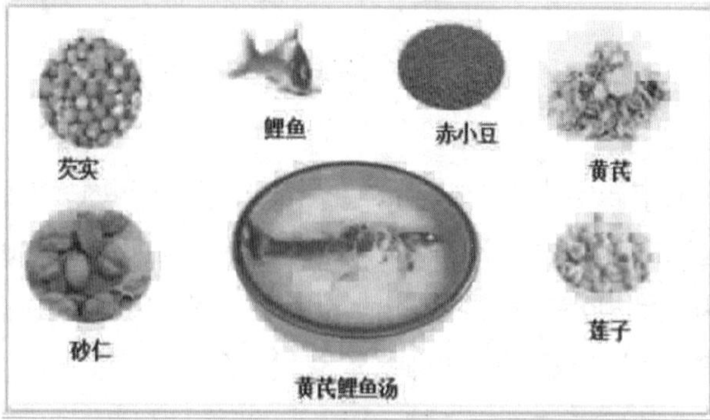

二、阴虚毒热　面浮肢肿、倦怠乏力、头晕耳鸣、腰膝酸痛、口干咽燥或咽喉肿痛。舌质暗红、舌苔黄腻。

【常用药膳】赤小豆生鱼汤

【来源】肾病科主治医师柳振华

【组成】赤小豆50克、冬瓜30克、生鱼1条。

【制作及用法】将生鱼去鳞、内脏，洗净；赤小豆洗净，冬瓜皮洗净。先将赤小豆放入锅内煮熟，生鱼肚腹装入冬瓜皮再放入赤小豆锅内同煮。30分钟后即成。每日2次，每次吃鱼喝汤，既可佐餐也可单食。

【功效】清热和胃，利水消肿。

【方解】赤小豆性平，味甘酸，归心、小肠经，利水除湿；冬瓜利小便，清热毒，祛湿解暑，利尿消肿。冬瓜含维生素C较多，且钾盐含量高，钠盐含量较低，高血压、肾脏病、浮肿病等患者食之，可达到消肿而不伤正气的作用。生鱼又称黑鱼、团鱼。有补脾利水、化痰生新、清热祛风、补肝益肾等功能。

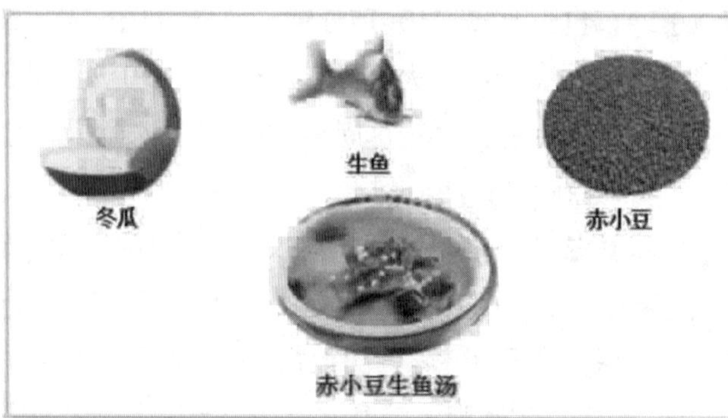

三、气阴两虚　疲乏无力、腰膝酸软、头晕耳鸣、易感冒、手足心热。舌质淡红、脉细数。

【常用药膳】黄精蒸猪肘

【来源】肾病科主治医师柳振华

【组成】黄精20克、党参20克、猪肘500克、姜15克、葱20克。

【制作及用法】猪肘洗净，去毛；黄精洗净、切片；葱切段、姜切片。将猪肘放入蒸盆内，放入葱、姜和黄精置蒸笼内，武火蒸2 小时即成。每日2次，佐餐食用。

【功效】滋阴益气。

【方解】黄精性平，味甘，入脾、肺、肾经，补脾益气，滋肾填精；猪肘味甘咸、性平，经过烹调加工后肉味物别鲜美，有和血脉、填肾精、润肌肤、健腰膝的作用。

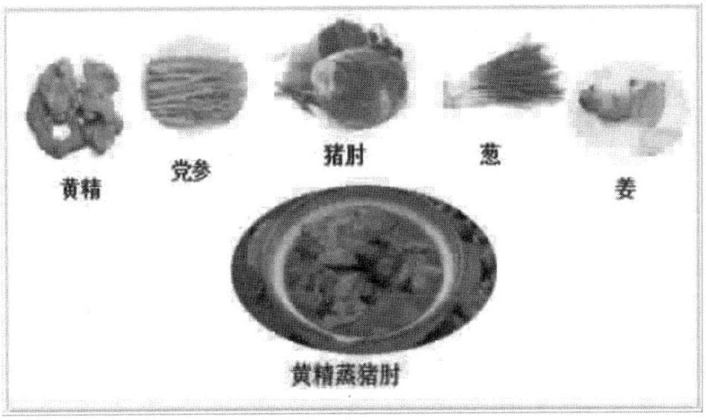

四、脾肾阳虚　面色㿠白，神疲乏力，纳差，小便清长，形寒肢冷。舌淡，舌体胖有齿痕，脉细弱。

【常用膳食】南瓜山药茯苓粥

【来源】肾病科主任医师马鸿斌

【组成】 南瓜100克、山药100克、茯苓15克、糯米10克、葱2克、水1500毫升。

【制作及用法】南瓜去皮，切丁备用。葱切末。山药蒸熟，去皮，切成薄片。茯苓放入粉碎机搅打成均匀粉末，取用15克。糯米用清水浸泡30分钟。南瓜丁、山药片、泡好的糯米一同倒入锅内加水，武火煮开，文火焖煮40~50分钟烂熟，加入茯苓粉煮匀，加盐适量关火，最后撒上葱末即可。每日2次，佐餐食用。

【功效】健脾益肾、利水渗湿、益气养胃。

【方解】南瓜有解毒、保护胃黏膜、帮助消化、降低血糖、消除致癌物质、可以预防高血压以及肝脏和肾脏的一些病变；糯米可补中益气、养胃健脾；山药健脾胃、益肾气，可促进消化吸收，黏稠质地保护胃壁，从而促进食欲，可缓解肾衰竭患者因胃部不适导致食欲不振；茯苓功能利水渗湿，而药性平和，利水而不伤正气，为利水渗湿要药。

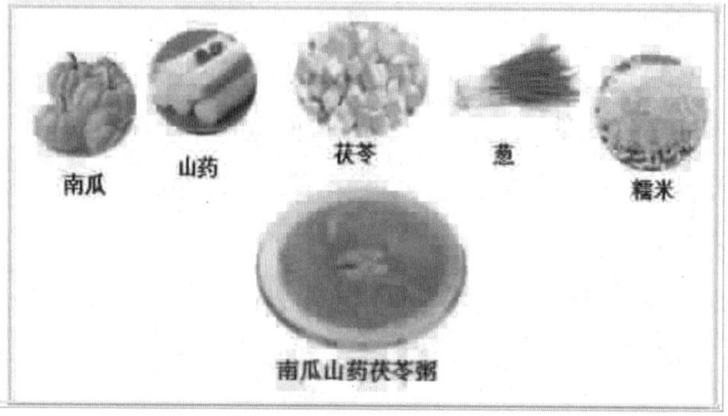

慢性肾衰(慢性肾功能衰竭)

慢性肾功能衰竭归属于中医学的“关格”、“癃闭”、“虚劳”、“尿毒”等。由于脾肾虚衰，气化不利，浊邪壅塞三焦，导致小便不通与呕吐并见为主要临床特征的一种危重病症。其病位以脾肾两脏为主。常见症状：食欲不振、呕吐、虚弱无力、呼吸深长。消化系统是最早、最常见症状，继而出现血液系统、心血管系统、神经、肌肉系统、肾性骨病、呼吸系统、皮肤症状、内分泌功能失调、并发严重感染等症状。

膳食宜忌：慢性肾衰的饮食可总结为“三低二高”、三低：低蛋白、低磷、低脂；二高：高热量、高必需氨基酸。蛋白质要保证50%~70%优质蛋白，如：鸡蛋白、牛奶、鱼、瘦肉。膳食中还可采用含热量高，蛋白质低的碳水化合物食品作为热能的主要来源，如土豆、山药、芋头、藕、南瓜、粉丝、荸荠、藕粉等。水肿者低盐限水。严格限制钾的摄入，避免含钾高的食物如：鲜蚕豆、马铃薯、菠菜、苋菜、海带、紫菜、黑枣、杏、杏仁、香蕉、核桃、花生、青豆、黄豆、毛豆、羊腰、猪腰等摄入。补充维生素及钙片。

通用膳食：鸡蛋白、牛奶、鱼、瘦肉、碳水化合物、山药、冬瓜。

辨证用膳：

一、脾肾气虚证　症见倦怠乏力，气短懒言，食少纳呆，腰膝酸软，脘腹胀满，大便溏薄，口淡不渴。舌淡有齿痕。

【常用药膳】红枣煲鸡粥

【来源】《养生粥谱》

【组成】 红枣10枚、肉桂10克、糯米20克、白斩鸡500克、水1500毫升。

【制作及用法】鸡、糯米同鸡骨架入锅稍煮;捞出鸡骨架,加入红枣,鸡丝、肉桂烧开;加入盐、白胡椒粉少许,武火煮开,文火焖煮30~40分钟;每日2次,佐餐食用。

【功效】健脾益肾。

【方解】红枣健脾益胃,增加食欲,提升身体的元气,养血安神;肉桂性大热,味辛、甘,具有补火助阳,引火归源,散寒的功效;糯米中含有蛋白质、钙、铁等营养成分,可补中益气、养胃健脾;鸡肉性平、温、味甘,入脾、胃经;可益气,补精,填髓;用于虚劳瘦弱、中虚食少、具有强身健体,提高免疫力,补肾精等功效。

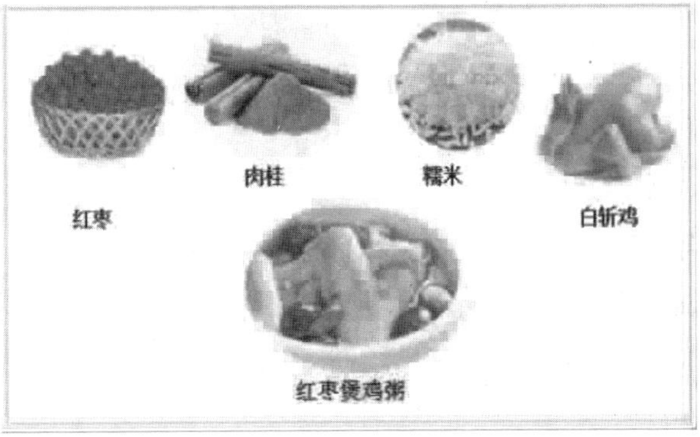

二、肝肾阴虚证 症见头晕、头痛,腰膝酸软,口干咽燥,五心烦热,大便干结,尿少色黄。舌淡红少苔。

【常用药膳】红枣薏仁粥

【来源】《养生粥谱》

【组成】 红枣10枚、枸杞子10克、薏苡仁10克、糯米20克、水1500毫升。

【制作及用法】将上述一并入锅,盖盖熬煮。武火煮开,文火焖煮40~60分钟每日2次,佐餐食用。

【功效】补益肝肾、滋阴清热。

【方解】红枣健脾和胃,达到增加食欲,提升身体的元气;山药健脾益胃、助消化、滋肾益精;枸杞味甘,性平,入肝、肾经,滋肾润肺,补肝明目;糯米补中益气、养胃健脾;薏苡仁甘,淡,微寒,归经脾、肺、肾经,具健脾补肺,清热利湿功效。

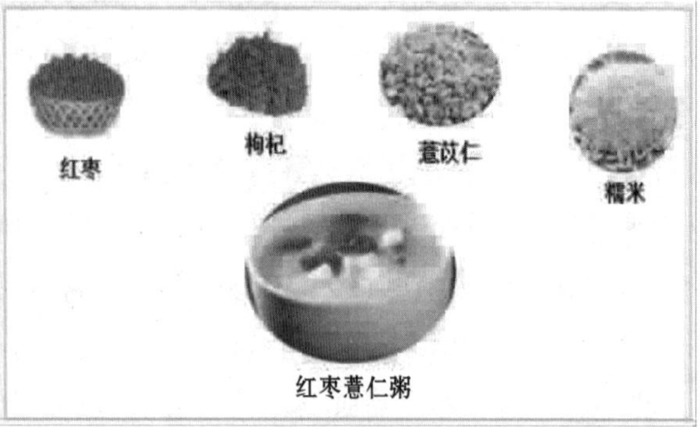

三、脾肾阳虚证 症见畏寒怕冷,倦怠乏力,气短懒言,食少纳呆,腰酸膝软,腰部冷痛,脘腹胀满,大便溏,夜尿清长。舌淡有齿痕。

【常用药膳】羊骨粥

【来源】《养生粥谱》

【组成】羊肉500克、肉桂10克、小米20克、水1500毫升。

【制作及用法】将羊肉入清水煮开,滤去浮沫。放入肉桂、小米盖盖熬煮。武火煮开,文火焖煮40~60分钟每日2次,佐餐食用。

【功效】温阳补肾。

【方解】羊肉具有温补肝肾、温补脾胃、保护胃黏膜、益血、补肝明目功效;肉桂补火助阳,引火归源,活血通经,用于肾阳衰弱、肾阳不足等;小米入脾、胃、肾经,有健脾和胃的作用,并具有防止反胃、呕吐之功效,对慢肾衰患者消化道症状有改善作用。

四、水气证 症见全身浮肿,尿量少,心悸,气促,甚则不能平卧。

【常用药膳】萝卜煲瘦肉粥

【来源】《养生粥谱》

【组成】萝卜100克、冬瓜100克、丝瓜50克、瘦肉50克、水1500毫升。

【制作及用法】瘦肉洗净切成肉丁，入锅煮开，滤去浮沫。将上述一并入锅，盖盖熬煮。武火煮开，文火焖煮40~60分钟每日2次，佐餐食用。

【功效】补虚健胃、补肾利水。

【方解】白萝卜味辛甘，性平微寒，入肺、胃经，具有清热解毒、健胃消食、补中安脏等功效；冬瓜味甘，淡，性微寒，归肺，大小肠，膀胱经，利尿清热，解毒护肾功效；丝瓜味甘、性凉，入肝、胃经，有清暑凉血、解毒通便、通经络行血脉之功效；瘦肉含优质蛋白质和必需的脂肪酸。

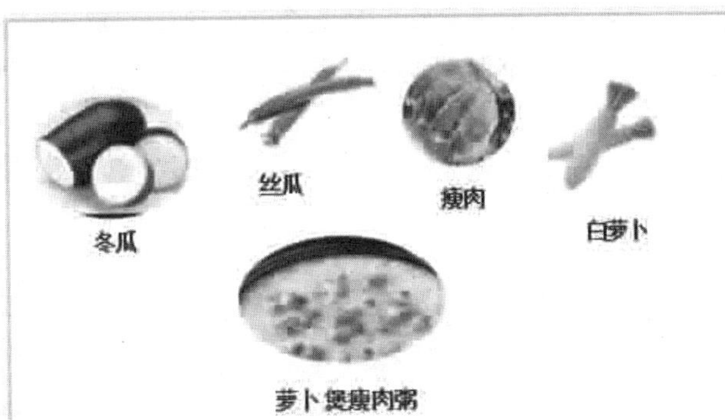

五、浊毒证 症见恶心呕吐、口有氨味、纳呆、皮肤瘙痒、尿量少、身重困倦、嗜睡、气促不能平卧。

【常用药膳】绿豆薏仁粥

【来源】《养生粥谱》

【组成】绿豆10克、赤小豆10克、薏苡仁10克、水1500毫升。

【制作及用法】绿豆、薏米、赤小豆清水浸泡2小时。将上述一并入锅，盖盖熬煮。武火煮开，文火焖煮40~60分钟每日2次，佐餐食用。

【功效】解毒化浊、健脾祛湿、利尿消肿。

【方解】绿豆性凉，味甘，具有利尿下气、消暑止渴的功效；薏苡仁味甘淡，性凉，归脾、胃、肺、大肠经，具利尿消肿、清热排毒功效，常为渗水利湿之药；赤小豆含有较多的皂角甙，可刺激肠道，因此有良好的利尿作用。

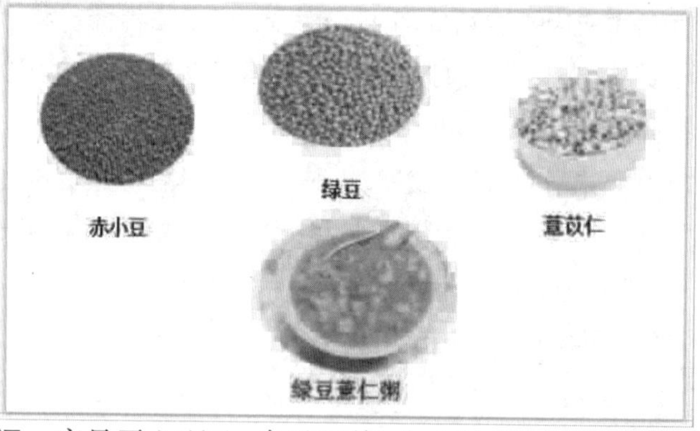

六、湿热证　症见恶心呕吐、身重困倦、食少纳呆、口干口苦，脘腹胀满、口中黏腻。舌苔黄腻。

【常用药膳】薏仁煲鲫鱼

【来源】《养生粥谱》

【组成】薏苡仁10克、赤小豆10克、冬瓜50克、鲫鱼500克、水1500毫升。

【制作及用法】鲫鱼洗净，去内脏，入锅煮开，滤去浮沫。薏米、赤小豆清水浸泡2小时。冬瓜洗净，切块带皮备用。将上述一并入锅，盖盖熬煮。武火煮开，文火焖煮30~40分钟。每日2次，佐餐食用。

【功效】清热化湿，利水消肿，补益脾胃。

【方解】薏苡仁味甘淡，性凉，归脾、胃、肺、大肠经，具利尿消肿、清热排毒功效，常为渗水利湿之药；赤小豆含有较多的皂角甙，可刺激肠道，因此有良好的利尿作用；冬瓜味甘，淡，性微寒，归肺、大小肠、膀胱经，具有利尿，清热，化痰，生津，解毒护肾功效；鲫鱼所含的蛋白质质优、齐全、易于消化吸收。共成健脾利湿，和中开胃，活血通络、温中下气之功效。

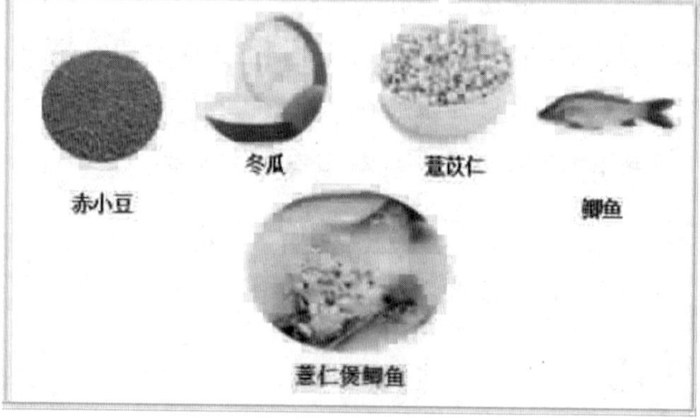

癃闭(前列腺增生)

前列肥大又称增生。症状主要表现为两组症状,一类是膀胱刺激症状;另一类是因增生前列腺阻塞尿路产生的梗阻性症状。膀胱刺激症状:尿频、尿急、夜尿增多及急迫性尿失禁。尿频是前列腺增生的早期信号,尤其夜尿次数增多更有临床意义。

膳食宜忌:宜多食新鲜水果、蔬菜、粗粮及大豆制品,含纤维素丰富食物,以保持大便通畅,适量食用牛肉、鸡蛋。禁饮烈酒,少食辛辣肥甘之品,少饮咖啡,少食柑橘、橘汁等酸性强的食品,并少食白糖及精制面粉。

通用药食:大豆、蜂蜜、苹果、绿豆、葵花籽、黄瓜、冬瓜,南瓜、瘦肉,鸡蛋。

辨证用膳:

一、湿热下注型 小便不利,泄时涩痛,尿赤,尿浑浊,小便频数,淋沥不畅。舌红苔白或黄腻,脉滑。

【常用药膳】

1. 桂车粳米粥

【来源】社区副主任医师郑世铎

【组成】肉桂5克、车前草30克、粳米50克。

【制作及用法】先煎肉桂、车前草,去渣取汁,再加入粳米煮熟后加适量红糖,空腹服。

【功效】温阳利水。

【方解】肉桂性大热,味辛、甘,主治肾阳不足,畏寒肢冷,腰膝酸软,阳痿遗精,小便不利或频数;车前草清热利尿,祛痰,凉血,解毒;粳米具有补中气,养阴生津作用。

2. 瞿麦黄瓜汤

【来源】社区副主任医师郑世铎

【组成】黄瓜1个、瞿麦10克、味精、盐、香油适量。

【制作及用法】先煎芦蓠、瞿麦，去渣取汁，再重煮沸后加入黄瓜片，再加调料，待温食用。

【功效】利水通淋。

【方解】黄瓜生津止渴；瞿麦利水通淋，清热破血；结合用具有利水道之功效。

3. 石杏饮

【来源】社区副主任医师郑世铎

【组成】苦杏仁10克、石苇12克、车前草15克、大鸭梨1个、冰糖少许。

【制作及用法】将杏仁去皮捣碎，鸭梨去核切块，与石苇、车前草加水同煮，熟后加冰糖，代茶饮。

【功效】泻肺火，利水道。

【方解】苦杏仁降气平喘，润肠通便。石苇具有利水通淋，清肺泄热，治淋痛，尿血，尿路结石，肾炎，崩漏等作用。车前草能清热利尿，凉血解毒。鸭梨润肺止咳、滋阴清热。

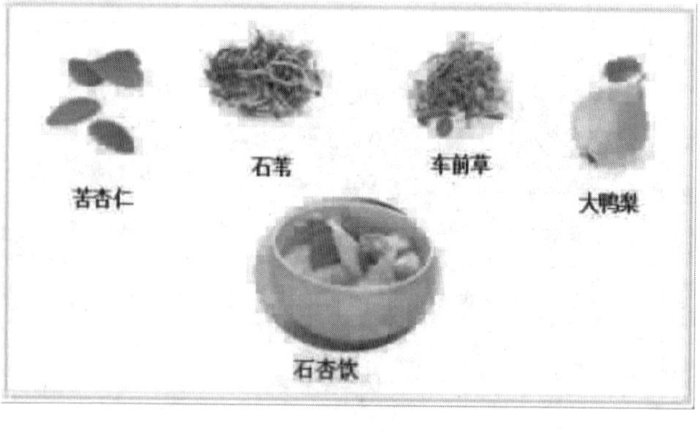

二、肾气不固型 病程较长，面色无华，小便不利。舌淡白，脉沉缓或沉细。

【常用药膳】冬瓜芪参汤

【来源】社区副主任医师郑世铎

【组成】党参15克、黄芪20克、冬瓜50克、味精、香油、盐适量。

【制作及用法】将党参、黄芪置于砂锅内加水煎15分钟去渣留汁，乘热加入冬瓜至熟，再加调料即成，佐餐用。

【功效】健脾益气，升阳利尿。

【方解】党参的主要功效是补中益气，补脾益肺，适用于各种气虚不足者；黄芪具有补气固表，利尿托毒，排脓，敛疮生肌的作用，调节免疫功能，改善临床症状；冬瓜具有保护肾功能，清热化痰，消肿利湿的作用。

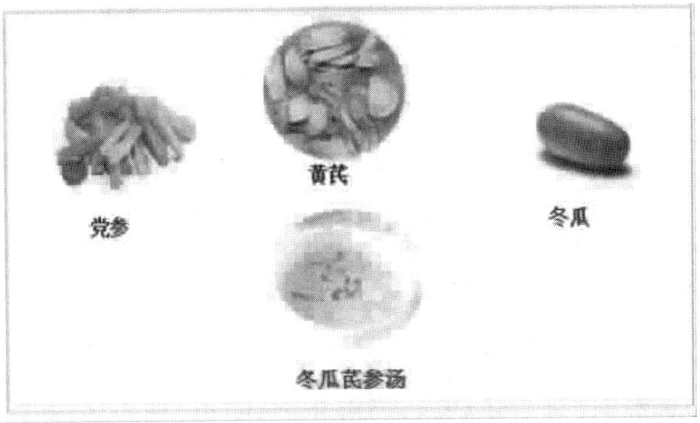

石淋(尿路结石症)

尿路结石，又称尿石症。症状主要表现为肾区疼痛和血尿。

膳食宜忌：

(1)宜多食新鲜水果、蔬菜，含纤维素丰富食物，多食利尿食物，如冬瓜，黄瓜，丝瓜，玉米须等，多饮水。

(2)限制含草酸多的食物，如菠菜、甜菜、茶、巧克力、草莓、和各种坚果。

(3)低嘌呤饮食，忌食动物内脏，限制各种肉类，和鱼虾类等富含嘌呤的高蛋白食物。限制含蛋氨酸的食物，如蛋、奶、花生和小麦等。

辨证用膳：

一、湿热下注 腰腹酸胀或隐痛，时而绞痛，局部有压痛或叩击痛。舌暗，苔薄白或微黄，脉弦紧。

【常用药膳】

1. 玉车茶

【来源】社区副主任医师郑世铎

【组成】玉米须50克、车前子20克、生甘草10克。

【制作用法】加水500毫升煎至400毫升，去渣，每日分3次温服。

【功效】温阳利水，行气活血，通淋排石。

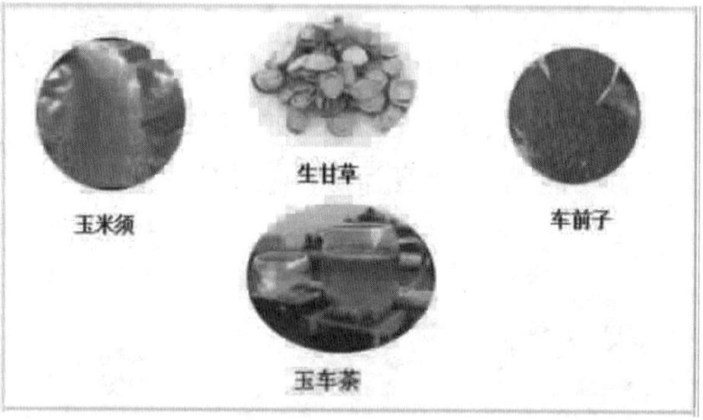

【方解】玉米须茶又叫龙须，味甘性平能凉血、泻热，还可祛除体内湿热之气。具有利水消肿，泄热，平肝利胆之功效，还能抗过敏，主治肾炎水肿、肝炎、高血压、胆囊炎、胆结石、糖尿病、鼻窦炎、乳腺炎等；车前子味甘、淡，性微寒，归肺、肝、肾经、膀胱经，具有清热利尿，渗湿止泻，明目，祛痰之功效，主治小便不利，淋浊带下，水肿胀满，暑湿泻痢，目赤障翳，痰热咳喘；生甘草具有补脾益气，清热解毒，缓急止痛，调和诸药的作用。

2. 藕节冬瓜粥

【来源】社区副主任医师郑世铎

【组成】生藕节500克、冬瓜1000克。

【制作及用法】加水适量煮汤，当天服完。

【功效】通利水道，行气散瘀。

【方解】生藕节性味凉，甘，熟品性温，生品清热生津，凉血止血，熟用补益脾胃，益血生肌，有散瘀止血的功效；冬瓜具有调节免疫功能，改善临床症状，保护肾功能，清热化痰，消肿利湿的作用。

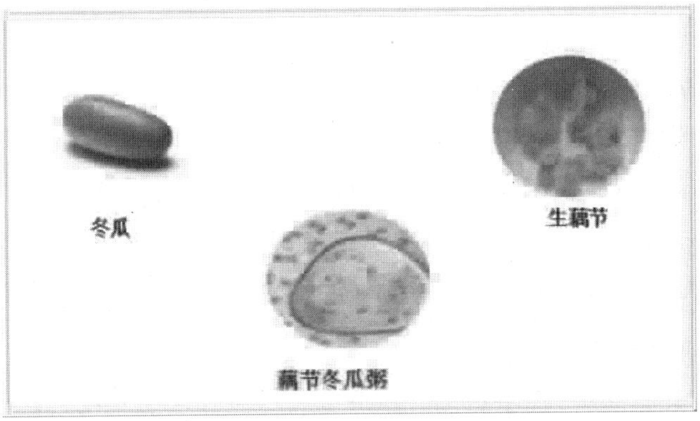

二、湿热蕴结 腰痛，少腹急满，小便频数短赤，口干欲饮。舌红，苔黄腻，脉弦细。

【常用药膳】 鸡豆粥

【来源】 社区副主任医师郑世铎

【组成】 粳米、赤豆各50克、鸡内金20克研粉。

【制作及用法】 粳米，赤豆加水煮粥，熟时加入鸡内金，加适量白糖，每日两次食用。

【功效】 清热利湿。

【方解】 粳米味甘，性平，具有提高免疫力、健脾养脾、调理肠胃、开胃消食、养胃健胃、除烦渴、壮阳、滋阴补阴、活血化瘀的功效；赤豆性平，味甘、酸。入心、小肠经；能利湿消肿、清热退黄、解毒排脓，具有利小便，消胀除肿、润肠通便、降血压、降血脂、调节血糖、预防结石的作用，主治水肿，脚气，黄疸，泻痢，便血，痈肿；鸡内金性味甘，寒，归脾、胃、小肠、膀胱经，具有健胃消食，化积排石的作用。

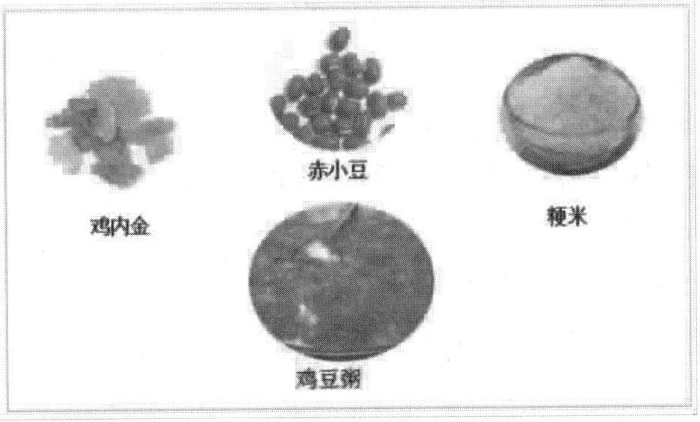

三、肾气不固 腰酸坠胀，疲乏无力，尿频或小便不利，夜尿多。舌淡，苔薄白，脉细无力。

【常用药膳】杞山小米粥

【来源】社区副主任医师郑世铎

【组成】枸杞15克、山药100克、小米1000克、水1000毫升。

【制作及用法】(1)将山药去皮洗净切小块，和小米分别用水泡30分钟。(2)小米和山药加水一起放入锅中，大火煮开后，转入小火熬40~50分钟。(3)米烂开花，粥稠时，加入枸杞。再煮5分钟。

【功效】补肾益气，通淋排石。

【方解】枸杞味甘，性平。归肝、肾、肺经，具有治疗肝肾阴虚，腰膝酸软，头晕，健忘，遗精，补肾益气等作用；山药味甘，性平，归脾、肺、肾经。具有补脾健脾，养胃，生津益肺，补肾、固肾、涩精益精作用；小米性味甘咸、凉，入肾，兼入脾、胃、入手足太阴、少阴经，具有补肾气，养精气功效。

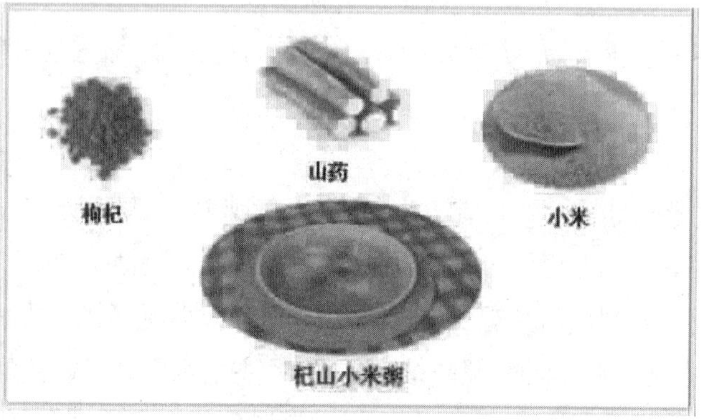

过敏性紫癜(紫癜)

过敏性紫癜是由于外受邪热，内伏血分，迫血妄行，或素体禀赋不足，气血亏损，脾虚气弱，血不循经所致。以皮肤或黏膜发生紫癜伴关节疼痛、消化道和肾脏损害为临床特点，好发于儿童和青少年，病因有感染、食物、花粉和药物过敏等引起，但过敏原因往往难以确定，起病前1~3周往往有感冒史。过敏性紫癜属于中医学"血证"、"紫癜"、"肌衄"、"葡萄疫"等范畴。

膳食宜忌：

(1)过敏原若是食物,应尽量设法确定是哪种食物并严格禁食该种食物。确定前也应立即停止食用可能引起过敏的食物,如牛奶、鱼、虾、蟹、羊肉、海鲜等异种蛋白类,避免接触可疑过敏原。

(2)应多吃高维生素食品,维生素C有降低毛细血管通透性和脆性作用,过敏性紫癜患者的饮食中多含这些有助于康复。

(3)饮食要清淡而富有营养且易消化吸收,主食以大米、面食、玉米面为主。

(4)气虚者应补气养血止血;血瘀者可用活血化瘀之品。

(5)忌食动物蛋白,如海鲜、牛羊肉、方便面(有防腐剂)。恢复期用逐渐试验性吃些瘦肉、牛奶、鸡蛋。急性期过敏性紫癜患者的饮食中也应该忌食上述这些。

(6)忌食肥甘厚味,辛辣之品,以防胃肠积热。

(7)对曾产生过敏而发病的食物如鱼、虾、海味等绝对禁忌。不吃生、冷、硬、油炸类等不易消化的食物。

通用药食:柚子、橙子、柑橘、苹果、柠檬、草莓、猕猴桃、西红柿以及各种绿叶蔬菜等。米汤、稀饭、面条、玉米粥、软米饭、软馒头等。

辨证用膳:

一、血热妄行 起病急,病程短,皮肤出现大量瘀点瘀斑,色泽鲜红,以双下肢为多,或伴鼻衄、齿衄、便血、尿血,血色鲜红或紫红,同时见心烦、口渴、便秘,或伴腹痛,或有发热。舌红,脉数有力。

【常用药膳】赤芍生地银花饮

【来源】皮肤科主任医师刘彦萍

【组成】赤芍10克、生地10克、金银花20克。

【制作及方法】将以上三种煎水分服。

【功效】清热解毒,凉血散瘀。

【方解】本证多由热毒炽盛所致,治疗以清热解毒,凉血散瘀为主。方中生地凉血清心解毒,芍药清热凉血,活血散瘀,银花金清热解毒,疏散风热。

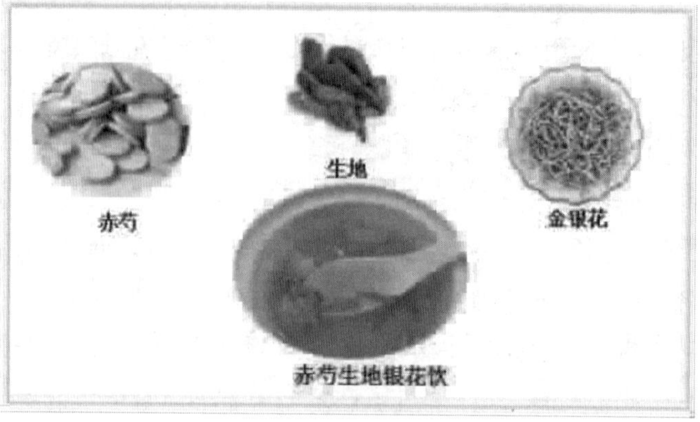

二、湿热痹阻 皮肤紫斑色黯，多见于关节周围，伴有关节肿痛灼热，尤以膝、踝关节多见，四肢沉重，肢体活动受限，可伴有腹痛、纳呆、渴不欲饮、大便不调、便血、尿血。舌质红，苔黄腻，脉滑数或弦数。

【常用药膳】冬瓜薏苡仁粥

【来源】皮肤科主任医师刘彦萍

【组成】冬瓜皮50克、薏苡仁100克。

【制作及方法】薏苡仁前晚下凉水浸泡。冬瓜洗净切小块，不用去皮。锅里添水，放薏苡仁，大火煮开改小火，煮至薏苡仁将熟，放冬瓜继续煮，根据自己口味决定时间。

【功效】清热利湿。

【方解】冬瓜皮润肺生津、化痰止渴；薏苡仁有健脾去湿、舒筋除痹、清热排脓等功效。

三、阴虚火旺 病程较长，紫癜反复发作，鼻衄齿衄，血色鲜红，低热盗汗，颧红，腰膝酸软，手足心热，心烦少寐，大便干燥，小便黄赤。舌光红，苔少，脉细数。

【常用药膳】百合莲子羹

【来源】皮肤科主任医师刘彦萍

【组成】百合100克、莲子50克、冰糖30克。

【制作及方法】将百合摘洗干净。莲子洗净放锅中煮熟（用高压锅可以更快一些），在煮熟的莲子锅中加入百合、枸杞和冰糖再煮5分钟即可。

【功效】滋阴降火、清热利湿。

【方解】百合性微寒，能养阴清心，安神除烦，可用于治疗虚热上扰，失眠、心悸等症状；莲子滋养补虚，养心安神，有显著的强心作用和清热泻火之功能，并有助于睡眠。

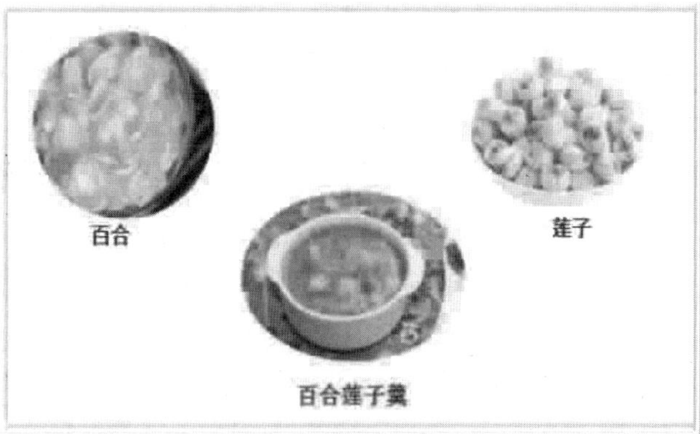

四、气不摄血 病情迁延不愈、皮肤上出现青紫色的瘀点或斑块、神疲乏力、头晕目眩、面色苍白或萎黄、食欲不振、小便清长、尿频、尿浊。舌淡、脉细弱等。

【常用药膳】桂圆大枣党参汤

【来源】皮肤科主任医师刘彦萍

【组成】桂圆肉20克、党参30克、大枣10个。

【制作及方法】将上述原料一起入锅加适量的清水煎煮30分钟即成，可每日服1剂，分2次服完。

【功效】补气摄血。

【方解】红枣有益气养血的功效；桂圆有益心脾，补气血的功效；党参具有良好有滋养补益作用，可用于心脾虚损。

桂圆大枣党参粥

水肿(系统性红斑狼疮)

系统性红斑狼疮属中医“痹病”、“风温”范畴。常发生于素体虚弱,真阴不足,瘀热内阻,痹阻脉络,外侵肌肤,内损脏腑之时,常由外感、劳累、情志不调、损伤、、产后所致。病位在经络血脉,以三焦为主,与心、脾、肾密切相关,可及心、肝、肺、脑、皮肤、肌肉、关节、营血、遍及全身。本病的性质是本虚标实,脾肾阴虚血虚为本,晚期则五脏与气血阴阳俱虚,有热、火旺、风湿瘀滞、积饮、水湿为标。

膳食宜忌:病人处于活动期应以清淡饮食为主,多吃富含维生素类的青菜和水果。病人处于缓解期无症状者,基本上可吃普通饮食。对有肾脏损害表现者,如少尿、高血压、水肿或有氮质血症者应采低盐低蛋白饮食,并限制水的摄入,待水肿消退,血压正常,氮质血症消失,可进普通饮食。

病人如果处于活动期或缓解早期应避免进食下列食品:

(1)忌油炸食物,红斑狼疮病人因胃肠道有炎症病变,消化吸收功能差,而油炸食物燥热不易消化,可加重胃肠负担,导致消化不良,伤脾胃加重病情。

(2)忌油腻,味重食物。油腻食物脂肪含量高,而红斑狼疮病人血管有病变。红斑狼疮病人多肾脏病变,患者饮食以清淡为宜,不可过咸,如食盐过多,会加重肾脏负担,增加体内水,钠潴留。食盐摄入量以不超过5~8克为宜。

(3)少吃含有高苯氨类蛋白食物。如牛肉、乳制品、豆腐皮、松鱼干、豆类食物。因这些食物有可能诱发和促使病情恶化。

(4)不食或少食光敏食物如芹菜、香菜、蘑菇、香菇、苜蓿、油菜、无花果等,可使患者面部红斑皮损加重,食用后避免光照。

(5)低糖饮食。因系统性红斑狼疮患者长期服用糖皮质激素,易引起类固醇性糖尿病,故要适当控制饭量,少吃含碳量高的食物。

(6)绝对禁止吸烟饮酒。

(7)忌食生姜、大蒜、辣椒、花椒、八角、桂皮、洋葱、荔枝、狗肉、羊肉、猪肝等。

通用药食:选用鲜梨汁、西瓜汁、马蹄汁、绿豆、薏米汤;水果宜食用梨、苹果、西瓜汁、猕猴桃;蔬菜能生食者宜生食,如黄瓜、西红柿、生菜、心里美萝卜、芹菜、芥菜、空心菜、莴笋、冬瓜、丝瓜、海带、紫菜;肉食如兔肉、青蛙、鸭肉、草鱼、泥鳅、甲鱼等。

辨证用膳:

一、热毒炽盛 面部蝶形红斑,关节肌肉酸痛,皮肤紫斑,烦躁口渴,神昏谵语,手足抽搐,大便秘结,尿短赤。舌质红绛,苔黄腻,脉洪数或弦数。

【常用药膳】

1. 鸭肉萝卜芹菜汤

【来源】甘肃省名中医主任医师张志明

【组成】鸭肉、萝卜、芹菜。

【制法】鸭肉100克、萝卜150克、芹菜150克加入少许盐炖汤。

【功效】清热解毒、消肿散结、益气和中。

【方解】鸭肉故其肉性甘、寒,入肺胃肾经,有滋五脏之阴、清虚劳之热、补血行水、虚弱浮肿等功效;芹菜具有平肝降压、镇静安神、养血补血、清热解毒等功效;萝卜,味辛、甘入脾、胃经,具有消食导滞、化痰清热、解毒等功效。

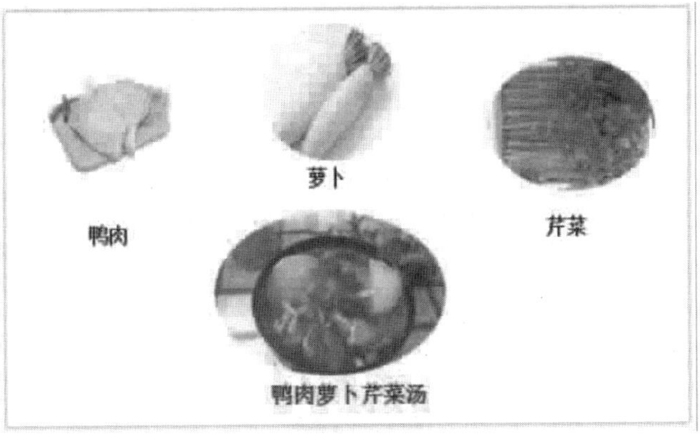

2. 冬瓜青蛙红花粳米粥

【来源】甘肃省名中医主任医师张志明

【组成】冬瓜(带皮)200克、青蛙肉100克、红花10克、梗米100克。

【制法】将冬瓜、青蛙肉切丁与梗米一起下锅待武火半小时后,下红花,用微火煲烂。

【功效】清热解毒、散瘀消肿、除湿利尿。

【方解】冬瓜味甘、性寒,有消热、利水、消肿的功效;冬瓜如带皮煮汤喝,可达到消肿利尿,清热解暑作用;青蛙肉性凉,味甘,具有清热解毒、消肿止痛、补肾益精、养肺滋肾之功效;红花,性温,味辛,主治活血通经、散瘀止痛;粳米,是粳稻的种仁,又称大米,其味甘淡,其性平和。

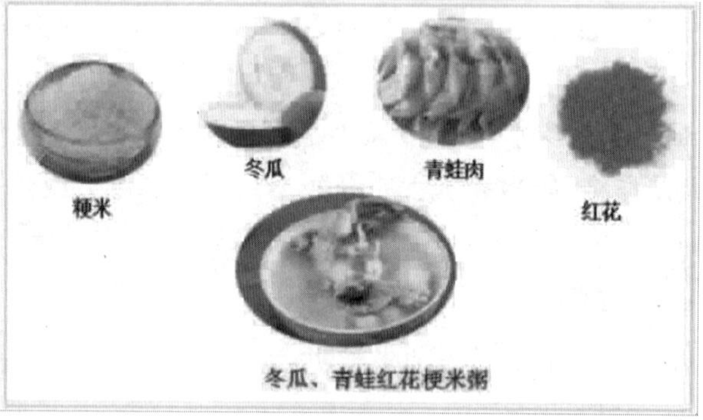

3. 冰糖藕片饮

【来源】甘肃省名中医主任医师张志明

【组成】鲜藕片200克、冰糖20克。

【制法】鲜藕冰糖加水煮沸用文火煮半小时即可。

【功效】清热解毒,泻火除烦。

【方解】藕,性味凉,甘,熟品性温;具有解毒去热,凉血止血、补益脾肺的作用。冰糖能清心泻火,清热除烦。

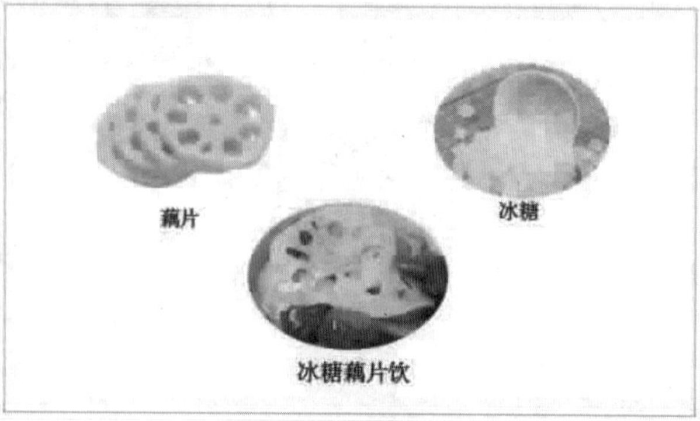

二、肝肾阴虚 长期低热，五心烦热，头晕目眩，咽干口燥，腰酸盗汗，关节疼痛，脱发、全力、失眠、耳鸣、皮疹发红或暗红，尿少便干，女性月经不调。舌红少苔，脉细数。

常用药膳：

1. 白皮山药百合羹

【来源】甘肃省名中医主任医师张志明

【组成】桑白皮20克、山药10~15克、百合15~25克、薏米15~30克、红枣5~8个。

【制作及用法】桑白皮、山药、百合、薏苡仁、红枣以上同至煮烂。

【功效】益气健脾，养阴利水。

【方解】桑白皮性寒入肺经，能泻肺平喘，利水消肿;山药性味甘、平、无毒，归脾、肺、肾经;百合性味甘，微苦，微寒，归心、肺经，具有养阴润肺，清心安神的作用。薏米性味甘淡、微寒、无毒，入脾、胃、肺、大肠经。可热利湿，除风湿，利小便，益肺排脓，健脾胃，强筋骨；枣味甘、性温，能补中益气、养血生津，用于治疗“脾虚弱、食少便溏、气血亏虚”等疾病；大枣具有治疗身体虚弱、神经衰弱、脾胃不和、消化不良、劳伤咳嗽、贫血消瘦的作用。

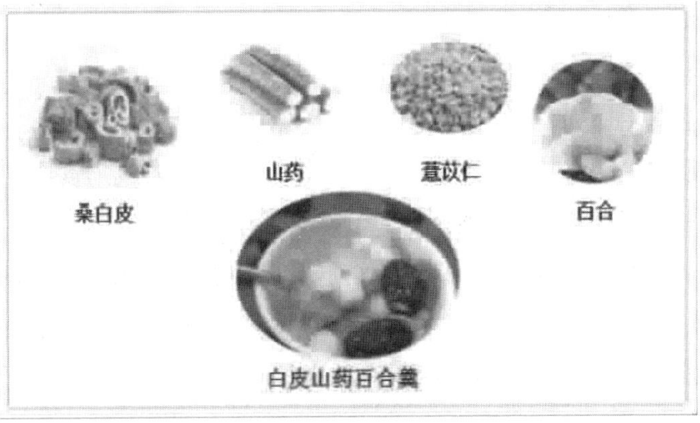

2. 生地薏米鳝鱼粥

【来源】甘肃省名中医主任医师张志明

【组成】薏米30~60克、生地30克、鳝鱼200~300克。

【制作及用法】先将鳝鱼剁碎，炒熟时与生地黄薏苡仁同煮即可。（薏苡仁前一天浸泡）

【功效】健脾祛湿，通络补血。

【方解】薏苡仁性味甘淡、微寒、无毒，归脾、胃、肺、大肠经，可清热利湿，除风湿，利小便，益肺排脓，健脾胃，强筋骨；生地味甘、苦，微寒，归心、肝肾经，功效滋阴清热，凉血补血；黄鳝肉性味甘、温，有补中益血，治虚损之功效，民间用以入药，可治疗虚劳咳嗽、湿热身痒、肠风痔漏、耳聋等症。

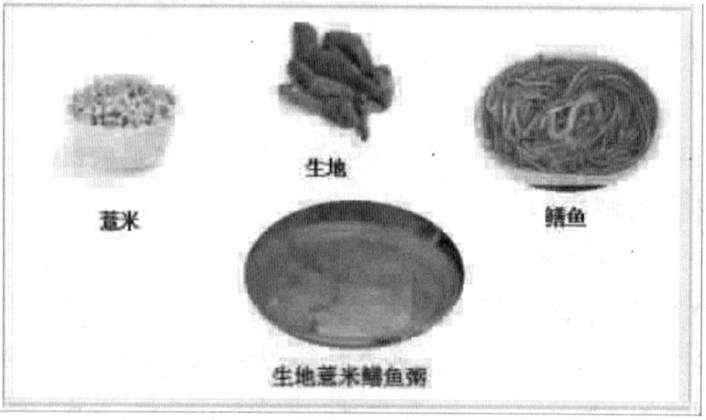

三、气阴两伤 狼疮经年不愈，面色无华，乏力，即怕冷又怕热，月经不调，淋沥不尽，有雷诺氏现象。头发稀少易折，咽干口噪，精神倦怠。舌红苔少，脉细弱。

【常用药膳】

1.黄芪茯苓枸杞粥

【来源】甘肃省名中医、主任医师张志明

【组成】黄芪15克、茯苓15克、枸杞10克、粳米100克。

【制作及用法】将黄芪茯苓切碎，与枸杞梗米一起熬成粥食用。

【功效】健脾祛湿，通络补血。

【方解】黄芪补气固表、利水退肿；枸杞补肾益精，养肝明目，补血安神之功效。茯苓味甘、淡，性平，功效利水渗湿，健脾安神；粳米有润肠通便有助胃肠蠕动，促进血液循环，益脾胃，除烦渴等功效。

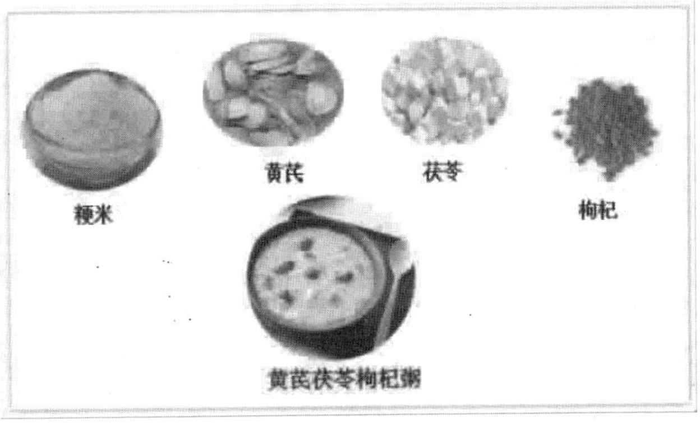

2. 黑白红绿汤

【来源】甘肃省名中医、主任医师张志明

【组成】黑木耳30克、红枣50克、槐花50 克、冬瓜(带青皮)200克。

【制作及用法】先将冬瓜洗净切块,共放锅中小火煮烂。食前可加少许白糖调味。

【功效】健脾益胃,清热润燥。

【方解】黑木耳,其性平味甘,入胃、大肠经,具有滋补、润燥、养血益胃、活血止血、润肺、润肠的作用;红枣补中益气,养血安神;槐花清热、凉血止血、清肝泻火;冬瓜带皮煮汤喝,可达到消肿利尿,清热解暑作用。

骨 折

骨折病人应根据骨折愈合的早、中、晚三个阶段的病情,配以不同的食物,以促进血肿吸收和骨痂形成。骨折患者的饮食要注意各种营养素的平衡,忌偏食,建立良好的饮食制度。若骨折合并糖尿病、高血压、痛风或其他疾病时,请结合病情注意饮食宜忌。

一、骨折早期 骨折损伤后1~2周

膳食原则：受伤部位瘀血肿胀，经络不通，气血阻滞，此期治疗以活血化瘀，行气消散为主。“血不活则瘀不能去，瘀血不去则骨不能接。”

膳食宜忌：清淡易消化富含营养为主，如瘦肉末汤，鱼汤，田七田鸡汤、田七瘦肉、蔬菜，水果等。早期卧床常有大便秘结，宜食含纤维素多的食品蔬菜，多吃香蕉、蜂蜜等促进排便。忌食酸辣腌制、醋、辛香、燥热、油腻，煎炸，肥腻滋补之品，如肥鸡、炖水鱼等，可导致瘀血积滞，难以消散，必致拖延病程，使骨痂生长迟缓，影响日后关节功能的恢复。忌食寒凉之品，如冻饮料、冻西瓜等。

通用药食：活血化瘀、消肿止痛类膳食，如谷豆类：如大麦、玉米、粟米、绿豆、豌豆、黄豆、薏米仁等。蔬菜类，如芹菜、菠菜、大白菜、青瓜、冬瓜、苦瓜、黄花菜、木耳等。肉蛋类，如猪肉、排骨、鸽子肉、田鸡、鱼等。水果类，如橙、柚、梨、香蕉、枇杷、西瓜、葡萄、火龙果、奇异果等。

【常用药膳】

1. 三七当归肉鸽汤

【来源】《疾病恢复饮食》

【组成】三七10克、当归10克、肉鸽1只、红枣2颗、枸杞8颗、冰糖少许。

【制作及用法】把鸽子切成小块，冷水下砂锅，放料酒、姜，水开后大火把面上的浮沫清理干净，放三七、当归、红枣枸杞、冰糖，转小火炖1.5~2小时，依个人口味加盐。吃肉喝汤并进，每日1次，连续7~10天。

【功效】活血化瘀、行气消散。

【方解】当归味甘、辛、微苦，性温；归肝、心、脾经；香郁行散，可升可降，具有补血，活血，调经止痛，润肠通便的功效；三七具有散瘀止血，消肿定痛之功效。

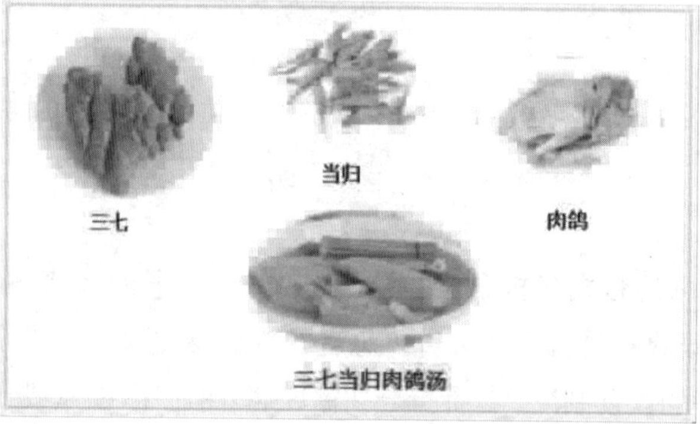

2. 桃仁粥

【来源】《食医心镜》。

【组成】桃仁30克、红糖适量、粳米100克

【制作及用法】将桃仁捣烂,水浸,研汁去渣,入粳米,红糖,同入砂锅中,加水400毫升用文火煎成稀粥即可,日1~2次。

【功效】活血化瘀,通经止痛。

【方解】桃仁可活血化瘀,润肠通便;红糖温通血脉而止痛,不仅能供给热量,又富含铁质;粳米味甘性平,能益脾和胃。全方具有祛瘀通经、活血止痛、滋养脾胃之功效。

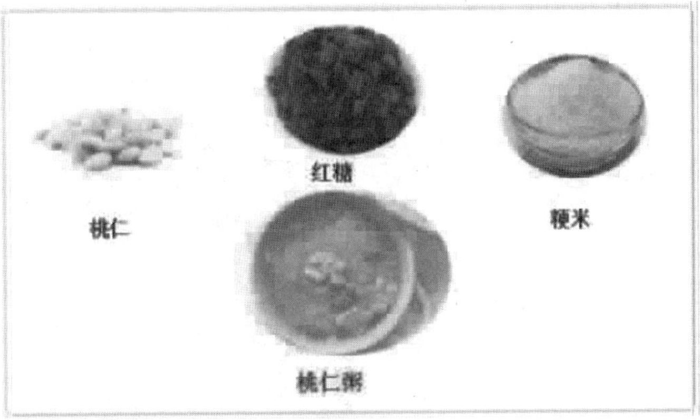

二、骨折中期 指骨折损伤后3~4周

膳食原则:此期瘀肿大部分吸收,治疗以和营止痛、祛瘀生新、接骨续筋为主。饮食上由清淡转为适当的高营养补充,以满足骨痂生长的需要。

膳食宜忌:食疗应以和法为基础,调和营血、健脾和胃,在活血化瘀的同时加大接骨续筋或补益气血之力,促进骨折早期愈合。如牛奶、鸡蛋、排骨汤、瘦肉及海产品等。忌食:冷冻食品、咖喱、浓茶、浓咖啡、肥肉、烈酒、辛辣、煎炸类。多用猪腰,猪脊骨,猪脚筋,鸡,枸杞,牛大力,山药,栗子、核桃,芝麻等品。

通用药食:和营止痛、接骨续筋、舒筋活络类膳食;

(1) 谷豆类:粳米、糯米、小麦、黄豆、黑豆、扁豆、豇豆等;(2) 蔬菜类:芥菜、油菜、南瓜、胡萝卜、香菇、黑木耳、莲子、百合等;(3) 肉蛋类:猪肝、猪肾、猪肚、猪蹄、羊肉、兔肉、鸡肉、鸽肉、雀肉等;(4) 水产类:黄花鱼、带鱼、鲈鱼、鳝、草鱼、泥鳅、河虾、乌龟、牡蛎等;(5) 水果类:苹果、葡萄、龙眼、荔枝、桃、石榴、樱桃、栗子、大枣;(6) 其他:牛奶、羊奶、蜂蜜、红糖等。

【常用药膳】

1. 当归骨碎补续断骨头汤

【来源】《中医食疗》

【组成】当归10克、骨碎补15克、续断10克、新鲜猪排或牛排骨250克。

【制作及用法】将骨碎补与续断先煎去渣，再加入当归、新鲜猪排或牛排骨同煮粥进食。炖煮1小时以上，汤肉共进，每日 1次，7天为 1疗程，每1疗程后间隔3~5天，共用 3~4个疗程。

【功效】强筋骨、补肝肾。

【方解】续断，补肝肾，理筋骨，能宣通血脉而理筋骨；当归，养血和血，活血止痛；骨碎补，补肾，活血，止血等功效。

2. 归芪蒸鸡

【来源】《中医食疗》

【组成】母鸡1只、当归20克、炙黄芪60克、调料适量。

【制作及用法】将当归黄芪布包，母鸡去毛杂，洗净，放入沸水锅内氽透，取出，放入凉水内冲洗干净，沥净水分，纳归芪于鸡腹中，放盆内摆上葱、姜，加鸡清汤、黄酒、胡椒粉等，用湿棉纸将盆口封严，上笼蒸约2小时取出（如将鸡放入锅内，文火煨炖，即成归芪炖鸡）。去棉纸及葱、姜、黄芪等，加味精、食盐调味服食。

【功效】温中补气，益血填精。

【方解】当归养血和血，活血止痛；黄芪具有补气固表，敛汗固脱，利尿消肿，增强免疫功能等功效。

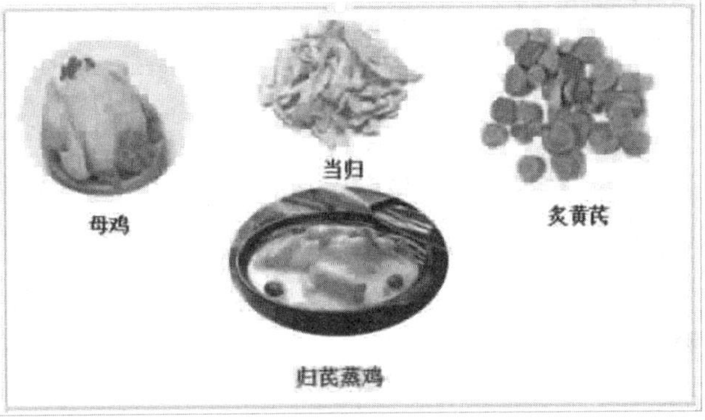

3. 脊骨茯苓汤

【来源】《实用骨伤药膳疗法》

【组成】猪脊骨(或牛脊骨)250克、藕250克、茯苓50克。

【制作及用法】将猪脊骨、藕,茯苓同放入锅中,加水适量,炖1小时,再加盐少许即可。吃藕喝汤,每次饮汤200毫升,每日2次.

【功效】利湿健脾,健骨活血。

【方解】茯苓有利水、消肿、安神、健脾胃等多种功能;藕有消炎和收敛改善肠胃疲劳的作用;喝牛骨汤能帮助吸收骨头里的胶原蛋白,胶原蛋白有助于钙的吸收,强壮骨密度,防止骨质疏松。

三、骨折后期 骨折一个月以后(即修复期)。

膳食原则:受伤5周以后,骨折部瘀肿基本吸收,已经开始有骨痂生长,此为骨折后期。饮食治疗宜补,通过补益肝肾、气血,以促进更牢固的骨痂生成,以及舒筋活络,使骨折部的邻近关节能自由灵活运动,恢复往日的功能。

膳食宜忌:以补法为主,亦以滋补肝肾,调养气血为主,此乃强筋壮骨之源。

后期饮食可以解除禁忌,可食用高蛋白(2~3克/千克)、高脂肪(2克/千克)高热量(3000~4000千卡/天)、高维生素、高钙、高锌、高铜的食物。如食谱可再配以老母鸡汤、猪骨汤、羊骨汤、鹿筋汤、炖水鱼等食物,能饮酒者可选用杜仲补酒,鸡血藤酒,虎骨木瓜酒等。忌食:忌盲目补充钙质,忌多吃肉骨头,忌偏食,忌不消化之物,忌少喝水,忌过食白糖,忌长期服三七片,忌饮果子露。此期要注意节制饮食,以免暴饮暴食而影响骨伤愈合。

【常用药膳】

1. 当归羊肉羹

【来源】《中医食疗》

【组成】当归25克、黄芪25克、党参25克、羊肉500克、葱、姜、食、盐、料酒、味精各适量。

【制作及用法】先将羊肉洗净放铁锅内,另将当归、黄芪、党参装入纱布袋中,扎口,放入锅中,葱、姜、食盐、料酒也加入锅内,再加适量水,用武火煮沸,改文火慢炖。至羊肉烂熟即成,吃肉喝汤。可分2~3次用,日服1~2次,连服2~3周。

【功效】补血益气,强筋壮骨。

【方解】黄芪可补气固表,敛疮生肌;党参补气养血;当归具有养血和血,活血止痛等功效。

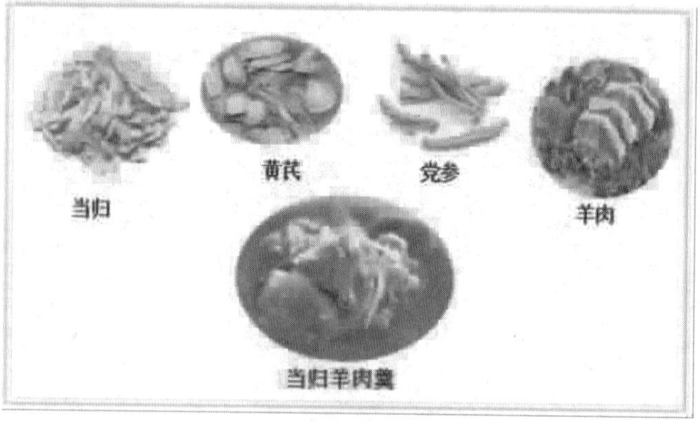

2. 杜仲山药粥

【来源】《东方药膳》

【组成】鲜山药50克、杜仲、续断各15克、粳米50克、红糖少许。

【制作及用法】先煎续断,杜仲,去渣取汁,后入粳米及捣碎的山药,共煮为粥。

【功效】补肝肾,强筋骨。

【方解】杜仲具有促进伤口愈合,消炎,强筋骨,利尿促消化等功效;山药具有健脾养胃,滋补健身,延缓衰老,改善机体免疫功能。

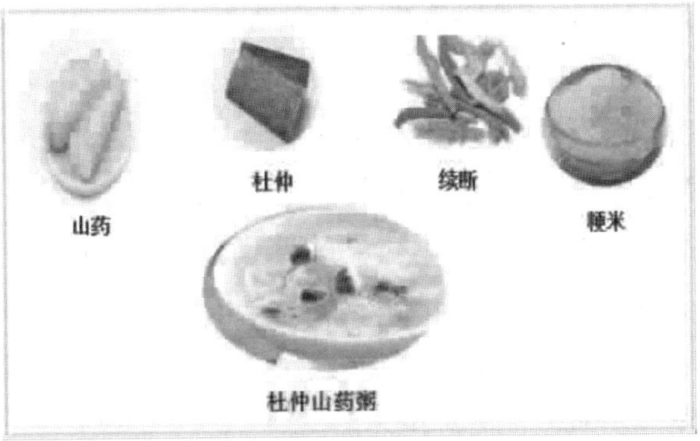

3. 山药牛肉

【来源】《药膳养生全书》

【组成】山药100克、牛肉500克、胡萝卜、葱头、马铃薯、精盐、味精、醋,白糖各适量。

【制作及用法】山药洗净去外皮,切成指尖大小的丁待用。牛肉切成直径4厘米的块,放入沸水中烫透捞出,洗净血污,控干水分。锅内放入牛肉,添清汤,加味精、精盐、料酒、醋、白糖烧开用文火炖至牛肉熟时,加入胡萝卜、葱头丁、马铃薯丁、山药丁,调好口味,加香油,端离火口,装在小罐里,盖紧盖,上笼屉蒸至酥烂即可。术后可长期使用,每周两次,适量即可。

【功效】舒筋益气,健脾益肾。

【方解】山药能健脾益胃,使脾胃健运,增强人体的消化、吸收功能,增进食欲,增强体质;牛肉味甘性平,并含有锌、铁、蛋白质,还有大量的B族维生素,对肌肉生长有很好的作用,有补脾胃强筋骨的作用。

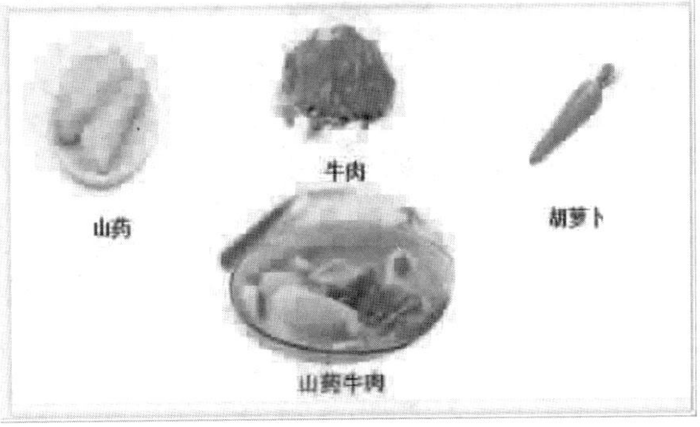

胫腓骨骨折

本病多由于直接暴力引起，直接暴力多见为压砸、冲撞、打击致伤，骨折线为横断或粉碎型；有时两小腿在同一平面折断，软组织损伤常较严重，易造成开放性骨折。间接暴力多见为高处跌下，跑跳的扭伤或滑倒所致的骨折；骨折线常为斜型或螺旋型，胫骨与腓骨多不在同一平面骨折。

膳食原则：可根据辩证调节，以补益肝肾，活血化瘀为宜。

膳食宜忌：多食用富含维生素、易消化食物，避免便秘；保证新鲜蔬菜和水果的供给，以提供维生素C、B族维生素和适量的膳食纤维，加强高钙及血肉有情之食物摄入。忌辛辣刺激、肥甘厚腻之品。

通用药食：各种蔬菜、水果、粗杂粮、牛奶、蛋类、海带、山药、黑芝麻等

辨证用膳：

一、血瘀气滞证 骨折初期，伤后1~2周。局部肿胀压痛，舌质淡，苔薄白。

【常用药膳】桃仁粥

【来源】《食医心鉴》

【组成】桃仁10~15克（捣烂）、粳米50克、红糖适量。

【制作及用法】桃仁揭烂，加水浸泡，研汁去渣，与粳米同入沙锅，加水500毫升，文火煮成稀粥，调红糖适量食。隔日1剂，早、晚各服1次。

【功效】活血通经，祛瘀止痛，润肠通便。

【方解】桃仁性善破血，入红糖与粳米为粥，以破血行血，活血不伤正。适用于骨折早期瘀血阻滞，肿胀疼痛及跌打损伤初期诸症。

二、瘀血凝滞证 骨折中期，伤后2~4周。伤处疼痛拒按，动则加剧，功能活障碍。舌红或有瘀点，苔白。

【常用药膳】和营止痛排骨汤

【来源】《伤科补要》

【组成】桃仁10克、川芎10克、归尾10克、猪排骨。

【制作及用法】排骨洗净刀剁宽长各5厘米的小块。旺火炉上将猪油或素油烧红，排骨下锅炒至灰白色。排骨炒干水分，下盐水姜煨一下，放足清水以盖住排骨以上，旺火上煨半小时后，加入味精、料酒、葱白、桃仁、川芎、归尾，移砂罐用文火上煨2小时即成。

【功效】和营止痛，舒筋活络。

【方解】川芎、当归、桃仁活血祛瘀、养血生新，通经止痛，瘀血祛新血生，血脉通痛自除。

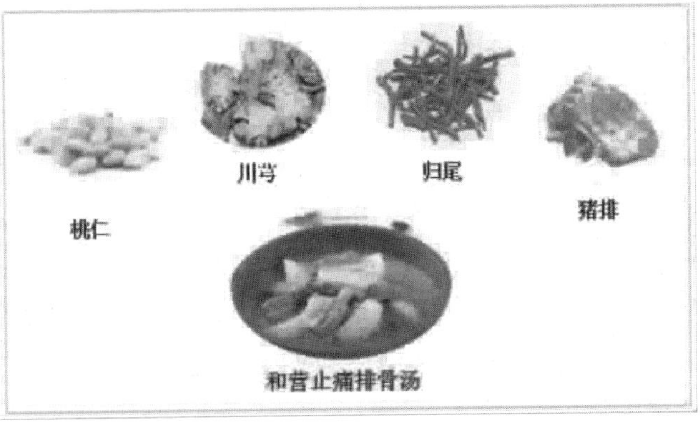

三、肝肾不足证 骨折后期，伤后大于4周。头晕耳鸣，腰膝酸软，两目干涩，视物模糊，五心烦热，遗精盗汗。舌淡胖，脉弦细。

【常用药膳】牛膝杜仲猪腰汤

【来源】宋氏正骨科医师罗十之

【组成】牛膝15克、杜仲30克、猪腰一个。

【制作及用法】猪腰中间切开，去白色筋膜;杜仲、牛膝分别用清水洗净，与猪腰一齐放入砂煲内，加清水适量，武火煮沸后，改用文火煲至猪腰熟烂，去渣调味供用。

【功效】强腰健肾，强筋健骨。

【方解】牛膝、杜仲乃强筋健骨之要药，温润濡养筋骨而无温燥之弊端，补肝肾之精血，濡养四肢。

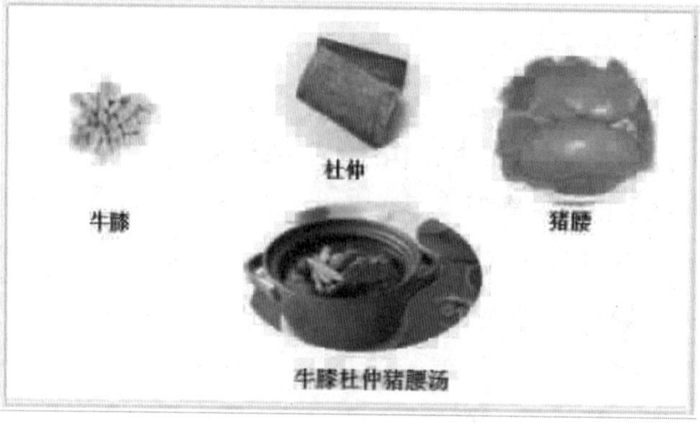

腰椎骨折术后

腰椎间盘在身体里具有缓冲压力、保护脊髓的作用。外伤或者随年龄的增长椎间盘发生退变等原因可造成椎间盘的纤维环破裂，髓核组织向椎管内突出，腰椎脊神经根受压而产生一系列综合征。

手术治疗中传统的术式要对椎旁肌进行剥离，为了让手术的效果达到最好，在饮食上做一个全面的计划，可让腰椎能够恢复地更快。

膳食宜忌：关于本病的膳食宜清淡，多汤水而富于营养，少食油腻、煎炸食物，口味不宜过于辛辣。多食蔬菜、水果，除了提供矿物质外，还因纤维素高，可增加肠蠕动防治卧床期间易发生的便秘，如粗纤维蔬菜芹菜、韭菜等。润肠作用明显的还有香蕉、蜂蜜。

通用药食：粗纤维，富含维生素，无机盐及微量元素的食物，如胡萝卜、鲜枣、瘦肉等。

辨证用膳：

一、气滞血瘀 腰部皮肤青紫有瘀斑，刺痛，痛点不移，功能活动受限。舌质紫暗，脉沉而弦。

【常用药膳】山丹桃仁粥

【来源】《养生粥谱》

【组成】丹参13克、山楂30克、桃仁（去皮）6克、粳米50克。

【制作及用法】原料洗净，丹参先水煎，去渣取汁，再放山楂、桃仁及粳米，加水适量，武火煮沸，文火熬成粥。

【功效】活血化瘀,通络止痛。

【方解】丹参味苦,微寒,可活血化瘀、养心安神;适应于血瘀气滞型颈椎病。

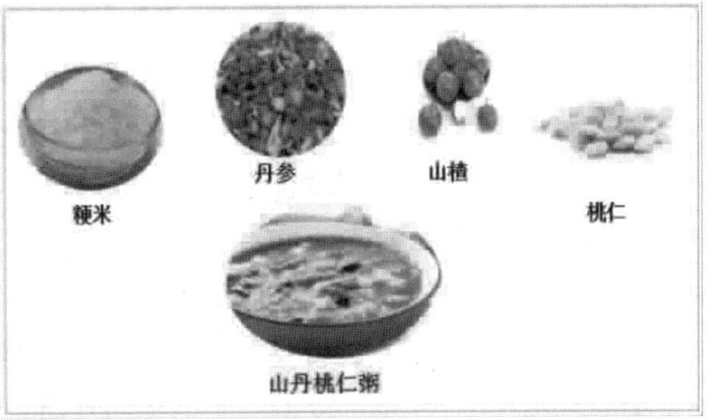

二、气血亏虚 精神萎靡不振,面色无华,少气懒言。舌质淡白,脉细而弱。

【常用药膳】参枣粥

【来源】骨科主任医师宋敏

【组成】人参3克、粳米50克、大枣15克。

【制作及用法】人参粉碎成细粉,米、枣洗净后入锅,加水适量,武火煮沸,文火熬成粥,再调入人参粉及白糖适量。

【功效】补益气血。

【方解】人参具有补气、生血功效,大枣可健脾、温胃和中。

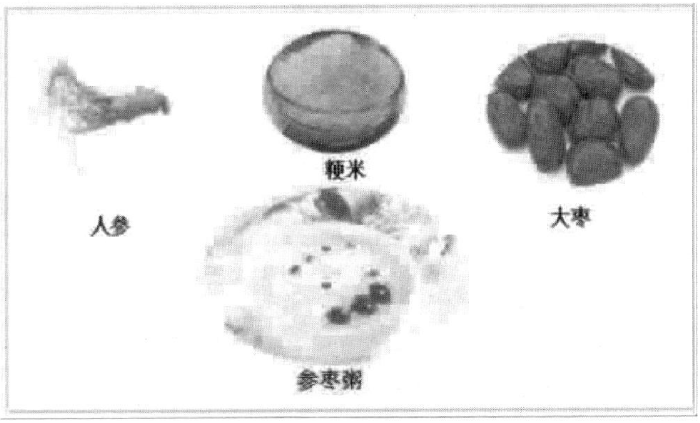

骨质疏松症

骨质疏松症是较常见的一种代谢性骨病，以中老年人较为常见。其特点为单位体积内骨组织量减少，骨骼脆性增加。该病属于祖国医学"骨痿"范畴。中医认为"肾主骨"。"腰为肾之府"，因此本病发病的关键是肾虚髓液不足。根据临床表现可分为肝肾阴虚、脾肾阳虚证型，以饮食疗法治疗骨质疏松，辨证选方，可取得良好的效果。

膳食宜忌：骨质疏松症患者日常饮食，宜进食高钙低脂或脱脂牛奶；含钙高的食物如，海鱼、虾皮、芝麻、奶酪、乳制品等；精瘦肉如，牛羊肉、鱼肉等；植物蛋白如豆腐、豆浆、豆皮等；含微量元素、含钙高的食物如核桃、杏仁、瓜子等坚果。忌食过咸、过甜；忌蛋白质摄入过多或者过少；忌嗜食咖啡、可乐；忌烟酒；忌单纯补钙。

通用药食：豆类，奶制品，瘦肉，核桃，杏仁。

辨证用膳：

一、肝肾阴虚型 症见腰背酸痛，两膝酸软，眩晕耳鸣，或兼见五心烦热，口燥舌干，或见足跟疼痛，自发性骨折。舌质红。

【常用药膳】枸杞羊肾粥

【来源】《实用骨科药膳425种》

【组成】枸杞子15克、肉苁蓉10克、羊肾1只、粳米50克。

【制作及用法】将羊肾剖开，去内筋膜，切碎，同枸杞、粳米、肉苁蓉放入锅内，加水适量，文火煎煮，等粥将熟时，加入食盐调味，此为1日量，分早、晚两次服食。

【功效】可补益肝肾、滋阴壮骨。

【方解】肉苁蓉补肾阳，益精血，润肠通便；羊肾主要补肾气，益精髓可补益肝肾、滋阴壮骨；枸杞味甘性平，补肝益肾，多治疗肝肾阴亏，腰膝酸软之症。

二、脾肾阳虚型 症见形寒肢冷，腰酸腿痛，或有浮肿，食欲不振，腹胀，男子阳痿，女子月经不调。舌胖苔白。

【常用药膳】山药羊肉粥

【来源】《实用骨科药膳425种》

【组成】鲜山药50克、羊肉200克、糯米50克。

【制作及用法】将羊肉、山药洗净，同入砂锅，加水适量，煮熟入粳米，加水煮成粥。此为1日量，分两次食用。

【功效】益肾壮骨。

【方解】山药能健脾补虚，滋精固肾；羊肉温补肝肾，用于治疗肾阳虚所致的腰膝酸软痛等症。

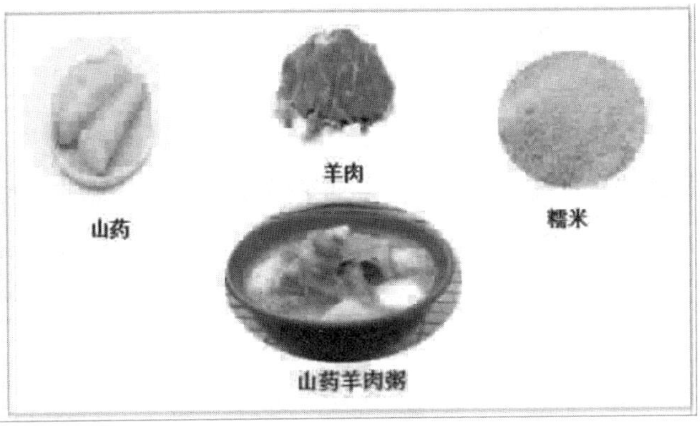

骨痹(骨关节病)

退行性骨关节病又称骨关节炎、退行性关节炎、老年性关节炎、肥大性关节炎，它是一种退行性病变，系由于增龄、肥胖、劳损、创伤、关节先天性异常、关节畸形等诸多因素引起的关节软骨退化损伤、关节边缘和软骨下骨反应性增生。本病多见于中老年人群，好发于负重关节及活动量较多的关节(如，颈椎、腰椎、膝关节、髋关节等)。过度负重或使用这些关节，均可促进退行性变化的发生。临床表现为缓慢发展的关节疼痛、压痛、僵硬、关节肿胀、活动受限和关节畸形等。

膳食宜忌：宜食牛奶、蛋类、豆制品、黑芝麻、虾皮、小鱼、坚果、紫菜、柑橘、苹果、草莓、樱桃等。禁服铁或含铁的复合维生素，不可偏食，忌食生冷、肥甘厚腻及虾蟹竹笋之类。

通用药食：

1. 多吃富含抗氧化剂的食物如维生素A、维生素C、维生素E、胡萝卜素等。

2. 多吃含类黄酮的食物如柑橘、苹果、草莓、樱桃等具有颜色的新鲜水果类。

3. 多吃含钙较高的食物如牛奶、蛋类、豆制品、紫菜和水果等。

辨证用膳：

一、肝肾亏虚证 关节疼痛、肿胀、时轻时重、屈伸不利、或伴关节弹响，腰膝酸软，腰腿不利，屈伸运动时疼痛加剧；或伴关节变形，筋肉萎缩，形寒肢冷；或五心烦热、午后潮热。舌淡、或有瘀点、瘀斑，苔白或白腻。

【常用药膳】猪肾粥

【来源】《圣济总录》

【组成】猪肾1对、人参6克、核桃仁10克、粳米100克。

【制作及用法】取猪肾1对洗净切片，人参、核桃肉与粳米加适量水共煮成粥，随意服用，每日1剂。

【功效】祛风除湿，补益肾气。

【方解】猪肾治肾虚腰痛，身面水肿，遗精，盗汗，老人耳聋；人参味甘、微苦，性微温，归脾、肺、心、肾经，气雄体润、升多于降、具有补气固脱、健脾益肺、宁心益智、养血生津的功效；核桃肉补气养血、润燥化痰、温肺润肠、散肿消毒等功能。

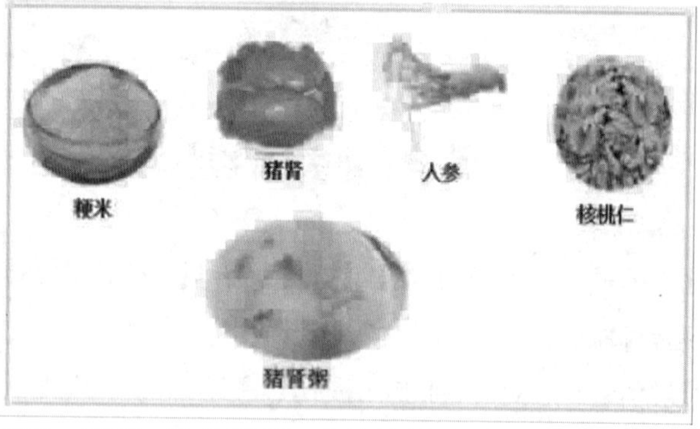

二、寒湿痹阻证 肢体、关节酸痛，或关节局部肿胀，屈伸不利，局部畏寒，皮红，触之不热，得热痛减，遇寒痛增，活动时疼痛加重，或伴腰膝酸软，四肢乏力，或纳食欠佳，大便溏薄、小便清长。舌苔薄白或白滑。

【常用药膳】川乌粥

【来源】《家庭药膳全书》

【组成】制川乌10克、姜汁10滴、粳米30克、蜂蜜适量。

【制作及用法】 将川乌研末，粳米洗净，放入瓦锅，加适量水，沸后加入川乌,用文火煮2~3小时,待米熟烂后加入生姜汁和蜂蜜搅匀,再煮1~2沸即可。食用方法:佐餐食用,随量服食。

【功效】祛风除湿,温经止痛。

【方解】川乌祛风除湿,温经止痛。

三、湿热阻络证 关节红肿热痛,活动不利,拒按,局部触之灼热。发热、口渴,烦闷不安;或伴腰膝酸软,四肢乏力,大便干结,小便黄。舌质红,苔黄腻。

【常用药膳】冬瓜薏仁汤

【来源】《家庭药膳全书》

【组成】冬瓜500克、薏苡仁50克。

【制作及用法】冬瓜连皮切片与薏苡仁加适量水共煮,小火煮至冬瓜烂熟为度,使用时酌加食盐调味。每日一剂,随意食之。

【功效】健脾利湿,清热止痛。

【方解】冬瓜清热毒,利小便,止渴除烦,祛湿解暑,解鱼毒;薏仁祛湿除风、清热排脓、除痹止痛,对小便不利、水肿、脚气和风湿疼痛等效果显著。

四、痰瘀痹阻证 曾有外伤史，或痹痛日久，关节刺痛、掣痛，或疼痛较剧，入夜尤甚，痛有定处，或伴肢体麻木，不可屈伸，反复发作，骨关节僵硬变形，关节及周围可见瘀色。舌质紫暗或有瘀点、瘀斑、苔白腻或黄腻。

【常用药膳】三七丹参粥

【来源】《健康百科全书》

【组成】 三七10~15克、丹参15~20克、鸡血藤30克、粳米300克。

【制作及用法】将三七、丹参、鸡血藤洗净放入锅中加适量清水煎煮取浓汁，再把粳米加水煮粥，待粥将成时加入药汁，共煮片刻即成，每次随意使用，每日一剂。

【功效】活血化瘀，通络止痛。

【方解】三七滋补、保健、散瘀止血，消肿定痛等作；丹参活血祛瘀，养血安神，凉血消肿；鸡血藤补血，活血，通络。

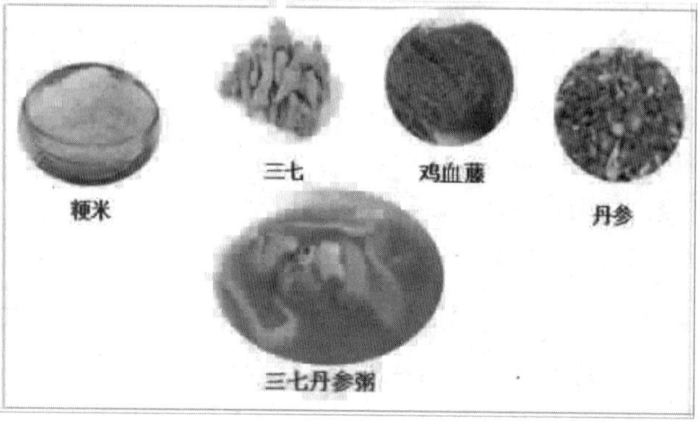

五、气血两虚证 关节酸沉，隐隐作痛，屈伸不利，肢体麻木，四肢乏力；或伴形体虚弱，面色无华，汗出畏寒，时感心悸，纳呆，尿多便溏。舌淡，苔薄白。

【常用药膳】三七炖乌鸡

【来源】《健康百科全书》

【组成】乌鸡1只、三七6克、黄芪10克、黄酒10毫升。

【制作及用法】将乌鸡洗干净，三七、黄芪共纳入鸡腹内，加入黄酒隔水小火炖至鸡肉熟。用酱油随意蘸食，隔日一次。

【功效】温阳，益气，定痛。

【方解】乌鸡滋阴清热、补肝益肾、健脾止泻；三七滋补、保健、散瘀止血，消肿定痛等；黄芪补气固表，利尿托毒，排脓，敛疮生肌，用于气虚乏力，食少便溏，中气下陷，久泻脱肛，便血崩漏，表虚自汗，气虚水肿，痈疽难溃，久溃不敛，血虚痿黄，内热消渴。

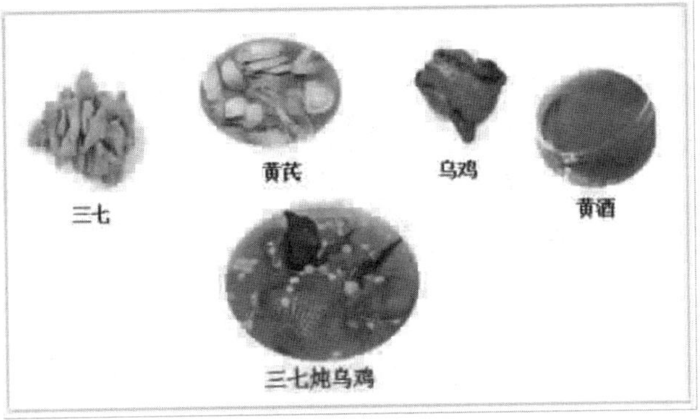

尪痹（类风湿关节炎）

类风湿关节炎是一种以关节滑膜炎为特征的慢性全身性自身免疫性疾病，以关节疼痛、肿胀、呈对称性，侵及四肢小关节及其他关节，久之则关节僵硬以致畸形，伴肌肉萎缩等为主要临床表现。常累及肝肾，也可涉及心、脾、肺等。

膳食宜忌：应遵循高蛋白、高维生素、中脂肪、中热量、低盐和低糖的原则，少量多餐，少食刺激性食物,多食味佳可口易消化的食物。宜食蛋、鱼、虾、豆制品、鸡肉、牛肉、萝卜、紫菜、洋葱、海带、木耳、干果、大枣、薏苡仁、桂圆、枸杞、生姜、山药、辣椒、莲子、草莓、香蕉、西红柿、橘柑、黄瓜等。忌食生冷、肥肉、甜食等，少饮酒和咖啡。

通用药食：日常可以吃祛风除湿食物，如：大枣、薏苡仁、桂圆、枸杞、生姜、山药、黑豆、辣椒、莲子、核桃仁等。

辨证用膳：

一、风湿痹阻证 肢体关节疼痛、重着，或者有肿胀，痛处游走不定，关节屈伸不利。舌淡红苔白腻。

【常用药膳】扁豆薏米炖鸡脚

【来源】《中国药膳辨证治疗学》

【组成】扁豆2克、薏米2克、鸡脚50克、生姜1片、食盐等。

【制作及用法】（1）鸡脚在入汤前要先“飞水”。（2）将扁豆、薏米、鸡脚、姜片一起放进炖盅/煲内，待煮好后加入食盐调味即可。

【功效】健脾祛湿,舒筋活络。

【方解】扁豆健脾祛湿,鸡脚舒筋活络,此汤有很好的去水肿的功效。

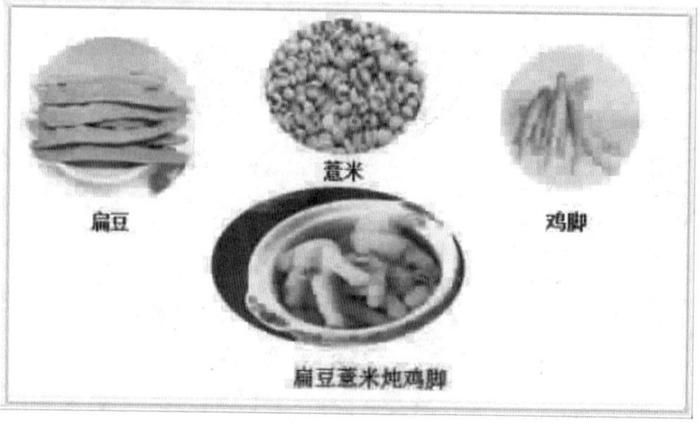

二、寒湿痹阻证 肢体关节冷痛,肿胀、屈伸不利,局部畏寒,得寒痛剧,得热痛减。舌胖大,舌质暗淡,苔白腻或白滑。

【常用药膳】忍冬藤薏苡仁粥

【来源】《养生粥谱》

【组成】忍冬藤(鲜)60克、通草9克、防风9克、薏苡仁90克、粳米100克。

【制作及用法】将全部用料洗净,煎汤,去渣留汁,放入粳米于瓦锅内,加适量清水,文火煮2小时即可。

【功效】疏风散寒,祛湿通络。

【方解】忍冬藤清热解毒,祛风通络;防风祛风解表,渗湿止痛,解痉,风湿痹痛,骨节酸痛;薏苡仁祛风除湿、清热排脓、除痹止痛,对小便不利、水肿、脚气和风湿疼痛等效果显著。

三、湿热痹阻证 关节肿痛，触之灼热或有热感，口渴不欲饮，烦闷不安，或有发热。舌质红，苔黄腻。

【常用药膳】防风薏苡仁粥

【来源】《养生粥谱》

【组成】薏苡仁30克、防风10克。

【制作及用法】将防风洗净，与薏苡仁同放入瓦锅内，加适量清水共煎，取药液约200毫升。顿服，每日1剂，连用1周。

【功效】散风除湿。

【方解】防风祛风解表，渗湿止痛，解痉，风湿痹痛，骨节酸痛；薏苡仁祛风除湿、清热排脓、除痹止痛，对小便不利、水肿、脚气和风湿疼痛等效果显著。

四、痰瘀互结证 关节肿痛日久不消，晨僵，屈伸不利，关节周围或皮下结节，舌暗紫，苔白厚或厚腻。

【常用药膳】三鲜冬瓜汤

【来源】《中药茶饮》

【组成】冬瓜500克、瘦肉50克、冬笋30克、黑木耳（泡发）50克。

【制作及用法】将冬瓜、黑木耳、冬笋切片，放入沸水中焯至刚熟时捞起，瘦肉切丝现炒，后加入冬瓜、冬笋、黑木耳翻炒，加适量盐、味精调味起锅即可。

【功效】生津除烦、清肺涤肠、滋补强身。

【方解】冬瓜清热毒，利小便，止渴除烦，祛湿解暑，解鱼毒；瘦肉补肾养血，滋阴润燥。冬笋化痰下气，清热除烦；黑木耳益气强身、滋肾养胃、活血等。

五、气血两虚证 关节肌肉酸痛无力，活动后加剧，或肢体麻木，肌肉萎缩，关节变形；少气乏力，自汗，心悸，头晕目眩，面黄少华。舌淡苔薄白。

【常用药膳】红枣粳米粥

【来源】《养生粥谱》

【组成】红枣、粳米适量。

【制作及用法】将红枣、粳米放进锅中，随后加入适量的水煎熬即可。

【功效】益气养血、健脾和胃。

【方解】红枣性温，味甘，具有益气补血、健脾和胃、祛风的功效；粳米味甘，性平，能益脾胃，除烦渴。

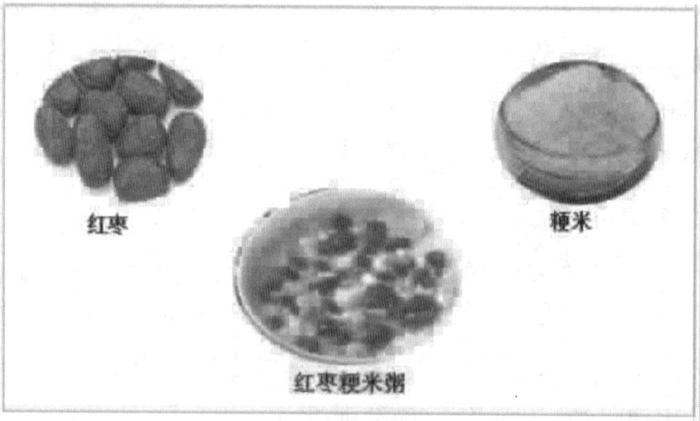

六、肝肾不足证 关节肌肉疼痛，肿大或僵硬变形，屈伸不利，腰膝酸软无力，关节发凉，畏寒喜暖。舌红，苔薄白。

【常用药膳】枸杞炖兔肉

【来源】《家庭药膳全书》

【组成】枸杞子15克、兔肉250克。

【制作及用法】将枸杞子和兔肉入适量水中，文火炖熟，用盐调味。饮汤吃肉，每日1次。

【功效】滋补肝肾，补气养血。

【方解】枸杞补肾益精，养肝明目，补血安神，生津止渴，润肺止咳。治肝肾阴亏，腰膝酸软，头晕，目眩，目昏多泪，虚劳咳嗽，消渴。兔肉具有补中益气、强身祛病，美容保健等功效。

大偻（强直性脊柱炎）

强直性脊柱炎（AS）是以骶髂关节和脊柱附着点炎症为主要症状的疾病。与HLA-B27呈强关联。某些微生物（如克雷伯杆菌）与易感者自身组织具有共同抗原，可引发异常免疫应答。是四肢大关节，椎间盘纤维环及其附近结缔组织纤维化和骨化，以及关节强直为病变特点的慢性炎性疾病。强直性脊柱炎属风湿病范畴，是血清阴性脊柱关节病的一种。该病病因尚不明确，是以脊柱为主要病变部位的慢性病，累及骶髂关节，引起脊柱强直和纤维化，造成不同程度眼、肺、肌肉、骨骼病变，属自身免疫性疾病。

膳食宜忌：宜食牛肉、羊肉、鸡肉、奶、蛋、豆制品、山药、干果、紫菜、辣椒、葱、花椒、茴香、大蒜、西红柿、木瓜、橘柑等。禁吃生冷饮食，油腻辛辣之物、禁烟酒，且不可暴饮暴食。

通用药食：

（1）辛热食品具有抗风湿祛寒的作用，如辣椒、葱、花椒、茴香、大蒜等。

（2）豆类食品如大豆、黑豆、黄豆等，含有丰富的蛋白质和微量元素，它有促进肌肉、骨骼、关节、肌腱的代谢，帮助修复病损的作用。

(3)果实食品，栗子有补肾、强筋健骨的作用，对筋骨、经络、风湿痹痛或腰膝无力极为有益。

(4)多吃含蛋白质和维生素食物以补充蛋白质和维生素，如牛肉、羊肉、鸡肉。

辨证用膳：

一、肾虚督寒证 腰骶、脊柱、臀疼痛，僵硬不舒，牵及膝腿痛或酸软无力，畏寒喜暖，得热则舒，俯仰受限，活动不利，甚则腰脊僵硬或后凸变形，行走坐卧不能，或见男子阴囊寒冷，女子白带寒滑。舌暗红，苔薄白或白厚，脉多沉弦或弦细

【常用药膳】白芷羊肉汤

【来源】《健康百科全书》

【组成】白芷20克、羊肉100克。

【制作及用法】白芷洗净备用，羊腿肉洗净，切小块，开水浸泡2小时，捞起再洗净，置锅中，加黄酒、姜、葱、精盐，开水煮开，去浮沫;再加白芷，急火煮开5分钟，改文火煮30分钟，分次食用。

【功效】温阳补血，祛寒通络。

【方解】白芷祛风除湿，活血排脓，生肌止痛。羊肉味甘、性热，入脾、胃、肾、心经，温补脾胃，用于治疗脾胃虚寒所致的反胃、身体瘦弱、畏寒等症；温补肝肾，用于治疗肾阳虚所致的腰膝酸软冷痛、阳痿等症；补血温经，用于产后血虚经寒所致的腹冷痛。

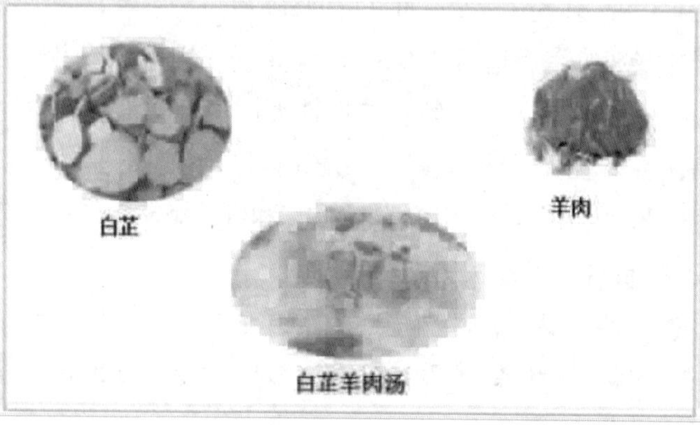

二、肾虚湿热证 腰骶、脊柱、臀酸痛、沉重、僵硬不适、身热不扬、绵绵不解、汗出心烦、口苦黏腻或口干不欲饮，或见脘闷纳呆、大便溏软，或黏滞不爽，小便黄赤，或伴见关节红肿灼热焮痛，或有积液，屈伸活动受限，舌质偏红，苔腻

或黄腻或厚腻，脉沉滑、弦滑或弦细数。

【常用药膳】木瓜茯苓汤

【来源】《健康百科全书》

【组成】木瓜25克、茯苓25克。

【制作及用法】将木瓜洗净切成小块，茯苓洗净切成小片，同置锅中，加清水250毫升，急火煮开3分钟，文火煮20分钟，滤渣取汁，分次饮用。

【功效】健脾、利水、渗湿。

【方解】木瓜健脾消食，抗疫杀虫，通乳抗癌，补充营养，提高抗病能力，抗痉挛；茯苓味甘、淡、性平，入药具有利水渗湿、益脾和胃、宁心安神之功用，增强机体免疫功能，抗肿瘤及保肝脏作用。

项痹（颈椎病）

项痹多因长期低头工作，年老正虚，经气不利等所致。以颈部经常疼痛麻木，连及头、肩、上肢，并可伴有眩晕等为主要表现的肢体痹病类疾病。常常起病于中老年。常有颈椎长期劳损或外伤等病史，多见于长期伏案工作之人。发病缓慢，呈波浪式发展。常有颈部疼痛、麻木、酸胀，连及头、肩部、上臂疼痛，有相应的压痛点伴感觉异常，伴有颈部僵直，转动不灵，活动受限，上肢乏力，甚至肌肉萎缩，部分患者可有眩晕、耳鸣、头痛、视物模糊等症。重者按压同侧相应的颈椎间隙，或叩击头顶，则疼痛加剧。将颈部向健侧极度旋转，患侧上肢外展90°，且尽量后伸时，患肢放射痛显然加剧。腱反射减退或消失。X线检查：颈椎骨质增生，颈椎曲度改变或椎间关节不稳、骨刺等退行性改变。

膳食宜忌：饮食以清淡为主，忌食吃高热量的食品，如肥肉，可以多吃青菜、水果；多食含钙量高的食品，比如新鲜牛乳、豆制品、海带、虾皮等，还要适当的补充B族维生素，每天可以适当的服用B族维生素片，当然也可以通过饮食来补充B族维生素，如大豆、花生、动物肝脏、黑米、坚果类等，饮食上还要注意摄入一定量蛋白质，如肉、蛋、奶、豆类都是蛋白质含量较高的食物可以适量摄入。

通用药食：西红柿、黄瓜、鱼肉、排骨汤、冬瓜、萝卜、鸡蛋、牛奶、豆制品、动物肝、蛋、鱼、木耳、蘑菇、芦笋、海带、大蒜、芹菜、地瓜、冬瓜、芝麻、桂圆等。

辨证用膳：

一、风寒痹阻　颈部冷痛，游走不定，遇寒则痛剧，遇热则痛减，局部皮色不红，触之不热，恶风畏寒，舌质淡红，舌苔薄白，脉弦缓或弦紧，或浮。

【常用药膳】

1、桑枝煲鸡

【来源】宋氏正骨科医师罗十之

【组成】老桑枝60克、葛根60克、黄芪60克、母鸡1只（约1000克）、食盐少许。

【制作及用法】老桑枝、葛根、黄芪洗净，并稍浸片刻；母鸡宰净，去毛及内脏，洗净。与生姜一起放进瓦煲内，加入清水2500毫升（约10碗水量），先用武火煲沸后，改用文火煲约2个小时，此量可供3~4人用，可把鸡捞起，拌入酱油佐餐用。

【功效】温经散寒，通络止痛。

【方解】老桑枝性平味苦，入肝经，能祛风湿、利关节、行水气。黄芪温阳血脉、行气利水、滋养筋肉；葛根舒筋活络、解痉止痛；母鸡性味甘温，能温中健脾、补益气血；生姜辛温祛风散寒。

2.葛根五加粥

【来源】骨病专家主任医师孔祥广

【组成】葛根、薏米仁、粳米各50克、刺五加15克。

【制作及用法】原料洗净，葛根切碎，刺五加先煎取汁，与余料同放锅中，加水适量；武火煮沸，文火熬成粥后加冰糖适量。

【功效】祛风除湿止痛。

【方解】葛根甘、辛，凉。有解肌退热，透疹，生津止渴，升阳止泻之功。薏米，味辛、苦、微甘、性温，入脾、肺、肾经，具有利水、健脾、除痹、清热的功效。刺五加味辛、苦、微甘、性温。归肝经、肾经。祛风湿、补肝肾、强筋骨、活血脉。

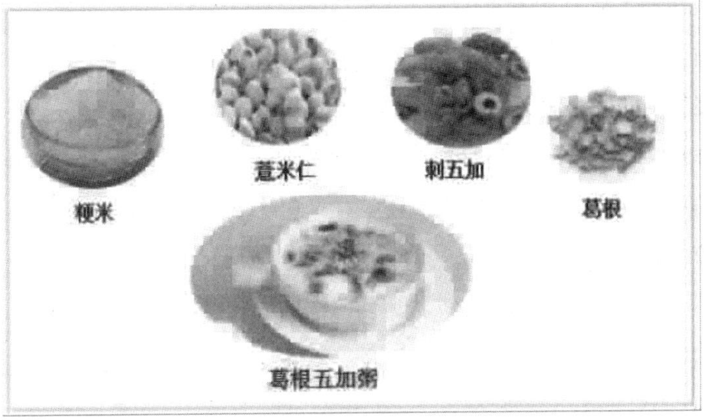

二、气滞血瘀 多因颈部反复疲劳形成慢性劳损所致。临床上有颈肩背强痛、酸硬，严重者甚至僵斜不能屈伸转侧，活动受限。常表现在晨起、久坐、看书、写文章、看电视等颈项部长时间不动而症状加重，颈肩部、上肢疼痛，痛处固定，伴有肢体麻木。

【常用药膳】山丹桃仁粥

【来源】《养生粥谱》

【组成】丹参13克、山楂30克、桃仁(去皮)6克、粳米50克。

【制作及用法】原料洗净，丹参先煎，去渣取汁，再放山楂、桃仁及粳米，加水适量，武火煮沸，文火熬成粥。

【功效】活血化瘀，通络止痛。

【方解】丹参味苦，微寒，可活血化瘀、养心安神；山楂有滋阴润燥，化食消积等功效。

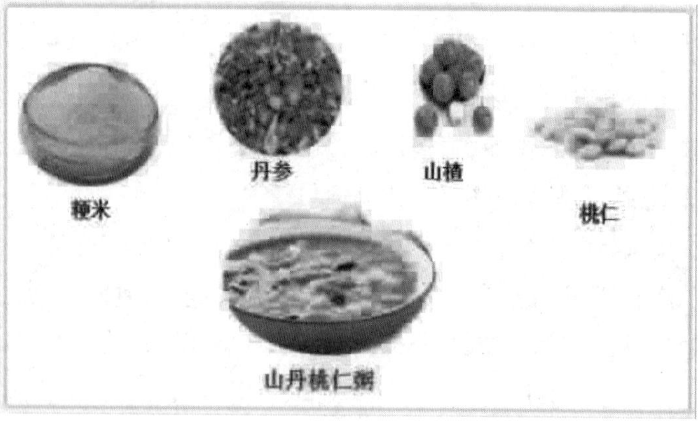

【常用药膳】杭芍桃仁粥

【来源】推拿康复科主任医师吴建民

【组成】杭白芍20克、桃仁15克、粳米60克。

【制作及用法】先将杭白芍水煎取液500毫升，再把桃仁洗净捣烂如泥，加水研汁去渣，二汁液同粳米煮熟。

【功效】活血、养血、通络。

【方解】杭芍性味苦、酸、微寒，归、肝、脾经；桃仁性味微苦、甘、平，归心、肝、大肠经，可活血祛瘀。

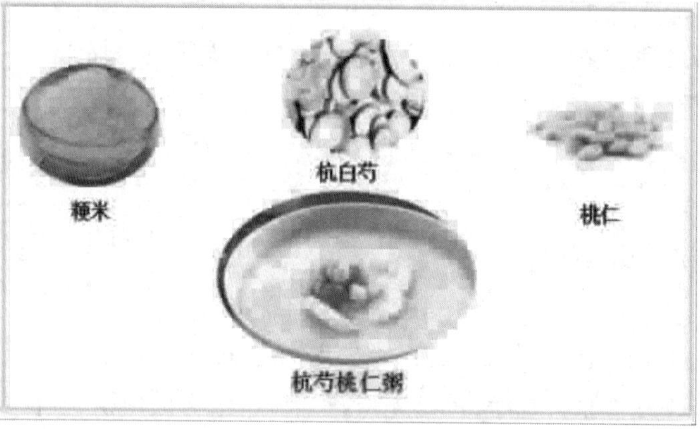

三、痰湿阻络　头晕目眩，头重如裹，四肢麻木，纳呆。舌暗红，苔厚腻，脉弦滑。

【常用药膳】薏米赤豆汤

【来源】《清心润肺营养餐》

【组成】薏米、赤豆各50克、山药15克、梨(去皮)200克。

【制作及用法】原料洗净，加水适量，武火煮沸后文火煎，加冰糖适量即可。

【功效】化痰除湿。

【方解】赤小豆味甘、酸，性平、无毒，可利水消肿、解毒排脓、清热去湿。

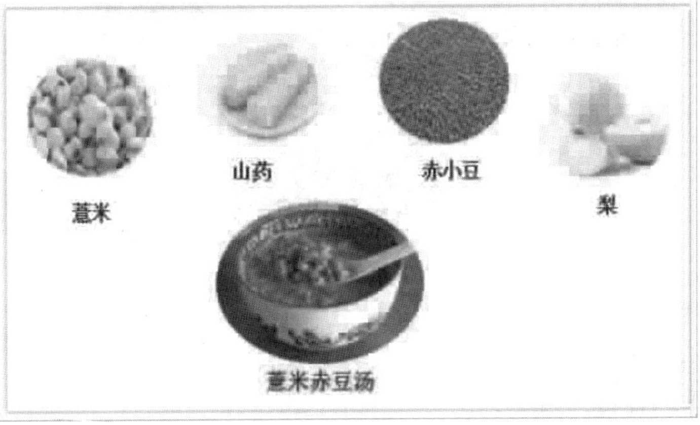

四、肝肾不足 久病体弱，肝血不足，肾精亏损，经脉失去濡养，可致肢体筋膜弛缓，手足痿软无力，不能随意运动、肝肾不足，气血亏损，除了可引起肢体不利等症外，还有耳鸣、目眩等症。

【常用药膳】

1.双耳汤

【来源】宋氏正骨科医师罗十之

【组成】黑木耳、银耳、冰糖适量。

【制作及用法】将木耳和银耳以温水泡发，清洗干净后一起放到蒸碗里，加入适量的水和冰糖，放到蒸笼中蒸熟即可。

【功效】补益肝肾。

【方解】黑木耳具有益气强身、滋肾养胃、活血等功能；银耳具有壮身、补脑、滋阴润肺之功效。

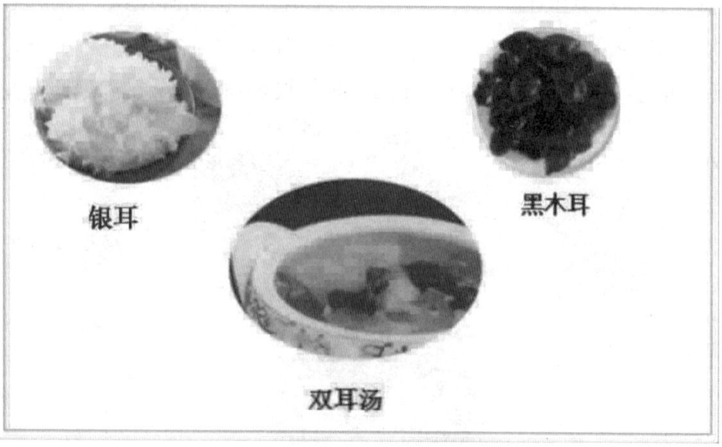

2.核桃仁粥

【来源】《保健药膳》

【组成】黑豆50克、核桃仁30克、大米100克、大枣6枚。

【制作及用法】(1)将黑豆用清水泡软;大米淘洗干净;核桃仁捣碎。(2)锅内加水适量,放入大米、黑豆、核桃仁、大枣共煮粥,熟后即成。

【功效】滋补肝肾。

【方解】黑豆性平,味甘,有滋补肝肾、活血利水、祛风解毒等功效;核桃仁有补肾强腰、补气养血、润燥化痰、固精润肠等功效。

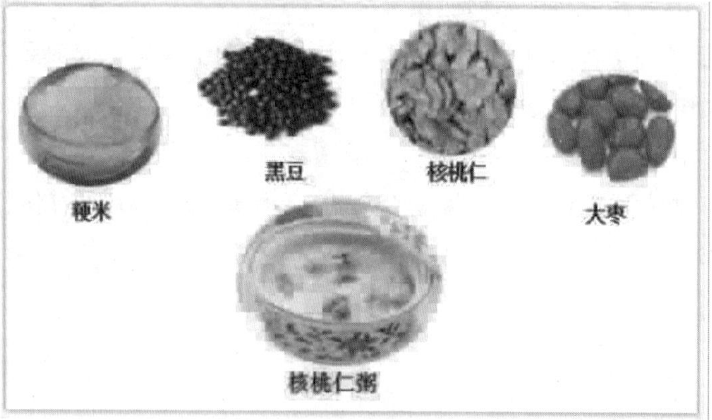

五、气血亏虚 肢体麻木,头晕目眩,心悸气短,四肢无力,肌肤蠕动,舌质淡,脉细无力。

【常用药膳】飘香驴肉汤

【来源】宋氏正骨科医师罗十之

【组成】驴肉500克、料酒25克、精盐5克、味精3克、葱段10克、姜片10克、花椒水、猪油各少许。

【制作及用法】(1)将驴肉洗净,下沸水锅中氽透,捞出切片。(2)烧热锅加入少许猪油,将葱、姜、驴肉同下锅,煸炒至水干,烹入料酒,加入盐、花椒水、味精,注入适量水,烧煮至驴肉熟烂,拣去葱、姜,装盆即成。

【功效】补血益气。

【方解】驴肉甘酸而平,安心气,解心烦,补血益气。对于积年劳损、久病初愈、气血亏虚、短气乏力为补益食疗佳品。适应于气血亏虚型颈椎病。

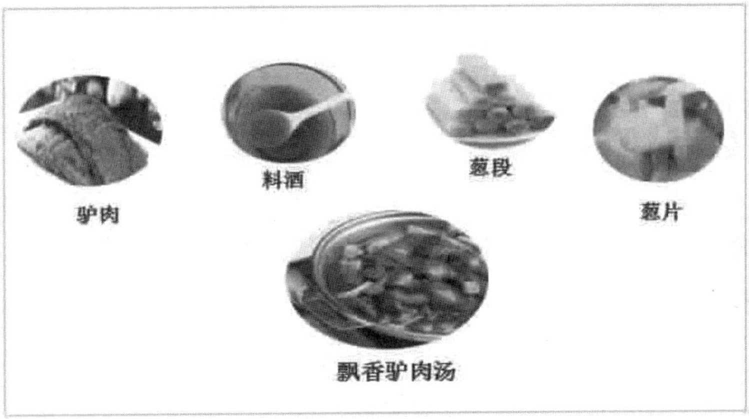

项痹病(神经根型颈椎病)

颈椎病又称颈椎综合征,是颈椎骨关节炎,增生性颈椎炎、颈神经根综合征、颈椎间盘脱出症的总称,是一种以退行性病理改变为基础的疾患,主要由于颈椎长期劳损、骨质增生,或椎间盘脱出,韧带增厚,致使颈椎脊髓、神经根或椎动脉受压,出现一系列功能障碍的临床综合征。表现为颈椎间盘退变本身及其继发性的一系列病理改变,如椎节失稳,松动;髓核突出或脱出;骨刺形成;韧带肥厚和继发的椎管狭窄等,刺激或压迫了邻近的神经根、脊髓,椎动脉及颈部交感神经等组织,并引起各种各样症状和体征的综合征。

膳食宜忌:关于本病的膳食最好以清淡、易消化、富含钙、蛋白质、维生素B族、维生素C和维生素E的饮食为主。其中钙是骨的主要成分;蛋白质也是形成韧带、骨骼、肌肉所不可缺少的营养素。维生素B、E则可缓解疼痛,解除疲劳。忌烟、酒;少食生冷和过热的食物;忌油腻厚味、辛辣刺激性之品。

通用药食：米、面、粗粮、豆类、水果、动物肝、蛋鱼、蘑菇、芦笋、胡萝卜、牛奶、鱼、猪尾骨、黄豆、黑豆、豆芽、海带、木耳、大蒜、芹菜、地瓜、冬瓜、绿豆。

辨证用膳：

一、风寒痹阻 颈、肩、上肢窜痛麻木，以痛为主，头有沉重感，颈部僵硬，活动不利，恶寒畏风。舌淡红，苔薄白，脉弦紧。

【常用药膳】当归红枣煲羊肉

【来源】甘肃中医药大学副教授赵耀东

【组成】羊肉500克、红枣20克、当归20克、枸杞10克、桂圆肉10克。

【制作及用法】羊排洗干净切成块，放入煮开的水中焯一下，撇去浮沫，取出备用；姜去皮，红枣去核，当归、桂圆肉、枸杞用水泡洗干净；把所有处理好的材料放进汤锅中，注入适量清水，大火煮开转中小火煮1.5~2小时即可；喝的时候，按个人口味加点盐，每日一次。

【功效】祛风散寒。

【方解】羊肉汤有温中补血、祛寒强身的作用，适用于神疲乏力、面色苍白、畏寒怕冷的人群。当归入心肝脾经，养血和营；大枣皮利肉补，健脾益气，调和百药且富含维生素C。桂圆肉味甘、温、平，补心脾，益气血，健脾胃，养肌肉。枸杞味甘，性平，归肝经、肾经、肺经，具有养肝、滋肾、润肺。共成温中补血、祛寒强身的作用，适用于神疲乏力、面色苍白、畏寒怕冷的人群。

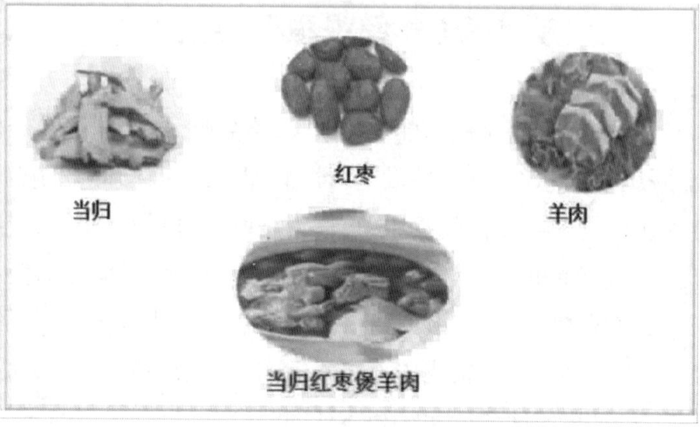

二、血瘀气滞 颈肩部、上肢刺痛，痛处固定，伴有肢体麻木。舌质暗，脉弦。

【常用药膳】醋泡花生

【来源】甘肃中医药大学副教授赵耀东

【组成】带衣熟花生米、酱油、醋。

【制作及用法】碗中倒入酱油、醋调好汁、再到入花生米，浸泡一周以上，每晚吃7~11粒，连吃一周为一个疗程。

【功效】行气活血，化瘀解毒。

【方解】花生营养丰富，含脂肪40%~50%，尤其富含人体所需要的不饱和脂肪酸。醋性酸苦，入肝、胃经，有调节肠胃的功能，共奏清热、活血的功效，对保护血管壁、阻止血栓形成有较好的作用。

三、痰湿阻络 头晕目眩，头重如裹，四肢麻木，纳呆。舌暗红，苔厚腻，脉弦滑。

【常用药膳】冬瓜排骨汤

【来源】甘肃中医药大学副教授赵耀东

【组成】冬瓜500克、排骨600克、生姜1块、花椒15颗。

【制作及用法】(1)冬瓜去皮去籽，洗净，切块，约5毫米厚，不可太薄，否则易碎；生姜切片，备用。(2)准备一锅沸水，将排骨下入，煮3分钟左右，捞起，冲水，沥干(目的是去除血水，除腥)。(3)将排骨，姜片，花椒放入炖锅中，加水，水量略高过材料，开始炖煮。(4)1小时后，加入冬瓜块，适量食盐调味；继续炖半小时左右，至冬瓜熟透即可。

【功效】健脾除湿。

【方解】冬瓜，性凉而味甘，能消热解毒、利尿消肿，止渴除烦；猪排骨，除含蛋白、脂肪、维生素外，还含有大量磷酸钙、骨胶原、骨粘蛋白等，可为幼儿和老人提供钙质。共成清热解毒、利湿化滞、降脂降压、通利小便之功效。

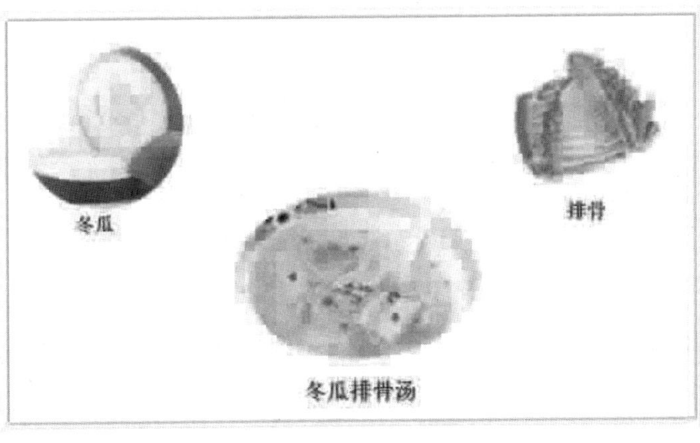

四、肝肾不足 眩晕头痛，耳鸣耳聋，失眠多梦，肢体麻木，面红目赤。舌红少苔，脉弦。

【常用药膳】

1.虫草全鸭汤

【来源】甘肃中医药大学副教授赵耀东

【组成】冬虫夏草10克、雄鸭1只、料酒15克、姜5克、葱白10克、胡椒粉适量、清汤适量、盐适量。

【制作及用法】(1)将鸭子洗净，剁去爪，放入沸水锅内氽煮片刻，捞出后，用凉水洗净。(2)冬虫夏草用温水洗净泥沙；姜、葱白洗净、切片，待用。(3)将鸭肉顺颈劈开，取冬虫夏草8~10个放入鸭头内，再用棉线缠紧，余下的冬虫夏草和姜，葱白一起装入鸭腹内，然后放入器皿中，注入适量清汤，用盐、胡椒粉、料酒调好味，用湿棉纸封严口，上笼蒸约2小时。(4)将盛全鸭的器皿出笼后，揭去棉纸，捞出姜、葱白，加味精即成。

【功效】滋阴填精，滋养肝肾。

【方解】鸭肉性寒，味甘，咸，主大补虚劳。滋五脏之阴，清虚劳之热，补血行水，养胃生津，消螺蛳积；冬虫夏草也称虫草，具有平补肺肾和止喘嗽之功效。

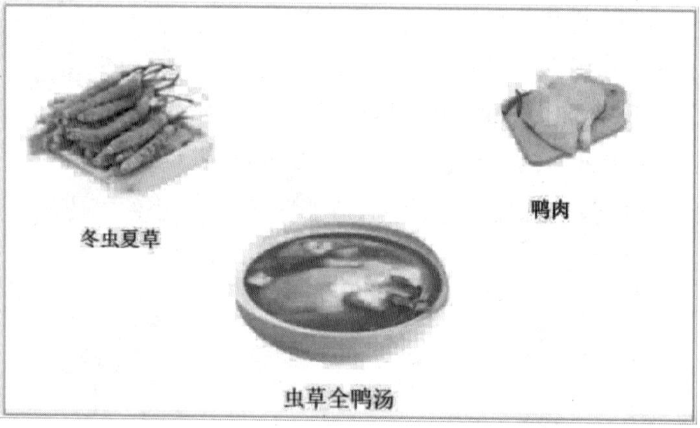

2.干姜煲羊肉

【来源】甘肃中医药大学副教授赵耀东

【组成】羊肉(瘦)150克、干姜30克、盐1克、花椒粉1克、大葱3克。

【制作及用法】羊肉切块，与干姜共炖至肉烂，调入盐、葱花、花椒面，即可。

【功效】壮肾阳，补精髓。

【方解】羊肉温补脾胃、温补肝肾、补血温经、补肝明目、保护胃黏膜；干姜味辛，性热；归脾、胃、心、肺经。两者合用共成温中散寒，回阳通脉，燥湿消痰，温肺化饮之功。

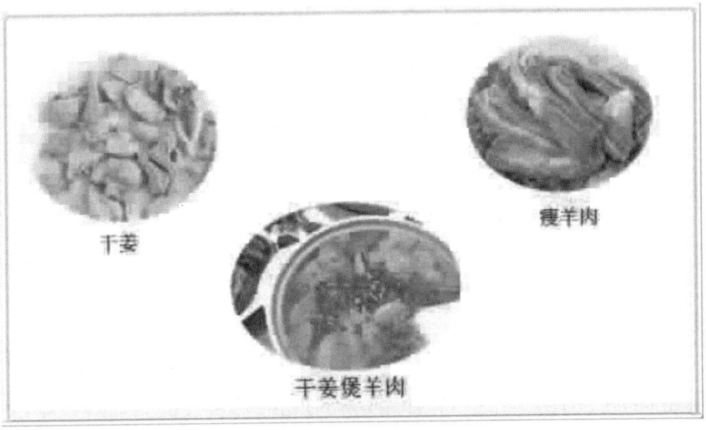

五、气血亏虚 头晕目眩，面色苍白，心悸气短，四肢麻木，倦怠乏力。舌淡苔少，脉细弱。

【**常用药膳**】桂圆莲子汤

【**来源**】甘肃中医药大学副教授赵耀东

【**组成**】莲子142克、桂圆肉175克、冰糖适量。

【**制作及用法**】锅内放入水、莲子煮半小时煮到开花时放入龙眼肉；然后再煮5分钟，放入白糖起锅。

【**功效**】益气养阴。

【**方解**】桂圆补心、补脾、益气；莲子养心安神、止泻、补脾。此汤具有养心、宁神、健脾、补肾的功效。

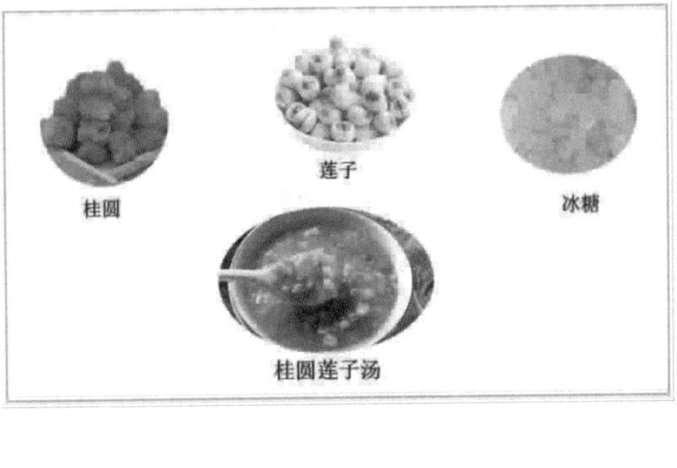

膝痹病(膝关节骨性关节炎)

膝关节骨性关节炎属痹症范畴。痹病是由于风、寒、湿、热等外邪侵袭人体,闭阻经络,气血运行不畅所导致的肌肉,筋骨,关节发生酸痛,麻木,重着,屈伸不利,甚或关节肿大灼热等主要临床表现的病症。患骨关节炎者常见的症状,有疼痛,晨起或久坐后关节僵硬感,关节活动时有摩擦声。晚期由于关节囊挛缩骨质增生,造成机械阻挡,关节发生半脱位并有明显畸形。

膳食宜忌:宜选清淡、易消化的,富含蛋白质、钙质、胶原蛋白、异黄酮的饮食,以补充蛋白质、钙质,防止骨质疏松,补充雌激素,使骨骼、关节更好的进行钙质代谢,减轻关节炎的症状。多吃蔬菜水果,忌生冷、肥腻、辛辣燥热、发物及煎炸之品。少食甜食,因其糖类易致过敏,可加重关节滑膜炎的发展,易引起关节肿胀和疼痛加重。少饮酒和咖啡、茶等饮料,忌生冷、发物及煎炸品。注意避免被动吸烟,因其均可加剧关节炎恶化。辨证食疗则以患者的病变特点予以治疗。

通用药食:可适量多食动物血、蛋、鱼(鲑鱼、鲭鱼、凤尾鱼、沙丁鱼)、虾、豆类制品和深色蔬菜、土豆、牛肉、鸡肉及牛“腱子”肉等富含组氨酸、精氨酸、核酸和骨胶原的食物。

辨证用膳:

一、风寒湿痹 肢体关节酸楚疼痛、痛处固定、有如刀割或有明显重着感或患处表现肿胀感,关节活动欠灵活,畏风寒,得热则舒。舌质淡,苔白腻。

【常用药膳】

1.防风葱白粥

【来源】推拿康复科副主任医师赵彬元

【组成】大米100克、防风12克、葱白50克、盐适量。

【制作及用法】大米淘净,防风洗净,葱白切段。在砂锅中倒入清水,放入防风、葱白,大火烧开,煮粥即食。

【功效】祛风散寒,温经通络。

【方解】防风味辛、甘,性微温,归膀胱、肝、脾经,可祛风解表,胜湿止痛;葱白味辛,性温,入肺、胃、肝经,辛辣宣散、具有解表散寒,通阳宣窍之效。

【常用药膳】

2.鸡脚逐痹汤

【来源】甘肃省名中医、主任医师田永萍

【组成】鸡脚6个、千斤拔100克、花生仁(连衣)100克、红枣10枚(去核)、杜仲15克。

【制作及用法】先将千斤拔、杜仲洗净切碎,鸡脚用开水烫过,去膜及爪甲,洗净。将全部用料一齐放入锅内,加清水适量,武火煮沸后文火煲3小时,再加盐调味即可,饮汤吃鸡脚红枣与花生仁。每日1次。

【功效】温经散寒,祛湿通络。

【方解】此汤中花生仁性平,味甘可滋养调气;千斤拔祛风除湿、舒经活络;红枣温通经络、补益气血;杜仲辛温通阳。共成温阳散寒、祛湿宣痹之功。适用于寒湿痹阻,关节着重、酸痛之症。

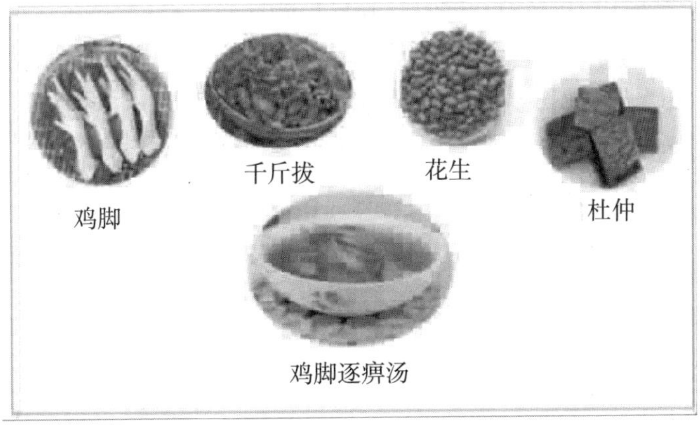

二、风湿热痹 起病较急,病变关节红肿、灼热、疼痛,甚至痛不可触,得冷

则舒；可伴有全身发热、或皮肤红斑、硬结。舌质红，苔黄。

【常用药膳】

1. 薏苡仁冬瓜汤

【来源】推拿康复科副主任医师李宁

【组成】薏米20克、冬瓜50克、姜1片、盐适量、大地鱼粉适量。

【制作及用法】(1)将薏米淘洗干净浸1小时,冬瓜洗净后去皮切小块。(2)水沸后加入姜片、大地鱼粉、薏米及冬瓜煲1小时，加适量盐即可食用。

【功效】祛风散寒，温经通络。

【方解】冬瓜性微寒，味甘淡无毒，入肺、大小肠、膀胱三经，可清肺热化痰、清胃热除烦；薏米可利水消肿、健脾去湿、舒筋除痹、清热排脓。

冬瓜薏苡仁汤

2. 丝瓜竹叶粥

【来源】《中医食疗》

【组成】丝瓜100克、淡竹叶20克、薏苡仁60克。

【制作及用法】将丝瓜洗净，连皮切片与淡竹叶加适量水共煎煮取汁备用；再将薏苡仁加水煮粥，待粥成时加入药汁。随意服用，每日1剂。

【功效】健脾祛湿，清热通络。

【方解】丝瓜性寒，味甘，有清热凉血、祛风化痰、解毒消毒活血脉、通经络、等功效；生地性寒，味甘，有滋阴凉血、补益肝肾等功效，湿热筋骨痛患者宜食用。

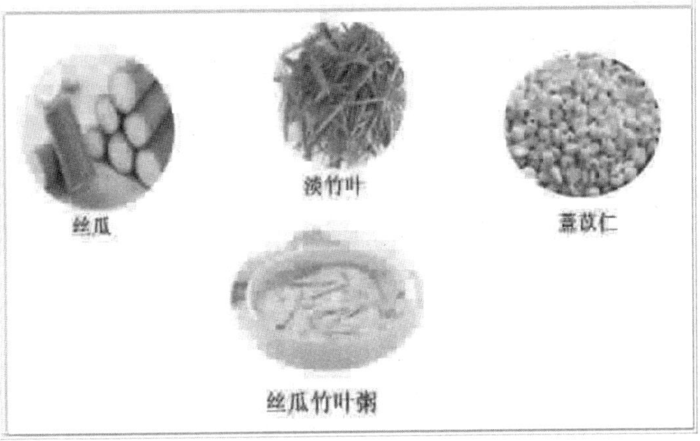

3. 北芪茯苓瘦肉汤

【来源】甘肃省名中医、主任医师田永萍

【组成】瘦猪肉500克、北芪30克、茯苓30克、红枣20克、桂圆20克、生姜1片。

【制作及用法】猪肉洗净切片，飞水。北芪、茯苓、桂圆肉、红枣（去核）洗净。将适量清水放入锅内，煮沸后加入以上材料，猛火煲滚后改用慢火煲3小时，加盐调味即可食用，每日1次。

【功效】清热利湿，祛风通络。

【方解】方中北芪性甘，微温，可利水消肿；茯苓渗湿利水；红枣、桂圆温补经络、补益气血。诸物相合，共奏清热利湿，祛风除痹之功。适用于湿热痹阻所致的关节肿胀、疼痛者。

三、瘀血闭阻 肢体关节刺痛，痛处固定，局部有僵硬感，或麻木不仁。舌质紫暗，苔白而干涩。宜活血通络，温经壮阳。

【常用药膳】

1. 当归生姜羊肉汤

【来源】《金匮要略》卷上

【组成】 当归、生姜各30克、羊肉500克。

【制作及用法】(1)羊肉先飞水，晾凉，切块。(2)羊肉、生姜、当归 、红枣10个，同入砂锅，加适量水共煎。沸后去沫，改小火慢煮至羊肉熟烂，随量饮汤吃肉，隔日一次。

【功效】行气活血，祛瘀止痛，温经散寒。

【方解】当归补血调经，活血行滞，以增强羊肉补虚温肝之力；生姜温散，以助羊肉散寒暖胃，合而为汤，温补肝血，散寒止痛。

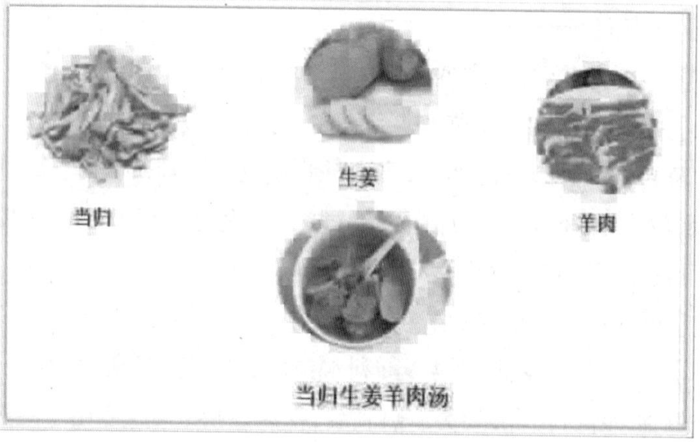

2. 牛筋汤

【来源】甘肃省名中医、主任医师田永萍

【组成】牛蹄筋100克、当归、丹参、香菇、火腿各15克、生姜、白绍酒、盐适量。

【制作及用法】牛筋先沸水炖，后加余配料蒸，佐餐食用。

【功效】活血补血，舒筋活络。

【方解】此汤剂中牛蹄筋强筋壮骨；当归味甘性温，具有活血补血之功效；丹参味苦微寒，可活血祛瘀，凉血消肿；香菇、火腿补肝益气；生姜、白绍酒调味增鲜。共奏有强筋健骨、活血祛瘀、益气通痹之功，适用于闭阻之膝痹。

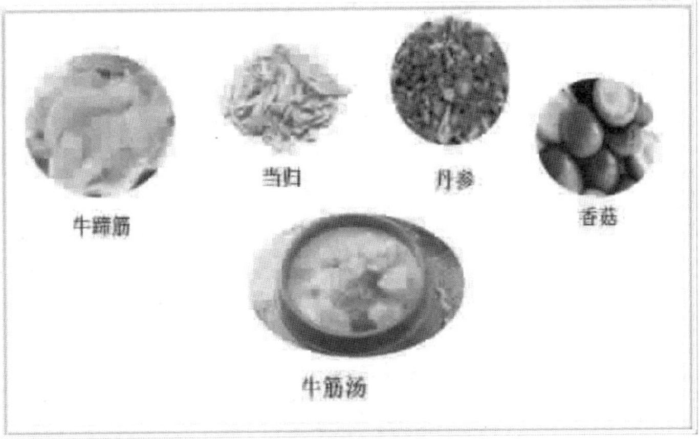

3. 三七丹参粥

【来源】《医药卫生》

【组成】三七10~15克、丹参15~20克、鸡血藤30克、粳米300克。

【制作及用法】三七、丹参、鸡血藤洗净加入适量清水煎煮取浓汁，再把粳米加水煮粥，待粥将成时加入药汁，共煮片刻即成。每次随意食用，每日1剂。

【功效】活血化瘀，通络止痛。

【方解】三七，具有止血，散瘀，消肿，定痛之功效。丹参，具有活血祛瘀，除烦安神，消肿止痛之功效。此粥可帮助患者活血化瘀。

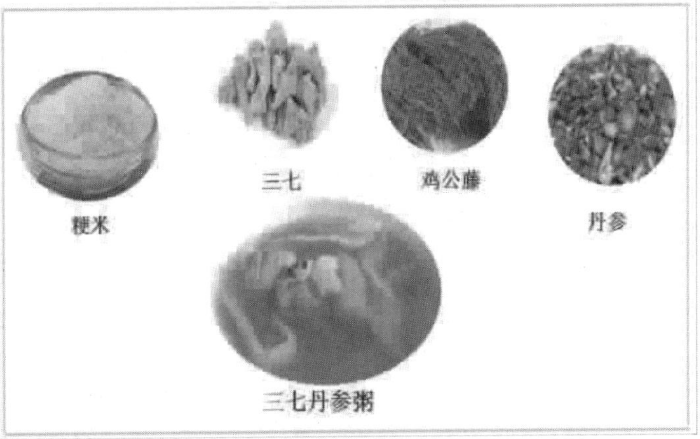

4. 桃仁粥

【来源】《多能鄙事》

【组成】桃仁10~15克、薏苡仁30克，粳米50~100克。

【制作及用法】取桃仁洗净，捣烂如泥，加水研去渣，与薏苡仁、粳米同煮为粥，随意服用，每日1剂。

【功效】益气活血，通利关节。

【方解】桃仁可活血化瘀，润肠通便；薏苡仁健脾渗湿，除痹止痛、水肿和风湿疼痛等效果显著；粳米味甘性平，有益脾和胃等功效。

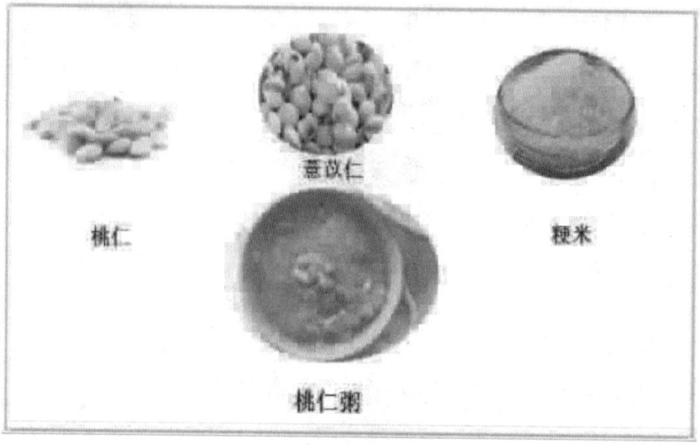

四、肝肾亏虚　膝关节隐隐作痛，腰膝酸软无力，酸困疼痛，遇劳更甚。舌质红，少苔。

【常用药膳】

1. 核桃仁粥

【来源】《保健药膳》

【组成】黑豆50克、核桃仁30克、大米100克、大枣6枚。

【制作及用法】(1)将黑豆用清水泡软；大米淘洗干净；核桃仁捣碎。(2)锅内加水适量，放入大米、黑豆、核桃仁、大枣共煮粥，熟后即成。

【功效】滋补肝肾，补益气血。

【方解】黑豆性平、味甘，有滋补肝肾、活血利水、祛风解毒等功效；核桃仁性味甘、温，归肾、肺、大肠经，有补肾，温肺，润肠之功效，用于腰膝酸软、滋补肝肾。

2. 三七炖鸡

【来源】《中医养生》

【组成】雄乌鸡1只、三七6克、黄芪10克(切断)。

【制作及用法】将三七、黄芪共纳入鸡腹内,加入黄酒10毫升,隔水小火炖至鸡肉熟。用酱油随意蘸食,隔日1次。

【功效】温阳,益气,定痛。

【方解】母鸡性温味甘,能温中补脾、补肾益精;三七性温味甘,能止血化瘀、消肿定痛,三七是一种优良的止血药。有缩短血液凝固时间及使血管收缩的作用,本方具有补脾肾、益气血、止血消瘀、补血美容、抗衰老、调理月经等作用。

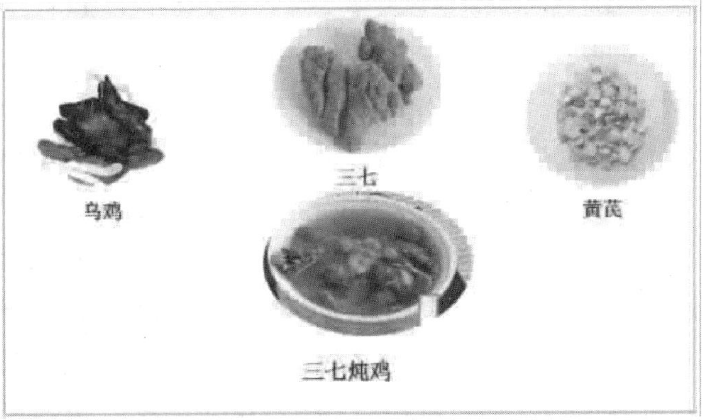

3. 巴戟猪脊髓汤

【来源】甘肃省名中医、主任医师田永萍

【组成】猪脊髓4条、鸡脚10只、巴戟天30克、牛大力60克、生姜4片、红枣5个。

【制作及用法】先将猪脊髓洗净，用开水烫过，鸡脚脱皮、爪洗净，再将巴戟天、牛大力、生姜、红枣（去核）洗净，与鸡脚、猪脊髓一起放入锅内，加清水适量，武火煮沸后，文火煲3小时，调味即用。每日1次。

【功效】补益肝肾，强壮腰膝。

【方解】猪脊髓味甘性平，能补精髓、益肾阴；巴戟天味甘性温，可补肾助阳、强筋壮骨；牛大力补虚润肺、强筋活络；红枣温通经络、补肝益气。诸物相合，共奏补益肝肾、强筋除痹之功。

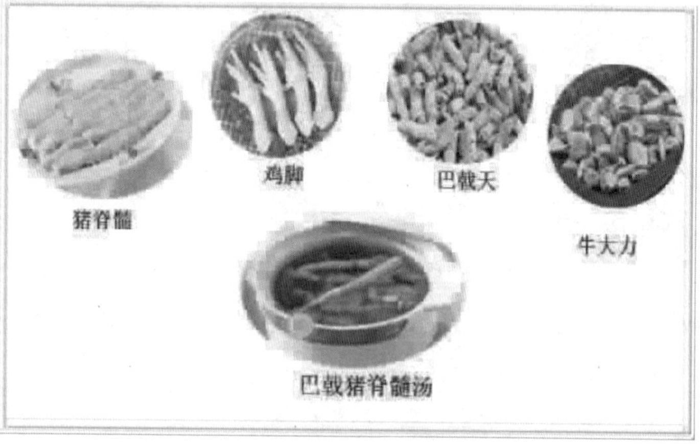

腰腿痛（腰椎间盘突出症）

腰椎间盘突出症又称腰椎纤维环破裂症。属中医学中“腰痛”或“腰腿痛”、“痹症”范畴。腰椎间盘发生退行性变，或外力作用引起腰椎间盘内、外压力平衡失调，均可使纤维环破裂，导致腰椎间盘的髓核突出，而引发本病。最常见的症状是腰腿痛，是由于突出的椎间盘压迫了神经很、血管、脊髓、马尾神经所致。本病好发于20~40岁青壮年，占腰椎间盆突出症总发病人数的80%，男性多于女性。下腰部椎间盘为本病的好发部位，其发病约占总发病的98%，其中第4、5腰椎之间的椎间盘突出约占60%，第5腰椎与第1骶椎之间的椎间盘突出次之。

膳食宜忌：多吃钙含量多的食品，如鱼、牛奶、酸奶、芝麻、浓绿蔬菜、海藻类；维生素B含量多的食品，如粗米、粳米、大豆、花生米、芝麻、浓绿蔬菜等。忌高脂肪、油炸、硬质食物、辛辣刺激之物，这些食物不利于消化，影响疾病恢复。腰椎间盘突出的饮食还要注意忌腥膻之物，如黑鱼、鲤鱼、鲫鱼、鲸鱼、海虾、带鱼、淡菜、乌贼鱼等。

通用药食：普食。例：各种蔬菜、水果、粗杂粮、牛奶、蛋类、鱼类、瘦肉、虾皮、海带、山药、黑芝麻等。

辨证用膳：

一、肝肾亏虚 腰部酸软，隐隐作痛，喜暖喜按，腿膝无力，头晕耳鸣。舌淡胖苔水滑，脉沉细。

【常用药膳】

1. 杜仲羊肾汤

【来源】神经康复科主任医师毛忠南

【组成】杜仲50克、羊肾4个。

【制作及用法】羊肾去筋膜，切开洗净，将杜仲焙研细末，放羊肾内，外用荷叶包住，再包2~3层湿纸，慢火煨熟。用少许白酒佐食。

【功效】补肾阳，强筋健骨，疏通经络。

【方解】羊肾味甘性温，能补肾气益精髓；杜仲具有补肝肾、强筋骨；荷叶除熟地滋腻之弊，解羊肾之腥。全方甘温、补益脾肾、填精益髓，适合中老年人肝肾亏虚之腰痛病。

杜仲羊肾汤

2. 山地牛腱汤

【来源】宋氏正骨科医师罗十之

【组成】熟地30克、砂仁12克、花椒6克、干姜6克、肉桂6克、陈皮6克、豆蔻6克、铁棍山药500克、牛腱肉500克。

【制作及用法】先将牛腱肉氽水除腥，另将熟地、砂仁、花椒、干姜、肉桂、陈皮、豆蔻熬汁，再将煮熟的牛腱肉放入汁中，用文火熬煮半小时，放入山药及适量食盐，待牛肉酥烂，即可饮汤食肉。

【功效】强筋健骨。

【方解】牛肉甘温，滋养血肉；熟地填精益髓；山药健脾益肾，佐以肉桂、干姜、花椒温补脾肾；砂仁、豆蔻、陈皮行气化湿，除熟地滋腻之弊，解牛肉之腥。全方甘温、补益脾肾、填精益髓，适合中老年人肝肾亏虚之腰痛病。

3. 仙人粥

【来源】《民间经验方》

【组成】制首乌30~60克、粳米60克、红枣3~5枚、红糖适量。

【制作及用法】将首乌煎成浓汁去渣，与粳米、红枣同入砂锅内煮粥，粥将成时放入红糖，再煮1、2分钟即可，早晚各服1次。

【功效】养血益肝，固精补肾，健筋骨，乌须发。适用于头发枯燥发黄、须发早白。并可用于头晕、耳鸣、失眠、腰膝软弱、梦遗滑精、崩漏带下、久痢等症。

【方解】制首乌可补益精血、乌须发、强筋骨、补肝肾。

4. 莲子百合煲瘦肉汤

【来源】针灸科副主任医师姚小强

【组成】莲子50克、百合50克、猪瘦肉250克(切块)、加水煲汤。

【制作及用法】将鲜莲子(不去莲子心)、猪瘦肉、鲜百合洗净,粳米淘洗干净,三者一同放入砂锅,加适量清水,大火煮沸,小火熬煮成粥,调入冰糖即可食用。每日早晚各一次。

【功效】健脾益肺、清心安神、益气调中、补虚损、交心肾、安神。

【方解】百合味甘微苦、性平,可归肺、心、肾经,可养阴润肺、清心安神;莲子鲜者甘、涩、平,无毒,入脾、肾、心经,清心醒脾、养心安神、明目、补中健脾补胃、益肾涩精、滋补元气。适用于肝肾两虚之腰痛病。

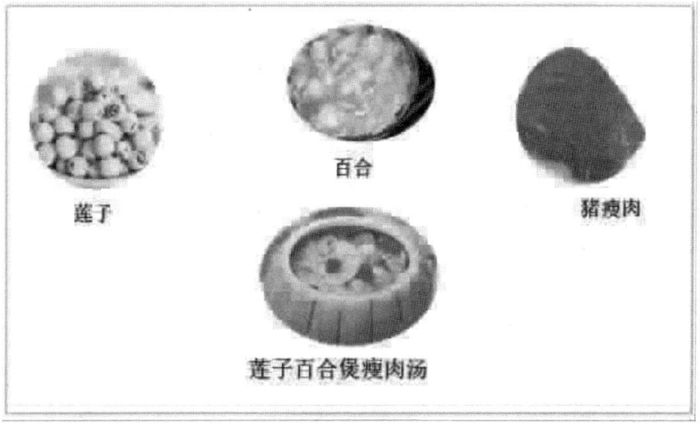

二、气滞血瘀 腰痛如刺,痛有定处,昼轻夜重,疼痛拒按,轻则侧卧不便,重则难以转侧。舌质紫黯,脉涩。

【常用药膳】

1. 三七地黄羊肉汤

【来源】神经康复科毛忠南主任

【组成】三七12克、生地30克、大枣4个、瘦羊肉300克。

【制作及用法】三七打碎,与生地、大枣、瘦猪肉入砂锅,加适量水,大火煮沸后改小火煮1小时至瘦肉熟烂,放调盐适量即可。饮汤食肉。

【功效】活血化瘀,通络止痛。

【方解】羊肉温热血肉有情;三七具有活血化瘀、消肿定痛;生地具有破瘀、生新、止痛功效;大枣活血化瘀。用于气滞血瘀之椎间盘突出症。

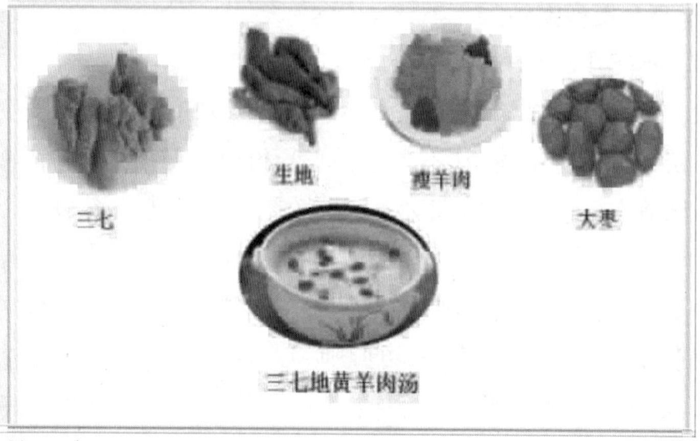

2. 三七炖田鸡

【来源】《中华食物疗法大全》

【组成】三七5克、田鸡1只、大枣10枚、清水适量。

【制作及用法】(1)将田鸡去皮和内脏,清水洗净,切快。(2)将田鸡与大枣、三七共煮,至汤浓肉烂,即可饮汤吃肉。

【功效】活血祛瘀健胃。

【方解】三七具有散瘀止血,消肿定痛的作用;大枣可补气养血;田鸡有清热解毒、利尿消肿,补虚弱的功能,适用于气血瘀积症。

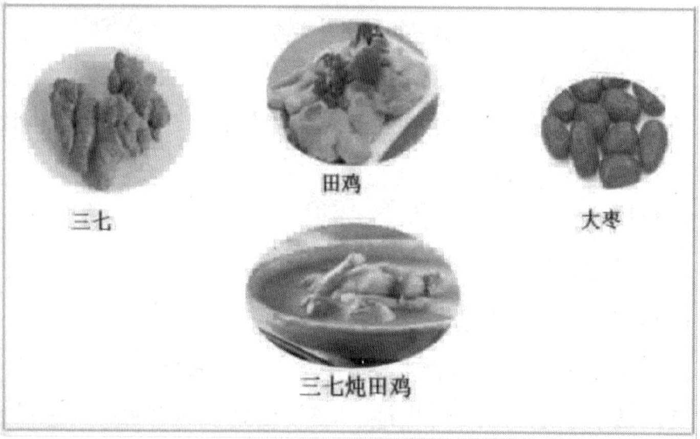

3. 归芪参姜羊肉汤

【来源】宋氏正骨科医师罗十之

【组成】当归24克、生姜50克、党参24克、黄芪24克、三七12克、桃仁去皮尖12克、羊肉500克。

【制作及用法】先将羊肉汆水除膻,另将当归、生姜、党参、黄芪、桃仁、三七熬汁，再将羊肉放入汁中，用文火熬煮，放入适量食盐，待羊肉酥烂，即可食用。

【功效】活血化瘀，通络止痛。

【方解】羊肉温热血肉有情；当归甘肃本土道地药材，养血活血之力尤甚；三七、桃仁活血化瘀；党参、黄芪加强补气之力以助活血之力，新血速生。适用于气滞血瘀之椎间盘突出症。

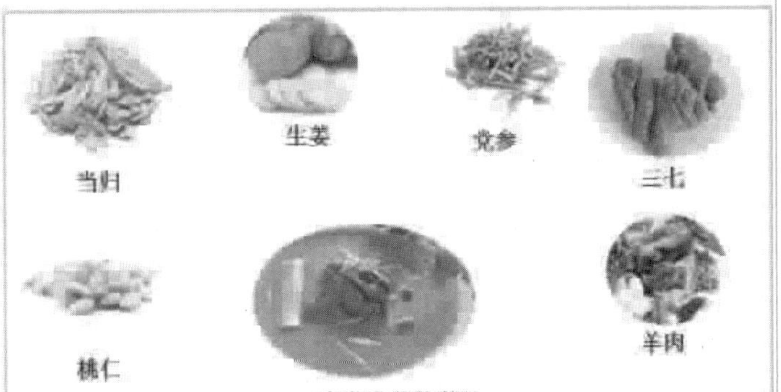

归芪参姜羊肉汤

4. 桃仁红花粥

【来源】《多能鄙事》

【组成】桃仁10~15克、红花6~10克、粳米50~100克。

【制作及用法】先将桃仁捣烂如泥，与红花一并煎煮，去渣取汁，同粳米煮为稀粥，加红糖调味。每日1~2次，温热服。

【功效】活血祛瘀、止痛。

【方解】桃仁气性味微苦，甘、平，归心、肝、大肠经，可活血祛瘀，润肠通便，用于跌打损伤；红花辛、温，味微苦，归心、肝经，可活血通经，祛瘀止痛。

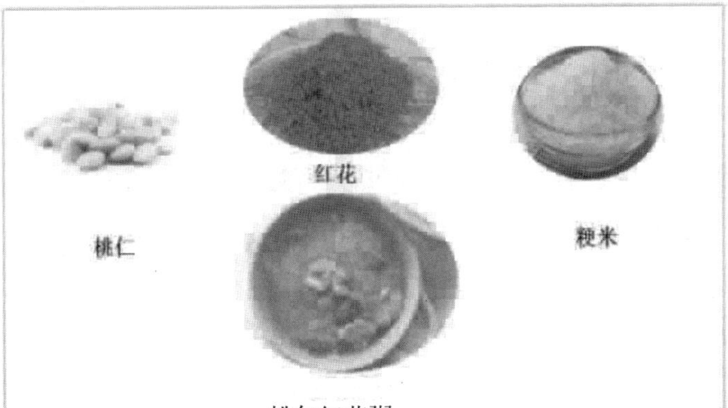

桃仁红花粥

三、寒湿痹阻 腰部冷痛沉重，如坠重物，下肢肿胀无力，按之凹陷，阴雨寒冷疼痛加重，得温痛减。舌淡，苔白腻，脉沉紧。

【常用药膳】

1. 乌头粥

【来源】神经康复科主任医师毛忠南

【组成】川乌（研末）5克、生姜2片、蜂蜜50克、粳米50克。

【制作及用法】川乌（研末），蜂蜜、生姜、粳米同入沙锅，加适量水慢火熬成稠粥。早、晚服食，每日一剂。

【功效】通络、散寒、除湿。

【方解】川乌具有祛风除湿、温经止痛作用；粳米具有健脾、除湿功效；生姜温阳通络。适用于寒湿痹阻之椎间盘突出症。

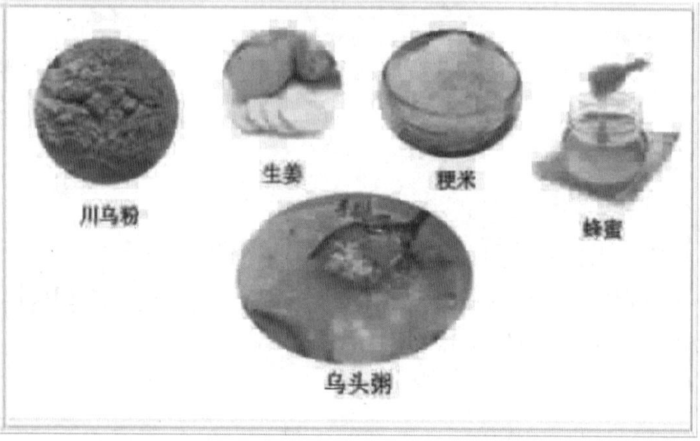

2. 巴戟虫草土鸡汤

【来源】宋氏正骨科医师罗十之

【组成】老母鸡（土鸡）1只、党参3根、虫草6根、老姜1块、老葱3段、花椒6克、巴戟天12克。

【制作及用法】先将老母鸡开水焯过，另将党参、虫草、老姜、老葱、花椒、巴戟天熬汁，再将鸡肉放入汁中，用文火熬煮，放入适量食盐，待鸡肉酥烂，即可食用。

【功效】温中通络，散寒除湿。

【方解】鸡肉甘平补益五脏；党参、黄芪性温补气健脾利湿；虫草生于极寒高原壮阳益肾、益气固本是温中补虚之妙药；葱、姜温阳通络，花椒散寒除湿，巴戟天温补肾阳。适用于寒湿痹阻之椎间盘突出症。

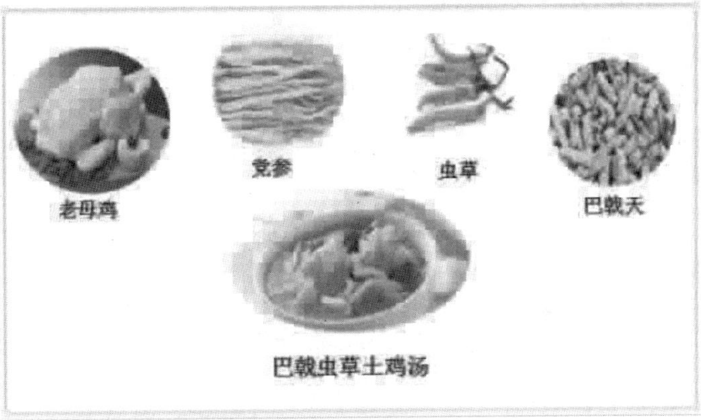

3. 鳝鱼汤

【来源】针灸科副主任医师姚小强

【组成】鳝鱼约250克、食盐、酱油、味精各适量。

【制作及用法】鳝鱼剖腹去内脏，剔除骨头后，用菜油炒熟加入食盐、酱油、味精等，即可食用。

【功效】强筋骨，祛风湿。

【方解】鳝鱼补中益血，温阳健脾、祛风通络，适用于寒湿所致的腰腿疼痛。

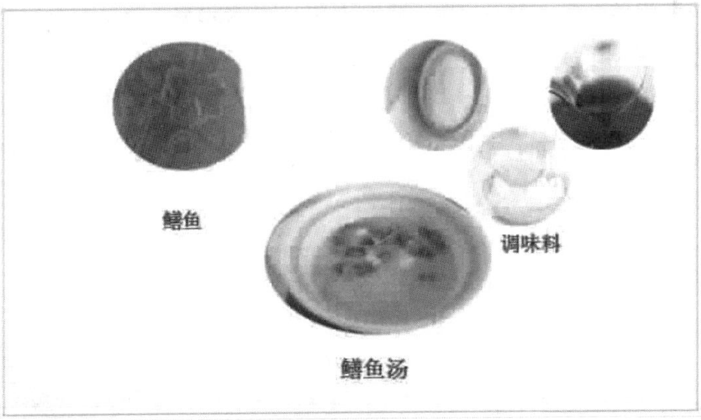

四、湿热痹阻 腰腿疼痛，沉软无力，痛处伴有热感，遇雨天加重，恶热口渴，小便短赤。舌苔黄腻，脉濡数或弦脉滑。

【常用药膳】

1. 车前草粥

【来源】《养生粥谱》

【组成】车前草50克、粳米100克、葱白一根。

【制作及用法】将车前草、葱白洗净切碎，然后将葱白煮汁，接着将葱白、粳米和车前草一起煮粥即可。

【功效】清热利湿。

【方解】方中车前草清热利尿、凉血、解毒；粳米性平，味甘，有除烦渴，补气健脾功效。

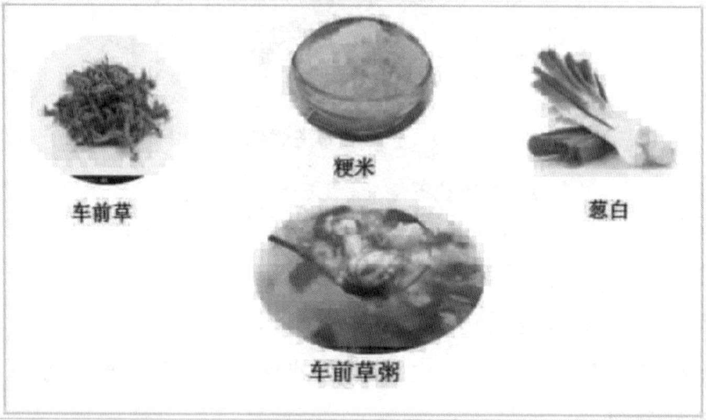

2. 石膏薏苡仁粥

【来源】《神农本草经》

【组成】薏苡仁、石膏各30克、杏仁10克、梗米50克。

【制作及用法】共入砂锅，加水适量煮成稀粥，调味食。早、晚分食，每日1剂。

【功效】清热，健脾，利湿。

【方解】薏苡仁味甘、淡，性凉，归脾胃肺经，具有利水渗湿、健脾除痹、清热排脓的功效；石膏性味辛、甘、大寒，入肺、胃经，有清热泻火，生肌敛疮之功。

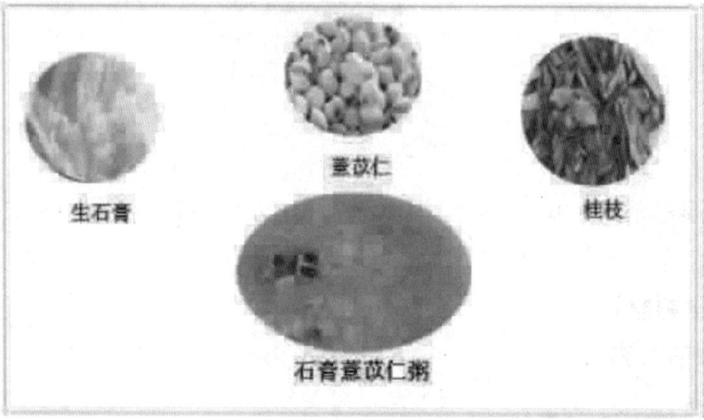

3. 丝瓜瘦肉汤

【来源】针灸科副主任医师姚小强

【组成】丝瓜150克、猪里脊肉100克、葱1根、姜2片、盐1茶匙(5克)、白胡椒粉1/2茶匙(3克)、香油1茶匙(5毫升)、高汤1碗(250毫升)。

【制作及用法】(1)丝瓜洗净,去皮,切半圆片;猪里脊肉洗净,切薄片;葱洗净,切段备用。(2)锅中倒入油烧热后,爆姜片及葱段,放入高汤、盐,然后加入肉片。(3)加入丝瓜再改小火滚煮约5分钟,盛入碗中,撒上白胡椒粉和香油,即可端出。早晚各一次。

【功效】温经散寒、祛湿通络。

【方解】丝瓜味苦性凉,可通筋活络、清热解毒、利尿消肿。

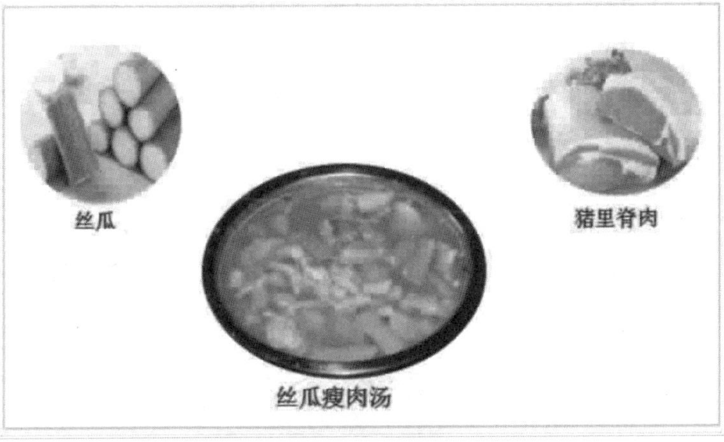

不寐(失眠症)

不寐即失眠,又称入睡和维持睡眠障碍(DIMS)、不得眠、不得卧。是指经常不能获得正常睡眠为特征的一种病症,为各种原因引起入睡困难、睡眠深度或频率过短、早醒及睡眠时间不足或质量差等。辗转不能入眠或半夜醒后无法再入睡。不寐的证候轻重不一,轻者入寐困难,有寐易醒,有醒后不能再寐,或时寐时醒等,重则整夜不能入寐。其病因病机主要是肝郁化火、痰热内扰或阴虚火旺、扰动心神、神不安则不寐;或心脾两虚、心胆气虚、心神失养、神不守则不寐。

膳食宜忌:宜清淡、易消化为主,富含维生素的饮食,保证新鲜蔬菜和水果的供给,以提供维生素C、B族维生素和适量的膳食纤维,不论寒热虚实均不宜烟酒、咖啡、浓茶等。辨证食疗则以患者的病变特点予以治疗。

通用药食：各种蔬菜、水果、热牛奶、黑芝麻、蜂蜜、香蕉、杏仁、燕麦、全麦面包、食醋、小米粥、大枣、葵花籽、百合等。

辨证用膳：

一、肝郁化火 不寐，情绪急躁易怒，不思饮食，口渴喜饮，目赤口苦，小便黄赤，大便秘结，舌红，苔黄，脉弦数。

【常用药膳】龙胆竹叶粥

【来源】《中国养生网》

【组成】龙胆草6克、竹叶15克，白米100克。

【制作及用法】先水煎龙胆草、竹叶，过滤取汁，备用。白米加水煮粥，半熟后加入药汁，煮至米烂粥稠，加入冰糖适量调味服食。

【功效】疏肝理气，解郁安神。

【方解】此方中龙胆草泻肝经实火，竹叶清心除烦。服用此粥，可使肝火降，神自安，不寐愈。

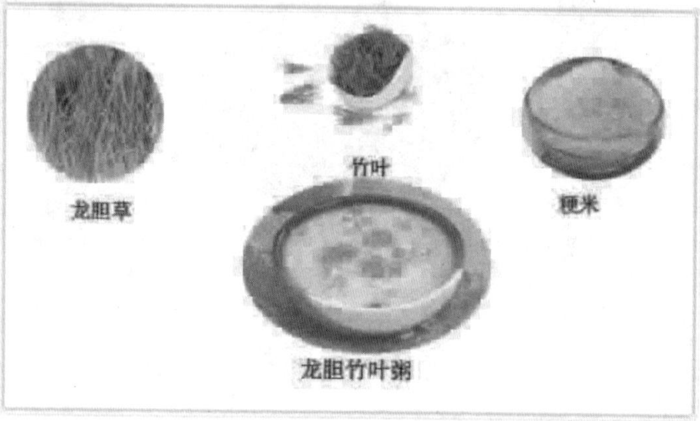

二、痰热上扰 不寐心烦，痰多胸闷，恶食嗳气，吞酸恶心，口苦，头重目眩。苔黄腻，脉滑数。

【常用药膳】竹沥粥

【来源】《中国养生网》

【组成】淡竹沥汁30克，小米100克。

【制作及用法】先煮米做粥，临熟时加入竹沥汁，搅匀，即可食用。

【功效】涤痰醒神，安神助眠。

【方解】竹沥甘寒滑润，能清心、肺、胃经之火而涤痰除烦，定惊定神。小米性味甘凉，为治内热不寐的佳食，二者相配，适用于痰火扰神的不寐，起效灵验。

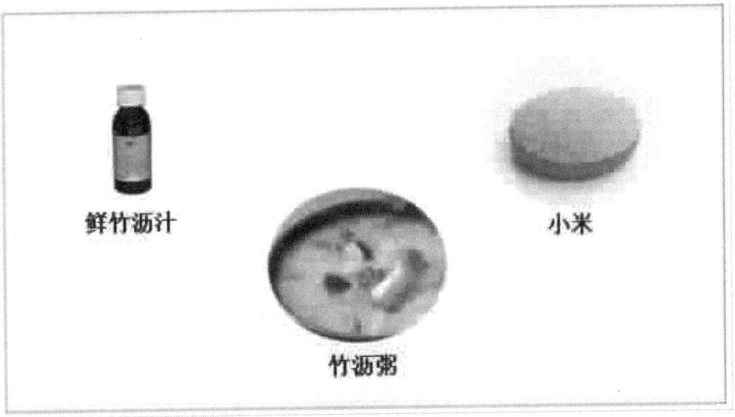

三、阴虚火旺 心烦不寐，心悸不安，头晕耳鸣，健忘，腰酸梦遗，五心烦热，口干津少。舌红，脉细数。

【常用药膳】

1. 玄参百合粥

【来源】《中国养生网》

【组成】玄参15克、百合30克、合欢皮15克、糯米100克。

【制作及用法】将玄参、百合、合欢皮先煎取汁，加米煮粥。

【功效】滋阴降火，清心安神。

【方解】此粥中玄参滋阴降火；百合滋阴、清心安神；合欢皮为虚烦不寐之佳品。诸药合之，使阴虚除、心火降、志得宁、眠亦酣，适用于阴虚火旺之不寐者。

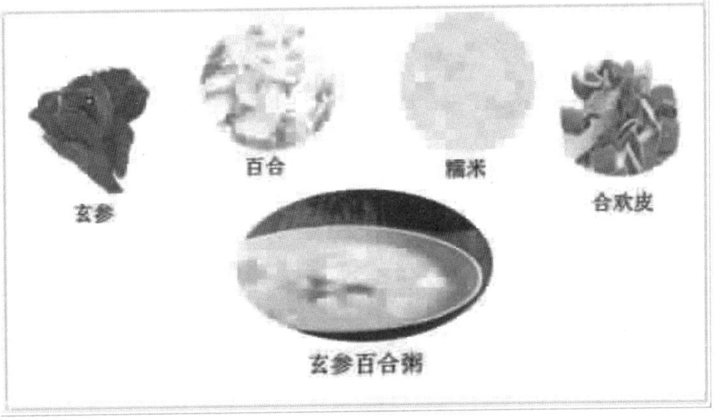

2. 百合粥

【来源】《养生粥谱》

【组成】鲜百合50克、大米100克、冰糖适量。

【制作与方法】先将大米煮粥，将熟时放入百合，煮熟，冰糖调味后食用。如无鲜百合，可用干百合粉30克，与米同煮粥亦可。

【功效】滋阴清心，养脑安神。

【方解】百合味甘微苦，清心安神，补中益气，润肺止咳；大米性味甘平，米粥具有补脾、益气、养阴、润燥的功能；冰糖调味。

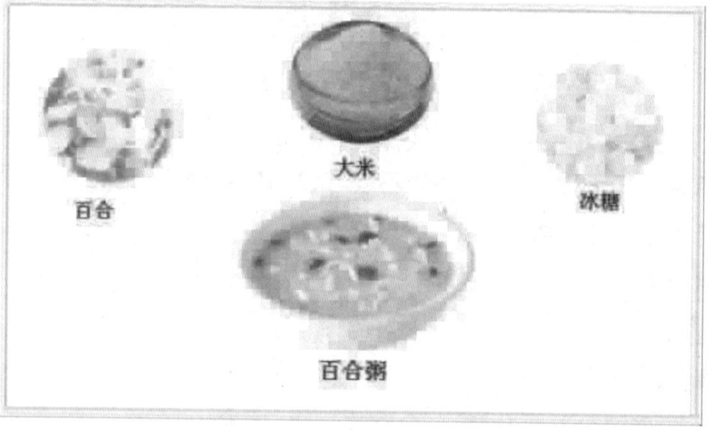

四、心脾两虚　多梦易醒，心悸健忘，头晕目眩，肢倦神疲，饮食无味，面色少华。舌淡，苔薄，脉细弱。

【常用药膳】

1. 莲子百合木瓜汤

【来源】《大众养生》

【组成】莲子、百合、银耳各30克、木瓜一个、牛奶适量、冰糖。

【制作及用法】先将莲子、银耳一起泡2小时，将泡好的银耳撕成小块备用；煮粥，木瓜去皮切丁，先放入百合、莲子加500毫升水煮30分钟，将撕好的银耳放入煮20分钟，再放入木瓜、冰糖煮10分钟，即可食用。

【功效】养心、补脾、安神。

【方解】此汤中百合和莲子都具有清心、安神、镇静的作用，木瓜能帮助消化及清理肠胃，适用于心脾两虚之不寐者。

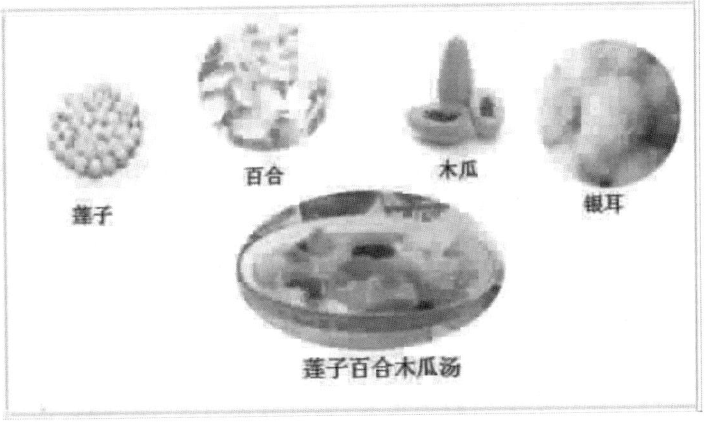

2. 莲子安神粥

【来源】《养生粥谱》

【组成】莲子15克、麦冬10克、酸枣仁10克，加瘦肉或鹌鹑或猪骨或鸡肉适量。

【制作与方法】将莲子、麦冬、酸枣仁 洗净，与瘦肉或鹌鹑或猪骨或鸡肉适量同放入砂锅中，加水后用小火炖40分钟，肉烂加调味后食用。

【功效】补益心脾，养血安神。

【方解】此粥中莲子味甘、涩、性平，入心、脾、肾经，具有补脾止泻、养心安神的功效；麦冬味甘、性微寒，具有养阴润肺、益胃生津，清心除烦等功效；酸枣仁养心补肝，宁心安神，主治虚烦不眠；瘦肉或鹌鹑或猪骨或鸡肉为滋养品，治神经衰弱。凡心血不足，心脾两虚的失眠症宜食之。

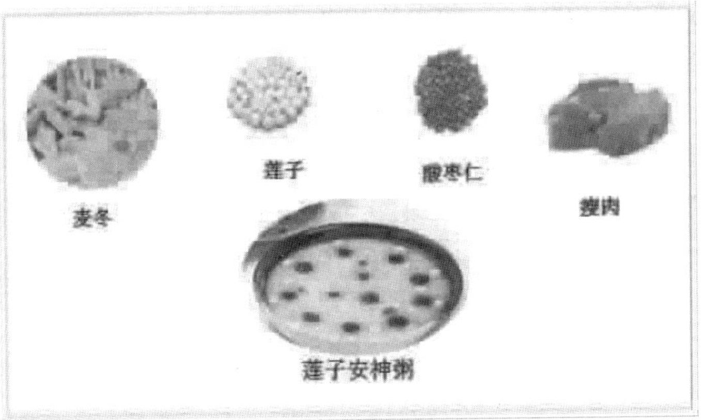

五、心胆气虚 不寐多梦，易于惊醒，胆怯心悸，遇事善惊，气短倦怠，小便清

长。舌淡，脉弦细。

【常用药膳】酸枣仁粥

【来源】《本草经疏》

【组成】酸枣仁20克、糯米100克。

【制作及用法】先将酸枣仁先煎，过滤取汁备用，糯米加水煮粥，待半熟时加入药汁，再煮至粥稠，代早餐食。

【功效】补益肝胆，滋养心脾。

【方解】此粥中酸枣仁补益肝胆、滋养心脾。故适用于心胆气虚不寐者。

六、心肾不交　夜难入寐，甚则彻夜不眠，心中烦乱、头晕耳鸣、潮热盗汗，男子梦遗阳痿，女子月经不调，健忘，口舌生疮，大便干结。舌尖红，少苔，脉细。

【常用药膳】山药荔枝粥

【来源】《养生粥谱》

【组成】鲜山药100克、荔枝肉15~30克、五味子3克、冰糖适量。

【制作及方法】先将山药切成薄片与荔枝肉、桂圆肉、五味子煮，同取汁再加粳米100克煮成粥，加冰糖即成。

【功效】滋阴降火，交通心肾。

【方解】山药味甘平，性质平和，滋补脾、肺、肾；荔枝味甘，性温，入心、脾、肝经，补脑健身；桂圆性温味甘，益心脾，补气血，滋肾；五味子生津，收汗，涩精；冰糖调味。

郁病(抑郁症)

郁病是由于情志不舒,气机瘀滞所引起的一类病症,多因郁怒不畅、情志不遂,导致肝失舒泄、脾失运化、心神失常、脏腑阴阳气血失调而发生。轻度郁病的患者大多数都能坚持工作和学习,但明显缺乏主动性和进取性,对周围事物缺乏兴趣,回避人际交往,情绪低落,焦虑,容易激惹。重者会有无价值感,自认为对社会,家庭,亲友没做贡献,产生自责感,对自己,生活失去信心,从而有自杀、自伤等危险行为。

膳食宜忌:关于本病的膳食最好以清淡、易消化为主、忌食辛辣刺激,肥甘厚腻之品。保证新鲜蔬菜和水果的供给,以提供丰富的维生素B、C及适量的膳食纤维,多饮水。辨证食疗则以患者的病变特点予以治疗。

通用药食:粗杂粮、海鲜、鸡肉、干果、谷类、胡萝卜、芒果、红薯、奶制品、羊肉、蘑菇、香蕉、菠菜、大蒜、全麦面包。

辨证用膳:

一、心脾两虚 精神恍惚、失眠多梦、头晕耳鸣、面色无华。苔薄白,脉弦滑。

【常用药膳】黑糯米补血粥

【来源】《食疗大全》

【组成】红枣30克、桂圆7粒、黑糯米100克、红糖适量。

【制作及用法】黑糯米洗净,加入红枣、桂圆,适量水煮成粥状,依口味加入适量红糖即可,早晚各一次。

【功效】补益心脾，益气补血。

【方解】黑糯米营养价值高，富含钙、磷、铁、维生素B_1、B_2；红枣具有补气养血的功效，是补血佳品；桂圆富含多种维生素和矿物质，二者相配，功效显著，适用于心脾两虚之头晕耳鸣，失眠多梦之症。

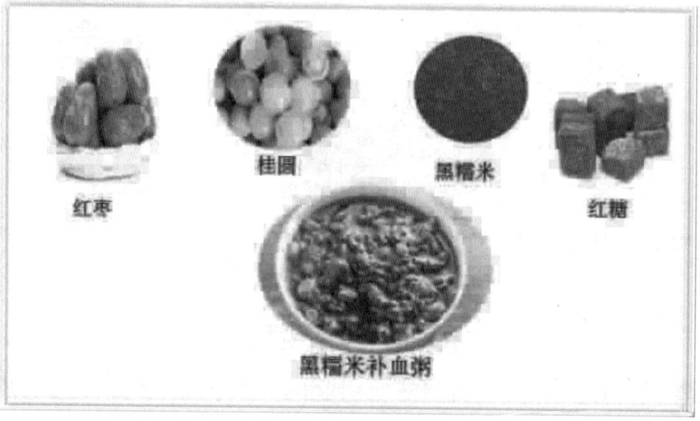

二、肝郁气滞 精神抑郁、情绪不宁、肋胁胀痛、胸闷嗳气。苔薄白，脉弦。

【常用药膳】玫瑰菊花茶

【来源】《中国药茶》

【组成】干玫瑰花6~10枚、菊花2~3朵。

【制作及用法】将二花放入茶杯中，冲入热水即可，可每日饮用。

【功效】疏肝理气。

【方解】玫瑰花性温，并含有丰富的维他命，具有疏肝理气，平衡内分泌等功效，对肝，胃有调理作用，并能消除疲劳，改善体质，共奏疏肝理气之功，适用于郁病肝郁气滞致肋胁胀痛者。

三、气结痰阻 咽中不适、咳之不出、咽之不下、胸中满闷。苔白腻，脉弦滑。

【常用药膳】陈皮茯苓粥

【来源】《养生之道》

【组成】陈皮20克、茯苓30克、粳米100克。

【制作及用法】先将陈皮、茯苓煎取药汁去渣，然后加入粳米煮粥，每日1~2次，连服10~15天。

【功效】化痰安神，理气健脾。

【方解】陈皮味辛苦，性温，归脾胃肺经，具有湿阻中焦、燥湿化痰、理气开胃之功效；茯苓能利水渗湿，又具健脾作用，对停聚化生痰饮之症，具有治疗作用。与陈皮共奏化痰安神，理气健脾之功，适用于气结痰阻之郁病。

四、阴虚火旺 五心烦热、失眠、盗汗。舌红苔少，脉细数。

【常用药膳】菊花枸杞茶

【来源】《本草经疏》

【组成】白菊花、枸杞各10克。

【制作及用法】先将菊花枸杞洗净，后放入水中煮5分钟左右即可，每日可饮用。

【功效】滋阴补肾，清虚火。

【方解】枸杞性温和，不仅能够帮助人体排出体内毒素，还对肾脏有滋养作用的，可治疗体虚；白菊花清热去火解毒，适用于郁病之阴血火旺。

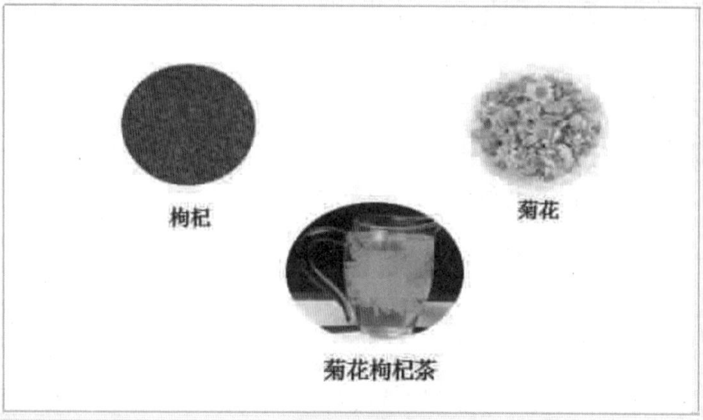

狂病(躁狂症)

狂病,是属于神志失常的疾病,因痰迷神窍,神机逆乱而致。以精力旺盛、狂躁刚暴、思维奔逸、毁物打骂、动而多怒,严重时伴有幻觉、妄想、紧张症候为特征的一类病症,大多数病人有反复发作倾向。

膳食宜忌:患者应避免咖啡、可乐、茶、巧克力、酒精等含兴奋性元素的食品,如咸鸭蛋、辣椒、胡椒、葱、姜、大蒜、咖喱、桂皮、茴香、芥末,忌食带刺带骨的鱼类、带骨的肉类,以免病人自伤。辨证食疗则以患者的病变特点予以治疗。

通用药食:蔬菜、水果、豆类、全麦、谷类、鸡蛋、核桃、鸡肉、酸奶、豆腐、马铃薯、大比目鱼、番茄、胡萝卜。

辨证用膳:

一、痰火上扰 病起急促,头痛失眠,两目怒视,面红耳赤,大便秘结。舌质红,苔黄腻,脉弦大滑数。

【常用药膳】川贝冰糖雪梨汤

【来源】《滇南本草》

【组成】川贝母10克、雪梨2个、冰糖适量。

【制作与用法】川贝母捣碎成末,梨削皮切块,加冰糖适量,清水适量炖服。可每日饮用,适用于狂病之痰火上扰。

【功效】清热化痰,宁心安神。

【方解】川贝母性微寒,可润肺化痰,雪梨味甘性寒,可生津润燥,清热,两者共用可清肝泻火,镇心涤痰,适用于狂病之两目怒视,面红耳赤,大便秘结之症。

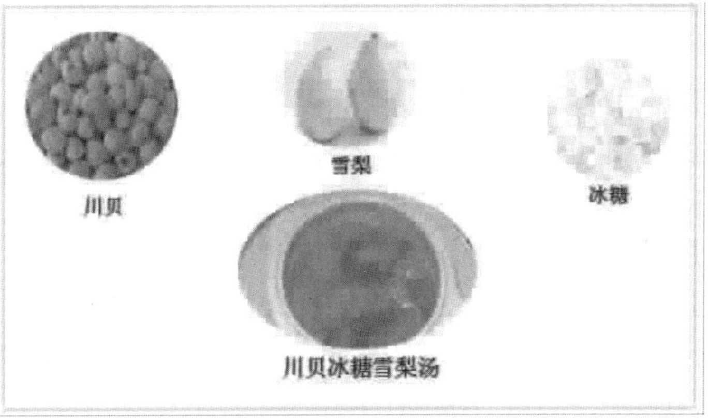

二、火盛伤阴 狂病日久、其势渐减、形瘦面红、时而多言善惊、时而烦躁不安、心烦不寐、口干唇红。舌质红,无苔,脉细数。

【常用药膳】山萸肉粥

【来源】《药粥疗法》

【组成】山萸肉20克、粳米100克、白糖适量。

【制作及用法】先将山萸肉洗净去核,与粳米同入砂锅煮粥,待粥将熟时,加入白糖,稍煮即成,每日1~2次,3~5天为一疗程。

【功效】滋阴降火,安神定志。

【方解】山萸肉味酸涩,性微温,可补益肝肾,涩精止汗,生津止渴,适用于狂病之火盛伤阴;粳米性平和,具有补中益气,健脾养胃之功效,可每日食用,百吃不厌,适用于狂病之火盛伤阴。

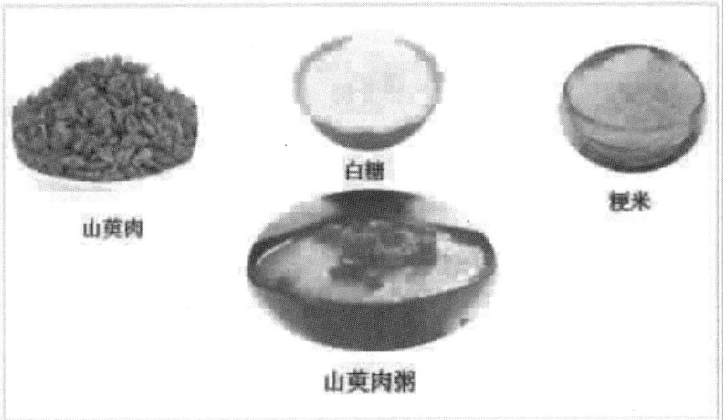

三、气滞血淤 狂病日久不愈,面色暗滞而秽,多言,甚至登高而歌,弃衣而走,头痛心悸。舌质紫暗有瘀斑,舌下络脉淤曲,脉涩。

【常用药膳】山楂红糖汤

【来源】《食鉴本草》

【组成】山楂10枚、红糖适量。

【制作及用法】山楂冲洗干净，去核打碎，放入锅中，加清水煮约20分钟后，调以红糖进食，早中晚各一次，饭后服用，可用于狂病之气滞血瘀型。

【功效】行气活血化瘀

【方解】山楂酸，性甘，微温，归脾、胃、肝经，能行气活血散瘀；红糖又称沙糖，可补中缓肝，活血化瘀，是女性的滋补常用糖。可用于面色晦暗，情绪异常之狂症。

癫病(精神分裂症)

癫病是由于情志所伤，或先天遗传，导致痰气郁结，蒙蔽心窍，或阴阳失调，精神失常，临床表现以精神抑郁，表情淡漠，沉默痴呆，喃喃自语，出言无序，静而多喜少动为特征的一种常见多发的精神病。

膳食宜忌：关于本病的膳食最好以素食为主，全麦面包、鸡肉、海鲜等食物含有较多的硒。香蕉、菠菜、芦笋、猕猴桃、牡蛎、橘子、豌豆、黄豆和深绿色的蔬菜中也都含有叶酸，粗面粉制品、谷物颗粒、酵母、动物肝脏及水果等富含B族维生素的食物。忌食辛、辣、腌、熏类等有刺激性食物。辨证食疗则以患者的病变特点予以治疗。

通用药食：粗杂粮、脱脂奶、瘦肉、豆制品、各种蔬菜、水果。

辨证用膳：

一、痰气郁结 精神抑郁，表情淡漠，神志痴呆，语无伦次，喜怒无常，不思饮食。舌苔腻，脉弦滑。

【常用药膳】茯苓米粉糊

【来源】《家庭药膳全书》

【组成】茯苓细粉、米粉、山楂细末、白糖各20克、郁金12克、石菖蒲10克、陈皮6克。

【制作及用法】将以上7种粉末入盆中，加水适量，调成糊状，蒸熟即成。上午、下午分次食用。

【功效】理气解郁，化痰醒神。

【方解】此糊剂中茯苓健脾化痰、行气利水、宁心安神；山楂散结气，行滞血；米粉、白糖养胃调味；郁金、石菖蒲以加强理气解郁醒神，共奏化痰利湿、行气开郁之功，适用于痰气郁结之癫病。

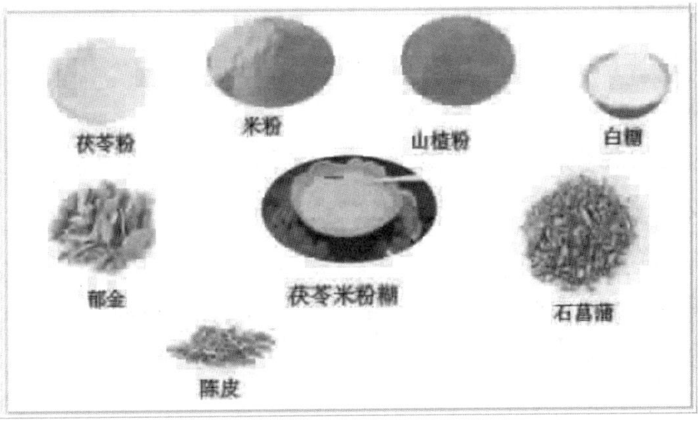

二、心脾两虚 神情恍惚，魂梦颠倒，心悸易惊，善悲欲哭，肢体困乏，食少。舌质淡，脉细。

【常用药膳】莲子百合木瓜汤

【来源】《大众养生》

【组成】莲子、百合、银耳各30克，木瓜1个、牛奶适量、冰糖。

【制作及用法】先将莲子、银耳一起泡2小时，将泡好的银耳撕成小块备用，木瓜去皮切丁备用。先放入百合、莲子加500毫升水煮30分钟，将撕好的银耳放入煮20分钟，再放入木瓜、冰糖煮10分钟，即可食用。

【功效】养心、补脾、安神。

【方解】此汤中百合和莲子均具有清心、安神、镇静的作用；木瓜能帮助消化及清理肠胃，适用于心脾两虚之癫病。

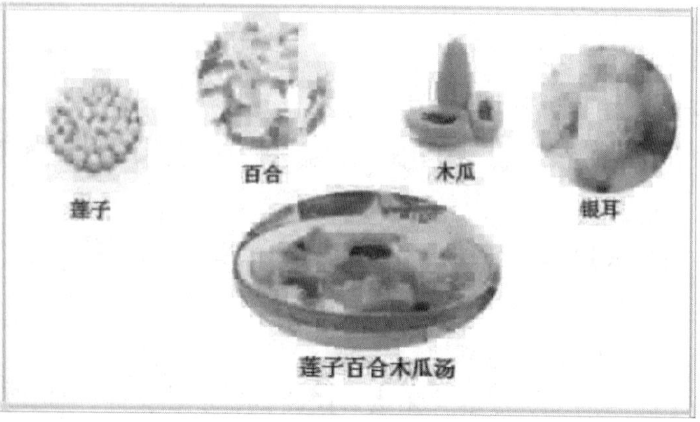

三、气阴两虚　久治不愈，神志恍惚，多言善惊，心烦易怒，躁扰不寐，面红形瘦，口干舌燥。舌红少苔或无苔，脉沉细而数。

【常用药膳】人参银耳汤

【来源】《中国药膳辨证治疗学》

【组成】人参5克、银耳10克、冰糖10克。

【制作及用法】先将银耳温水发胀，人参切片，与冰糖同放入锅，加水适量，小火煎煮2小时以上即成。早、晚分2次空腹服。

【功效】益气养阴。

【方解】此汤中人参大补元气；银耳滋养心阴；冰糖调味。共成益气养阴通脉之剂，适用于气阴两虚之癫病。

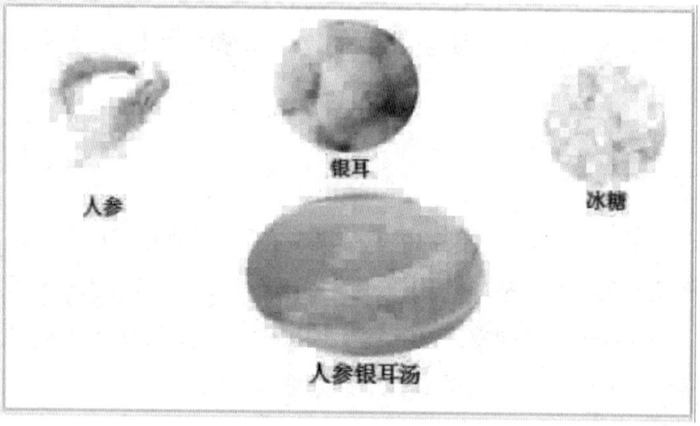

暴聋(突发性耳聋)

暴聋是因外邪或脏腑实火上扰耳窍,抑或瘀血、痰饮蒙蔽清窍、脏腑虚损、清窍失养所致的不同程度的听力减退。常伴有耳鸣、耳中胀闷、头重头昏等。多由受寒感冒、劳累、熬夜、情绪激动而诱发。

膳食宜忌:关于本病的膳食宜选清淡、易消化、富含维生素的饮食,营养均衡、保证新鲜蔬菜和水果的供给,多食含锌、镁、维生素D和钙丰富的食物,限制脂肪的摄入,减少温燥、辛辣、煎炸刺激性食物,睡前忌饮浓茶、咖啡、酒等刺激性饮料。辨证食疗则以患者的病变特点予以治疗。

通用药食:鱼类、瘦肉、鸡肝、各种海产品、大豆制品、各种绿叶蔬菜等,香蕉、菠萝、核桃、脱脂奶、骨头汤、钙片、牛奶等。

辨证用膳:

一、风邪外犯 多因感冒或受寒之后,突发耳聋,可伴有鼻塞流涕,或有头痛、耳胀闷,或有恶寒、发热、身痛。舌质红,苔薄白,脉浮。

【常用药膳】葛根粥

【来源】《太平圣惠方》

【组成】鲜葛根40克、粳米100克。

【制作及用法】将葛根洗净,切片,加水磨成水粉,葛根磨成水粉要细腻,否则影响粥的质量;待沉淀后,去水取粉备用。粳米洗净,入锅加水煮粥,煮至半熟时,加入葛粉,再同煮成稀粥即成。每日一剂,分2次服,温热服食。

【功效】宣肺解表,散邪通窍。

【方解】葛根味辛、甘、平,有解暑清热、生津止渴的作用。葛根主要含有葛根素、木糖甙、大豆黄酮等成分,有明显的解毒作用;粳米甘平,可健脾养胃。与粳米同煮,可减轻其寒滑作用,延缓药效,起到清胃养阴、生津止渴的作用。

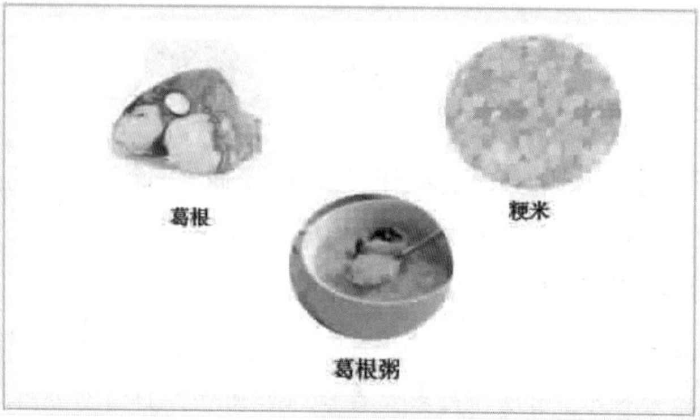

二、肝火上炎　突发耳聋，耳鸣如潮或风雷声，情志抑郁或恼怒之后加重，伴口苦口干、便秘尿黄、面红耳赤。舌红，苔黄。

【常用药膳】芹菜瘦肉粥

【来源】《本草纲目》

【组成】粳米100克、芹菜100克、猪肉(瘦)50克、何首乌50克、盐3克、味精1克。

【制作及用法】将芹菜、猪肉分别洗净，切末备用；将何首乌洗净，放入砂锅中，加适量清水煎取浓汁备用；将粳米淘洗干净，与煎取的何首乌浓汁同煮；粥将熟时，再放芹菜末、猪瘦肉末，煮至米烂加盐、味精调味即可。每日一剂，分2次服，温热服食。

【功效】清肝泻热、开郁通窍。

【方解】芹菜味辛甘，性凉，具平肝、清热、祛风、利尿、健脾、降压、有健脑醒神、平肝清热、滋阴养肝的功效；粳米甘平，可健脾养胃。与粳米同煮，可平肝熄风、安神。

三、痰火郁结　耳聋耳鸣，耳中闷胀，或见头晕目眩，脘腹满闷，咳嗽痰多，口苦或淡而无味，二便不畅。舌红，苔黄腻。

【常用药膳】百合粥

【来源】《中国益寿食谱》

【组成】百合30克、粳米100克、冰糖适量。

【制作及用法】鲜百合剥好洗净，与粳米共煮粥，烧沸后改为文火煮成粥，粥成时加入冰糖，溶化后稍煮片刻即可。

【功效】滋阴液、养心肺、宁心安神。

【方解】百合性味甘、微寒，入肺、心经，有润肺止咳，清心安神之功效，与粳米同煮，可清热解毒、开窍醒神。

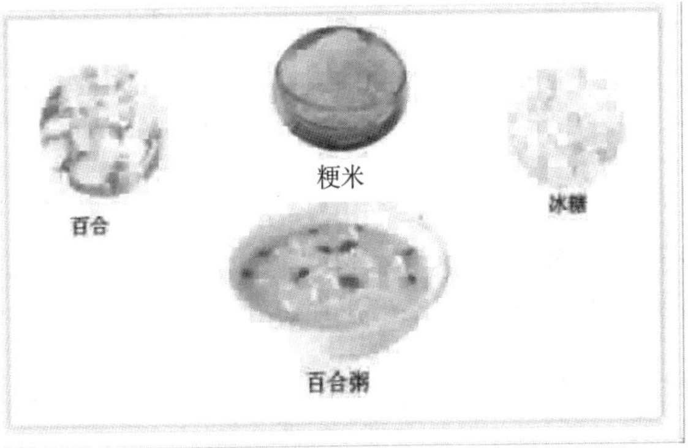

四、血瘀耳窍 耳聋突然发生，并迅速发展，常伴有耳胀闷感或耳痛，耳鸣不休，或有眩晕。舌质暗红，脉涩。

【常用药膳】核桃仁拌木耳

【来源】《中国菜系》

【组成】核桃150克、黑木耳200克、尖椒1个、食盐适量、醋适量、生抽适量、香油少许。

【制作及用法】核桃仁准备好，尖椒切段，木耳凉水泡开。木耳开水焯30秒放入碗中，向碗里加入3小勺生抽，2小勺老抽，1到2小勺白糖，适量香油，适量白芝麻，然后将核桃仁倒入碗中拌匀即可食用。

【功效】活血祛瘀，通利耳窍。

【方解】核桃仁性甘平、味苦，入肺、肝、大肠经，有活血祛瘀、润肠通便之功效；木耳具有益气强身、滋肾养胃、活血等功能，可降低血黏度，软化血管，使血液流动通畅，有较强的吸附作用，经常食用可活血祛瘀。

核桃仁拌木耳

五、气血亏虚 听力下降，遇疲劳之后加重，或见倦怠无力，声低气怯，面色无华，食欲不振，脘腹胀满，便溏，夜寐不安。舌质淡红，苔薄白。

【**常用药膳**】红枣桂圆粥

【**来源**】《保健药膳》

【**组成**】糯米(紫)100克、大枣20枚、桂圆肉50克。

【**制作及用法**】糯米和红枣干可提前泡软，上述各物入锅中，加水煮4小时即可。食用方法：早晚各一次，早补气，晚安神，趁热服用。

【**功效**】益心脾、补气血、养血补血，安神益智。

【**方解**】桂圆有补血安神，健脑益智，补养心脾的功效；红枣性温、味甘，可宁心安神、补益气血(注意：红枣桂圆勿放太多，发热及炎症者慎用)。

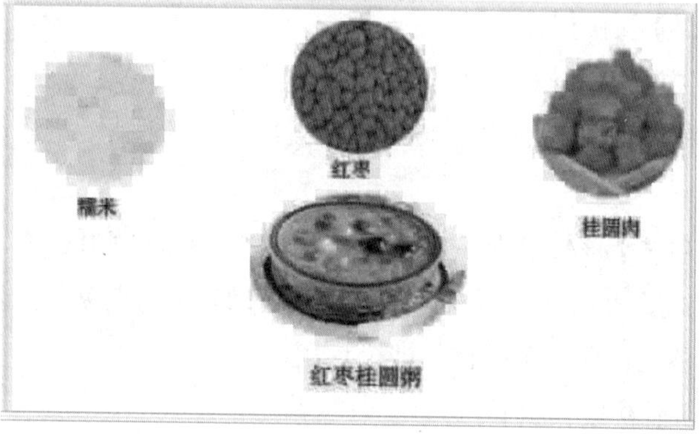

红枣桂圆粥

脓耳(分泌性中耳炎)

分泌性中耳炎是以中耳积液及听力下降为主要特征的中耳非化脓性炎性疾病。急性者中医称为耳胀，慢性者中医称为耳闭。常表现为耳内胀闷堵塞，或有微痛不适,伴有耳鸣。慢性期耳聋加重。鼓膜充血,内陷,偶见积液。中医古籍中也称为风聋或气闭耳聋。

膳食宜忌:关于本病的膳食宜选清淡、易消化、易咀嚼、富含维生素的饮食,如粥、馒头、红薯、豆腐、米饭、面条、鸡蛋羹、绿豆芽、瘦肉汤等。忌腥荤发物、辛辣刺激性、过咸或腌制的及坚硬难咬的食物。予以富含蛋白质和维生素的温凉饮食,避免辛辣刺激性食物和烟酒,避免引发个体过敏的食物,如海鲜食品等。

辨证用膳:

一、风邪外袭 耳内作胀、不适或微痛,耳鸣如闻风声,自听增强,听力减退。可伴有鼻塞,流涕,头痛,发热恶寒等症。舌质淡红,苔白,脉浮。

【常用药膳】桑菊茶

【来源】耳鼻咽喉头颈外科副主任医师刘翔毅

【组成】桑叶10克、菊花10克、茶叶6克。

【制作及用法】上药共煎水,代茶饮。

【功效】清肝平肝,泄热凉血。

【方解】桑叶苦甘寒,平肝凉血,轻清疏散,善散风热之邪;菊花甘苦微寒,清芳疏泄,善散风热邪气,甘凉益阴,苦可泄热,茶叶清热。

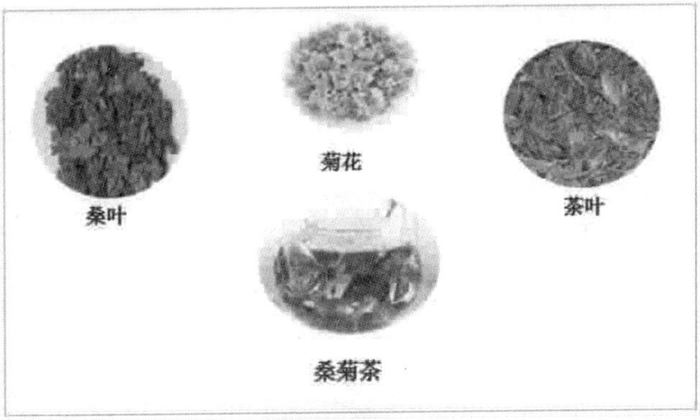

二、肝胆湿热 耳内胀闷堵塞感,耳内微痛,耳鸣如机器声,自听增强,重听,患者烦躁易怒,口苦口干,胸胁胀闷。舌红苔黄腻,脉弦数。

【常用药膳】薏米绿豆车前汤

【来源】《保健药膳》

【组成】车前子10克(纱布包扎)、薏米50克、绿豆50克、大米100克。

【制作及用法】将车前子(纱布包扎)、薏米、绿豆、大米放入锅中加水适量煮粥,取出车前子纱包弃之,加白糖少许调匀服用,每晚1次,7天为1个疗程。

【功效】清肝平肝，泻热凉血。

【方解】薏米味甘、淡，归脾、胃、肺经，可健脾利湿；车前子味甘、淡，性微寒，归肺经、肝经、肾经、膀胱经，可清热利尿，渗湿止泻，明目，祛痰；绿豆性凉，味甘，可利尿下气、清热解毒。

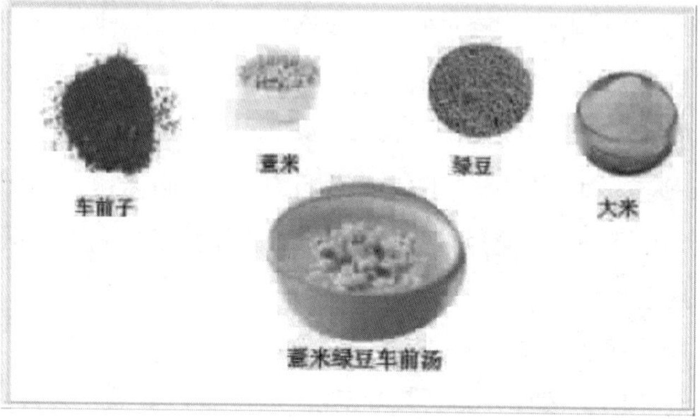

三、脾虚失运　耳内胀闷堵塞感，日久不愈，听力渐降，耳鸣声嘈杂。可伴有胸闷纳呆，腹胀便溏，肢倦乏力，面色不华。舌质淡红，或舌体胖，边有齿印，脉细滑或细缓。

【常用药膳】百合粥

【来源】《中国益寿食谱》

【组成】百合30 g、粳米100g、冰糖适量

【制作及用法】鲜百合剥好洗净，与粳米共煮粥，烧沸后改为文火煮成粥，粥成时加入冰糖，溶化后稍煮片刻即可。

【功效】清肝平肝，泄热凉血、宁心安神。

【方解】百合性味甘、微寒，入肺、心经，有润肺止咳，清心安神之功效，与粳米同煮，可清热解毒、开窍醒神。

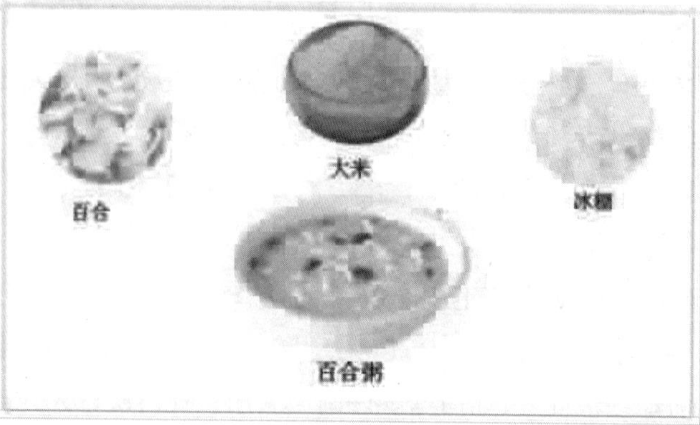

四、气血瘀阻 耳内胀闷堵塞感，日久不愈，甚则如物阻隔，听力明显减退，逐渐加重，耳鸣如蝉，或嘈杂声。舌质淡暗，或边有瘀点，脉细涩。

【常用药膳】木耳瘦肉汤

【来源】耳鼻咽喉头颈外科副主任医师刘翔毅

【组成】瘦猪肉100克、黑木耳30克、生姜3片。

【制作及用法】取瘦猪肉、黑木耳、生姜，加入水要适量，用文火炖煮半个小时即可。

【功效】补肾培元，行气活血。

【方解】木耳性甘平、质滑利，能够利五脏、宽肠胃、通六腑、畅血脉，具有益气强身、滋肾养胃、活血等功能。

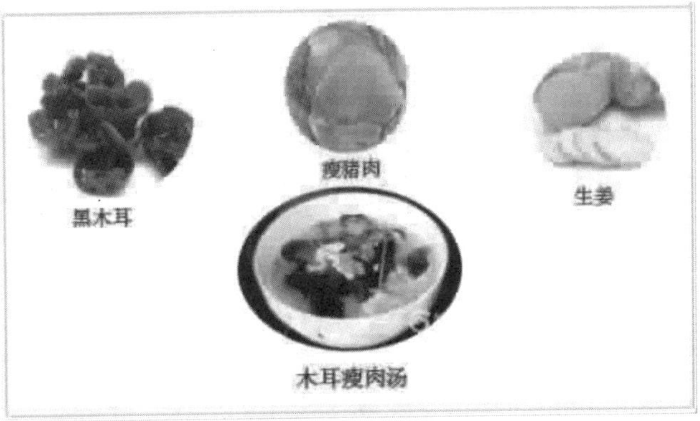

带下病（盆腔炎）

带下病，是因脏腑功能失常，水湿内停，或感受外湿及湿毒之邪，伤于任带二脉，湿浊下注而致。有的兼有寒，有的兼有热，所以有湿寒和湿热的不同。另外，脾虚，脾肾阳虚，冲任失调，水湿浊液下流，也会引起带下增多。因此，临床上通常将“带下病”分为脾虚，肾虚，湿毒等证型。以带下量明显增多或色、质、气味异常为主要临床表现。

膳食宜忌：关于本病的膳食最好以清淡、易消化、富有营养之品为宜。如：清稀量多，为脾虚或肾亏所致，在饮食方面宜吃具有健脾、补肾、固涩作用的食品，宜吃补气养血的温热性滋补强壮食品，忌食生冷瓜果以及性寒之物，忌食破气耗气食品。黄带或赤下的妇女，多数为温热下注的实症，宜吃具有清利下焦湿热作用的食物，宜吃清淡性凉的食品，忌食辛辣刺激性物品，忌食温热、滋腻、肥甘、煎炸食物。

通用药食：面食、米饭、鱼类、瘦肉、豆类、豆制品、各种蔬菜、水果、桂圆、羊肉等。

辨证用膳：

一、脾虚 带下量多，色白或淡黄，无臭气，质稀或如涕如唾，绵绵不断，纳欠神疲，大便或溏。舌质淡，脉缓弱。

【常用药膳】山药莲子粥

【来源】《中医辨证施治妇科疑难病》

【组成】鲜山药250克、莲子（去心）50克、粳米50克。

【制作与用法】将山药、莲子洗净，山药切成小段，莲子去心，与粳米同放入砂锅中，加水后用小火煮粥。每日1剂，分3次服完，温热服食。

【功效】健脾益气，升阳除湿。

【方解】此粥中鲜山药甘平，益气养阴，补益脾肺；莲子甘涩平，补脾止泻；粳米甘平，可健脾养胃。共成健脾益气，升阳除湿之功，适用于脾虚有湿的带下病。

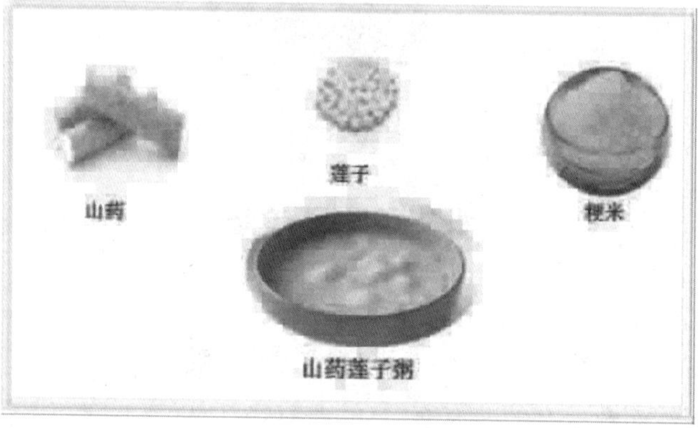

二、肾虚 白带清稀量多，终日滴沥不断，面色㿠白，大便溏薄，小便频数色清，腰酸如折，小腹冷感。舌质淡，苔白，脉沉迟。

【常用药膳】杜仲粥

【来源】《中医辨证施治妇科疑难病》

【组成】杜仲30克、粳米30~60克。

【制作与用法】将杜仲洗净，与粳米同放入砂锅中，加水后用小火煮粥。每日1剂，分3次服完，温热服食。

【功效】温肾健脾，除湿止带。

【方解】此粥中杜仲甘温，补肝肾；粳米甘平，可健脾养胃。共成温肾健脾，除湿止带之功，适用于肾虚白带症。

三、湿毒 带下如米泔，或黄绿如脓，或夹血液，且有臭气；阴部瘙痒，小便短赤，口苦咽干。舌质红苔黄，脉数。

【常用药膳】赤小豆粥

【来源】《中医辨证施治妇科疑难病》

【组成】赤小豆30克、白米15克、白糖适量。

【制作与用法】将赤小豆洗净，与白米同放入砂锅中，加水后用小火煮粥。每日1剂，分3次服完，温热服食。

【功效】清热解毒、除湿止带。

【方解】赤小豆甘酸平，解毒排脓；白米甘平，可健脾养胃。共成清热解毒、除湿止带之功，适用于湿热带下病。

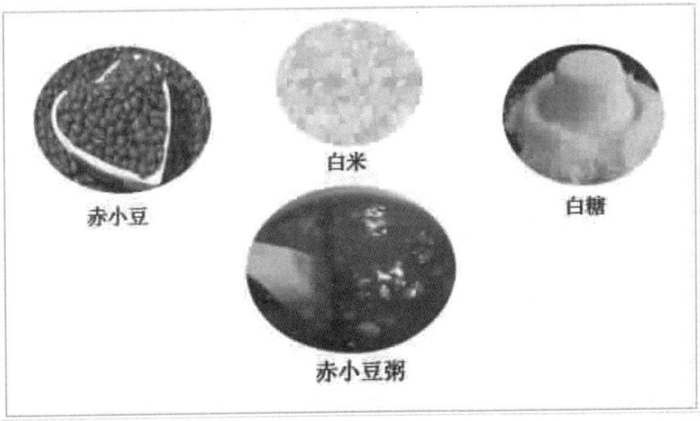

崩漏(功能性子宫出血)

崩漏,即经血非时而下,或量多如崩,或量少淋漓不净。多发生在青春期、更年期,发作前常有月经不调或闭经的表现。因肾虚、脾虚、血热、血瘀,而使冲任不能制约经血所致。通常临床上将"崩漏"分为血热、血瘀、脾虚、肾虚(分阴虚和阳虚)等证型。

膳食宜忌:崩漏患者的膳食应以营养丰富,易消化为宜,忌煎炸、辛辣、活血等食物。肾阳虚者饮食应热服,忌食生冷,肾阴虚者忌食辛辣动火刺激之品,多食滋补类食物;出血量多,色深红,夹有少量血块,面赤头昏,烦躁易怒,口干喜饮,便秘尿赤,为血热所致,在饮食方面宜以清淡为主,如瘦肉、鱼类、蛋类及新鲜蔬菜,夏日可多食藕片、藕汁以凉血止血;若出血淋漓不止,或突然下血量多,阵发性出血,血行不畅,色紫黑有血块,块下小腹较舒或有胀痛,多数为血瘀所致,饮食忌食生冷,酸涩性食品;出血量多,色淡质稀,神疲懒言,面色萎黄动则气促,头晕心悸,纳呆便溏为脾虚,饮食可常食桂圆、红枣以补养心脾,冬日可多食生姜羊肉汤,以温运脾胃之阳;肾阴虚者出血时多时少,色鲜红无血块,头晕耳鸣,五心烦热,夜寐不安,饮食宜清养之品;肾阳虚者出血量多,色淡质稀,精神不振,面色晦暗,肢冷畏寒,腰膝酸软,小便清长,一切饮食以热为主,脾胃健运者寒冬季节可多吃羊肉等。

通用药食:面食、米饭、鱼类、瘦肉、蛋类、黑木耳、各种蔬菜、水果、桂圆、红枣等。

辨证用膳:

一、血热 出血量多,色深红,或紫红,质黏稠,夹有少量血块,面赤头晕,烦燥易怒,口干喜饮,便秘尿赤。舌质红苔黄燥,脉滑数或弦数。

【常用药膳】鲜藕白萝卜旱莲草汁

【来源】《中医辨证施治妇科疑难病》

【组成】鲜藕、鲜白萝卜、鲜旱莲草各500克。

【制作与用法】将鲜藕、鲜白萝卜、鲜旱莲草洗净共捣烂,用净纱布包裹取汁,冰糖适量不拘多少,频频饮服。

【功效】凉血止血。

【方解】此粥中藕性寒,养阴清热,藕含有大量的单宁酸,有收缩血管作用,可用来止血，藕还能凉血，散血，中医认为其止血而不留瘀，是热病血症的食疗佳品；白萝卜色白，属金，入肺，性甘平辛，归肺脾经，具有下气、消食、除疾润肺、解毒生津；旱莲草具有凉血止血的功效。三者共成凉血止血之功，适用于血热所致能之崩漏。

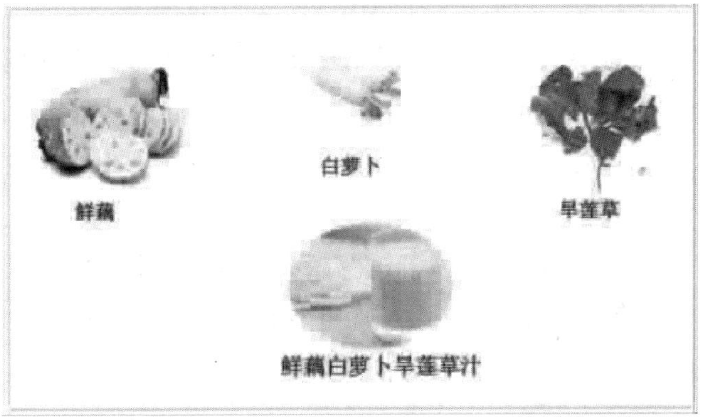

二、血瘀 出血淋漓不止，或突然下血量多，阵发性出血，血行不畅，色紫黑有血块，块下小腹较舒，小腹或有胀痛。舌苔正常或有紫点，脉沉涩。

【常用药膳】三七粉粥

【来源】《叶秋香经验方》

【组成】三七粉3克、大枣5枚、粳米100克、冰糖适量。

【制作与用法】先将三七打碎研末，粳米淘洗净，大枣去核洗净，然后一同放入砂锅内，加水适量煮粥，待粥将成时，加入冰糖汁即成。每日2次服食。

【功效】止血化瘀。

【方解】此粥中三七味甘、微苦，性温，具有散瘀止血之功效；粳米甘平，可健脾养胃。共成止血化瘀之功，适用于血瘀所致之崩漏。

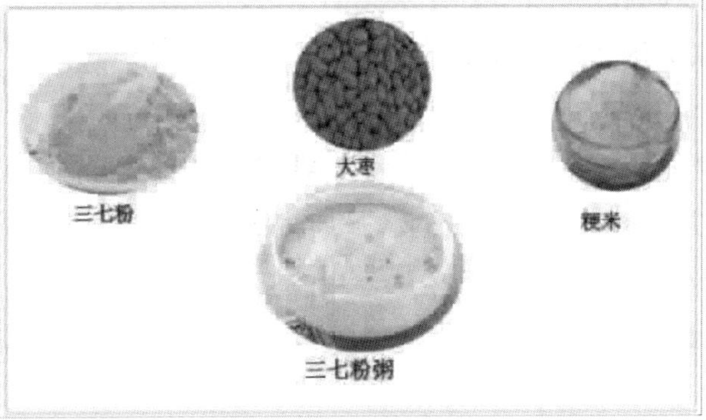

三、脾虚 出血量多，色淡质稀，神疲懒言，面色萎黄，动则气促，头晕气促，头晕心悸，纳呆便溏，舌质淡胖，或四边有齿印。苔薄润，脉细弱。

【常用药膳】人参乌鸡汤

【来源】《中医辨证施治妇科疑难病》

【组成】人参10克、乌鸡1只（约500克）。

【制作与用法】将乌鸡宰杀、洗净，去内脏，将人参放入鸡腹内，放砂锅中，加水适量，烧沸，改用文火煨炖，至鸡肉熟烂，加少许油、盐调味即可，吃肉喝汤，每日2次。

【功效】温运脾胃。

【方解】此粥中人参味甘、微苦，性温，具有补气固脱、健脾益肺之功效；乌鸡气味甘、微温，有益气补血、调经活血、止崩治带等功效。共成温运脾胃之功，适用于脾虚所致之崩漏。

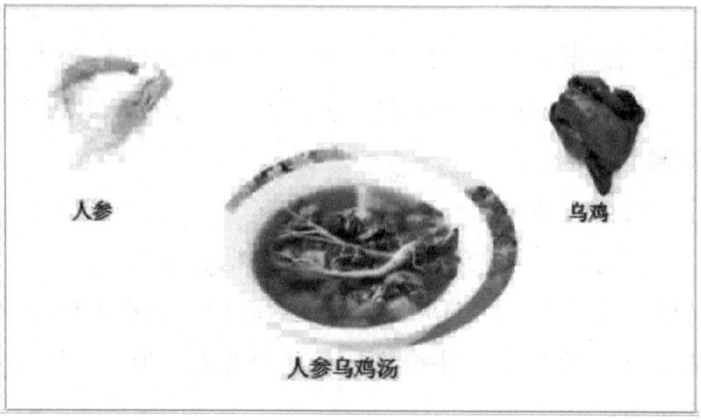

四、肾阴虚 出血时多时少，色鲜红无血块，头晕耳鸣，五心烦热，夜寐不安。舌质红，苔少或无苔，脉细数少力。

【常用药膳】阿胶粥

【来源】《中医辨证施治妇科疑难病》

【组成】阿胶30克、糯米100克、砂糖少许。

【制作与用法】先用糯米煮粥，待粥将熟时，放入捣碎的阿胶及砂糖，边煮边搅匀，稍煮二、三沸即可，每日分两次服，连服5日。

【功效】滋水益阴，止血调经。

【方解】此粥中阿胶补血滋阴，润燥，止血，适用于肾阴虚所致之崩漏。

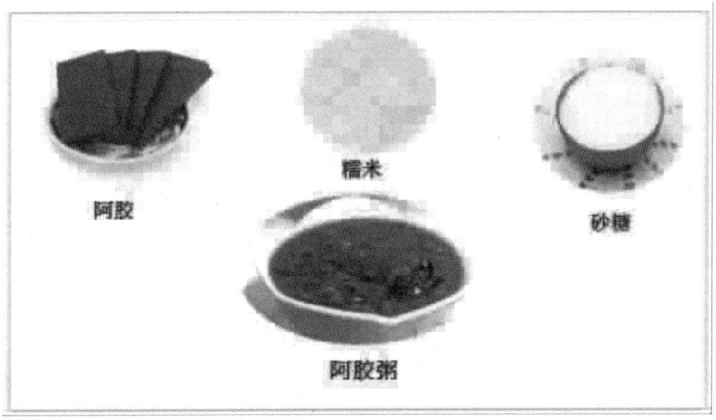

五、肾阳虚 出血量多,色淡质稀,精神不振,面色晦暗,肢冷畏寒,腰膝酸软,小便清长,舌质淡,苔薄润,脉沉细无力,尺部尤弱。

【常用药膳】山药山萸粥

【来源】妇科主任医师叶秋香

【组成】山萸肉60克、山药30克、粳米100克、白糖适量。

【制作与用法】将山萸肉、山药煎汁去渣,加入粳米、白糖,煮成稀粥。每日分2次,早晚温热食。

【功效】补肾敛精,调理冲任。

【方解】此粥中山药性甘、味平,入肾经,益肾固精;山萸肉可止血,弥补肝肾不足。两者联合食用共成补肾敛精,调理冲任之功,适用于肾阳虚所致之崩漏。

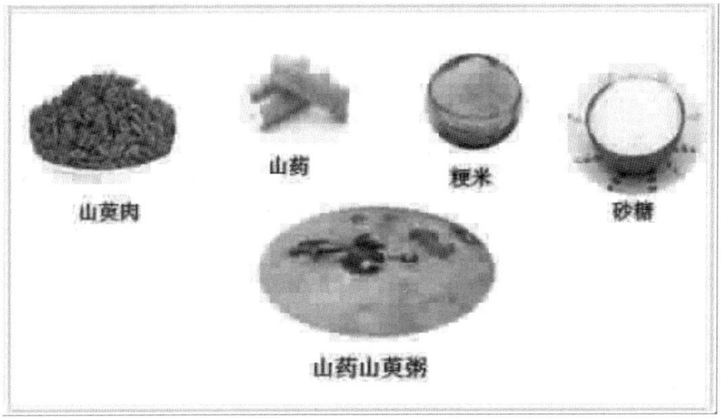

胎漏(先兆早产)

妊娠后阴道少量流血,或时下时止,时下清黄水,伴有轻微的腰酸腹胀,称为胎漏。妊娠期间因冲任而气血不调、胎元失固,或禀赋虚弱、脾肾气虚,或血热,或跌扑损伤,或服药不慎均可致病。临床上通常将"胎漏"分为气血虚弱,肾虚,血热,外伤等证型。

膳食宜忌:胎漏患者的膳食应均衡,营养丰富,多食鱼、肉、蛋、动物内脏及蔬菜、水果等;如腹胀下坠,阴道少量流血,面色㿠白,为气血虚弱所致,在饮食方面宜吃具有益气补血作用的食品以调补气血;阴道流血,头昏耳鸣,腰腹酸胀,小便频数的妇女,多数为肾虚,宜多食新鲜水果,如梨、藕汁、甘蔗汁,以清热生津,忌食辛辣动火、生冷寒凉、饮酒等碍胎之品。

通用药食:面食、米饭、鱼类、瘦肉、豆类、豆制品、各种蔬菜、水果、桂圆、羊肉、大枣、母鸡汤等。

辨证用膳:

一、气血虚弱 妊娠期间腹胀下坠,阴道少量出血,血淡红,质稀薄,面色㿠白,精神萎靡,头昏心悸,腰酸阵作。舌质淡红,苔薄白,脉滑无力。

【常用药膳】乌鸡粥

【来源】《中医辨证施治妇科疑难病》

【组成】母乌鸡1只、糯米100克、葱白3根、花椒及盐少许。

【制作与用法】将鸡去毛及内脏,切细煮烂,再入米及葱、椒、盐煮粥,空腹食。

【功效】养血补气,安胎固带。

【方解】母乌鸡味甘、酸,性温平;糯米甘温,补中益气,共成养血补气,安胎固带,适用于气血虚弱所致之胎漏。

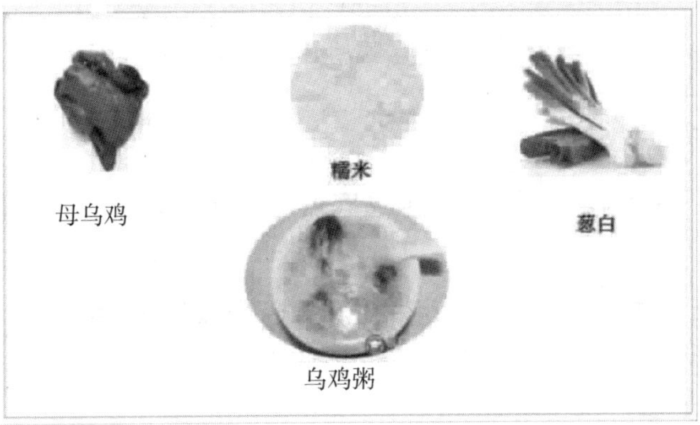

二、肾虚 妊娠期间阴道流血，头昏耳鸣，腰酸腹坠，小便频数，或有滑胎病史。舌淡苔薄白，脉滑细而弱。

【常用药膳】母鸡墨鱼干粥

【来源】《中医辨证施治妇科疑难病》

【组成】母鸡1只、墨鱼干（带骨）1条、糙糯米150克、食盐少许。

【制作与用法】将母鸡宰杀洗净后，连内脏，与带骨墨鱼一同放入砂锅，加水炖烂熟，取浓汤备用。鸡肉墨鱼捞出佐餐，以浓鸡墨鱼汤煮糙糯米成饮，加盐少许调味。以鸡肉墨鱼为菜，吃鱼汤糯米饮，每日2餐均可食之。

【功效】安胎补肾虚。

【方解】母鸡的肉属阴，味辛，鸡肉入肝经，肝是藏血的器官，因此具有补肝血的作用，或是肾精不足，食之补虚止损；墨鱼干味甘咸、性平可滋肾补血安胎。共成安胎补肾虚，适用于肾虚所致之胎漏。

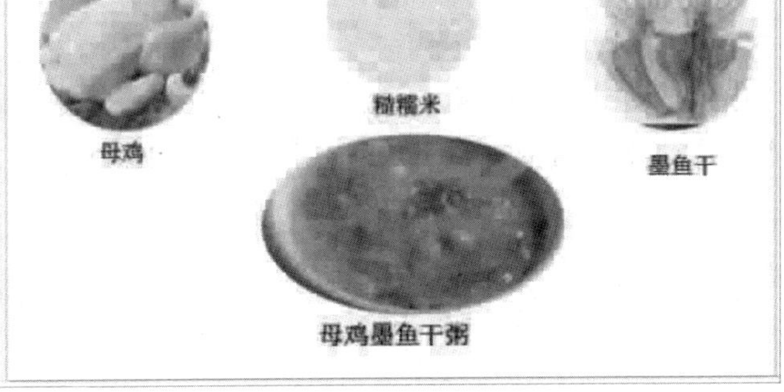

三、血热　妊娠期间阴道流血，色鲜红，胎动下坠，小腹疼痛，面赤唇红，心烦不安，口干舌燥，便坚溲黄。舌红苔薄而干。

【常用药膳】安胎鲤鱼粥

【来源】《太平圣惠方》

【组成】鲤鱼1尾（重约500克）、芝麻根15克、糯米50~100克、盐、葱、姜各少许。

【制作与用法】先将鲤鱼去鳞及内脏，洗净后切块煮汤，再煮芝麻根，去渣取汁，后入鲤鱼汤、糯米、盐、葱、姜等煮粥，空腹服食。

【功效】养阴清热，安胎固漏。

【方解】此粥中鲤鱼味甘、性平，入脾、肾、肺经，有利于安胎，适用于血热所致之胎漏。

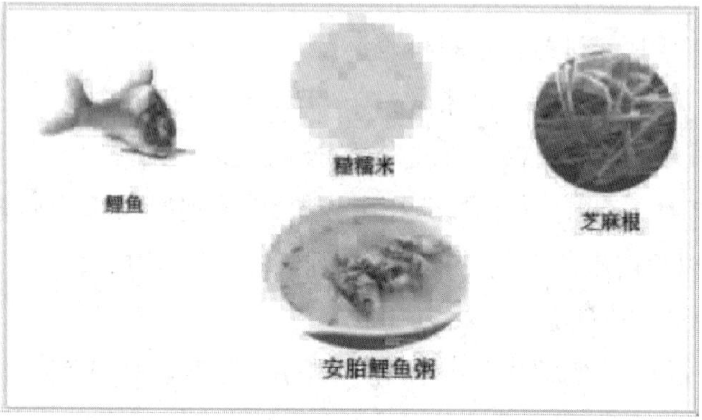

四、外伤　妊娠外伤，胎动下坠，腰酸腹胀疼痛，甚则阴道流血，舌正常，脉滑无力。

【常用药膳】南瓜蒂米粉粥

【来源】《中医辨证施治妇科疑难病》

【组成】南瓜蒂10个、米粉300克。

【制作与用法】将南瓜蒂放在瓦上灸灰寸性（焙干），研成细末，将粳米炒后研成米粉，与南瓜蒂末混合，用开水冲服30克，每日3次。

【功效】养血，保胎。

【方解】此粥中南瓜蒂味苦、微甘，性平，可安胎；粳米甘平，可健脾养胃。两者共成养血安胎之功，适用于外伤所致之胎漏。

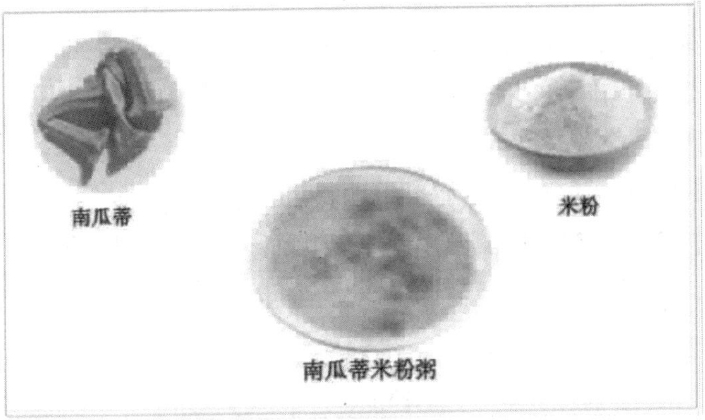

蛇串疮(带状疱疹)

带状疱疹多缠腰而发,又名“缠腰火丹”。“蛇缠”是由水痘-带状疱疹病毒引起的急性感染性皮肤病。中医认为,带状疱疹与湿热邪毒有关。疱疹出现大量浆液,一旦破溃即糜烂如痈肿,故令人疼痛难忍。对此病毒无免疫力的儿童被感染后,发生水痘。部分患者被感染后成为带病毒者而不发生症状。此病多为中老年人常见病,多因免疫力低下,病毒趁虚而发。临床除服用抗病毒药物,营养神经,疼痛科神经阻滞治疗,适量应用镇痛药物,家庭食疗亦可起辅助作用。

膳食宜忌:关于本病的膳食最好以素食为主,饮食上宜多吃富含维生素、纤维素易消化及营养丰富的流质和半流质饮食,如绿豆汤、银花露、小麦汤、粥、面片、龙须鸡蛋面,蔬菜和水果。宜食行气活血,健脾利湿之品、忌食生冷、腥发、辛辣,甜食及胀气食品。辨证食疗则以患者的病变特点予以治疗。

通用膳食:各种蔬菜、水果、香菇、芹菜、红豆、绿豆、黑豆、赤豆、莲子小麦、粥、面片、奶制品、牛奶、鸡爪、猪蹄、牛蹄筋。

辨证用膳:

一、肝经郁热 常见于急性期,皮损鲜红,疱壁紧张,灼热刺痛,口苦咽干,烦躁易怒,大便干或小便黄。舌质红,苔薄黄或黄腻。

【常用药膳】

1.白扁豆粥

【来源】皮肤科主任医师赵党生

【组成】白扁豆60克、绿豆30克、粳米100克、薏米50克。

【制作及用法】(1)将白扁豆、绿豆、粳米洗净;(2)现将扁豆、绿豆放入锅内,加水适量;(3)用武火少沸腾,改用文火煮半小时;(4)将粳米下入锅内搅匀,煮熟即可。

【功效】健脾化湿,利尿消肿,清肝明目。

【方解】白扁豆与粳米煮粥,健脾之力更强,对脾胃素虚,食少便溏,夏季泻利或烦渴颇有效果。

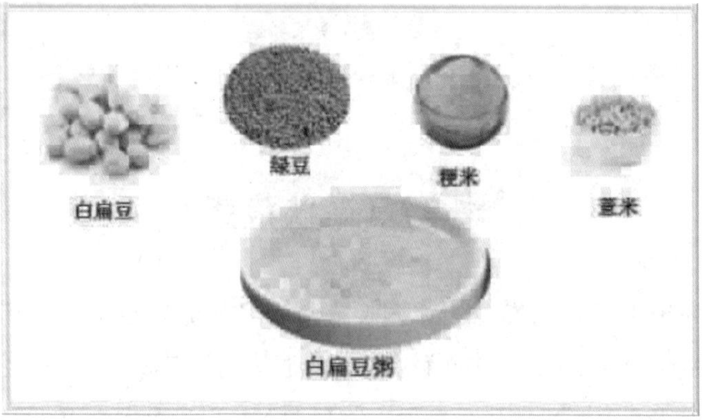

2.柴胡青叶粥

【来源】《养生粥谱》

【组成】柴胡、大青叶各15克、粳米30克、白糖适量。

【制作及用法】将柴胡、大青叶同放入锅内加水适量上火煎煮,去渣取汁,用药汁煮粳米成粥,加入白糖调味服食,每日1次,6日为1疗程。

【功效】疏肝清热。

【方解】柴胡,其味苦、平,无毒。主心腹肠胃中结气,饮食积聚,寒热邪气,推陈致新。久服轻身、明目、益精;大青叶,清热,解毒,凉血,止血;粳米,是粳稻的种仁,又称大米,其味甘淡,其性平和。

二、脾虚湿蕴证 皮损色淡，疱壁松弛，伴疼痛，口不渴，食少腹胀，大便时溏。舌质淡，苔白或白腻。

【常用药膳】

1. 红枣薏米粥

【来源】皮肤科主任医师赵党生

【组成】红枣8~10颗、薏米50克、大米60克、糯米40克。

【制作及用法】薏仁洗净，浸泡8小时，红枣洗净。大米、糯米一起用水清水洗2次。将大米、糯米、红枣、薏仁、一起倒入电压力锅内，加600毫升水。待熟后可食

【功效】渗水利温，排毒养颜。

【方解】薏仁有健脾、补肺、利湿、抗癌、美白的功效；红枣有经筋壮骨、行气补血、滋颐润颜的功效。

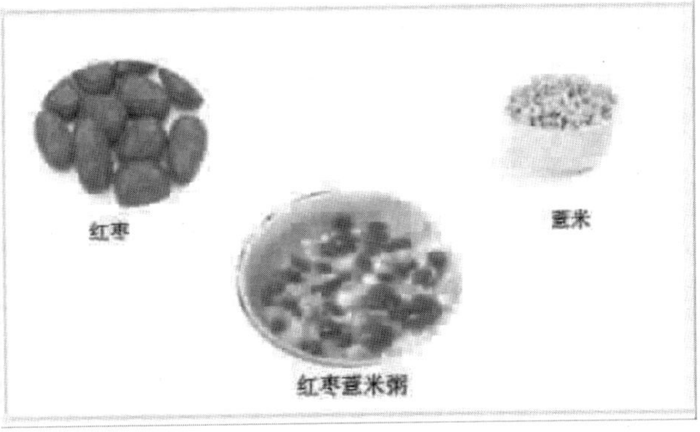

2. 莲子赤豆茯苓羹

【来源】《中国药茶》

【组成】莲子、赤小豆、茯苓各30克、蜂蜜20克。

【制作及用法】先将莲子、赤小豆、茯苓分别拣杂洗净。将茯苓晒干或焙干，研成细末。莲子放入温开水中浸泡片刻，去皮及芯，与淘净的赤小豆同放入砂锅，加水适量，大火煮沸后，改移小火煮至莲子、赤小豆熟烂如泥，边搅拌边调入茯苓细末，直至成羹，离火，趁温热加入蜂蜜，拌匀即成。早晚两次分服。

【功效】补脾益肾，除湿解毒。

【方解】莲子，具有养心安神、补中益气、益脾胃、助消化、“交心肾、厚肠胃、固精气、强筋骨、补虚损、利耳目、除寒湿”等功能，可有补脾止泻，清心养神益肾的作用；赤小豆有补血安神、补气健脾等功效；茯苓解毒、除湿、利关节。

三、气滞血瘀证　皮损消退后局部疼痛不止，色淡。舌质暗有瘀斑，苔白。

【常用药膳】

1. 黑豆粥

【来源】皮肤科主任医师赵党生

【组成】黑米50克、黑豆30克、红豆30克、糯米50克。

【制作及用法】(1)将豆子洗干净，后浸泡5~6个小时。泡至黑豆发大不硬即可，煮至米烂软即食。

【功效】活血化瘀，滑涩补精，健脾暖肝。

【方解】黑豆味甘性平，有补肾强身、活血利水、解毒、润肤的功效。

2. 黑豆煲甲鱼

【来源】《家庭药膳全书》

【组成】甲鱼1只(约500克)、黑豆30克、绍酒、生姜、精盐等各适量。

【制作及用法】将甲鱼洗净去肠杂,洗净;黑豆洗净同料酒、姜片一起入锅,置火上煲熟烂,再加入精盐、味精、胡椒粉调味即可。吃甲鱼肉、黑豆,喝汤。

【功效】活血补肾,清热解毒。

【方解】甲鱼甘平,滋肝肾之阴,清虚劳之热;黑豆性平、味甘,归脾、肾经,具有消肿下气、润肺燥热、活血利水、祛风除痹、补血安神、明目健脾、补肾益阴、解毒的作用,适用于血虚之带状疱疹。

白疕(寻常型银屑病)

白疕病就是牛皮癣的俗称,其特征是在红斑上反复出现多层银白色干燥鳞屑。中医古称之为“白疕”,古医籍亦有称之为松皮癣。西医称为银屑病。

膳食宜忌:宜食黄瓜、西红柿、小白菜、油菜、菜花、维生素含量丰富的食物,宜吃高蛋白食物。忌吃有刺激性食物,葱、姜、蒜、胡椒粉、咖喱,鱼虾海鲜等;忌食高脂、高糖的饮食如,肥肉、炸牛排、烤羊腿、大虾、熏肉、烤肉、炸鸭、煎炸猪排,戒酒戒烟。

通用膳食:各种蔬菜、水果、香菇、芹菜、瘦肉、蛋类、木耳。

辨证用膳:

一、血热证 新出皮疹不断增多,迅速扩大,皮损潮红,银白鳞屑,有筛状出血,瘙痒,可伴有尿黄,便干。舌质红,舌苔薄黄或白。

【常用膳食】绿豆百合汤

【来源】《四季粥谱》

【组成】绿豆300克、鲜百合100克、葱花5克、盐2克。

【制作及用法】(1)将绿豆拣去杂质,洗净;鲜百合掰开鳞瓣,弃去外面老瓣,洗净。(2)锅置火上,加清水煮沸,放入绿豆、百合煮沸,撇去浮沫,改用小火煮至绿豆开花、百合瓣熟烂时,加入盐、葱花即可。

【功效】清热解毒,安神润肺,利尿下气。

【方解】百合润肺止咳,清心安神;绿豆清热解毒。

二、血燥证 皮损淡红，干燥脱屑，可伴有皲裂，口干舌燥。舌质淡，舌苔少或薄白

【常用药膳】皮蛋瘦肉粥

【来源】《四季养生》

【原料】大米150克、皮蛋2个、猪瘦肉225克、香菜、大葱各1棵、生姜少许。

【制作及用法】(1)皮蛋剥壳，每个切成等量的8瓣备用。(2)大米洗净拌入少量油。(3)生姜洗净切丝，葱洗净切成葱花，香菜切末。(4)猪瘦肉洗净沥干水，用3小匙精盐腌3小时至入味，再放入蒸锅蒸20分钟取出切片。(5)将米放入粥锅，加水煮开，转中火煮约30分钟。(6)放入皮蛋和瘦肉片、极少量生姜丝及其余调味料一起煮开后，再继续煮几分钟即熄火，食用前加入葱花、胡椒粉即可。

【功效】调理脾胃，平补清补，滋阴润燥。

【方解】皮蛋味辛、涩、甘、咸、性寒，入胃经；有润喉、去热、醒酒、去大肠火、治泻痢等功效；猪瘦肉具有补肾养血，滋阴润燥之功效；香菜具有发汗透疹，消食下气，醒脾和中的功效。

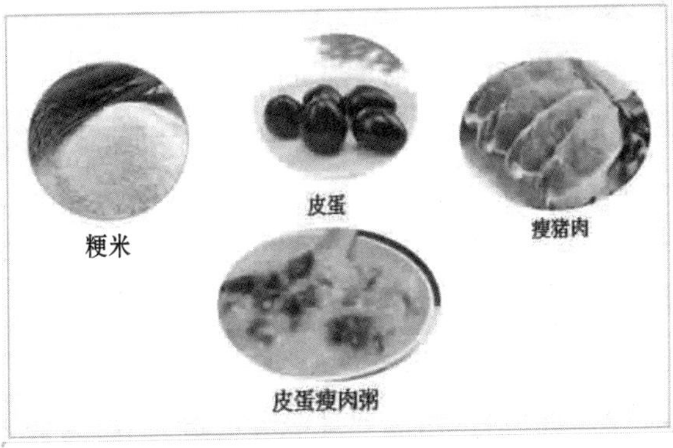

三、血瘀证 皮损肥厚浸润，经久不退，颜色暗红，鳞屑附着紧密，女性可有痛经，舌质紫暗或有瘀点、瘀斑。

【常用药膳】薏米山药粥

【来源】《百道经典粥》

【原料】薏米100克、山药100克、芡实100克。

【制作及用法】山药:芡实:薏米=1:1:1，洗净，加水，覆盖保鲜膜，浸泡一夜。倒入砂锅中，大火烧开转小火，根据口味添加适量冰糖，边搅动边煮10~15分钟。

【功效】健脾利湿，活血散瘀。

【方解】薏米其性凉，味甘、淡，入脾、肺、肾经，具有利水、健脾、除痹、清热的功效；山药具有滋养强壮，敛虚汗功效；芡实性平，归脾、肾经，具有益肾固精，

补脾止泻，祛湿的功能。

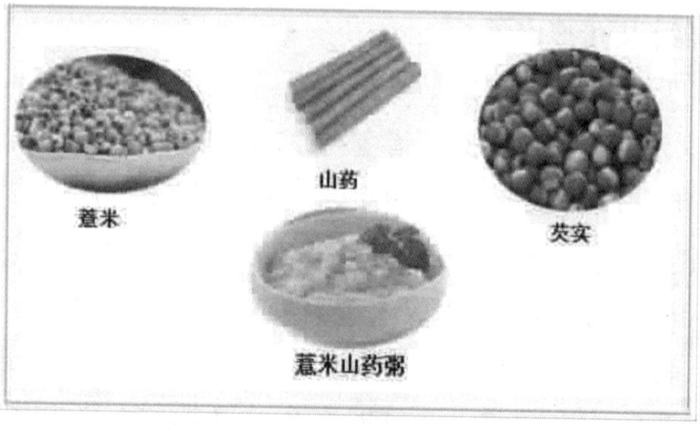

肿　瘤

肿瘤患者在癌症治疗期间，患者可通过药膳调理身体，补充营养消耗，增强抗病能力。

【常用药膳】八珍鸡汤

【来源】甘肃省名中医、主任医师张志明

【组成】母鸡1000克、当归、白芍、熟地、川芎、白术、甘草各6克、党参、茯苓各10克、生姜3片、调料适量。

【制作与用法】将鸡肉洗净，切块，放砂锅中，加生姜、参片等药材（用布包）及清水适量，大火煮沸后，转文火炖至鸡肉烂熟，去药包，加食盐即成。

【功效】益气补血。适用于肿瘤患者放、化疗后红、白细胞下降气血两虚证。

【方解】当归、白芍养血合营，助熟地滋养心肝；川芎为佐，活血行气，气载血布达全身；白术、茯苓健脾渗湿，助人参益气益气补脾；生姜温肾补阳；炙甘草益气和中，调和诸药。诸药同用，益气补血。

第二部分 养生茶

菊花枸杞西洋参茶

【来源】脾胃病科主任医师吴红彦

【组成】西洋参6克、菊花5朵、枸杞5克、少许冰糖。

【制作及方法】取西洋参6克，菊花5朵，放入杯中用开水泡开，可以加入少许冰糖，每日一泡即可。

【功效】 滋阴补气，清热生津。适用于气虚阴亏，内热，咳喘痰血，虚热烦倦，口燥咽干。

【方解】西洋参益气养阴；菊花具有散风清热，平肝明目；枸杞具有养肝明目，滋补肝肾的作用。

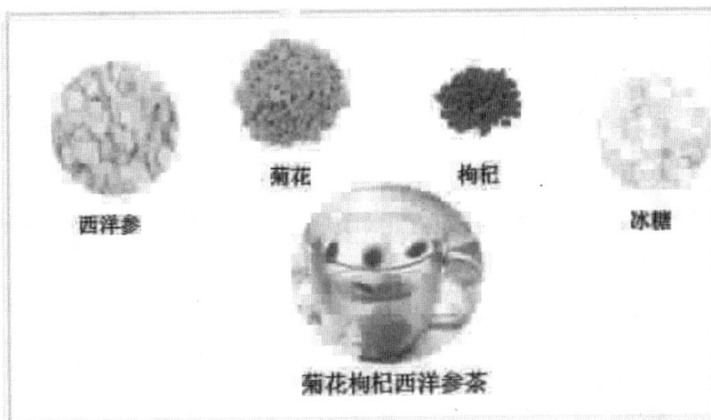

菊花陈皮乌梅茶

【来源】肺病科主任医师孙杰

【组成】菊花15克、陈皮10克、乌梅10克、金银花5克。

【制法及方法】将以上材料加入1000毫升清水，煮沸即可饮用。

【功效】理气化痰、健脾，缓解湿热体质者头晕、疲乏、胃肠不适。

【方解】菊花具有抗疲劳、抗衰老、消除紧张、润肺、明目、养肝的功能；陈皮具有理气、健脾、止咳化痰功效；乌梅具有生津止渴、清血抗衰老、消除疲劳和增进食欲的功效；金银花具有清热解毒、疏利咽喉、消暑除烦的作用。

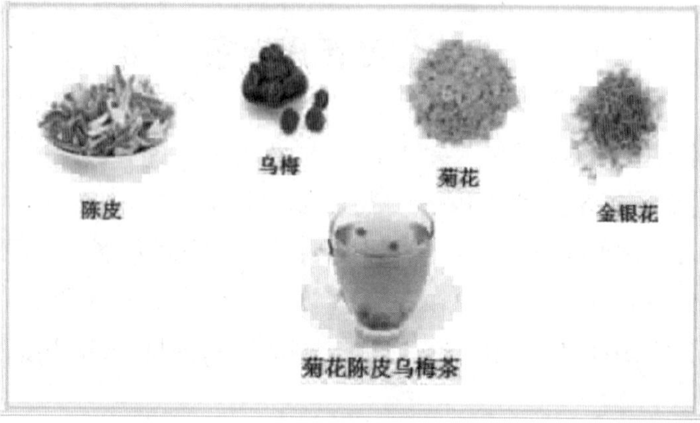

野菊花茶

【来源】《家庭药膳全书》

【组成】野菊花苞20克、冰糖适量。

【制作及用法】野菊花泡水，加冰糖，饮用。

【功效】清心明目，疏风清热，消肿解毒。

【方解】野菊花性微寒，具疏散风热、消肿解毒、抗感染的功效。

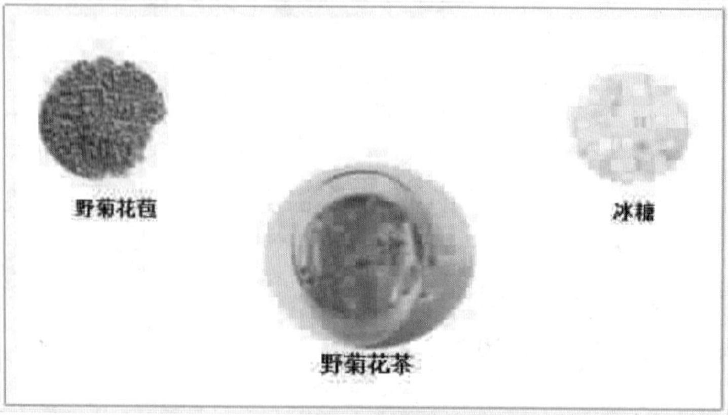

菊花茶

【来源】甘肃省名中医、主任医师钟栩

【组成】菊花15克。

【制作及用法】入盅加沸水泡，可加适量白糖，代茶饮。

【功效】养肝明目。

【方解】菊花具有养肝明目、清心、补肾、润喉、生津，以及调整血脂等功效。

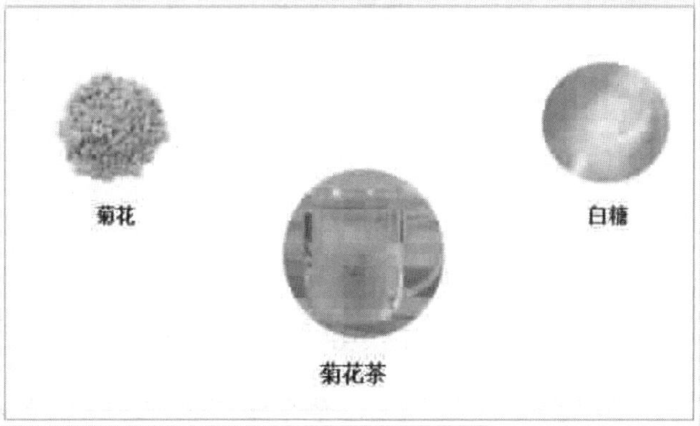

杞菊决明子茶

【来源】《本草纲目》

【组成】枸杞10克、菊花3克、决明子20克。

【制作及用法】将枸杞子、菊花、决明子洗净后，放入杯中，用沸水冲泡，加盖焖15分钟即成。可代茶频饮。可冲泡3~5次。

【功效】清肝泻火，养阴明目，降压降脂。

【方解】枸杞味甘、性平具有补肝益肾之功效；决明子，味咸苦，性凉，归肝、胆、肾经，具有祛风清热，解毒利湿之效；菊花味微辛、甘、苦，性微寒，能疏散风热，清肝明目，平肝阳，解毒。三者冲泡同饮，具有清肝泻火，养阴明目，降压降脂的作用。

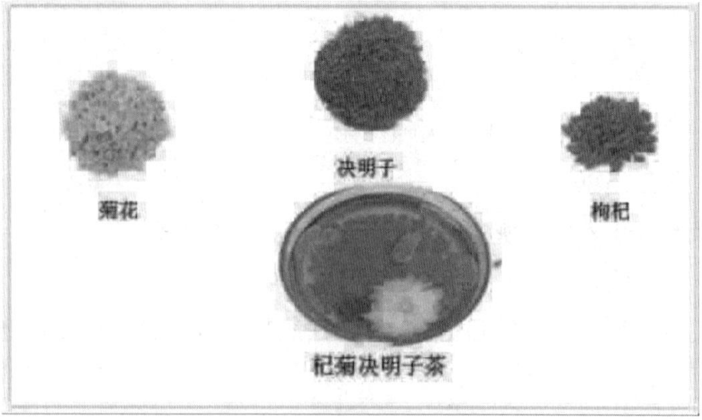

枸杞四季养生茶

春季——黄芪枸杞茶

【来源】肾病科主任医师马鸿斌

【组成】黄芪10克、枸杞8克、纯净水1000毫升。

【制作及用法】将上述放入养生壶内，水开后，调成中火，熬煮。以滤网滤出茶汁，即可饮用。此道茶品很耐回冲，可加水回冲数次，至味道变淡为止。剩余残渣里的枸杞可捞起食用。尤其中老年人群更适合这款茶。脾虚有湿，泻泄的人群慎用。

【功效】助阳气生发，益气固表，补肾益精，养肝明目。

【方解】黄芪的主要药理作用是“益气固表”，可“利水”，也可“托毒生肌”。适用于体质虚弱，容易疲劳，常感乏力，“气虚”、“气血不足”、“中气下陷”者；枸杞性平，味甘，具有滋补肝肾、益精明目，助人阳气生发的功效。现代研究发现，枸杞内含甜菜碱、胡萝卜素、玉蜀黍黄素、烟酸、维生素B_1、B_2、C、钙、磷、铁、亚油酸及多种氨基酸。春天万物复苏，人体阳气渐渐升发。枸杞味甘平补，春季可单独服用，也可与味甘微温之品如黄芪同时服用，助阳气生发。黄芪和枸杞是春季最好搭配。对于体质虚弱的人易疲劳乏力，常饮黄芪枸杞水，可起到益气固表功效。

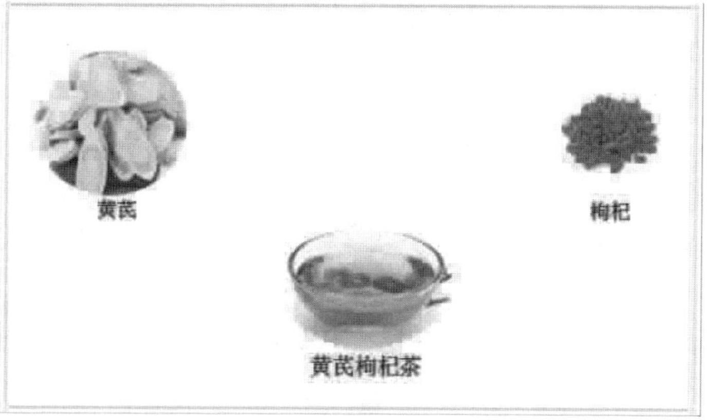

夏季——菊杞茶

【来源】肾病科主任医师马鸿斌

【组成】菊花10克或金银花10克、枸杞10克、纯净水1000毫升。

【制作及用法】菊花,枸杞用水冲洗。洗好的菊花,枸杞和冰糖一起放入养生壶煮开。转小火再煮5分钟后,熄火。随饮随取。脾胃虚弱者注意,在泡茶时放上几枚大枣,以健脾。

【功效】滋阴明目,散风清热,清除肝火。主治阴虚火旺,风热感冒、头痛眩晕、目赤肿痛、眼目昏花。

【方解】枸杞性平,味甘,具有滋补肝肾、养阴补血,益精明目功效。《药性论》载:"补益精诸不足,明目安神"。《本经》云:"久服坚筋骨。"菊花味兼甘苦,性平和,备受四气,饱经霜露,得金水之精,益肺肾二脏";《本草纲目拾遗》记载:"治诸风头眩,明目祛风,舒肝气,益血润容"。现代药理学研究表明,菊花具有抗菌、抗炎、抗氧化、舒血管、降血脂等多种药理作用。胎菊能有效减轻电脑辐射对人体的伤害,特别是对眼睛的伤害,放入适量枸杞子、桑叶等混合泡饮,为经典祛肝火明目的组方茶-菊杞茶。

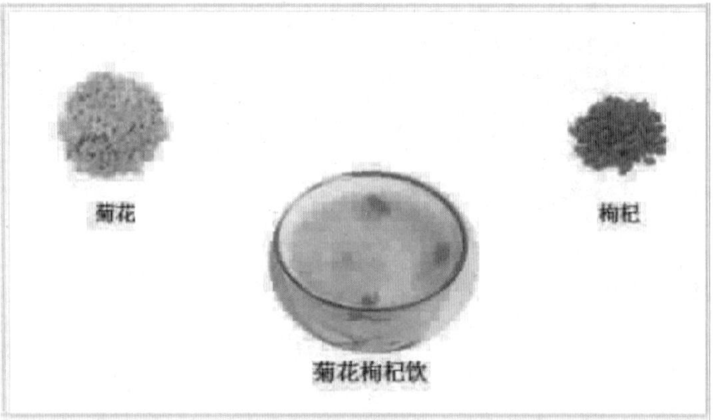

秋季——山楂枸杞茶

【来源】肾病科主治医师柳振华

【组成】山楂30克、枸杞15克、石斛12克、玉竹12克、纯净水1000毫升。

【制作及用法】山楂，枸杞用水稍稍洗下。洗好的山楂切片，枸杞，石斛，玉竹一起放入养生壶煮开。转小火再煮5分钟后，熄火。随饮随取。

【功效】滋阴润燥，平肝益肾。

【方解】枸杞性平，味甘，具有滋补肝肾、养阴补血，益精明目功效；山楂具有开胃消食、活血化瘀，提高人体免疫力，抗衰老、调节血糖和血脂功效；石斛、玉竹具有滋养阴津、补益脾肾、生津止渴功效。秋季多干燥，此季节饮此茶可达“酸甘化阴”“润躁养阴”之效。

冬季——枸杞山药茶

【来源】肾病科主任医师马鸿斌

【组成】枸杞15克、山药100克、纯净水1000毫升。

【制作及用法】山药洗净去皮切小块，用清水泡30分钟，山药加清水一起入养生壶内，大火煮开后，转小火熬40~50分钟，加入枸杞，（枸杞用温水洗净）再煮5分钟后即可。大便干燥、便秘者，体质偏热、容易上火的人慎食。

【功效】平补阳气，固肾补气、补益脾胃、常食强体。适用于肾精不足、脾胃不和、脾肾阳虚、肝血不足者。

【方解】枸杞性平，味甘，具有平补阳气、滋补肝肾、养阴补血，益精明目功效；山药，能健脾补虚，滋精固肾，治诸虚百损，疗五劳七伤，其色白入肺，味甘入脾，气虽温而却平，为补脾肺之阴，其性涩，能治遗精不禁，味甘兼咸，又能益肾强阴。

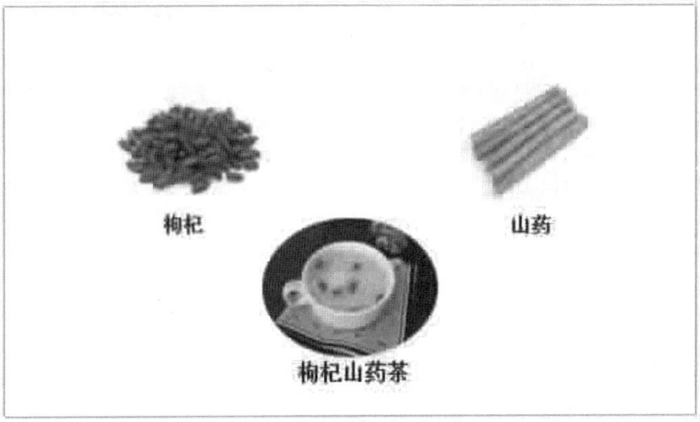

枸杞生地茶

【来源】骨科主任医师宋敏

【组成】枸杞5克、生地3克、绿茶3克、冰糖10克。

【制作及用法】放入杯中，用沸水冲泡，加盖焖15分钟即成。可代茶频饮。可冲泡3~5次。

【功效】滋肝补肾，养阴清热。

【方解】枸杞味甘、性平具有补肝益肾之功效；生地黄味甘、苦，性寒，归心、肝、肾经，质润降泄，有清热凉血、养阴生津之效。枸杞生地茶具有滋肝补肾，养阴清热的功效，对肝肾不足所致的腰酸痛、口渴烦热、盗汗、潮热有较好的效果。

枸杞薏米茶

【**来源**】风湿骨病科主任医师王钢

【**组成**】薏米50克、枸杞子4~6粒、红枣2~3颗、冰糖、水适量。

【**制作及用法**】将薏米放入平底锅中，锅中不可放油，开小火翻炒烘焙薏米，直至炒出薏米香味即可关火；将红枣剖成两半或割开口子放入茶壶中，枸杞子可抓一小把放入，如喜欢甜味可放几颗冰糖，再放入焙好的薏米，冲入滚烫的开水，浸泡5~10分钟即可饮用。

【**功效**】健脾益胃，利水祛湿，养血安神，养肝明目。

【**方解**】薏米有利水清热、健脾祛湿、舒筋除痹；枸杞补肾生精、养肝明目；红枣健脾益胃、补气养血、安神；冰糖生津止渴、润肺、清火。

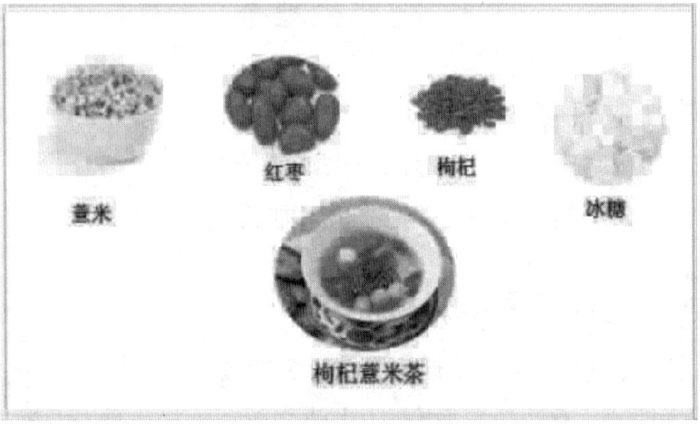

黄芪枸菊养生茶

【来源】妇科主任医师叶秋香

【组成】黄芪10克、枸杞10克、菊花5克、大枣10克、冰糖10克。

【制作及用法】先将黄芪、枸杞、菊花、大枣、放入壶中清洗，洗净后放入冰糖，放入适量纯净水，煮开后煎煮10分钟，即可饮用。

【功效】清热生津，益气养血，清肝明目，降脂降压，润肠排毒。

【方解】黄芪味甘性微温，归肺、脾、肝、肾经，补气固表，托疮生肌；枸杞味甘、性平，归肝经、肾经、肺经，养肝、滋肾、润肺；菊花味辛，甘、苦、性微寒，归肺、肝经，散风清热，平肝明目；大枣甘、温，归脾、胃经，补中益气，养血安神，用于脾虚食少，乏力便溏，妇人脏躁；冰糖味甘、性平、无毒，归肺、脾经，养阴生津，润肺止咳。

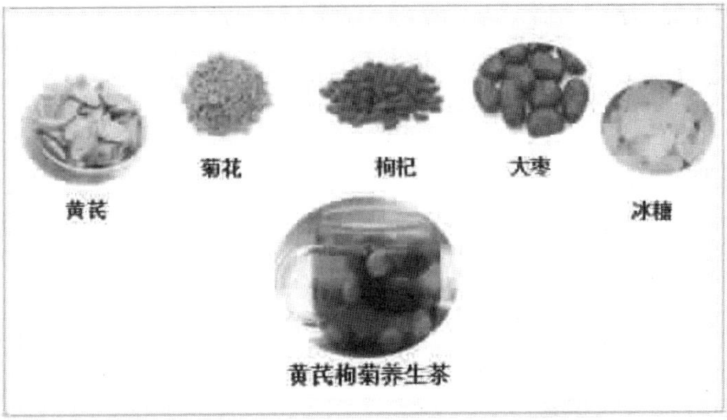

黄芪红枣枸杞茶

【来源】《养生茶配方大全》

【组成】黄芪3~6克，红枣3~5枚、枸杞9克。

【制作及用法】将以上材料5~10分钟，可当茶饮。

【功效】补气、养血，提高机体免疫力，促进机体恢复。

【方解】黄芩性味甘，微温，归肺、脾、肝、肾经，有益气固表、敛汗固脱、托疮生肌、利水消肿之功效；炙黄芪益气补中，生用固表托疮。红枣性温，味甘，微甜，具有补脾益气，养血安神；促进血液循环、保养心脏；枸杞性平，味甘，归肝，肾经。具有滋补肝肾，益精明目之功效。

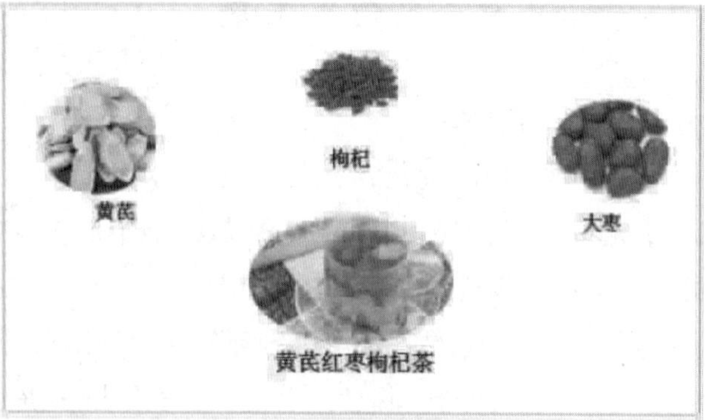

山楂茶

【来源】甘肃省名中医、主任医师钟翔

【组成】山楂 10克，或鲜嫩山楂果1~2枚。

【制作及用法】切片后放入容器中，加水煮沸5分钟，取汁即成，代茶频频饮用。

【功效】健脾开胃、降压、强心。

【方解】山楂所含的成分可以助消化、扩张血管、降低血唐、降低血压。对于治疗高血压具有明显的辅助疗效。

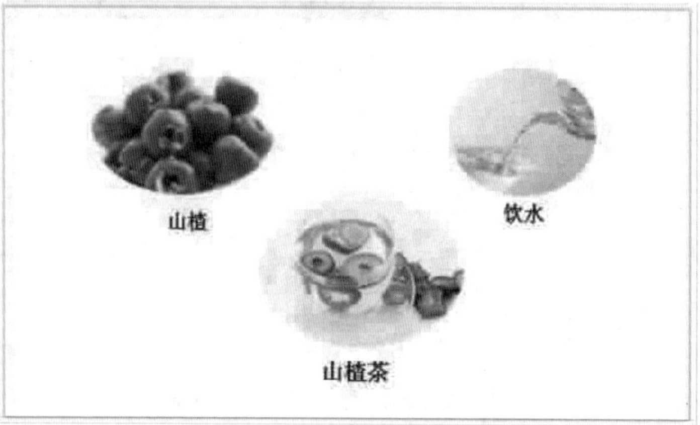

山楂陈皮茶

【来源】儿科主任医师吴丽萍

【组成】山楂30克、陈皮10克。

【制作及方法】将山楂、陈皮洗净，加入适量水煮沸15分钟即可，饮用时放入少许冰糖。

【功效】健脾开胃，消食化滞。

【方解】山楂消食健胃，活血散瘀；陈皮健脾和胃，行气宽中，燥湿化痰。二者合用可以健脾开胃、消食化滞。

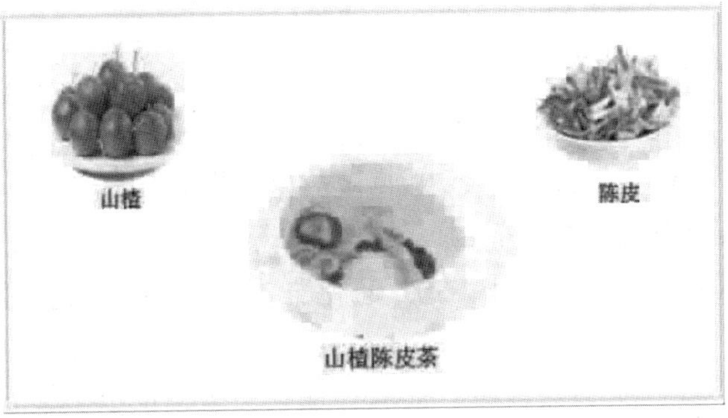

山楂荷叶茶

【来源】骨科主任医师宋敏

【组成】荷叶干品、山楂干品各15克、决明子10克。

【制作及用法】将上述材料一起放入杯中，倒入沸水，以盖子焖泡约10 分钟后饮用。

【功效】润肠排毒，减肥。

【方解】荷叶、山楂均可消脂去腻，决明子以清热、润肠排毒，减少肠道吸收较多的脂肪。

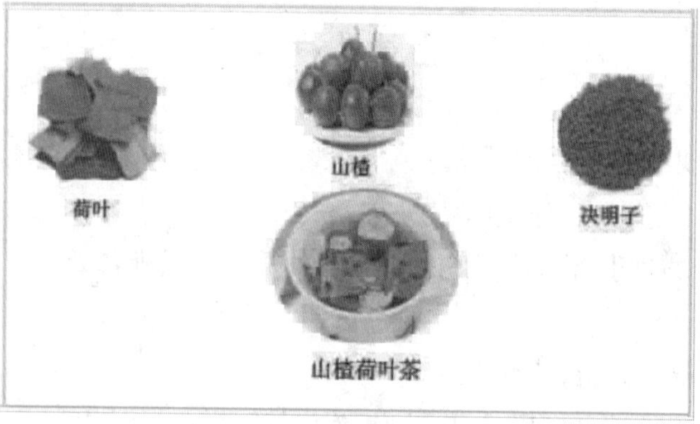

山楂决明子茶

【来源】《中华养生茶谱》

【组成】干山楂、决明子各30~50克。

【制作及用法】将以上材料先水煎，之后放入冰糖少许，可当茶饮。

【功效】散瘀止痛，调节降血压，清热明目，利水通。

【方解】山楂味甘酸，性微温，有消食化滞、散瘀止痛之功效，常用于治疗饮食积滞、胸腹痞满、女子血瘀腹痛等。药理研究发现，山楂能调脂、降血压；决明子的功效是清热明目、利水通便。此外，决明子中含的低聚糖等也有降压作用，还能降低总胆固醇和甘油三酯。两味合用，比单独使用效果更佳，能起到一定的降压调脂功效。山楂酸涩，还能制约决明子容易致泻的不良反应。

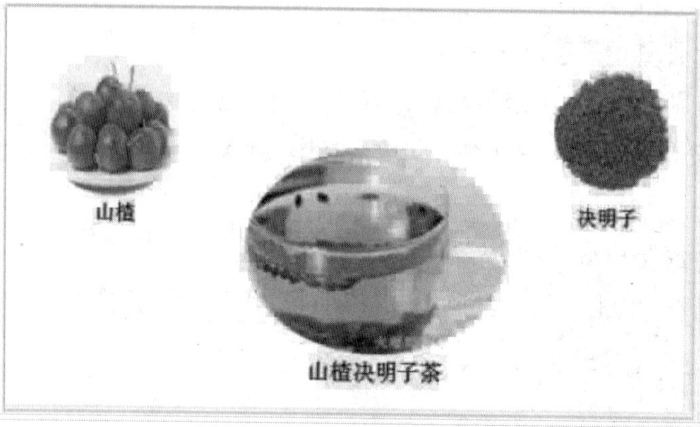

山楂玫瑰枸杞菊花茶

【来源】门诊主治医师魏淑海

【组成】山楂3克、枸杞3克、玫瑰2克、菊花2克。

【制作及用法】将原料放入热水杯中，先倒入少量温水，没过药材，静止5秒后将水到出，然后放入约800毫升沸水，加盖焖5~10分钟后即可。

【功效】健胃消食，滋补肝肾，理气解郁，平肝明目。

【方解】山楂，开胃消食、活血化瘀，还能提高人体免疫力，抗衰老、调节血糖和血糖和血脂；枸杞，则能够滋补肝肾、和血润燥、具有保肝、降压、降胆固醇和美容的功效；玫瑰花，味甘微苦、性温，最明显的功效就是理气解郁、活血散瘀和调经止痛；菊花，对治疗眼睛疲劳、视力模糊有很好的疗效，菊花还具有散风热、平肝明目之功效。四者相配，宜于夏季饮用。

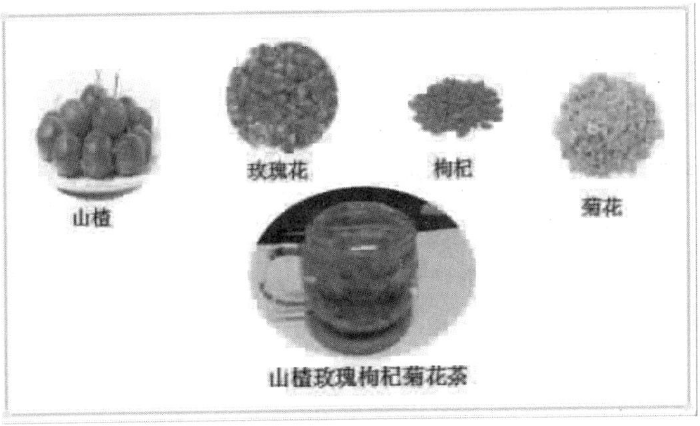

山楂枸杞饮

【来源】《本草纲目》

【组成】山楂干5~8片、枸杞10粒。

【制作及用法】(1)将山楂5、6片(用鲜山楂或者干山楂片均可)、枸杞(10粒左右)二者均洗净后置于茶杯中；(2)冲入沸水浸泡30分钟左右即可用；(3)制得的山楂枸杞茶上、下午分饮。

【功效】补肝肾，消食化积，益智明目。

【方解】山楂能够开胃消食、活血化瘀，还能提高人体免疫力，抗衰老、调节血糖和血脂;枸杞则能够滋补肝肾、和血润燥、具有保肝、降压、降胆固醇和美容的功效。二者冲泡同饮,具有补肝益肾、补血的作用。

葛根饮

【来源】《中传统茶药方》

【组成】葛根12克。

【制作及用法】葛根洗净用水煎,当茶饮。

【功效】扩张冠状动脉,降压。

【方解】葛根,含黄酮类化合物有降血脂作用,能降低血清胆固醇,降低油三酯,用于辅助治疗高血糖,高脂血病症,有显著疗效。

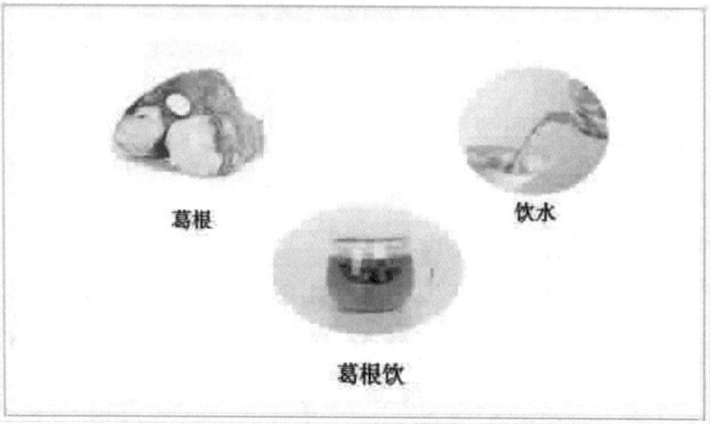

葛根玫瑰茶

【来源】心血管科副主任医师王昱

【组成】葛根15克、玫瑰花3克。

【制作及用法】将葛根洗净切成薄片用300毫升开水泡饮，冲饮至味淡。

【功效】升阳解肌，降压，降脂。

【方解】葛根具有改善脑部血液循环之效，对因高血压引起的头痛、眩晕、耳鸣等症状有较好的缓解功效，经常饮用葛根茶对辅助治疗高血压具有明显的疗效。

乌梅茶

【来源】《传统茶药方》

【组成】乌梅5~10克。

【制作及用法】将乌梅洗净，加入白糖，置瓦罐中捣烂，加盖(留少许空隙透气)。7天后用纱布绞汁，将汁置于锅中煮沸，凉后饮用。

【功效】生津解暑，开胃清血。

【方解】乌梅味酸、微涩，性平，归肝、脾、肺、胃、大肠经，质润敛涩。有敛肺，涩肠，生津，安蛔之效。

乌梅菊花甘草陈皮饮

【来源】脾胃病科副主任医师刘俊宏

【组成】乌梅50克、菊花30克、甘草20克、陈皮20克、冰糖20克。

【制作及用法】先将乌梅、陈皮、甘草、菊花这四味冲洗干净放入容器中，300~500毫升开水煎煮后可根据个人口味加入冰糖饮用。

【功效】预防衰老、排毒清血、增加身体能量、消除疲劳、促进消化系统健康、预防便秘、增加食欲。

【方解】乌梅除劳，治骨蒸，去烦闷，涩肠止痢，消酒毒，治偏枯皮肤麻痹，去黑点，令人得睡；菊花为解表剂，具有辛凉解表，疏风清热，宣肺止咳之功效；甘草性平，味甘，归十二经。有补脾益气，止咳润肺，解毒、祛痰、止痛、解痉以至抗癌等作用；陈皮有三大类作用，一是导胸中寒邪，二破滞气，三益脾胃，这三大作用中，主要作用是行脾胃之气，脾胃主运化水湿，故脾胃之气行则能去湿、健脾、化痰；陈皮温能养脾，辛能醒脾，苦能健脾。

何首乌强身茶

【来源】《中国药茶》

【组成】何首乌15克、丹参和北沙参各10克、绿茶和冰糖少许。

【制作及用法】取何首乌15克，丹参和北沙参各10克，绿茶和冰糖少许，放入茶具中用开水泡服，每日喝一泡即可。

【功效】活血养血、滋阴补肾。

【方解】何首乌养血滋阴；丹参活血祛瘀，清心除烦；北沙参养阴清肺，益胃生津，绿茶清心利小便。

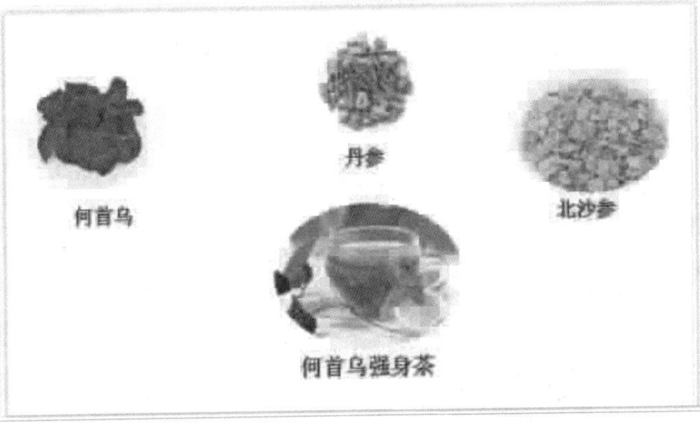

首 乌 茶

【来源】《中国药典》

【组成】首乌20~30克。

【制作及用法】加水煎煮30分钟后，待温凉后当茶饮用，每日一剂。

【功效】降血脂，减少血栓。

【方解】首乌可有效降低血浆总胆固醇，甘油三酯，游离胆固醇和胆固醇酯的升高，延缓动脉粥样硬化的形成和发展。

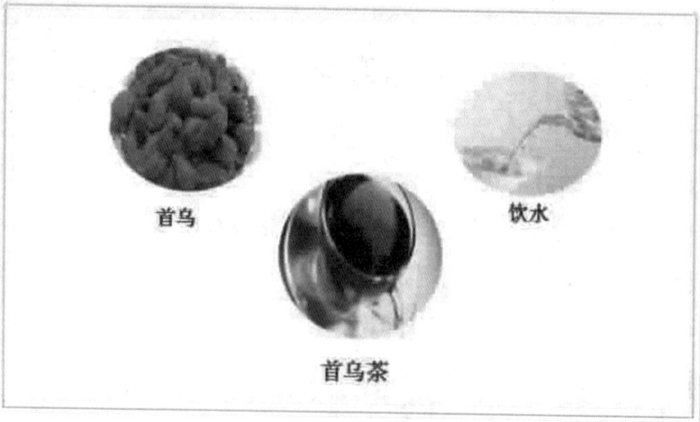

决明子茶

【来源】老年病科主任医师李红

【组成】决明子30克。

【制作及用法】取30克决明子用开水泡服，每天喝一泡即可。

【功效】 泻肝火、通便、降血脂、减肥、明目。

【方解】决明子味甘、苦，性寒，微咸，有清肝明目，润肠通便之功效。

参芪五味茶

【来源】《中国药茶》

【组成】人参5克、五味子5克、黄芪10克。

【制作及用法】取人参五味子、黄芪，放入茶具中用开水冲泡，加适量冰糖即可饮用，每天喝一泡。

【功效】具有补气养气，生津养身的作用，可以保肝利尿，利水消肿，还可以增强造血功能，提高免疫力，抵抗疲劳和衰老。

【方解】黄芪和人参均属补气良药，复脉固脱，补脾益肺，生津安神；五味子敛肺滋肾，生津收汗。

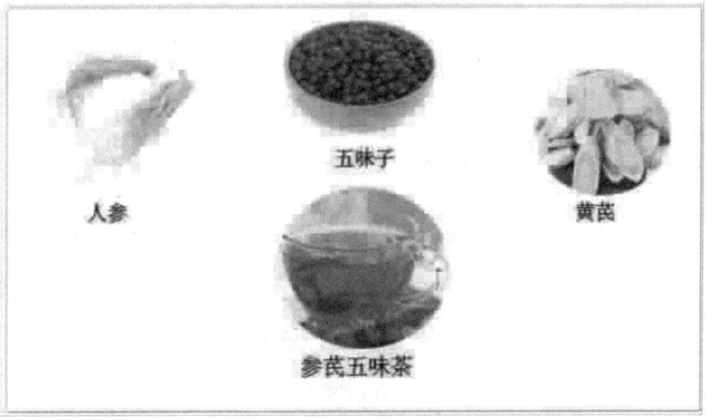

双参茶

【来源】甘肃省名中医、主任医师钟栩

【组成】丹参9克、党参19克、绿茶3克。

【制作及用法】丹参片用水清洗，滤掉其中的杂质，再将丹参、党参与茶叶入盅加沸水泡，代茶饮。

【功效】活血化瘀，止痛除烦

【方解】丹参有活血化瘀、清热降脂的作用；党参有益气健脾的功效，比较适合疲乏无力的血瘀病人。

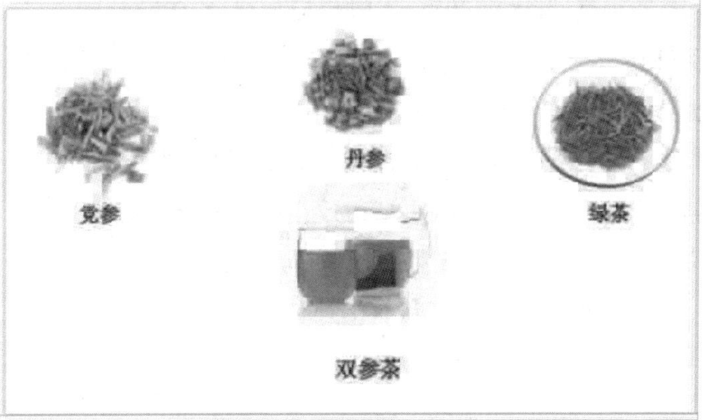

人参麦冬茶

【来源】《中国药茶配方大全》

【组成】人参、麦冬各10克、五味子5克。

【制作及用法】将所有材料洗净，放入适量水煮沸20分钟后可饮用。

【功效】补气养血。

【方解】人参大补元气，复脉固脱。五味子性温、酸、甘，具有收敛固涩，益气生津，补肾宁心之功效；麦冬甘、微苦、凉，具有生津解渴、润肺止咳之效。

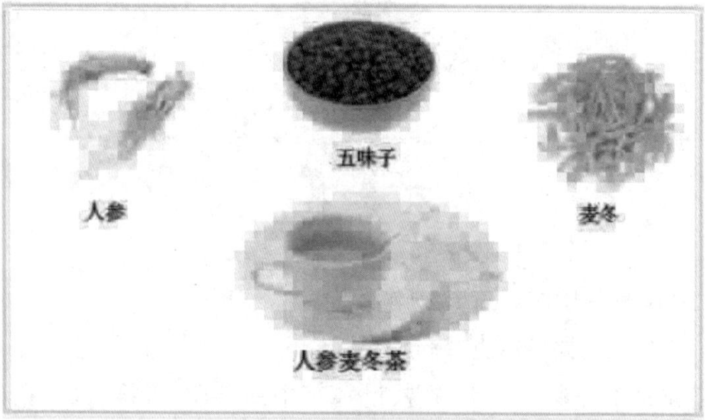

清凉润喉茶

【来源】肺病科主任医师孙杰

【组成】麦冬20克、胖大海20克、木蝴蝶5克、薄荷10克。

【制作及用法】将以上材料加入1000毫升清水中，煮沸即可饮用。

【功效】清热润肺，疏肝解郁，健脾。

【方解】麦冬具有滋阴润肺、调理脾胃，解决便秘，改善失眠等功效；胖大海具有清热润肺，利咽解毒，润肠通便之功效；木蝴蝶具有润肺、舒肝、和胃、生肌的功效；薄荷疏散风热、清利咽喉、消炎镇痛，具有健胃祛风、祛痰、缓和头痛，促进新陈代谢，对于呼吸道的发炎症状有治疗作用。

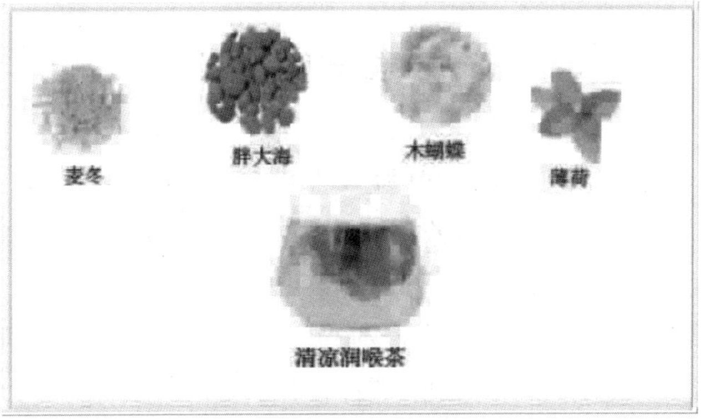

清火润燥凉茶

【来源】《内经》

【组成】夏枯草10克、金银花5克、罗汉果5克、荷叶10克、桑叶10克、甘草6克。

【制作及用法】将以上七味草药盛入壶中,熬煮20分钟即可。代茶频饮。

【功效】清热解暑,除烦抑燥。

【方解】夏枯草性寒,味甘、辛、微苦,具有清肝明目、降低血压、散结消肿、清热解暑、舒缓头疼的功效;金银花味甘,寒,无毒,具有清热解毒、抗菌消炎、除烦宁心、化痰止咳、疏散风热的功效;罗汉果性凉,味甘,归肺、大肠经,具有清热解暑、止咳化痰、清肝明目、通肠利便、健身益胃的功效;荷叶性味甘、微苦、平,具有消暑利湿、散瘀止血、滋阴润燥、除烦解热、排毒消脂的功效;桑叶味甘、苦,性寒,归肺,肝经,具有降低血脂、降低血糖、抗炎杀菌、清肺润燥、清肝明目的功效;甘草性平,味甘,归十二经,具有补脾益气、化痰止咳、清热解毒、中性调和、生津止渴的功效。

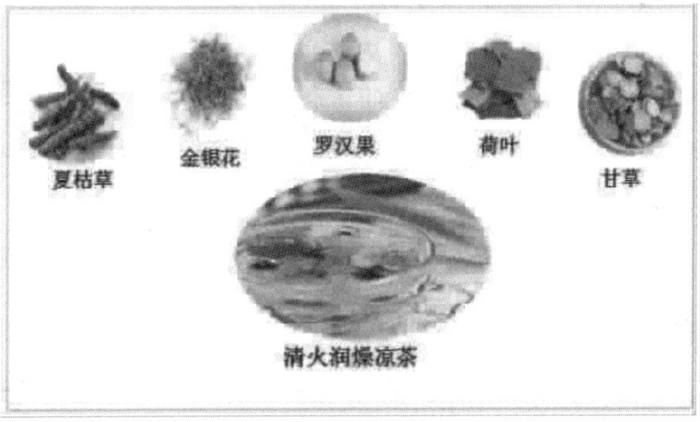

夏季养生茶

【来源】 甘肃省名中医、主任医师魏清琳

【组成】 藿香10克、佩兰10克、枸杞15克、红茶10克、竹叶10克、冰糖30克、大枣3~5枚。

【制作及用法】 加水500毫升，浸泡30分钟后煎煮10分钟，即可饮用，每日饮量200~300毫升。适用于所有人群，夏季服用，糖尿病患者忌服。

【功效】 芳香化湿，醒脾开胃，发表解暑。

【方解】 藿香味辛，性微温，归肺、脾、胃经，具有祛暑解表，化湿和胃的功效；佩兰味辛，性平，入脾、胃经，具有清热解暑、化湿健胃、止呕的功效；枸杞味甘、平，归肝、肾经，具有补肾益精，养肝明目，补血安神，生津止渴，润肺止咳的功效；竹叶味甘淡，寒，具有清热除烦、生津利尿的功效；大枣味甘、微甜，性温归脾胃经，具有补脾益气、滋养阴血、养血安神、缓和药性的功效。

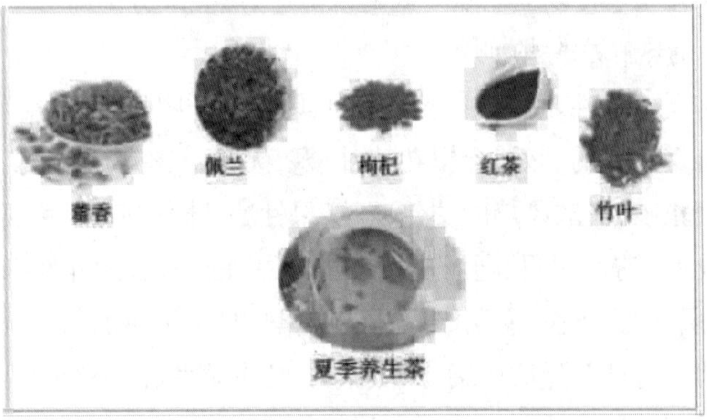

健脾祛湿茶

【来源】 甘肃省名中医、主任医师王钢

【组成】 红豆50克、薏米50克、茯苓5克、山楂3克、陈皮2克、甘草2克。

【制作及用法】 将红豆、薏米加水浸泡半天后，加入茯苓、山楂、陈皮、甘草煮1小时，即可饮用。

【功效】 健脾利湿，化痰祛脂。

【方解】 薏仁具有健脾、祛湿的功效；赤小豆可消肿、排毒；茯苓健脾利湿，

山楂消食化滞、活血化痰；陈皮理气健脾，燥湿化痰；甘草可补益脾气、清热解毒。

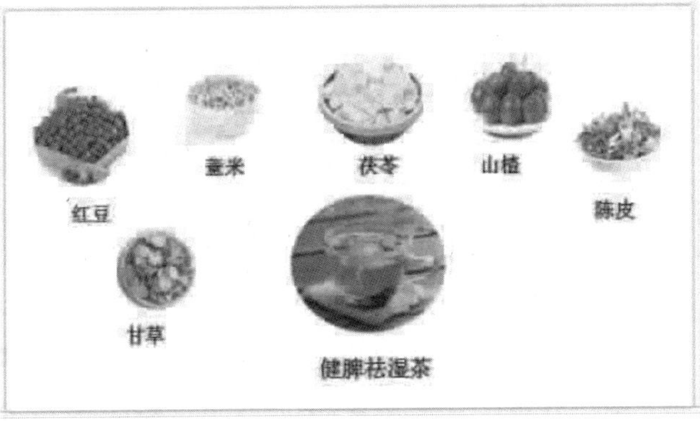

健脾养胃茶

【来源】《中国药茶》

【组成】炒大麦5克、黄芪5克、红枣3枚。

【制作及用法】上述材料沸水浸泡30分钟，即饮。

【功效】健脾益气，养血和中。

【方解】红枣，健脾益胃，补气养血，能提升身体的元气，增强免疫力；黄芪，益气固表、敛汗固脱、托疮生肌、利水消肿之功效；大麦，味甘、性平、有平胃止渴，消渴除热、益气调中等功效。三药合用，健脾益气，养血和中效果极佳。

养生八宝茶

【来源】甘肃省名中医、主任医师王钢

【组成】菊花 3~5朵、葡萄干 5~10粒、红枣 2~4枚、枸杞 8克、甘草 2克、党参3克、山楂3克、麦冬5克。

【制作及用法】用沸水冲泡之后，加冰糖适量即可饮用。

【功效】散风清热，补脾益气，消食化滞，滋补肝肾，清心润肺，强阴益精。

【方解】菊花具有清热解毒、生津止渴、安神明目的功效；红枣可健脾益胃、补气养血、安神；枸杞可补肾生精、养肝明目，甘草可补益脾气、清热解毒；山楂可健脾开胃、消食化滞、活血化瘀；麦冬可养阴清热、润肺止咳，葡萄干具有补气血、缓解神经衰弱、降低胆固醇的作用。

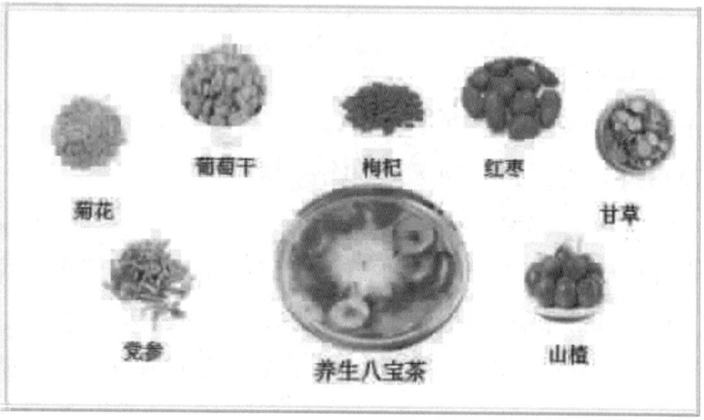

舒心茶

【来源】脑病科主任医师张瑜

【组成】玫瑰花6克、百合6克、麦芽6克、炙甘草6克。

【制作及用法】把所有材料共用沸水泡10分钟后，即可饮用。

【功效】疏肝健脾，养阴生津。适用于肝郁脾虚，心烦易怒，养阴生津。

【方解】玫瑰味甘、性温，即能理气解郁，又能温胃健脾，具有理气健脾，补气养阴的作用；百合性微寒、味甘，具有养阴润燥，养心安神，补脾健胃；麦芽味微甘，具有健脾开胃，行气消食之功效。三者共用主要养心安神，疏肝解郁。芦根性味干寒，具有清热生津、除烦之功效。

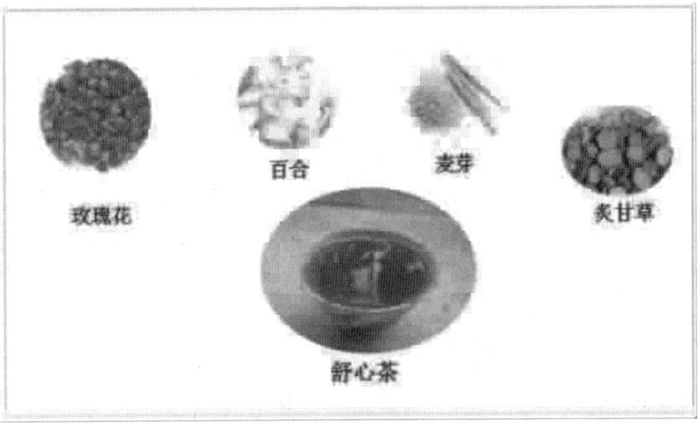

益气生津茶

【来源】甘肃省名中医、主任医师张志明

【组成】太子参30克、麦冬20克、枸杞子15克、玫瑰花15克、大枣3个切开、冰糖30克(酌情)。

【制作及用法】把所有材料共用沸水泡10分钟后,即可饮用。

【功效】益气养阴,生津止渴,解郁除燥。适用于气阴两虚,虚烦盗汗,心烦易怒。

【方解】太子参即能补脾气,又能养胃气,具有益气健脾,补气养阴,生津润肺的作用;麦冬性微寒、味甘,具有养阴生津,润肺清心;枸杞子味甘、性平,具有养肝,滋肾润肺明目之功效。三者共用主要是滋阴养阴,补气润肺之功效。

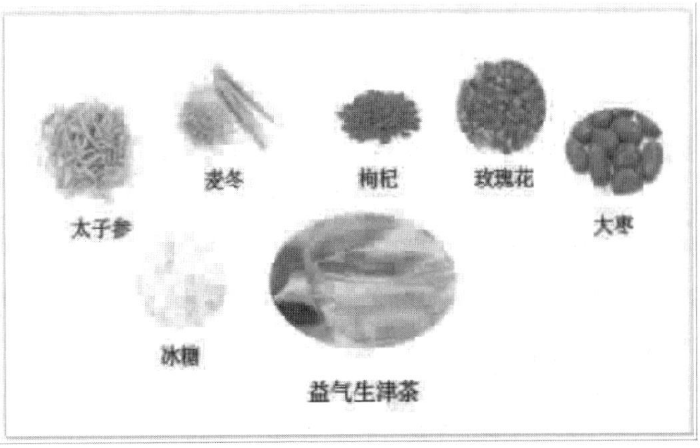

生津饮

【来源】内分泌科副主任医师余臣祖

【组成】枸杞子10克、梨皮6克、甘菊6克、麦冬6克、金石斛10克。

【制作及用法】梨皮、麦冬、金石斛加水800~1000毫升煮20分钟，后加入加入甘菊、枸杞子即可。温服，每日3~4次，每次200毫升。

【功效】滋阴润燥，清热解烦，生津止渴。

【方解】枸杞子滋阴补肾、降血糖(枸杞多糖)；梨皮滋阴润燥；甘菊清热明目麦冬滋阴清热、润燥、止渴；金石斛养阴清热。

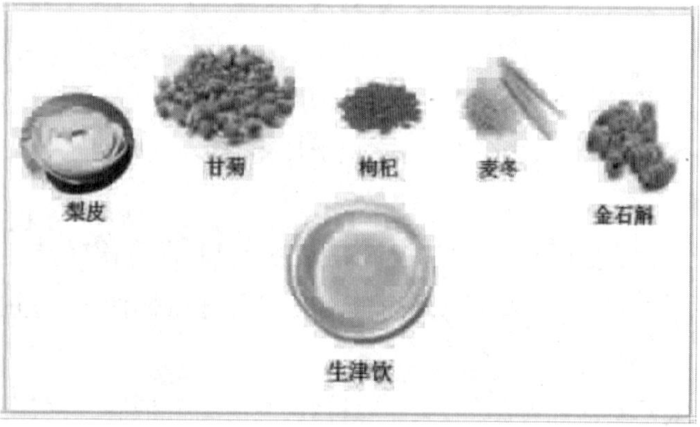

生姜黄芪红枣茶

【来源】皮肤科主任医师赵党生

【组成】黄芪4钱、生姜适量、红枣2颗、红糖适量。

【制作及用法】将切好的生姜片、黄芪、红枣加入1000克沸水中，小火煮8分钟，可适量加些红糖。

【功效】益气补血，健脾暖胃，缓中止痛。

【方解】黄芪大补元气，与健脾的姜、枣相伍，能增强健脾益气之功。三药与红糖相配更增暖胃缓急止痛之效。

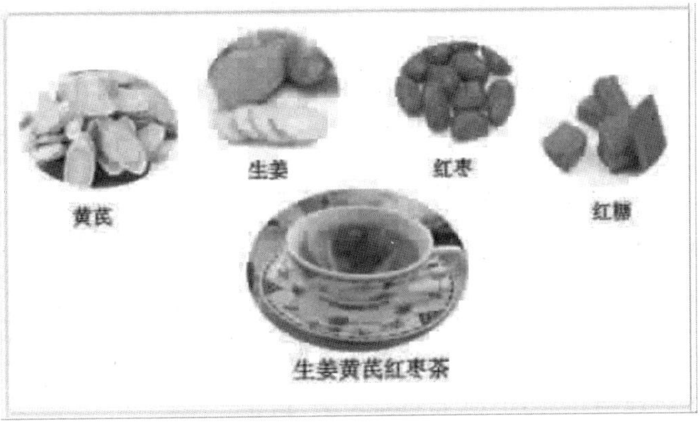

五加羌活茶

【来源】《养生茶配方大全》

【组成】五加皮5克、羌活3克、花茶3克。

【制作及用法】将材料放入养生茶壶中，加盖冲泡3~5分钟即可饮用，可续水多次。

【功效】祛风除湿，强筋壮骨，活血祛瘀。

【方解】五加皮具有祛风除湿、强筋壮骨、活血祛瘀的功效，羌活能疏风解表。

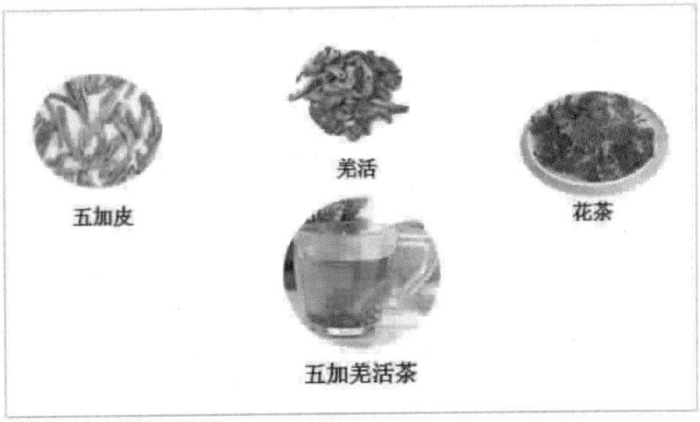

灵芝三七饮

【来源】《本草纲目》

【组成】灵芝20克、三七末3克。

【制作及用法】先煎灵芝1小时，取汁送三七末。

【功效】活血化瘀。

【方解】灵芝，味苦平、性温，、具有补心血、益心气、安心神之功；三七味甘、微苦，性温，具有化瘀止血，活血定痛之功效。

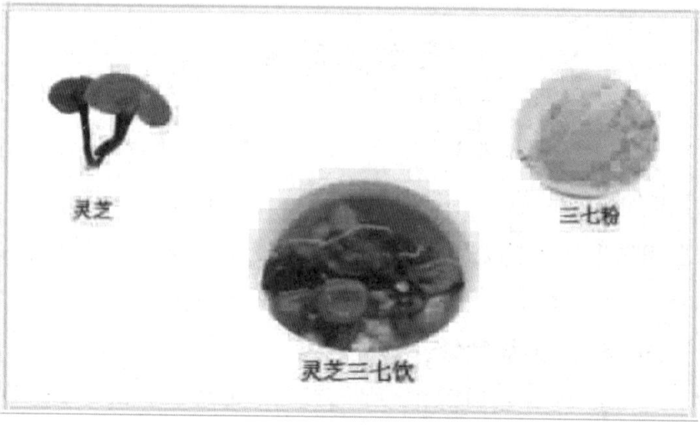

花旗参田七饮

【来源】《家庭保健食疗菜谱》

【组成】花旗参5~10克、三七末3克。

【制作及用法】先炖（或煎）花旗参，取汁送服三七末。

【功效】补气养阴。

【方解】花旗参味甘、微苦，性寒，具有补气、养阴、清火之功效；三七味甘、微苦，性温，具有化瘀止血、活血定痛之功效。

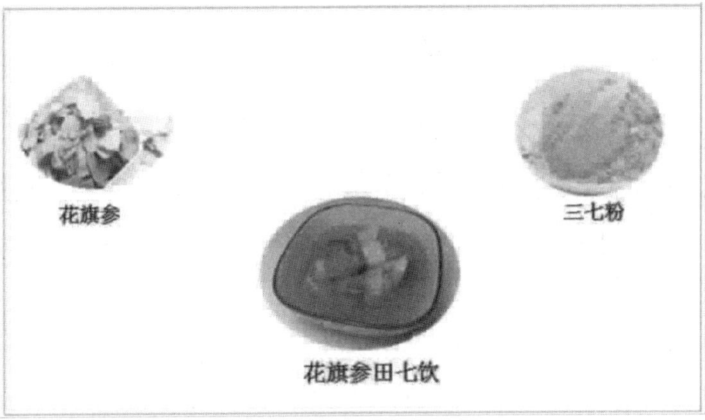

玫瑰茶

【来源】肛肠科主任医师张小元

【组成】干玫瑰花苞20朵、水250毫升、红茶1包、蜂蜜或糖适量。

【制作及用法】干玫瑰花苞泡水，加红茶及糖，饮用。

【功效】理气解郁，活血散瘀。

【方解】玫瑰花味甘微苦、性温，具有理气解郁、活血散淤、调经止痛之功效。

荷叶甘草茶

【来源】《养生茶谱》

【组成】鲜荷叶100克、甘草5克、水1000毫升。

【制作及用法】先将荷叶洗净切碎，水开后将甘草、荷叶放入水中煮10分钟，滤去荷叶渣，加白糖适量饮服。

【功效】清热解毒，利水通淋，利尿止渴。

【方解】荷叶味苦辛微涩、性凉，归心、肝、脾经，清香升散，具有消暑利湿，健脾升阳，散瘀止血的功效。主治暑热烦渴，头痛眩晕，水肿，食少腹胀，泻痢，白带，脱肛，吐血，衄血，咯血，便血，崩漏，产后恶露不净，损伤瘀血。甘草味甘、平，入脾、胃、肺经，具有补脾益气，清热解毒，清热利尿，祛痰止咳，缓急止痛，调和诸药。用于脾胃虚弱，倦怠乏力，心悸气短，咳嗽痰多，脘腹、四肢挛急疼痛，痈肿疮毒，缓解药物毒性、烈性。

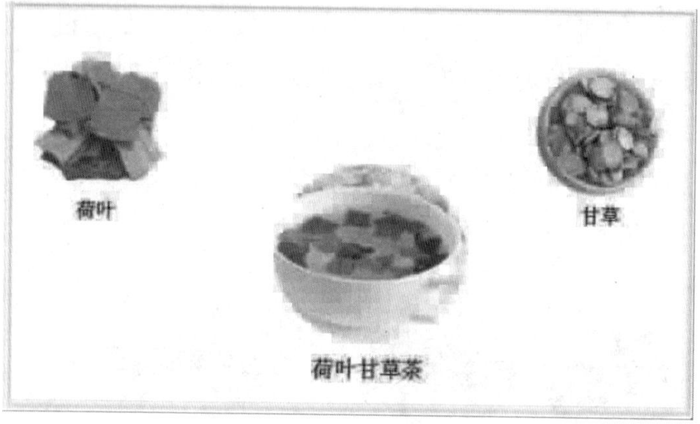

竹叶茶

【来源】甘肃省名中医、主任医师王钢

【组成】淡竹叶一小撮(5~10克)、冰糖适量。

【制作及用法】用沸水冲泡之后，加入冰糖即可饮用。

【功效】清热、祛湿、利尿。

【方解】竹叶有清热、解毒、利尿之作用；冰糖生津止渴、润肺、清火，二者合用是消暑、祛湿的佳品。

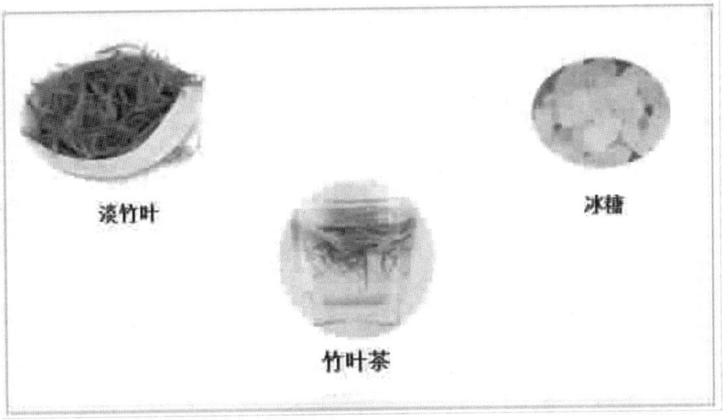

麦门冬茶

【来源】《圣济总录》

【组成】麦门冬5克。

【制作及用法】可取5~8片置于饮杯中，先用少许开水润湿再冲泡后饮用最佳。可搭配玉米须、桑叶、绿茶。

【功效】养阴润肺，清心除烦，益胃生津。

【方解】麦冬性微甘味苦，寒，入肺、胃、心经，有生津解渴、润肺止咳之效。

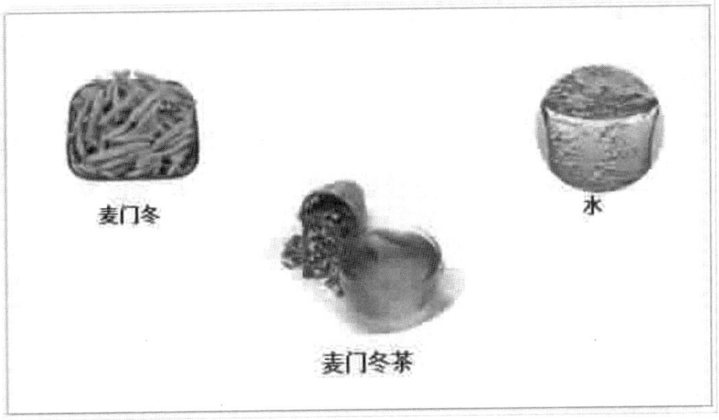

荷叶茶

【来源】《中国药查配方大全》

【组成】干荷叶20克、薏苡仁10克、橘皮5克。

【制作及用法】干荷叶、薏苡仁、橘皮混合后放入容器中用沸水冲泡，每日一剂，代茶饮。

【功效】健脾化湿，降压降脂

【方解】荷叶的浸剂和煎剂具有扩张血管、清热解暑剂降血压之效；薏苡仁中的薏苡仁具有降低血压的功效；橘皮具有理气健脾，调中，燥湿，化痰的功效。

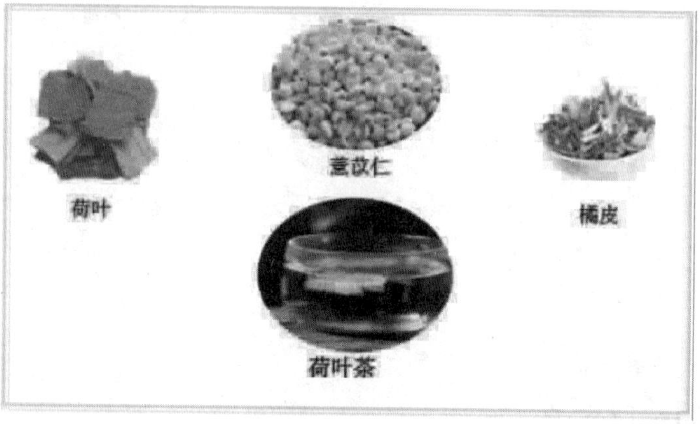

莲子心茶

【来源】《中国药查配方大全》

【组成】莲子心12克。

【制作及用法】开水冲泡后代茶饮用，每天早晚各一次。

【功效】降压，养心安眠。

【方解】莲子心是指莲子中间青绿色的胚芽，其味及苦，从莲子心提出连心碱结晶，有短暂降压之效，改变为季铵盐，则出现强而持久的降压作用。又可安神养心，对心烦梦多引起的失眠有不错的缓解作用。

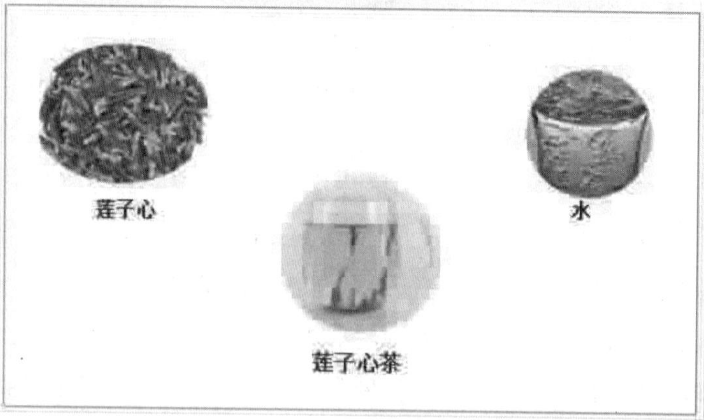

陈皮茯苓茶

【来源】甘肃省名中、医主任医师王钢

【组成】茯苓5克，陈皮2克。

【制作及用法】茯苓、陈皮洗净，放人保温杯中，在杯中冲入沸水，等待5分钟即可饮用。

【功效】健脾利湿，化痰祛脂。

【方解】茯苓渗水利湿、健脾和胃；陈皮健脾、燥湿化痰。

杜仲柚子茶

【来源】甘肃省名中医、主任医师张晓刚

【组成】杜仲5克，柚子茶1勺。

【制作及用法】先用开水浸泡杜仲，再放入柚子茶，搅匀即可。

【功效】强筋壮骨，利便。

【方解】杜仲能补益肝肾、强筋壮骨，降低中性脂肪。杜仲所含成分可加速新陈代谢，促进热量消耗，体重自然下降，此外杜仲还有预防衰老的作用。柚子有健胃、润肺、补血、清肠、利便、促进伤口愈合等功效，此外，柚子还含有丰富的蛋白质、有机酸及钙、磷、镁等人体必需元素。

白芍钩藤茶

【来源】《传统药茶方》

【组成】白芍5克、钩藤3克、绿茶3克。

【制作及用法】用250毫升开水冲泡后饮用，冲饮至味淡。

【功效】柔肝清热，平肝熄风。

【方解】白芍味苦酸，性微寒，归肝脾经，具有养血敛阴、柔肝止痛、平抑肝阳、敛阴止汗的功效；钩藤的性甘，味微寒，归肝、心包经，具有熄风止痉，清肝热，平肝阳的功效；绿茶具有提神清心、清热解暑、消食化痰、去腻减肥、清心除烦、解毒醒酒、生津止渴、降火明目、止痢除湿的功效。

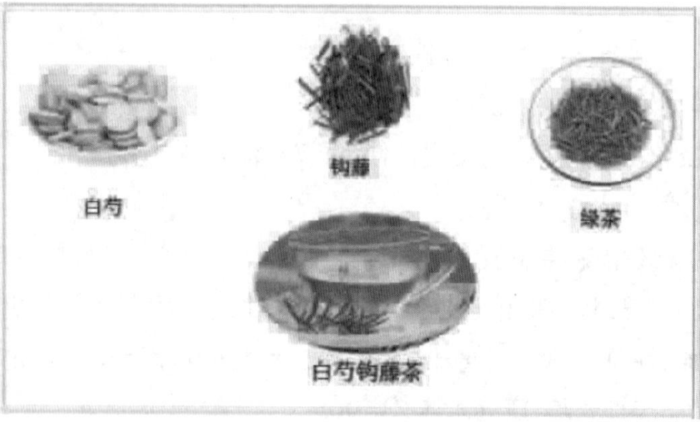

生脉饮

【来源】《千金要方》

【组成】 党参10克、麦门冬20克、五味子10克、枸杞10克。

【制作及用法】麦门冬、五味子、党参洗净，放入砂锅中，一次性加足量的清水；盖锅盖，大火烧开，转文火煮15分钟，揭盖，关火；枸杞放入壶中，将煮好的水倒入，盖壶盖，浸泡20分钟即可饮用。

【功效】益气生津，复脉止渴，润肺养胃，补中益气。

【方解】党参可健脾益肺，益气生津；麦门冬可养阴生津，润肺清心；五味子可以刺激食欲，补肾宁心，平衡电解质；枸杞具有补肾益精、养肝明目、补血安神、生津止渴、润肺止咳的作用。

玄青茶

【来源】《传统药茶方》

【组成】玄参5克、大青叶3克、绿茶3克。

【制作及用法】将以上材料水煎可当茶饮。

【功效】清热凉血，养阴解毒。对乳蛾肿痛；感冒发热，腮腺炎，丹毒等外科疮痈肿毒有较好效果。

【方解】玄参味甘、苦、咸，性微寒，归肺、胃、肾经，清热凉血，泻火解毒，滋阴。主治温邪入营，内陷心包，温毒发斑，热病伤阴、舌绛烦渴、津伤便秘、骨蒸劳嗽、目赤、咽痛、瘰疬、白喉、痈肿疮毒。大青叶性味苦、咸，大寒，入心、胃经。清热凉血，解心、胃热毒。主治流感，热病发斑，咽喉炎，扁桃腺炎，腮腺炎，流脑，肠炎，菌痢，外敷疮肿毒。绿茶具有提神清心、清热解暑、消食化痰、去脂减肥、清心除烦、解毒醒酒，生津止渴、降火明目、止痢除湿等药理作用。

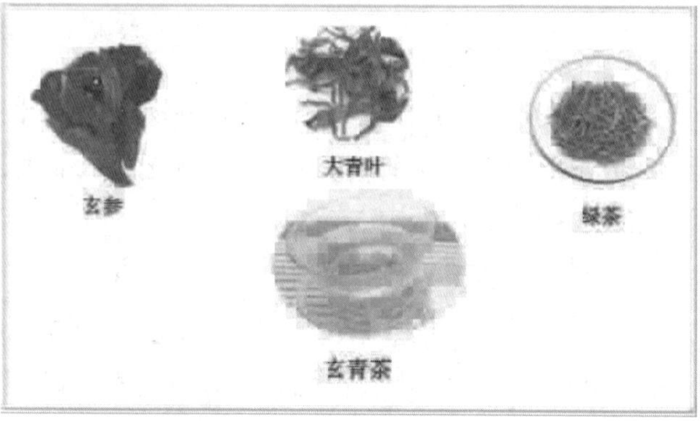

芡实薏米茶

【来源】《本草纲目》

【组成】薏仁50克、赤小豆50克、芡实5克、马齿苋5克、淡竹叶5克、槐米10克、绿茶适量。

【制作及用法】将薏仁、赤小豆、槐米加水浸泡半天，加入芡实、马齿苋煮30分钟，最后放入淡竹叶、绿茶再煮10分钟即可饮用。

【功效】健脾祛湿，益肾固精，利尿消肿，清热解毒。

【方解】薏仁具有健脾、祛湿的功效；赤小豆可消肿、排毒；芡实可益肾固精，补脾止泻，除湿止带；马齿苋可清热解毒；淡竹叶有利便、去烦热、清心的作用；槐米可抗炎、抗病毒，绿茶具有防衰老、防癌、杀菌、消炎的功效。

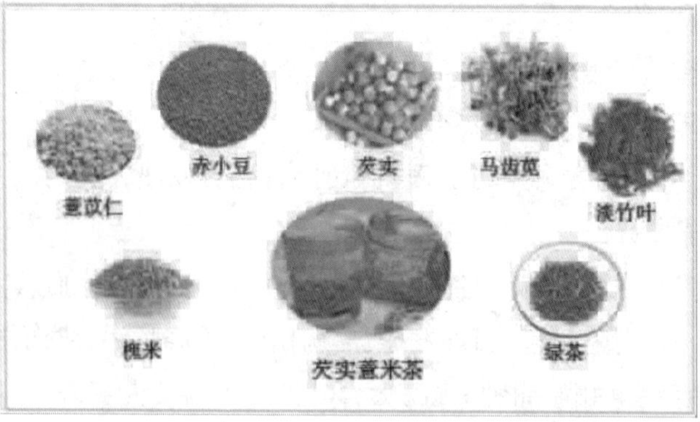

桑寄生茶

【来源】甘肃省名中医、主任医师钟栩

【组成】桑寄生100克、麦冬30克，水三碗，红糖适量。

【制作及用法】麦冬、桑寄生浸洗，洗干净后放水浸泡30分钟。放入煲内，大火煮沸后改用中火煲45分钟，放入红糖调味即可饮用。

【功效】治疗高血压具有明显的辅助疗效。

【方解】草药桑寄生为补肾补血要剂，具有祛风益肝的重要作用，中医临床表明，用桑寄生煎汤代茶，能对抗心律失常，改善冠脉流量，改善冠脉循环，增强心脏收缩力，降低心肌氧耗，抑制血小板聚集，抗血栓形成，改善微循环，并对治疗高血压具有明显的辅助疗效。

二子茶

【来源】甘肃省名中医、主任医师李应东

【组成】决明子30克、枸杞子15克。

【制作及用法】将决明子略炒香后捣碎，与枸杞子共放茶壶中，冲入沸水适量，盖闷15分钟代茶频频饮用，每天一剂，晚间服用。

【功效】滋补肝肾、润肠通便、清肝明目、安神助眠。

【方解】决明子又称草决明，味甘、苦、咸，性微寒，能清热明目，润肠通便；枸杞子性平，味甘，益精补肾、养肝明目。二者合用，最宜于高血压证属肝肾阴虚者。

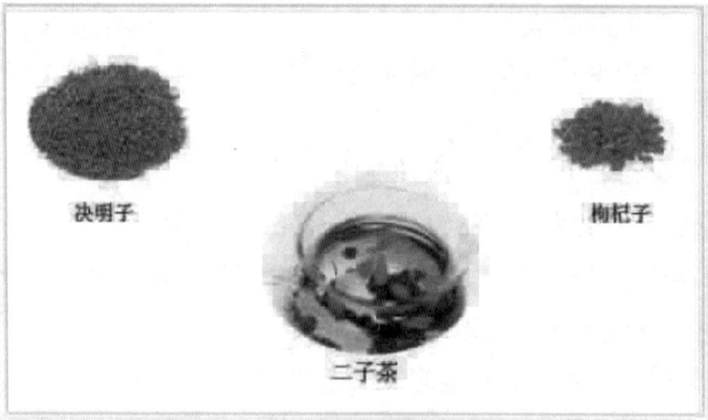

三 花 茶

【来源】甘肃省名中医主任医师李应东

【组成】金银花10克、菊花10克、玫瑰花10克。

【制作及用法】 将上述3味放入杯中，用沸水冲泡，加盖闷泡10~15分钟即可代茶频饮，可续水。

【功效】疏散风热，清热解毒，清肝平肝。

【方解】金银花性寒、味甘，归肺、胃经，能清热解毒，疏散风热；菊花味微辛、甘、苦，性微寒，能疏散风热，清肝明目，平肝阳，解毒；玫瑰花味甘微苦、性温，能理气解郁，活血化瘀，调经止痛。

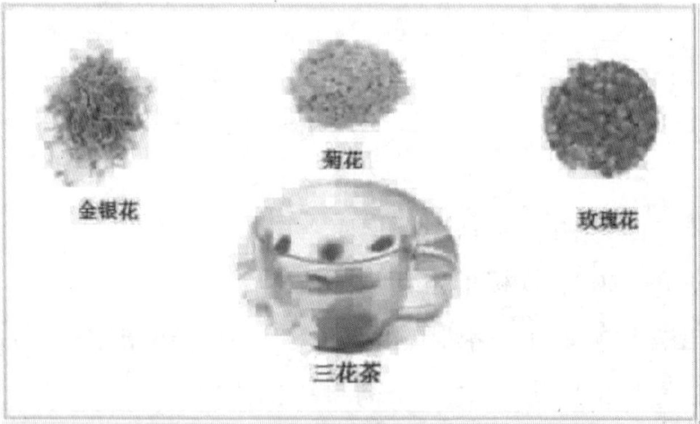

归 苏 茶

【来源】《传统药茶方》

【组成】当归5克、苏子3克、花茶3克。

【制作及用法】用前二味药的煎煮液300毫升泡茶饮用，冲饮至味淡。

【功效】活血、降气、消痰。

【方解】当归味甘、辛、苦，性温，入肝、心、脾经，具有养血和血，补血调经，活血止痛，润肠通便的功效；苏子性味辛温，归肺经，具有降气消痰、通降肺气、降血脂降血压，提高记忆力的功效；花茶味甘微苦、性温，具有理气解郁、活血散淤、调经止痛的功效。

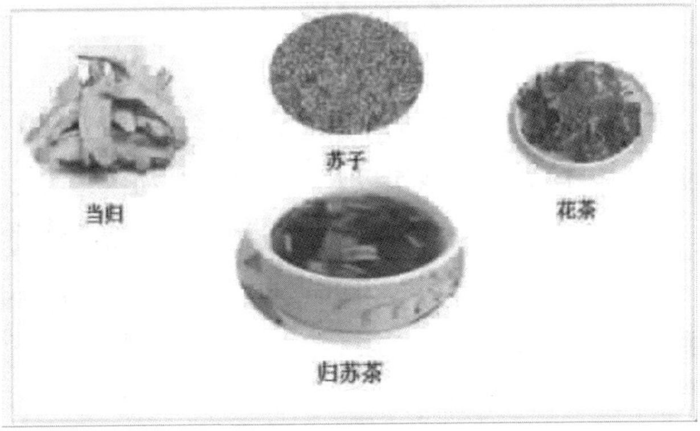

当归黄芪红茶

【来源】骨科主任医师徐克武

【原料】当归5克、黄芪5克、红茶10克、枸杞5克。

【制法】所有材料沸水泡10分钟，即可饮用。

【功效】补气养血，活血化瘀。

第三部分 保 健 操

养生八段锦

八段锦是一套独立、完整、优秀的中国传统保健功法。起源于北宋,至今共八百多年的历史。其“祛病健身,效果极好、编排精致,动作完美”,主要是练筋,其次是练经脉。它的特点有:柔和缓慢,圆活连贯,松紧结合,动静相兼,神与形合,气寓其中,共有八个招式。练习时尽可能的使四肢百骸或肢体得到伸拉,使之伸展,长期有意识的锻炼,气血经络筋脉等都在一种良性循环下工作,自然就能起到强健身体,祛除疾病的作用。

【方法】

第一式 双手托天理三焦

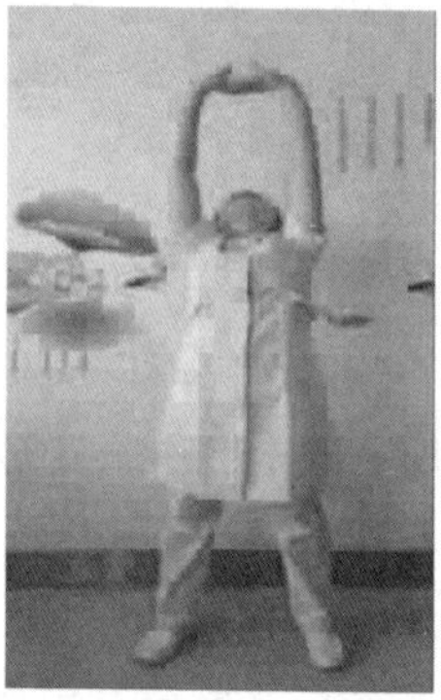

功效:1. 调理胸腹三焦;
2. 增加肺活量;
3. 活动上指关节和胸腹肌。

第二式 左右开弓似射雕

功效:1. 活动上指关节及颈椎关节;
2. 锻炼握力;
3. 增加肺活量。

第三式　调理脾胃须单举

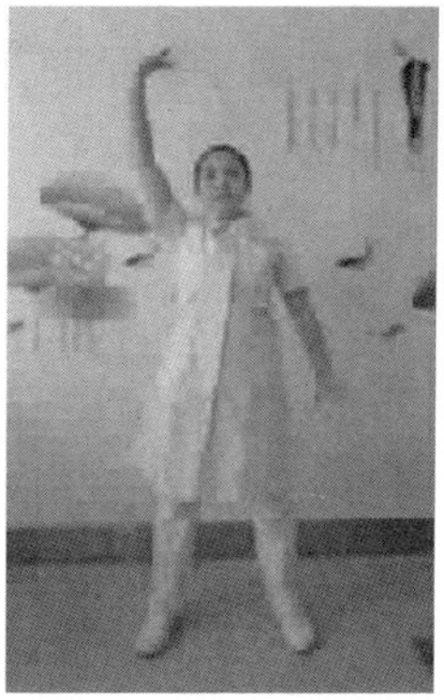

功效：1. 调理脾胃功能；
2. 增加肺活量；
3. 活动上肢关节，锻炼胸腹肌及上下肢肌肉。

第四式　五劳七伤向后瞧

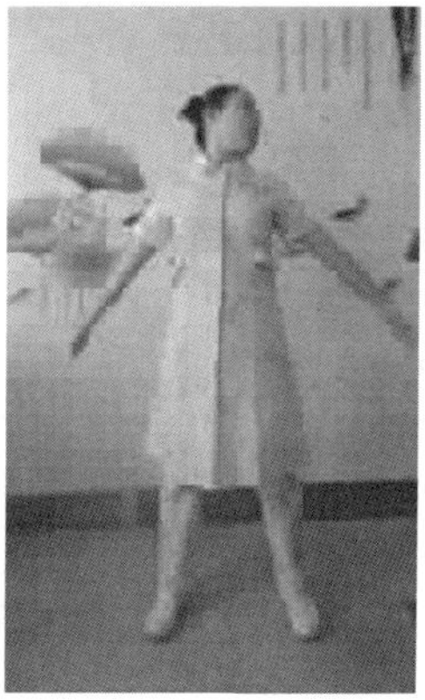

功效：1. 增加肺活量；
2. 活动颈椎关节；
3. 锻炼眼肌及下肢肌肉。

第五式　摇头摆尾去心火

功效：1. 改善血液循环，调理大脑功能；
2. 增加内脏活动，调节内脏功能；
3. 活动脊椎关节，锻炼胸腹肌及下肢肌肉。

第六式　两手攀足固肾腰

功效：1. 活动腰背关节，锻炼胸腹肌，有固肾强腰之效；
2. 活动上肢关节；
3. 增加肺活量。

第七式　怒目攥拳增气力

功效：1. 活动上肢关节，锻炼四肢肌肉；
2. 锻炼握力和拳击力量；
3. 改善血液循环。

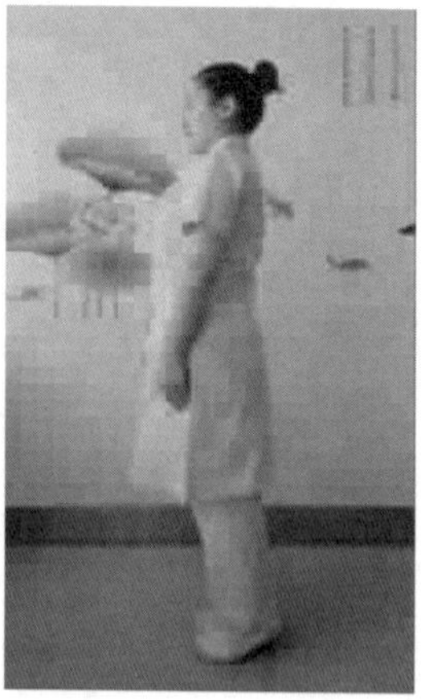

第八式　背后七颠百病消

功效：1. 增加肺活量；
2. 锻炼胸腹肌及下肢肌肉；
3. 锻炼胸腹肌及下肢肌肉。

五禽戏

五禽戏由5种动作组成，分别是虎戏、鹿戏、熊戏、猿戏和鸟戏，每种动作都是模仿了相应的动物动作。每种动作都是左右对称地各做一次，并配合气息调理。

【方法】

第一式　熊戏

起势：身体自然站立，两脚平行分开与肩同宽，双臂自然下垂，两眼平视前方。

1.右腿屈膝，身体微向右转，同时右肩向前下晃动、右臂亦随之下沉，左肩则向外舒展，左臂微屈上提。

2.左腿屈膝，其余动作与上左右相反。如此反复晃动，次数不限。

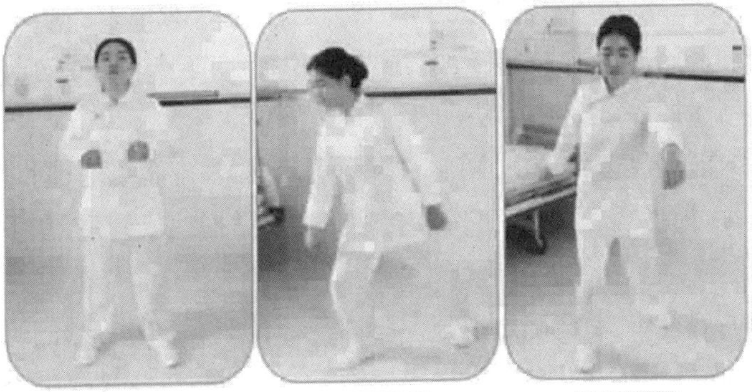

熊运　熊晃　熊晃

第二式　虎戏

起势：脚跟靠拢成立正姿势，两臂自然下垂，两眼平视前方。

1. 两腿屈膝下蹲，重心移至右腿，左脚虚步，脚掌点地、靠于右脚内踝处，同时两掌握拳提至腰两侧，拳心向上，眼看左前方。

2. 左脚向左前方斜进一步，右脚随之跟进半步，重心坐于右腿，左脚掌虚步点地，同时两拳沿胸部上抬，拳心向后，抬至口前两拳相对翻转变掌向前按出，高与胸齐，掌心向前，两掌虎口相对，眼看左手。

3. 左脚向前迈出半步，右脚随之跟至左脚内踝处，重心坐于左腿，右脚掌虚步点地，两腿屈膝，同时两掌变拳撤至腰两侧，拳心向上，眼看右前方。

4. 与左式2同，唯左右相反。如此反复左右虎扑，次数不限。

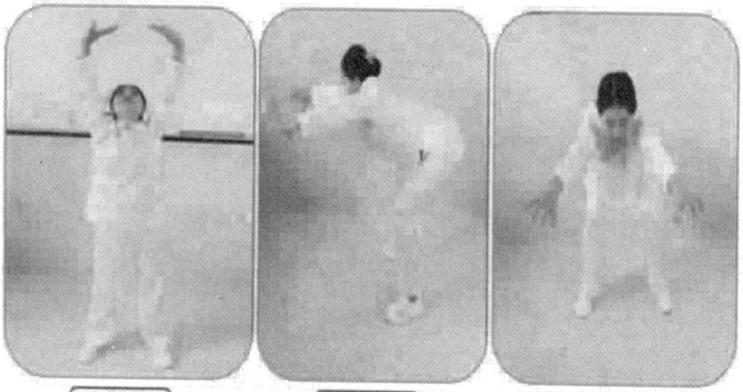

虎举　　虎扑　　虎扑

第三式　猿戏

起势：脚跟靠拢成立正姿势，两臂自然下垂，两眼平视前方。

1. 两腿屈膝，左脚向前轻灵迈出，同时左手沿胸前至口平处向前如取物样探出，将达终点时，手掌撮拢成钩手，手腕自然下垂。

2. 右脚向前轻灵迈出，左脚随至右脚内踝处，脚掌虚步点地，同时右手沿胸前至口平处时向前如取物样探出，将达终点时，手掌撮拢成钩手，左手同时收至左肋下。

3. 左脚向后退步，右脚随之退至左脚内踝处，脚掌虚步点地，同时左手沿胸前至口平处向前如取物样探出，最终成为钩手，右手同时收回至右肋下。

右式动作与左式相同，唯左右相反。

猿提　　猿摘　　猿摘

第四式　鹿戏

起势：身体自然直立，两臂自然下垂，两眼平视前方。

1. 右腿屈膝，身体后坐，左腿前伸，左膝微屈，左脚虚踏；左手前伸，左臂微屈，左手掌心向右，右手置于左肘内侧，右手掌心向左。

2. 两臂在身前同时逆时针方向旋转，左手绕环较右手大些，同时要注意腰胯、尾骶部的逆时针方向旋转，久而久之，过渡到以腰胯、尾骶部的旋转带动两臂的旋转。

要点：右式动作与左式相同，唯方向左右相反，绕环旋转方向亦有顺逆不同。

鹿奔　鹿奔　鹿抵

第五式　鸟戏

起势：两脚平行站立，两臂自然下垂，两眼平视前方。

1. 左脚向前迈进一步，右脚随之跟进半步，脚尖虚点地，同时两臂慢慢从身前抬起，掌心向上，与肩平时两臂向左右侧方举起，随之深吸气。

2. 右脚前进与左脚相并，两臂自侧方下落，掌心向下，同时下蹲，两臂在膝下相交，掌心向上，随之深呼气。

要点：右式同左式，唯左右相反。

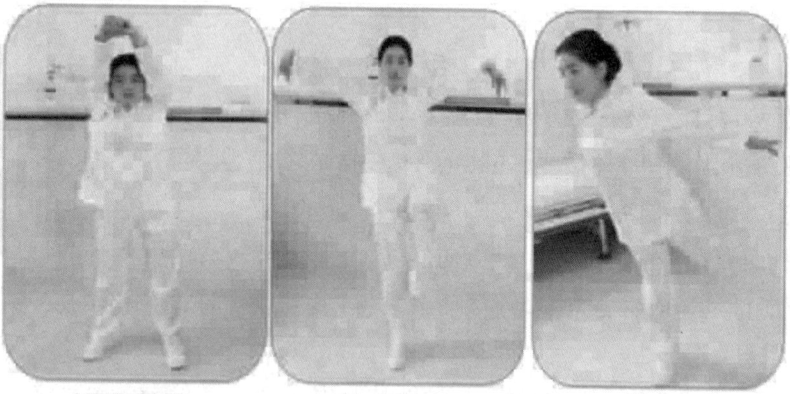

鸟伸　　鸟飞　　鸟飞

敦煌石窟外壮功

敦煌石窟外壮功是根据北魏石窟壁画中的动功图整理而成，类似华佗五禽戏，模仿动物动作，依据吐纳导引之术和运动生理医学以及阴阳八卦、武术等理论结合敦煌壁画外道，练武等组成动功，以壮其外，动静相配，内外结合，方有病治病，无病防病。具有调整人体阴阳之偏之功效。

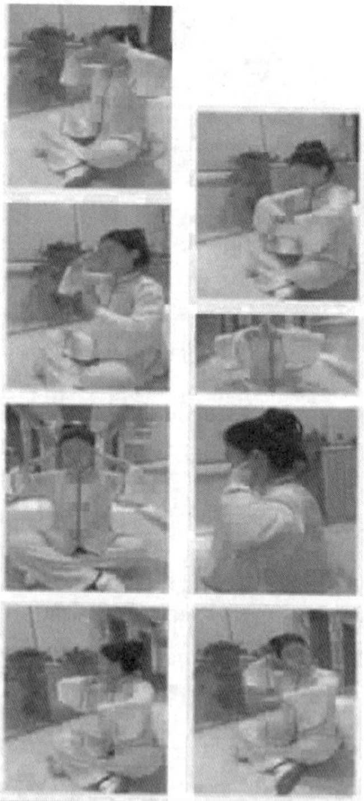

第一节　双手合十按玉面

第一功

【作用】疏通手足三阳经。治疗肾性高血压所致头痛、目疾。

【方法】摸眼，双手合十，指尖对准膻中穴，以开肺气。然后指尖向上双手互搓8次。再双手交替中指轻轻过眼摸眼8次。

第二功

【作用】疏通三阳之海，清肝明目通窍。

【方法】双手合十，指尖对准印堂穴，两手分开沿眉毛推向太阳穴，再经耳后在下颌处双手合十，重复8次过太阳穴、风池穴。

第三功

【作用】调整阴阳。接通任督脉。

【方法】用右手从左耳后经颔下，推至右耳后，两手交替共作8次。

第二节 反弹琵琶 反按玉枕

【作用】接通手足太阳经。

【方法】右手掌向上四指与拇指自然分开，屈肘手背从颈后至右侧玉枕穴，屈右肘同时抬起右足至左下肢胫前，双目注视左手劳宫穴。左右交替8次。（手起时中指带头吸气，抬足时亦为吸气，反按玉枕穴时亦为吸气，手足下落动作时均为呼气）。

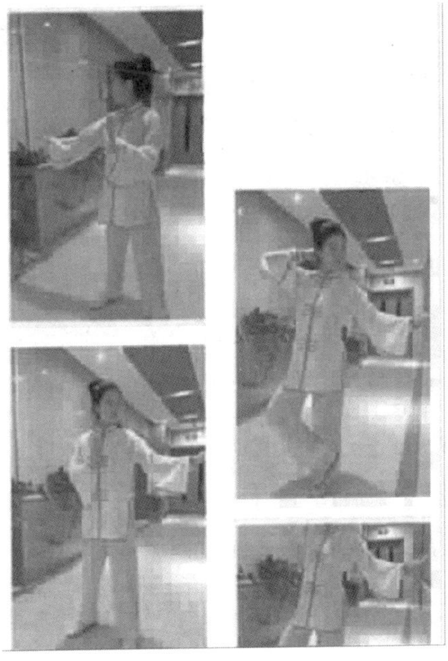

第三节 肝肾同源按肾俞

【作用】疏肝固肾。

【方法】双手中指对准天突穴掌心对胸，从胸前向两胁肋部滑动。至髂前上嵴后虎口转向下，四指向后对准肾俞按揉。共8八次。（抬手时虎口朝上，在胸胁按压时稍用力，抬手吸气从胸胁向下按摩时呼气，按肾俞时吸气提肛固肾收腹，然后手掌向上再向下呼气，掌心向涌泉）。

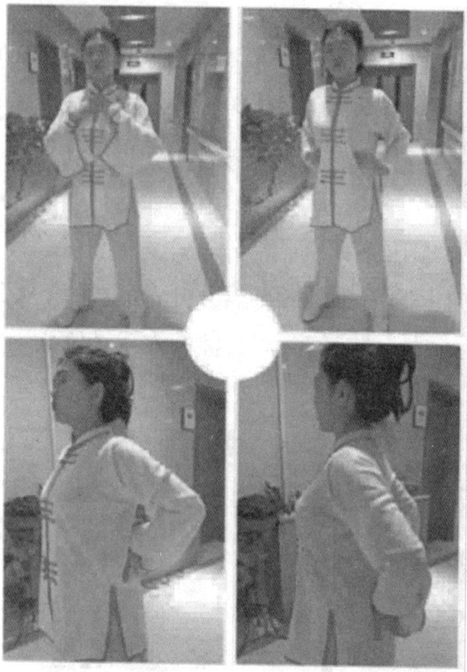

第四节　飞天起势

第一功

【作用】疏通足少阴肾经，手少阴心经。交通心肾，主治肾性失眠。

【方法】双足与肩等宽平行站立，右手高左手低向右前伸直，身体向右前倾斜，重心移向右足，左足离地，自然向后伸直以补益心肾。共作8次。（呼吸配合，吸气准备，呼气出手，吸气抬腿，准备动作时用丹田气，复原呼气）。

第二功

【作用】通上焦壮心阳。主治胸痹，心阳不足。

【方法】耸肩摇臂，双臂平举，五指自然伸开，耸肩摇臂从右至左从左至右。共作8次。（出手时手掌推出，一半时才伸直推出，边收右边推左，自然呼吸）。

第三功

【作用】通心肾水火相济，宣通肺气。

【方法】下肢单立飞天点翅。自然呼吸，共作8次。

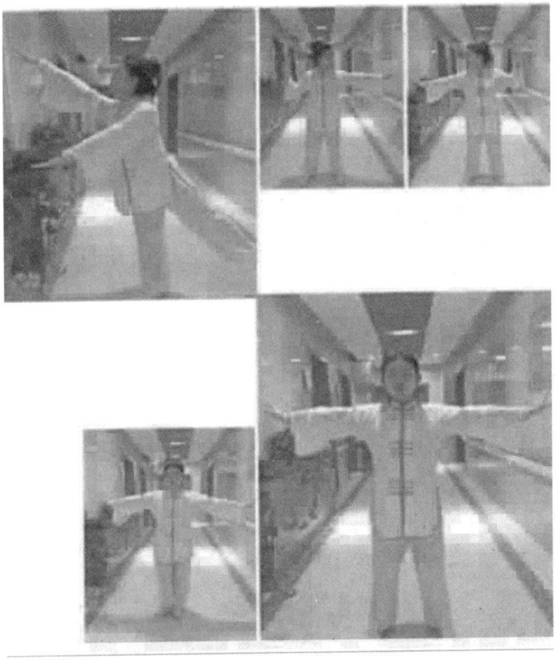

第五节　温补脾胃揉丹田

【作用】蓄气健脾，主治脾胃虚寒。

【方法】双手指互相重叠，男左女右，对准丹田穴，然后双手缓慢从腹侧经期门穴推至胃脘部，双手再重叠从正中线推至丹田。共作8次。(手向上时吸气，向下时呼气，吸至中脘呼至丹田。

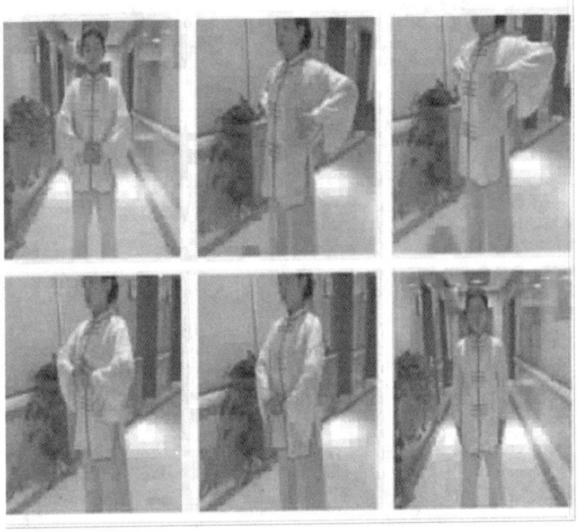

第六节 天地人合一

【作用】补肾固本，健身延年。

【方法】双足与肩等宽平行站立，右手掌向上，承天过头后手掌向内转，外劳宫对准百会穴，双足跟离地，头随之扬起，双目望月，左手自然向后至骶部，左右手交替作8次。（向上时吸气到目上看时提肛吸气，手向下时双手同时向下，舌抵上颚，交通任督）。

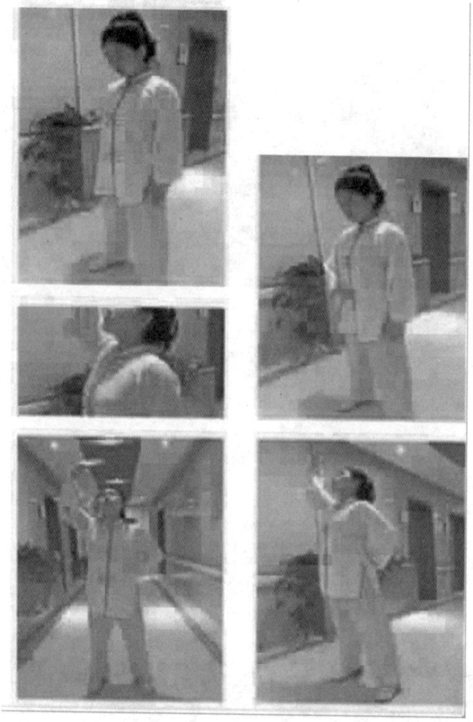

第七节 捧气灌会入涌泉

【作用】开肺气通三焦，主治肾性水肿。

【方法】双足与肩等宽，平行站立，双手自然放于体侧，然后转掌心向上向前从体测徐徐托起，气灌百会，双肘向外使双手掌心向下使气入丹田，双臂自然下垂，复原。同时用意念将气沿两下肢导入涌泉。共作8次。（手向上抬时吸气，下降时呼气，手抚丹田时再吸气提肛，两手在丹田拉开转手时变为呼气）。

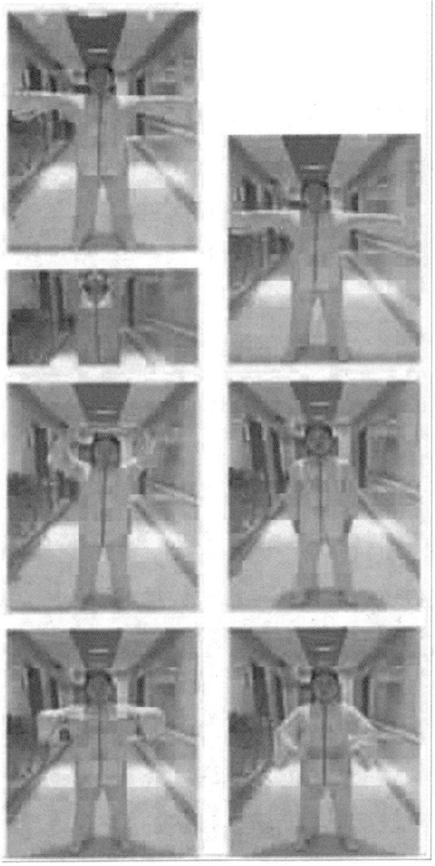

第八节 收势(或坐势)

【作用】调息收功。

【方法】双手缓慢向上吸气至丹田,向下呼气。

护肾顾耳养生操

起势:站立(左脚迈出,双脚与肩宽)

第一节 全耳按摩振脏腑

双手对搓(先左上后右下8次)——→双手摩擦耳廓(先后再前8次)

【作用】疏通经络,振奋脏腑,强身健体。

【方法】掌心前后摩擦耳廓20次左右,使之生热。

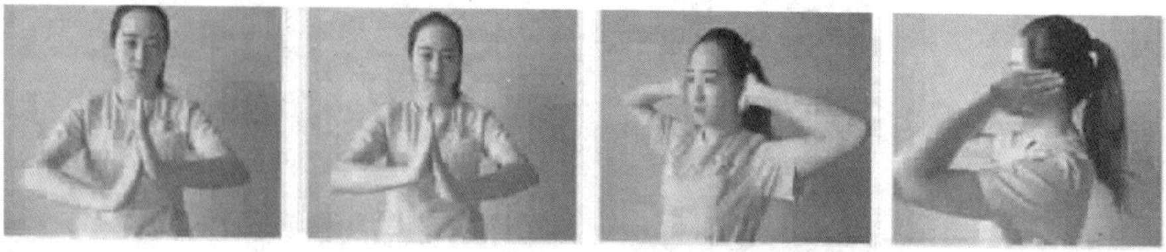

第二节 劳宫相对摩肾腧

【作用】补肾纳气,通经活络

【方法】两手掌对搓至手心发热,分别按在后背腰部,上下按摩腰背肾腧穴,至有热感为止。双手对搓8次——→双手至后背腰部,上下按摩肾腧穴8次。

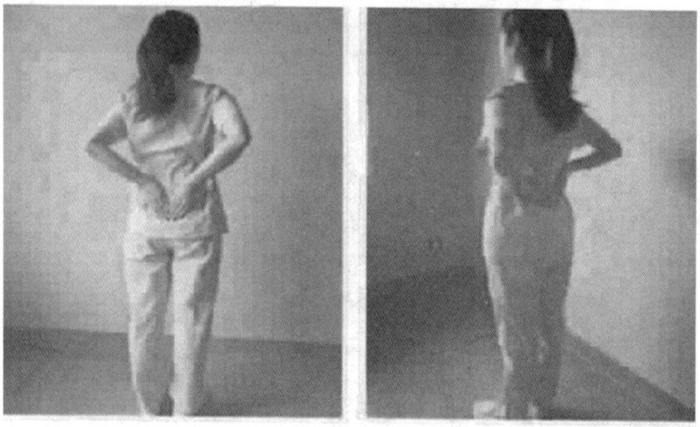

第三节 提捏耳尖、耳垂

【作用】镇静、清脑、明目、降压等。

【方法】以拇食指指腹向上捏拉耳尖至顶端,夹捏耳垂部向下再向外揪拉、摩擦耳垂20次左右。双手拇食指向上捏提耳尖8次,向下向外揪拉耳垂8次。

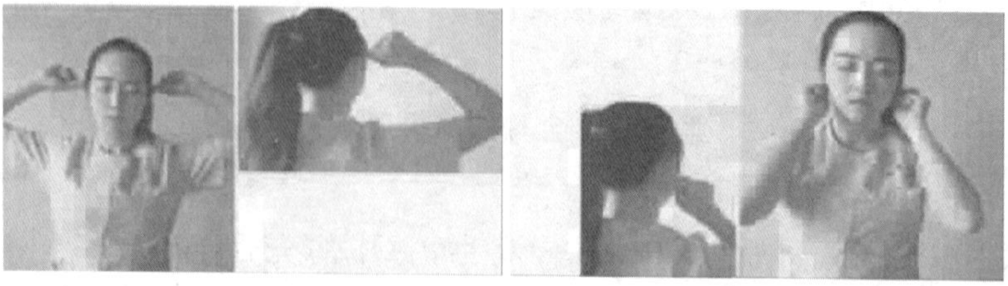

第四节 提踵颠足震肾经 左右抬腿健足跟

【作用】提踵可以牵拉腰背腿部的膀胱经、肾经；同时轻震地面可以按摩五脏六腑。刺激足后跟是对“足少阴肾经”穴位的按摩。

【方法1】双手叉腰，提踵时五趾抓地，两腿并拢，提肛收腹，肩向下沉，立项竖脊，百会上领；向下颠足时身体放松，轻轻咬牙，先缓缓下落一半，而后轻震地面。

【方法2】站立（左脚迈出，双脚分开与肩宽）

左右抬腿，足跟顿地8次。（抬腿时，脚尖伸直如同踢球；脚落地时，脚后跟先着地）。

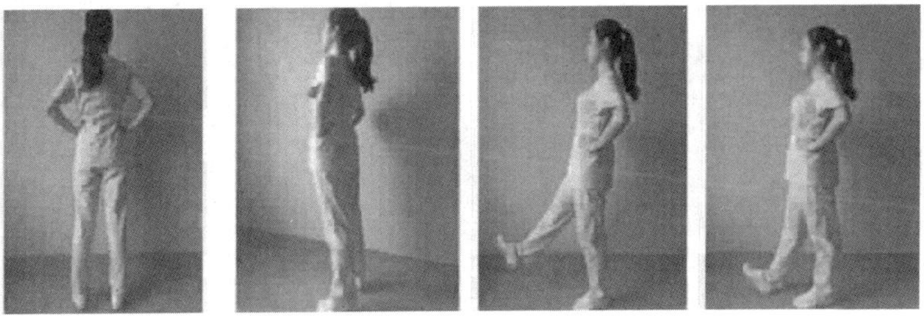

第五节 按摩耳甲暖五脏 两指夹耳来降压

【作用】可预防脏腑病症，对内脏进行保健和治疗。可降血压、清脑、明目耳聪。

【方法】以拇指指腹自三角窝始摩擦耳甲各十余次，使之发热；以食指、中指指腹夹耳摩擦耳背沟及耳屏前使之生热。（左手拇指按摩左耳甲4次，右手扶腰；右手拇指按摩右耳甲4次，左手扶腰。两手拇食指夹耳按摩8次）

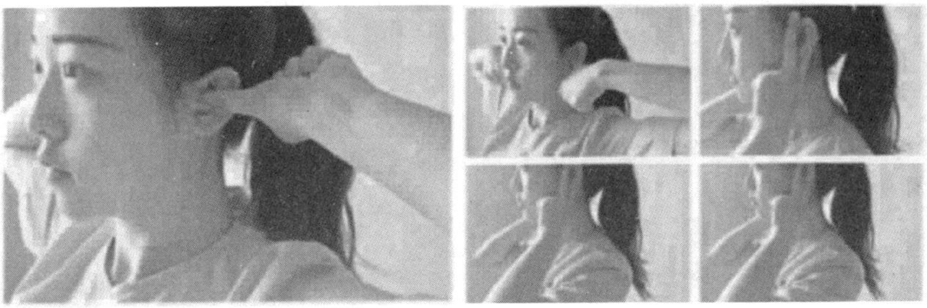

第六节 攀手固肾强筋骨

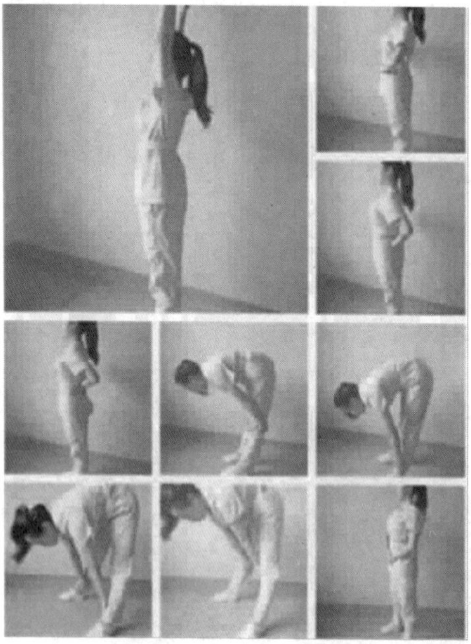

【作用】疏通经络，循行气血，平调阴阳。

【方法】双手上举（2拍）下落胸前（2拍）至脐（2拍），沿带脉至后腰（2拍），身体前倾，双掌沿尾骨（2拍）大腿后侧（2拍）至脚跟（2拍），沿外侧（2拍）至脚内侧（2拍），身体展直，双掌沿膝内测（2拍）腿内侧（2拍）按至脐（2拍）。如此往返2次。

第七节 握固守气精气神

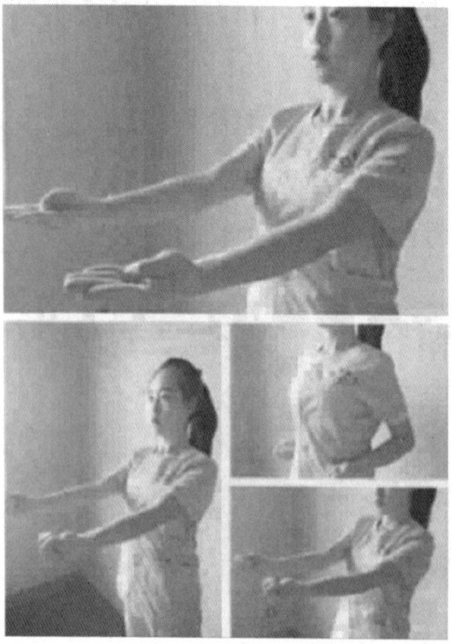

【作用】固守精气神。

【方法】将大拇指扣在手心，指尖位于无名指（第四指）的根部，然后屈曲其余四指，稍稍用力，将大拇指握牢，如攒握宝贝一般。

收势：站立（左脚收回，双腿并拢，双手下垂，意守丹田，）

备注：本操共八节，每节 8拍，时长8~10分钟。

八虚去邪拍痧法

八虚("八"是指人体的八个关节,即两肘、两腋,两髀、两腘),是五脏藏邪的所在之处,五脏有病又可以通过拍打某个部分起到缓解和治疗的作用。拍打八虚就是通过经筋来调整人的气血,融养生保健治病于一体。通过拍打将体内代谢产物"痧"这种毒废物经过一系列复杂的生化过程排出体外,达到保健养身的目的,同时这种过程又增强了人体的"自我免疫"。

第一节 拍两肘窝

【作用】拍尺泽穴、曲泽穴清宣肺气、泻火降逆、镇惊宁心的作用。拍散心肺邪气。

【方法】一侧手臂伸直,另一手五指并拢成勺状,由轻到重拍打其肘窝。左右交替。

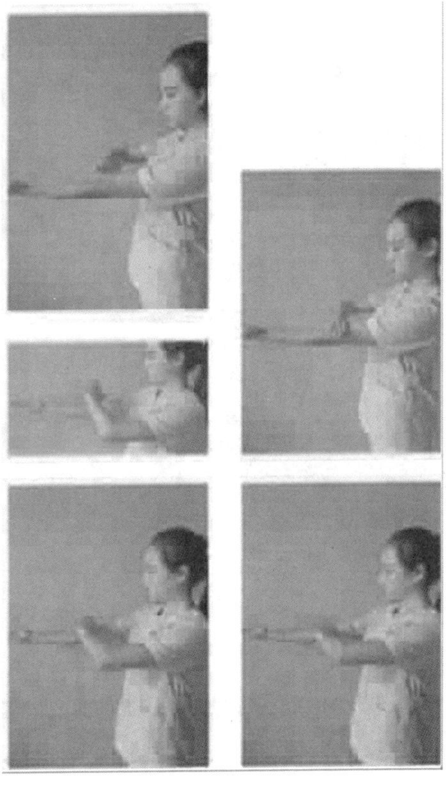

第二节　拍两腋

【作用】刺激两腋下肺经、心包经、胆经和心经。治疗肝病、心脏病。

【方法】两手五指并拢成勺状，由轻到重拍打两腋下。

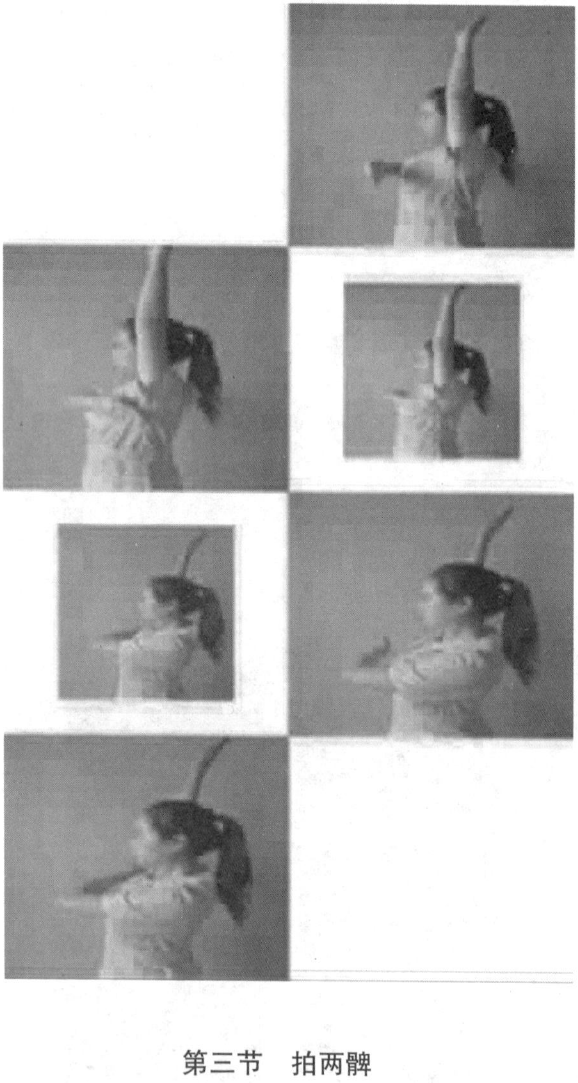

第三节　拍两髀

【作用】加速气血运行，健脾胃。治疗一切妇科病。

【方法】直立，用双手轻轻拍打两腹股沟，逐渐加力，直至两髀微微发热为止。每天拍打2~3次，每次3~5分钟。

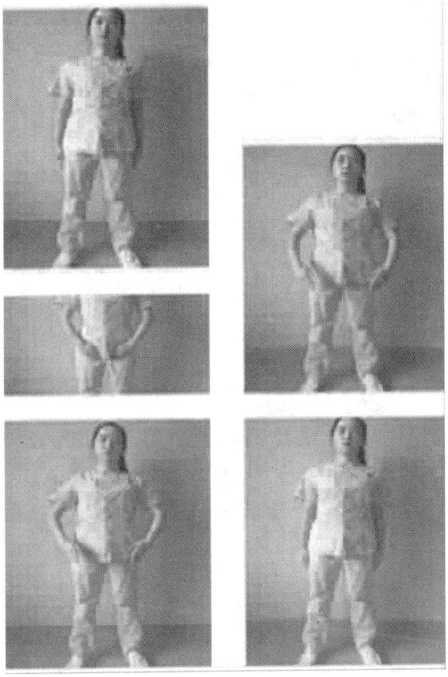

第四节　拍两腘

【作用】治疗腰背疼及坐骨神经痛，及补肾养肾的作用。

【方法】直立弯腰，用双手轻轻拍打两腘，逐渐加力，直至两腘微微发热为止。每天拍打2~3次，每次3~5分钟。

失眠按摩五言句

头痛欲裂和失眠，三焦支沟为首选，心包内关与大陵。

【作用】治疗由肝胆之火引起失眠头痛、耳鸣等症状。

【方法】按揉支沟穴、内关穴、大陵各5~6次。

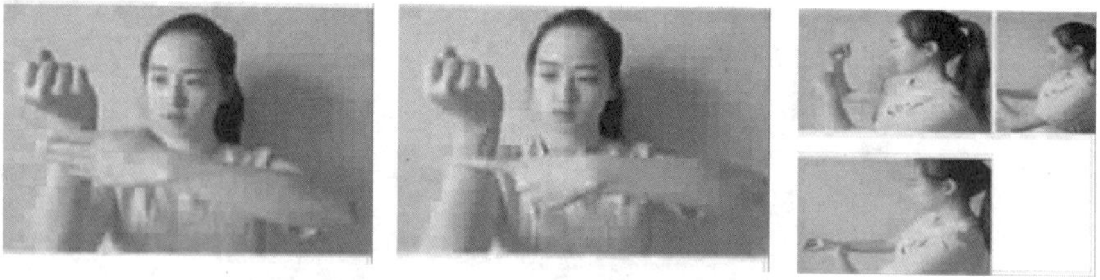

心肾不交难入睡，心经之穴少海点

【作用】治疗由肾阴不足或心火扰动引起的失眠、多梦、虚烦等症。

【方法】按揉少海穴左右各5~10分钟。

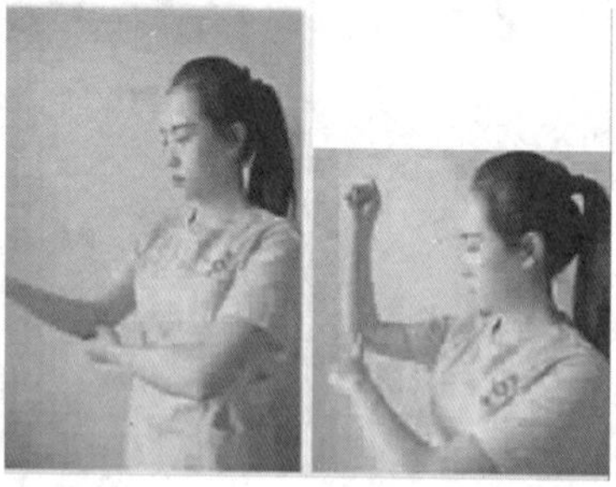

脾经公孙助消化，顺气推腹法当然；常做噩梦揉厉兑；十个脚趾肚揉按

【作用】治疗由于肠胃不好影响睡眠者。即中医上说“胃不和则寝不安”的患者。有通气和活血化瘀、安神之效。

【方法】按摩公孙穴左右各5~10分钟，配合推腹法效果更好。

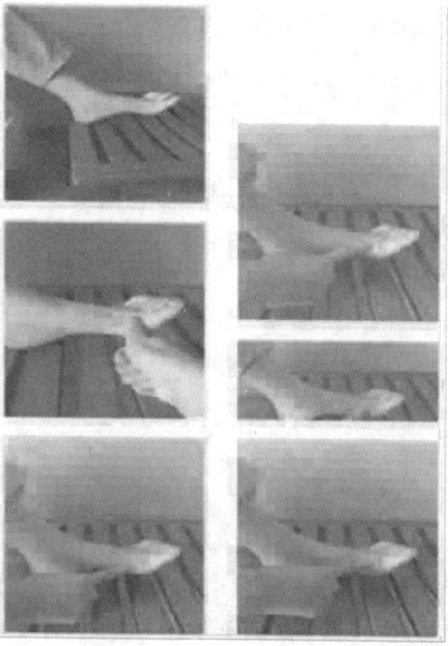

足底反射区内寻，失眠之点要瞧见；临睡之前敲带脉，肠胃无病寝则安

【作用】活血安神功效。

【方法】按摩足底,配合握拳敲带脉5~10分钟。

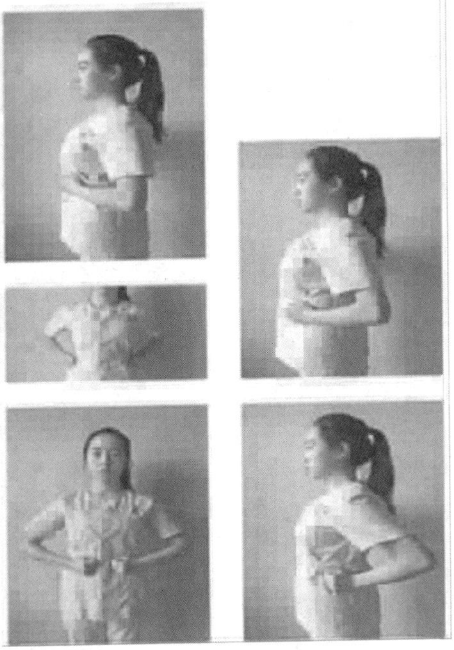

中医经络养生操

【作用】中医经络养生操是根据传统的中医学经络理论编创的养身体操,以凝神调息、气沉丹田,调和五脏,达到强身健体、疏通经络、对于改善糖尿病周围神经病变有一定的功效。

预备式

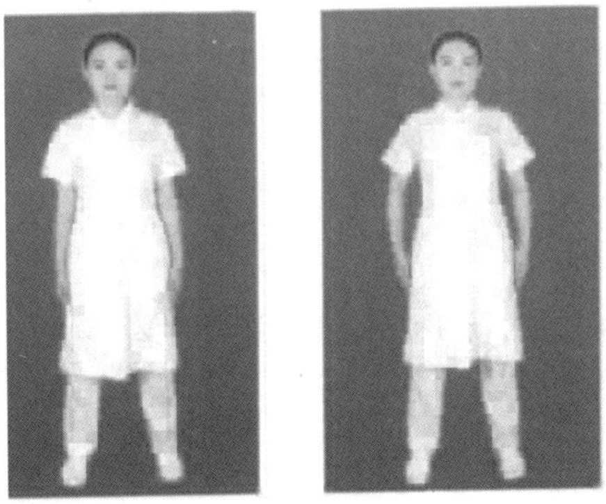

第一节　活动肩关节和腰部

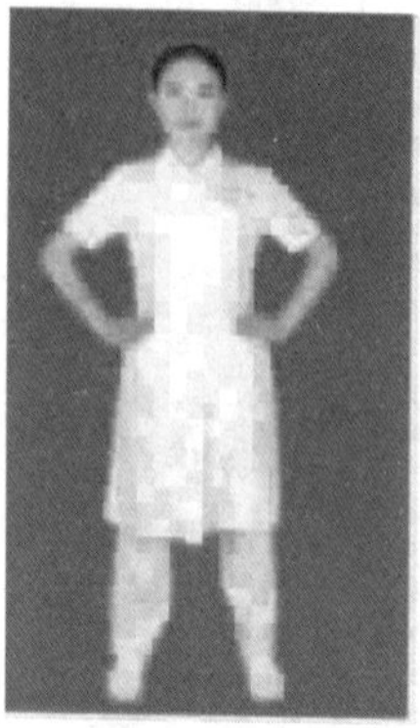

第二节　拍打手三阳经、三阴经

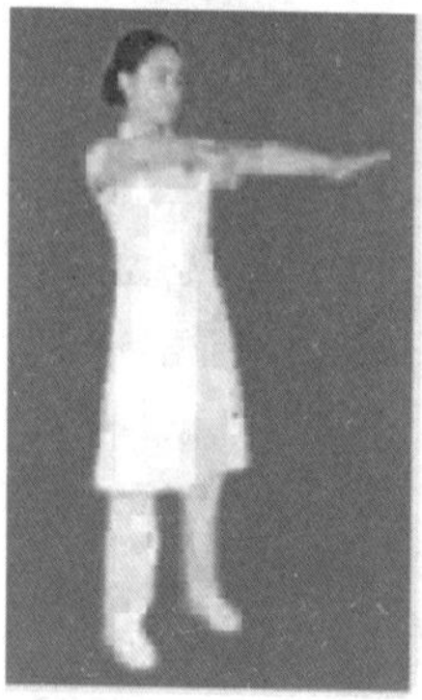

第三节　拍打肩背

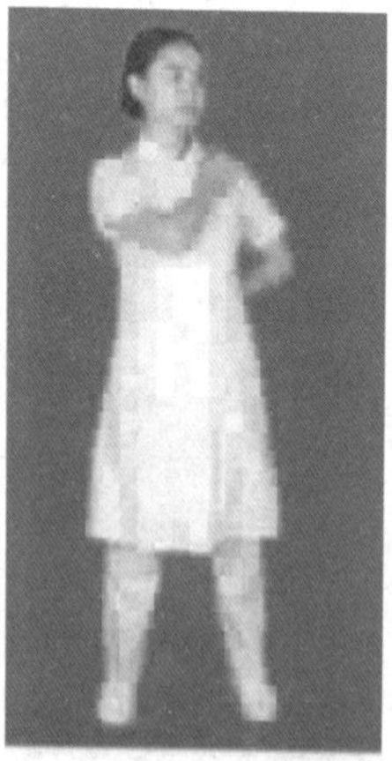
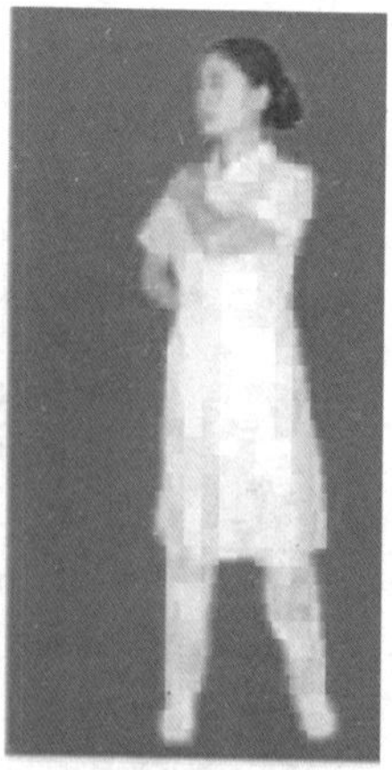

第四节 拍打腰腹

第五节 拍打肋部胆经和带脉

第六节 拍打前胸任脉

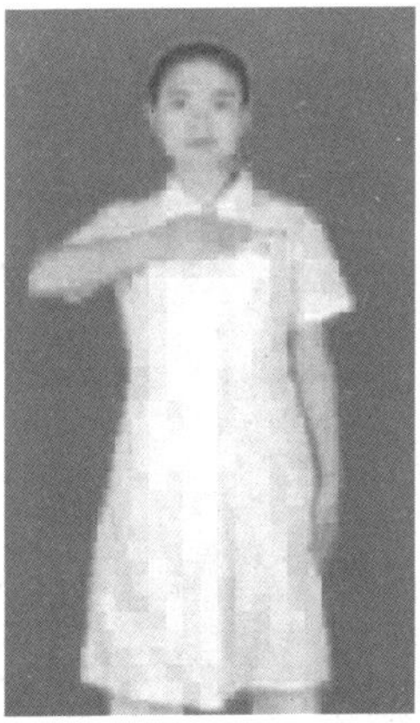

第七节 拍打足三阳经、三阴经、肝经、肾经、脾经、胆经、膀光经

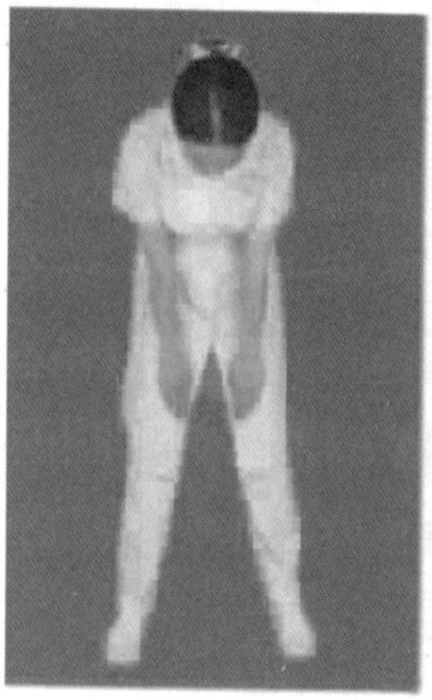

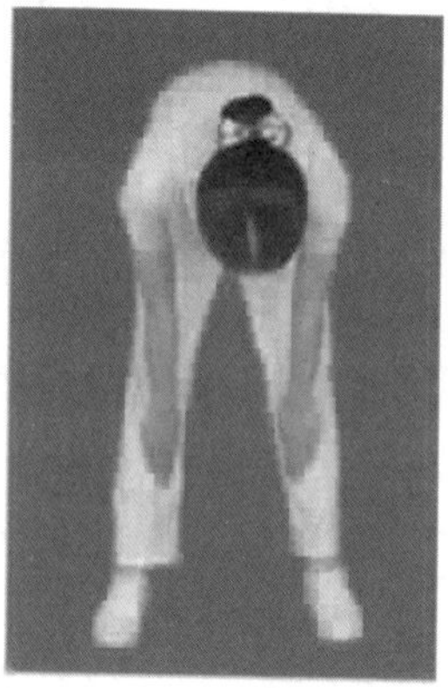

第八节 活动膝关节

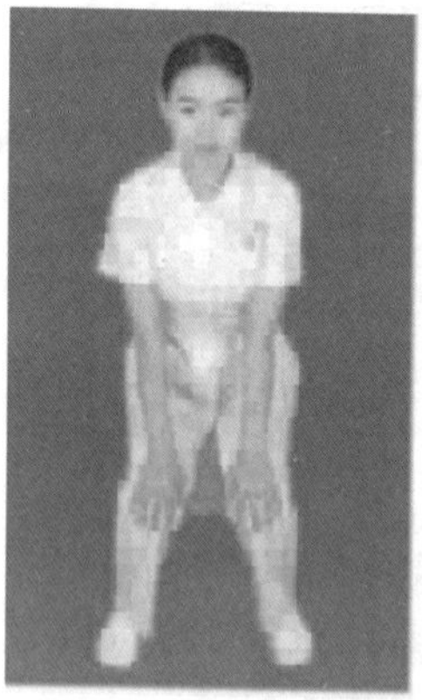

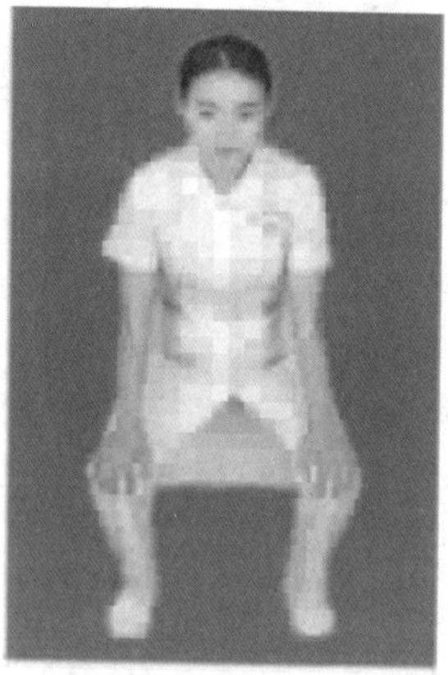

第九节 点脚尖踢腿、绕脚踢腿

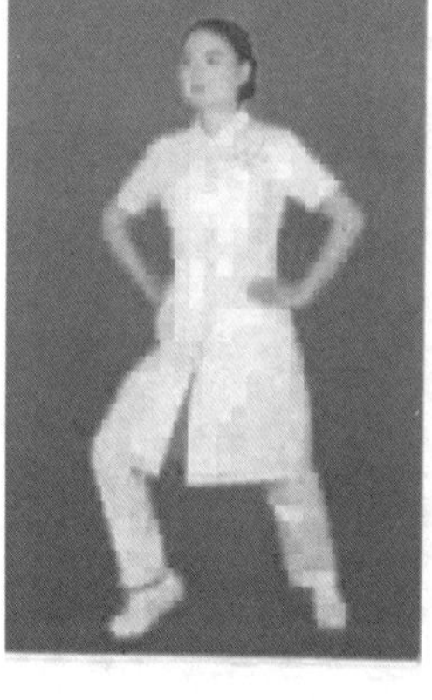

第十节 腹式呼吸

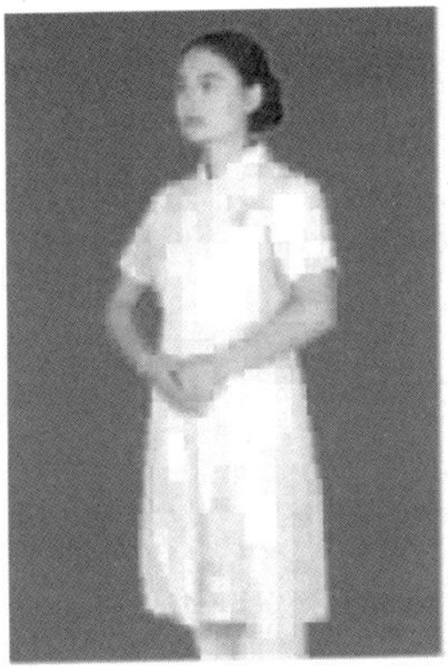
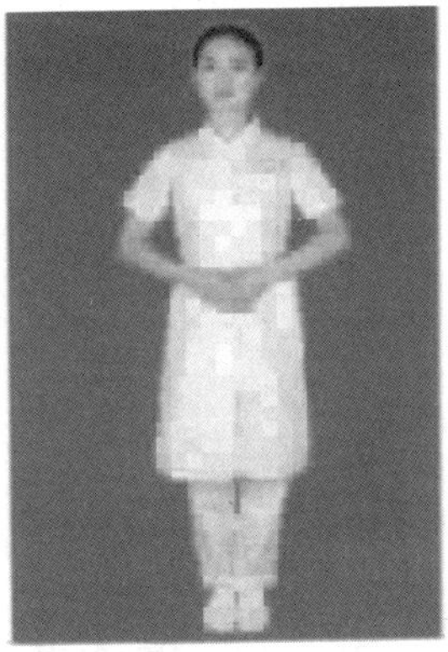

五指健身操

俗话说：十指连心，民间医学在多年研究中发现，锻炼手指可以促进人体健康。十指不仅连接着心，更与身体多个部位有联系。

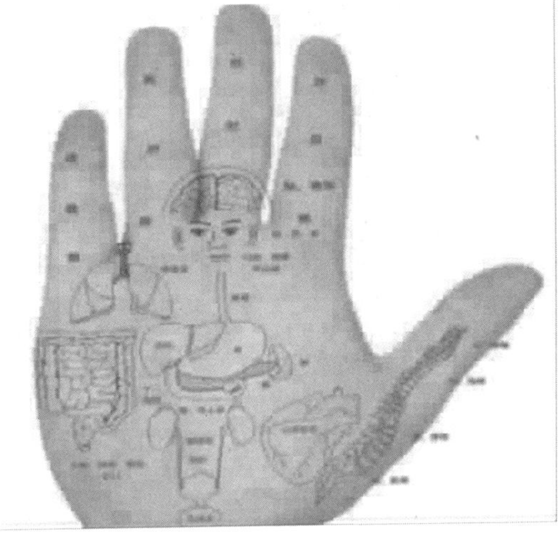

［五指养生口诀］

十指对力强心脏，双手对插头脑清。手指脚趾多揉揉，失眠头痛不用愁。

常揉拇指健大脑，常揉食指胃肠好，常揉中指能强心，常揉环指肝平安，常揉小指壮双肾。

旋转关节通经脉，反掌伸展松筋骨，揉揉十指祛头痛，按摩四关行气血，摇肩转膊松颈椎，甲角切切精神爽。

经常做做手指操，可以刺激大脑皮层，保持神经系统的活力，而且五指健身操简单易学，不受时间地点的限制。

第一节 虎口平击

说明：打击大肠经/合谷穴36次

主治：预防及治疗颜面部位的疾病，如视力糊、鼻炎、口齿疼痛、头痛及预防感冒。

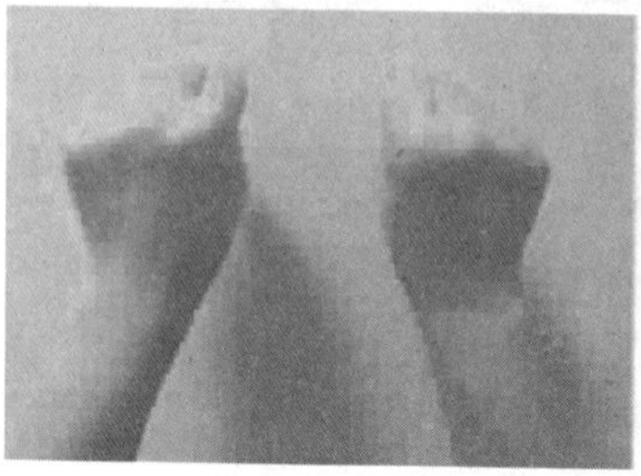
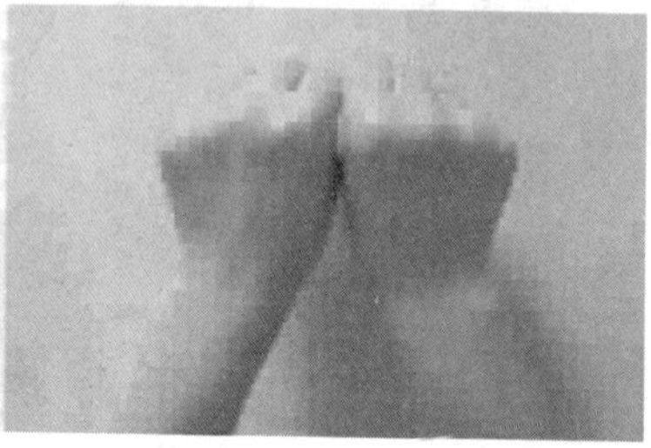

第二节 手掌侧击

说明：打击小肠经/后溪穴36次

主治：头项强痛、放松颈项肌肉群及预防骨刺、骨头退化。

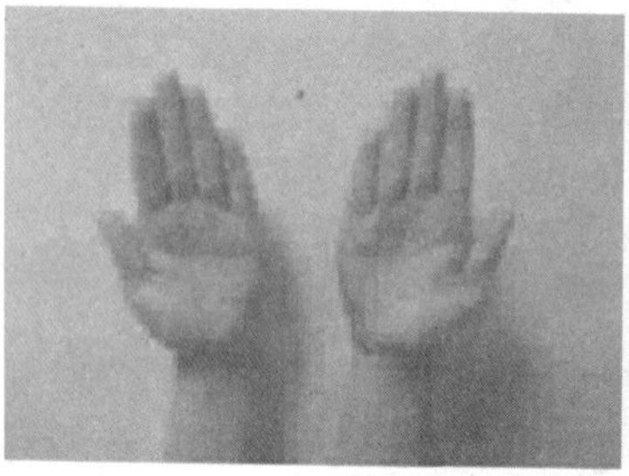
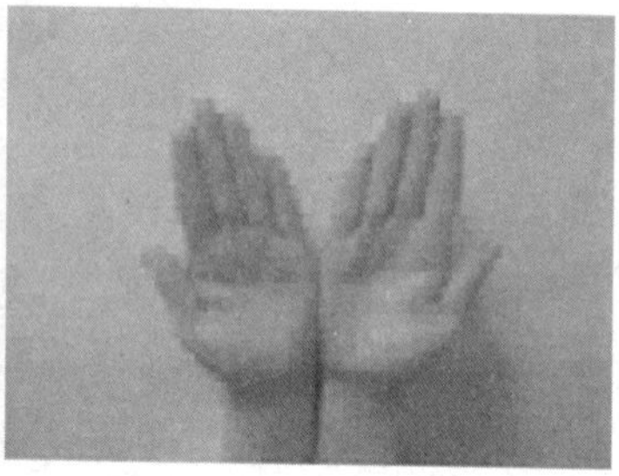

第三节 手腕互击

说明:打击心经及心包络经/打陵穴36次

主治：预防及治疗心脏病、胸闷、胸痛纾解紧张情绪。

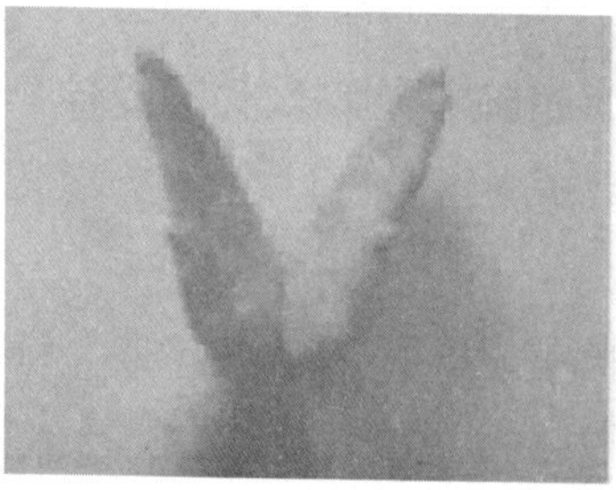
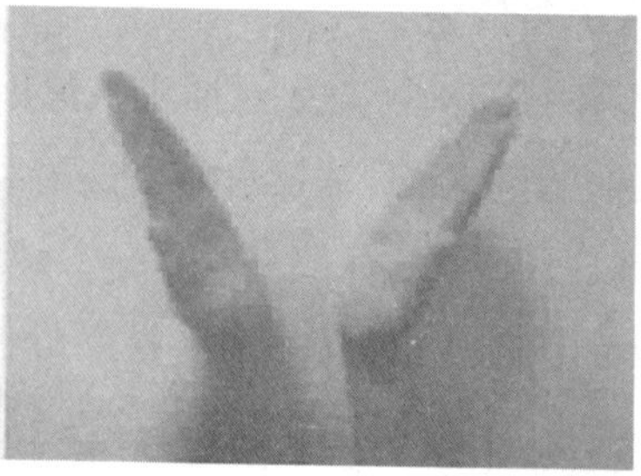

第四节　虎口交叉互击36次

说明:穴位是八邪穴

主治:预防及治疗末梢循环,如手麻、脚麻等末梢循环疾病。

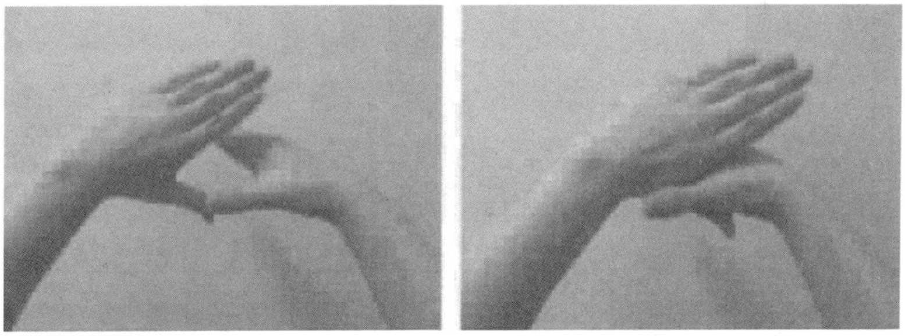

第五节　十指交叉互击36次

说明:穴位是八邪穴

主治:预防及治疗末梢循环,如手麻、脚麻等末梢循环疾病。

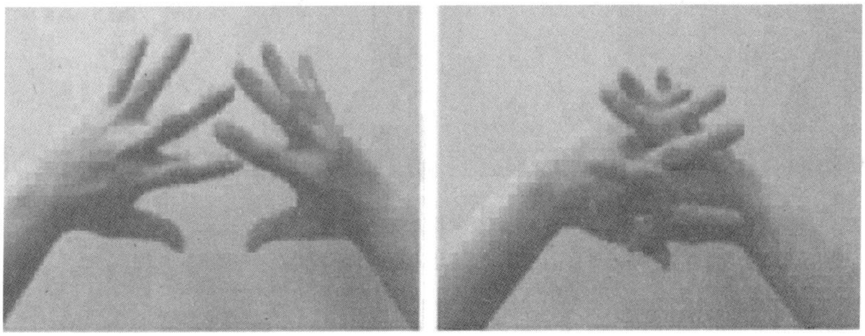

第六节　左拳击右掌心

说明:经络是心经和心包络经/劳合穴36次

主治:消除疲劳及提神的作用

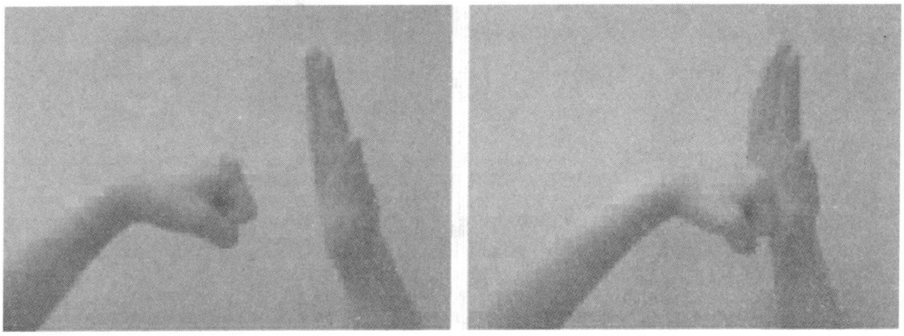

第七节　右拳击左掌心36次

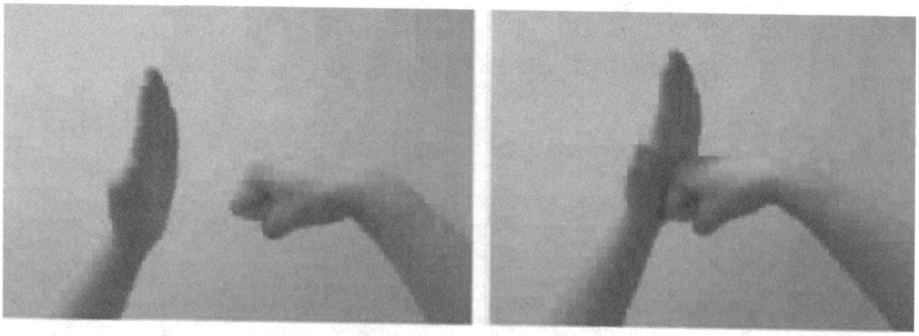

第八节　手背互相拍击36次

说明:打击到的是三集经/阳池穴

主治:调整内脏机能、预防及治疗糖尿病。

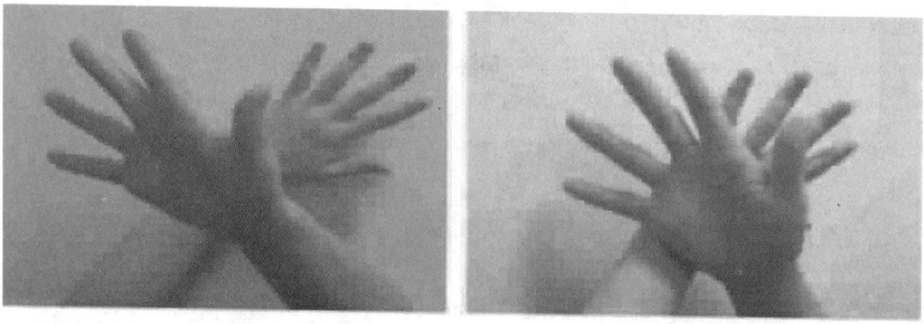

第九节　搓揉双耳36次

说明:耳垂的穴位很多

主治:眼点、颜面部及脑部等部位的循环。

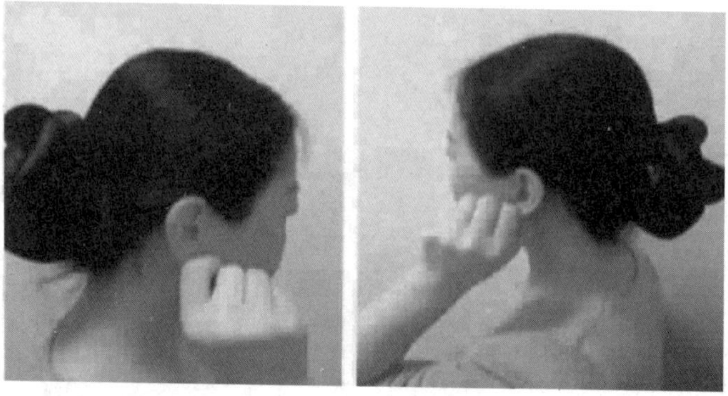

降压操

高血压是中老年人最常见的疾病，根据中医“平肝熄火”的理论，按摩太阳、百会、风池等相关经络穴位，对于高血压的预防和治疗有明显作用。其步骤如下：

1. 预备动作：坐在椅子上，正视前方，两臂自然下垂，双手手掌放在大腿上，膝关节弯曲呈90度角，两组分开与肩同宽，全身肌肉放松，呼吸均匀。

2. 按揉太阳穴：顺时针按揉太阳穴，一周为一拍，做32拍。可疏风解表，清脑醒目，止头痛。

3. 按摩百会穴：百会位于头顶正中央，用左(或右)手掌按摩百会穴，一周为1拍共做32拍，可降压、宁神清脑。

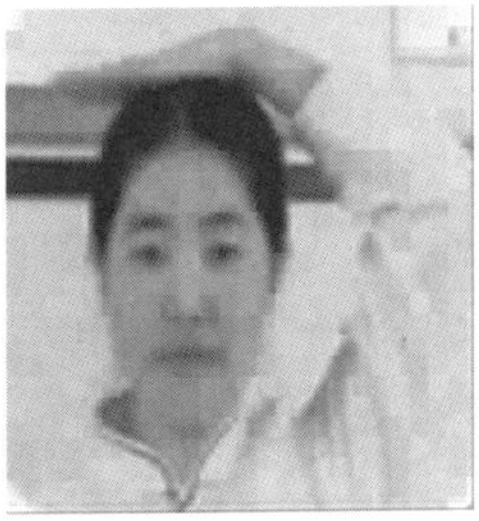

4. 按揉风池穴：以双手拇指顺时针按揉双侧风池穴，一周为1拍，做32拍。可疏风定痛。

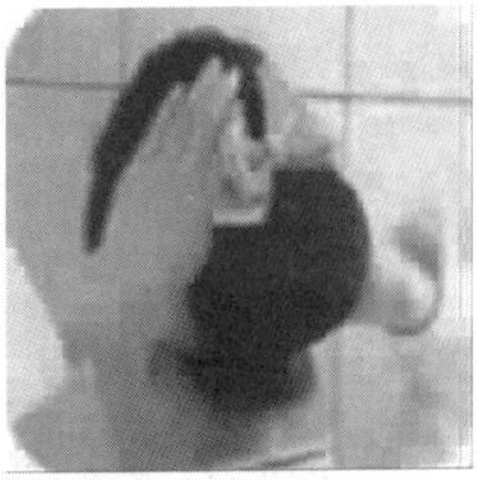

5. 摩头：两手五指自然分开，用小鱼际从前额向耳后分别按摩，按摩一次为1拍，做32拍，可舒筋通络、平肝熄风、降血压、清脑。

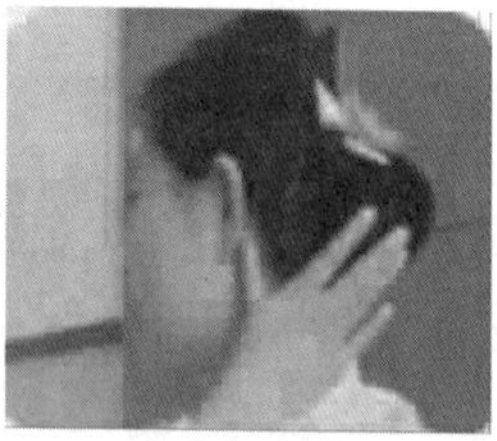

6. 擦颈：先用左手大鱼际擦摩右颈部胸锁乳突肌，在换右手大鱼际擦摩左颈部胸锁乳突肌，一次为1拍，共做32拍。可解除胸锁乳突肌痉挛、可降压。

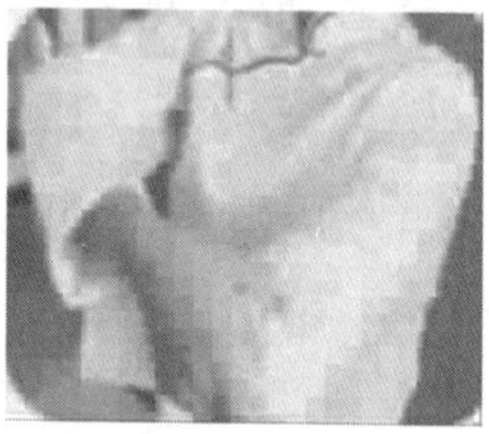

7. 按揉曲池穴：按揉左右两侧肘关节处曲池穴，旋转一周为1拍，共做32拍。可清热、降压。

8. 按揉内关穴：先用右手大拇指按揉左手内关穴，然后换对侧，顺时针方向按揉一周为1拍，共做32拍。可舒心开胸。

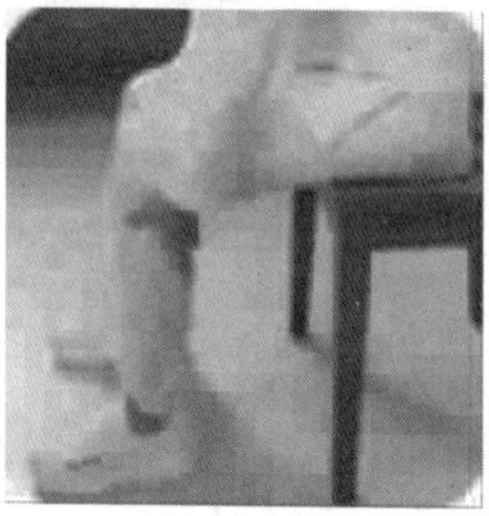

9. 引血下行：用左右手拇指按揉两小腿足三里穴，旋一周为1拍，做32拍。可健脾和胃，引血下行。

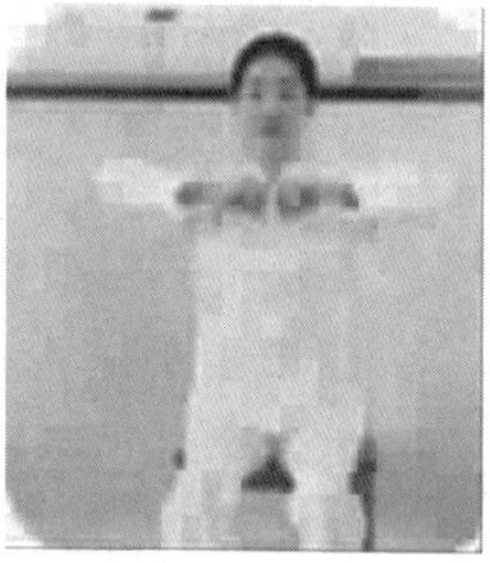

10. 扩胸调气：两手放松下垂，然后捏空拳，屈肘抬起，提肩向后扩胸，最后放松还原。

这套操简单易学，效果明显。应注意取穴要准确，按摩时以局部酸胀、皮肤微红为度，1级高血压患者每天做2至3遍。血压较高者应配合药物治疗。

眩晕康复操

姿势：两脚分开与肩同宽，两臂自然下垂，全身放松，两眼平视，均匀呼吸，站坐均可。

双掌擦颈：十指交叉贴于后颈部，左右来回摩擦100次。

左顾右盼：头先向左后向右转动30次，幅度宜大，以自觉酸账为好。

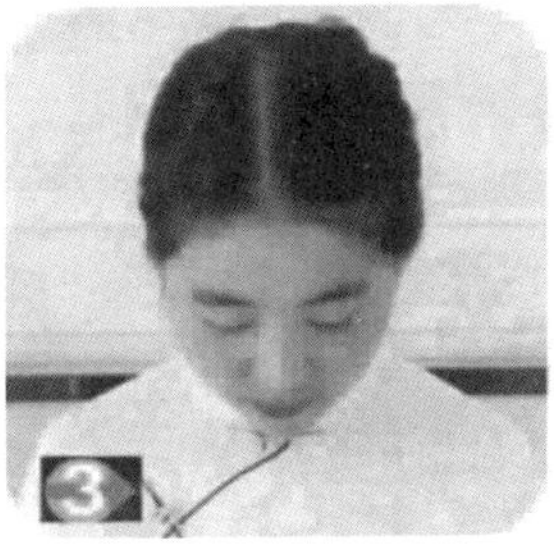

前后点头：头先前再后，前俯时颈项尽量前伸拉长30次。

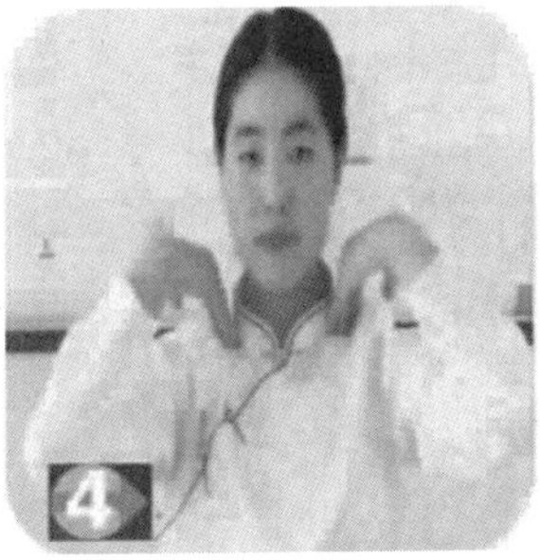

旋臂舒颈：双手置两侧肩部，掌心向下，两臂先由后向前旋转20~30次，再由前向后旋转20~30次。

颈项争力：两手紧贴大腿两侧，两腿不动，头转向左侧时，上身旋向右侧，头转向右侧时，上身旋向左侧10次。

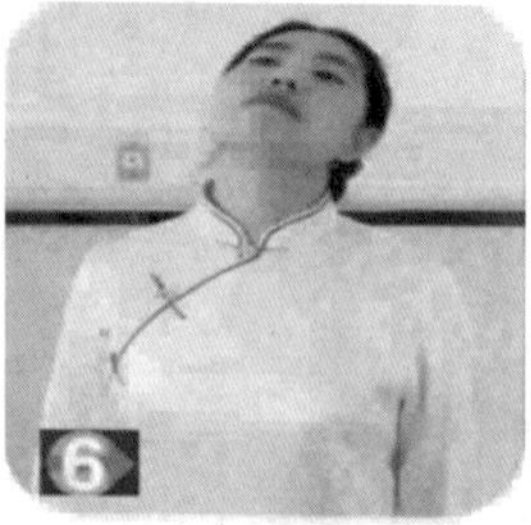

摇头晃脑：头向左一前一后旋转5次，再反方向旋转5次。

翘首望月：头用力左旋、并尽量后仰，眼看左上方5秒钟，复原后，再旋向右，看右上方5秒钟。

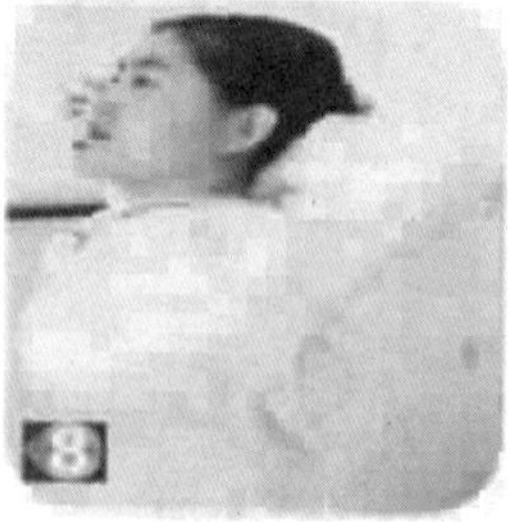

头手相抗：双后交叉紧贴后颈部，用力顶头颈，头颈应向后用力，相互抵抗5次。

双手托天：双手上举过头，掌心向上，仰视手背5秒钟。

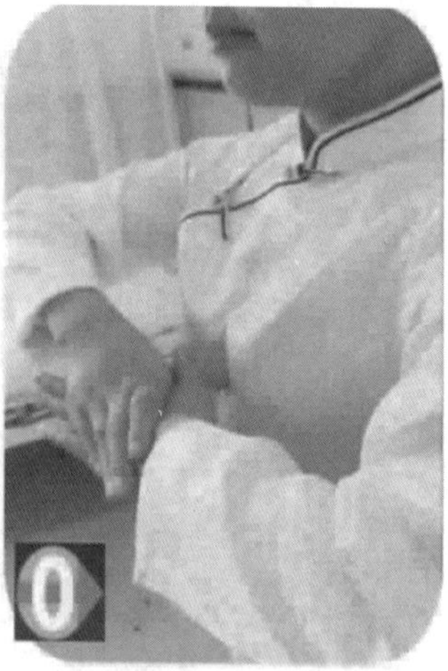

放眼观景：手收回胸前，右手在外，劳宫穴相叠，虚按膻中，眼看前方，5秒钟，收操。

冠心健心功

①心病端坐法：正身端坐，意守丹田，右足踏地，左小腿搁在右大腿上，两手置于腹前，两小指相钩，其余四指抱拳，行自然腹式呼吸，每次15~30min。可以起到调整中枢和植物神经的作用，调整心律，改善循环系统的功能。

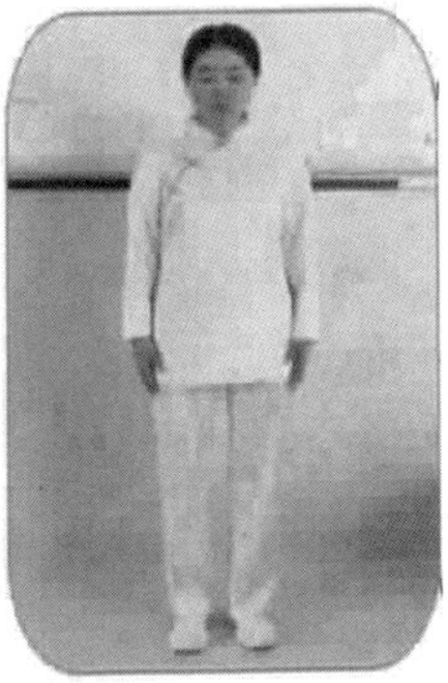

②心病调率法：正身站立，两手下升，意守丹田，行自然腹式呼吸，吸气与呼气的时间比例从3:2逐渐改变到2:1。加强吸气的呼吸法，可使交感-肾上腺皮质同功能加强，对窦性心动过缓或传导阻滞有一定效果。若吸气时头微低下15度，腹壁外凸，呼气时头微低下15度，腹壁内凹，吸气与呼气时间比例从2:3逐渐变到1:2，可提高副交感神经的兴奋性，对心动过速有一定疗效。

③心病平血功：两足分立同肩宽，意守丹田，两臂侧平举，掌心向前上方倾斜，吸气时左臂下降、右臂相应抬高，身体自然左旋；呼气时左臂上抬，右臂相应下降，身体自然右旋，行32息。可改善循环动力，促进血液牡循环，对高血压有良好作用。

④体外心脏按摩：两手搓热，左臂垂肩觉肘，向左侧呈45度角下垂，中指微用力；右手掌置械胸心区作顺时针方向轻柔缓慢按摩（切饭逆时针方向按摩），每分钟20~30次，行32次，亦可重复行128次。可疏通心经使气血运行，促进冠状动脉供血，敷加心肌营养，预防心股友梗死。

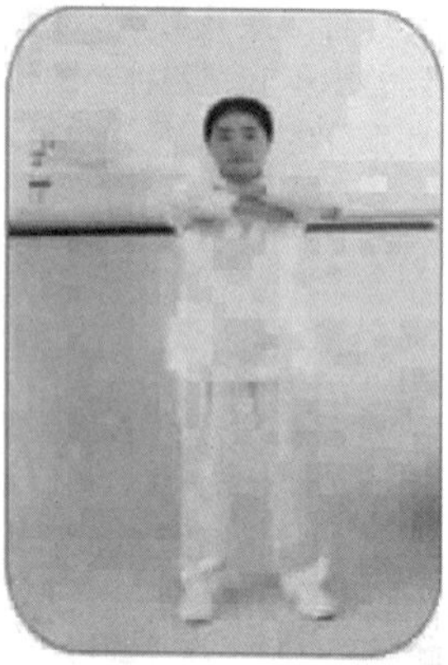

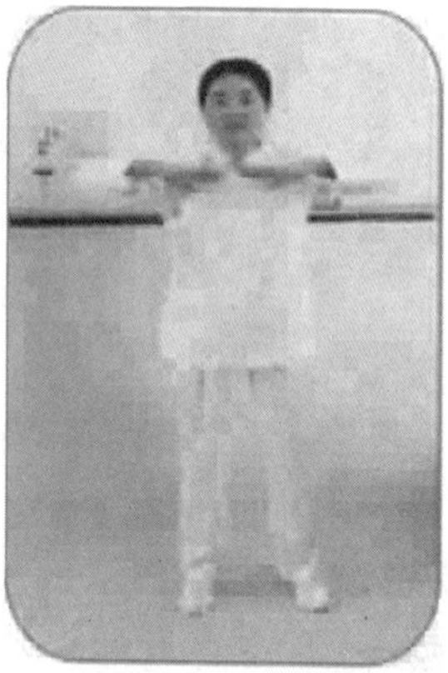

④体外心脏按摩：两手搓热，左臂垂肩觉肘，向左侧呈45度角下垂，中指微用力；右手掌置械胸心区作顺时针方向轻柔缓慢按摩（切饭逆时针方向按摩），每分钟20~30次，行32次，亦可重复行128次。可疏通心经使气血运行，促进冠状动脉供血，敷加心肌营养，预防心股友梗死。

冠心病中医保健穴

操作手法：用拇指或中指端按而揉之，约1~3分钟。

1. 内关

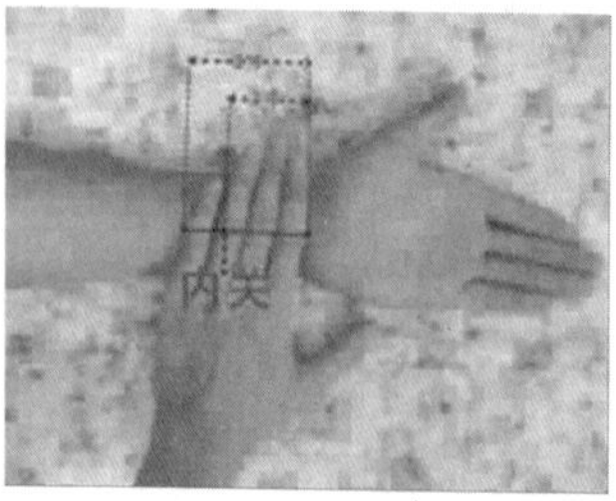

内关定位：前臂掌侧，腕横纹上2寸，掌长肌腱与桡侧腕屈肌腱之间。

功效：宁心安神，和胃和逆，理气镇痛。

2. 神门

3. 通里

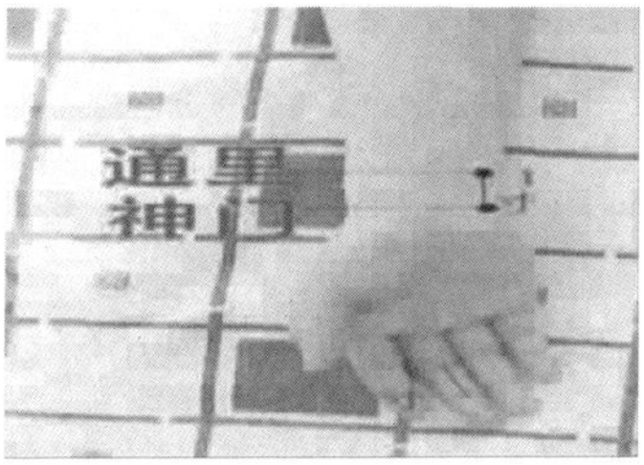

神门定位：腕横纹尺侧端，尺侧腕屈肌腱的桡侧凹陷处

功效：补益心气

通里定位：腕横纹上1寸，尺侧腕屈肌腱的桡侧缘

功效：沟通心肾

4. 膻中

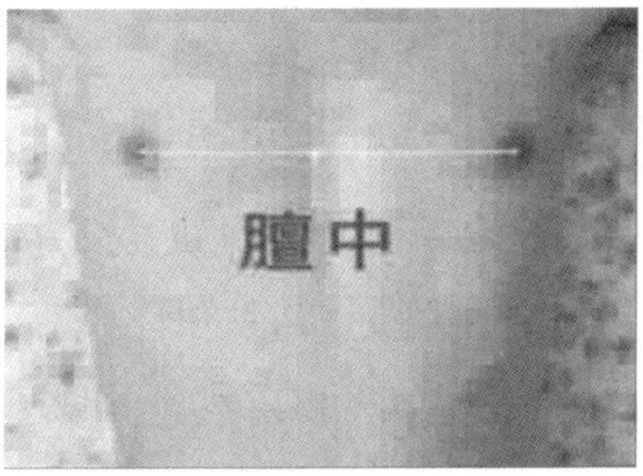

膻中定位：前正中线上，平第4肋间隙；或两乳头连线与前正中线的交点处

功效：募集心包经气血

5. 心俞

6. 厥阴俞

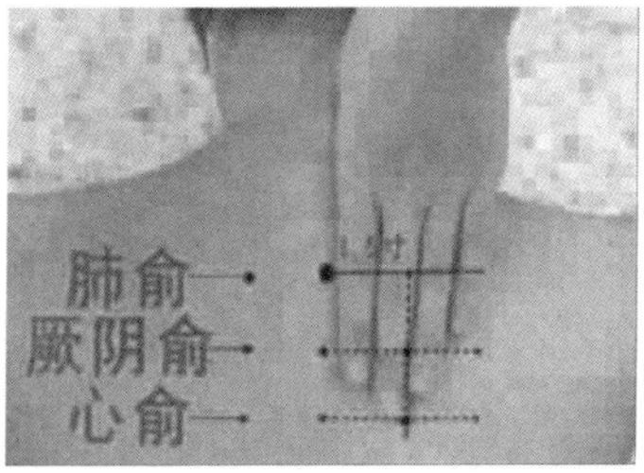

心俞定位：第5胸椎棘突下，旁开1.5寸

功效：温养心阳

厥阴俞 定位：第4胸椎棘突下，旁开1.5寸

功效：宽胸理气，活血止痛

7. 巨阙

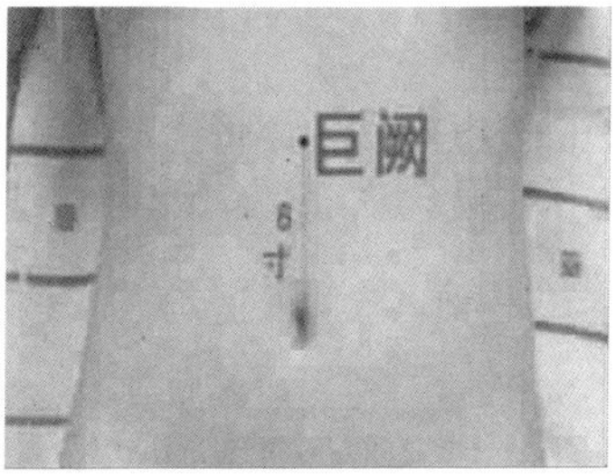

巨阙定位：前正中线上，脐上6寸，或胸剑联合下2寸

功效：募集心经气血

心衰病保健处方

操作手法:用拇指或中指端按而揉之,约1~3分钟。

1. 心俞

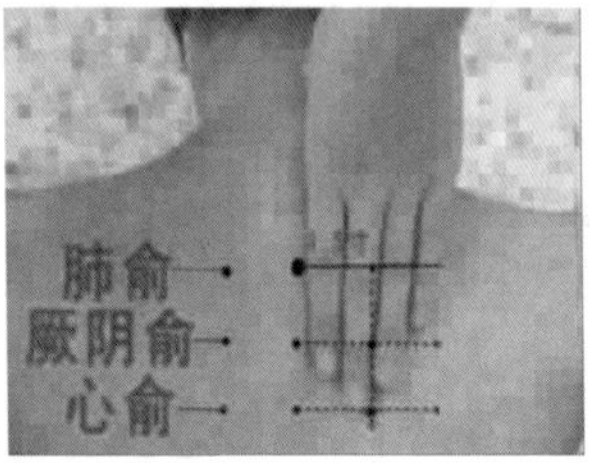

定位:第5胸椎棘突下,旁开1.5寸

功效:温养心阳

2. 内关

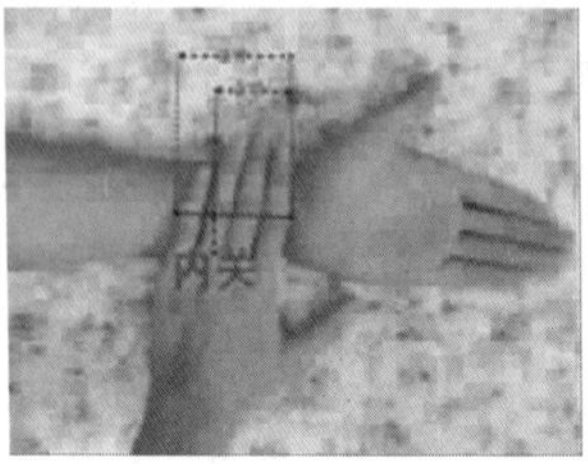

定位:前臂掌侧,腕横纹上2寸,掌长肌腱与桡侧腕屈肌腱之间

功效:宁心安神,和胃和逆,理气镇痛

3. 神门

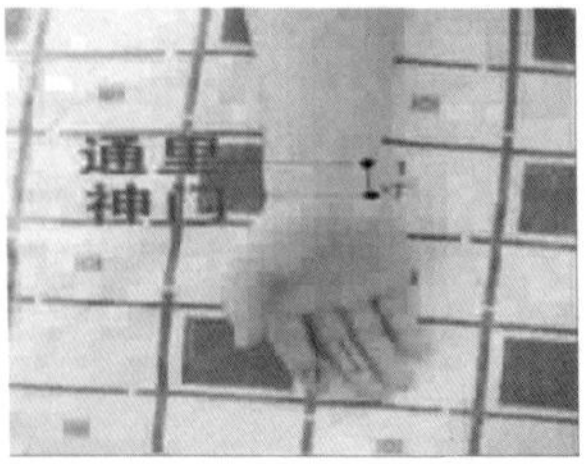

定位:腕横纹尺侧端,尺侧腕屈肌腱的桡侧凹陷处

功效:补益心气

4. 巨阙

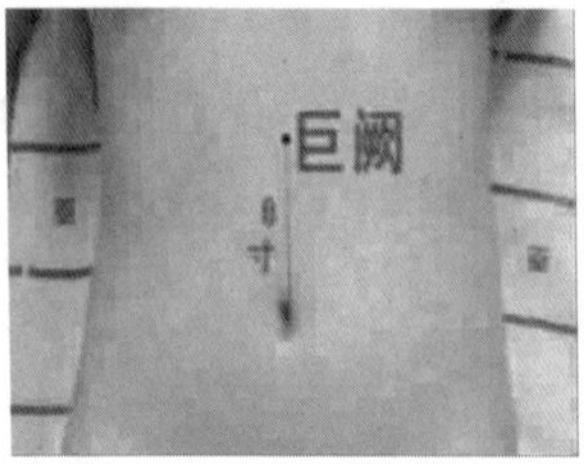

定位:前正中线上,脐上6寸,或胸剑联合下2寸

功效:募集心经气血

5. 足三里

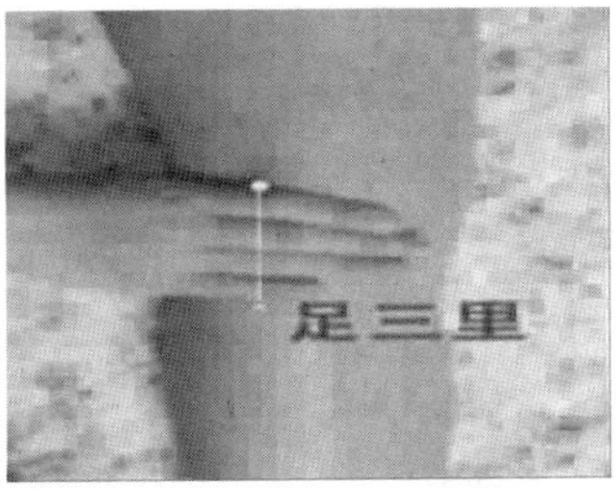

定位：犊鼻下3寸，胫骨前缘1横指（中指）
功效:健脾和胃,扶正培元,通经活络,升降气机

6. 三阴交

定位:内踝尖上3寸,胫骨内侧面后缘
功效:健脾胃,益肝肾

腹部按摩

【作用】腹部可增加腹肌和肠平滑肌的血流量，增加胃肠内壁肌肉的张力及淋巴系统功用,使胃肠等脏器的分泌功用活泼,从而增强对食物的消化,吸收和排泄,明显地改善大小肠的爬动功用,可起到排泄作用,避免和消弭便秘,这对老年人特别需求。

【方法】

1. 双手重叠暖宫

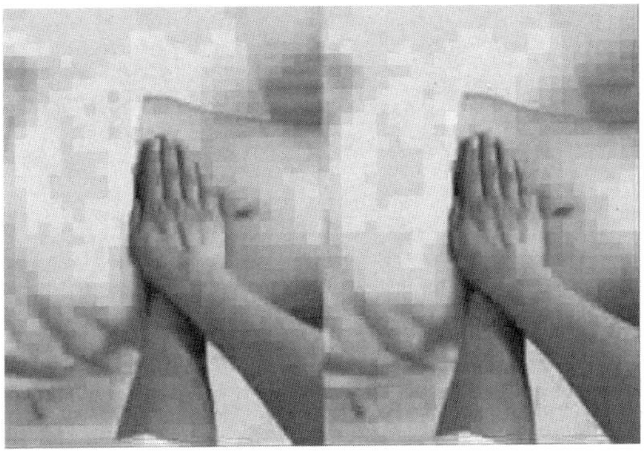

2. 腹部点穴(中脘穴:脐上四指;天枢穴:脐旁开两指;大横穴:脐旁开四指,主治泄泻,便秘,腹痛等疾病;气海:脐下两指;关元:脐下三指。

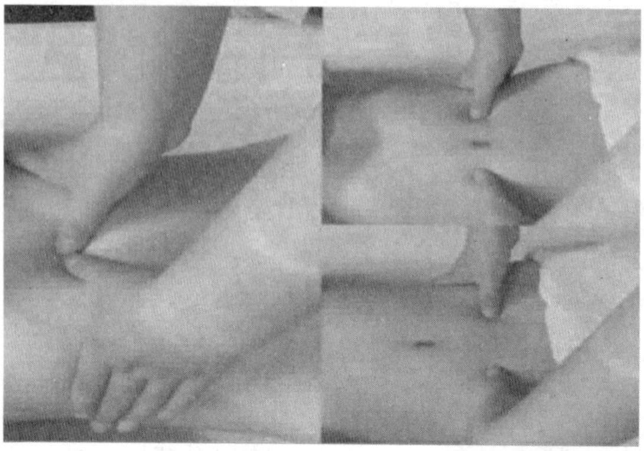

3. 双手重叠"整肠"依次升结肠、横结肠、降结肠、手法依次要重。

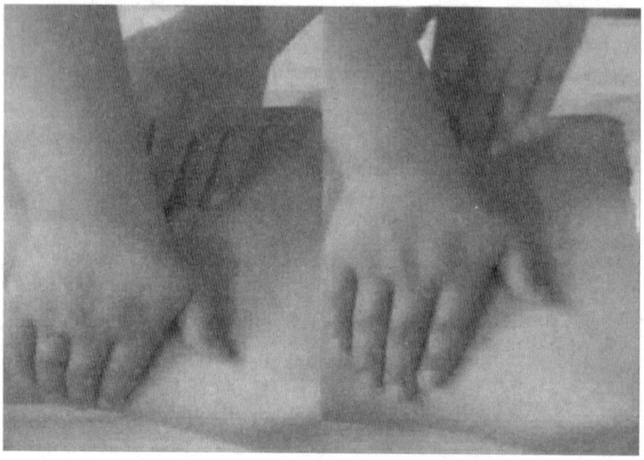

4. 双手虎口将耻骨联合向上推至肾俞穴。

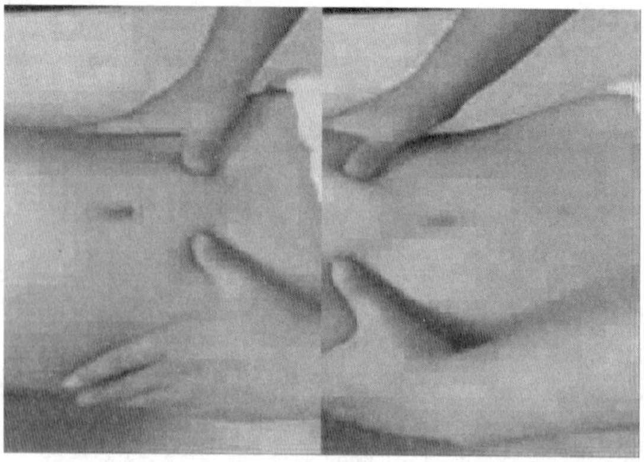

5. 双手腹部打圈安抚三次。

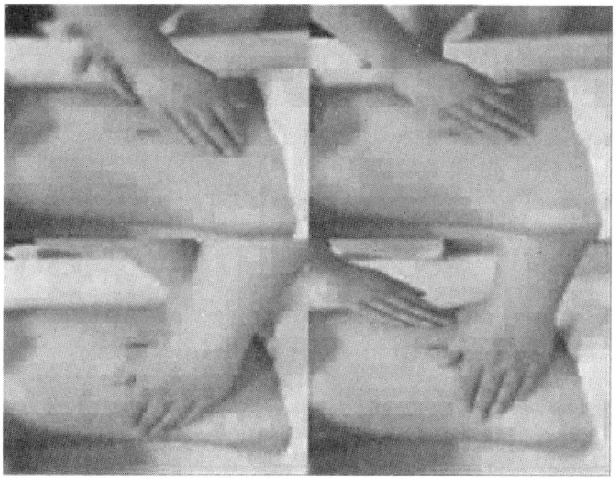

【禁忌】

1. 体质极度衰弱，有严重心脏病、肝硬化、脑部病变和癌症出现恶病质者。
2. 有严重皮肤损伤及皮肤病患者，如皮肤烫伤、冻伤、癣、脓肿、湿疹等。
3. 有白血病、败血症等血液病的患者。
4. 有结核、癌症、骨折病变的患者。
5. 孕妇的腹部、腰部、骶部及肩井、三阴交和合谷穴处。
6. 过饥、过饱、剧烈运动后的患者。
7. 神志不清或意识模糊的患者。
8. 妇女月经期禁做按摩，其他可疑症状诊断又不明确者

呼吸吐纳功

【作用】呼吸吐纳功源于古代道家的养身术，指通过呼出浊气吸进清气，或伴随发音来调整身体各部机能的气功锻炼方法。是一种节律性的运动，有许多呼吸肌共同协作完成。做法是用满吸的呼吸法，先把气呼净，腹部自然放松，然后吸气使肺部开张，再慢慢把气呼出去，以此来加强吐纳的过程，通过调整吐故纳新，定气敛神。吐纳功对提高呼吸系统功能活动有显著作用。

【分节】共分为五节操

【时长】4分30秒

【解析图】呼吸要领

步骤：

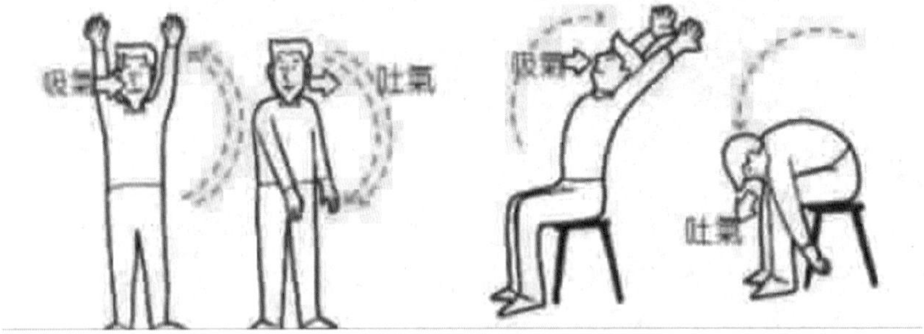

预备式：两脚开立与肩同宽，双眼目视正前方。

此操共分为五节

第一节：腹式呼吸

两脚开立与肩同宽，双手放在小腹之上，先用嘴呼出一口浊气，小腹凹陷，数至5秒。用鼻吸气，吸的时候吸得吸满，吸到小腹鼓起，数至5秒，（吸气，呼气）、（吸气，呼气）。

第二节：坐式呼吸

取坐位，双脚与肩同宽，先呼出一口浊气，吸气时，两手自然上举，伸直，数至5秒，呼气时，双手慢慢下移至两足旁，前胸紧贴于大腿，（吸气，呼气）（吸气，呼气）

第三节：缩唇呼吸

取坐位，两手自然放在膝盖之上，先呼出一口浊气，呼气时舌抵上颚，口唇缩起如吹口哨，慢慢呼出浊气。（吸气，呼气）（吸气，呼气）、数至5秒。

第四节：扩胸呼吸

两脚开立与肩同宽，两手平举，缓慢放于肩上，调节呼吸，呼气时，双肘旋转至前胸，吸气时，双肘向后旋转（呼气，吸气）、（呼气，吸气）。

第五节:立式呼吸

两脚开立与肩同宽,双手平举,拇指和食指相对,先呼出一口浊气,吸气时两手缓慢上举,手背相对,呼气时,两手伸展与肩平行。

(吸气,呼气)(吸气,呼气)

吞咽口肌训练操

吞咽障碍是指由多种原因引起的、可发生于不同部位的吞咽时咽下困难。吞咽障碍可影响及营养吸收,还可导致食物误吸入气管导致吸入性肺炎,严重者危及生命。康复训练是改善神经性吞咽障碍的必要措施。 很多脑出血,脑梗死的病人都会有吞咽障碍。

【练习目的】⑴改善唾液的分泌、颜面肌群。⑵减少口腔内的食物残渣。⑶提高吞咽、言语功能。

【练习方法】

一、健口操

1. 深呼吸运动

一边把肩膀提高一边慢慢地吸一口气,然后稍停一下,从嘴巴呼吐出气来,随之肩膀复位再重复一次。

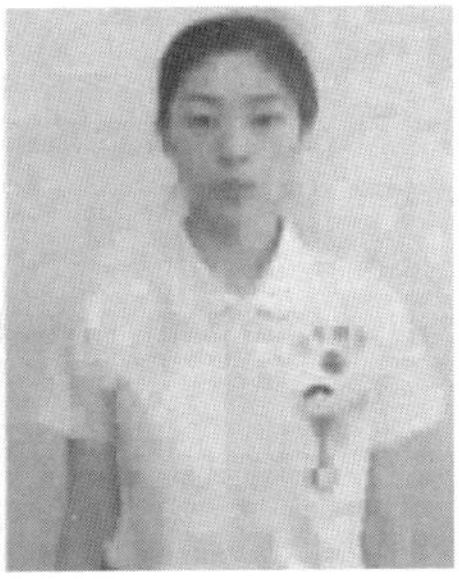

2. 颈部运动

脸转向左边,转向前方,转向右边,回来转向前方,再重复一次。

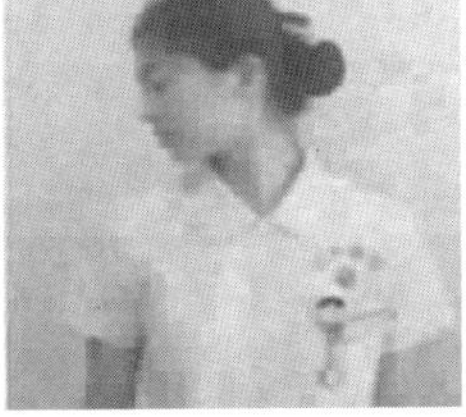

3. 颈部倾斜运动

先往左边倾，回来，再往右边倾，回来，接下来向下，向上，向下，向上，回来之后转动脖子向左转一圈慢慢地换右边，再重复一次。

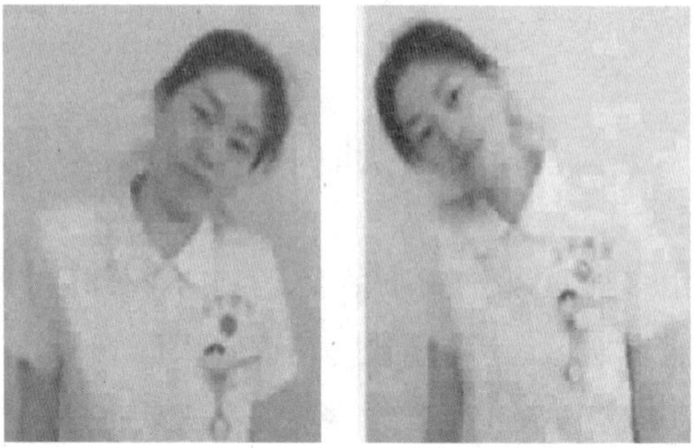

4. 肩膀运动

慢慢地抬起肩膀然后瞬间降下，再重复一次。

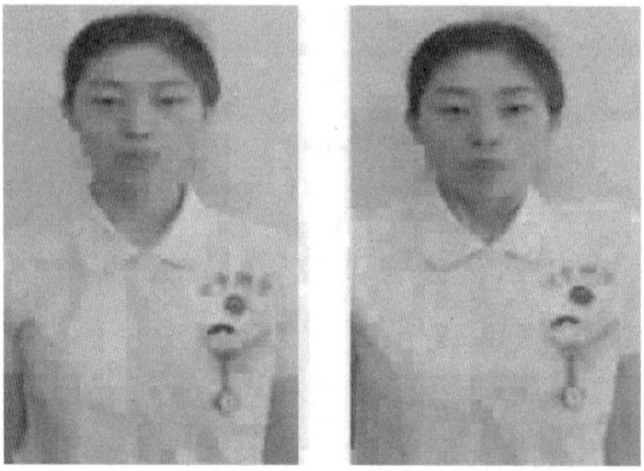

5. 脸颊运动

两颊轮流鼓起来从左边开始，再换到右边，左边，右边。接下来把两颊都鼓起，用双手拿起来往鼓起的地方把气挤掉，再重复一次。

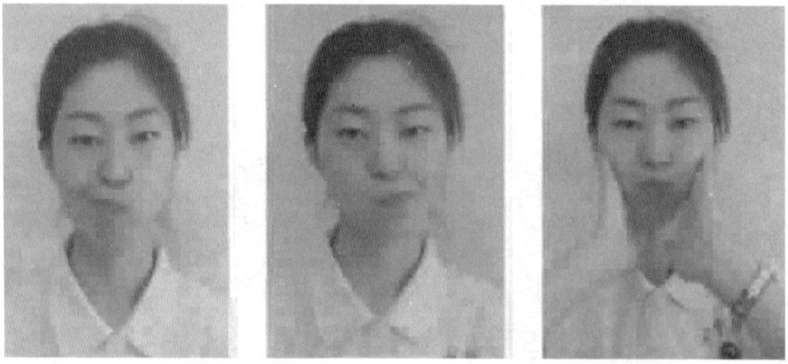

6. 脸部运动

把嘴巴用力嘟起来然后说“呜”，嘴角向旁发出“一”的音，接下来把双手放在脸颊旁慢慢地画圆圈按摩，往前画往后画，再重复一次，往前画慢慢地往后画。

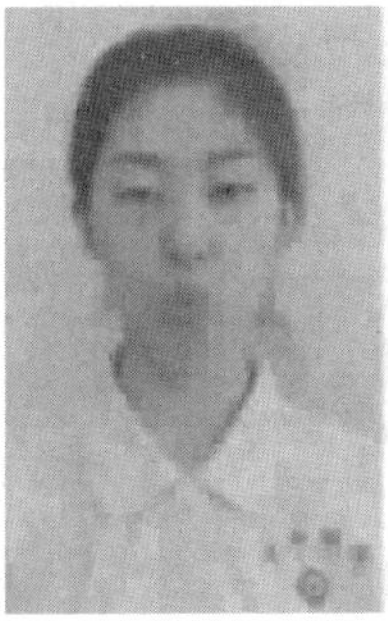

二、舌头运动

1. 先把舌头伸出来缩回去。

2. 再来向左右伸，先向左伸出~回来，再向右伸出~回来。

3. 用舌头慢慢地舔嘴唇一圈从左边开始再来是右边，再一次左边右边。

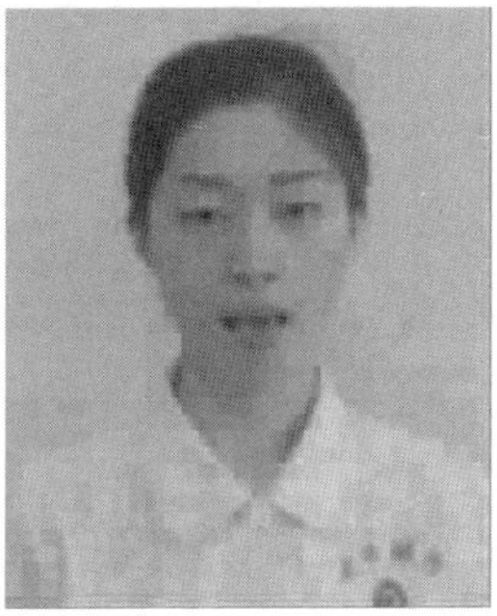

三、按摩唾液腺

1. 首先确认唾液腺的位置。

2. 按摩的部位确认后

①耳下腺的刺激利用食指到小指4根手指头，在脸颊的上颚后牙部位往前往后绕圈。（约10次）②颚下腺的刺激用大拇指轻压下颚骨内侧柔软的部分，从耳下到下颚骨前端约5个部位，按照顺序轻压。（约5次）③舌下腺的刺激同时用两手的大拇指，从颚骨的内侧最下面往上像是要把舌头抬起来一样慢慢地压下去。（约10次）

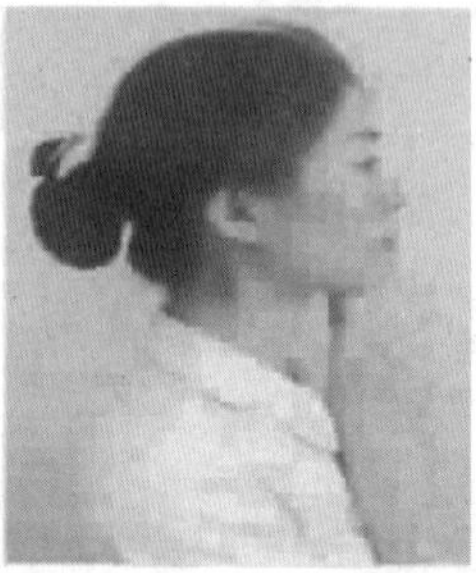

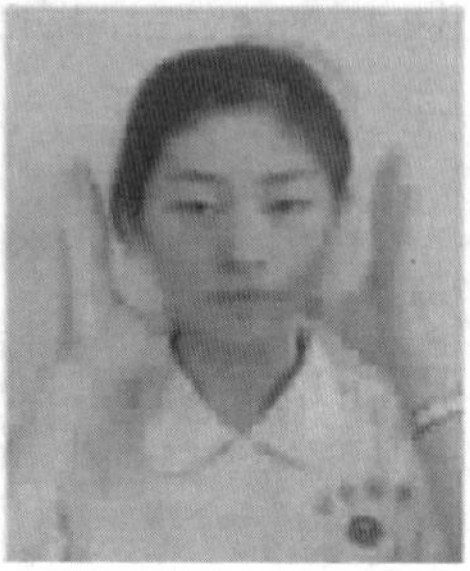
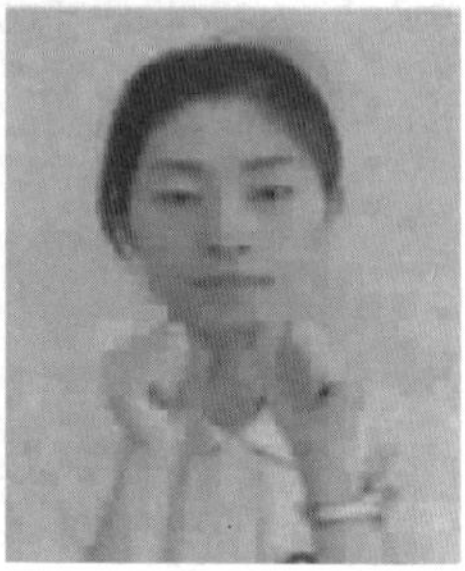

预防颈椎病穴位按摩操

1. 按摩百会穴

用中指或食指按于头顶最高处正中的百会穴，用力由轻到重按揉20~30次。

功效：健脑宁神，益气固脱。

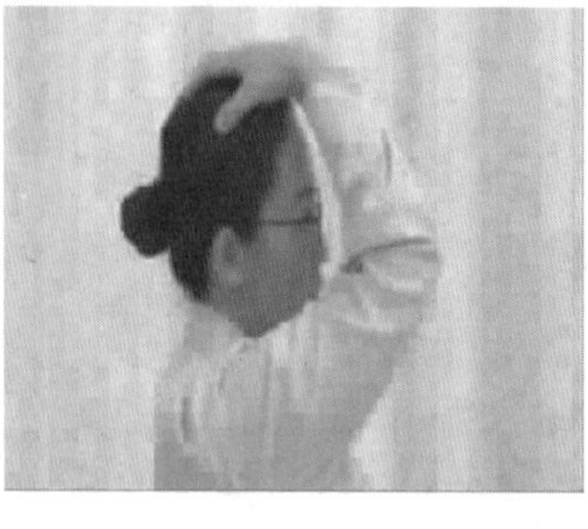

2. 按揉风池

用两手拇指分别按在同侧风池穴(颈后两侧凹陷处),其余手指附在头的两侧,由轻到重地按揉20~30次。

功效:疏风散寒,开窍镇痛。

3. 按摩大椎

用左(右)手四指并拢放于上背部,用力反复按摩大椎穴(位于后颈部颈椎中最大椎体下方的空隙处)各20~30次,至局部发热为佳,两侧交替进行。

功效:疏风散寒,活血通络。

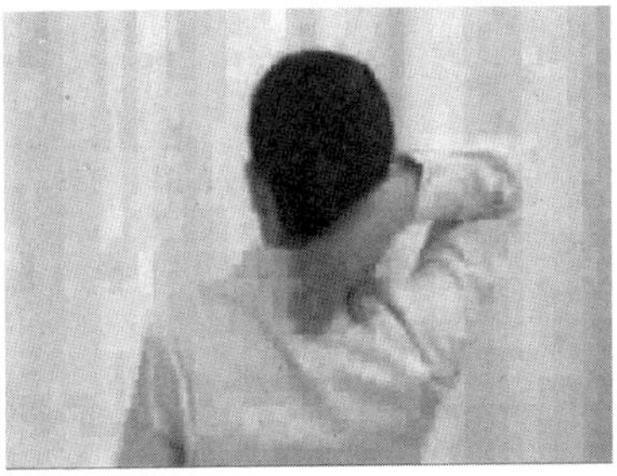

4. 按压第七颈椎

双手中指指腹分别按压第七颈椎旁两侧,到局部有麻木感为止。

功效:活血通络, 散寒止痛。

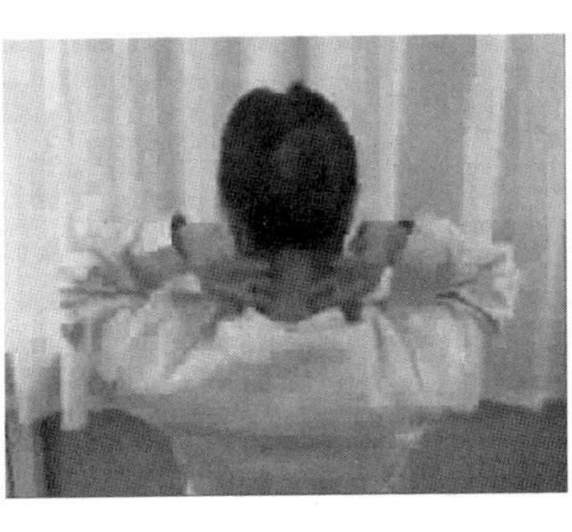

5. 拿捏颈肌

将左(右)手上举置于颈后,拇指放置于同侧颈外侧,其余四指放在颈肌对侧,双手用力对合,将颈肌向上提起后放松,沿风池穴向下拿捏至大椎穴20~30次。

功效:解痉止痛,调和气血。

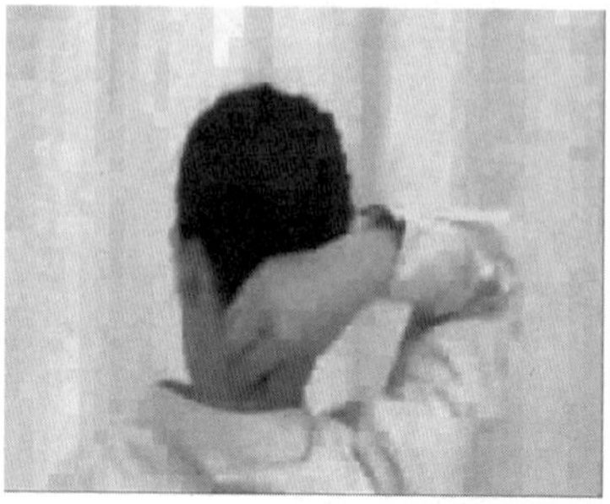

6. 按压肩井

以左(右)手中指指腹按于对侧肩井穴(在大椎与肩峰连线中点,肩部筋肉处),然后由轻到重按压10~20次,两侧交替进行。

功效:通经活络,散寒止痛。

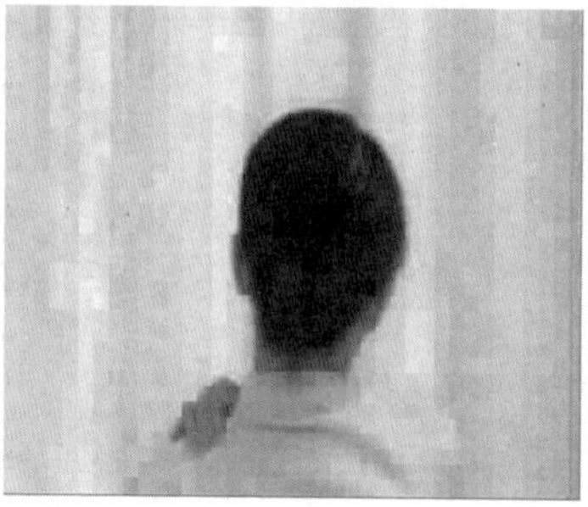

7. 掐揉合谷

将左(右)手拇指指尖放在另一手的合谷穴(即虎口处),拇指用力掐揉10~20次,双手交替进行。

功效:疏风解表,开窍提神。

8. 按摩头顶

双手五指微曲分别放在头顶两侧，稍加压力从前发际沿头顶至脑后做“梳头”状动作20~30次。

功效：提神明目，清脑镇痛。

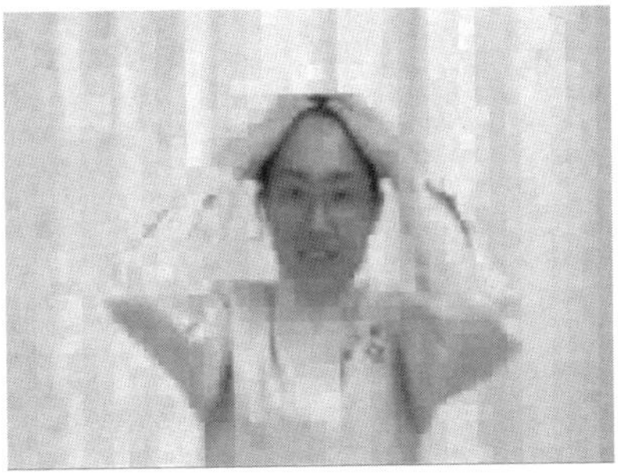

颈椎保健操

【作用】改善颈部的血液循环，松解粘连和痉挛的软组织，有效预防及缓解颈椎病的发生。

【方法】

起势：两眼平视，双手自然下垂，两脚分开，与肩同宽，全身放松。

第一节 双手擦颈

十指交叉，双手贴于后颈部，左右来回摩擦颈部，共两个八拍。

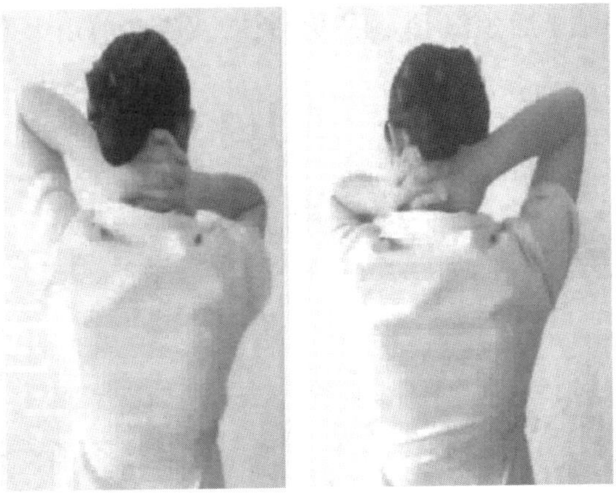

第二节　左顾右盼

双手叉腰,头先向左再向右转动,以感觉到酸胀为度,共两个八拍。

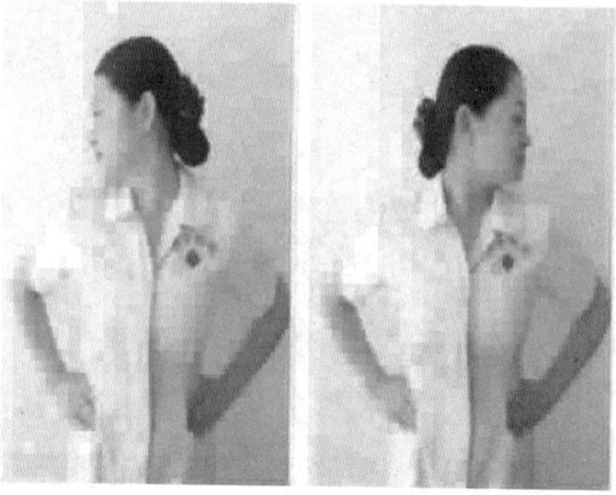

第三节　前后点头

双手叉腰,头先向前再向后,往前时脖颈尽量向前拉伸,共两个八拍。

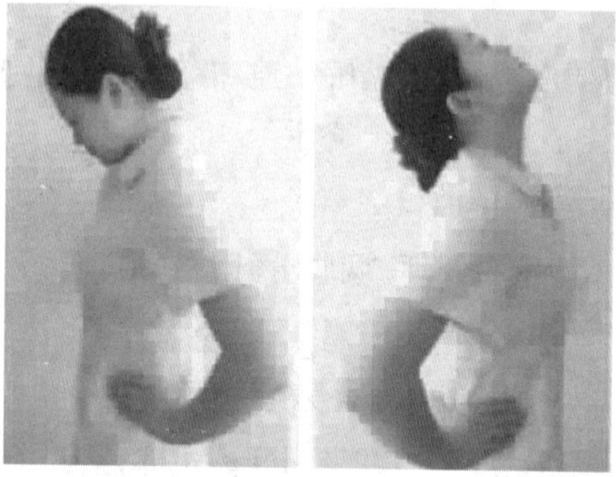

第四节　颈手相抗

十指交叉,双手贴于后颈部,头颈用力后伸,双手向前用力推颈部,共两个八拍。

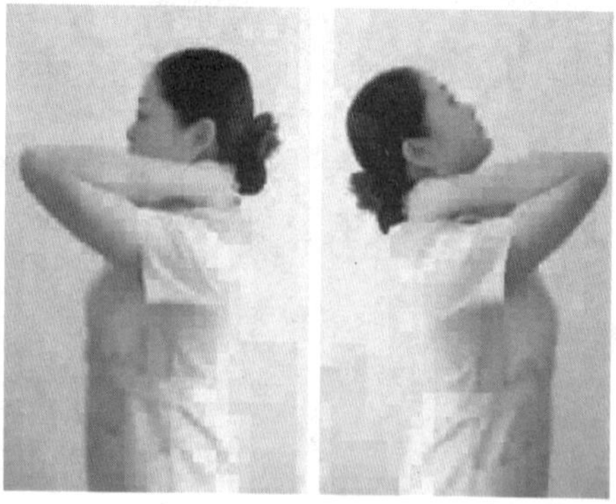

第五节 旋肩舒颈

双手置于两肩，先由后向前旋转，再由前向后旋转，各一个八拍。

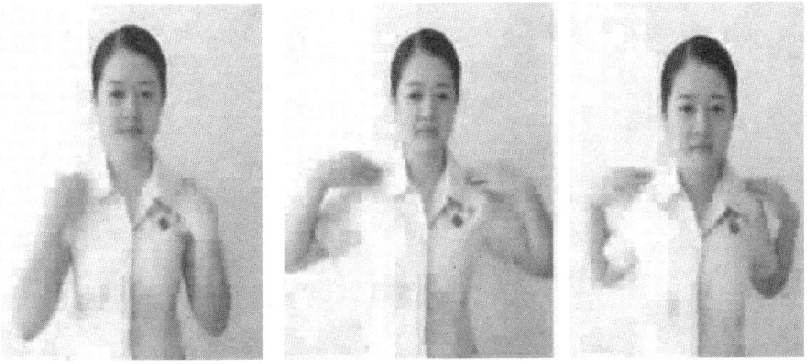

第六节 颈项争力

双腿分开，两脚不动，头向左侧时上身向右转，头向右侧时上身向左转。

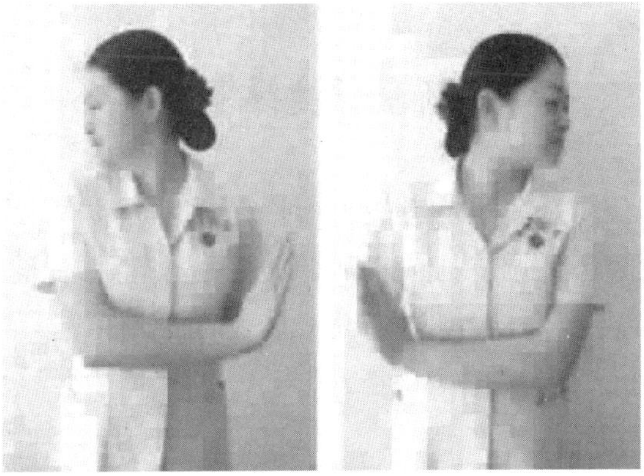

第七节 摇头晃脑

双手叉腰，头颈360度顺时针、逆时针交替旋转。

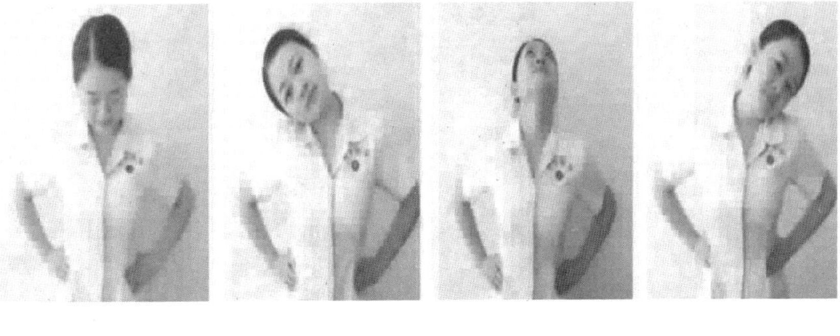

第八节 双手托天

十指交叉，举过头顶，仰视手背5秒钟，共两个八拍。

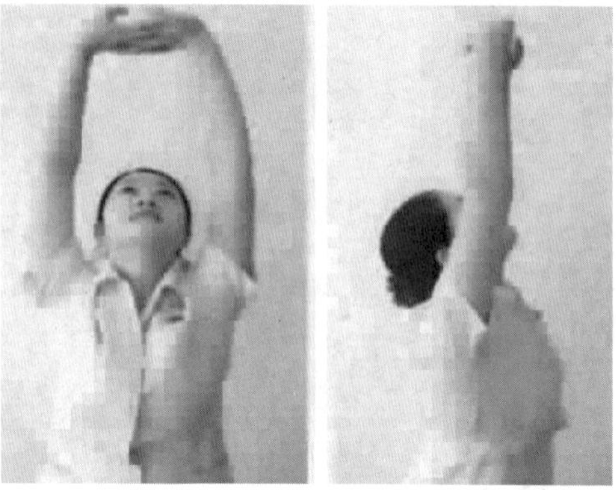

收势 两眼平视、两臂慢慢下垂，置于身体两侧，两脚并拢，全身放松，调和气息，颈部保暖。

新眼保健操图

【作用】眼保健操是一种保健体操项目，它可以提高人们的眼保健意识，调整眼及头部的血液循环，调节肌肉，改善眼的疲劳。新版眼保健操对改善学生视力、缓解眼部疲劳效果明显，各项指标优于老版的眼保健操。

【方法及配图】

第一节：按揉攒竹穴

用双手大拇指螺纹面分别按在眉毛内侧边缘凹陷处两侧穴位上，其余手指自然放松，指尖抵在前额上。有节奏地按揉穴位。

第二节:按压睛明穴

用双手食指螺纹面分别按在两侧穴位上(眼角内侧半个手指处),其余手指自然放松、握起,呈空心拳状。有节奏地上下按压穴位。

第三节 :按揉四白穴

先把左、右食指和中指并拢对齐,分别按压在鼻翼上缘的两侧,然后食指不动,中指和其他手指缩回呈握拳状,大拇指抵在下颌凹陷处,其余手指自然放松、握起,呈空心拳状。有节奏地按揉穴位。

第四节:按揉太阳穴刮上眼眶

用双手大拇指的螺纹面分别按在两侧太阳穴上,其余手指自然放松,弯曲。先用大拇指按揉太阳穴。然后,大拇指不动,用双手食指的第二个关节内侧,稍加用力从眉头刮至眉梢。

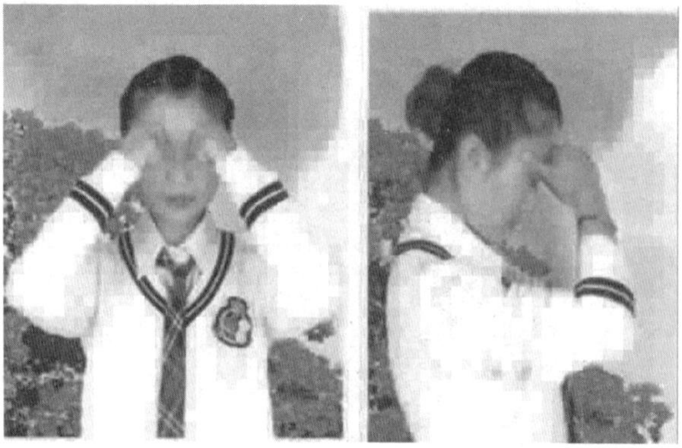

第五节:按揉风池穴

用双手食指和中指的螺纹面分别按在两侧穴位上(后颈部,后头骨下,两条大筋外缘陷窝中,相当于耳垂齐平),其余三指自然放松。有节奏地按揉穴位。

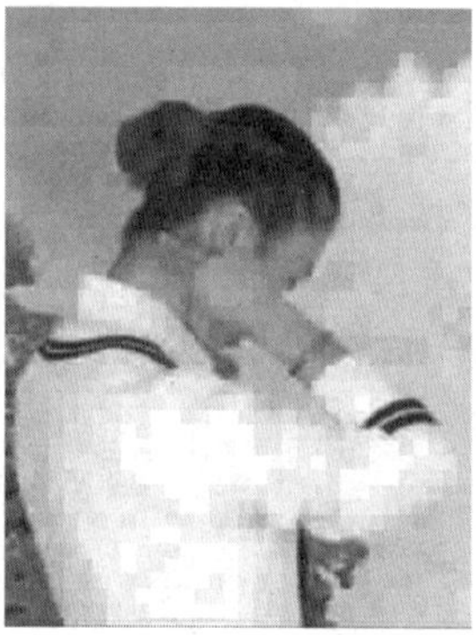

第六节:揉捏耳垂脚趾抓地

用双手大拇指和食指的螺纹面捏住耳垂正中的眼穴,其余三指自然并拢弯曲。用大拇指和食指有节奏地揉捏穴位,同时用双脚全部脚趾做抓地运动。

眼保健操要领歌

指甲短，手洁净。遵要求，神入静。
穴位准，手法正。力适度，酸胀疼。
合拍节，不乱行。前四节，闭眼睛。
后两节，双目睁。眼红肿，操暂停。
脸生疖，禁忌症。做眼操，贵在恒。
走形式，难见功。

耳部保健操

鸣天鼓

【作用】该练习可以达到调补肾元、强本固肾之效，对头晕、健忘、耳鸣等肾虚症状均有一定的预防和康复作用。

【方法】两手掌心紧贴两耳，两手食指、中指、无名指、小指横按在两侧枕部，两中指相接触，将两食指翘起叠在中指上面，用力滑下，重重地叩击脑后枕部，即可闻及洪亮清晰之声如击鼓。先左手24次，再右手24次，最后双手同时叩击48次。

两手掌心紧贴两耳

各手指横按在两侧枕部

两食指翘起叠在中指上面

用力滑下，叩击枕部

鼓膜按摩

【作用】目的是改善咽鼓的功能，促进鼓室内的压力与外界空气压力的平衡,有助于鼓膜内陷恢复正常。

【方法】以手食指(或中指)插入外耳道口,轻轻按压,一按一放,或在外耳道轻轻摇动十余次,待外耳道内空气排出后突然拔出。

骨筋肉康复健身操

第1招:仰望观天

两手叉腰,头颈后仰观天,并逐渐加大幅度,稍停数秒后还原,头向前倾,并逐渐加大幅度,使下巴尽量靠近胸骨还原,重复4次。

第2招:左顾右盼

两手叉腰,头颈轮流向左、右旋转,每当转到最大限度时,稍稍转回后再超过原来的幅度,两眼亦随之尽量朝后方或上方看,两侧各转动,重复4次。

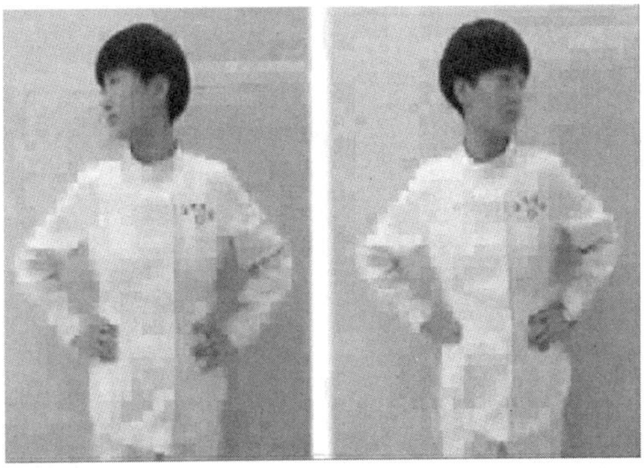

第3招:前后旋肩

双脚分开与肩平,双手自然下垂,肩部从前往后环绕4 圈。再从后向前环绕4 圈。

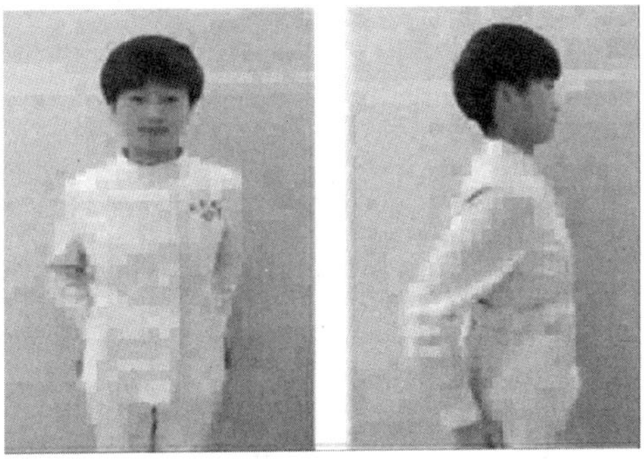

第4招:左右压肩

头往右侧,右手将头部往右压;持续对抗数秒钟后还原;头往左侧,左手将头部往左压;持续对抗数秒钟后还原,重复4次。

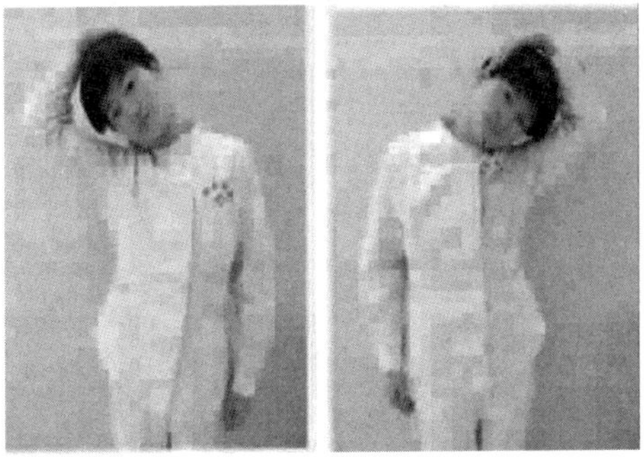

第5招:颈臂抗力

双手交叉紧抵头后枕部,头颈用力后伸,双手则用力阻之,持续对抗数秒钟后还原,重复4次。

第6招:扩胸运动

双肘屈曲,抬于胸前,两肘分别向侧后方拉伸,重复4次。

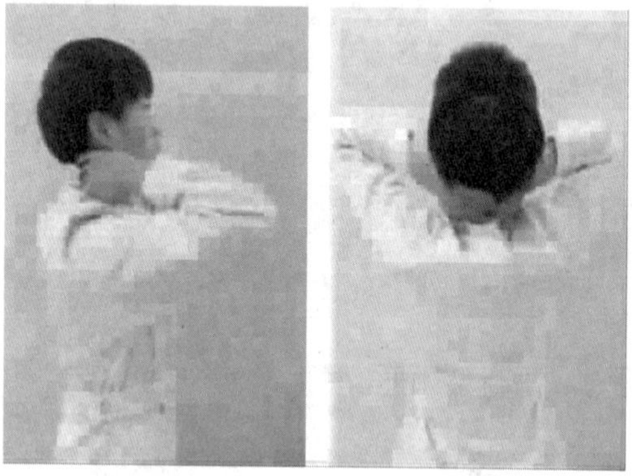

第7招:拉弓射箭

手下垂,双目平视,收腹挺胸,左脚旁开一小步,左臂先上举后伸直平展于身体左侧,右臂先上举后伸直平展于身体左侧,身体向右侧倾斜,右上臂做拉弓射箭动作;同法做右侧,重复4次。

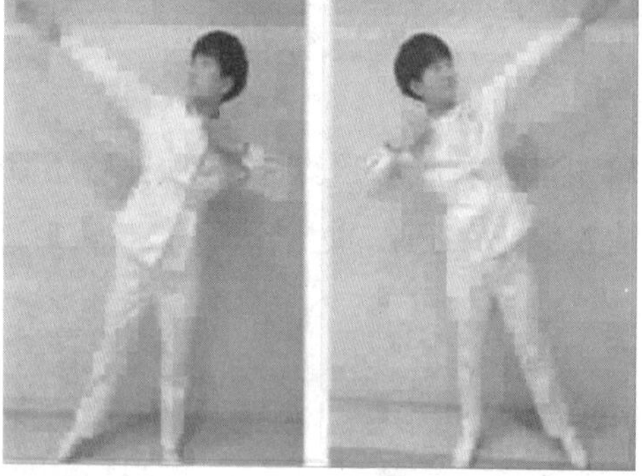

第8招:压胸侧腰

双手十指交叉于胸前伸直,含胸拉背,持续对抗数秒钟后,双手十指交叉于后背伸直,护胸拉肩,持续对抗数秒钟后还原;双手合掌上举向左右两边侧腰,重复4次。

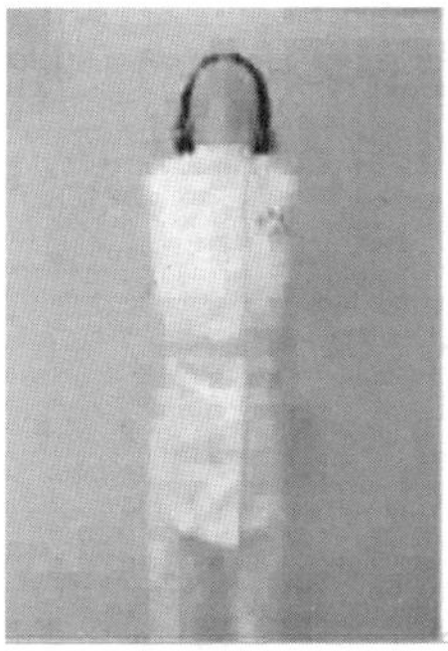

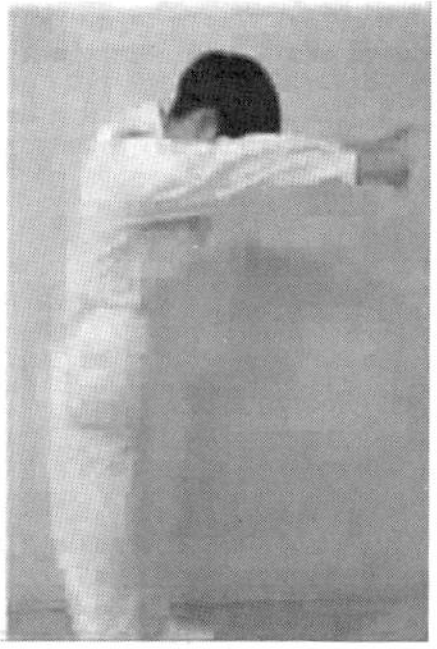

第9招:交臂甩腰体后仰

双手交叉翻臂,向左转腰,向右转腰,回正展肩,双手合实靠背,身体尽量后仰;重复4次。

第10招:转体拍肩

左转身右手掌拍左肩,左手背从身后拍右腰,持续对抗数秒钟后,右转身左手掌拍右肩,右手背从身后拍左腰,重复4次。

第11招:松腰扭臀

双脚分开与肩齐,双手撑腰,臀部从左至右旋转,左右方向相反各4圈。

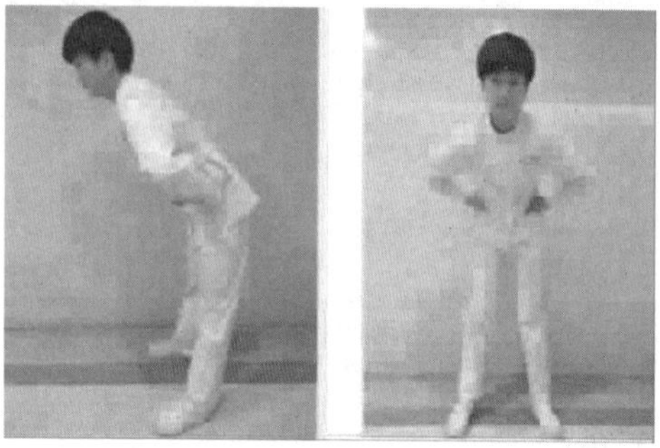

第12招:左右云手

左弓步,左手臂伸直向左侧划半圈,右手伸直手掌向左侧推,同时左手握拳收回于左腰;右弓步,右手向右划半圈,左手伸直手掌向右侧推,同时右手握拳收回于右腰,重复4次

第13招:左右绕膝

双脚分开与肩齐,身体半蹲,双手扶膝,膝部从左至右旋转,左右方向相反各4圈。

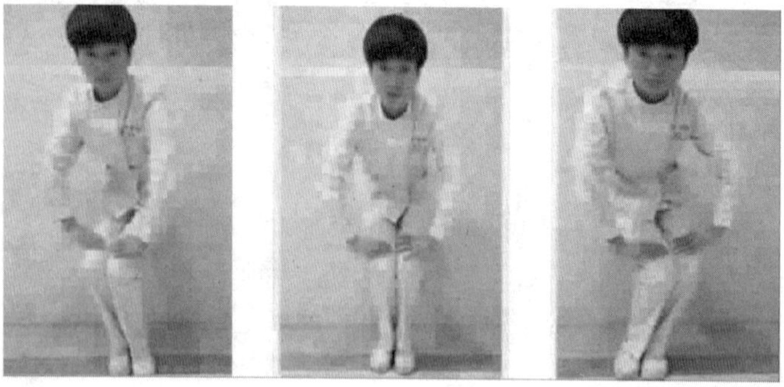

第14招：旋转脚踝

双手十指相交，同时与左右脚踝旋转8次，达到松腕松踝的目的。

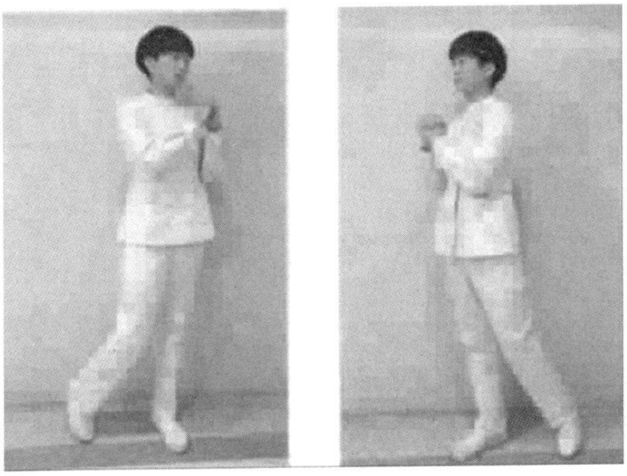

第15招：放松运动

双脚分开与肩齐，身体半蹲，双手下划至膝前，起身双手于头两侧高举，双拇指交叉，脚跟抬起尽量拉伸，停留10秒后还原，并配合气息。

中风急性期/恢复期功能锻炼

脑卒中偏瘫患者运动功能，首先应着眼于患侧的恢复。康复应从急性期开始，尽早开始主动训练，早离床，在不引起异常运动反应的前提下，逐渐增加活动量，以便尽可能地减轻废用综合征。

【方法】

1. 正确体位

其目的是预防或减轻以后易出现的痉挛模式；

（1）取仰卧位时，头枕上枕头，不要有过伸、过屈和侧屈。患肩垫起防止肩后缩，患侧上肢伸展稍外展，拇指指向外方。患髋垫起以防止后缩，患腿股外侧垫枕头以防止患腿外旋。本体位是护理上最容易采取的体位，但容易引起紧张性迷路反射及紧张性颈反射所致的异常反射活动。

（2）取健侧侧卧位时，头用枕头支撑，不让向后扭转；躯干大致垂直，患侧肩胛带充分前伸，肩屈曲90°~130°，肘和腕伸展，上肢置于前面的枕头上；患侧髋、膝屈曲似踏出一步置于身体前面的枕头上，足不要悬空。

（3）取患侧侧卧位时，头部用枕头舒适地支撑，躯干稍后仰，后方垫枕头，避免患肩被直接压于身体下，患侧肩胛带充分前伸，肩屈曲90°~130°，患肘伸展，前臂旋后，手自然地呈背屈位。患髋伸展，膝轻度屈曲。健肢上肢置于体上或稍后方，健腿屈曲置于前面的枕头上。注意足底不放任何支撑物，手不握任何物品。

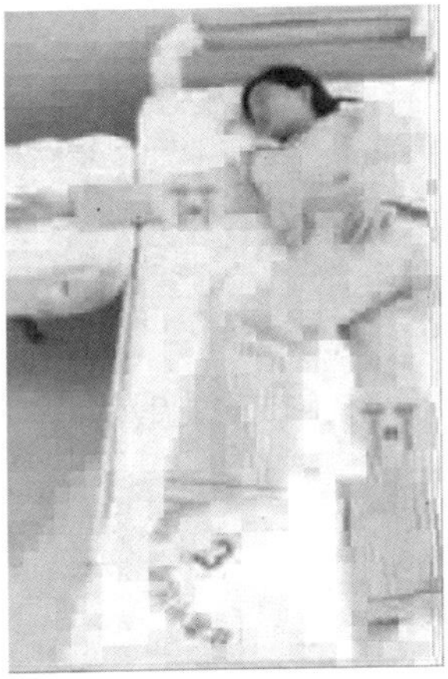

2. 翻身练习及变换体位

这是最基本的躯干功能训练之一，主要目的是预防压疮和肺部感染，另外由于仰卧位强化伸肌优势，健侧侧卧位强化患者屈肌优势，不断变换体位可使肢体的伸屈肌张力达到平衡，预防痉挛模式出现。注意翻身时有一定要先转向同侧。

3. 肢体被动运动

主要是为了预防关节活动受限(挛缩)，另外可能有促进血液循环和增加感觉输入的作用。参照健侧关节活动范围做患侧。在急性期每天做2次，以后每天做1次，每个动作做3~5遍。

肩关节功能锻炼

肘关节功能锻炼

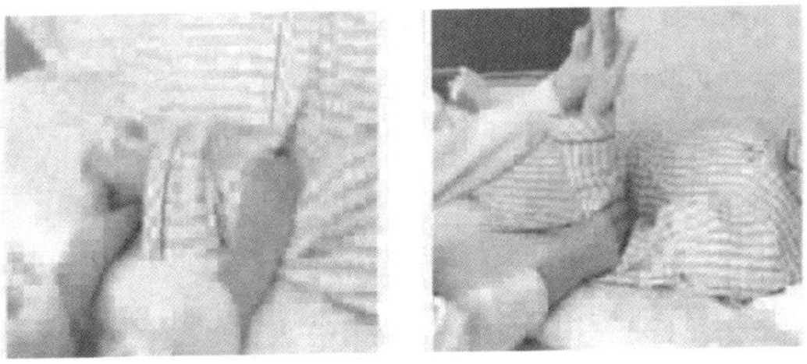

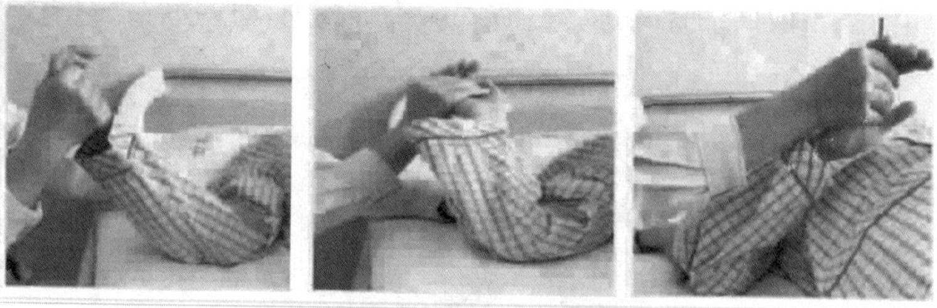

腕关节功能锻炼

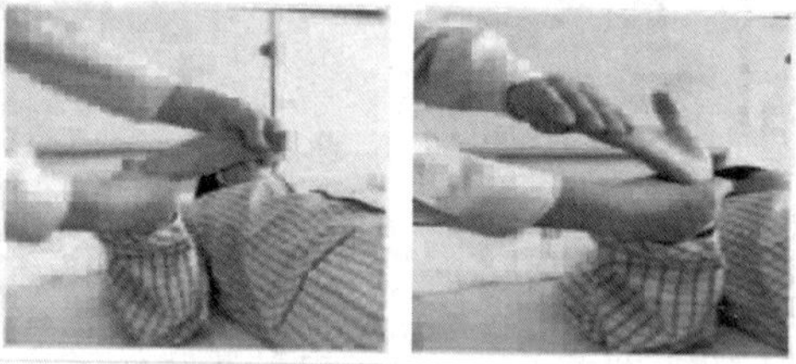

指关节功能锻炼

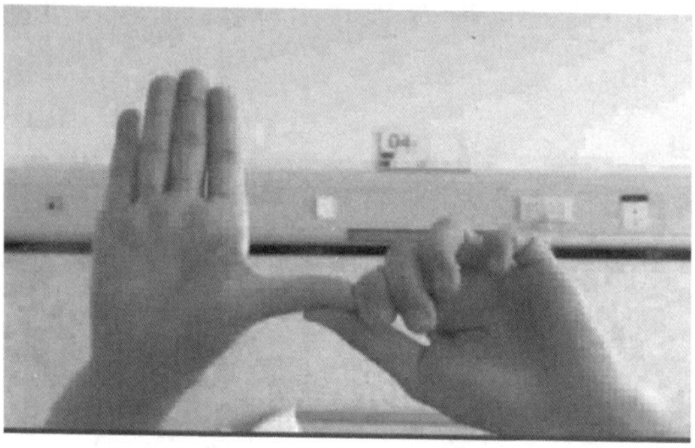

下肢训练:髋关节功能锻炼

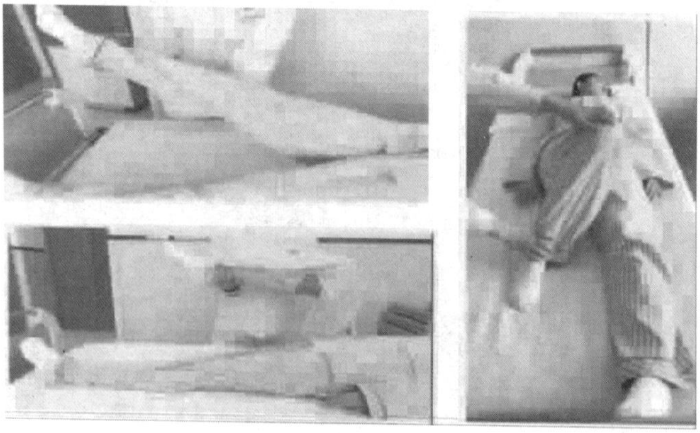

膝关节功能锻炼

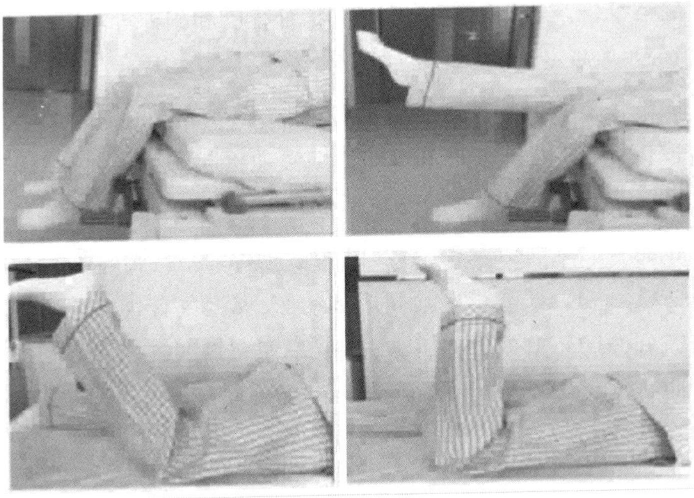

踝关节背伸、跖屈

趾背伸、跖屈

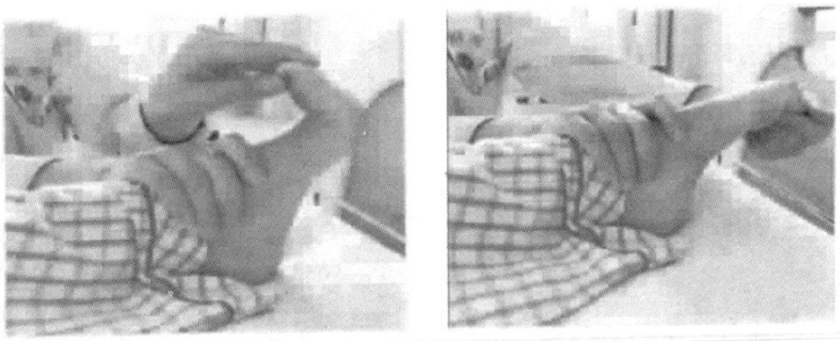

由于翻身和关节活动只能做预防压疮和关节挛缩，并不能防止废用性在肌萎缩等其他废用，也没有直接促进功能恢复的作用，所以要尽早地开始主动训练。一般在患者意识清楚、生命体征稳定且无进行性加重表现时，就可以开始活动。

关于患侧肢体训练，在软瘫期要设法促进肌张力和主动运动的出现；在痉挛期要降低痉挛，促进分离运动的恢复；在相对恢复期要进一步降低肌痉挛，促进更多的分离运动恢复，改善运动的速度、精细程度和耐力等。

4. 桥式运动

目的是训练腰背肌群和伸展髋关节，为站立做准备。

①患者取仰卧位，双腿屈曲，足踏床，慢慢地抬起臀部，维持一段时间后慢慢放下（双桥式运动）；

②在患者能容易地完成双桥式运动后，让患者悬空健腿，仅患腿屈曲，足踏床抬臀（单桥式运动）。如能很好地完成本动作，那么久有效生地防止站立时因髋关节不能充分伸展而出现臀部后突。训练早期多需训练者帮助固定下肢并叩打刺激臀大肌收缩。

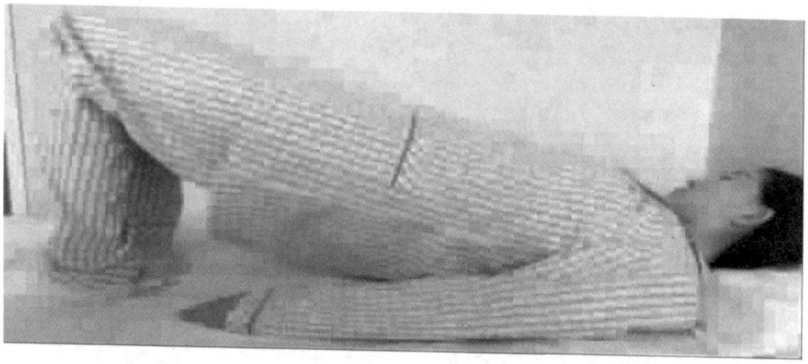

5. 坐位训练

坐位是患者最容易完成的动作之一，也是预防体位性低血压，站立、行走和一些日常生活所必须的，在上述训练开始的同时就应进行。如已能80°平台直立或坐位30分钟，则以后取坐位和站立时可不考虑体位性低血压问题，理论上应避免床上半坐位，以免强化下肢伸肌优势。

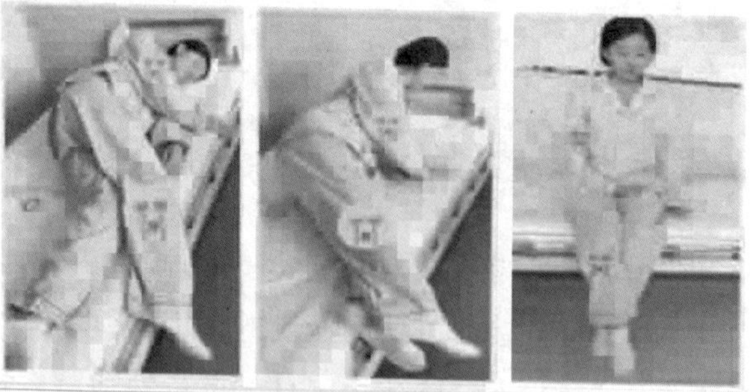

坐位训练包括平衡训练和耐力训练，在平衡训练的同时耐力也随之得以改善。进行坐位训练时，要求患者双足踏地或踏在支持台上，这对预防尖足内翻非

常必要。另外，一定要在无支撑或无扶助下练习，否则难以取得好的效果。

在坐位训练的同时，要练习坐位和卧位的特换训练。

6. 站立训练

一般在进行自动态平衡训练的同时开始站位训练。对一般情况较差、早期进行此训练有困难者，可先站立平台；躯干功能良好、下肢功能很差者可用长下肢支具。

站立训练要求患者双足分开约一脚髋宽，双手手指交叉，上肢前伸，双腿均匀持重，慢慢站起。此时训练者坐在患者前面，用双膝支撑患者的患侧膝部，双手置于患者臀部两侧帮助患者重心前移，伸展髋关节并挺直躯干。坐下时动作相反。注意防止仅用健腿支撑站起的现象。

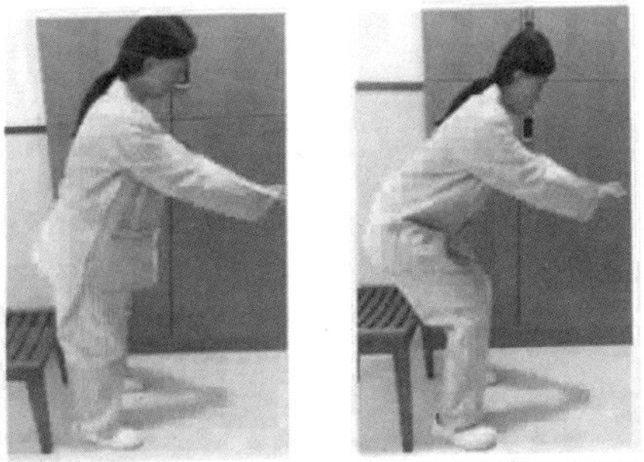

静态站位平衡训练是在患者站起后，让患者松开双手，上肢垂于体侧，训练者逐渐除去支撑，让患者保持站立。注意站位时不能有膝过伸，患者能独自保持静态站位后，让患者重心逐渐移向患侧，训练患腿的持重能力。同时让患者双手交叉的上肢（或仅用健侧上肢）伸向各个方向，并伴随躯干（重心）相应的摆动，训练自动态站立平衡。如在受到突发外力的推拉时仍能保持平衡，说明已达到被动态站立。

7. 步行训练

一般在患者达到自动态站位平衡以后，患腿持重达体重的一半以上，并可向前迈步时才开始步行训练。不过步行训练量早期要小，以不致使患者过度费力而出现足内翻和尖足畸形并加重全身痉挛为度。

在步行训练前，先练习双腿交替前后迈步和重心的转移。步行训练早期常有膝过伸和膝打软（膝突然屈曲）现象。应进行针对性的膝控制训练。在科独立步行后，进一步练习上下楼梯（患腿先上，患腿线下）、走直线、绕圈、跨越障碍、上下斜坡及实际生活环境下的实用步行训练。

8. 作业治疗

一般在患者能取坐位姿势后开始。内容包括：①日常生活活动能力训练；②工艺活动。

腰椎间盘突出症功能锻炼

第一节　直腿抬高

仰卧位，双下肢伸直，双手置于身体两侧，掌心向下，全身放松，单侧肢体在膝关节伸直的情况下，脚尖绷直并缓慢抬起，当抬高至最大限度时，持续10~15秒，然后缓慢下落，两侧肢体交替操作。

第二节　七点支撑法

去枕仰卧位，屈肘屈膝，利用头、双肩、双肘部、双足跟作为七个支撑点，将胸腹部和臀部抬起，持续10~15秒，然后缓慢放下。

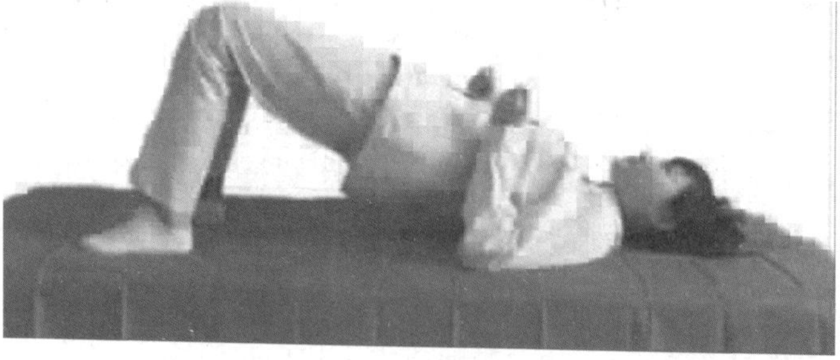

第三节　五点支撑法

去枕仰卧位，屈肘屈膝，利用头、双肘部、双足跟作为五个支撑点，将胸腹部和臀部抬起，持续10~15秒，然后缓慢放下。

第四节　飞燕式

俯卧位，双手背后，用力挺胸抬头，膝关节伸直，双下肢用力向后上方，使头胸四肢离开床面，持续10~15秒，然后缓慢放下。

膝关节置换术后健康操

【作用】膝关节置换术后功能锻炼和康复指导具有减少术后并发症、尽早恢复关节功能、提高患者术后生存质量的作用。

【方法】

1. 手术后 1~3天

（1）持续被动活动，每 2小时按摩10分钟。恢复膝功能外，还有牵拉挛缩组织，避免粘连，促进下肢血循环，防止深静脉血栓形成和栓塞作用。

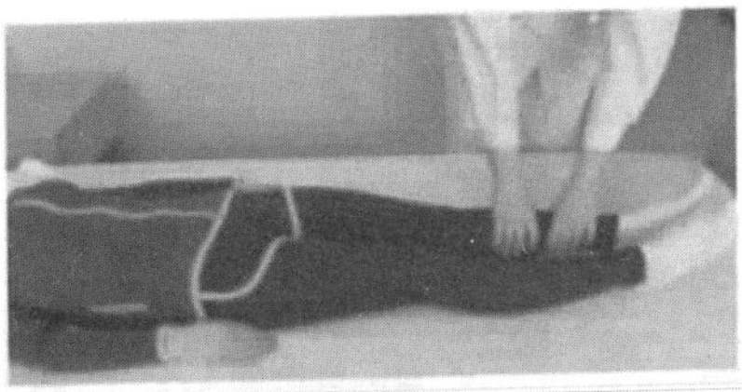

小腿按摩

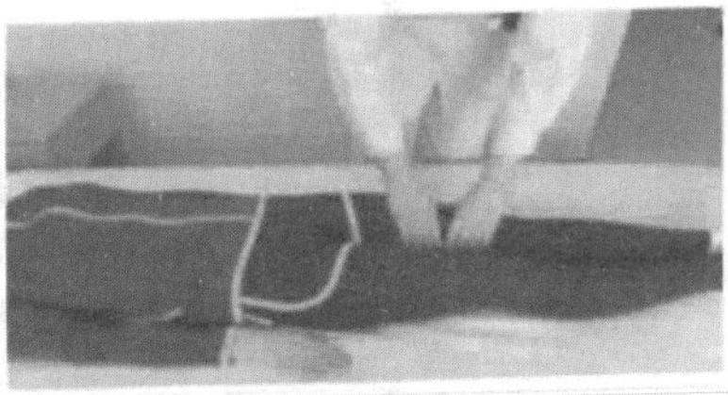

大腿按摩

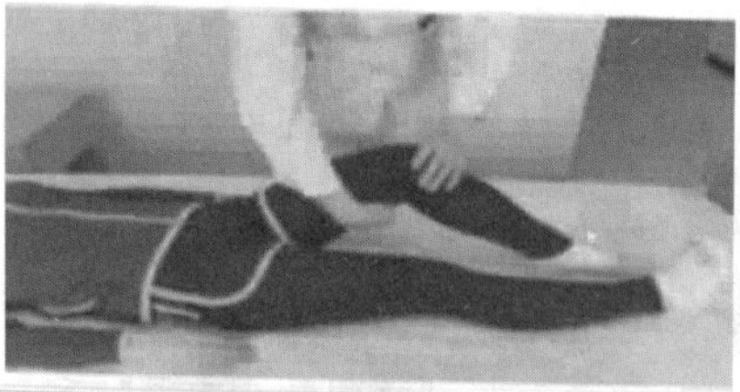

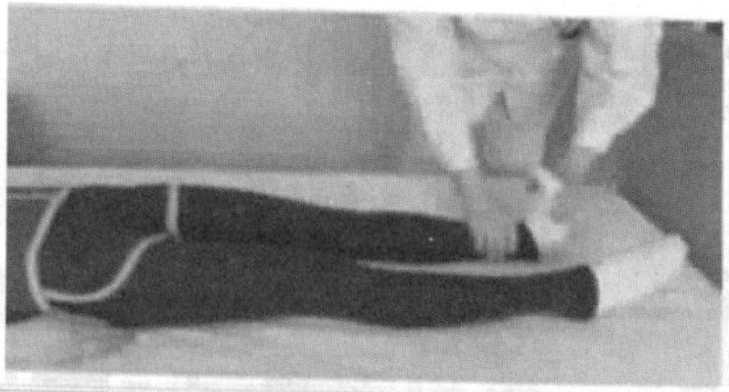

抱大腿屈膝活动(视病情确定)　屈伸踝关节(与下肢按摩交替进行)

(2)主动训练:肌四头肌静止收缩练习,每隔 2小时10下,每个动作持续10秒。

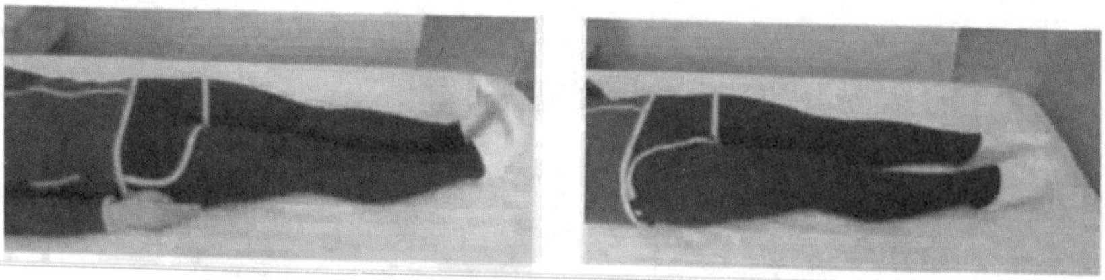

足的上勾和下踩的动作

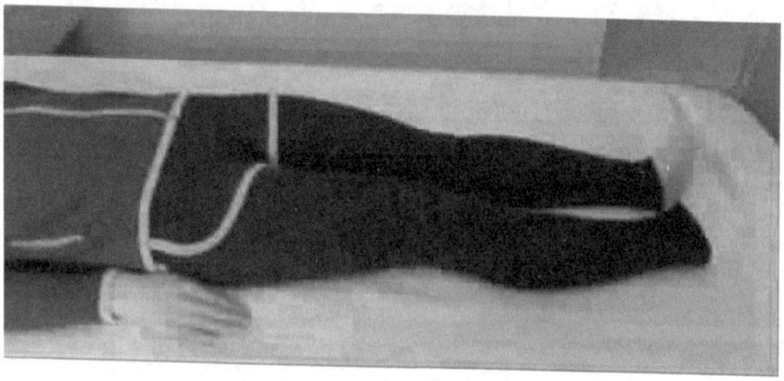

健膝屈曲,患肢充分伸直做压床动作

持续被动活动:2小时按摩10分钟。恢复膝功能外,还有牵拉挛缩组织,避免粘连,促进下肢血循环,防止深静脉血栓形成和栓塞作用。(在医护人员指导下由陪护人员完成)

2. 手术后 4~7天,每隔2小时5~10下

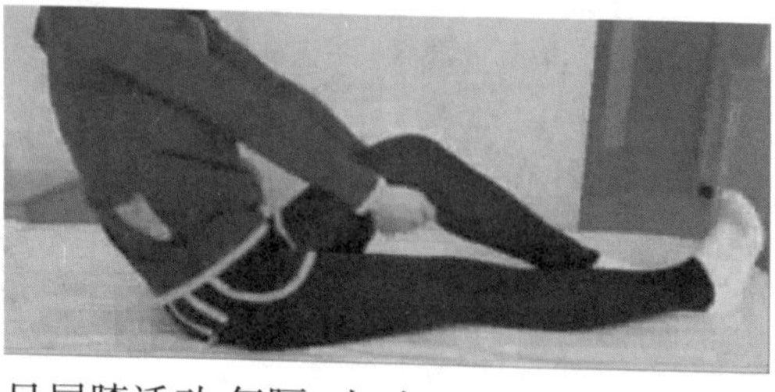

抱大腿上提,呈屈膝活动.每隔2小时5~10下

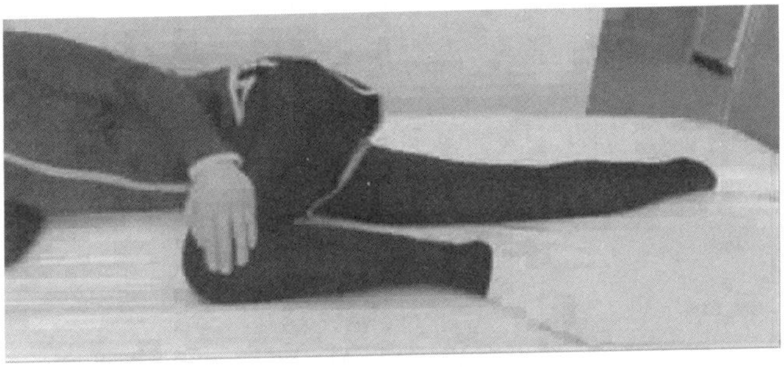

侧身,患肢在上,做无重力屈伸膝关节的动作

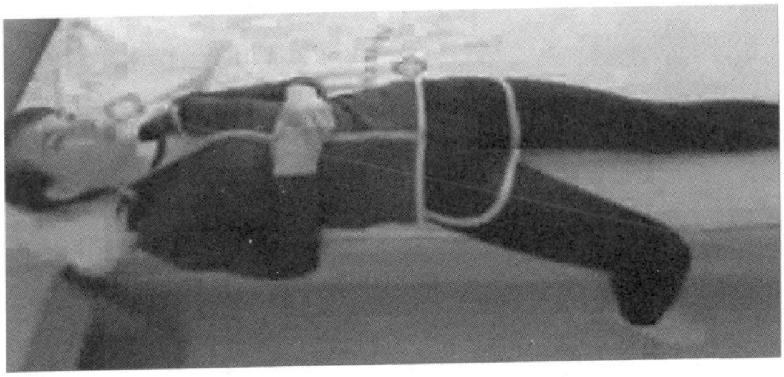

仰卧于床边,将患侧小腿悬于床沿下

健侧足与小腿压于患侧足踝上,做向下悠压的动作

健侧足勾于患侧足跟部，协助患侧小腿做上举的动作

3. 手术后 8~14天，坚持 5~7秒，每天练习3~4组，每组20次

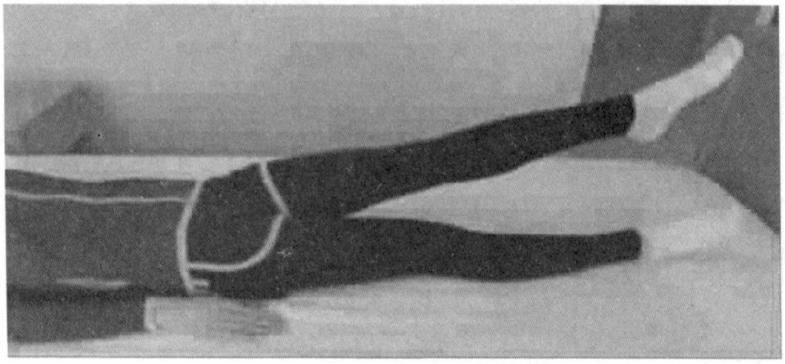

卧床直腿抬高30°即可，保证膝关节伸直和足背展平

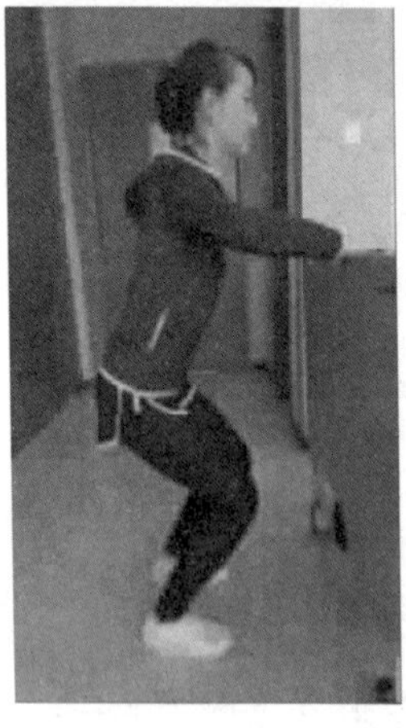

扶栏杆做下蹲练习坚持 5~7秒，每天练习3~4组，每组20次，逐渐增加下蹲角度。

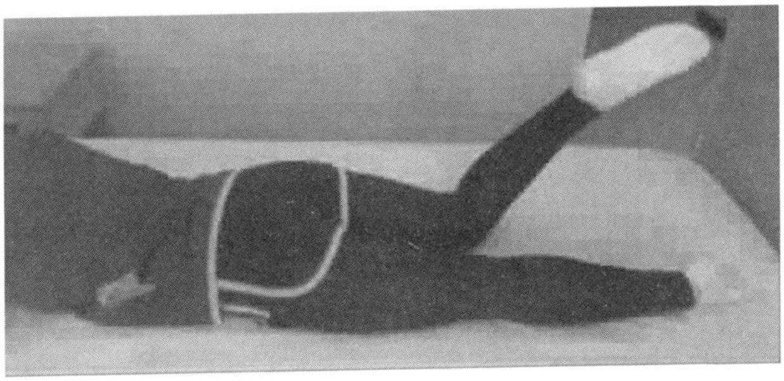

俯卧主动屈膝练习

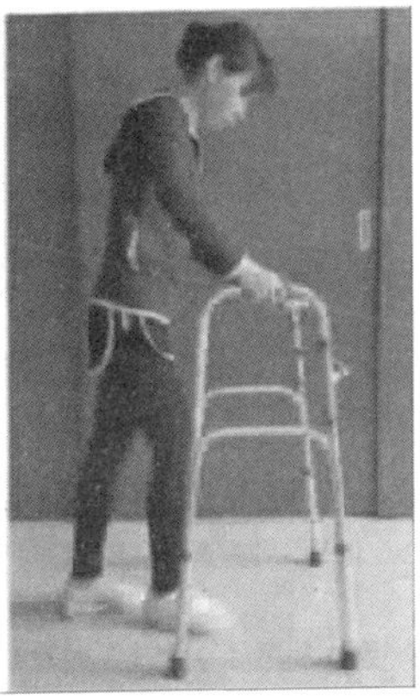

弓步练习　在医护人员指导下合理安排扶助行器练习平路行走

4. 健康指导

(1)如何迈步行走 (2)如何上下楼梯 (3)如何用双拐迈步行走

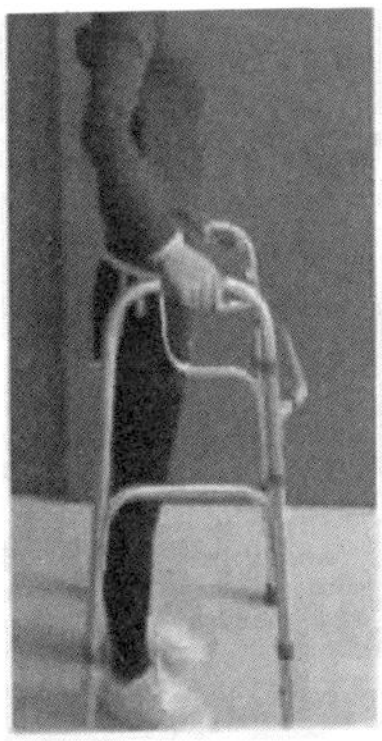
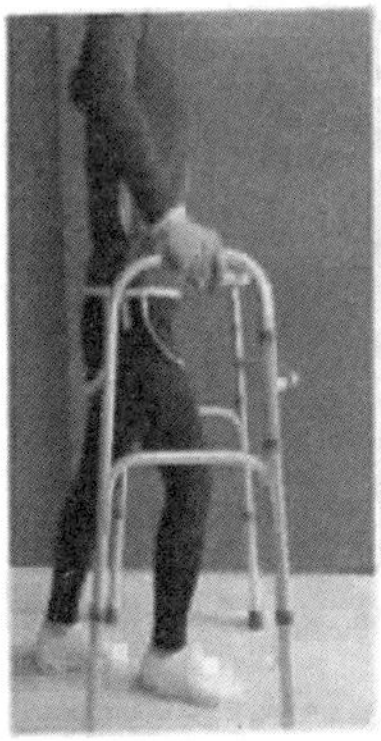
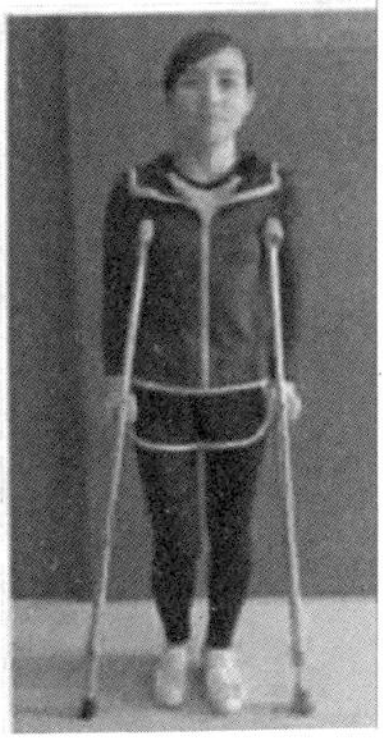

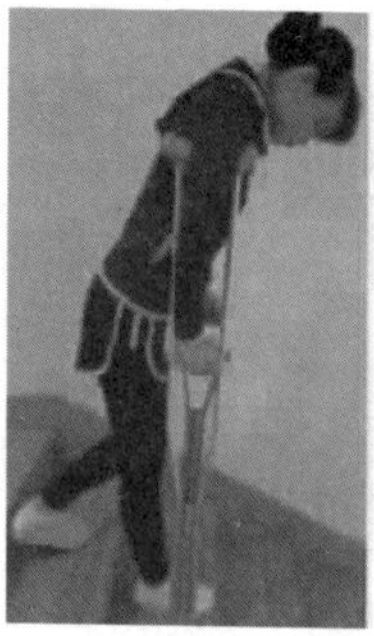

（1）先用习步架辅助行走，待重心稳定，改用双侧腋杖。先将步行器摆在身体前20厘米处，先迈出手术的腿，再将未手术的腿跟上。如此循环。

（2）上楼梯时先将健肢迈上台阶，再将手术肢体迈上台阶，下楼梯时先将双拐移到下一台阶，再将手术肢体迈下台阶，最后将健肢迈下台阶，记住原则是“健侧先上，患侧先下”。

（3）将身体的重量放在双手，而不是腋下，先迈出手术的腿同时向前移动拐杖，再迈出健腿到双拐前。

经络养生乳腺保健操

1. 调吸：身体保持正直，双脚与肩同宽，手臂自然下垂于身体两侧，全身放松，吸气，感受气体由鼻腔吸入，使最大量的清气吸入体内，缓慢吐气，使最大量的浊气排出，反复练习3次。

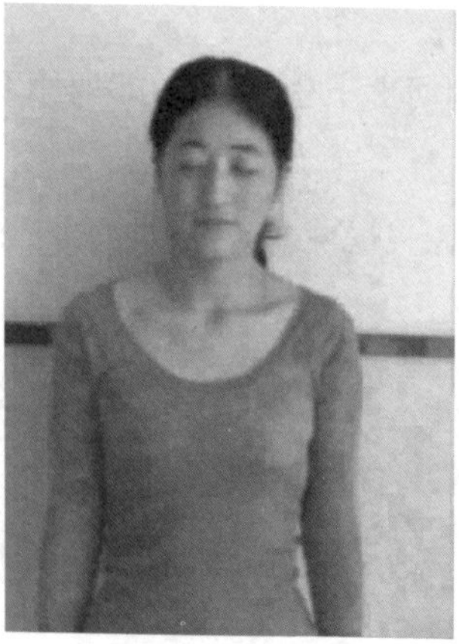

图 1　调吸

2. 干沐面：双手对合搓擦至手部有灼热感，双手敷于面部，中指夹鼻两侧而上至前额，两手分开，推至太阳穴处，中指力度适中按压太阳穴6~8下，双手干沐面，至面部温热为度。

图 2 干沐面

3. 搓耳：以两手的拇指腹及食指侧腹从耳尖，由上到下按摩耳廓，至耳垂，重复12次。

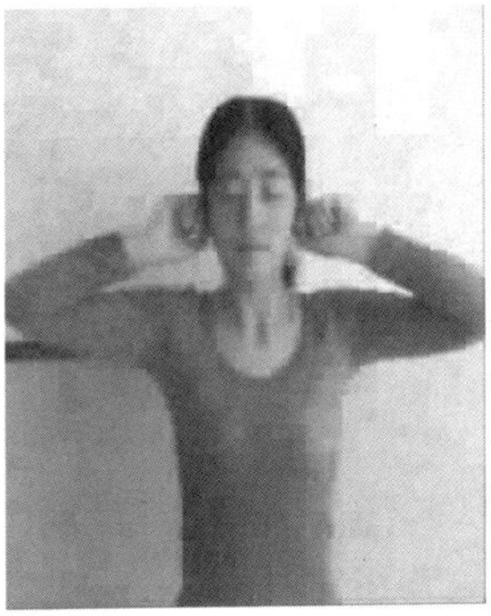

图 3 搓耳

4.弹耳：以两手掌根紧按两外耳道，两手的食指迭在中指上，用力弹至风池穴；重复 12次。

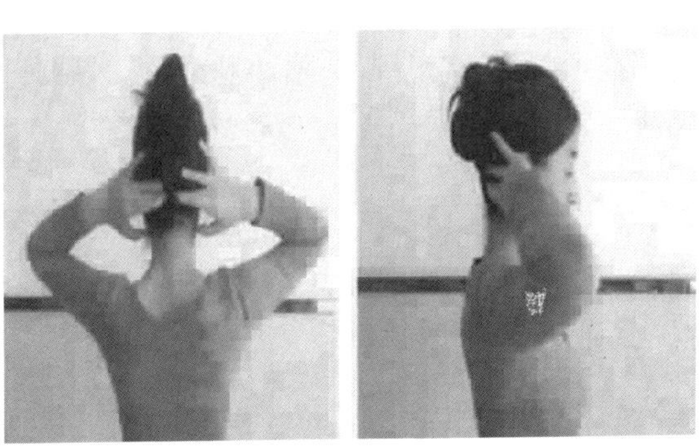

图 4 弹耳

5. 转颈：站立，调息，头部按次自左→后→右→前旋转；再自右→后→左→前方向旋转还原，重复6~8次。

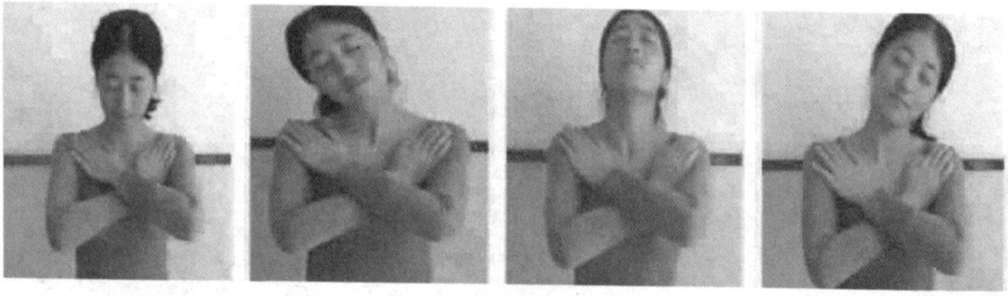

图5　转颈

6. 拍肩：以右手掌心拍打左肩井穴，左手背向前拍打右肾腧穴；左手掌心拍打右肩井穴，右手背向前拍打左肾腧穴；重复12~18次。

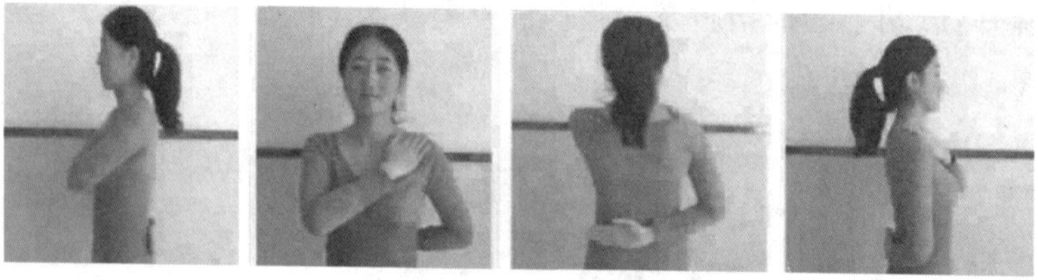

图6　拍肩井、肾俞

7. 拍打十二经脉

（1）将右手掌掌心由左臂内侧，向下连续轻轻拍打，直到指尖；绕过手指，沿手背向上，沿手臂外侧，直到左肩井，同样的方法沿右手臂走行；（各重复4~6次）

（2）右手掌心由左腋窝极泉穴，向下循经连续轻轻拍打左胁肋部，至环脐带脉水平；同法用左手掌心拍打右胁肋部，至带脉水平；（各重复4~6次）

（3）将两手掌心放在腰部，从大腿后方向下，循经连续轻轻拍打，直到踝部，绕过踝部，沿小腿前侧、大腿前侧至腹股沟部；两手掌心从腹股沟部沿大腿内侧向下，连续轻轻拍打，直到内踝，绕过踝部，沿小腿外侧、大腿外侧而上至环脐带脉水平。（重复4~6次）

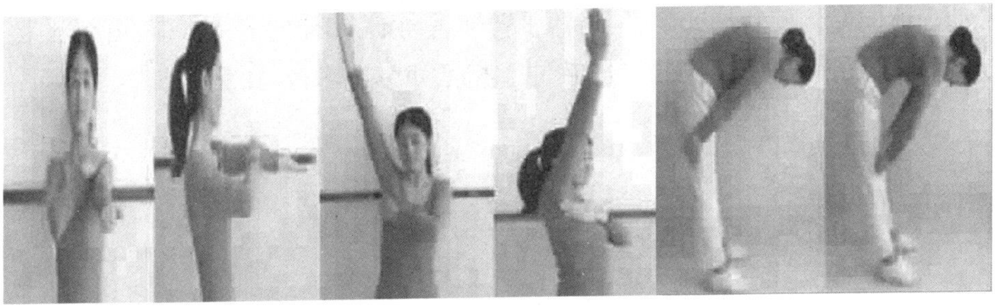

图 7　拍打十二经脉

8. 举臂下蹲：两腿分开与肩平，吸气，两手从旁分开，慢慢上举，举至头顶上方，双手合十，呼气，屈膝，臀部往下坐，身体重心下移。保持自然呼吸，吸气，慢慢抬高身体。呼气，两手从旁分开，慢慢放下，垂于体侧，重复3~6次后，闭眼放松全身。

图 8　举臂下蹲

9.乳腺保健：两腿分开与肩平，身体的重量平均分散在两条腿上，吸气时收腹提肛，两手交叉，反手掌与前臂交叉呈90度。高举过头，呼气时两手放开，向身体两侧用力甩下，连续作12次。

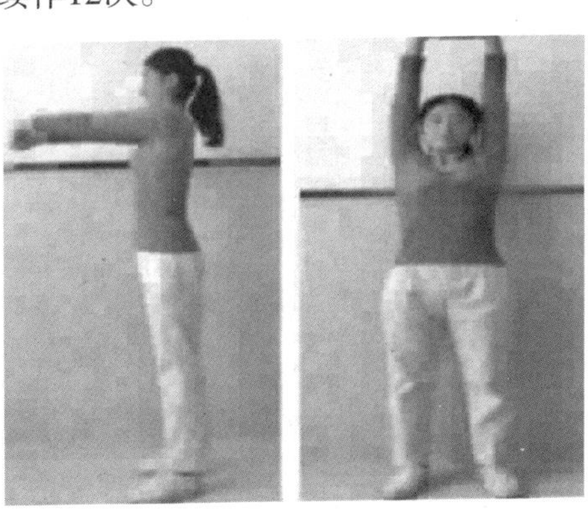

图 9　乳腺保健

10. 腰椎伸展：两腿分开与肩宽，两手放松，自然下垂，调息，吸气时用腰部带动身体向左侧旋转约90度，同时两手臂伸直向上，仰面向上，呼气时由腰部带动身体还原，再吸气向右侧旋转，呼气时还原，重复练习12~18次。

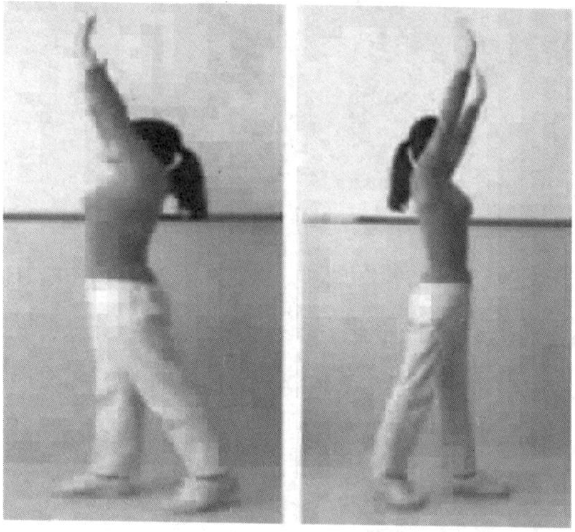

图 10　腰椎伸展

11. 舒筋踢腿：右手前平举，左手侧平举，左腿伸直，吸气，用左腿向上踢，脚尖碰触到手心为度，换左手前平举，右手侧平举，右腿伸直向上踢。（各重复4~6次）

图 11　舒筋踢腿

12. 大雁展翅：两脚平行分开与肩同宽，头微上顶，两肩放松，调息；两臂置于身体两侧，打开约45度，掌心向下，五指并拢；口微闭，舌轻抵上腭，眼平视前方，吸气，两手臂侧平举抬高，与头部成45度；呼气，两手臂还原为准备姿势；

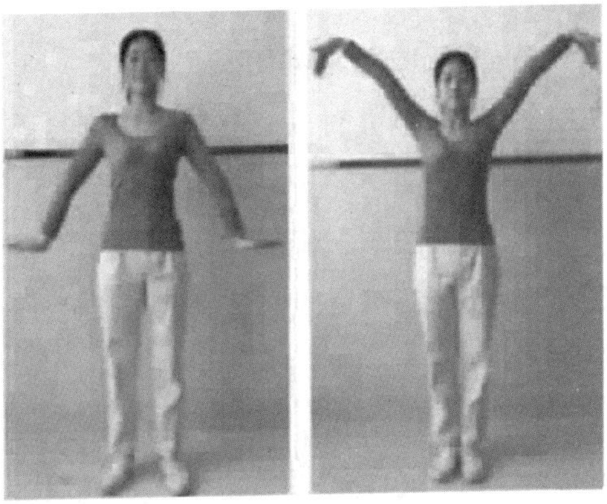

图 12　大雁展翅

13. 调吸——结束 （同1）

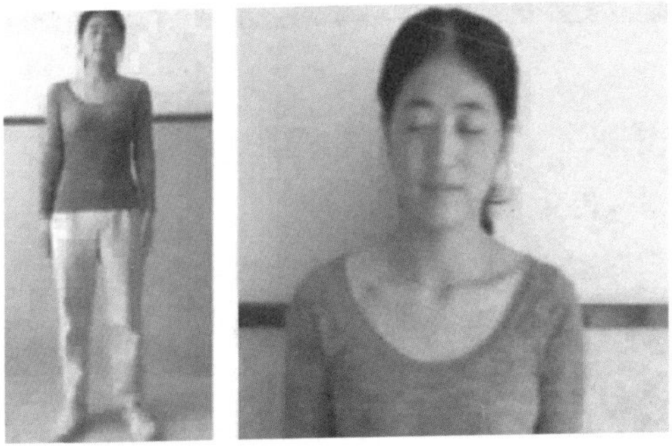

图 13　调吸

孕期健康操

【作用】

1. 健康度过孕期,顺利分娩。

2. 胎儿体重日益增加,为了能轻松行走,孕妇需要使自己的脚腕关节变得柔韧有力。另外,此体操还有助于消除妊娠后期的脚部浮肿。

【方法】

第一节　脚腕的运动

1. 仰卧。

2. 左右摇摆脚腕10次。

3. 左右转动脚腕10次。

4. 前后活动脚腕，充分伸展、收缩跟腱10次。

日常生活中，坐在椅子上时、躺下时等，都可以经常锻炼脚腕。

第二节　脚部运动

1. 把一条腿搭在另一条腿上，然后放下来，重复10次，每抬1次高度增加一些，然后换另一条腿，重复10次。

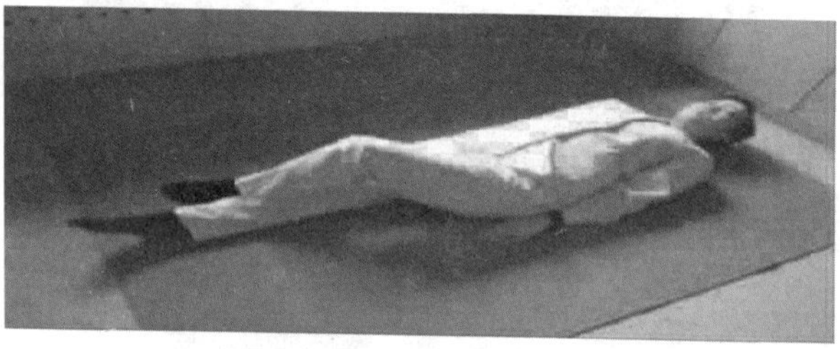

2. 两腿交叉向内侧夹紧、紧闭肛门，抬高阴道，然后放松。重复10次后，把下面的腿搭到上面的腿上，再重复10次。

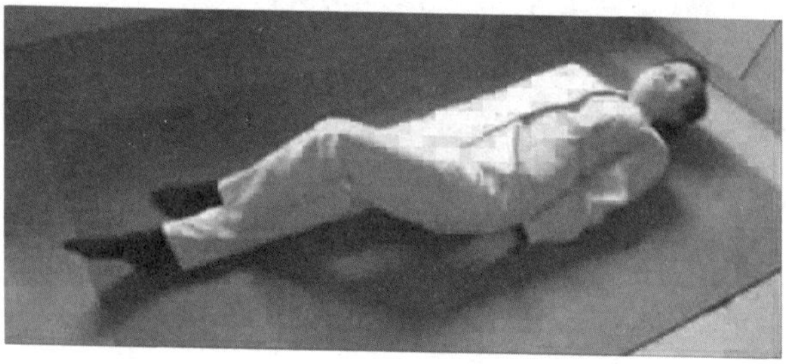

第三节　腹肌运动

【作用】锻炼支持子宫的腹部肌肉。

1. 单腿曲起、伸展、曲起、伸展，左右各10次。

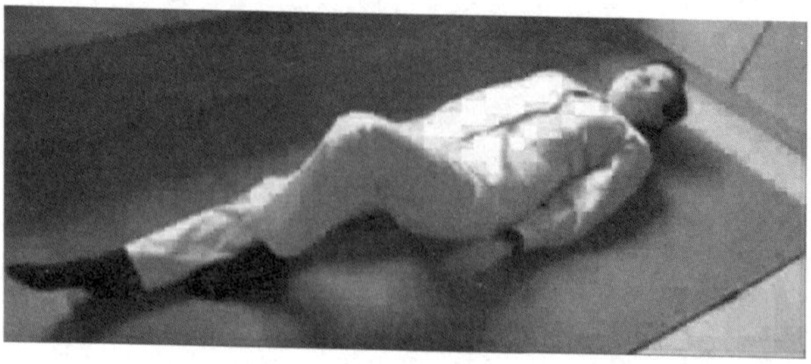

2. 双膝曲起，单腿上抬，放下，上抬，放下，左右各10次。

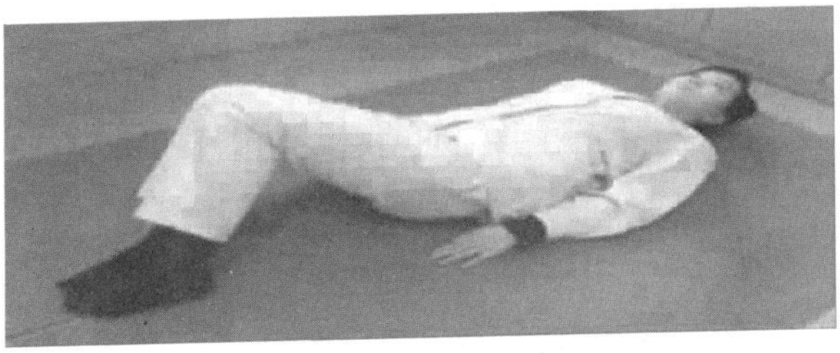

第四节　骨盆的运动

【作用】放松骨盆的关节与肌肉，使其柔韧，利于顺产。

单膝曲起，膝盖慢慢向外侧放下，左右各10次。

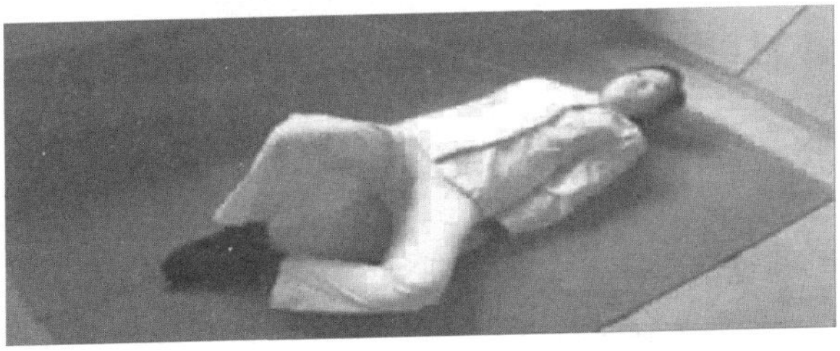

第五节　骨盆的运动

【作用】放松骨盆的关节与肌肉，使其柔韧，利于顺产。

1. 单膝曲起，膝盖慢慢向外侧放下，左右各10次

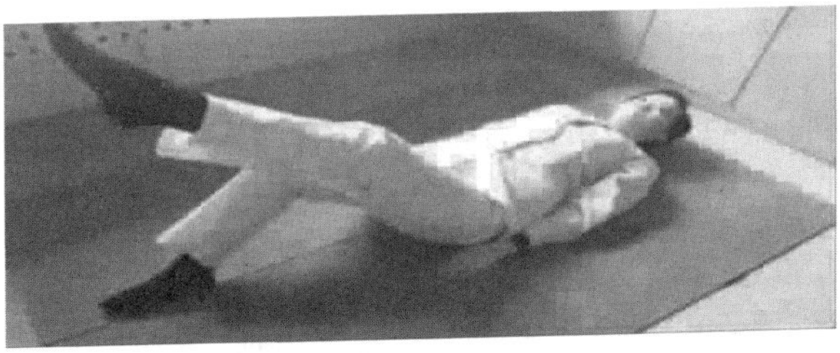

2. 双膝曲起，左右摇摆至床面，慢慢放松，左右各10次。

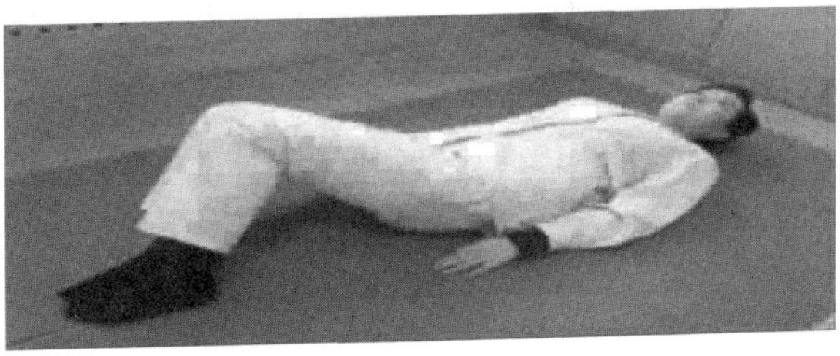

第六节　盘腿运动

【作用】放松耻骨联合与股关节，伸展骨盆底肌肉群，这样胎儿可顺利通过产道。

1. 笔直坐好，双脚合十，用手拉向身体，双膝上下活动，宛如蝴蝶振翅。10次。

2. 同一姿势，吸气伸直脊背，呼气身体稍向前倾。10次。

第七节　猫　姿

【作用】振动骨盆的运动，可以缓腰痛。还可以锻炼腹部肌肉，更好地支持子宫。

1. 趴下，手与双膝分开。

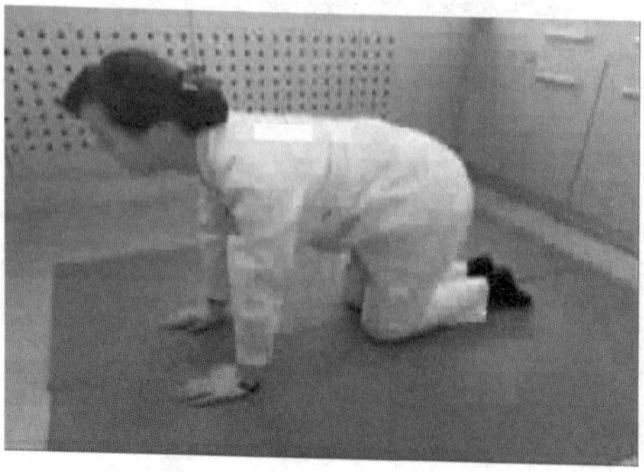

2. 边吸气边拱起背部，头部弯向两臂中间，直至看到肚脐。

3. 边呼气边恢复到1的姿势，边吸气边前抬上身。

4. 边呼气边后撤身体，直至趴下。1~4重复10次。

第八节 吹蜡式运动

【作用】锻炼腹肌。产后可恢复松弛的腹肌。

仰卧，曲起双膝，将手指立于离嘴30厘米处。把手指视为蜡烛，为吹熄烛焰而用力呼气。

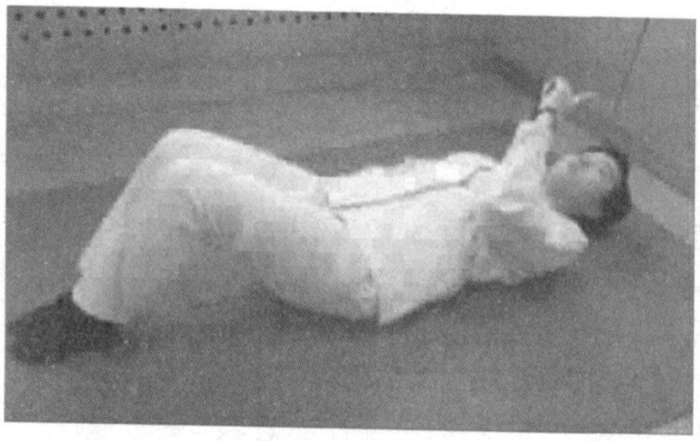

第九节　电梯式运动

【作用】练习收缩阴道肌肉。

与活动骨盆底肌肉群同要领收缩臀部，阴道肌肉，如电梯般上抬腰部。从“1楼”到“5楼”分5层上抬，在“5楼”处保持2~3秒后，边呼气边分5层放下腰部。

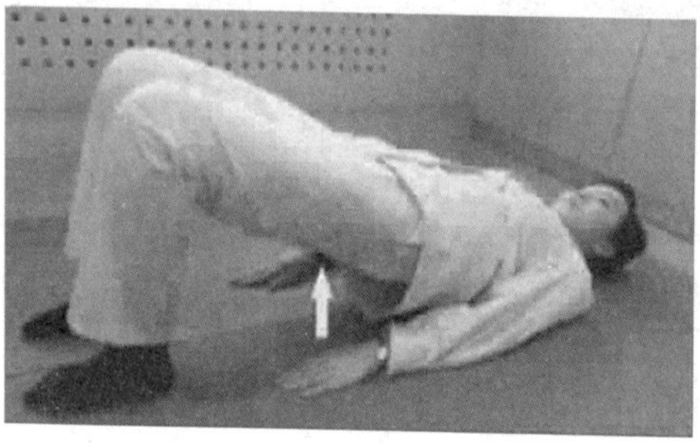

【注意事项】

1. 开始时不要勉强自己，做操次数可依身体状况而定，以后可逐日增加运动量。

2. 做完一遍体操后如果感到累，就应该适当减少运动量。运动适量的感觉为：身体微微发热，略有睡意。

3. 肚子发胀、生病等身体不舒服的时候，可酌减体操的种类、次数、强度等。

4. 早晨不宜做操，沐浴后可以。

5. 猫姿与电梯式体操会使胎儿在腹中逆转，所以怀孕8~9个月时不要做。

小儿保健操

【作用】平衡阴阳，调节脏腑功能，强身健体。

【方法】

第一节　运八卦

第二节　揉百会穴

第三节　揉耳廓

第四节　揉迎香穴

第五节　揉板门

第六节　揉腹

第七节　揉足三里穴

参考文献

[1] 柳书琴.中华医学养生丛书:中华养生食谱大全[M].上海:科学技术文献出版社,2016.

[2] 丁北平.养生粥谱[M].济南:山东画报出版社,2018.

[3] (明)李时珍.本草纲目.北京人民卫生出版社,2005.

[4] 尚志钧.嘉祐本草辑复本.2009.

[5] 吴鞠通(清).温病调辨.北京:中国医药科技出版社,2011.

[6] 宋徽宗.圣济总录.北京:人民卫生出版社,1962.

[7] 周文泉,等.中国药膳辨证治疗学.北京:人民卫生出版社,2002.6

[8] 邹德金.健康百科全书.中国印刷出版社,2007.7

[9] 郭秀梅.本草经集注.北京:学苑出版社,2013.

[10] 忽思慧(元).饮膳正要.扬州:江苏广陵书社,2016.

[11] 胡献国.药粥疗法.北京:科技文献出版社,2010.

[12] 黄宫绣.本草求真.太原:山西科学技术出版社,2014.

[13] 陈自明(宋).妇人良方.太原:山西科学技术出版社,2014.

[14] 苏颂.本草图经.尚志钧辑校.合肥:安徽科学技术出版社,1994.

[15] 冉小峰.历代民医良方注释.北京:科学技术文献出版社,1983.

[16] 缪正来.中医良药良方.北京:中国医药科技出版社,1991.

[17] 姜超.实用中医营养学.北京:解放军出版社,1985.

[18] 宁源(明).吴承艳撰.食鉴本草.北京:中国中医药出版社,2016.

[19] (宋)王怀隐等编.太平圣惠方.人民卫生出版社,2016.

[20] 俞小平,黄杰.志.中国益寿食谱,科学技术文献出版社,2004.

[21] 蒋力生.叶明花.中国药茶大全.上海:上海科学技术出版社,2014.